अन्तर्राष्ट्रीय सम्बन्ध

अन्तर्राष्ट्रीय सम्बन्ध

द्वितीय संशोधित संस्करण

मानिक लाल गुप्त

ATLANTIC
PUBLISHERS & DISTRIBUTORS

प्रकाशक :
एटलांटिक पब्लिशर्स एण्ड डिस्ट्रीब्यूटर्स
बी-2, विशाल एन्क्लेव, राजौरी गार्डन के सामने,
नई दिल्ली-110 027
दूरभाष : 25413460, 25429987, 25466842

विक्रय केन्द्र :
7/22, अन्सारी रोड, दरियागंज, नई दिल्ली-110 002
दूरभाष : 23273880, 23275880, 23280451
फैक्स : 91-11-23285873
e-mail : info@atlanticbooks.com
web site : www.atlanticbooks.com

ISBN 81-269-0419-4

मुद्रक : नाईस प्रिन्टर्स, दिल्ली

ANTARASHTRIYA SAMBANDH (*In Hindi*)
By Manik Lal Gupta

सादर समर्पित

स्वर्गीय पं० जवाहर लाल नेहरू

आधुनिक भारत के शिल्पी–प्रथम प्रधानमंत्री, जिनके दिशा–निर्देशन में भारत ने अन्तर्राष्ट्रीय सम्बन्धों में महत्वपूर्ण योगदान दिया और भारत ने अन्तर्राष्ट्रीय ख्याति प्राप्त की।

प्राक्कथन

आधुनिक विश्व में अन्तर्राष्ट्रीय संबंधों से जुड़ी हुई जटिलताओं को समझने के लिए "अन्तर्राष्ट्रीय संबंध" एक सम्पूर्ण पुस्तक है। दो विश्व युद्धों के कारण, समझौतों एवं समाधान का अध्ययन ही हमारे वर्तमान का आधार है, इसी से भविष्य का पथ प्रशस्त होगा। इसके अध्ययन से ही एक राष्ट्र दूसरे राष्ट्र को भली प्रकार समझ पाएगा तथा स्वयं को किस स्तर तक सुदृढ़ बनाना है जान पाएगा। इसीलिए यह विषय उपयोगी तथा रोचक है। "अन्तर्राष्ट्रीय संबंध" का अध्ययन महत्वपूर्ण है क्योंकि आज का विश्व अतिशीघ्रता से पारस्परिक निर्भर होता जा रहा है।

प्रस्तुत पुस्तक में नवीन सामग्री का समावेश किया गया है। पुस्तक को स्नातक और स्नातकोत्तर विद्यार्थियों के साथ-साथ, प्रतियोगी परीक्षाओं के प्रत्याशियों के लिए भी उपयोगी बनाने का प्रयत्न किया गया है।

आशा है कि अध्यापक, विद्यार्थी और सुधि पाठक इस पुस्तक को शोध-परक तथा अत्यधिक उपयोगी पायेंगे। पुस्तक की उपयोगिता को बढ़ाने के संबंध में सुझाव सादर आमंत्रित हैं।

इस पुस्तक के प्रकाशन के लिए मैं एटलांटिक पब्लिशर्स एण्ड डिस्ट्रीब्यूटर्स के संचालकों तथा सहयोगियों का आभारी हूँ जिन्होंने अथक परिश्रम करके इस पुस्तक के निर्माण में महत्वपूर्ण सहयोग प्रदान किया।

मानिक लाल गुप्त

अनुक्रमणिका

आवश्यकता नहीं अपितु नैतिकता वह वस्तु है, जिसे अन्य राष्ट्रों के साथ हमारे संबंधों में अवश्य ही हमारा पथ प्रदर्शन करना चाहिए।

वुडरो विल्सन
संयुक्त राज्य अमेरिका के भूतपूर्व राष्ट्रपति

1
पृष्ठभूमि

अन्तर्राष्ट्रीय संबंधों के इतिहास का प्रारम्भ 1492 ई॰ से स्वीकार किया जाता है। इसके पूर्व विश्व के विभिन्न देशों के संबंध अपने पड़ोसी देशों तक ही सीमित थे। 1492 ई॰ में कोलम्बस के नेतृत्व में यूरोपवासी अटलांटिक महासमुद्र को पार करके अमेरिका महाद्वीप में पहुंचे और फिर यूरोप के साहसी नाविकों की खोज-यात्राओं की एक ऐसी शृंखला प्रारम्भ हुई, जिसने कुछ ही समय में विश्व के मानचित्र को एक नवीन रूप प्रदान किया।

अन्तर्राष्ट्रीय संबंधों के इतिहास में 1492 ई॰ से प्रथम विश्व-युद्ध (1914-1918) तक के समय को यूरोपीय प्रभुत्व के काल से जाना जाता है। इस काल में यूरोपीय शक्तियों ने विश्व में बड़े-बड़े साम्राज्यों की रचना की और वे सम्पूर्ण विश्व की राजनीति का सूत्रधार बनी रहीं। उन्नीसवीं शताब्दी की अन्तर्राष्ट्रीय राजनीति मुख्यतया तीन शब्दों में अभिव्यक्त की जा सकती है–राष्ट्रीयता, आर्थिक साम्राज्यवाद और शक्ति सन्तुलन। फ्रांसीसी क्रांति (1789 ई॰) के बाद राष्ट्रीयता का विचार अत्यन्त लोकप्रिय हो गया था। प्रत्येक जाति के लोग अपने लिए राष्ट्रीय राज्य की स्थापना की कामना करने लगे थे। राष्ट्रीयता की भावना से जर्मनी और इटली का एकीकरण सम्भव हुआ। राष्ट्रीय महत्वाकांक्षाओं ने महाशक्तियों के हितों और अनेक जातीयता वाले राज्यों के स्थायित्व के लिए संकट उत्पन्न किया, जिससे अन्तर्राष्ट्रीय संबंधों के क्षेत्र में नवीन संघर्षों ने जन्म लिया। बाल्कन प्रदेश की राष्ट्रीय महत्वाकांक्षाओं की सन्तुष्टि के लिए आस्ट्रिया और तुर्की के साम्राज्यों का विघटन आवश्यक था, अतः बाल्कन प्रदेश अन्तर्राष्ट्रीय संबंधों के क्षेत्र में एक संकट स्थल बन गया।

आर्थिक साम्राज्यवाद उग्र और संकुचित राष्ट्रवाद तथा औद्योगिक क्रांति और पूंजीवाद का परिणाम था। अपने औद्योगिक विकास से प्राप्त शक्ति के बल पर यूरोप के देशों ने एशिया और अफ्रीका में बड़े-बड़े साम्राज्यों की रचना की। औद्योगिक क्रांति सर्वप्रथम इंग्लैंड में हुई थी। इंग्लैण्ड ने उन्नीसवीं

शताब्दी के मध्य तक कनाडा, आस्ट्रेलिया और भारत आदि में विशाल उपनिवेशों और साम्राज्यों की स्थापना कर ली थी। शनैः शनैः औद्योगिक क्रांति यूरोप के लगभग सभी देशों में फैल गयी और वे कच्चे माल और बाजारों की आवश्यकता, अतिरिक्त पूंजी के निर्यात की आवश्यकता आदि समस्याओं के समाधान के लिए एशिया और अफ्रीका के औद्योगिक दृष्टि से पिछड़े देशों की सामरिक दुर्बलता का लाभ उठाकर उन पर अपना आधिपत्य स्थापित करने को लालायित हो उठे। 1914 तक मिस्र और इथोपिया को छोड़कर सम्पूर्ण अफ्रीका पर यूरोपीय शक्तियों का शासन स्थापित हो गया था। एशिया में इंग्लैण्ड ने भारत के अतिरिक्त बर्मा, लंका, मलाया आदि पर अधिकार कर लिया। फ्रांस ने दक्षिणी-पूर्वी एशिया में हिन्दचीन में एक विशाल साम्राज्य की स्थापना की। संयुक्त राज्य अमेरिका की मुक्त द्वार नीति के कारण चीन की स्वतंत्रता औपचारिक रूप से बनी रही परन्तु व्यवहार में यूरोप की शक्तियों ने उसे भी अपने प्रभाव क्षेत्र में विभाजित कर लिया था। उन्नीसवीं शताब्दी के अन्तिम दशक में एक एशियाई देश जापान भी औद्योगिक विकास और साम्राज्यवाद के पथ पर अग्रसर था।

यूरोप की प्रमुख शक्तियों इंग्लैण्ड, फ्रांस, जर्मनी, आस्ट्रिया, रूस आदि ने शक्ति सन्तुलन के सिद्धान्त को अपनी विदेश नीतियों का आधार बनाया। इसके फलस्वरूप गुटबन्दी का पथ प्रशस्त होने लगा। उन्नीसवीं शताब्दी के अन्त तथा बीसवीं शताब्दी के प्रारम्भ में यूरोप दो विरोधी गुटों में विभाजित हो गया। इस गुटबन्दी में फ्रांस और रूस एक गुट में तथा जर्मनी और आस्ट्रिया दूसरे गुट में थे। जर्मनी की बढ़ती हुई शक्ति से आशंकित इंग्लैण्ड भी फ्रांसीसी गुट में सम्मिलित हो गया। यह गुटबन्दी प्रथम विश्व युद्ध की ओर ले जाने वाली परिस्थितियों का निर्माण करती चली गयी और प्रथम विश्व-युद्ध का मुख्य कारण सिद्ध हुई।

प्रथम विश्व-युद्ध के प्रमुख कारण

28 जून 1914 ई० को पिस्तौल से छुटी दो गोलियों ने कुछ ही सप्ताहों में प्रथम विश्व-युद्ध के दावानल को धधका दिया। प्रत्यक्ष रूप से प्रथम विश्व-युद्ध का कारण बोसनिया के एक छात्र द्वारा आस्ट्रिया के युवराज आर्चड्यूक फ्रांसिस फर्डीनेण्ड और उनकी पत्नी सोफिया की हत्या थी, परन्तु वह हत्या उस माचिस की तीली के समान थी जिसने अग्नि प्रज्वलित करने का तात्कालिक कार्य किया जबकि विस्फोटक सामग्री का वह ढेर जिसमें आग लगी, एक शताब्दी से शनैः शनैः एकत्रित हो रहा था। अतः प्रथम विश्व युद्ध के तात्कालिक कारण और उसके बाद की घटनाओं को

समझने के लिए उसके मूल कारणों पर विचार करना आवश्यक है। इन मूल कारणों में मुख्य थे–राष्ट्रीयता, आर्थिक साम्राज्यवाद और गुटबन्दी। इन मुख्य कारणों के अतिरिक्त सैन्यवाद, जर्मनी के सम्राट् कैसर विलियम द्वितीय के चरित्र, समाचार-पत्र, गुप्त राजनय और अन्तर्राष्ट्रीय विधि को कार्यान्वित करने वाले संगठन के अभाव आदि को भी प्रथम विश्व युद्ध के मूल कारणों में स्वीकार किया जाता है।

1. राष्ट्रीयता–1789 की फ्रांसीसी राज्य क्रांति के बाद राष्ट्रीयता अन्तर्राष्ट्रीय संबंधों का सर्वाधिक महत्वपूर्ण निर्धारक तत्व बन गया। इस तत्व ने एक महान् एकताकारी शक्ति के रूप में कार्य करके महान् राष्ट्रों की स्थापना में योग दिया परन्तु साथ ही यह साम्राज्यों के विघटन, राष्ट्रीय मुक्ति युद्धों और प्रथम विश्व युद्ध का मुख्य कारण भी सिद्ध हुआ। राष्ट्रीयता की अतिशयोक्ति और उपेक्षा दोनों ही युद्ध की विस्फोटक सामग्री के जमा होने के कारण रहे हैं। राष्ट्रीय भावना की उग्रता के कारण विश्व की विभिन्न राष्ट्रीयताओं के लोगों में अपने-अपने को विश्व की सर्वश्रेष्ठ जाति मानने की प्रवृत्ति उत्पन्न हुई। जर्मन लोगों ने विशेष रूप से आर्य जाति की श्रेष्ठता के सिद्धांत का प्रतिपादन करके अपने को विश्व की सर्वश्रेष्ठ जाति तथा अन्य जातियों का शासक होने का अधिकारी कहना प्रारम्भ कर दिया। ब्रिटेन का "श्वेत लोगों के भार" का सिद्धान्त, फ्रांसीसी लोगों का "सभ्यता प्रसार कार्य" का सिद्धान्त भी जर्मन उग्र राष्ट्रीयता सदृश थे। इसी प्रकार की उग्र राष्ट्रीयता की भावना का प्रदर्शन अन्य राष्ट्रों ने भी किया। अपने इस उग्रवादी रूप में राष्ट्रीयता ने साम्राज्यवाद को जन्म दिया तथा अन्तर्राष्ट्रीय जगत में अशांति का एक प्रधान कारण बन गयी। राष्ट्रीयता का अर्थ 'केवल अपने देश से प्रेम ही नहीं अपितु सभी देशों के प्रति घृणा' समझा जाने लगा था।[1] राष्ट्रीयता के सिद्धांत की उपेक्षा प्रथम विश्व युद्ध के मूल कारण के रूप में उसकी अतिशयोक्ति से भी अधिक महत्वपूर्ण है। 1815 में वियना सम्मेलन की व्यवस्थाओं में प्रथम विश्व युद्ध के बीज निहित थे। इस सम्मेलन में राजनीतिज्ञों ने लोकतंत्र और राष्ट्रीयता की घोर उपेक्षा की थी। राष्ट्रीयता के सिद्धान्त की उपेक्षा करते हुए बेल्जियम को हालैण्ड के साथ मिला दिया, फिनलैण्ड को रूस के साथ मिला दिया, स्वीडन और नार्वे को मिला दिया, रूस के जार को पोलैण्ड का भी जार (सम्राट्) मान लिया; आस्ट्रिया-हंगरी के साम्राज्य में अनेक ऐसी जातियों को साथ-साथ रहने पर विवश किया जो एक-दूसरे से घृणा करती थीं। यूरोप के दक्षिण-पश्चिम में स्थित बाल्कन प्रदेश में अनेक गैर-तुर्की जातियों को तुर्क साम्राज्य के अधीन रहने को विवश किया। उन्होंने जर्मन और इटालियन राष्ट्रवादियों की

क्रमशः समस्त जर्मन प्रदेशों और समस्त इटालियन प्रदेशों को एक-एक राष्ट्रीय राज्य के रूप में संगठित करने की इच्छा को पूरा नहीं होने दिया। राष्ट्रीयता के सिद्धांत की अवहेलना करने वाली इन समस्त व्यवस्थाओं के विरुद्ध राष्ट्रवादी आन्दोलन चलते रहे। शनैः शनैः इनमें से अनेक व्यवस्थाएँ समाप्त हो गयीं परन्तु राष्ट्रीयता की समस्या ने सबसे अधिक तनाव और अशांति पूर्वी यूरोप के बाल्कन प्रदेश में उत्पन्न की।

रूस अपनी महत्वाकांक्षाओं की पूर्ति के उद्देश्य से बाल्कन प्रदेश के राष्ट्रवादियों को तुर्की आधिपत्य के विरुद्ध उनके संघर्ष में अत्यधिक सहयोग करता रहता था परन्तु इंग्लैण्ड, फ्रांस और आस्ट्रिया रूस की शक्ति बढ़ने नहीं देना चाहते थे। अतः उन्होंने रूस के विरुद्ध तुर्की का समर्थन करने की नीति अपनायी। इससे बाल्कन प्रदेश अन्तर्राष्ट्रीय संबंधों का विस्फोटक स्थल बन गया। 1912 में यूनान, सर्विया, मांटेनीग्रो और बल्गारिया ने बाल्कन लीग की स्थापना करके तुर्की के विरुद्ध युद्ध प्रारम्भ भी दिया, जो बाल्कन का प्रथम बाल्कन युद्ध कहलाता है। इसमें तुर्की पराजित हुआ, मई 1913 में लन्दन की संधि के द्वारा उसने कान्सटेंटिनोपल (कुस्तुनतुनिया) को छोड़कर अपने सभी यूरोपीय प्रदेश बाल्कन लीग को दे दिए। इसके अतिरिक्त स्वतंत्र राज्य की स्थापना अल्बानिया में की गयी। परन्तु बाल्कन लीग के सदस्य तुर्की से प्राप्त प्रदेशों के बटवारे के विषय में निर्णय न कर सके। फलस्वरूप 1913 में दूसरा बाल्कन युद्ध हुआ जिसमें एक ओर बल्गारिया और दूसरी ओर रुमानिया, यूनान, सर्विया और मांटेनीग्रो थे। बल्गारिया पराजित हुआ और उससे अनेक क्षेत्र विजेताओं ने अधिकृत कर लिए। इन युद्धों में विजय से उत्साहित होकर सर्विया ने बोसनिया को आस्ट्रिया से पृथक् कराने के प्रयत्न और तेज कर दिये। रूस ने पुनः बाल्कन राज्यों के 'संरक्षक' की भूमिका निभानी प्रारम्भ कर दी। अब वह 'संरक्षता' तुर्की के विरुद्ध न होकर आस्ट्रिया के विरुद्ध थी। आस्ट्रिया भी सर्विया के षड्यन्त्रों से क्षुब्ध होकर उसे युद्ध में नष्ट कर देने के लिए व्यग्र हो रहा था। 28 जून, 1914 को बोसनिया के सेराजेवो नगर में एक सर्वियन अराजकतावादी छात्र ने आस्ट्रिया के युवराज फ्रांसिस फर्डीनेण्ड की हत्या कर दी। इससे आस्ट्रिया को सर्विया के विरुद्ध युद्ध करने का बहाना मिल गया। फ्रांसिस फर्डीनेण्ड की हत्या करने वाली गोलियाँ प्रथम विश्व युद्ध की उद्घोषक बन गयीं।

2. आर्थिक साम्राज्यवाद—प्रथम विश्व युद्ध के मूल कारणों में विभिन्न महाशक्तियों की साम्राज्यवादी महत्वाकांक्षाओं के संघर्ष को भी स्वीकार किया जाता है। उन्नीसवीं और बीसवीं शताब्दी का साम्राज्यवाद औद्योगिक

क्रांति का शिशु था। इसलिए इसको आर्थिक साम्राज्यवाद की संज्ञा दी जाती है। एस० बी० के अनुसार, "आर्थिक साम्राज्यवाद के अन्तर्गत अन्तर्राष्ट्रीय प्रतिद्वन्द्विताओं की शृंखला आती है जो एक बड़ी सीमा तक इंग्लैण्ड में औद्योगिक क्रांति और बाद में विश्व के महान् देशों में उसके प्रारम्भ हो जाने से उत्पन्न हुई थी।"[2] इसके परिणामस्वरूप इन देशों में वस्तुओं का उत्पादन बहुत बढ़ गया, जिसकी खपत के लिए उन्हें नये बाजारों की आवश्यकता अनुभव हुई। उनकी जनसंख्या में तेजी से वृद्धि हुई जिसको बसाने के लिए वे उपनिवेशों की स्थापना करने के लिए प्रेरित हुए। उनके पास अतिरिक्त पूंजी संचित हो गयी जिसे वे विदेशों में लगाने के अवसर ढूंढने लगे। उन्हें कच्चे माल की निरन्तर प्राप्ति के लिए कच्चे माल के उत्पादन प्रदेशों पर आधिपत्य स्थापित करने की आवश्यकता अनुभव हुई। इन कारणों से यूरोपीय देशों ने उन्नीसवीं शताब्दी के उत्तरार्द्ध में अफ्रीका में बड़े-बड़े साम्राज्यों की स्थापना की। दक्षिणी-पूर्वी एशिया में ब्रिटेन, फ्रांस और हालैण्ड के विस्तृत साम्राज्य स्थापित हुए। चीन में यूरोपीय महाशक्तियों ने आर्थिक रियायतें और अधिकार प्राप्त कर लिए। बीसवीं शताब्दी के दूसरे दशक के प्रारम्भ तक विश्व भर में यूरोपीय शक्तियों के साम्राज्यों का जाल फैल गया। ऐसी स्थिति में जब साम्राज्यवादी बन्दरबांट के लिए नवीन प्रदेशों की प्राप्ति कठिन हो गयी, तब साम्राज्यवादी महत्वाकांक्षाओं के वातावरण में युद्ध अनिवार्य प्रतीत होने लगे। यह स्वीकार किया जाता है कि 1880 के पश्चात् जर्मनी के तीव्र औद्योगिक विकास से इंग्लैण्ड में यह भय उत्पन्न हो गया कि जर्मनी विश्व वाणिज्य और व्यापार क्षेत्र में उससे आगे निकल जाएगा तथा उसकी इस ईर्ष्या ने दोनों देशों के मध्य युद्ध को देर-सबेर अनिवार्य बना दिया।[3]

3. गुप्त मैत्रियों की पद्धति—प्रोफेसर एस० बी० फे० के अनुसार, "युद्ध का सबसे बड़ा अकेला मूल कारण गुप्त मैत्रियों की पद्धति थी, जो फ्रांस और प्रशा के युद्ध के पश्चात् विकसित हुई।"[4] इस पद्धति के कारण यूरोप दो सशस्त्र गुटों में विभाजित हो गया। ऐसी परिस्थिति में इन दो गुटों से संबंधित किन्हीं भी राज्यों के युद्ध का, यूरोप के सारे राज्यों के युद्ध में बदल जाना अनिवार्य हो गया। प्रथम विश्व युद्ध जिस विवाद से प्रारम्भ हुआ वह मूल रूप से आस्ट्रिया और सर्विया के मध्य था, परन्तु गुप्त मैत्रियों की पद्धति के कारण यूरोप के सभी प्रमुख राज्य युद्ध में सम्मिलित हो गए। 1907 तक यूरोप दो विरोधी गुटों में विभाजित हो गया—एक ओर जर्मनी, आस्ट्रिया और इटली त्रिराष्ट्रीय संघ (ट्रिपल एलायंस) था, दूसरी ओर फ्रांस, रूस और इंग्लैण्ड की त्रिराष्ट्रीय मैत्री (ट्रिपल इन्टेन्टे) थी। इन

गुटबन्दियों के कारण बाल्कन प्रदेश में आस्ट्रिया और सर्विया का विवाद एक गम्भीर अन्तर्राष्ट्रीय प्रश्न बन गया। इन सबसे 1914 तक अन्तर्राष्ट्रीय वातावरण इतना तनावपूर्ण हो गया कि लार्ड आक्सफोर्ड के शब्दों में, "हम यह अनुभव करते थे कि हम अत्यधिक पतले बर्फ पर स्केटिंग कर रहे थे तथा यूरोप की शान्ति अदृश्ट दुर्घटनाओं के एक अध्याय की दया पर निर्भर कर रही थी।"

4. **सैन्यवाद**—सैन्यवाद प्रथम विश्व युद्ध का एक अन्य प्रमुख कारण था। उन्नीसवीं शताब्दी में किसी राज्य की प्रतिष्ठा उसकी सैनिक शक्ति के आधार पर आँकी जाने लगी थी। राज्यों के मध्य सेना और शस्त्रास्त्रों को बढ़ाने की होड़ लगने लगी। बीसवीं शताब्दी के प्रारम्भ में शस्त्रास्त्रों की यह होड़, विशेष रूप से इंग्लैण्ड और जर्मनी की नौ-सैनिक प्रतियोगिता, अन्तर्राष्ट्रीय संबंधों को विषाक्त करने वाला एक प्रधान तत्व बन गयी। इससे प्रत्येक देश में सैनिक और नौ-सैनिक अधिकारियों का एक ऐसा वर्ग उत्पन्न हो गया जो अत्यन्त प्रभावशाली था और युद्ध की अनिवार्यता में विश्वास रखता था। जर्मनी की जनता का युद्ध की श्रेष्ठता में विश्वास था। मिराब्यू के शब्दों में, "युद्ध प्रशा का राष्ट्रीय उद्योग है।" ऐसे वातावरण में युद्ध को टालना सम्भव नहीं हो सका और युद्ध अवश्यम्भावी हो गया।

5. **राजनीतिज्ञों की नीतियाँ**—प्रथम विश्व युद्ध के लिए रूस, फ्रांस, सर्विया, जर्मनी, आस्ट्रिया और इंग्लैण्ड के राजनीतिज्ञ भी उत्तरदायी थे। बीसवीं शताब्दी के आरम्भ से ही यूरोप के लगभग सभी राज्यों के कर्णधार इस पूर्व धारणा के आधार पर अपनी नीतियों का निर्धारण कर रहे थे कि देर-सबेर युद्ध अवश्य होगा। उन्होंने ऐसी स्थिति का सामना करने को तैयार रहने के लिए सैन्यवादी नीति अपनायी। सैनिक आवश्यकताओं के कारण प्रत्येक देश के राजनैतिक और सैनिक नेताओं ने कुछ ऐसी बातें कीं, धमकियों और चेतावनियों की ऐसी भाषा का प्रयोग किया जिनका परिणाम लामबन्दियों और युद्ध की घोषणाओं के रूप में सामने आया।[5]

6. **गुप्त राजनय**—गुप्त राजनय को भी प्रथम विश्व युद्ध के मूल कारणों में स्वीकार किया जाता है। विभिन्न देशों के राजनीतिज्ञों ने परस्पर गुप्त समझौते करके ऐसी परिस्थितियाँ उत्पन्न कर दीं जिनसे एक ओर तो भ्रान्तिपूर्ण आशायें उत्पन्न हो गयीं और दूसरी ओर अनावश्यक आशंकायें। इन आशाओं और आशंकाओं ने युद्ध के लिए अत्यन्त उपजाऊ पृष्ठभूमि तैयार कर दी।

7. **प्रभावशाली अन्तर्राष्ट्रीय संस्था का अभाव**—नेपोलियन बोनापार्ट की पराजय के बाद से यूरोप के राजनीतिज्ञ इस बात को गम्भीरता से

अनुभव कर रहे थे कि भविष्य में व्यापक युद्ध को रोकने के लिए किसी प्रभावशाली अन्तर्राष्ट्रीय संस्था का होना आवश्यक है। यूरोपीय सहयोग (कन्सर्ट ऑफ यूरोप) नामक संस्था इसी अनुभूति का परिणाम थी। यूरोपीय सहयोग का तात्पर्य यह था कि जब भी कोई ऐसा अन्तर्राष्ट्रीय संकट उत्पन्न हो जो शान्ति के भंग होने की आशंका उत्पन्न कर दे, तब यूरोप की महाशक्तियाँ एक सम्मेलन में एकत्रित होकर उसका समाधान खोजें। प्रोफेसर मोबात के अनुसार, यह संस्था 1871 और 1914 के मध्य महान् योरोपीय युद्धों को बचाने में सफल हुई थी परन्तु यह संस्था किसी संवैधानिक आधार पर स्थापित नहीं की गयी थी, तथा उसकी सफलता महाशक्तियों के प्रबुद्ध स्वार्थ पर आधारित थी।[6] स्थायी शान्ति की स्थापना के लिए यह व्यवस्था संतोषजनक नहीं थी। उसके लिए अन्तर्राष्ट्रीय विधि और नैतिकता की एक मान्य संहिता तथा उनको कार्यान्वित करने के लिए एक प्रभावशाली यंत्र की आवश्यकता थी। 1899 और 1907 के हेग सम्मेलनों में इस प्रकार की संहिता की रचना की दिशा में काफी प्रगति की गयी परन्तु उसको कार्यान्वित करने के लिए किसी प्रभावशाली अन्तर्राष्ट्रीय संगठन की स्थापना नहीं की जा सकी।[7] प्रभावशाली अन्तर्राष्ट्रीय संगठन का यह अभाव प्रथम विश्व युद्ध का एक महत्वपूर्ण कारण था।

8. समाचार-पत्रों द्वारा लोकमत को विषाक्त बनाना–समाचार-पत्रों के द्वारा लगभग सभी देशों में लोकमत को विषाक्त बना देना भी प्रथम विश्व युद्ध का एक मूल कारण था। प्रथम विश्व युद्ध से पहले के 40 वर्षों के कूटनीतिक पत्र-व्यवहार में इस बात के अनेकानेक उदाहरण प्राप्त होते हैं, जब सरकारें मधुरतर संबंधों और मैत्रीपूर्ण व्यवस्थाओं की स्थापना के लिए उत्सुक थीं, परन्तु अपने-अपने देशों के समाचार-पत्रों के उद्धत राष्ट्रवादी प्रचार के कारण ऐसा करने में सफल नहीं हो सकीं। समाचार-पत्रों ने अपने-अपने देशों में, दूसरे देशों के विरुद्ध शत्रुतापूर्ण लोकमत का निर्माण करके युद्ध को देर-सबेर अनिवार्य कर दिया।

तात्कालिक कारण

प्रथम विश्व युद्ध का तात्कालिक कारण आस्ट्रिया और सर्विया की प्रतिद्वन्द्विता थी। सर्विया में स्लाव जाति का बाहुल्य था। आस्ट्रिया के कुछ भागों में, विशेष रूप से बोसनिया और हर्जेगोविना में भी अधिकांश जनता स्लाव जाति की थी। सर्विया और इन प्रदेशों के कुछ स्लाव नेता इन प्रदेशों को सर्विया के साथ मिलाना चाहते थे। परन्तु आस्ट्रिया एक बहुजातीय राज्य था तथा उसके कर्णधारों को इस प्रकार के पृथकतावादी आन्दोलनों में उसके विघटन की सम्भावना प्रतीत होती थी। वे प्रत्येक कीमत पर इस

आन्दोलन का दमन करने के लिए दृढ़प्रतिज्ञ थे। स्लाव आतंकवादियों ने आस्ट्रिया को आतंकित करने के लिए "काला हाथ" (ब्लैक हैंड) का संगठन किया था। इस संगठन ने आस्ट्रिया के युवराज फ्रांसिस फर्डीनेन्ड की हत्या की योजना बनायी। 28 जून, 1914 को बोसनिया की राजधानी सेराजेवो में एक स्लाव छात्र ने फ्रांसिस फर्डीनेण्ड और उनकी पत्नी सोफिया की गोली मारकर हत्या कर दी। इस हत्याकांड ने आस्ट्रिया को क्रुद्ध कर दिया। आस्ट्रिया के विदेशमंत्री बर्खटोल्ड और प्रधान सेनापति कोन्टराड सर्विया पर आक्रमण करने के लिए कटिबद्ध हो गए। 6 जुलाई, 1914 को आस्ट्रिया को जर्मनी से एक पत्र प्राप्त हुआ जिसमें जर्मनी ने आस्ट्रिया की सहायता करने का आश्वासन दिया था। इस परिस्थिति में 20 जुलाई, 1914 को आस्ट्रिया ने सर्विया को 48 घण्टे की चेतावनी (अल्टीमेटम) देते हुए उससे कुछ शर्तों को स्वीकार करने का आग्रह किया। प्रमुख शर्तें थीं:–

1. आस्ट्रिया विरोधी सम्पूर्ण प्रचार सर्विया तत्काल बन्द कर दे।
2. "काला हाथ" संगठन समाप्त कर दिया जाये।
3. कुछ ऐसे सर्वियन अधिकारियों को गिरफ्तार करके उन पर मुकदमा चलाया जाये, जिन पर हत्या में सहयोग देने का संदेह था।
4. आस्ट्रिया के अधिकारियों को हत्या के अभियुक्तों के मुकदमें में 'सर्विया में जाकर सहयोग' करने की अनुमति दी जाये।

सर्विया संभवत: इन शर्तों को स्वीकार कर लेता, परन्तु उसी समय उसे रूस के द्वारा एक पत्र में यह आश्वासन प्राप्त हुआ कि "रूस किसी भी स्थिति में सर्विया के विरुद्ध आस्ट्रिया के आक्रमण को स्वीकार नहीं करेगा।" इससे प्रोत्साहित होकर सर्विया ने आस्ट्रिया की अन्तिम शर्त को, जो किसी भी स्वतंत्र राष्ट्र के लिए अपमानजनक प्रतीत होती थी, अस्वीकार कर दिया। अत: 28 जुलाई, 1914 को आस्ट्रिया ने सर्विया के विरुद्ध युद्ध की घोषणा कर दी।

आस्ट्रिया के द्वारा युद्ध की घोषणा ने जर्मनी को अत्यन्त दुविधापूर्ण स्थिति में डाल दिया। वह युद्ध को स्थानीय बनाना चाहता था, परन्तु अन्य महाशक्तियों के युद्ध में भाग लेने की अवस्था में जर्मनी की सफलता श्लीफेन योजना पर निर्भर करती थी। फ्रांस और रूस दोनों सर्विया के मित्र थे। श्लीफेन योजना की मुख्य बात यह थी कि जर्मनी को फ्रांस और रूस दोनों से एक साथ युद्ध करना पड़ता है तो वह जनशक्ति की दृष्टि से दुर्बल होगा। इसी समय 30 जुलाई, 1914 को रूस ने सामान्य लामबन्दी का आदेश दे दिया। इस पर जर्मनी ने युद्ध की धमकी के साथ रूस को 12 घण्टे

के अन्दर लामबन्दी बन्द करने की चेतावनी दी। रूस निर्धारित समय के अन्दर कोई उत्तर न दे सका। इस पर जर्मनी ने 1 अगस्त, 1914 को सर्विया और रूस के विरुद्ध युद्ध की घोषणा कर दी। इस प्रकार रूस के द्वारा जल्दबाजी में की गई लामबन्दी ने अन्ततः यूरोपीय युद्ध को अनिवार्य बना दिया।[8] श्लीफेन योजना के अनुसार जर्मनी को रूस से भिड़ने से पहले बेल्जियम से होकर फ्रांस पर आक्रमण करके 6 सप्ताह के अन्दर पेरिस पर अधिकार कर लेना था और उसके बाद रूस से मुकाबला करना था। अतः उसने 3 अगस्त, 1914 को फ्रांस के विरुद्ध युद्ध की घोषणा कर दी।

इंग्लैण्ड फ्रांस की सहायता करने के लिए गुप्त रूप से वचनबद्ध था परन्तु ब्रिटिश जनता एक बाल्कन समस्या को लेकर युद्ध करने के विरुद्ध थी। परन्तु अपनी सैनिक आवश्यकताओं के कारण जर्मनी ने बेल्जियम की तटस्थता का उल्लंघन करते हुए उस पर आक्रमण कर दिया। इंग्लैण्ड बेल्जियम की तटस्थता की रक्षा का आश्वासन दे चुका था। अतः बेल्जियम पर जर्मनी के आक्रमण ने ब्रिटिश जनता को जर्मनी के विरुद्ध कर दिया। ब्रिटिश सरकार ने 4 अगस्त, 1914 को जर्मनी के विरुद्ध युद्ध की घोषणा कर दी। इस प्रकार जैसा कि डी॰ एम॰ केटलबी का मत है, "अन्ततः यूरोप युद्धाग्नि में घिर गया।"

युद्ध और उसकी प्रगति तथा युद्ध की समाप्ति

4 अगस्त, 1914 में प्रारम्भ हुआ यह युद्ध 11 नवम्बर, 1918 को समाप्त हुआ। अपनी विशालता, विस्तार, प्रकृति, कार्य-क्षेत्र और तकनीक में इस महान् युद्ध ने मानव इतिहास के सभी ज्ञात युद्धों को पीछे छोड़ दिया। छः यूरोपीय देशों (जर्मनी, आस्ट्रिया एक ओर तथा सर्विया, रूस, फ्रांस, इंग्लैण्ड दूसरी ओर) के अतिरिक्त शनैः शनैः विश्व के अधिकांश देश इस युद्ध में सम्मिलित होते चले गये। इससे यह युद्ध एक यूरोपीय युद्ध मात्र न रहकर, विश्व के इतिहास का प्रथम विश्व युद्ध बन गया। यह युद्ध पुराने युद्धों की तरह केवल सैनिकों का युद्ध नहीं था, अपितु एक ऐसा युद्ध था जिसमें प्रतिपक्षों ने एक-दूसरे के सैन्यबल को ही नहीं अपितु अर्थव्यवस्था को भी क्षति पहुंचाने की पूर्ण चेष्टा की थी। इस युद्ध में नये-नये साधनों, नयी-नयी तकनीकों और नये-नये शस्त्रों का प्रयोग किया गया था। इस युद्ध में धन और जन की अपार क्षति हुई थी। इस युद्ध में मृतक सैनिकों की संख्या 100 लाख; मृतक मान लिये गये लापता सैनिकों की संख्या तीस लाख; मृतक असैनिक 130 लाख; घायल 200 लाख; बन्दी 30 लाख; युद्ध में अनाथ 90 लाख; युद्ध में विधवायें 50 लाख; शरणार्थी 100 लाख थे।

इस युद्ध में नवम्बर, 1914 में टर्की और अक्टूबर, 1915 में बल्गारिया केन्द्रीय शक्तियों (जर्मनी, आस्ट्रिया, हंगरी) के साथ युद्ध में सम्मिलित हो गया। इटली मित्र राष्ट्रों (इंग्लैण्ड, फ्रांस, रूस आदि) के पक्ष में मई, 1915 में युद्ध में सम्मिलित हुआ। जर्मनी ने मित्र राष्ट्रों, विशेषतः इंग्लैण्ड के समुद्री व्यापार को नष्ट करने का प्रयत्न किया। 1917 के प्रारम्भ में दो अत्यन्त महत्वपूर्ण घटनायें हुईं जिनका प्रथम विश्व युद्ध की प्रगति और अन्तर्राष्ट्रीय संबंधों पर गहरा प्रभाव पड़ा। इनमें से पहली घटना थी; 15 मार्च, 1917 की रूसी क्रान्ति। इस क्रान्ति के कारण रूसी सेनायें युद्ध में कोई प्रभावशाली भाग लेने में सर्वथा असमर्थ हो गयीं। साम्यवादी सरकार (रूस) ने जर्मनी के साथ युद्ध-विराम कर लिया 14 मार्च, 1918 को ब्रेस्ट लिटोवस्क की संधि के द्वारा रूस अन्तिम रूप से युद्ध से पृथक् हो गया।

1917 की दूसरी अत्यन्त महत्वपूर्ण घटना थी, संयुक्त राज्य अमेरिका का 6 अप्रैल, 1917 को मित्र राष्ट्रों की ओर से युद्ध में सम्मिलित होना। 1914 में युद्ध छिड़ने के बाद अमेरिका ने पूर्ण तटस्थता की नीति अपनायी थी परन्तु जर्मनी द्वारा प्रारम्भ पनडुब्बी युद्ध ने अमेरिका को क्रुद्ध कर दिया। जर्मनी ने चेतावनी दी थी कि इंग्लैण्ड के पास के समुद्र तट में वह तटस्थ राष्ट्रों के जहाजों को डुबो देगा, इससे अमेरिका में उत्तेजना छा गयी और उसे जर्मनी के विरुद्ध युद्ध के लिए प्रेरित होना पड़ा। इसके अतिरिक्त अमेरिकन ऋण जो मित्रराष्ट्रों को दिया गया था, उसकी अदायगी की समस्या थी; यदि मित्र राष्ट्र पराजित हो जाते तो अमेरिकन ऋण डूब जाता, अतः अमेरिका ने मित्र राष्ट्रों के पक्ष में युद्ध में सम्मिलित होने का प्रयत्न किया। शक्ति संतुलन के सिद्धान्त का एक अन्य पहलू था, अमेरिका का मित्र राष्ट्रों के पक्ष में युद्ध में सम्मिलित होना। अमेरिका का युद्ध में सम्मिलित होना प्रथम विश्व युद्ध की सबसे अधिक निर्णयात्मक घटना थी।[10] इससे मित्र राष्ट्रों का पक्ष धन, जन और सैनिक शक्ति सभी दृष्टियों से केन्द्रीय शक्तियों की तुलना में इतना अधिक शक्तिशाली हो गया कि उसकी विजय निश्चित थी। सितम्बर, 1918 में बल्गारिया ने, अक्टूबर, 1918 में टर्की ने आत्मसमर्पण कर दिया। 3 नवम्बर, 1918 को आस्ट्रिया-हंगरी भी युद्ध से पृथक हो गया। 4 नवम्बर, 1918 को जर्मनी की नौ-सेना ने विद्रोह कर दिया। जर्मनी में एक क्रान्ति हुई। कैसर विलियम द्वितीय ने राजसिंहासन त्याग दिया। जर्मन सरकार ने मित्र राष्ट्रों से युद्ध-विराम की प्रार्थना की और फिर 11 नवम्बर, 1918 को ठीक 11 बजे समस्त रणक्षेत्रों में युद्ध-विराम की घोषणा कर दी गयी। प्रथम विश्व युद्ध समाप्त हो गया।

सन्दर्भ

1. जवाहर लाल नेहरू: ग्लिम्पसिज ऑफ वर्ल्ड हिस्ट्री (चतुर्थ संस्करण), पृ॰ 399.
2. एस॰ बी॰ फे॰: दी ओरिजिन्स ऑफ दी वर्ल्ड वार (द्वितीय संस्करण), पृ॰ 46.
3. वही, पृ॰ 34, 44, 46.
4. वही, पृ॰ 46, 558.
5. वही, पृ॰ 558.
6. आर॰ बी॰ मोबात: दी यूरोपियन स्टेट्स सिस्टम, पृ॰ 80.
7. गेथोर्न हार्डी: ए शार्ट हिस्ट्री ऑफ इन्टरनेशनल अफेयर्स, पृ॰ 110.
8. एस॰ बी॰ फे॰: दी ओरिजिन्स ऑफ दी वर्ल्ड वार (द्वितीय संस्करण), पृ॰ 554.
9. डी॰ एम॰ केटलबी: ए शार्ट हिस्टरी ऑफ माडर्न यूरोप, पृ॰ 262.
10. जवाहर लाल नेहरू: ग्लिम्पसिज ऑफ वर्ल्ड हिस्ट्री (चतुर्थ संस्करण), पृ॰ 630.

स्मरण संकेत

प्रथम विश्व युद्ध के कारण

मूल कारण–1. राष्ट्रीयता; 2. आर्थिक साम्राज्यवाद; 3. गुप्त मैत्रियों की पद्धति; 4. सैन्यवाद; 5. राजनीतिज्ञों की नीतियाँ; 6 गुप्त राजनय; 7. प्रभावशाली अन्तर्राष्ट्रीय संस्था का अभाव; 8. समाचार पत्रों द्वारा लोकमत को विषाक्त बनाना।

तात्कालिक कारण–सर्विया और आस्ट्रिया की प्रतिद्वन्द्विता जिसके परिणामस्वरूप 28 जून, 1914 को आस्ट्रिया के युवराज फ्रांसिस फर्डीनेन्ड और उनकी पत्नी सोफिया की हत्या कर दी गयी थी।

युद्ध और उसकी प्रगति तथा युद्ध की समाप्ति

1. 4 अगस्त, 1914 को प्रारम्भ।
2. 11 नवम्बर, 1918 को समाप्त।
3. धन-जन की अपार क्षति।
4. (मार्च, 1917) रूस में क्रान्ति और रूस का युद्ध से पृथक हो जाना; ब्रेस्ट लिटोवस्क की सन्धि।
5. (6 अप्रैल, 1917) संयुक्त राज्य अमेरिका का मित्र राष्ट्रों के पक्ष में युद्ध में सम्मिलित हो जाना।

6. केन्द्रीय राष्ट्रों का एक-एक कर आत्मसमर्पण, अन्त में जर्मनी द्वारा आत्मसमर्पण।
7. मित्र राष्ट्रों की विजय।

प्रश्न

1. प्रथम विश्व युद्ध के प्रमुख कारणों की समीक्षा कीजिए।
2. प्रथम विश्व युद्ध के आधारभूत कारण क्या थे? क्या युद्ध अपरिहार्य था?
3. उन परिस्थितियों की समीक्षा कीजिए जिनके फलस्वरूप प्रथम विश्व युद्ध प्रारम्भ हुआ।
4. प्रथम विश्व युद्ध के कारणों और पृष्ठभूमि पर प्रकाश डालिए।
5. "उग्रराष्ट्रवाद तथा आर्थिक साम्राज्यवाद व सैन्यवाद प्रथम विश्वयुद्ध के प्रमुख कारण थे," समीक्षा कीजिए।
6. प्रथम विश्व युद्ध को अपरिहार्य बना देने में महाशक्तियों की भूमिका की विवेचना कीजिए।

2

पेरिस का शान्ति सम्मेलन

लगभग चार वर्ष तीन माह (28 जुलाई, 1914 से 11 नवम्बर, 1918) के तुमुल संघर्ष के पश्चात् अर्थात् प्रथम विश्वयुद्ध की समाप्ति के पश्चात् 18 जनवरी, 1919 को मित्र राष्ट्रों के प्रतिनिधि यूरोप तथा विश्व के भावी मानचित्र की रचना के उद्देश्य से पेरिस में एकत्रित हुये। पेरिस का यह शान्ति सम्मेलन वियना सम्मेलन (सितम्बर, 1814 से जुलाई, 1815) के बाद विश्व के इतिहास का सर्वाधिक महत्वपूर्ण सम्मेलन था। यह इतिहास का प्रथम विश्व सम्मेलन था और इसके निर्णयों ने केवल यूरोप को ही नहीं अपितु सम्पूर्ण विश्व को प्रभावित किया। पेरिस सम्मेलन को, अपने कार्य को प्रतिकूल वातावरण और परिस्थितियों में सम्पन्न करना पड़ा था।

सम्मेलन स्थल का त्रुटिपूर्ण चयन

सम्मेलन स्थल के रूप में पेरिस का चयन एक दुर्भाग्यपूर्ण भूल थी। 1919 में पेरिस शान्ति वार्ता के लिए अत्यधिक अनुपयुक्त था। युद्ध की ज्वालायें पेरिस के समीपस्थ क्षेत्र को ध्वस्त कर चुकी थीं। उसका वातावरण शान्ति वार्ता के लिए अनुकूल नहीं था। कीन्स के शब्दों में, "पेरिस एक दु:स्वप्न था और वहाँ प्रत्येक व्यक्ति रोगी था। सम्पूर्ण वातावरण असन्तोष, प्रतिशोध, चिड़चिड़ाहट और घृणा की भावना से उत्तेजित हो रहा था।" शान्ति वार्ता के लिए स्विट्जरलैण्ड जैसे तटस्थ देश का कोई नगर, जैसे जेनेवा अधिक उपयुक्त रहता, परन्तु फ्रेंच नेता हठ कर गये कि शान्ति सम्मेलन पेरिस में ही होना चाहिए क्योंकि जर्मन आक्रमण के प्रतिरोध में उन्होंने सबसे अधिक कार्य किया है; अत: शान्ति सम्मेलन का घटना स्थल होने का सम्मान उनकी राजधानी को ही मिलना चाहिए।

विजेता राष्ट्रों की गोष्ठी

पेरिस का शान्ति सम्मेलन विजेता राष्ट्रों की गोष्ठी मात्र था। यह वास्तविक सम्मेलन नहीं था। पेरिस सम्मेलन की कार्यवाही में पराजित राष्ट्रों

के प्रतिनिधियों को भाग नहीं लेने दिया गया। इस प्रकार पेरिस सम्मेलन एक वास्तविक सम्मेलन न रहकर एक विजेता गोष्ठी बन गया और सन्धियाँ पराजित राष्ट्रों पर थोपी गई थीं।

पेरिस शान्ति सम्मेलन की कार्य पद्धति तथा सम्मेलन के कर्णधारों के परस्पर विरोधी व्यक्तित्व

पेरिस सम्मेलन का संगठन अत्यन्त जटिल था। कार्य पद्धति दोषपूर्ण थी। 18 जनवरी, 1919 को सम्मेलन का प्रथम पूर्ण अधिवेशन हुआ, जिसमें सभी प्रतिनिधियों ने भाग लिया। परन्तु उसके बाद सम्मेलन के केवल 5 और पूर्ण अधिवेशन हुये। सम्मेलन के आरम्भ में ही यह स्पष्ट हो गया कि पूर्ण अधिवेशन कूटनीतिक कार्य के लिए एक उपयुक्त संस्था नहीं थी। सम्मेलन के कार्य को सुचारू रूप से चलाने के लिए एक 'दस सदस्यों की परिषद्' की स्थापना की गयी जिसमें संयुक्त राज्य अमेरिका, ब्रिटेन, फ्रांस, इटली और जापान के दो-दो प्रतिनिधि थे। परन्तु यह दस सदस्यों की परिषद् भी कूटनीतिक कार्य के कुशल सम्पादन के लिए उपयुक्त प्रतीत नहीं हुई; अतः मार्च, 1919 में चार सदस्यों की परिषद् की नियुक्ति की गई। इसके सदस्य थे—अमेरिका के राष्ट्रपति विल्सन, ब्रिटिश प्रधानमंत्री लायड जार्ज, फ्रेंच प्रधानमंत्री क्लेमेन्सो तथा इटालियन प्रधानमंत्री औरलैण्डो। शीघ्र ही फ्यूम के प्रश्न पर विल्सन और औरलैण्डों के मध्य तीव्र मतभेद हो गए, अतः विल्सन, क्लेमेन्सो तथा लायड जार्ज की त्रिसदस्यीय परिषद् ने सम्मेलन के सभी महत्वपूर्ण निर्णय किये। पूर्ण सम्मेलन का कार्य इन निर्णयों पर अपनी स्वीकृति की मोहर लगाने तक सीमित रह गया। इस प्रकार छोटे राष्ट्रों को सम्मेलन के निर्णयों को प्रभावित करने का अवसर नहीं मिला। इस प्रकार सम्मेलन का संगठन दोषपूर्ण था। उसकी कार्यप्रणाली भी सन्तोषजनक नहीं थी। सम्मेलन का अध्यक्ष क्लेमेन्सो अनुपयुक्त सिद्ध हुआ। क्लेमेन्सो सम्मेलन के कार्य के प्रति उदासीन और कलहप्रिय था।[1]

पेरिस सम्मेलन के राजनीतिज्ञों को अपने कार्यों से अपने-अपने देशों के निर्वाचक मण्डलों को भी सन्तुष्ट करना था। इन देशों के निर्वाचक मण्डल प्रतिशोध की भावनाओं के वशीभूत थे तथा पराजित राष्ट्रों के प्रति कठोर व्यवहार की माँग कर रहे थे। पत्र-प्रतिनिधियों को गुप्त बातों का पता लगाने की तीव्र इच्छा तथा अनुत्तरदायित्वपूर्ण प्रचार के कारण सम्मेलन के लिए सभी समस्याओं पर ठंडे दिमाग से विचार करना और भी कठिन हो गया।

पेरिस सम्मेलन का कार्य तथा समस्यायें अत्यन्त जटिल और कठिन थीं। पेरिस सम्मेलन के कर्णधारों का उद्देश्य था—शाश्वत शान्ति की स्थापना तथा विश्व को जनतंत्र के लिए सुरक्षित बनाना। यह एक ऐसा कार्य था जो किसी

भी सम्मेलन के लिए दुष्कर था। पेरिस सम्मेलन के लिए, जहाँ विभिन्न प्रतिनिधि मंडल अपने-अपने राष्ट्रीय हितों की सुरक्षा के लिए व्यग्र थे, यह लगभग असम्भव ही था।

पेरिस सम्मेलन के कर्णधारों में राजनैतिक दूरदर्शिता और कूटनीतिक योग्यता के गुण पर्याप्त मात्रा में विद्यमान नहीं थे। विल्सन तथा लायड जार्ज में राजनैतिक दूरदर्शिता तो उच्चकोटि की थी, परन्तु इतनी कूटनीतिक योग्यता नहीं थी कि वे अन्य प्रतिनिधियों को पराजित राष्ट्रों के साथ उदार व्यवहार करने के लिए तैयार कर सकते। इसके विपरीत क्लेमेन्सो और औरलैण्डों में उच्चकोटि की कूटनीतिक योग्यता थी परन्तु राजनैतिक दूरदर्शिता नहीं थी। वे यह नहीं समझ सके कि पराजित राष्ट्रों के साथ कठोर व्यवहार करने से स्थायी शान्ति स्थापित नहीं की जा सकती। पेरिस सम्मेलन के नेताओं के व्यक्तित्व परस्पर विरोधी थे। विल्सन एक प्रतिभाशाली वक्ता तथा आदर्शवादी विचारक था। वह हजरत मूसा और ईसा की भांति एक नवीन व्यवस्था का पैगम्बर बनना चाहता था। परन्तु अपरिवर्तनीय विश्वासों का यह राजनीतिज्ञ राजनैतिक सौदेबाजी की बारीकियों से परिचित नहीं था। वह कूटनीति के क्षेत्र में एक नौसीखिया सिद्ध हुआ। वह न तो शान्ति समझौते को अपने आदर्शों के अनुरूप बनाने में सफल हो सका, अपितु स्वयं उसके देशवासियों ने भी उसके आदर्शों को ठुकरा दिया।

ब्रिटिश प्रधानमंत्री लायड जार्ज एक यथार्थवादी, कुशाग्र बुद्धि, अथक कार्यशक्ति, प्रत्युत्पन्नमति वाला तथा विनोदप्रिय राजनीतिज्ञ था। इस उदारदलीय नेता में शीघ्र निर्णय करने तथा अपने सहायकों का ठीक-ठीक उपयोग करने की अद्‌भुत क्षमता थी। यद्यपि लायड जार्ज तथा उसकी राष्ट्रीय सरकार ने 1918 का निर्वाचन "जर्मनी से पूर्ण हरजाना लो", "शिलिंग के बदले शिलिंग", "कैसर को फाँसी पर लटकाओ" जैसे नारों के आधार पर जीता था परन्तु उसने पेरिस सम्मेलन में जर्मनी के साथ उदार व्यवहार पर बल दिया क्योंकि वह जानता था कि ब्रिटिश व्यापार के पुनरुत्थान तथा सोवियत साम्यवाद के प्रसार के अवरोध के लिए एक सुदृढ़ आर्थिक व्यवस्था वाले जर्मनी की आवश्यकता थी। परन्तु शीघ्र शान्ति स्थापना भी ब्रिटिश व्यापार की उन्नति के लिए आवश्यक थी। अपनी शीघ्र शान्ति स्थापना की तीव्र अभिलाषा के कारण वह क्लेमेन्सो के जर्मनी के साथ कठोर व्यवहार के प्रस्तावों का तीव्र विरोध नहीं कर सका।

पराजित राष्ट्रों के साथ कठोर व्यवहार के लिए सर्वाधिक उत्तरदायी व्यक्ति था-पेरिस सम्मेलन का अध्यक्ष फ्रेंच प्रधानमंत्री क्लेमेन्सो। फ्रांस के इस 77 वर्षीय चीते ने 1871 में जर्मन प्रशा द्वारा फ्रांस के पराभव और

अपमान को अपनी आंखों से देखा था और वह उसका प्रतिशोध लेने के लिए दृढ़ प्रतिज्ञ था। वह एक दयाहीन, अनुभवी और रुक्ष व्यक्ति था। उसे मानव प्रकृति का गहरा ज्ञान था। वह सम्मेलन का सर्वाधिक कुशल कूटनीतिज्ञ था। वह विल्सन के आदर्शवाद और लायड जार्ज के उदारवाद दोनों को उपहास की वस्तु समझता था। विल्सन का मजाक उड़ाते हुए वह कहता था कि "लायड जार्ज अपने को नेपोलियन समझता है, परन्तु विल्सन अपने को ईसा मानता है।" लायड जार्ज के उदारवाद को वह "सौ-सौ चूहे खाय बिल्ली चली हज को" का उदाहरण समझता था। क्लेमेन्सो को इस बात का दृढ़ विश्वास था कि जर्मनी शक्ति के अतिरिक्त और कुछ नहीं समझता, उसका एकमात्र उद्देश्य जर्मनी का इतना दमन करना था कि वह फिर कभी फ्रांस के लिए संकट न बन सके।[2]

इटालियन प्रधानमंत्री औरलैण्डो एक विद्वान् तथा कुशल राजनीतिज्ञ था। विल्सन के आदर्शवाद में उसका कोई विश्वास नहीं था। पेरिस सम्मेलन में उसका एक ही उद्देश्य था–इटली के लिए अधिकाधिक सुविधायें और प्रदेश प्राप्त करना। उसे केवल एक ही बात की चिन्ता थी और वह बात थी–इटली का हित।

पेरिस सम्मेलन की संधियाँ (शान्ति समझौता)

पेरिस सम्मेलन में मित्र राष्ट्रों तथा पराजित राष्ट्रों के मध्य 5 शांति सन्धियाँ सम्पन्न हुईं:–

1. 28 जून, 1919 को जर्मनी के साथ वर्साय की सन्धि।
2. 10 सितम्बर, 1919 को आस्ट्रिया के साथ सेंट जर्मेन की सन्धि।
3. 27 नवम्बर, 1919 को बल्गारिया के साथ न्यूली की सन्धि।
4. 4 जून, 1920 को हंगरी के साथ त्रिआनों की सन्धि।
5. 10 अगस्त, 1920 को टर्की के साथ सेव्र की सन्धि।

इन सन्धियों में से सेव्र की सन्धि का टर्की ने अनुसमर्थन नहीं किया तथा मित्र राष्ट्रों को 23 जुलाई, 1923 को टर्की के साथ एक नवीन और उदार सन्धि "लोसाने" की सन्धि पर हस्ताक्षर करने पड़े। इनके अतिरिक्त अनेक अल्पसंख्यक सन्धियां भी सम्पन्न हुईं। ये सब सन्धियाँ सम्मिलित रूप से "शान्ति समझौता" कहलाती हैं।

वर्साय की सन्धि

पेरिस सम्मेलन की सबसे अधिक महत्वपूर्ण, वृहद और विवादग्रस्त सन्धि वर्साय की सन्धि थी। 200 पृष्ठों तथा 80 हजार शब्दों और 439

धाराओं में विभक्त यह सन्धि 15 अध्यायों में उल्लिखित थी। सन्धि की मुख्य व्यवस्थायें इस प्रकार थीं:–

1. **प्रादेशिक व्यवस्थायें**–वर्साय सन्धि की प्रादेशिक व्यवस्थायें निम्नलिखित थीं:–

(i) जर्मनी ने अल्सास-लारेन का प्रदेश फ्रांस को वापस कर दिया।

(ii) उत्तरी जर्मनी का श्लेसविग नामक प्रदेश एक जनमत संग्रह के पश्चात् डेनमार्क को दे दिया गया।

(iii) जर्मनी ने मार्सनेट, यूपेन तथा मालमेडी के प्रदेश बेल्जियम को दिये।

(iv) जर्मनी ने पश्चिमी प्रशा, पोसेन तथा साइलीशिया के कुछ भाग पोलैण्ड को दिये। इससे पोलैण्ड को बाल्टिक समुद्र तक एक गलियारा (कारीडोर) मिल गया जिससे पूर्वी प्रशा शेष जर्मनी से पृथक् हो गया। डैंजिंग का जर्मन नगर जर्मनी से छीनकर राष्ट्रसंघ में एक स्वतंत्र नगर बना दिया गया। एक सन्धि द्वारा उसे पोलैण्ड के साथ एक बहि:शुल्क संघ (कस्टम्स यूनियन) में सम्मिलित कर दिया गया तथा पोलैण्ड को उसके विदेशी संबंधों का संचालन करने का अधिकार दे दिया गया।

(v) जर्मनी का मेमल बन्दरगाह मित्र राष्ट्रों को दे दिया गया, जिसे मित्र राष्ट्रों ने लिथुआनिआ को दे दिया।

(vi) सार के औद्योगिक प्रदेश पर जर्मनी की प्रभुसत्ता को स्वीकार किया गया, परन्तु 15 वर्ष के लिए उसका शासन-प्रबन्ध राष्ट्रसंघ द्वारा नियुक्त एक आयोग द्वारा किये जाने की व्यवस्था की गयी। 15 वर्ष बाद एक जनमत संग्रह का विधान किया गया। जनवरी, 1935 में 90% सारवासियों ने जर्मनी के पक्ष में अपना मत दिया और यह क्षेत्र जर्मनी को पुन: प्राप्त हो गया।

(vii) राइन नदी के बायें तट को स्थायी रूप से नि:शस्त्र कर दिया गया।

(viii) जर्मनी तथा आस्ट्रिया के संघीकरण का निषेध कर दिया गया।

(ix) जर्मनी के सभी उपनिवेश तथा चीन, मिस्र और मोरक्को में जर्मन विशेषाधिकार छीन लिये गए। जर्मनी के उपनिवेशों को मित्र राष्ट्रों ने परस्पर मैन्डेटों के रूप में विभाजित कर लिया।

2. **आर्थिक व्यवस्थायें**–वर्साय सन्धि की आर्थिक व्यवस्थायें थीं:–

(i) जर्मनी ने स्वीकार किया कि "जर्मनी और उसके मित्रों द्वारा थोपे गए युद्ध के परिणामस्वरूप मित्र राष्ट्रों की सरकारों तथा नागरिकों को होने वाली क्षति के उत्तदायित्व को जर्मनी स्वीकार करता है।"

(ii) जर्मनी मित्र राष्ट्रों के नागरिकों को हुई सम्पूर्ण हानि की क्षति पूर्ति करेगा।

(iii) क्षति पूर्ति की राशि का निर्धारण मित्र राष्ट्रों द्वारा नियुक्त एक क्षति पूर्ति आयोग करेगा।

(iv) जब तक क्षति पूर्ति आयोग अपना प्रतिवेदन दे, जर्मनी 1919 से 1921 के मध्य तक एक अरब पौंड अदा करेगा।

(v) जर्मनी अपनी पन्डुब्बी, बेतार के तार मित्र राष्ट्रों को सौंप देगा। जर्मनी 1600 टन से अधिक के अपने सब व्यापारिक जहाज मित्र राष्ट्रों को सौंप देगा।

(vi) जर्मनी, फ्रांस तथा बेल्जियम को बड़ी संख्या में घोड़े तथा अन्य पशु देगा। वह दस वर्ष तक फ्रांस को 70 लाख टन कोयला प्रतिवर्ष, बेल्जियम को 80 लाख टन कोयला प्रतिवर्ष, इटली को 60 लाख टन कोयला प्रतिवर्ष देगा।

3. नि:शस्त्रीकरण संबंधी व्यवस्थायें–वर्साय सन्धि में जर्मनी को नि:शस्त्र करने तथा सैनिक दृष्टि से पंगु बनाने के लिए निम्न व्यवस्थायें की गई थीं:–

(i) जर्मनी अनिवार्य भर्ती को समाप्त कर देगा और उसकी स्थल सेना एक लाख से अधिक नहीं होगी।

(ii) जर्मनी कोई वायुसेना नहीं रखेगा।

(iii) जर्मनी की जलसेना 10 हजार टन के 6 युद्धपोतों, 6 क्रूजरों, 12 डेस्ट्रायर जहाजों और 12 टारपीडो नौकाओं से अधिक नहीं होगी। उसमें कोई पनडुब्बी नहीं रहेगी।

(iv) जर्मनी राइन नदी के बायें तट पर जर्मन क्षेत्र में तथा दायें तट पर 50 कि॰ मी॰ के भीतर किसी प्रकार की किलेबन्दी नहीं करेगा।

(v) जर्मनी निश्चित मात्रा से अधिक रणसामग्री का उत्पादन नहीं कर सकेगा तथा आयात करने का भी निषेध कर दिया गया।

4. युद्ध अपराध तथा दंड संबंधी व्यवस्थायें–जर्मन सम्राट् विलियम द्वितीय को अन्तर्राष्ट्रीय नैतिकता तथा सन्धियों की पवित्रता के विरुद्ध सर्वाधिक गम्भीर अपराध का दोषी ठहराया गया। परन्तु विलियम द्वितीय ने नीदरलैण्ड की सरकार से शरण माँगी और नीदरलैण्ड की सरकार ने मित्र राष्ट्रों की उसके प्रत्यर्पण की माँग को ठुकरा दिया। मित्र राष्ट्रों ने लगभग 100 अन्य जर्मन पदाधिकारियों को युद्धअपराधी घोषित कर दिया परन्तु वर्साय सन्धि के युद्ध अपराध संबंधी अनुच्छेदों का जर्मन जनता ने उग्र

विरोध किया और अन्ततः केवल 12 व्यक्तियों को साधारण दण्ड दिया जा सका।

सेंट जर्मेन की सन्धि

381 धाराओं वाली यह सन्धि वर्साय की सन्धि के सदृश थी। सन्धि की प्रस्तावना में कहा गया था कि पूर्ववर्ती आस्ट्रो-हंगेरियन राजतंत्र समाप्त हो गया है। उसके स्थान पर आस्ट्रिया में एक गणतांत्रिक सरकार की स्थापना कर दी गयी है। इस सन्धि के परिणामस्वरूप आस्ट्रिया का क्षेत्रफल तथा जनसंख्या क्रमशः 184000 वर्ग कि॰ मी॰ से घटकर 51200 वर्ग कि॰ मी॰ तथा तीन करोड़ के स्थान पर केवल 65 लाख रह गयी। आस्ट्रिया के विशाल साम्राज्य का अधिकांश भाग उससे छीनकर चार नवीन राज्यों की रचना की गयी। ये राज्य थे–पोलैण्ड, चेकोस्लोवाकिया, हंगरी तथा यूगोस्लाविया। आस्ट्रियन गैलीशिया पोलैण्ड को; बोहीमिया, मोराविया, आस्ट्रियन साइलीशिया, चेकोस्लोवाकिया को; बोसनिया, हर्जेगोविना, डालमेशिया तट का भाग यूगोस्लाविया को; बुकोबिना रुमानिया को; दक्षिणी टिरोल इटली को दे दिये गये। टेशेन का उद्योग प्रधान प्रदेश पोलैण्ड तथा चेकोस्लोवाकिया में विभाजित कर दिया गया। यद्यपि शेष आस्ट्रिया की अधिकांश जनसंख्या जर्मन थी परन्तु आस्ट्रिया तथा जर्मनी के एक संघ के निर्माण का निषेध कर दिया गया।

आस्ट्रिया की स्थल सेना को घटाकर 30 हजार कर दिया गया। उसकी नौसेना को डेन्यूब नदी पर 3 पुलिस नौकाओं तक सीमित कर दिया गया। उसे क्षतिपूर्ति आयोग द्वारा निर्धारित क्षतिपूर्ति का देनदार ठहराया गया। परन्तु मित्र राष्ट्रों ने इस आशंका से कि कहीं आस्ट्रिया को जर्मनी से संयुक्त करने का आन्दोलन उग्र रूप धारण न कर ले, सेंट जर्मेन की सन्धि के क्षेत्रेत्तर (नान टेरीटोरियल) उपबंधों को कार्यान्वित करने का विशेष प्रयत्न नहीं किया।

न्यूली की सन्धि

इस सन्धि के अनुसार बल्गारिया को पश्चिमी बल्गारिया का कुछ भाग यूगोस्लाविया को, पश्चिमी थ्रेस यूनान को तथा दोब्रुज का प्रदेश रुमानिया को देना पड़ा। उसका सैन्यबल घटाकर 33000 कर दिया गया तथा उसकी क्षतिपूर्ति संबंधी देनदारी 45 करोड़ डालर निश्चित हुई।

त्रिआनों की सन्धि

इस सन्धि के परिणामस्वरूप हंगरी को स्लोवाकिया का क्षेत्र चेकोस्लोवाकिया को; क्रोशिया का क्षेत्र यूगोस्लाविया को; ट्रांसिल्वानिया का क्षेत्र रुमानिया को देना पड़ा। हंगरी के सैन्यबल को घटाकर 35000 कर दिया गया।

सेव्र की सन्धि

इस सन्धि के द्वारा मिस्र, सूडान, साइप्रस, ट्रिपोली, मोरक्को, ट्यूनिस, अरब, फिलिस्तीन, मेसोपोटामिया, सीरिया, पूर्वी थ्रेस, इजियन सागर के द्वीप, स्मर्ना, दक्षिणी पूर्वी लघु एशिया, आर्मीनिया, कुर्दिस्तान आदि के प्रदेश तुर्की से छीन लिए गये। इसके परिणामस्वरूप खलीफा के विशाल साम्राज्य का अन्त हो गया। टर्की केवल अनातोलिया के पहाड़ी प्रदेश और कान्स्टेन्टिनोपल (कुस्तुनतुनिया) के समीपस्थ क्षेत्र तक ही सीमित रखा गया।

लोसाने की सन्धि

सेव्र की सन्धि को क्रियान्वित नहीं किया जा सका। सन्धि से तथा शान्ति सम्मेलन की कार्यवाहियों से टर्की की जनता में रोष तथा क्षोभ व्याप्त था। टर्किश जनता मुस्तफा कमाल के समर्थ और शक्तिशाली नेतृत्व में खलीफा के विरुद्ध विद्राह कर उठी। एक ही वर्ष के अन्दर एक मित्र राष्ट्रीय सैन्यबल द्वारा रक्षित कुस्तुनतुनिया नगर को छोड़कर शेष टर्की पर कमाल की राष्ट्रीय सरकार का शासन स्थापित हो गया। कमाल ने सेव्र की सन्धि को मानने से इन्कार कर दिया। अन्त में विवश होकर मित्र राष्ट्रों ने मुस्तफा कमाल की राष्ट्रवादी सरकार को तुर्की की सरकार के रूप में मान्यता दे दी और 9 नवम्बर, 1922 को तुर्की में सुल्तान का पद समाप्त कर दिया। अन्ततोगत्वा मित्र राष्ट्रों तथा राष्ट्रवादी टर्की के मध्य लोसाने नामक स्थान में 23 जुलाई, 1923 ई० को सन्धि सम्पन्न हुई।

लोसाने की सन्धि द्वारा टर्की ने मेसोपोटामिया, अरब, सीरिया, मिस्र, फिलिस्तीन, सूडान, ट्रांसजोर्डन, हेजाज आदि प्रदेशों पर अपने अधिकार त्याग दिये परन्तु उससे तुर्की को विशेष हानि नहीं हुई। तुर्की को नई राष्ट्रवादी सरकार ने आंटोमन साम्राज्य के प्राचीन इस्लामी आधार को त्यागकर राष्ट्रीय आत्म निर्णय तथा धर्म-निरपेक्ष राज्य के सिद्धांतों को अपना लिया था। इन सिद्धान्तों की स्वीकृति के कारण टर्की उपर्युक्त गैर-तुर्क प्रदेशों को अपने अधीन रखने को उत्सुक नहीं था। सेव्र की सन्धि द्वारा छीने गये प्रदेशों में से पूर्वी थ्रेस, इजियन सागर के द्वीप, स्मर्ना आदि प्रदेश तुर्की को वापस कर दिये गये। सेव्र की सन्धि द्वारा तुर्की की स्थल सेना तथा जल सेना पर लगायी गयी सीमायें तथा उसकी वित्त व्यवस्था पर लगाये गये नियन्त्रण हटा लिये गये। उससे क्षतिपूर्ति की रकम नहीं मांगी गयी परन्तु दर्रे दानियाल तथा बासफोरस के जलडमरुमध्यों के क्षेत्रों को अन्तर्राष्ट्रीय और असैन्यीकृत रहने दिया गया।

प्रथम विश्वयुद्ध के बाद के शान्ति समझौते में लोसाने की सन्धि का एक विशेष स्थान है। यह एकमात्र ऐसी सन्धि थी जो उदार और न्यायपूर्ण थी। केवल यही ऐसी सन्धि थी जिसकी शर्तों को दोनों पक्षों के मध्य वार्ता द्वारा निश्चित किया गया था और जिसे आरोपित सन्धि नहीं कहा जा सकता। सन्धि को सभी हस्ताक्षरकर्ताओं ने मुक्त हृदय से वैध और प्रभावशाली मानते हुए क्रियान्वित करने का प्रयत्न किया।

अल्पसंख्यक सन्धियाँ

पेरिस सम्मेलन में राष्ट्रीय आत्मनिर्णय के सिद्धान्त को कार्यान्वित करने और राष्ट्रीय अल्पसंख्यकों की संख्या को कम करने का प्रयत्न किया गया था। सात नवीन राष्ट्रों की रचना की गयी थी (इस्टोनिया, लैटविया, लिथुआनिया, फिनलैण्ड, पोलैण्ड, चैकोस्लोवाकिया और यूगोस्लाविया), परन्तु फिर भी विभिन्न राष्ट्रों में एक करोड़ सत्तर लाख के लगभग अल्पसंख्यक रह गये थे। इन अल्पसंख्यकों को बहुमत जाति के अत्याचार से बचाने के लिए आस्ट्रिया, हंगरी, बल्गारिया और टर्की आदि पराजित राष्ट्रों पोलैण्ड, चैकोस्लोवाकिया आदि नवनिर्मित राष्ट्रों तथा यूगोस्लाविया, रुमानिया, यूनान आदि उन राष्ट्रों, जिनके क्षेत्र में पर्याप्त वृद्धि हुई थी, को मित्र राष्ट्रों से अल्पसंख्यक सन्धियाँ करनी पड़ीं। लिथुआनिया, लैटविया, इस्टोनिया, फिनलैण्ड, अल्बानिया को भी राष्ट्रसंघ से इसी प्रकार की सन्धियाँ करनी पड़ी थीं। इन सन्धियों के द्वारा "जातीय, धार्मिक और भाषायी अल्पसंख्यकों को इस बात का आश्वासन दिया गया कि उन्हें धार्मिक और सांस्कृतिक स्वतंत्रता तथा राजनैतिक अधिकार प्राप्त रहेंगे। इस प्रसंग में यह तथ्य उल्लेखनीय है कि जर्मनी को इस प्रकार की कोई सन्धि करने को विवश नहीं किया गया।"

पेरिस शान्ति सम्मेलन के समझौतों की समीक्षा

स्टीफन किंगहाल के कथनानुसार, "शान्तिवार्ता की घटनाओं को संक्षेप में एक कूटनीतिक ढरकी (शटल) के चित्र की कल्पना करके जाना जा सकता है, जो एक ऐसा जाल (वेब) बुनते हुए आगे-पीछे जाती है जिसमें विल्सन के चौदह सूत्रों के ताने (वूफ) में बाहर-भीतर पिरोई हुई यूरोपियन शक्तियों की परस्पर विरोधी महत्वाकांक्षायें बाने (वेफ्ट) के समान थीं।"[3]

प्रथम विश्व युद्ध में मित्र राष्ट्रों की विजय का एक प्रधान कारण संयुक्त राज्य अमेरिका की समयोचित सहायता थी। 1917 की सोवियत क्रान्ति के पश्चात् रूस शनैः शनैः युद्ध से पृथक हो गया था और ऐसा प्रतीत होने लगा कि मित्र राष्ट्र शीघ्र ही पराजित हो जायेंगे। परन्तु अमेरिकन

सहायता ने उनकी सम्भावित पराजय को विजय में परिवर्तित कर दिया। अत: यह स्वाभाविक था कि युद्धोत्तर शान्ति समझौते में मुख्य भूमिका अमरीकी राष्ट्रपति विल्सन की हो।

राष्ट्रपति विल्सन एक आदर्शवादी विचारक था। वह अपने को शान्ति और स्वतंत्रता का एक नवीन पैगम्बर समझता था। उसका विश्वास था कि युद्ध कुछ निश्चित उद्देश्यों की प्राप्ति के लिए ही लड़ा जाना चाहिए और युद्धोत्तर शान्ति व्यवस्था कुछ निश्चित सिद्धान्तों पर आधारित होनी चाहिए। 6 अप्रैल, 1917 को अमेरिका ने जर्मनी के विरुद्ध युद्ध की घोषणा की थी; उससे चार दिन पूर्व 2 अप्रैल, 1917 को विल्सन ने कांग्रेस के समक्ष घोषणा की कि–"विश्व को अवश्य ही जनतंत्र के लिए सुरक्षित होना चाहिए। इसकी शान्ति का निर्माण राजनैतिक स्वतंत्रता के सुपरीक्षित आधार पर होना चाहिए। हमें अपनी कोई स्वार्थपूर्ति नहीं करनी है। हमें किसी विजय के द्वारा प्रदेशों की आकांक्षा नहीं है। वह तो केवल मानव जाति के अधिकारों के संरक्षक हैं।"

इस उद्घोषणा के अतिरिक्त युद्धकाल में विल्सन ने चार अन्य अवसरों पर मित्र राष्ट्रों के युद्ध उद्देश्यों की व्याख्या की। 8 जनवरी, 1918 को कांग्रेस के समक्ष उसने 14 सूत्रों की घोषणा की। 11 फरवरी, 1918 को कांग्रेस में उसने चार सिद्धान्तों का प्रतिपादन किया।

विल्सन के चौदह सूत्र (8 जनवरी, 1918)

(i) शान्ति के अनुबन्ध प्रकट रूप से किए जाएंगे; किसी भी प्रकार के गुप्त अन्तर्राष्ट्रीय समझौते नहीं किये जायेंगे।

(ii) शान्ति और युद्ध काल दोनों में ही समान रूप से प्रादेशिक समुद्र से बाहर नौकाचालन की पूर्ण स्वतंत्रता।

(iii) समस्त राष्ट्रों के लिए आर्थिक प्रतिबन्धों का निराकरण; व्यापारिक परिस्थितियों की समानता की स्थापना।

(iv) राष्ट्रों के शस्त्रास्त्र घरेलू सुरक्षा से संगति रखते हुए न्यूनतम कर दिये जायें।

(v) सभी औपनिवेशिक दावों का निर्बाध, उदार और निष्पक्ष समायोजन; जिसका आधार इस सिद्धांत का कठोर पालन हो कि सम्प्रभुसत्ता के ऐसे सभी प्रश्नों का निर्णय करते समय संबंधित जनता के हितों का पूर्ण ध्यान रखा जाये।

(vi) समस्त रूसी क्षेत्र से विदेशी सेनाओं का हटाना और रूस से संबंधित सभी प्रश्नों का इस प्रकार समाधान कि रूस को अपने

राजनैतिक विकास और अपनी राष्ट्रीय नीति के निर्धारण के लिए अवसर प्राप्त हो सकें।

(vii) बेल्जियम से विदेशी सेनायें हटा ली जायें और उसे पुनः सम्प्रभु राष्ट्र बना दिया जाये।

(viii) आल्सास लारेन का प्रदेश फ्रांस को वापिस दिया जाये।

(ix) इटली की सीमाओं की पुनर्व्यवस्था राष्ट्रीयता के आधार पर की जाये।

(x) आस्ट्रिया-हंगरी की जनता को स्वायत्तशासिक विकास का अवसर दिया जाये।

(xi) रुमानिया, सर्विया और मान्टेनीग्रो से विदेशी सेनायें हटा ली जायें। अधिकृत क्षेत्र वापिस किये जायें। सर्विया को निर्बाध और सुरक्षित समुद्री मार्ग दिया जाये।

(xii) वर्तमान आटोमन साम्राज्य को सुरक्षित प्रभुसत्ता का आश्वासन दिया जाये, परन्तु इस समय जो अन्य राष्ट्रजातियाँ तुर्की शासन में रह रही हैं, उन्हें पूर्णतया सुरक्षापूर्ण जीवन तथा स्वतंत्र विकास के निर्बाध अवसर का आश्वासन दिया जाये तथा दर्रे दानियाल के जलडमरूमध्य को अन्तर्राष्ट्रीय प्रत्याभूतियों के अन्तर्गत सभी राष्ट्रों के व्यापार और जहाजों के लिए निर्बाध मार्ग के रूप में स्थायी रूप से खोल दिया जाये।

(xiii) एक स्वतंत्र पोलिश राज्य की स्थापना की जाये, जिसमें वे क्षेत्र सम्मिलित किए जायें जिनमें निर्विवाद रूप से पोल आबादी हो। इस राज्य को निर्बाध समुद्री मार्ग दिया जाये तथा अन्तर्राष्ट्रीय समझौते द्वारा उसकी राजनैतिक और आर्थिक स्वतंत्रता तथा प्रादेशिक अखण्डता की प्रत्याभूति की जाये।

(xiv) छोटे और बड़े दोनों ही प्रकार के राज्यों को राजनैतिक स्वतंत्रता और प्रादेशिक अखण्डता की पारस्परिक प्रतिभूतियाँ समान रूप से प्राप्त हो सकें, इस प्रयोजन की पूर्ति के लिए कुछ विशिष्ट समझौतों के अन्तर्गत राष्ट्रों के एक सामान्य संगठन (राष्ट्र संघ) का निर्माण किया जाये।

चार सिद्धान्त (11 फरवरी, 1918)

(i) अन्तिम समझौते की ऐसी व्यवस्था होनी चाहिए जो ऐसी शान्ति की स्थापना कर सके जो स्थायी हो।

(ii) विभिन्न जनसमूहों और प्रान्तों को एक प्रभुसत्ता से दूसरी प्रभुसत्ता

को इस प्रकार न दिया जाये मानो वे शक्ति सन्तुलन के खेल के मोहरे मात्र हों।

(iii) इस युद्ध से संबंधित प्रत्येक प्रादेशिक व्यवस्था उस प्रदेश की जनता के हित की दृष्टि में होनी चाहिए।

(iv) राष्ट्रीय महत्वाकांक्षाओं की अधिकतम पूर्ति और सम्पुष्टि होनी चाहिए।

विल्सन के चौदह सूत्रों की व्याख्या करते हुए अनेक राजनीतिज्ञों ने यह कहा था कि वे न्यूनाधिक रूप से अव्यवहारिक थे। विल्सन के चौदह सूत्रों को शान्ति समझौते का आधार स्वीकार किया गया था। राष्ट्रपति विल्सन का यूरोप में अभूतपूर्व स्वागत हुआ था। रोम, लन्दन, पेरिस आदि में उसकी शान्ति दूत के रूप में अभ्यर्थना की गयी। विल्सन ने समझा कि पेरिस सम्मेलन में वही महत्वपूर्ण प्रश्नों का वास्तविक निर्णायक होगा, परन्तु वस्तुतः स्थिति दूसरी ही थी। पेरिस सम्मेलन के अन्य कर्णधार एक आदर्श विश्व की स्थापना का स्वप्न नहीं देख रहे थे। अपने-अपने राष्ट्रों की महत्वाकांक्षाओं और स्वार्थों की पूर्ति के लिए दृढ़ प्रतिज्ञ थे। सम्मेलन का अध्यक्ष क्लेमेन्सो विल्सन के आदर्शवाद तथा चौदह सूत्रों को उपहास की वस्तु समझता था। क्लेमेन्सो कहा करता था–"भगवान तक दस आदेशों से सन्तुष्ट हो गये थे, परन्तु विल्सन चौदह का आग्रह करता है।" इसी प्रकार अन्य राजनीतिज्ञ भी विल्सन का मजाक उड़ाते रहते थे। परिणामस्वरूप पेरिस सम्मेलन शान्ति और सहयोग के नवयुग का प्रणेता न रहकर अन्तर्राष्ट्रीय आदर्शों तथा राष्ट्रीय स्वार्थों का संघर्ष-स्थल बन गया। लेंगसम के शब्दों में–"सम्मेलन में विल्सन के आदर्शवाद तथा यूरोपीयन भौतिकवाद में तीव्र संघर्ष हुआ और अधिकांशतः भौतिकवाद की विजय हुई।

युद्धकाल में मित्र राष्ट्रों ने परस्पर अनेक गुप्त सन्धियाँ करके अपने-अपने स्वार्थानुकूल व्यवस्थाएँ कर ली थीं। 26 अप्रैल, 1915 का लन्दन का समझौता, अगस्त, 1916 की रुमानिया के साथ सन्धि, फरवरी, 1917 की ब्रिटिश-जापानी सन्धि, मार्च, 1917 का फ्रांस-रूस समझौता आदि इसी प्रकार की सन्धियाँ थीं। सम्मेलन में इन सन्धियों को विल्सन के सिद्धान्तों की अपेक्षा अधिक महत्व दिया गया।

विल्सन ने इस बात का आग्रह किया कि सम्मेलन सर्वप्रथम राष्ट्रसंघ की स्थापना करे परन्तु अन्य प्रतिनिधि मण्डल राष्ट्रसंघ के प्रति उत्साहपूर्ण नहीं थे। सम्मेलन के एक पूर्ण अधिवेशन में राष्ट्रसंघ संबंधी धाराएँ बिना किसी विरोध के, हर्षध्वनि के मध्य स्वीकार कर ली गयीं, परन्तु जिस सरलता से उनको स्वीकार किया गया था उससे ऐसा प्रतीत होता था कि

सम्मिलित राजनीतिज्ञों ने राष्ट्रसंघ के संबंध में अधिक विचार नहीं किया था, अपितु राष्ट्रसंघ को एक पवित्र अभिलाषा मानकर स्वीकार कर लिया था।

मैन्डेट व्यवस्था के प्रश्न पर सम्मेलन में तीव्र वाद-विवाद हुआ। विल्सन के अथक प्रयत्नों के बावजूद मैन्डेट की शर्तें और व्यवस्थाएँ इस प्रकार बनायी गयीं कि उनमें और सम्मेलन में वस्तुतः कोई अन्तर नहीं रह गया।

निःशस्त्रीकरण के प्रश्न पर विल्सन पूर्णतया असफल रहे। क्लेमेन्सो ने जर्मनी और अन्य पराजित राष्ट्रों के निःशस्त्रीकरण का स्वागत किया परन्तु फ्रेंच निःशस्त्रीकरण का डटकर विरोध किया। निःशस्त्रीकरण की दिशा में पेरिस में पेरिस सम्मेलन कोई सारभूत प्रगति नहीं कर सका।

पेरिस सम्मेलन में जर्मन को सदा के लिए इतना दुर्बल बना देने के लिए कि वह पुनः फ्रांस के लिए संकट का कारण न बन सके, क्लेमेन्सो ने यह माँग की–

(i) सार का जर्मन प्रदेश फ्रांस को दे दिया जाये।

(ii) राइन नदी के बाएं तट पर स्थित प्रदेश को जर्मनी से छीन लिया जाये।

राष्ट्रपति विल्सन तथा ब्रिटिश प्रधानमंत्री लायड जार्ज दोनों ने इन मांगों का प्रबल विरोध किया। अन्ततः एक समझौते के द्वारा यह व्यवस्था की गयी कि–

(i) राइन नदी के प्रदेश का असैनिकीकरण कर दिया जाये।

(ii) राइन नदी का बायां तट 25 वर्ष तक मित्रराष्ट्रीय सेनाओं के अधिकार में रहे।

(iii) सार का प्रदेश 15 वर्ष तक राष्ट्रसंघ के अधीन रहे तथा इस प्रदेश की कोयले की खानें फ्रांस को दे दी जाएँ।

पूर्वी यूरोप से संबंधित प्रश्नों का निबटारा करते समय पोलैण्ड, चैकोस्लोवाकिया, यूगोस्लाविया आदि नवनिर्मित राज्यों के हितों के पोषण के लिए आत्मनिर्णय के सिद्धान्त को लगभग तिलांजलि ही दे दी गयी। लायड जार्ज के विरोध के बावजूद पोलिश गलियारे का निर्माण किया गया और अपर साइलीशिया पोलैण्ड को दे दिया गया। आस्ट्रिया और जर्मनी के संघ का निषेध कर दिया गया।

इसी प्रकार फ्यूम, शांटुंग और क्षतिपूर्ति के प्रश्न पर भी विल्सन की पराजय हुई। विल्सन इटालियन प्रधानमंत्री ओरलैण्डो की आकांक्षा (फ्यूम नगर इटली को दिया जाये) के विरोधी थे। विल्सन ने आत्मनिर्णय के

आधार पर ओरलैण्डो की मांग का विरोध किया पर अन्ततः इटली ने फ्यूम पर अधिकार कर लिया। विल्सन चाहते थे कि शांटुग प्रदेश के जर्मन अधिकार चीन को वापस दे दिये जायें परन्तु फ्रांस और इंग्लैण्ड युद्धकालीन गुप्त सन्धियों के द्वारा इन अधिकारों को जापान को देने का आश्वासन दे चुके थे। अन्ततः वे अधिकार जापान को दे दिये गये। इसी प्रकार विल्सन "युद्ध का व्यय जर्मनी से लिया जाये" की विचारधारा के विरोधी थे, परन्तु उन्हें इस प्रश्न पर भी पराजित होना पड़ा। शान्ति समझौते में क्षतिपूर्ति की अनिश्चित राशि की व्यवस्था कर दी गयी और उसके निर्धारण का अधिकार एक मित्र राष्ट्रीय आयोग को दे दिया गया।

इस प्रकार पेरिस सम्मेलन अन्तर्राष्ट्रीय राजनीति के क्षेत्र में विल्सन के सिद्धांत पर आधारित शांति और सहयोग के स्वर्णयुग का सूत्रपात करने में असफल रहा परन्तु यह कहना गलत होगा कि शांति समझौते पर विल्सन के आदर्शवाद का कोई भी प्रभाव नहीं पड़ा। अन्तर्राष्ट्रीय विवादों के शांतिपूर्ण और न्याययुक्त समाधान के लिए राष्ट्रसंघ का निर्माण हुआ। राष्ट्रीयता के आधार पर सात नये राष्ट्रों–पोलैण्ड, चेकोस्लोवाकिया, यूगोस्लाविया, फिनलैण्ड, स्टोनिया, लैटविया, लिथुआनिया का निर्माण हुआ। विल्सन ने राष्ट्रीयता का उल्लंघन करने वाले अनेक प्रस्तावों का विरोध किया था। उसने फ्रांस के राइन प्रदेश में पृथक राज्य की स्थापना के प्रस्ताव को स्वीकृत नहीं होने दिया था। यूरोप में राष्ट्रीय अल्पसंख्यकों की संख्या 540 लाख से घटकर 170 लाख रह गयी थी, इसका श्रेय विल्सन को है। आत्मनिर्णय के सिद्धांत का अनेक प्रश्नों के समाधान में पालन किया गया। यूपेन, मालमेडी, साइलीशिया, श्लेसविग के भविष्य का निर्णय जनमत संग्रह के द्वारा किया गया। सार प्रदेश में भी जनमत संग्रह की व्यवस्था की गयी।

चौदह सूत्रों के आधार पर शांति सन्धियों की विवेचना करने पर प्रकट होता है कि 14 सूत्रों में से केवल 4 सूत्रों को पूर्णतः तथा 2 सूत्रों को अंशतः कार्यान्वित किया गया। सूत्र नं॰ 7 के अनुसार, बेल्जियम को पुनः स्वाधीन कर दिया गया। सूत्र नं॰ 8 के अनुसार, आल्सास लारेन फ्रांस को लौटा दिया गया। सूत्र नं॰ 10 के अनुसार, आस्ट्रिया हंगरी के साम्राज्य में निवास करने वाले अल्पसंख्यक राष्ट्रों के स्वतंत्र राज्य बना दिए गये। सूत्र नं॰ 11 के अनुसार, रुमानिया, सर्विया और मान्टीनीग्रो को पुनः स्वाधीनता प्रदान की गयी। सूत्र नं॰ 13 और 14 का आंशिक पालन हुआ। सूत्र नं॰ 13 के अनुसार, एक स्वतंत्र पोलिश राज्य की स्थापना कर दी गयी, परन्तु उसे जो प्रदेश दिए गये थे वे सब निर्विवाद रूप से पोल आबादी वाले नहीं थे। सूत्र नं॰ 14 के अनुसार, राष्ट्रसंघ का निर्माण किया गया, परन्तु राष्ट्र-संघ

छोटे और बड़े राष्ट्रों के साथ समान व्यवहार करने में असमर्थ रहा। अन्य सूत्रों को कार्यान्वित नहीं किया गया। शान्ति-परिषद् की सम्पूर्ण कार्यवाही अत्यन्त गुप्त रूप से हुई, जिसे प्रथम सूत्र का उल्लंघन कहा जा सकता है। समुद्रों की स्वतंत्रता संबंधी दूसरे सूत्र का पालन नहीं हुआ। स्वतंत्र व्यापार संबंधी तृतीय सूत्र न तो कार्यान्वित ही हुआ अपितु युद्ध के पश्चात् विभिन्न राष्ट्रों ने तटकर तथा अन्य आर्थिक प्रतिबन्ध और भी अधिक बढ़ा दिये। नि:शस्त्रीकरण संबंधी चौथा सूत्र केवल पराजित राष्ट्रों पर लागू किया गया, विजयी राष्ट्रों पर नहीं। पांचवे सूत्र अर्थात् उपनिवेशों की व्यवस्था को विल्सन की इच्छानुसार क्रियान्वित नहीं किया गया अर्थात् उपनिवेशों की व्यवस्था जनता के हित में नहीं स्थापित हुई। रूस को स्वतंत्र राष्ट्रों के समाज में सम्मानित स्थान देने से संबंधित छठे सूत्र का भी पालन नहीं किया गया। नवें सूत्र का उल्लंघन करते हुये इटली को टिरोल का जर्मन बहुल प्रदेश दे दिया गया।

इस प्रकार विल्सन के चौदह सूत्रों का पूर्णरूपेण पालन नहीं किया गया। यह कहना युक्तिसंगत नहीं है जैसा कि हार्डी ने लिखा-"वर्साय की सन्धि में 14 सूत्रों का अधिकतम पालन किया गया।"[4] हैरल्ड निकोल्सन का यह मत भी अतिशयोक्तिपूर्ण है कि "विल्सन के किसी सूत्र का पालन नहीं हुआ।"[5]

विल्सन न केवल पेरिस सम्मेलन में ही पराजित हुआ अपितु स्वयं उसके देशवासियों ने भी उसके सिद्धान्तों और आदर्शों को अस्वीकार कर दिया। अमेरिकन सिनेट ने वर्साय की सन्धि तथा राष्ट्रसंघ को अस्वीकृत कर दिया। अन्तर्राष्ट्रीय सहयोग का पैगम्बर विल्सन मित्र राष्ट्रों द्वारा पराजित और अपने देशवासियों द्वारा उपेक्षित हो गया।

वर्साय सन्धि की समीक्षा

वर्साय की सन्धि (एक कलुषित दस्तावेज)-पेरिस के शान्ति समझौते का सर्वाधिक महत्वपूर्ण अंग वर्साय की सन्धि थी। इसके आलोचकों ने इसे एक अन्यायपूर्ण और कलुषित दस्तावेज कहा है। सन्धि मित्र राष्ट्रों के वास्तविक उद्देश्यों का पर्दाफाश करती है।[6]

जवाहरलाल नेहरू का मत था, "मित्रराष्ट्र घृणा और प्रतिशोध की भावना से भरे हुए थे और वे माँस का पौंड ही नहीं चाहते थे अपितु जर्मनी के अर्धमृत शरीर से खून की आखिरी बूँद तक ले लेना चाहते थे।"[7] इस प्रकार जर्मन ही नहीं, अन्य देशों के विचारकों ने भी वर्साय की सन्धि को अन्यायपूर्ण माना है। फिर भी अनेक राजनीतिज्ञों ने इस सन्धि की प्रशंसा

की थी। गेथोर्न हार्डी का मत था कि "ऐसे आदर्शस्वरूप की शान्ति सन्धि आज तक कभी नहीं की गयी।"[8]

वर्साय की सन्धि के दोष

1. एक विश्वासघाती सन्धि–वर्साय की सन्धि को जर्मन जाति ने एक अत्यन्त अन्यायपूर्ण सन्धि माना है। उनका इसके विरुद्ध सर्वाधिक प्रबल तर्क यह था कि उन्होंने विल्सन के 14 सूत्रों के आधार पर आत्म-समर्पण किया था। परन्तु वर्साय की सन्धि में मित्रराष्ट्रों ने उन सिद्धान्तों की नितान्त अवहेलना कर पराजित राष्ट्रों के साथ विश्वासघात किया है। सन्धि पर हस्ताक्षर करते समय जर्मन प्रतिनिधिमण्डल के नेता ने स्पष्ट रूप से कहा था, "हमारे प्रति फैलायी गयी घृणा से हम आज सुपरिचित हैं। मेरा देश दबाव के कारण आत्म-समर्पण कर रहा है, परन्तु जर्मनी कभी नहीं भूलेगा कि यह अन्यायपूर्ण सन्धि है।"

2. एक आरोपित सन्धि–वर्साय की सन्धि एक आरोपित सन्धि थी क्योंकि जर्मनी को उससे संबंधित वार्ताओं में भाग लेने का अवसर प्रदान नहीं किया गया और उसे जर्मनी से तलवार की नोंक पर स्वीकार कराया गया। सन्धि का प्रारूप इस धमकी के साथ जर्मन प्रतिनिधियों को दिया गया कि यदि उन्होंने उसे 5 दिन के अन्दर स्वीकार नहीं किया तो युद्ध पुनः प्रारम्भ कर दिया जायेगा। स्पष्ट है, मित्रराष्ट्र जर्मनी पर एक कठोर सन्धि बलात् लादने के लिए दृढ़प्रतिज्ञ थे, यहाँ तक कि जर्मनी के साथ उदार व्यवहार के प्रबल समर्थक लायड जार्ज तक का कथन था, "ये शर्तें युद्ध में वीरगति पाने वाले सैनिकों के रक्त से लिखी गयी हैं। हमको भगवान के आदेश को कार्यान्वित करना चाहिए। हमें यह देखना चाहिये कि जिन लोगों ने इस युद्ध को प्रारम्भ किया वे फिर कभी ऐसा करने की स्थिति में न हो सकें। जर्मन कहते हैं कि वे इन पर हस्ताक्षर नहीं करेंगे, उनके समाचार-पत्र और राजनीतिज्ञ भी यही कहते हैं, किन्तु हम कहते हैं सज्जनों! तुम्हें हस्ताक्षर करने होंगे। यदि तुम वर्साय में ऐसा नहीं करते हो तो तुम्हें बर्लिन में ऐसा करना होगा।"

3. एक कठोर और अपमानजक सन्धि–लेनसिंग ने वर्साय की सन्धि की शर्तों को अपरिमित रूप से कठोर और अपमानजनक कहा है। लैंगसम के अनुसार, "इसने जर्मनी के यूरोपीय प्रदेश के आठवें भाग तथा 65 लाख जनसंख्या को कम कर दिया। इसने उसे उसके समस्त उपनिवेशों तथा विदेशी विनियोगों से वंचित कर दिया। उसकी 15% कृषि योग्य भूमि, 12% पशु तथा लगभग 10% कारखाने छिन गये। उसके व्यापारी जहाज 57 लाख

टन से घट कर 5 लाख टन रह गये। उसकी नौ-सेना जो पहले केवल ब्रिटेन से ही कम थी, बिल्कुल नष्ट कर दी गयी और उसकी स्थल सेना घटाकर फ्रांस की सेना का 1/7 कर दी गयी। उसे अपने कोयले के 2/5 भाग से, लोहे के 2/3 भाग से, जस्ते के 7/10 भाग से तथा आधे से अधिक सीसे से हाथ धोना पड़ा। उपनिवेशों के छिन जाने से उसे बड़ी मात्रा में रबड़ और रेशेदार पदार्थों की हानि हुई। क्षतिपूर्ति के लिये उसने कोरे चैक पर हस्ताक्षर कर दिये।[9]

4. व्यक्तिगत जर्मन सम्पति का अधिग्रहण—व्यक्तिगत जर्मन सम्पत्ति का अधिग्रहण वर्साय की सन्धि की एक अविवेकपूर्ण मौलिकता थी। 1919 तक यह अन्तर्राष्ट्रीय विधि का एक सर्वमान्य नियम था कि शत्रु राष्ट्रों की सरकारी सम्पत्ति जब्त कर ली जाती थी परन्तु उनके नागरिकों की व्यक्तिगत सम्पत्ति के विरुद्ध ऐसी कोई कार्यवाही नहीं की जाती थी। परन्तु वर्साय की सन्धि के द्वारा मित्र राष्ट्रों ने अपने क्षेत्र में स्थित जर्मन व्यक्तिगत सम्पत्ति को जब्त कर लिया और जर्मन सरकार को अपने नागरिकों को उसका मुआवजा देने के लिए उत्तरदायी बना दिया।

5. पारस्परिकता का अभाव—वर्साय की सन्धि पारस्परिकता और समानता पर आधारित नहीं थी। यह एक ऐसी सन्धि थी जिसके द्वारा पराजित राष्ट्रों पर निःशस्त्रीकरण, उपनिवेशों का त्याग, संग्रहालयों की लूट की वापसी आदि अनेकानेक ऐसी व्यवस्थाएँ लाद दी गयीं जो विजयी राष्ट्रों पर लागू नहीं की गयीं। जर्मन नेताओं पर युद्धपराध के मुकदमे चलाये गए परन्तु युद्ध के नियमों का उल्लंघन करने वाले मित्रराष्ट्रीय नेताओं पर नहीं। जर्मनी को राष्ट्रसंघ की सदस्यता से भी वंचित कर दिया गया। विल्सन के 14 सूत्र, जहाँ उनके विपक्ष में थे, वहाँ तो लागू कर दिए गये परन्तु जहाँ पक्ष में थे वहाँ उनकी अवहेलना कर दी गयी। जनरल स्मट्स के अनुसार, वर्साय की सन्धि राजनीतिज्ञों की शांति थी, जनता की नहीं।

6. प्रतिशोध के प्राचीन सिद्धान्त पर आधारित—वर्साय की सन्धि अन्तर्राष्ट्रीय शान्ति के नवीन सिद्धान्त पर आधारित न होकर प्रतिशोध के प्राचीन सिद्धान्त पर आधारित थी।

इस प्रकार वर्साय की सन्धि में अनेकानेक दोष थे। यह न केवल अन्यायपूर्ण और अमानवीय कही जाती है, अपितु विश्वासघाती, आदर्शहीन और स्वार्थपूर्ण भी कही जाती है। इसकी कठोरता ने न केवल जर्मनी के वाईमार गणतंत्र के भविष्य को प्रारम्भ से ही अन्धकारमय कर दिया, अपितु अनेकानेक छोटे राष्ट्रों की रचना कर यूरोप की शान्ति के स्थायित्व की सम्भावना को भी नष्टप्राय: कर दिया।

वर्साय सन्धि का औचित्य

जहाँ अनेक विद्वानों ने वर्साय की सन्धि की कटु आलोचना की है, मित्रराष्ट्रीय नेताओं तथा गेथोर्न हार्डी, लिप्सन, जेसप आदि अनेक विद्वानों ने इस मत का खण्डन किया है कि वर्साय की सन्धि अन्यायपूर्ण थी। इन विद्वानों का पहला तर्क यह है कि वर्साय की सन्धि में 14 सूत्रों का उल्लघंन नहीं किया गया। गेथोर्न हार्डी का मत है कि विल्सन के 14 सूत्रों में केवल चार (5वां, 7वां, 8वां, 13वां) ही जर्मनी से संबंधित थे और इन चारों का पालन किया गया। दूसरा तर्क यह है कि विल्सन के सिद्धान्त शान्ति समझौते के आधार नहीं थे। मित्रराष्ट्रों ने अपने 5 नवम्बर 1918 के पत्र में यह स्पष्ट कर दिया था कि "समुद्रों की स्वतंत्रता" के सिद्धान्त को मान्यता नहीं दी जायेगी तथा जर्मनी मित्र राष्ट्रों को हुई क्षति की पूर्ति करेगा। तीसरा तर्क यह था कि विल्सन के सिद्धांत परस्पर विरोधी थे, अतः उनका पूर्ण रूप से पालन असम्भव था। चौथा तर्क यह था कि जर्मनी ने स्वयं रूस के साथ 3 मार्च, 1918 को की गयी ब्रेस्ट लिटोवस्क की सन्धि के द्वारा अत्यन्त कठोर तथा अन्यायपूर्ण व्यवहार किया था, अतः वह उदार व्यवहार का अधिकारी नहीं था। पांचवां तर्क यह था कि जर्मन अधिनायक हिटलर ने न केवल वर्साय की "आरोपित" सन्धि का उल्लंघन किया, अपितु उन सन्धियों का भी उल्लंघन किया जो जर्मन ने बाद में स्वेच्छा से स्वीकार की थीं। अतः उसे विश्वासघात की दुहाई देने का कोई अधिकार नहीं था।

मित्रराष्ट्र यह मानने को भी तैयार नहीं थे कि वर्साय की सन्धि अमानवीय रूप से कठोर थी। लायड जार्ज ने सन्धि को उचित बतलाते हुए कहा था, "इस सन्धि की शर्तें कुछ अंशों में, बड़ी भयंकर हैं, पर जर्मनी के कार्य भी कम भयंकर नहीं थे और यदि जर्मनी जीत जाता तो इसके परिणाम भी कम भयंकर न होते।" जेसप ने स्पष्ट रूप से कहा है–"सम्पूर्णतः राजनैतिक समझौता यूरोप के प्रति आश्यचर्यजनक रूप से न्यायपूर्ण था, जर्मनी के प्रति यह बर्बर नहीं अपितु मृदु था।"

अन्त में विल्सन के 14 सूत्रों में से अनेक का उल्लंघन होने पर भी स्टीफन किंगहाल के इस कथन की सत्यता को स्वीकार करना पड़ता है कि "शान्ति स्थापना की जानी थी और यह (वर्साय की सन्धि) श्रेष्ठतम वस्तु थी जो जनतांत्रिक पद्धति से निर्वाचित सांसदों के नियन्त्रण के अधीन राजनीतिज्ञ कर सकते थे।"[10]

परन्तु जहाँ वर्साय की सन्धि के पक्ष में बहुत कुछ कहा जा सकता है, वहाँ यह दुखद तथ्य अस्वीकार नहीं किया जा सकता कि जर्मन प्रतिनिधियों

के साथ अत्यन्त अपमानजनक तथा अन्यायपूर्ण व्यवहार किया गया था। जर्मन प्रतिनिधि मण्डल के नेताओं–विदेशमंत्री हर्मान्न मुइलर तथा उपनिवेश मंत्री जोहान्नेस बेल के साथ बन्दियों का सा व्यवहार किया गया तथा उन्हें पेरिस के समीप वर्साय के राज-प्रसाद के उसी शीशमहल में सन्धि पर हस्ताक्षर करने के लिए विवश किया गया, जहाँ इससे 50 वर्ष पूर्व प्रशा के राजा को जर्मन सम्राट् घोषित किया था। ई॰ एच॰ कार के शब्दों में "इन अनावश्यक अपमानों से जर्मनी में अत्यन्त दूरगामी मनोवैज्ञानिक परिणाम हुए। उन्हीं के कारण आरोपित शान्ति की धारणा ने लोगों के मन में घर कर लिया और जर्मनों में यह विश्वास सामान्य रूप से फैल गया कि उपरोक्त परिस्थितियों में जर्मनी से कराये गये हस्ताक्षर उस पर नैतिक रूप से बन्धनकारी नहीं हैं।"[11]

वर्साय की सन्धि की विफलता और द्वितीय विश्व युद्ध

वर्साय की सन्धि की गणना विश्व की सर्वाधिक कम सफल सन्धियों में की जाती है। स्थायी शान्ति की स्थापना के उद्देश्य से की गयी इस सन्धि के ठीक 20 वर्ष 2 माह 4 दिन बाद द्वितीय विश्व युद्ध प्रारम्भ हो गया। यह 20 वर्ष की अवधि भी यूरोपीय इतिहास का एक अत्यन्त अशान्त युग था। यह कहा गया है कि 1919 से 1939 तक का यूरोपीय इतिहास वर्साय की प्रधान भूलों को सुधारने के प्रयत्नों का इतिहास है। वास्तव में इस अवधि में वर्साय की सन्धि का लगभग सम्पूर्णतः खण्डन हो गया, इसकी भूलों का भी, इसकी सफलताओं का भी। इसकी सर्वाधिक महत्वपूर्ण उपलब्धि राष्ट्रसंघ की स्थापना थी। 1939 तक राष्ट्रसंघ एक प्रभावहीन संस्था रह गया। क्षतिपूर्ति से संबंधित अध्याय शनैः शनैः विफल हो गया। निःशस्त्रीकरण संबंधी अध्याय को हिटलर ने भंग कर दिया। मार्च 1938 में आस्ट्रिया का जर्मनी के साथ एकीकरण कर दिया। सितम्बर, 1938 में चेकोस्लोवाकिया का अंग-भंग कर दिया तथा मार्च, 1939 में हिटकर ने बोहीमिया और मोराविया पर अधिकार कर लिया। अन्त में जब वर्साय की सन्धि की पोलिश गलियारे संबंधी व्यवस्थाओं को भंग करने के उद्देश्य से पोलैण्ड पर आक्रमण किया, तब द्वितीय विश्व युद्ध छिड़ गया। मार्शल फौच का यह कथन सत्य सिद्ध हुआ कि "यह (वर्साय की सन्धि) शान्ति नहीं अपितु बीस वर्ष के लिए युद्ध विराम है।"

इस प्रकार वर्साय की सन्धि के उन्मूलन की प्रक्रिया का अन्त द्वितीय विश्व युद्ध में हुआ। वर्साय की सन्धि को प्रायः द्वितीय विश्व युद्ध के लिए उत्तरदायी ठहराया जाता है। यह कहा जाता है कि यह सन्धि इतनी अपमानजनक थी कि इसने जर्मन जनता के हृदयों में प्रतिशोध की ज्वाला भड़का दी। इस

सन्धि से संबंधित होने के कारण जर्मन में वाईमार गणतंत्र का चिरस्थायी होना असम्भव हो गया। क्षतिपूर्ति की रकम की अधिकता ने जर्मनी और यूरोप की अर्थव्यवस्था को अस्त-व्यस्त कर दिया तथा ऐसी परिस्थितियाँ उत्पन्न कर दीं जिससे हिटलर के उदय का मार्ग प्रशस्त हो गया। इस सन्धि ने नि:शस्त्रीकरण को एकपक्षीय बना कर उसकी सफलताओं की आशाओं को समाप्त कर दिया। इस सन्धि की रचना के रूप में राष्ट्रसंघ प्रारम्भ से ही एक कलंकित संस्था हो गयी और अन्तर्राष्ट्रीय शान्ति को चिरस्थायी बनाने का यह यंत्र अपनी उपयोगिता खो बैठा। इस सन्धि ने जर्मनी के साथ कठोर व्यवहार कर तथा इटली और जापान की आकांक्षाओं की पूर्ति न कर रोम-बर्लिन टोकियो धुरी के बीज बो दिये। इसने यूरोप में आस्ट्रिया, चेकोस्लोवाकिया, लैटविया, इस्टोनिया, लिथुआनिया और हंगरी आदि अनेक ऐसे छोटे राष्ट्रों की सृष्टि कर दी जो जर्मनी और रूस के विरुद्ध अपनी रक्षा करने में असमर्थ थे। यही अन्तर्राष्ट्रीय अशान्ति का कारण बन गए।

अपने अनेक दोषों के बावजूद वर्साय की सन्धि विश्व के इतिहास में एक महत्वपूर्ण स्थान रखती है। आत्मनिर्णय के सिद्धान्त की स्वीकृति, नि:शस्त्रीकरण की आवश्यकता की अनुभूति तथा राष्ट्रसंघ की स्थापना इस सन्धि की महत्वपूर्ण सफलताएँ थीं। यह सन्धि अत्यन्त कठोर और बहुत अंशों में अन्यायपूर्ण थी, परन्तु वर्साय की सन्धि के निर्माताओं ने न केवल जर्मनी का विध्वंस ही किया अपितु अपनी शर्तों की कठोरता को कम करने के लिए दो उपायों की व्यवस्था भी की। पहला तो क्षतिपूर्ति आयोग की नियुक्ति थी जो उसके हर्जाने की राशि को कम कर सकता था और दूसरा राष्ट्रसंघ था जो उसके अन्याय को हटा सकता था।[12] परन्तु इतना होते हुए भी वर्साय सन्धि की गणना बुद्धिमत्तापूर्ण शान्ति सन्धियों में नहीं की जा सकती। इसमें अनेक गम्भीर दोष थे। वह अन्तर्राष्ट्रीय शान्ति और सहयोग के आधुनिक सिद्धान्तों के अनुकूल नहीं थी। यह ठीक ही कहा गया है कि इस सन्धि के द्वारा चिरस्थायी शान्ति की स्थापना का एक स्वर्णिम अवसर खो दिया गया।

सन्दर्भ

1. डी॰ सी॰ सोमरवेल: विटविन दी वार्स, पृ॰ 12।
2. स्टीफन किंगहाल: आवर ओन टाइम्स, पृ॰ 91।
3. वही, पृ॰ 100।
4. गेथोर्न हार्डी: दी फोरटीन पाइण्ट्स एण्ड दी ट्रीटी ऑफ वर्साय, पृ॰ 11।
5. हैरल्ड निकल्सन: पीस मेकिंग (1919), पृ॰ 42।

6. जवाहर लाल नहेरू: ग्लिम्पसिज ऑफ वर्ल्ड हिस्ट्री, पृ० 684।
7. वही, पृ० 681।
8. गेथोर्न हार्डी: अन्तर्राष्ट्रीय राजनीति का संक्षिप्त इतिहास, पृ० 14।
9. डब्ल्यू० सी० लैंगसम: दि वर्ल्ड सिंस 1914, पृ० 29।
10. स्टीफन किंगहाल: आवर ओन टाइम्स, पृ० 108।
11. ई० एच० कार: दो विश्व युद्धों के बीच अन्तर्राष्ट्रीय संबंध, पृ० 2।
12. हाल एण्ड डेविस: दी कोर्स ऑफ यूरोपियन हिस्ट्री सिन्स वाटरलू, पृ० 665।

स्मरण-संकेत

पेरिस का शान्ति सम्मेलन–

(i) इतिहास का प्रथम विश्व सम्मेलन,
(ii) 18 जनवरी, 1919 को पेरिस में प्रारम्भ;
(iii) सम्मेलन स्थल का त्रुटिपूर्ण चयन;
(iv) विजेता राष्ट्रों की गोष्ठी;
(v) मार्च, 1919 में चार सदस्यों की परिषद् नियुक्त (अमेरिका के राष्ट्रपति विल्सन, इंग्लैण्ड के प्रधानमंत्री लायड जार्ज, फ्रांस के प्रधानमंत्री क्लेमान्सो, इटालियन प्रधानमंत्री ओरलैण्डो;
(vi) सम्मेलन का संगठन दोषपूर्ण;
(vii) कार्यप्रणाली संतोषजनक नहीं;
(viii) सम्मेलन का अध्यक्ष क्लेमेन्सो;
(ix) सम्मेलन के कर्णधारों के व्यक्तित्व परस्पर विरोधी।

शान्ति समझौते के अन्तर्गत सन्धियाँ

(i) वर्साय की सन्धि (जर्मनी से);
(ii) सेंट जर्मेन की सन्धि (आस्ट्रिया से);
(iii) न्यूली की सन्धि (बल्गारिया से);
(iv) त्रिआनों की सन्धि (हंगरी से);
(v) सेव्र की सन्धि (तथा बाद में लोसाने की सन्धि–टर्की से);
(vi) अल्पसंख्यक सन्धियाँ।

वर्साय की सन्धि के दोष

(i) एक विश्वासघाती सन्धि;
(ii) एक आरोपित सन्धि;
(iii) एक कठोर और अपमानजनक सन्धि;

(iv) व्यक्तिगत जर्मन सम्पति का अधिग्रहण (अन्तर्राष्ट्रीय विधि के विरुद्ध);

(v) पारस्परिकता का अभाव;

(vi) अन्तर्राष्ट्रीय शान्ति के नवीन सिद्धान्त पर आधारित नहीं (प्रतिशोध के प्राचीन सिद्धांत पर आधारित;

(vii) द्वितीय विश्व युद्ध का कारण।

प्रश्न

1. 1919 की वर्साय सन्धि के प्रावधानों की समीक्षा कीजिये।
2. 1919 की शान्ति व्यवस्था का आलोचनात्मक विवरण दीजिए। 1919 की शान्ति व्यवस्था में द्वितीय विश्व युद्ध के बीज कहाँ तक निहित थे?
3. वर्साय की सन्धि के प्रमुख उपबन्धों का परीक्षण कीजिए। ये उपबन्ध कहां तक द्वितीय विश्व युद्ध के लिए उत्तरदायी थे?
4. "यह शान्ति नहीं अपितु बीस वर्ष के लिए युद्ध-विराम है।" इस कथन की समीक्षा करते हुए वर्साय सन्धि के मुख्य दोषों को बतलाइये।
5. पेरिस शान्ति सम्मेलन की व्यवस्थाओं पर प्रकाश डालते हुए, यूरोप के नवीन मानचित्र की विवचेना कीजिये।
6. विल्सन के 14 सूत्र क्या थे? पेरिस शान्ति सम्मेलन में उन पर कितना पालन किया गया?
7. "पेरिस शान्ति सम्मेलन में राजनीतिज्ञों ने विश्व में स्थायी शान्ति स्थापित करने का स्वर्णिम अवसर खो दिया?" इस कथन की विवेचना कीजिए।
8. "वर्साय सन्धि एक आरोपित शान्ति सन्धि थी।" इस कथन की समीक्षा कीजिए।

3

क्षतिपूर्ति तथा युद्ध ऋण की समस्याः विश्वव्यापी आर्थिक संकट

क्षतिपूर्ति की समस्या

"यह एक शान्ति सन्धि नहीं है, अपितु दूसरे युद्ध की घोषणा है।"[1] वर्साय की सन्धि के संबंध में फिलिप स्नोडेन का यह कथन सबसे अधिक उसकी आर्थिक व्यवस्थाओं के संबंध में सत्य प्रतीत होता है। चर्चिल के शब्दों में "वर्साय की सन्धि की आर्थिक व्यवस्थायें स्पष्ट रूप से निरर्थक बन जाने की सीमा तक दोषपूर्ण तथा मूर्खतापूर्ण थीं।" आर्थिक व्यवस्थाओं में सर्वाधिक दुर्भाग्यपूर्ण क्षतिपूर्ति संबंधी व्यवस्थाएँ थीं। युद्ध ऋण की समस्या के साथ क्षतिपूर्ति की समस्या 1919-1934 के उस विश्व अर्थ संकट का प्रमुख कारण थी जिसने द्वितीय महायुद्ध के बीज बो दिये। इन समस्याओं ने ब्रिटेन, फ्रांस तथा संयुक्त राज्य अमेरिका के संबंधों को कटुतापूर्ण बना दिया। जर्मनी और फ्रांस के संबंधों में तनाव उत्पन्न कर दिया। जर्मन जनता के असन्तोष को इतना प्रबल कर दिया कि वह हिटलर की अविवेकपूर्ण छलनावों के बहकावे में आ गयी तथा मित्र राष्ट्रों में ऐसा मनोमालिन्य उत्पन्न कर दिया कि वे नाजी जर्मनी द्वारा अन्तर्राष्ट्रीय सन्धियों और समझौतों के उल्लंघनों के प्रति तुष्टिकरण की एक ऐसी अविवेकपूर्ण नीति पर आचरण करने लगे जिसने अन्ततः विश्व को द्वितीय महायुद्ध की ज्वालाओं में झोंक दिया। क्षतिपूर्ति की कहानी वास्तव में युद्धोत्तर यूरोप की कहानी है। एक ऐसी दुर्भाग्यपूर्ण कहानी जिसने युद्धोत्तर इतिहास को दो विश्व युद्धों के मध्य का इतिहास बना दिया।

क्षतिपूर्ति की समस्या के नैतिक, राजनैतिक तथा आर्थिक पक्ष

क्षतिपूर्ति एक ऐसा शुल्क है जिसके द्वारा युद्ध विजेता पक्ष पराजित पक्ष से युद्ध का व्यय वसूल करने का प्रयत्न करता है। प्राचीन काल से ही विजेता राष्ट्र का यह अधिकार माना जाता रहा है कि वह पराजित राष्ट्र से

युद्ध का व्यय वसूल कर सके, बशर्ते कि इसके विपरीत पहले से ही कोई समझौता न हो गया हो। अतः क्षतिपूर्ति की मांग को अपने आप में अनैतिक नहीं कहा जा सकता; परन्तु प्रथम विश्व युद्ध की भीषणता ने क्षतिपूर्ति की माँग को राजनैतिक और आर्थिक रूप से अविवेकपूर्ण और अव्यवहारिक बना दिया था। प्रथम विश्व युद्ध से हुई भीषण क्षति को दृष्टि में रखते हुये पराजित राष्ट्र की जनता पर करों का असहनीय भार डाले बिना प्रभावशाली क्षतिपूर्ति की वसूली सम्भव नहीं थी। इससे असन्तोष और राष्ट्रीय अपमान की ऐसी भावनाओं का विकास अवश्यभावी था। जिनकी उत्पत्ति को रोकने की चेष्टा राजनैतिक विवेक की प्रथम मांग थी। एक सीमा तक मित्र-राष्ट्रीय राजनीतिज्ञों ने इस तथ्य को स्वीकार किया था।

5 नवम्बर, 1918 के लेनसिंग वक्तव्य में मित्र राष्ट्रों ने केवल यह दावा किया था कि–"स्थल, जल तथा आकाश से जर्मनी के आक्रमण के कारण मित्र राष्ट्रों की नागरिक (असैनिक) जनता और उसकी सम्पत्ति की हुई समस्त क्षति को जर्मनी द्वारा पूरा किया जायेगा।"

इस वक्तव्य में इस तथ्य की स्वीकृति निहित थी कि मित्रराष्ट्रों ने अपने युद्ध-व्यय की क्षतिपूर्ति का दावा छोड़ दिया था। परन्तु ब्रिटिश तथा फ्रेंच जनता पूर्ण क्षतिपूर्ति का हठ कर रही थी। इस दबाव से मित्रराष्ट्रीय राजनीतिज्ञों ने जनरल स्मट्स के सुझाव पर यह कहना प्रारम्भ किया कि "नागरिक क्षति" में युद्ध में मारे गये तथा घायल हुये सैनिक की पत्नियों तथा आश्रितों को दिये गए विच्छेद भत्ते (सेपरेशन एलाउंसेज) तथा पेंशनें भी सम्मिलित हैं। राष्ट्रपति विल्सन भी राजनैतिक अदूरदर्शिता के कारण इस कार्य से सहमत हो गये।

आर्थिक दृष्टिकोण से क्षतिपूर्ति, विजेता और पराजित दोनों के लिए हानिकारक थी। क्षतिपूर्ति की राशि किसी भी दशा में इतनी अधिक होती थी कि उससे पराजित राष्ट्र की अर्थव्यवस्था का असन्तुलित हो जाना अनिवार्य था। जर्मनी क्षतिपूर्ति की विशाल राशि को केवल तीन प्रकार से चुका सकता था–(1) स्वर्ण; (2) माल; (3) सेवाओं के रूप में। क्षतिपूर्ति की राशि को स्वर्ण के रूप में चुकाने के लिए सर्वथा अभाव था। जर्मनी सेवाओं के रूप में भी क्षतिपूर्ति की राशि नहीं अदा कर सकता था, क्योंकि जर्मनी के लिए सेवाओं का मुख्य रूप अपने जहाजों द्वारा दूसरे देशों के माल की ढुलाई ही हो सकता था। परन्तु जर्मनी ऐसा करने में असमर्थ था क्योंकि उसके व्यापारिक जहाज मित्र राष्ट्रों ने छीन लिए थे। इस प्रकार जर्मनी केवल माल के रूप में अर्थात् कोयला, लोहा, लकड़ी, खनिज पदार्थ, मशीनें आदि देकर ही क्षतिपूर्ति की राशि अदा कर सकता था। परन्तु

इस प्रकार की अदायगी स्वयं मित्र राष्ट्रों की अर्थव्यवस्था के लिए घातक थी। क्षतिपूर्ति के रूप में आने वाला सामान स्वभावत: ही सस्ता बिकता था जिससे प्राप्तकर्ता राष्ट्र के उद्योगों पर अत्यन्त हानिकारक प्रभाव पड़ता था। ब्रिटेन ने जो कि प्रधानत: एक व्यापारिक राष्ट्र है, शीघ्र ही इस खतरे को स्वीकार कर लिया और क्षतिपूर्ति के लिए एक उदार नीति का समर्थन किया। परन्तु फ्रांस ने, जो जर्मनी को निर्बल बनाने के लिये व्यग्र था; इस संकट की उपेक्षा की तथा क्षतिपूर्ति के संबंध में एक कठोर नीति अपनाने के लिए प्रेरित हुआ।

इस प्रकार पेरिस के शान्ति सम्मेलन में क्षतिपूर्ति की समस्या पर एक विवेकपूर्ण आर्थिक दृष्टिकोण से विचार नहीं किया गया था। पेरिस सम्मेलन में क्षतिपूर्ति की पूर्ण राशि का भी निर्धारण नहीं किया जा सका था। फ्रांस के प्रधानमंत्री क्लेमेन्सो को भय था कि क्षतिपूर्ति की राशि कितनी भी अधिक निर्धारित की जाये; फ्रांसीसी जनता असन्तुष्ट ही रहेगी। अत: अर्थविशेषज्ञों के परामर्श की उपेक्षा कर क्षतिपूर्ति की राशि का निर्धारण भविष्य के लिए छोड़ दिया गया। वर्साय की सन्धि में क्षतिपूर्ति के संबंध में निम्न व्यवस्थायें की गयी थीं:–

(i) जर्मनी और उसके मित्रों द्वारा थोपे गये युद्ध के परिणामस्वरूप मित्र राष्ट्रों की सरकारों तथा नागरिकों को होने वाली क्षति के उत्तरदायित्व को जर्मनी स्वीकार करता है।

(ii) जर्मनी को मित्र राष्ट्रों की जनता की "नागरिक क्षति" की पूर्ति करने के लिए कहा गया।

(iii) नागरिक क्षतिपूर्ति में तीन तथ्य स्वीकार किये गये–

(क) नागरिक सम्पत्ति के विध्वंस और विनाश की क्षतिपूर्ति।

(ख) व्यापारिक एवं अन्य जहाजों के नाश की क्षतिपूर्ति।

(ग) युद्ध में मारे गये या घायल हुए सैनिकों, उनकी विधवाओं तथा उनके आश्रितों को दिये जाने वाली पेंशनों तथा भत्तों की पूर्ति।

(iv) क्षतिपूर्ति की राशि का निर्धारण मित्रराष्ट्रों द्वारा नियुक्त एक क्षतिपूर्ति आयोग करेगा। यह आयोग 1 मई, 1921 तक अपनी रिपोर्ट दे देगा।

(v) 1 मई, 1921 से पूर्व जर्मनी क्षतिपूर्ति के रूप में 1000 मिलियन पौंड अदा करेगा।

स्पा सम्मेलन (जुलाई, 1920)

1920 में क्षतिपूर्ति की समस्या पर विचार करने के लिए सानरेमो,

वोलोन, स्पा तथा ब्रूसेल्स नामक स्थानों पर चार सम्मेलन हुए। इनमें से जुलाई, 1920 का स्पा सम्मेलन सर्वाधिक महत्वपूर्ण था। इस सम्मेलन में प्रथम बार जर्मनी के प्रधानमंत्री तथा विदेश मंत्री ने मित्र राष्ट्रों के प्रमुख मंत्रियों से समानता की हैसियत से वार्ता की। सम्मेलन जर्मनी की समस्त देनदारी के निर्धारण के लिए बुलाया गया था। स्पा सम्मेलन अपने इस उद्देश्य में सफल नहीं हो सका परन्तु इसमें यह निर्धारण हुआ कि क्षतिपूर्ति की राशि किस अनुपात में मित्र राष्ट्रों में विभक्त की जायेगी। यह अनुपात था–

राष्ट्र	**प्रतिशत**
फ्रांस	52
ब्रिटेन	22
इटली	10
बेल्जियम	8
ग्रीस, रूमानिया, यूगोस्लाविया	6.5
जापान और पुर्तगाल	1.5

जनवरी, 1921 में पेरिस में एक और सम्मेलन हुआ; 29 जनवरी, 1921 को मित्रराष्ट्रों ने इस सम्मेलन में निश्चय किया कि जर्मनी 42 वार्षिकियों में 11300 मिलियन पौंड की राशि चुकायेगा। 1 मार्च, 1921 को इस निर्णय को अस्वीकार करते हुए जर्मनी ने लन्दन सम्मेलन में यह प्रतिस्थापना उपस्थित की कि मित्र राष्ट्र केवल 1500 मिलियन पौंड क्षतिपूर्ति के रूप में स्वीकार कर लें। साथ ही उसने यह शर्त भी रखी कि अनुसूची में नियत राशि पूरी-पूरी अदा होते ही आवेशन सेनायें (अकोपेशन आरमीज) हटा ली जाएं तथा अपर साइलीशिया जर्मनी के पास रहने दिया जाये। जर्मनी के ये प्रस्ताव कूटनीतिक दृष्टिकोण से अत्यन्त विवेकहीन थे। मित्रराष्ट्रों ने इसके प्रत्युत्तर में 8 मार्च, 1921 को रुहरोर्ट, डुइसवर्ग तथा डसेलडर्फ पर अधिकार कर लिया।

क्षतिपूर्ति आयोग का प्रतिवेदन और कार्य

27 अप्रैल, 1921 को क्षतिपूर्ति आयोग ने अपने प्रतिवेदन में जर्मनी की कुल देनदारी को 6600 मिलियन पौंड निर्धारित किया। इसके आधार पर मित्रराष्ट्रीय सर्वोच्च परिषद् ने मई, 1921 में लन्दन अनुसूची तैयार की। इस अनुसूची के द्वारा जर्मनी की देनदारी को तीन प्रकार के ऋण-पत्रों में विभाजित कर दिया। 'ए' तथा 'बी' ऋण-पत्रों की राशि 2600 मिलियन पौंड तथा 'सी' ऋण-पत्रों की राशि 4 हजार मिलियन पौंड निर्धारित की

गई। 'सी' ऋणपत्र तब तक क्षतिपूर्ति आयोग के पास रहने थे, जब तक जर्मनी की चुकान क्षमता स्थिर न हो जाये। 'ए' तथा 'बी' ऋण-पत्रों के संबंध में एक चुकान कार्यक्रम तैयार किया गया, जिसके अनुसार जर्मनी को प्रतिवर्ष 100 मिलियन पौंड तथा अपने निर्यात के मूल्य का 52% मित्रराष्ट्रों को देना था। इनमें से 50 मिलियन पौंड 31 अगस्त, 1921 तक चुकाये जाने थे। जर्मनी इस कार्यक्रम को स्वीकार करने के लिए तैयार नहीं था, परन्तु मित्रराष्ट्रों की इस धमकी से कि इन प्रस्तावों को जर्मनी द्वारा अस्वीकृत किये जाने पर वे रूर के प्रदेश पर, जो कि जर्मनी का प्रधान औद्योगिक केन्द्र था, अधिकार कर लेंगे। विवश होकर जर्मनी ने 11 मई, 1921 को ये प्रस्ताव स्वीकार कर लिए।

जर्मनी में मुद्रा संकट

जर्मन अर्थव्यवस्था क्षतिपूर्ति के इस विशाल भार को सहने में असमर्थ थी। क्षतिपूर्ति की राशि की अदायगी के प्रारम्भ से ही जर्मनी की मुद्रा का मूल्य गिरना प्रारम्भ हो गया। पेरिस शान्ति सम्मेलन के समय 20 जर्मन मार्क एक स्टर्लिंग पौंड के बराबर माने जाते थे। 1920 के मध्य तक 250 मार्क एक पौंड के बराबर हो गये। 31 अगस्त, 1921 को जर्मनी ने लन्दन अनुसूची के अनुसार 50 मिलियन पौण्ड मित्रराष्ट्रों को अदा किये। इसके साथ ही जर्मन मार्क का मूल्य अत्यन्त तीव्रता से गिरने लगा। नवम्बर, 1921 तक 1000 मार्क एक पौण्ड के बराबर हो गये और 1 जुलाई, 1922 तक 3500 मार्क का मूल्य एक पौण्ड रह गया। ऐसी स्थिति में जर्मन सरकार ने 13 अगस्त, 1922 को मित्रराष्ट्रों से यह प्रार्थना की कि क्षतिपूर्ति की अदायगी 3 वर्ष के लिए स्थगित कर दी जाये।

ग्रेट ब्रिटेन और फ्रांस का मतभेद

इस समय तक ग्रेट ब्रिटेन और फ्रांस के क्षतिपूर्ति से संबंधित दृष्टिकोणों में अत्यधिक अन्तर हो गया था। युद्ध से पूर्व जर्मनी ग्रेट ब्रिटेन के माल का सबसे बड़ा ग्राहक था। अत: जर्मनी की अर्थव्यवस्था के अस्त-व्यस्त हो जाने से ब्रिटिश अर्थव्यवस्था पर अनिष्टकारी प्रभाव का पड़ना अवश्यम्भावी था। ब्रिटिश सरकार ने यह अनुभव किया कि क्षतिपूर्ति की अदायगी जारी रहने से जर्मनी की अर्थव्यवस्था विशृंखलित हो जायेगी और उसका समस्त विश्व की अर्थव्यवस्था पर बुरा प्रभाव पड़ेगा। अत: वह जर्मनी की "चुकान विलम्ब काल" की माँगों को स्वीकार करने में पक्ष में था।

इसके विपरीत फ्रांस, जर्मनी को इतना अधिक दुर्बल बना देना चाहता था कि वह फिर कभी फ्रांस पर आक्रमण न कर सके। क्षतिपूर्ति के प्रश्न

के आर्थिक पक्ष की सर्वथा अवहेलना करते हुए फ्रेंच प्रधानमंत्री प्वायनकारे ने विलम्ब काल देने की शर्तों के रूप में "उत्पादक प्रत्याभूतियों" का प्रस्ताव रखा। इसके अनुसार जर्मनी की चुकान विलम्ब की प्रार्थना तभी स्वीकार की जानी थी जब जर्मन राइनलैंड की खानें तथा रंग बनाने के कारखाने फ्रांस को सौंप दे, जिससे वह उत्पादित माल से हर्जाना वसूल कर सके। फ्रांस की दृष्टि रूर घाटी पर थी। वह चाहता था कि ऋण अदा न करने के अपराध में रूर घाटी पर अधिकार कर लिया जाये, जिससे एक ओर तो जर्मन उद्योगों का लाभ मित्रराष्ट्रों को प्राप्त हो सके और दूसरी ओर फ्रांस की रक्षा व्यवस्था सुदृढ़ हो जाये।

रूर पर अधिकार

ब्रिटेन ने फ्रांस की आर्थिक दृष्टि से अनिष्टकारी योजनाओं का विरोध किया; परन्तु दुर्भाग्य से अमेरिका क्षतिपूर्ति आयोग से पृथक् हो चुका था। इटली तथा बेल्जियम ने फ्रांस का साथ दिया। ब्रिटेन अल्पमत में रह गया तथा दिसम्बर, 1922 के लन्दन सम्मेलन द्वारा जर्मनी की प्रार्थना अस्वीकार कर दी गई परन्तु मुद्रा संकट के कारण जर्मनी क्षतिपूर्ति अदा करने में असमर्थ था। दिसम्बर, 1920 में जर्मनी नियत मात्रा में इमारती लकड़ी और कोयला अदा नहीं कर सका। इस पर क्षतिपूर्ति आयोग की 26 दिसम्बर 1922 की बैठक में फ्रेंच प्रतिनिधि बारथो ने यह प्रस्ताव रखा कि जर्मनी को ऐच्छिक बाकीदार घोषित कर दिया जाये तथा रूर प्रदेश पर अधिकार कर लिया जाये। ब्रिटिश प्रतिनिधि सर जान ब्रेडवरी ने प्रस्ताव का घोर विरोध करते हुए कहा—"जब लकड़ी का कपटपूर्ण घोड़ा बनाकर ट्राय नगर को जीता गया था तब से लकड़ी का ऐसा दुरुपयोग इतिहास में कभी नहीं किया गया।"

परन्तु फ्रेंच सभापति के निर्णायक मत से प्रस्ताव पास हो गया और 11 जनवरी 1923 को फ्रांस तथा बेल्जियम की सेना ने डार्टमुंड के पूर्व तक रूर प्रदेश पर अधिकार कर लिया। इस प्रदेश में जर्मनी का कच्चे लोहे, इस्पात और कोयले का 80% उत्पादन होता था। अतः तत्कालीन जर्मन प्रधानमंत्री कूनो ने इसका उत्तर निष्क्रिय प्रतिरोध से दिया। जर्मन सरकार ने क्षतिपूर्ति की अदायगी पूर्ण रूप से बन्द कर दी तथा रूर प्रदेश के नागरिकों को यह आदेश दिया कि वे फ्रेंच अधिकारियों को किसी भी प्रकार का सहयोग न दें। यह निष्क्रिय प्रतिरोध इतना सफल हुआ कि खान खोदने तथा रेलों की व्यवस्था ठप्प हो गई। इस पर फ्रांस ने राइन प्रदेशों में एक पृथक्तावादी आन्दोलन को जन्म देने का प्रयत्न किया परन्तु यह आन्दोलन अधिक सफल न हो सका। इससे जर्मनी और फ्रांस दोनों को अत्यधिक हानि हुई।

रूर संकट के परिणाम

रूर पर अधिकार फ्रांस का एक अत्यन्त अविवेकपूर्ण कार्य सिद्ध हुआ। इसके परिणाम अत्यन्त भयंकर थे। सर्वप्रथम इसने जर्मन अर्थव्यवस्था की कमर तोड़ दी। जर्मन राजकोष बिल्कुल रिक्त हो गया। मार्क का मूल्य तीव्रता से गिरता चला गया। 1923 के अन्त तक 50000 अरब मार्क का मूल्य एक पौण्ड मात्र रह गया। इस प्रकार जर्मन मुद्रा वस्तुतः मूल्यहीन हो गई। इससे बैंक का प्रत्येक खाता अपनी उपयोगिता खो बैठा और मध्यमवर्ग की सब बचत नष्ट हो गई। मध्यमवर्ग को निम्न वर्ग की कोटि में आना पड़ा और वर्गच्युति के सभी अपमान झेलने पड़े। इससे उनकी निम्नवर्गीय श्रमिकों के प्रति घृणा और भी गहरी हो गयी। साथ ही उनमें यहूदियों के प्रति प्रतिहिंसा के भाव उत्पन्न हो गए क्योंकि उन्हें मुद्रास्फीति से लाभ उठाने वाले मुनाफाखोर मानता था। इसी अपमानित मध्यम वर्ग से हिटलर को सर्वाधिक अनुयायी प्राप्त हुए थे।

फ्रांस को भी इससे हानि ही हुई। जर्मन निष्क्रिय प्रतिरोध के कारण वह रूर की खानों से कोई लाभ नहीं उठा सका और क्षतिपूर्ति की अदायगी भी बिल्कुल बन्द हो गयी। साथ ही जर्मन जनता के मन में फ्रांस के प्रति घृणा और भी अधिक तीव्र हो गयी।

इससे फ्रांस और ब्रिटेन के संबंधों में कटुता बढ़ गई। ब्रिटेन ने रूर पर अधिकार को एक अवैधानिक और अविवेकपूर्ण कार्य माना। रूर पर अधिकार ने जर्मनी की क्षतिपूर्ति की अदायगी की क्षमता को ही नष्ट कर दिया।

इस प्रकार रूर पर अधिकार के अत्यन्त दूरगामी परिणाम हुए। ई० एच० कार का कथन युक्तिसंगत है–"रूर पर अधिकार, जिसने जर्मनी को बिल्कुल नष्ट कर दिया, यूरोप के युद्धोत्तर इतिहास में एक नया मोड़ था।"[2]

जर्मन अर्थव्यवस्था के पुनरुद्धार के प्रयत्न

जर्मन अर्थव्यवस्था अधिक समय तक रूर संघर्ष का भार नहीं सह सकी। 12 अगस्त, 1923 को कूनो मंत्रिमंडल ने त्यागपत्र दे दिया और गुस्टाव स्ट्रेसमान के नेतृत्व में नवीन मंत्रिमंडल का निर्माण हुआ। उसने 25 सितम्बर, 1923 को निष्क्रिय प्रतिरोध की नीति के परित्याग की घोषणा कर दी तथा क्षतिपूर्ति की राशि की अदायगी को सिद्धान्त रूप में स्वीकार कर लिया। परन्तु मित्रराष्ट्रों से यह प्रार्थना भी की कि वे इस बात की परीक्षा कर लें कि जर्मनी में क्षतिपूर्ति की अदायगी की क्षमता है भी अथवा नहीं। सौभाग्य से अन्तर्राष्ट्रीय परिस्थितियाँ भी अनुकूल थीं। फ्रांस और बेल्जियम भी अब तक यह स्वीकार कर चुके थे कि रूर पर अधिकार एक भयंकर

भूल थी और वे समझौते के लिए तैयार थे। यूरोपीय निर्धनता का संयुक्त राज्य अमेरिका की अर्थव्यवस्था पर भी प्रतिकूल प्रभाव पड़ रहा था, अतः वह भी सहयोग देने को तैयार था। इस प्रकार ब्रिटेन, फ्रांस, अमेरीका, बेल्जियम तथा इटली आदि मित्रराष्ट्र इस बात से सहमत हो गये कि अर्थविशेषज्ञों की एक ऐसी समिति नियुक्त की जाये जो केवल आर्थिक और अराजनैतिक दृष्टिकोण से इस प्रश्न पर विचार करे कि जर्मनी कि आर्थिक स्थिति को सुधारने के लिए कौन से उपायों का अवलम्बन लिया जाये। परिणामस्वरूप क्षतिपूर्ति आयोग ने 21 दिसम्बर, 1923 को अमरीकन अर्थविशेषज्ञ जनरल डावेस की अध्यक्षता में एक समिति की नियुक्ति की। 11 मई, 1924 को फ्रांस के प्रधानमंत्री प्वायनकारे मंत्रिमण्डल के पतन और एरियो के प्रधानमंत्री बन जाने से परिस्थितियाँ क्षतिपूर्ति की समस्या के समाधान के लिए और भी अनुकूल हो गयीं।

डावेस योजना

डावेस समिति ने अपना प्रतिवेदन 9 अप्रैल, 1924 को प्रस्तुत किया। इस योजना के मुख्य प्रस्ताव थे–

1. एक नवीन जर्मन मुद्रा (रीशमार्क) प्रचारित की जाये। 7 जर्मन तथा 7 विदेशी अर्थशास्त्रियों के एक अन्तर्राष्ट्रीय मंडल के अधीन एक केन्द्रीय बैंक की स्थापना की जाये। इस बैंक पर जर्मन सरकार का नियन्त्रण नहीं होगा तथा नवीन मुद्रा के प्रचलन का एकाधिकार इस बैंक में निहित होगा।

2. जर्मनी प्रथम पाँच वर्षों में 40 मिलियन पौण्ड प्रतिवर्ष अदा करेगा तथा इसके बाद प्रतिवर्ष अपनी समृद्धि की सूची के अनुपात के अनुसार एक उत्तरोत्तर बढ़ती हुई राशि अदा करेगा। परन्तु यह राशि 125 मिलियन पौण्ड प्रतिवर्ष से अधिक नहीं होगी।

3. क्षतिपूर्ति की अदायगी जर्मन मुद्रा में की जायेगी।

4. रूर प्रदेश को तुरन्त खाली कर दिया जायेगा, जिससे जर्मनी को अपनी आर्थिक प्रभुसत्ता पुनः प्राप्त हो जाये।

5. रेलवे बन्धपत्रों, यातायात करों, औद्योगिक ऋण-पत्रों तथा शराब, तम्बाकू और चीनी पर लगाये गये करों की आय केवल क्षतिपूर्ति की अदायगी के लिए प्रयुक्त की जायेगी।

6. मित्र राष्ट्र जर्मनी को 40 मिलियन पौण्ड का ऋण देंगे।

7. इस समस्त व्यवस्था की देख-भाल का भार क्षतिपूर्ति आयोग पर नहीं होगा, अपितु इस कार्य के लिए एक एजेन्ट जनरल की नियुक्ति की जाएगी।

31 अगस्त, 1924 को सभी संबंधित सरकारों ने डावेस योजना को स्वीकार कर लिया। 31 अक्टूबर, 1924 को योजना कार्यान्वित की गयी और फ्रेंच सेनाओं ने रूर प्रदेश से हटना प्रारम्भ कर दिया। 31 जुलाई, 1925 तक फ्रेंच तथा बेल्जियम सेनायें पूर्ण रूप से रूर प्रदेश से हट गईं। एजेन्ट जनरल के पद पर अमरीकन अर्थविशेषज्ञ श्री गिलबर्ट की नियुक्ति की गयी।

डावेस योजना का महत्व, गुण

क्षतिपूर्ति के इतिहास में डावेस योजना का एक विशेष महत्व है। सर्वप्रथम यह पहली योजना थी जो इस तथ्य की स्वीकृति पर आधारित थी कि क्षतिपूर्ति का प्रश्न एक आर्थिक प्रश्न है और उस पर अर्थ विशेषज्ञों द्वारा आर्थिक, व्यवहारिक और अराजनैतिक दृष्टिकोण से विचार किया जाना चाहिए। दूसरे, इसने क्षतिपूर्ति की राशि को उस सीमा तक सीमित कर दिया जितनी कि जर्मनी से अनुकूल आर्थिक परिस्थितियों में अदा करने की आशा की जा सकती थी। तीसरे, इसने अदायगी और विनिमय के प्रश्नों को अलग-अलग कर दिया। इसके अनुसार क्षतिपूर्ति की अदायगी जर्मन मुद्रा में की जानी थी और उसके विनिमय की व्यवस्था स्वयं मित्र राष्ट्रों को करनी थी। चौथे, योजना को कार्यान्वित करने का भार एक अर्थ विशेषज्ञ को सौंपा गया था, क्षतिपूर्ति आयोग जैसी राजनैतिक संस्था को नहीं। पाँचवें, यह व्यवस्था की गई कि क्षतिपूर्ति आयोग केवल सर्वसम्मति से ही जर्मन को बाकीदार (डिफाल्टर) घोषित कर सकता है, ताकि रूर पर अधिकार जैसी दुःखद घटनाओं की पुनरावृत्ति न हो सके। छठे, इस योजना ने अन्तर्राष्ट्रीय जगत में सौहार्दपूर्ण संबंधों की स्थापना करने में बहुत सहयोग दिया। लैंगसम के शब्दों में, "वर्साय की सन्धि पर हस्ताक्षर के बाद प्रथम बार यूरोप में कूटनीतिक तनाव कुछ कम हो गया।" डावेस योजना से उत्पन्न परिस्थितियों के फलस्वरूप जर्मनी की मुद्रा स्थिर हो गई और उसका औद्योगिक उत्पादन लगभग युद्ध के पहले स्तर पर पहुँच गया। परन्तु डावेस योजना पूर्णतः दोषहीन नहीं थी।

डावेस योजना के दोष

प्रथम, इस योजना ने जर्मनी के पूर्ण दायित्व का निर्धारण नहीं किया। दूसरे, इसने जर्मनी को ऋण देने की अविवेकपूर्ण परम्परा स्थापित कर दी। फलस्वरूप जहाँ जर्मनी एक ओर क्षतिपूर्ति की राशि की अदायगी कर रहा था, वहाँ दूसरी ओर नये ऋण भी ले रहा था। 1924 से 1928 तक जर्मनी ने क्षतिपूर्ति के रूप में 10.3 खरब रीश मार्क अदा किये। परन्तु साथ ही

उसी अवधि में अमेरिका आदि विदेशों से 18.2 खरब रीश मार्क के ऋण भी लिए। अत: जैसा कि एजेन्ट जनरल श्री पार्कर गिलबर्ट का मत था, "डावेस योजना न तो आशय की दृष्टि से और न तथ्य की दृष्टि से समस्या का अन्तिम निपटारा थी। यह तो एक ऐसा निपटारा थी जो क्षतिपूर्ति तथा संबंध समस्याओं के बारे में, जितनी जल्दी संभव हो, अन्तिम विस्तृत करार की सुविधा के लिए बनाया गया था।"

यंग योजना

डावेस योजना की कमियों को दूर करने के लिए तथा क्षतिपूर्ति की समस्या के अन्तिम और स्थायी समाधान के लिए श्री ओवन डी यंग की अध्यक्षता में एक समिति की नियुक्ति की गई। इस समिति की प्रथम बैठक पेरिस में 11 फरवरी, 1929 को हुई और इसने 7 जून, 1929 को अपना प्रतिवेदन प्रस्तुत किया। यंग समिति की योजना के प्रमुख तथ्य थे:–

1. जर्मन क्षतिपूर्ति की कुल राशि 5750 मिलियन पौण्ड निश्चित हुई।

2. वार्षिक किश्तों की संख्या निश्चित कर दी गयी तथा उनकी मात्रा घटा दी गई। यंग योजना के अनुसार सम्पूर्ण राशि 58½ किश्तों में अदा करनी थी। इनमें से पहली 37 किश्तों के लिए प्रति किश्त की राशि 100 मिलियन पौण्ड निश्चित की गई। उसके पश्चात् जर्मनी को कुछ कम राशि की 21½ वार्षिक किश्तें और अदा करनी थीं ताकि मित्रराष्ट्र अमेरिका से लिए युद्धऋणों को अदा कर सकें।

3. प्रत्येक वार्षिक किश्त को दो भागों में विभाजित किया गया था–अविलम्ब और विलम्ब। प्रत्येक किश्त का लगभग 1/3 भाग अविलम्ब था, जिसका भुगतान निश्चित समय पर होना अनिवार्य कर दिया गया। प्रत्येक किश्त के शेष दो तिहाई भाग का भुगतान 2 वर्ष के लिए विलंबित किया जा सकता था।

4. जर्मनी पर से सब राजनैतिक और आर्थिक नियंत्रण समाप्त कर दिए गये और स्वयं जर्मन सरकार को सभी भुगतानों के लिए उत्तरदायी बना दिया गया।

5. क्षतिपूर्ति संबंधी भुगतानों को प्राप्त करने तथा उनका मित्र राष्ट्रों में वितरण करने के लिए एक बैंक ऑफ इन्टरनेशनल सेटिलमेंट की स्थापना की गई।

6. क्षतिपूर्ति आयोग, क्षतिपूर्ति भुगतान के एजेन्ट जनरल तथा उन विदेशी अधिकारियों को समाप्त कर दिया गया जो उन धरोहरों की देख-रेख

करते थे, जिनकी जर्मनी के क्षतिपूर्ति संबंधी दायित्वों के सुरक्षा के आश्वासन के रूप में व्यवस्था की गयी थी।

7. विदेशी सेनायें 30 जून, 1930 तक राइन प्रदेश को खाली कर देंगी।

20 जनवरी, 1930 को हेग सम्मेलन में सभी संबंधित राष्ट्रों ने यंग योजना को स्वीकार कर लिया।

मित्रराष्ट्रों के पारस्परिक युद्धकालीन ऋण

क्षतिपूर्ति की समस्या से घनिष्ठ रूप से संबंधित एक अन्य समस्या थी–"मित्रराष्ट्रों के पारस्परिक युद्धकालीन ऋणों की समस्या।" यह समस्या भी क्षतिपूर्ति की ही भांति एक जटिल समस्या थी। निम्नलिखित आंकड़े इस समस्या की गम्भीरता के द्योतक हैं:–

देश			ऋण (मिलियन पौण्ड में)
(1)	अमेरिकन ऋण	ब्रिटेन को	920
		फ्रांस को	805
		अन्य देशों को	600
			2325
(2)	ब्रिटिश ऋण	फ्रांस को	600
		रूस को	783
		अन्य देशों को	800
			2183
(3)	फ्रांसीसी ऋण		100

विभिन्न शक्तियों के दृष्टिकोण

युद्धकालीन ऋणों के संबंध में विभिन्न राष्ट्रों के दृष्टिकोण उनके अपने-अपने स्वार्थों पर निर्भर थे। यूरोपीय राष्ट्र युद्ध-ऋणों की पूर्ण समाप्ति चाहते थे। उनका तर्क था कि ऋणदाता देशों ने एक ऐसे उद्देश्य के लिए धन के रूप में सहायता पहुँचाई है, जो उनके लिए भी उतना ही लाभपूर्ण था जितना ऋणी देशों के लिए। ऋणी देशों ने युद्ध में रक्त और मांस से योग दिया है, ऋणदाता देशों ने धन से। अतः युद्ध ऋणों की अदायगी की मांग नैतिक रूप से न्याय-संगत नहीं है तथा आर्थिक दृष्टि से भी उनका समाप्त कर दिया जाना ही लाभप्रद है।

फ्रांस चाहता था कि युद्ध-ऋणों को समाप्त कर दिया जाये परन्तु क्षतिपूर्ति को नहीं। 1923 तक उसे विश्वास था कि क्षतिपूर्ति की अदायगी हो सकेगी। अत: वह क्षतिपूर्ति और युद्ध ऋणों के प्रश्नों को दो अलग-अलग प्रश्न मानता रहा परन्तु जब 1923 के पश्चात् उसे क्षतिपूर्ति की अदायगी के संबंध में सन्देह होने लगा, तब उसने इन दोनों को दो अन्योन्याश्रित समस्यायें मानना आरम्भ कर दिया।

ब्रिटेन एक साथ ऋणी और ऋणदाता दोनों था। साथ ही वह एक वाणिज्य प्रधान देश था। अत: वह क्षतिपूर्ति और युद्ध दोनों की समाप्ति के पक्ष में था। इसका मत था कि ये दोनों अव्यापारिक और राजनैतिक ऋण थे तथा विश्व के आर्थिक पुनरुद्धार और प्रगति में बाधक थे। 1 अगस्त, 1922 को लार्ड बालफोर ने सभी मित्र राष्ट्रों को एक नोट भेजा, जिसमें कहा गया कि ब्रिटिश सरकार-"वर्तमान स्थिति में विश्व की आर्थिक क्षति की इतनी अधिक कायल है कि यह देश जर्मनी द्वारा क्षतिपूर्ति के प्रश्न पर अपने अन्य सब अधिकार तथा मित्रराष्ट्रों द्वारा प्रतिशोध्य सब दावे त्यागने को तैयार है, परन्तु शर्त यह है कि त्याग एक व्यापक योजना का हिस्सा हो, जिसके द्वारा यह महान् समस्या अपने सम्पूर्ण रूप में सन्तोषजनक रूप से हल हो सके।"

संयुक्त राज्य अमेरिका प्रधान ऋणदाता देश था। उसे जर्मनी या किसी अन्य देश से क्षतिपूर्ति के रूप में कुछ भी नहीं लेना था। अत: वह इन दोनों समस्याओं को दो सर्वथा पृथक समस्यायें मानता था। अमेरिका जनमत का कहना था कि वे उस युद्ध की कीमतें क्यों चुकायें, जिसे यूरोप की झगड़ालू जनता ने प्रारम्भ किया था। उनका यह भी तर्क था कि जब यूरोपीय राष्ट्र जर्मनी से क्षतिपूर्ति वसूल कर रहे हैं, तब वे अमेरिका के ऋण की अदायगी से क्यों बचना चाहते हैं। बालफोर नोट को वे ऋण वसूली के सारे अपयश को अमेरिका के सिर पर थोप देने का चालाकीपूर्ण प्रयत्न मानते थे। विकहम स्टीड के शब्दों में बालफोर नोट की अमेरिकन व्याख्या थी-"हम आपका धन अदा करेंगे यदि हमारे लिये ऐसा करना आवश्यक होगा, परन्तु यदि आप हमसे ऐसा करने को कहेंगे तब आप नीच और अशिष्ट व्यक्ति होंगे।"[3]

शान्ति सम्मेलन से यंग योजना तक युद्ध-ऋण की वापसी के प्रयत्न-पेरिस शान्ति सम्मेलन में राष्ट्रपति विल्सन ने ब्रिटिश प्रस्तावों को अस्वीकार कर दिया। 9 फरवरी, 1922 को अमेरिकन कांग्रेस ने 1947 तक ऋणों की वसूली के उद्देश्य से "विश्व युद्ध विदेशी ऋण आयोग" (वर्ल्ड वार फारेन डेब्ट कमीशन) की स्थापना की। दिसम्बर 1922 में अमेरिका

तथा ब्रिटेन के मध्य एक समझौता हुआ, जिसमें यह निश्चित किया गया कि ब्रिटेन अमेरिका को 1923 से 1932 तक 33 मिलियन पौंड प्रतिवर्ष तथा 1933 से 1984 तक 38 मिलियन पौंड प्रतिवर्ष अदा करेगा। 29 अप्रैल, 1926 को अमेरिका और फ्रांस के मध्य एक समझौता हुआ, जिसमें यह निर्धारित हुआ कि फ्रांस 62 वर्ष में अमेरिकन ऋण को चुका देगा। इसी प्रकार के समझौते अन्य संबंधित देशों के मध्य भी हुए। इन समझौतों के द्वारा युद्ध ऋण की राशि को काफी कम कर दिया गया। अमेरिका ने ब्रिटेन के ऋण को 19.7%, फ्रांस के ऋण को 52.8% तथा इटली के ऋण को 75.4% कम कर दिया।

यंग योजना के समय तक अमेरिका के अतिरिक्त अन्य सभी संबंधित देशों ने युद्ध-ऋणों और क्षतिपूर्ति को एक ही समस्या के दो पहलू मान लिया था। यंग समिति के अमेरिकन प्रतिनिधि को छोड़कर अन्य, सभी सदस्यों ने एक स्मरण पत्र पर भी हस्ताक्षर किये, जिसमें यह कहा गया कि क्षतिपूर्ति का भुगतान और युद्धकालीन मित्रराष्ट्रीय ऋण परस्पर संबंधित समस्यायें हैं। जब तक जर्मनी मित्रराष्ट्रों को क्षतिपूर्ति की किश्तों का भुगतान करता रहा, तब तक वे भी अमेरिकन युद्ध-ऋणों की किश्तों को चुकाते रहे। जर्मनी क्षतिपूर्ति की किश्तों को अमेरिका से प्राप्त ऋणों द्वारा चुका रहा था। इस प्रकार गेथोर्न हार्डी के शब्दों में:–

"डावेस योजना, जिसके आधार पर यंग समिति ने अपने तरवमीनें निकाले थे, के सुगम वर्षों में अमेरिकन धन एक तरह का गोल चक्कर लगाता रहा था–वह पहले जर्मनी को मिलता था, जर्मनी से क्षतिपूर्ति के दावेदारों को मिलता था और इनसे युद्ध-ऋणों के भुगतानों के रूप में अमेरिका को लौट जाता था।"[4]

आर्थिक मन्दी और हूवर चुकान विलम्ब काल

अमेरिकन धन का यह गोल चक्कर हमेशा जारी नहीं रह सकता था। यंग योजना की हेग सम्मेलन में स्वीकृति के कुछ दिन बाद ही अक्टूबर, 1929 में "वाल स्ट्रीट संकट" उत्पन्न हो गया; जिसमें न्यूयार्क स्टॉक एक्सचेंज पर एक ही दिन में शेयरों का मूल्य पचास अरब डालर गिर गया। जर्मनी को अमेरिकन ऋण मिलने बन्द हो गये और मार्क का मूल्य तेजी से गिरने लगा। मई, 1931 के अन्त तक जर्मन अर्थव्यवस्था अस्त-व्यस्त हो गयी। 20 जून, 1931 को जर्मन राष्ट्रपति हिन्डनबर्ग ने अमेरिकन राष्ट्रपति हूवर से सहायता की प्रार्थना की। राष्ट्रपति हूवर ने उसी दिन सभी क्षतिपूर्ति तथा युद्ध-ऋण संबंधी भुगतानों को एक वर्ष के लिये स्थगित करने का

प्रस्ताव रखा परन्तु फ्रेंच सरकार ने इस प्रस्ताव को स्वीकार करने में देर कर दी, जिससे उसकी उपयोगिता बहुत कुछ नष्ट हो गयी और आर्थिक संकट को नहीं रोका जा सका।

क्षतिपूर्ति तथा युद्ध-ऋणों का अन्त

23 दिसम्बर, 1931 को बैंक ऑफ इन्टरनेशनल सेटलमेन्ट की विशेष परामर्श समिति ने यह घोषित कर दिया कि जर्मनी में क्षतिपूर्ति के भुगतान की क्षमता नहीं है तथा 9 जनवरी, 1932 को जर्मन चांसलर ब्रूनिंग ने यह घोषित कर दिया कि क्षतिपूर्ति का भुगतान सम्भव नहीं है। इस परिस्थिति पर विचार करने के लिये 16 जून, 1932 को ब्रिटेन, फ्रांस, बेल्जियम, इटली तथा जापान के प्रतिनिधि लोसाने में एकत्रित हुये। लोसाने सम्मेलन ने जर्मनी के दायित्व को 150 मिलियन पौंड के केवल एक भुगतान तक सीमित कर दिया। दूसरे एकत्रित देशों ने आपस में 2 जुलाई, 1932 को एक "शिष्ट समझौता" किया, जिसके द्वारा यह निश्चित हुआ कि लोसाने समझौते का पुष्टीकरण तभी किया जायेगा जबकि 'उनके तथा उनके ऋणदाताओं अर्थात् फ्रांस, ब्रिटेन, अमेरिका के मध्य एक सन्तोषपूर्ण समझौता हो जायेगा।'

अमेरिका ने शिष्ट समझौते को एक ब्लैकमेल की संज्ञा दी और युद्ध-ऋणों का त्याग करने से इन्कार कर दिया। उसने इस तर्क को नहीं स्वीकार किया कि क्षतिपूर्ति की मंसूखी, युद्ध-ऋणों की मंसूखी पर निर्भर करती है। परन्तु यूरोप की आर्थिक अवस्था ऐसी नहीं थी, जिनमें क्षतिपूर्ति और युद्ध-ऋणों की विशाल राशि का भुगतान किया जा सकता। जर्मनी ने क्षतिपूर्ति का इसके पश्चात् कोई भुगतान नहीं किया। दिसम्बर, 1932 में फ्रांस, बेल्जियम और पोलैण्ड ने युद्ध-ऋणों की अदायगी बन्द कर दी। जून तथा दिसम्बर, 1933 में ब्रिटेन तथा इटली ने केवल सांकेतिक भुगतान ही किये। अप्रैल, 1934 में अमेरिकन कांग्रेस ने जानसन अधिनियम पास कर सांकेतिक भुगतान का बाकीदारी से बचने के साधन के रूप में प्रयोग निषिद्ध कर दिया। 1934 में फिनलैण्ड को छोड़कर अन्य किसी भी देश ने युद्ध-ऋणों का भुगतान नहीं किया। इस प्रकार बाकीदारी, पारस्परिक दोषारोपण तथा कटुता की परिस्थितियों के बीच क्षतिपूर्ति तथा युद्ध-ऋणों का अन्त हो गया।

क्षतिपूर्ति तथा युद्ध-ऋण की समस्याओं के परिणाम

विन्सटन चर्चिल के शब्दों में–"यह सब गहन मूर्खता की एक दुखद कहानी है जिसके सृजन में अत्यधिक श्रम तथा सदाचार काम आया।" चर्चिल का यह कथन क्षतिपूर्ति और युद्ध-ऋण की समस्या का एक नग्न

परन्तु सत्य चित्रण है। क्षतिपूर्ति और युद्ध-ऋण की कहानी अजीबोगरीब कथा है। वास्तव में कोई भी राष्ट्र इच्छा करते हुए भी आधुनिक युद्ध का व्यय अदा नहीं कर सकता, जर्मनी ने 1921 से 1924 के मध्य केवल 1½ वर्ष क्षतिपूर्ति की राशि का भुगतान किया। 1924 से 1926 तक पूरा भुगतान किया। 1926 से 1930 तक कोई भुगतान नहीं किया। 1930 के बाद केवल आधे वर्ष भुगतान किया। इस प्रकार जर्मनी ने केवल 5 वर्ष तक क्षतिपूर्ति की किस्तें अदा कीं। इस सब भुगतान से जर्मनी को कोई हानि नहीं हुई। जर्मनी ने जितनी राशि अदा की उससे कहीं अधिक अमेरिका से ऋणों के रूप में प्राप्त कर ली। इन ऋणों के द्वारा जर्मनी अपनी अर्थव्यवस्था को पुन: सुसंगठित कर सका। जर्मनी ने इन ऋणों को अदा नहीं किया। इसके विपरीत, क्षतिपूर्ति तथा युद्ध-ऋणों की समस्याओं के द्वारा वह मित्रराष्ट्रों के बीच मनोमालिन्य उत्पन्न कर लाभ उठाता रहा। इन समस्याओं के प्रति ब्रिटेन का दृष्टिकोण व्यापारिक और सर्वाधिक बुद्धिमत्तापूर्ण था। परन्तु फ्रांस के राजनैतिक दृष्टिकोण तथा अमेरिका की अदूरदर्शिता के कारण, समस्या के ब्रिटिश समाधान पर आचरण नहीं किया जा सका। साथ ही, युद्ध-ऋण और क्षतिपूर्ति की प्रभावशाली वसूली भी नहीं हो सकी। उनकी मात्रा में बारम्बार कमी की गयी और फिर भी उनका भुगतान नहीं हो सका।

इन समस्याओं के परिणाम अत्यन्त दुर्भाग्यपूर्ण थे—प्रथम, इन समस्याओं ने ब्रिटेन और फ्रांस के मध्य गम्भीर मतभेद और मनोमालिन्य उत्पन्न कर दिया। दूसरे, इन्होंने जर्मनी और फ्रांस के बीच पारस्परिक घृणा और द्वेष को अधिक गहरा करके उनके मध्य किसी स्थायी समझौते को असम्भव बना दिया। तीसरे, इन समस्याओं ने अमेरिका तथा अन्य मित्रराष्ट्रों के संबंध बिगाड़ दिये। अमेरिका को पार्थक्य की नीति को अपनाने के विचार को दृढ़ कर दिया। चौथे, इन समस्याओं ने फ्रांस की आशाओं के विपरीत जर्मनी को निर्बल बनाने के स्थान पर उसके आर्थिक पुनरुद्धार को सम्भव बनाया। उस आर्थिक पुनरुद्धार के बिना जर्मनी उस प्रसारवादी और आक्रमण नीति को नहीं अपना सकता था, जिसने द्वितीय विश्व युद्ध को अनिवार्य बना दिया। पांचवें, इन समस्याओं के द्वारा जर्मनी ने अपने भूतपूर्व शत्रुओं—ब्रिटेन, फ्रांस और अमेरिका आदि के बीच मतभेद उत्पन्न कर दिये। इन्हीं मतभेदों के कारण वे जर्मनी द्वारा वर्साय की सन्धि के अनेकानेक उल्लंघनों के विरुद्ध कोई प्रभावशाली कार्यवाही न कर सके। छठे, उन्होंने 1929 के बाद एक ऐसे विश्वव्यापी आर्थिक संकट को जन्म दिया, जिससे उत्पन्न परिस्थितियाँ द्वितीय विश्वयुद्ध के लिये प्रधानत: उत्तरदायी थीं। विन्सटन चर्चिल ने ठीक ही लिखा है—

"इतिहास इन सब लेन-देनों को पागलपन की संज्ञा देगा। इन्होंने सैन्यवादी श्राप और आर्थिक झंझावात को उत्पन्न करने में सहायता दी। ये सैन्यवाद और आर्थिक झंझावत ही द्वितीय विश्व युद्ध के वास्तविक जन्मदाता थे। इसी से विश्व युद्ध का पथ प्रशस्त हुआ था।"

आर्थिक संकट (विश्वव्यापी आर्थिक मन्दी)

आर्थिक संकट का स्वरूप–प्रथम विश्व युद्ध से उत्पन्न परिस्थितियों और क्षतिपूर्ति तथा युद्ध-ऋण की समस्याओं ने 1929 में विश्व में एक भीषण आर्थिक संकट को जन्म दिया। उत्पादन की अधिकता तथा माँग की कमी के कारण अक्टूबर 1929 में न्यूयार्क के शेयर बाजार में शेयरों का मूल्य एकाएक गिर गया। इससे उत्पन्न आर्थिक संकट के कारण अमेरिका ने यूरोपीय राष्ट्रों को ऋण देना बन्द कर दिया। यह घटना उस आर्थिक संकट की प्रथम अन्तर्राष्ट्रीय अभिव्यक्ति थी, जिसने आगामी कुछ वर्षों में विश्व की आर्थिक व्यवस्था की नीवें हिला दीं। अमेरिकन ऋणों के बन्द हो जाने से जर्मनी की अर्थव्यवस्था क्षतिपूर्ति के भार को नहीं सह सकी और मार्क का मूल्य तेजी से गिरने लगा। परन्तु यूरोप में आर्थिक मंदी की गति को वेगवान बनाने वाली प्रथम महत्वपूर्ण घटना जर्मनी में नहीं, आस्ट्रिया में घटी। 11 मई, 1931 को यह पता लगा कि आस्ट्रिया के सबसे बड़े व्यक्तिगत बैंक क्रेडिट आन्सटाल्ट के दिवालिया होने की आंशका थी। इससे उत्पन्न आर्थिक संकट के प्रसार को रोकने के लिए आस्ट्रिया की सरकार ने एक आज्ञप्ति जारी कर यह गारंटी दी कि सरकार क्रेडिट आन्सआल्ट के विदेशी दायित्वों की अदायगी का उत्तरदायित्व अपने ऊपर लेती है परन्तु इससे आर्थिक संकट को नहीं रोका जा सका। क्रेडिट आन्सटाल्ट का पतन विश्वव्यापी दिवालियापन और विश्वासहीनता का सूत्रपात बन गया। आतंक जर्मनी में भी फैल गया और विदेशी साहूकारों ने तीन सप्ताह के अन्दर जर्मन राज्य बैंक से 50 मिलियन पौंड का सोना निकाल लिया। शीघ्र ही जर्मनी और चेकोस्लोवाकिया को छोड़कर मध्य और दक्षिण-पूर्वी यूरोप के सभी छोटे राष्ट्र अपने विदेशी ऋणों के भुगतान में असमर्थ हो गये। इसी मध्य दक्षिणी गोलार्द्ध में कृषि वस्तुओं के मूल्य में विनाशकारी गिरावट के कारण आस्ट्रेलिया और अर्जेन्टाइना को 1929 के अन्त में सभी स्वर्ण भुगतान स्थगित कर देने पड़े।

जून, 1931 तक ऐसा प्रतीत होने लगा कि अमेरिका और फ्रांस को छोड़कर विश्व के अधिकांश देश दिवालिया हो जायेंगे। परन्तु 20 जून, 1931 को अमेरिकन राष्ट्रपति हूवर ने यह प्रस्ताव रखा कि एक वर्ष के लिये सरकारों के पारस्परिक ऋणों, क्षतिपूर्ति ऋणों तथा सहायता ऋणों के

मूलधन और ब्याज का भुगतान स्थगित कर दिया जाये। यह योजना जो हूवर विलम्ब काल के नाम से प्रसिद्ध है, ई॰ एच॰ कार के शब्दों में "बड़े साहस तथा राजनैतिक कुशलता का कार्य थी।"[5] इस योजना का फ्रांस के अतिरिक्त अन्य सभी देशों ने उत्साहपूर्वक स्वागत किया।

फ्रांस ने इसको स्वीकार करने में 15 दिन का विलम्ब कर दिया। इससे इसकी प्रभावशीलता तथा उपयोगिता एक बड़ी सीमा तक नष्ट हो गयी और आर्थिक संकट के प्रसार को नहीं रोका जा सका। आर्थिक संकट कुछ ही समय में इतना गम्भीर हो गया कि 21 सितम्बर, 1931 को ब्रिटेन को स्वर्णमान का परित्याग करना पड़ा। 19 जनवरी, 1932 को जर्मन चांसलर ब्रूनिंग ने यह घोषित कर दिया कि जर्मनी क्षतिपूर्ति की राशि का भुगतान नहीं कर सकता। जून-जुलाई, 1932 में यूरोपीय राष्ट्रों ने लोसाने सम्मेलन में यह निश्चय किया कि वे अपने क्षतिपूर्ति के दावों को त्याग देंगे, यदि अमेरिका आदि ऋणदाता देश अपने युद्ध-ऋणों को त्याग दें। अमेरिका ने इस योजना को स्वीकार करने से इन्कार कर दिया और हूवर विलम्बकाल की अवधि समाप्ति के पश्चात् युद्ध-ऋणों की अदायगी की माँग की परन्तु अधिकांश यूरोपीय राष्ट्रों ने क्षतिपूर्ति की अदायगी से साफ इन्कार कर दिया या केवल अल्प राशि के सांकेतिक भुगतान किए। जर्मनी आदि पराजित राष्ट्रों ने क्षतिपूर्ति की अदायगी से साफ इंकार कर दिया। 1934 के बाद किसी भी देश ने युद्ध-ऋणों या क्षतिपूर्ति से संबंधित कोई राशि अदा नहीं की। आर्थिक संकट के फलस्वरूप लगभग सभी देशों की अर्थव्यवस्था अस्त-व्यस्त हो गयी और बेकारी की समस्या ने अत्यन्त भयंकर रूप धारण कर लिया। लगभग सभी देशों में मुद्रा संकट ने गम्भीर रूप धारण कर लिया। 21 सितम्बर 1931 को ब्रिटेन द्वारा स्वर्णमान के परित्याग के बाद कुछ ही महीनों में नार्वे, स्वीडन, न्यूजीलैण्ड, दक्षिणी अफ्रीका आदि देशों ने भी स्वर्णमान का परित्याग कर दिया। जून, 1933 में लन्दन में एक विश्व अर्थ-सम्मेलन हुआ, जिसमें 64 देशों ने भाग लिया, परन्तु उसे कोई उल्लेखनीय सफलता प्राप्त नहीं हुई। सम्मेलन की सफलता का कारण आर्थिक राष्ट्रीयतावाद था। परन्तु जहाँ आर्थिक राष्ट्रीयतावाद के प्रभाव से विदेशों ने अपने-अपने निर्यात को बढ़ाने और आयात को कम करने के लिए अपने को तटकरों की प्राचीरों से घेर लिया, वहाँ व्यापार के राजकीय नियन्त्रण तथा ऐसे सुधारों को भी प्रारम्भ किया, जिनसे आर्थिक संकट की गम्भीरता शनैः शनैः कम होने लगी। ब्रिटेन में इन सुधारों का प्रारम्भ जुलाई, 1930 में हो गया जबकि युद्ध काल में जनता से 5% पर लिये गये ऋण को सफलतापूर्वक 3½% के लोक ऋण में परिवर्तित कर दिया गया। अमेरिका में राष्ट्रपति रुजवेल्ट ने

1933 में अपना "नयी व्यवस्था" के नाम से प्रसिद्ध कार्यक्रम प्रारम्भ किया। अनेक देशों ने, जिनमें ब्रिटेन प्रमुख था, द्विपक्षीय समझौतों की नीति का अनुसरण कर अपनी आयात-निर्यात व्यवस्था का पुनर्गठन किया। इस प्रकार 1933 के अन्त तक आर्थिक संकट का अन्त होना प्रारम्भ हो गया।

आर्थिक संकट के कारण

1. विश्व युद्ध से उत्पन्न परिस्थितियाँ—यह आर्थिक संकट प्रथम विश्वयुद्ध का स्वाभाविक परिणाम था। युद्ध काल में सैनिक आवश्यकताओं की मांग के कारण उद्योग-धन्धों का तीव्रगति से विस्तार हो जाता है। युद्ध के बाद यह मांग घट जाती है, जिससे उत्पादन आधिक्य और आर्थिक मन्दी की समस्यायें उत्पन्न हो जाती हैं। प्रथम विश्व युद्ध पहले सभी युद्धों से भीषण था; अतः आर्थिक संकट भी पहले के युद्धों से उत्पन्न आर्थिक संकटों से अधिक गम्भीर था।

2. क्षतिपूर्ति तथा युद्ध ऋणों की समस्यायें—क्षतिपूर्ति तथा युद्ध-ऋणों की समस्याओं ने अन्तर्राष्ट्रीय व्यापार और अर्थव्यवस्थाओं को अस्त-व्यस्त कर दिया, जिसके कारण आर्थिक संकट की भीषणता इतनी अधिक बढ़ गई कि सामान्य और परम्परागत उपायों से उसका सामना नहीं किया जा सका।

3. स्वर्ण का विषम विभाजन—प्रथम विश्व युद्ध के बाद यूरोप के अधिकांश राष्ट्र अमेरिका के ऋणी हो गये थे। इसके कारण संसार के सभी देशों से सोना अमेरिका की ओर प्रवाहित होने लगा। संसार का अधिकांश सोना अमेरिका में संग्रहीत हो गया। इससे संसार के अन्य देशों में सोने का एक कृत्रिम अभाव उत्पन्न हो गया, जिससे आर्थिक मन्दी और भी तीव्रतर हो गई। यूरोप के अनेक देशों को सोने के निर्यात पर प्रतिबन्ध लगाने पड़े।

4. उद्योगों का यन्त्रीकरण तथा वैज्ञानिकीकरण—युद्धकाल में एक बड़ी संख्या में लोगों को सेनाओं में भर्ती किये जाने के कारण मजदूरों की कमी पड़ने लगी। इस कमी को पूरा करने के लिए कृषि तथा उद्योगों में यन्त्रों का अधिकाधिक प्रयोग किया जाने लगा। परन्तु युद्ध की समाप्ति के बाद जब सेनाओं में भर्ती बन्द हो गई तब बेकारी की समस्या गम्भीर रूप धारण करने लगी, क्योंकि कृषि और उद्योगों के यन्त्रीकरण के कारण अब उनमें पहले के बराबर व्यक्तियों को काम मिलना सम्भव नहीं रहा।

5. उत्पादन आधिक्य—युद्धकाल में सैनिक तथा अन्य आवश्यकताओं की पूर्ति के लिए उद्योगों का तेजी से विकास हुआ। युद्धकाल के पश्चात् भी पुनर्निर्माण की आवश्यकताओं के कारण इन उद्योगों द्वारा उत्पादित माल

की आवश्यकता बनी रही, परन्तु जब ये आवश्यकतायें पूरी हो गईं तब वस्तुओं की मांग उनके उत्पादन से कहीं कम रह गई। इससे वस्तुओं के दाम गिरने लगे। उद्योगों को हानि होने लगी। इससे अनेक उद्योगों को अपना कार्य बन्द करना पड़ा तथा बेकारी की समस्या ने भीषण रूप धारण कर लिया।

6. क्रय-शक्ति का अभाव–बेकारी तथा कृषि की पैदावार का मूल्य गिर जाने से मजदूरों और कृषकों की क्रय-शक्ति अत्यधिक कम हो गई। इससे वस्तुओं की मांग कम हो गई और कारखाने बन्द होकर बेकारी बढ़ने लगी।

7. आर्थिक राष्ट्रीयता–युद्ध के बाद सभी देश सम्पूर्ण विश्व की अर्थव्यवस्था पर उनके प्रभावों की चिन्ता किए बिना, अपनी-अपनी आर्थिक उन्नति के लिए अत्यन्त संकीर्ण और स्वार्थपूर्ण नीतियों को अपनाने लगे। उन्होंने निर्यात को बढ़ाने और आयात को कम करने के लिए आयातित माल पर अत्यधिक कर लगाने प्रारम्भ कर दिये। इससे अन्तर्राष्ट्रीय व्यापार अस्त-व्यस्त हो गया। ब्रिटेन, अमेरिका, जर्मनी आदि प्रमुख निर्यातक देशों को अपने माल के लिए बाजार मिलने बन्द हो गये। उनके कारखाने बन्द होने लगे और बेकारी बढ़ने लगी।

8. आर्थिक संकट का तात्कालिक कारण–अक्टूबर, 1929 में न्यूयार्क शेयर बाजार में शेयरों के भाव में असाधारण गिरावट आई। इसके फलस्वरूप अमेरिका ने यूरोपीय देशों को ऋण देने बन्द कर दिये, जिससे एक ओर तो क्षतिपूर्ति और युद्ध-ऋणों की अदायगी के कार्यक्रम विशृंखलित हो गए और दूसरी ओर यूरोपीय देशों में आर्थिक पुनर्निर्माण की गति अवरुद्ध हो गई।

आर्थिक संकट के परिणाम

1. आर्थिक संकट के दुष्परिणाम–विश्व में आर्थिक संकट के परिणाम बड़े भयंकर और दूरगामी सिद्ध हुए। इसके कारण अनेक देशों की अर्थव्यवस्था अस्त-व्यस्त हो गई; कारखाने बन्द हो गए और बेकारी चिन्ताजनक रूप से बढ़ गई। व्यापार में लाखों व्यक्तियों और कम्पनियों को विनाशकारी घाटे हुए। इससे न केवल उद्योगपतियों और पूंजीपतियों को हानि हुई अपितु मध्यम वर्ग के उन व्यक्तियों को भी भारी क्षति सहनी पड़ी, जिन्होंने विभिन्न कम्पनियों के शेयर खरीदे थे। इस प्रकार पूंजीपति, मध्यम वर्ग और मजदूर-समाज के सभी वर्गों को भीषण कष्टों का सामना करना पड़ा।

2. आर्थिक राष्ट्रीयता–इस संकट से आर्थिक राष्ट्रीयता की भावना का तीव्र गति से विकास हुआ। लगभग सभी देशों ने इस संकट का सामना

करने के लिए आयात को कम करने और निर्यात को बढ़ाने के प्रयास किये। अपने उद्योग-धन्धों को संरक्षण प्रदान करने के लिए उन्होंने तटकरों की ऊंची प्राचीरें खड़ी कर दीं, जिनसे अन्तर्राष्ट्रीय व्यापार को अत्यधिक धक्का पहुंचा।

3. राजकीय नियन्त्रण में वृद्धि—आर्थिक संकट से पूर्व अमेरिका तथा यूरोप के अधिकांश राष्ट्र आर्थिक क्षेत्र में यदभाव्यम् नीति में विश्वास करते थे परन्तु आर्थिक संकट का सामना करने के लिए सभी देशों को औद्योगिक और व्यापारिक क्षेत्र में न्यूनाधिक मात्रा में राजकीय नियन्त्रण को अपनाना पड़ा।

4. प्रजातंत्र का ह्रास—आर्थिक संकट के कारण यूरोप के अधिकांश देशों में जनता को भीषण कष्ट सहने पड़े। इससे उत्पन्न बेकारी, अस्थिरता, भय, असुरक्षा तथा नैराश्य ने यद्भाव्यम् नीति को एक असफल समयातीत नीति बना दिया। उदारवादी पूंजीवाद तथा प्रजातंत्र, जो इसकी राजनैतिक अभिव्यक्ति माने जाते थे, असफल और दोषपूर्ण व्यवस्थायें माने जाने लगे। विशेषतः मजदूर तथा मध्यम वर्ग इससे असंतुष्ट होकर साम्यवाद और फासीवाद (फासिज्म) आदि की ओर आकर्षित होने लगा।

5. जर्मनी में नाजीवाद का उदय—सम्भवतः आर्थिक संकट का सर्वाधिक महत्वपूर्ण परिणाम जर्मनी में नाजीवाद का उत्कर्ष था। आर्थिक संकट से पूर्व 1928 में हिटलर के दल को निर्वाचन में केवल 8 लाख 10 हजार मत प्राप्त हुए थे; परन्तु आर्थिक संकट ने, जिसने जर्मनी को गम्भीर क्षति पहुंचाई, जर्मन जनता में यह विश्वास उत्पन्न कर दिया कि वाईमार गणतंत्र तथा स्ट्रेसमान की फ्रांस और ब्रिटेन से सहयोग की नीति जर्मनी के अन्तर्राष्ट्रीय और आन्तरिक; राजनैतिक और आर्थिक हितों की रक्षा करने में असफल रही है। हिटलर प्रारम्भ से ही इस नीति का विरोध कर रहा था। उसका उग्र-राष्ट्रवादी कार्यक्रम अब जर्मन जनता को आकर्षक प्रतीत होने लगा। 1930 के निर्वाचनों में उसके दल को 64 लाख से अधिक मत प्राप्त हुए। 1932 के निर्वाचनों में इन मतों की संख्या बढ़कर 1 करोड़ 37 लाख 45 हजार हो गई, जो कुल मतों का 37% थी। नाजी दल को राइकस्टाग (जर्मन संसद) में 608 में से 230 स्थान प्राप्त हुए, जो किसी भी अन्य दल को प्राप्त हुए स्थानों से अधिक थे। 1932 में हिटलर जर्मनी का चांसलर (प्रधानमंत्री) बन गया।

6. दक्षिण-पूर्वी यूरोप में जर्मन प्रभाव की वृद्धि—आर्थिक संकट का सामना करने के लिए बहुत से देशों को विनिमय-नियन्त्रण तथा स्थानीय व्यापार व्यवस्थायें आदि उपाय अपनाने पड़े। दक्षिणी पूर्वी यूरोप के देशों के माल के मुख्य बाजार जर्मनी और आस्ट्रिया थे। जर्मनी ने इन उपायों का

ऐसा प्रयोग किया कि इन देशों को जर्मनी से आर्थिक समझौतों के साथ-साथ राजनैतिक समझौते भी करने पड़े और ये देश राजनैतिक दृष्टि से भी जर्मनी पर निर्भर हो गये।

7. फ्रांस के अन्तर्राष्ट्रीय महत्व का ह्रास–आर्थिक संकट ने फ्रांस में आन्तरिक अराजकता और मंत्रिमण्डलीय अस्थिरता को बहुत बढ़ा दिया। इससे फ्रांस की यूरोप के भाग्य निर्माण में प्रबल और निर्णयात्मक भाग लेने की सामर्थ्य में काफी कमी आ गई। 1933 के बाद अन्य देशों में आर्थिक संकट एक सीमा तक समाप्त हो गया था परन्तु फ्रांस की जनता में आर्थिक पुनरुद्धार के लिए वैयक्तिक बलिदान करने के प्रति अत्यधिक अरुचि थी, जिसके कारण ब्रिटेन और अमेरिका के सहयोग के बावजूद भी फ्रांस में आर्थिक स्थिरता न आ सकी और मार्च, 1938 में फ्रेंक का मूल्य पुनः कम करना पड़ा।

8. फासीवाद (फासिज्म) का विकास–आर्थिक संकट से अनेक देशों में फासीवादी और अधिनायकवादी शक्तियों को बल दिया। विशेषतः आर्थिक संकट के प्रारम्भिक दिनों में दक्षिणी अमेरिका में क्रान्तियों की महामारी उत्पन्न हो गई जिससे पेरू और बोलीविया आदि देशों में फासीवादी सरकारें स्थापित हो गईं।

9. साम्यवाद का प्रसार–आर्थिक संकट ने जहाँ कुछ देशों में फासीवादी शक्तियों को बल प्रदान किया वहाँ कुछ देशों में साम्यवाद को भी लोकप्रिय बनाया। फ्रांस तथा यूरोप के पूर्वी देशों में साम्यवादी दलों ने अन्य वामपक्षी दलों से गठजोड़ कर जनमोर्चों की स्थापना की जो कुछ समय तक काफी लोकप्रिय सिद्ध हुए।

10. अमरीकन पार्थक्यवाद–आर्थिक संकट ने संयुक्त राज्य अमेरिका को यूरोपीय विवादों से पृथक् रहने की नीति को बल प्रदान किया, अतः अमेरिका में पार्थक्यवाद को लोकप्रिय बनाया।

11. राष्ट्रसंघ का दुर्बल होना–आर्थिक संकट ने राष्ट्रसंघ के प्रमुख सदस्यों ब्रिटेन, फ्रांस आदि को इतना दुर्बल बना दिया कि वे अपने को सामूहिक सुरक्षा के लिए कोई प्रभावशाली कार्य करने में असमर्थ पाने लगे। अमेरिकन पार्थक्यवाद ने उनके साहस को और भी कम कर दिया। इससे राष्ट्रसंघ अत्यन्त दुर्बल हो गया और जर्मन, इटालियन और जापान के साम्राज्यवाद के विरुद्ध अपने निर्बल सदस्यों की रक्षा नहीं कर सका। गोथोर्न हार्डी के शब्दों में–"आर्थिक कठिनाइयों में अति-व्यस्तता के कारण राजनीतिज्ञों के मस्तिष्क उन राजनैतिक खतरों से दूर रहते रहे, जो उस समय मौजूद थे।

परिणामतः राष्ट्र-राष्ट्र के बीच ऐसी दीवार खड़ी हो गई, जिनके फलस्वरूप ऐसा कोई संयुक्त प्रयास असम्भव हो गया, जो संसार को सुरक्षा प्रदान कर सकता था।"[6]

12. शस्त्रीकरण की दौड़–अनेक देशों ने आर्थिक संकट से उत्पन्न बेरोजगारी को समाप्त करने के उद्देश्य से अस्त्र-शस्त्रों के उत्पादन पर बल दिया, जिससे लोगों को रोजगार प्राप्त हो सके। इससे शस्त्रीकरण की एक ऐसी दौड़ प्रारम्भ हो गई जिसने अन्ततः विश्व को द्वितीय विश्व युद्ध की ज्वालाओं में झोंक दिया।

13. जापान में सैन्यवाद का उदय (जापान का मंचूरिया पर आक्रमण)–टायनबी का मत है कि "विश्व मंदी के लम्बे मार्ग में आर्थिक प्रतियोगिता की विफलता से परेशान होकर जापान ने सैन्यवाद का पथ प्रशस्त किया और वाणिज्यिक प्रसार की नीति का परित्याग कर सैनिक विजय की नीति अपना ली।"[7] इसी परिप्रेक्ष्य में जापान ने मंचूरिया पर आक्रमण किया था।

14. इटली का एबीसीनिया पर आक्रमण–आर्थिक संकट ने इटली की जनता में भीषण असन्तोष उत्पन्न कर दिया था। अतः जनता का ध्यान बंटाने के लिए मुसोलिनी ने साम्राज्यवादी विस्तारवाद की नीति को अपना लिया। इसी नीति के फलस्वरूप इटली ने एबीसीनिया को अधिकृत करने के लिए आक्रमण किया था।

इस प्रकार आर्थिक संकट के परिणाम अत्यन्त गम्भीर और दूरगामी सिद्ध हुए। बेन्स के शब्दों में–"इससे उत्पन्न राजनैतिक उथल-पुथल का विस्तार सरकार को नियन्त्रित करने वाले दलों में परिवर्तनमात्र से लेकर यथार्थ क्रान्ति थी, जो कि जर्मनी में हुई जबकि नाजी लोग सत्तारूढ़ हुए। इसके अतिरिक्त आन्तरिक आर्थिक कठिनाइयाँ तथा सामान्य अवस्था को पुनः प्राप्त करने की इच्छा एक बड़ी सीमा तक इस बात की व्याख्या करती है कि प्रजातांत्रिक देशों के राजनैतिक नेता उन बातों की प्रारम्भिक अवस्थाओं में, जो द्वितीय विश्व युद्ध की प्रस्तावनायें सिद्ध हुई, आक्रामक राष्ट्रों को रोकने के लिए असाधारण उपायों का अवलम्बन लेने में क्यों हिचकिचाते थे।"

सन्दर्भ

1. जवाहर लाल नेहरूः ग्लिम्पसिज ऑफ वर्ल्ड हिस्ट्री, पृ॰ 648.
2. ई॰ एच॰ कारः दो विश्व युद्धों के बीच अन्तर्राष्ट्रीय संबंध, पृ॰ 45.
3. 26 जनवरी, 1929 को रॉयल इन्स्टीट्यूट ऑफ इन्टरनेशनल अफेयर्स की सभा में विकहम स्टीड का भाषण।

4. गेथोन हार्डीः अन्तर्राष्ट्रीय राजनीति का संक्षिप्त इतिहास, पृ० 227.
5. ई० एच० कारः दो विश्व युद्धों के बीच अन्तर्राष्ट्रीय संबंध, पृ० 109.
6. गेथोन हार्डीः अन्तर्राष्ट्रीय राजनीति का संक्षिप्त इतिहास, पृ० 244.
7. सर्वे ऑफ इन्टरनेशनल अफेयर्स, 1931, पृ० 403.

स्मरण संकेत

क्षतिपूर्ति की समस्या

(i) द्वितीय विश्व युद्ध के लिए उत्तरदायी;
(ii) वर्साय की सन्धि की आर्थिक व्यवस्थायें निरर्थक, द्वेषपूर्ण, मूर्खतापूर्ण;
(iii) नैतिक, आर्थिक, राजनैतिक पक्ष;
(iv) युद्धोत्तर यूरोप की कहानी;
(v) राजनैतिक अदूरदर्शिता की प्रतीक;
(vi) क्षतिपूर्ति आयोग का गठन;
(vii) स्पा सम्मेलन (जुलाई, 1920);
(viii) क्षतिपूर्ति आयोग का प्रतिवेदन और कार्य;
(ix) जर्मनी में मुद्रा संकट;
(x) ग्रेट-ब्रिटेन और फ्रांस के मध्य मतभेद;
(xi) फ्रांस का रूर पर अधिकार;
(xii) जर्मनी में स्ट्रेसमान का मंत्रिमंडल स्थापित;
(xiii) जर्मन अर्थव्यवस्था के पुनरुद्धार के प्रयत्न।

डावेस योजना

(i) नवीन जर्मन मुद्रा (रीशमार्क) का प्रचलन;
(ii) क्षतिपूर्ति की अदायगी जर्मन मुद्रा में;
(iii) रूर क्षेत्र से फ्रांस की सेनाओं की तुरन्त वापसी;
(iv) 40 मिलियन पौण्ड प्रतिवर्ष क्षतिपूर्ति की अदायगी निर्धारित;
(v) पाँच वर्षों के उपरान्त जर्मन समृद्धि के आधार पर अदायगी हेतु अधिक धनराशि निर्धारित;
(vi) मित्रराष्ट्र जर्मनी को 40 मिलियन पौण्ड ऋण देने हेतु सहमत;
(vii) एजेन्ट जनरल की नियुक्ति;
(viii) अराजनैतिक दृष्टिकोण से क्षतिपूर्ति समस्या पर विचार;
(ix) जर्मनी की आर्थिक क्षमता के आधार पर क्षतिपूर्ति की राशि का निर्धारण;

(x) अदायगी विनिमय के प्रश्न पृथक्-पृथक्;
(xi) योजना को कार्यान्वित करने का भार अर्थविशेषज्ञ को सौंपा;
(xii) सर्वसम्मति से ही क्षतिपूर्ति आयोग जर्मनी को बाकीदार घोषित कर सकता था;
(xiii) अन्तर्राष्ट्रीय संबंधों की स्थापना में सहयोग;
(xiv) जर्मनी की मुद्रा स्थिर; उत्पादन में वृद्धि;
(xv) यूरोप में कूटनीतिक तनाव की समाप्ति;
(xvi) जर्मनी के पूर्ण दायित्व का निर्धारण नहीं;
(xvii) जर्मनी को ऋण देने की अविवेकपूर्ण परम्परा स्थापित।

यंग योजना

(i) क्षतिपूर्ति की कुल देनदारी 5750 मिलियन पौण्ड;
(ii) 58½ किश्तों में अदायगी;
(iii) वार्षिक किश्त दो भागों में विभक्त–विलम्ब; अविलम्ब;
(iv) जर्मनी पर से राजनैतिक, आर्थिक नियन्त्रण समाप्त;
(v) बैंक ऑफ इन्टरनेशनल सेटलमेन्ट की स्थापना;
(vi) क्षतिपूर्ति आयोग, एजेन्ट जनरल की समाप्ति;
(vii) राइन क्षेत्र से विदेशी सेनाओं की वापसी।

मित्रराष्ट्रों के पारस्परिक युद्धकालीन ऋण

(i) अत्यन्त जटिल समस्या;
(ii) विभिन्न राष्ट्रों के दृष्टिकोण स्वार्थों पर आधारित;
(iii) संयुक्त राज्य अमेरिका प्रधान ऋणदाता देश;
(iv) बालफोर नोट;
(v) विश्व युद्ध विदेशी ऋण आयोग की स्थापना;
(vi) क्षतिपूर्ति तथा युद्ध ऋण एक ही समस्या के दो पहलू;
(vii) आर्थिक मंदी और हूवर चुकान विलम्ब काल;
(viii) क्षतिपूर्ति तथा युद्ध-ऋणों का अन्त;
(ix) गहन मूर्खता की दु:खद कहानी;
(x) ब्रिटेन फ्रांस के मध्य मनोमालिन्य का पनपना;
(xi) जर्मनी-फ्रांस के बीच घृणा की भावना व्याप्त;
(xii) अमेरिका तथा मित्रराष्ट्रों के संबंध तनावपूर्ण;
(xiii) द्वितीय विश्व युद्ध का पथ प्रशस्त करने में योग।

आर्थिक संकट (विश्वव्यापी आर्थिक मन्दी)

(i) 1929 में भीषण और आर्थिक संकट का प्रारम्भ होना;
(ii) न्यूयार्क के शेयर बाजार में शेयरों के मूल्य में भारी गिरावट;
(iii) आस्ट्रिया के क्रेडिट आन्सटाल्ट बैंक का दिवालिया होना;
(iv) विश्व के राष्ट्रों की वित्त-व्यवस्था अस्त-व्यस्त; स्वर्ण भुगतान स्थगित।

आर्थिक संकट के कारण

(i) विश्व युद्ध से उत्पन्न परिस्थितियाँ;
(ii) क्षतिपूर्ति तथा युद्ध-ऋणों की समस्यायें;
(iii) स्वर्ण का विषम विभाजन;
(iv) उद्योगों का यन्त्रीकरण तथा वैज्ञानिकीकरण;
(v) उत्पादन आधिक्य;
(vi) क्रय-शक्ति का अभाव;
(vii) आर्थिक राष्ट्रीयता;
(viii) आर्थिक संकट का तात्कालिक कारण।

आर्थिक संकट के परिणाम

(i) आर्थिक दुष्परिणाम;
(ii) आर्थिक राष्ट्रीयता;
(iii) राजकीय नियन्त्रण में वृद्धि;
(iv) प्रजातन्त्र का ह्रास;
(v) जर्मनी में नाजीवाद का उदय;
(vi) दक्षिणी-पूर्वी यूरोप में जर्मन प्रभाव की वृद्धि;
(vii) फ्रांस के अन्तर्राष्ट्रीय महत्व का ह्रास;
(viii) फासीवाद का विकास;
(ix) साम्यवाद का प्रसार;
(x) अमेरिकन पार्थक्यवाद;
(xi) राष्ट्रसंघ का दुर्बल होना;
(xii) शस्त्रीकरण की दौड़;
(xiii) जापान में सैन्यवाद का उदय (जापान का मंचूरिया पर आक्रमण);
(xiv) इटली का एबीसीनिया पर आक्रमण।

प्रश्न

1. विश्व आर्थिक संकट जिन कारणों से हुआ, उनका आलोचनात्मक विवेचन कीजिये। इसका विश्व की राजनीति पर क्या प्रभाव पड़ा?
2. प्रथम विश्व युद्ध के पश्चात् होने वाली क्षतिपूर्ति की समस्या का वर्णन करते हुए उसकी परीक्षा कीजिये। क्या उसे बाद में होने वाले विश्व आर्थिक संकट के लिए उत्तरदायी ठहराया जा सकता है?
3. डावेस योजना के गुण, दोषों पर प्रकाश डालिये।
4. यंग योजना की प्रमुख व्यवस्थाओं की समीक्षा कीजिये।
5. क्षतिपूर्ति की समस्या से क्या तात्पर्य है? समस्या के निदान हेतु किये गये प्रयासों की विवचेना कीजिये।
6. विश्व आर्थिक संकट (विश्वव्यापी आर्थिक मंदी) के स्वरूप की समीक्षा करते हुए, उसके कारण, परिणामों की विवेचना कीजिये।

4
राष्ट्रसंघ (लीग ऑफ नेशन्स)

राष्ट्रसंघ वास्तव में प्रथम महायुद्ध की उपज कही जा सकती है। उसकी रचना का प्रमुख उद्देश्य स्थायी विश्व-शान्ति की प्राप्ति था।

राष्ट्रसंघ की उत्पत्ति तथा प्रकृति

सभ्यता के आदि काल से ही मानव जाति शान्ति की खोज करती रही है। प्रथम विश्व युद्ध ने इस खोज को एक नवीन तीव्रता और आग्रह प्रदान कर दिया। यह महायुद्ध इतना भीषण और विनाशकारी था कि संसार के बुद्धिजीवी वर्ग को यह स्पष्ट रूप से प्रतीत होने लगा कि यदि संसार के विभिन्न राष्ट्रों के विवाद इसी प्रकार के युद्धों को जन्म देते रहे तो मानव सभ्यता का विनाश हो जायेगा। अतः वे अपनी सम्पूर्ण शक्ति से एक ऐसी संस्था या साधन की खोज में दत्त चित्त हो गये, जिसके द्वारा विभिन्न राज्यों के विवादों को शान्तिपूर्वक सुलझाया जा सके और स्थायी विश्व शान्ति की स्थापना की जा सके। राष्ट्रसंघ इसी खोज का परिणाम था। इस संबंध में संयुक्त राज्य अमेरिका के राष्ट्रपति विल्सन के वक्तव्य को उद्धृत किया जा सकता है–"आज एक जीवित वस्तु उत्पन्न हुई है। जबकि यह लचीली है, यह शर्तों की दृष्टि से सामान्य है, तब भी यह उस एक वस्तु में निश्चित है जिसको निश्चित करने के लिए हम यहाँ एकत्र हुये हैं। यह शान्ति की एक प्रत्याभूति (गारन्टी) है। यह आक्रमण के विरुद्ध विश्व के द्वारा एक निश्चित प्रत्याभूति (गारन्टी) है। इस प्रोग्राम में सशस्त्र सेना पीछे रख दी गई है, परन्तु वह पीछे है और यदि विश्व की नैतिक शक्ति पर्याप्त नहीं होगी, तब विश्व की शारीरिक शक्ति अवश्य ही यथेष्ठ हो जायेगी। परन्तु वह अन्तिम आश्रय है, क्योंकि उसकी रचना शान्ति के विधान के रूप में की गई है, युद्ध के संघ के रूप में नहीं, परन्तु यह नहीं सोचा गया है कि यह विश्व की शान्ति की स्थापना का संघ मात्र होगा। यह एक ऐसा संघ है जिसको किसी भी अन्तर्राष्ट्रीय मामले में सहयोग के लिए प्रयोग में लाया जा सकता है।"[1]

प्रथम महायुद्ध 28 जुलाई, 1914 को प्रारम्भ हुआ था; इसकी विनाशकारी लीला ने शीघ्र ही अनेक देशों में यह मांग उत्पन्न कर दी कि किसी ऐसे संघ की रचना की जाये जो ऐसे दुखान्त नाटकों की पुनरावृत्ति को रोक सके। 1 मई, 1915 को ब्रिटेन में 'लीग ऑफ नेशन्स सोसाइटी' की स्थापना हुई। जून, 1915 में अमेरिका में 'लीग टू एनफोर्स पीस' नामक संगठन की स्थापना हुई। दिसम्बर, 1916 में राष्ट्रपति विल्सन ने सम्पूर्ण विश्व में शान्ति और न्याय की सुरक्षा के लिए एक अन्तर्राष्ट्रीय संघ की स्थापना का सुझाव रखा। दक्षिणी अफ्रीका के प्रधानमंत्री जनरल स्मट्स ने भी राष्ट्रसंघ के विचार का समर्थन किया। 1917 में पोप वेनेडिक्ट ने अन्तर्राष्ट्रीय विवादों को निपटाने के लिए अनिवार्य पंच निर्णयों की व्यवस्था अपनाने की अपील की। मार्च, 1918 में ब्रिटिश विदेशमंत्री बालफोर ने फिलमोर की अध्यक्षता में राष्ट्रसंघ के संविदा की रचना के लिए एक समिति की स्थापना की। इसी प्रकार के प्रयत्न अन्य देशों में भी किए गये। राष्ट्रपति वुडरो विल्सन को राष्ट्रसंघ का धर्मपिता कहा जा सकता है, यद्यपि राष्ट्रसंघ की मांग करने वाले वे पहले व्यक्ति नहीं थे, परन्तु 1916 में इस मांग को अपना समर्थन प्रदान करने के पश्चात् उन्होंने राष्ट्रसंघ की स्थापना के लिए अथक प्रयत्न किये। 22 जनवरी, 1917 को उन्होंने अमरीकन सीनेट के सामने भाषण करते हुये "शान्ति के लिए विश्व संघ" की मांग की। 8 जनवरी, 1918 को उन्होंने अपने प्रसिद्ध 14 सूत्रों का प्रतिपादन किया। इनमें से अन्तिम में उन्होंने कहा कि: "छोटे और बड़े दोनों ही प्रकार के राज्यों को राजनैतिक स्वतंत्रता और प्रादेशिक अखण्डता की पारस्परिक प्रतिभूतियाँ समान रूप से प्राप्त हो सकें, इस प्रयोजना की पूर्ति के लिए कुछ विशिष्ट समझौतों के अन्तर्गत राष्ट्रों के एक सामान्य संगठन का निर्माण किया जाना चाहिए।"

पेरिस के शान्ति सम्मेलन में उन्होंने अपने इस सूत्र पर सर्वाधिक बल दिया। उनकी अध्यक्षता में 19 सदस्यों के एक आयोग ने राष्ट्रसंघ के संविदा का प्रारूप तैयार किया। 28 अप्रैल, 1919 को सम्मेलन ने संशोधित प्रारूप को सर्वसम्मति से स्वीकार कर लिया। उसे वर्साय की सन्धि सहित सभी शान्ति सन्धियों में सम्मिलित कर दिया गया। 10 जनवरी, 1920 को औपचारिक रूप से राष्ट्रसंघ की स्थापना हो गई। इस प्रकार विल्सन का स्वप्न साकार हुआ परन्तु भाग्य की विडम्बना रही, कि स्वयं उसके देश संयुक्त राज्य अमेरिका ने राष्ट्रसंघ का सदस्य बनने से इंकार कर दिया।

यह राष्ट्रसंघ एक प्रकार का राष्ट्रमंडल था, जिसकी शक्तियाँ अत्यन्त सीमित थीं तथा जो अधिकांशतः अपने सदस्यों के माध्यम से कार्य करता

था। इसकी अपनी शक्तियाँ सदस्य राज्यों से प्राप्त थीं, सीधे जनता से नहीं। इसमें केवल राज्यों को प्रतिनिधित्व प्राप्त था, जनता को नहीं। यह राज्यों का ऐच्छिक समुदाय था और किसी राज्य को इसका सदस्य बनने के लिए बाध्य नहीं किया जा सकता था। यह प्राचीन और नवीन का एक विचित्र समन्वय था। एक ओर तो यह इस सत्य की स्वीकृति पर आधारित था कि "शान्ति एक नकारात्मक स्थिति मात्र नहीं है जो अन्तर्राष्ट्रीय संघर्ष के विस्फोटों के मध्य के समय में पाई जाती है, अपितु एक सकारात्मक दृष्टिकोण है, जिसका विश्व के राष्ट्रों में शनैः शनैः तथा परिश्रमपूर्वक निर्माण करना होगा।"[2] दूसरी ओर यह छठवीं सदी से लेकर उन्नीसवीं सदी तक के अन्तर्राष्ट्रीय संबंधों के समस्त सिद्धान्तों और व्यवहारों का प्रतिफल था। उदाहरणार्थ, इसकी साधारण सभा के निर्माण में हेग सम्मेलनों से, परिषद् के निर्माण में कन्सर्ट ऑफ यूरोप से तथा अन्तर्राष्ट्रीय न्याय के स्थाई न्यायालय के निर्माण में हेग न्यायाधिकरण से प्रेरणा ली गई थी। यह एक नवीन संस्था थी, परन्तु इसे एक क्रान्तिकारी रचना नहीं कहा जा सकता। संसार के राज्यों ने इसकी स्थापना एक 'राज्यों के राज्य' के रूप में नहीं की थी, अपितु एक ऐसे साधन के रूप में की थी जिसके माध्यम से वे अन्तर्राष्ट्रीय संबंधों का अधिक सन्तोषपूर्वक संचालन कर सकें। इसे राष्ट्रसंघ का नाम दिया गया था, परन्तु यह वास्तव में राष्ट्रों का नहीं अपितु राज्यों का संघ था। केवल राज्य ही इसकी सदस्यता के पात्र थे, राष्ट्र नहीं। प्रारम्भ में यह एक प्रकार से "एक विजेता गोष्ठी" थी क्योंकि एक ओर तो इसे शान्ति-सन्धियों का एक अनिवार्य अंग बना दिया गया था और दूसरी ओर जर्मनी और आस्ट्रिया आदि पराजित राष्ट्रों को इसकी सदस्यता से वंचित रखा गया। प्रारम्भ से अन्त तक कभी भी इसके प्रमुख सदस्यों ने इसे एक निष्पक्ष अन्तर्राष्ट्रीय नियामक नहीं माना अपितु अपनी राष्ट्रीय विदेशी नीतियों के साधन के रूप में इसका उपयोग किया। फिर भी जैसा कि गेथोर्न हार्डी का मत है:

"परन्तु राष्ट्रसंघ शान्ति सम्मेलन का एक महान् रचनात्मक कार्य था। इसकी आत्मा पूर्णतः अन्तर्राष्ट्रीय थी और उन सदस्यों के हाथों में, जो निःस्वार्थ भाव से इसका उपयोग करने का संकल्प करते, यह शान्ति का एक शानदार उपकरण बन सकता था।"[3]

राष्ट्रसंघ के उद्देश्य

राष्ट्रसंघ के संविदा की प्रस्तावना के अनुसार राष्ट्रसंघ के प्रमुख उद्देश्य थे–

(i) अन्तर्राष्ट्रीय सहयोग को प्रोत्साहित करना तथा अन्तर्राष्ट्रीय शान्ति व सुरक्षा को बनाये रखना।

(ii) युद्ध का आश्रय न लेने के उत्तरदायित्व की स्वीकृति।

(iii) राष्ट्रों के मध्य स्पष्ट, उचित तथा सम्मानपूर्ण संबंधों की स्थापना।

(iv) अन्तर्राष्ट्रीय विधि के समझौतों की सरकारों के व्यवहार के उचित नियमों के रूप में दृढ़तापूर्वक स्थापना।

(v) संगठित जातियों के पारस्परिक व्यवहार में न्याय तथा सन्धि-दायित्वों के प्रति पूर्ण सम्मान की स्थापना।

राष्ट्रसंघ की सदस्यता

राष्ट्रसंघ के सदस्यों को दो वर्गों में विभाजित किया जाता था–मौलिक तथा प्रविष्ट। मौलिक सदस्य वे स्वशासित राज्य, डोमिनियन या उपनिवेश थे, जिन्होंने या तो शान्ति सन्धियों पर हस्ताक्षर किए थे या जो राष्ट्रसंघ का सदस्य बनने के लिए आमन्त्रित किये गए थे। राष्ट्रसंघ की साधारण सभा किसी भी स्वशासित राज्य, डोमिनियन या उपनिवेश को राष्ट्रसंघ का सदस्य बना सकती थी। ये राज्य प्रविष्ट सदस्य कहलाते थे। कोई भी सदस्य परिषद् के सर्वसम्मत मत द्वारा राष्ट्रसंघ से निकाला जा सकता था और वह स्वयं भी दो वर्ष का नोटिस देकर अपनी सदस्यता का परित्याग कर सकता था। राष्ट्रसंघ के मौलिक सदस्यों की संख्या 42 थी। 1927 में राष्ट्रसंघ के सदस्यों की संख्या बढ़कर 56 तथा 1935 में 62 हो गई थी परन्तु इसी बीच इसके कुछ सदस्यों ने राष्ट्रसंघ को छोड़ना आरम्भ कर दिया। अन्त में राष्ट्रसंघ में केवल 43 सदस्य रह गये और जब अप्रैल, 1946 में राष्ट्रसंघ की साधारण सभा की अन्तिम बैठक जेनेवा में हुई, तब उसमें केवल 34 राज्यों के प्रतिनिधि उपस्थित थे।

राष्ट्रसंघ के अंग

1. साधारण सभा (असेम्बली)
2. परिषद् (कौंसिल)
3. सचिवालय (सेक्रेटेरियट)

अन्तर्राष्ट्रीय न्याय का स्थाई न्यायालय (परमानेन्ट कोर्ट ऑफ इन्टरनेशनल जस्टिस) तथा अन्तर्राष्ट्रीय श्रमसंघ (इन्टरनेशनल लेबर आरगनाइजेशन) की गणना भी राष्ट्रसंघ की महत्वपूर्ण संस्थाओं में की जाती है। इनके अतिरिक्त राष्ट्रसंघ के अन्तर्गत अनेक प्राविधिक संस्थायें कार्य करती थीं, जैसे आर्थिक संघ, वित्तीय संघ तथा स्वास्थ्य संघ आदि।

साधारण सभा (असेम्बली)–साधारण सभा में सभी सदस्य देशों के प्रतिनिधि सम्मिलित थे। प्रत्येक राज्य तीन प्रतिनिधि तक भेज सकता था, परन्तु उनमें से केवल एक को ही मत देने का अधिकार प्राप्त होता था।

साधारण सभा का वर्ष में कम से कम एक अधिवेशन होता था। आवश्यकता पड़ने पर विशेष अधिवेशन भी बुलाये जा सकते थे। इसका प्रथम अधिवेशन 15 नवम्बर, 1920 को आरम्भ हुआ था तथा अन्तिम अधिवेशन 18 अप्रैल, 1946 को समाप्त हो गया था। 19 अप्रैल, 1946 को राष्ट्रसंघ को समाप्त कर दिया गया।

साधारण सभा प्रतिवर्ष एक अध्यक्ष और आठ उपाध्यक्षों का निर्वाचन करती थी। उसकी एक सामान्य समिति, कुछ विशेष समितियाँ और 6 स्थाई समितियाँ भी थीं। साधारण सभा में मतदान की चार पद्धतियाँ थीं। कुछ विषयों पर निर्णय के लिए सर्वसम्मति की आवश्यकता होती थी। कुछ विषयों पर साधारण बहुमत से प्रस्ताव पारित किये जा सकते थे। कुछ विषयों पर निर्णय के लिए दो-तिहाई बहुमत की तथा कुछ के लिए पूर्ण बहुमत की आवश्यकता होती थी।

साधारण सभा के कार्य अत्यधिक विस्तृत थे। यह राष्ट्रसंघ के कार्य-क्षेत्र में आने वाले किसी भी विषय पर अथवा संसार की शान्ति पर प्रभाव डालने वाले किसी भी विषय पर, अपनी बैठक में विचार कर सकती थी।

इन कार्यों को तीन वर्गों में विभाजित किया जा सकता है-निर्वाचन संबंधी, विचार संबंधी, संवैधानिक। निर्वाचन संस्था के रूप में साधारण सभा दो-तिहाई बहुमत से राष्ट्रसंघ में नये सदस्यों के प्रवेश की अनुमति दे सकती थी। प्रतिवर्ष बहुमत से परिषद् के अस्थाई सदस्यों में से एक-तिहाई का निर्वाचन करती थी। प्रति नौ वर्ष के पश्चात् परिषद् की सहमति से अन्तर्राष्ट्रीय न्याय के स्थाई न्यायालय के लिए 15 न्यायाधीशों का निर्वाचन करती थी। इसके अतिरिक्त परिषद् द्वारा महासचित के पद पर की गई नियुक्ति पर साधारण सभा की सहमति आवश्यक थी।

विचारात्मक संस्था के रूप में साधारण सभा अन्तर्राष्ट्रीय महत्व के राजनैतिक, आर्थिक तथा प्राविधिक प्रश्नों पर विचार कर सकती थी। वह राष्ट्रसंघ के सदस्यों को ऐसी परिस्थितियों पर विचार करने तथा ऐसी सन्धियों पर पुनर्विचार करने का परामर्श दे सकती थी जो अन्तर्राष्ट्रीय शान्ति के लिए संकट उपस्थित करें।

साधारण सभा बहुमत से राष्ट्रसंघ के नियमों में परिवर्तन कर सकती थी, परन्तु इन सब संशोधनों पर परिषद् की सर्वसम्मति से सहमति तथा सदस्य राज्यों द्वारा पुष्टि आवश्यक थी।

परिषद् (कौंसिल)-राष्ट्रसंघ की साधारण सभा सदस्य राज्यों की समानता के सिद्धान्त पर आधारित थी, परन्तु परिषद् के संगठन का आधार

महाशक्तियों की उच्चता का सिद्धान्त था। साधारण सभा में सभी राज्यों को समान प्रतिनिधित्व प्राप्त था, परन्तु परिषद् में पाँच महाशक्तियों को स्थाई प्रतिनिधित्व देने की व्यवस्था की गई थी, जबकि छोटे राज्यों में से 4 सदस्य समय-समय पर साधारण सभा द्वारा परिषद् की अस्थाई सदस्यता के लिए निर्वाचित किये जाने थे। ये पाँच स्थाई सदस्य अमेरिका, ब्रिटेन, फ्रांस, इटली तथा जापान थे परन्तु अमेरिका ने राष्ट्रसंघ में सम्मिलित होने से इन्कार कर दिया। इससे प्रारम्भ में परिषद् के स्थाई तथा अस्थाई सदस्यों की संख्या चार-चार रह गई थी। बाद में 1926 में जर्मनी को तथा 1934 में रूस को परिषद् का स्थाई सदस्य बना दिया गया था, जिससे स्थाई सदस्यों की संख्या 6 हो गई। अस्थाई सदस्यों की संख्या में भी अनेक बार वृद्धि की गई और 1936 में उनकी संख्या 11 हो गई परन्तु जापान, जर्मनी और इटली द्वारा क्रमश: 1934, 1935 तथा 1937 में राष्ट्रसंघ का परित्याग कर देने से तथा 1939 में रूस को निष्काषित कर दिये जाने से परिषद् में केवल दो स्थाई सदस्य (ब्रिटेन और फ्रांस) रह गये।

परिषद् के अधिकांश निर्णयों के लिए सर्वसम्मति आवश्यक थी। परन्तु प्रक्रिया संबंधी विषयों पर बहुमत से निर्णय लिया जा सकता था। शान्ति सन्धियों की अल्पसंख्यक धाराओं में संशोधन संबंधी सिफारिशें तथा न्यायाधीशों के निर्वाचन भी बहुमत से किए जा सकते थे। राज्यों के पारस्परिक विवादों पर निर्णय लिए जाते समय संबंधित पक्षों को मत देने का अधिकार नहीं रहता था।

परिषद् के कार्य अत्यन्त विस्तृत थे। यह राष्ट्रसंघ के अधिकार क्षेत्र में आने वाले किसी भी विषय पर विचार कर सकती थी। एक प्रकार से जहाँ साधारण सभा को राष्ट्रसंघ की व्यवस्थापिका सभा कहा जा सकता था, वहाँ परिषद् को उसकी कार्यकारिणी कहा जा सकता था। इसके मुख्य कार्य थे–

(i) साधारण सभा के प्रस्तावों को क्रियान्वित करना;

(ii) राष्ट्रसंघ के नाम पर कुछ विशिष्ट प्रदेशों के प्रशासन की व्यवस्था करना, जैसे डेनजिंग, सार प्रदेश आदि;

(iii) मैन्डेट संबंधी कार्य;

(iv) महासचिव तथा उसके अधीनस्थ कर्मचारियों की नियुक्ति;

(v) अल्पसंख्यकों का हित;

(vi) अन्तर्राष्ट्रीय विवादों का निबटारा;

(vii) अन्तर्राष्ट्रीय शान्ति बनाये रखने के लिए सैनिक कार्यवाही का निश्चय करना आदि।

परिषद् की प्रथम बैठक 16 जनवरी, 1920 को तथा अन्तिम बैठक 14 दिसम्बर, 1939 को हुई थी।

सचिवालय–सचिवालय को राष्ट्रसंघ का सर्वाधिक उपयोगी तथा निस्सन्देह सबसे कम विवादास्पद अंग कहा गया है। यह एक प्रकार की अन्तर्राष्ट्रीय नागरिक सेवा थी। इस का प्रधान एक महासचिव था। उसके अधीन 2 उपमहासचिव, 2 अवर सचिव तथा लगभग 750 अन्य कर्मचारी कार्य करते थे। महासचिव की नियुक्ति साधारण सभा की सहमति से परिषद् के द्वारा की जाती थी। राष्ट्रसंघ के प्रथम महासचिव ब्रिटेन के श्री जेम्स एरिक ड्रमण्ड, दूसरे महासचिव फ्रांस के जोसेफ एवनोल तथा तीसरे महासचिव आयरलैण्ड के सिमेन लैस्टर थे, जिन्होंने क्रमशः 1920 से 1933 तक; 1933 से 1940 तक तथा 1940 से 1946 तक इस पद पर कार्य किया।

अन्तर्राष्ट्रीय न्याय का स्थायी न्यायालय–अन्तर्राष्ट्रीय न्याय के स्थाई न्यायालय में प्रारम्भ में 11 न्यायाधीश होते थे, परन्तु 1930 में इनकी संख्या बढ़ाकर 15 कर दी गई। ये न्यायाधीश 9 वर्ष की अवधि के लिए साधारण सभा तथा परिषद् की संयुक्त बैठक में निर्वाचित किए जाते थे। न्यायालय का प्रधान कार्यालय हेग में स्थित था। यह न्यायालय अन्तर्राष्ट्रीय विधि की व्याख्या करता था और संधियों तथा अन्य पारस्परिक दायित्वों से संबंधित प्रश्नों पर निर्णय देता था। 1922 से 1939 तक इसने 15 विवादों पर विचार किया, 12 विवादों में निर्णय दिये तथा 17 मामलों में परामर्श दिया।

अन्तर्राष्ट्रीय श्रम संघ–औपचारिक रूप से अन्तर्राष्ट्रीय श्रम संघ राष्ट्रसंघ का अंग नहीं था, परन्तु व्यवहार में यह राष्ट्रसंघ की व्यवस्था का एक भाग था और उसके एक स्वायत्त अंग के रूप में कार्य करता था। इसका व्यय राष्ट्रसंघ द्वारा दिया जाता था। परन्तु ऐसे राष्ट्र भी इसके सदस्य हो सकते थे, जो राष्ट्रसंघ के सदस्य नहीं थे। अन्तर्राष्ट्रीय श्रमसंघ के तीन प्रमुख अंग थे–

1. सामान्य सम्मेलन,
2. शासक सभा,
3. अन्तर्राष्ट्रीय श्रम कार्यालय।

सामान्य सम्मेलन में प्रत्येक सदस्य राज्य के 4 प्रतिनिधि होते थे, जिनमें से एक श्रमिकों द्वारा, 1 मालिकों द्वारा तथा 2 सरकार द्वारा चुने जाते थे। सामान्य सम्मेलन श्रमिक समस्याओं के संबंध में 2/3 बहुमत से समझौतों अथवा सिफारिशों को पारित करता था। सदस्य राज्यों से यह आशा की जाती थी कि वे इन समझौतों को संपुष्ट तथा कार्यान्वित करेंगे। शासक सभा

तथा अन्तर्राष्ट्रीय श्रम कार्यालय क्रमशः श्रम संघ की कार्यकारिणी तथा सचिवालय के रूप में कार्य करते थे। श्रम संघ का प्रधान कार्यालय जेनेवा में स्थित था।

श्रम संघ के प्रधान उद्देश्य थे–

(i) विश्वभर में श्रमिकों के लिए काम की दशाओं में सुधार कराना;
(ii) श्रमिकों की आर्थिक सुरक्षा की व्यवस्था कराना तथा उनके वेतन, पेंशन आदि की व्यवस्थाओं में सुधार करना;
(iii) उत्पादक संस्थाओं के संचालन में श्रमिकों को सक्रिय साझीदार बनवाना;
(iv) श्रमिकों तथा इनके परिवारों के लिए कल्याण सेवा की व्यवस्था करना।

श्रम संघ राष्ट्रसंघ की सर्वाधिक सफल संस्था थी। 1940 में इसने अपना प्रधान कार्यालय मांट्रियल को स्थानान्तरित कर दिया और द्वितीय विश्व युद्ध के काल में भी अपना कार्य जारी रखा। दिसम्बर, 1946 में यह संयुक्त राष्ट्र का विशेष संगठन बन गया।

राष्ट्रसंघ के कार्य तथा गतिविधियां

राष्ट्रसंघ तथा उसकी सभा और परिषद् के कार्य तथा गतिविधियों को 5 वर्गों में विभाजित किया जा सकता है–

(i) प्रशासनात्मक कार्य,
(ii) मैन्डेट संबंधी कार्य,
(iii) अल्पसंख्यकों के हितों की सुरक्षा संबंधी कार्य,
(iv) आर्थिक तथा सामाजिक कार्य,
(v) अन्तर्राष्ट्रीय शान्ति तथा सुरक्षा संबंधी कार्य।

प्रशासनात्मक कार्य

वर्साय की सन्धि के द्वारा राष्ट्रसंघ को सार की घाटी तथा डैन्जिग के स्वतंत्र नगर के प्रशासन की व्यवस्था का दायित्व ग्रहण करना पड़ा था–

सार घाटी का प्रशासन–सार घाटी लगभग 3200 वर्ग कि॰मी॰ का कोयले की खानों से सम्पन्न एक व्यवसायिक क्षेत्र था, जिसकी लगभग 8 लाख जनता का अधिकांश भाग जर्मन था। वर्साय की सन्धि में इस बात की व्यवस्था की गई कि इस प्रदेश पर 15 वर्ष तक राष्ट्रसंघ द्वारा नियुक्त एक आयोग का शासन रहेगा और 15 वर्ष के पश्चात् सार की जनता इस बात का निर्णय करेगी कि सार घाटी जर्मनी को वापस कर दी जाये अथवा

फ्रांस को दे दी जाये अथवा राष्ट्रसंघ के द्वारा शासित होती रहे। 13 जून, 1935 को वर्साय की सन्धि की व्यवस्था के अनुसार सार घाटी में जनमत संग्रह लिया गया। लगभग 90% ने सार प्रदेश जर्मनी को सौंप देने के पक्ष में मत दिया। परिणामस्वरूप 1 मार्च, 1935 को सार प्रदेश जर्मनी को सौंप दिया गया।

डैन्जिग का प्रशासन–सार घाटी के समान डैन्जिग भी एक जर्मन बहुल प्रदेश था। पोलैण्ड को संतुष्ट करने के लिए डैन्जिग के संबंध में विशेष व्यवस्थायें की गईं। ये विशेष व्यवस्थायें थीं–

1. डैन्जिग को जर्मनी से अलग कर राष्ट्रसंघ के संरक्षण में एक स्वतंत्र नगर बना दिया गया।
2. डैन्जिग को अपने आन्तरिक मामलों में पूर्ण स्वशासन प्रदान कर दिया गया परन्तु एक सन्धि द्वारा उसे पोलैण्ड के साथ एक बहि:शुल्क संघ (कस्टम्स यूनियन) में सम्मिलित कर दिया गया तथा पोलैण्ड को उसके विदेशी संबंधों के संचालन का अधिकार भी दे दिया गया।
3. डैन्जिग के शासन की देख-रेख के लिए राष्ट्रसंघ द्वारा नियुक्त एक उच्च आयुक्त की व्यवस्था की गई। इस उच्च आयुक्त को डैन्जिग तथा पोलैण्ड के विवादों का निर्णय करने का अधिकार भी दिया गया।

सार घाटी के प्रशासन की गणना राष्ट्रसंघ की सफलताओं में की जाती है परन्तु डैन्जिग के प्रशासन में राष्ट्रसंघ को सफलता प्राप्त नहीं हो सकी, आरम्भ से ही डैन्जिग और पोलैण्ड के संबंध कटुतापूर्ण हो गये। डैन्जिग और पोलिश गलियारे के प्रश्नों ने जर्मनी और पोलैण्ड के संबंधों को भी तनावपूर्ण और कटु बना दिया। अन्ततः जर्मनी और पोलैण्ड की कटुता इतनी उग्र हो गई कि 1 सितम्बर, 1939 को जर्मनी ने पोलैण्ड पर आक्रमण कर दिया और दो सप्ताह के अन्दर डैन्जिग सहित पोलैण्ड के अधिकांश भाग पर जर्मनी का अधिकार हो गया।

मैन्डेट संबंधी कार्य

प्रोफेसर शूमां के अनुसार, मैन्डेट व्यवस्था "साम्राज्यवाद की दोहरी समस्या–एक ओर तो निवासियों के हितों की रक्षा करना तथा दूसरी ओर साम्राज्य निर्माताओं में शान्ति बनाए रखना–के दृढ़तापूर्वक समाधान की सबसे अधिक मनोरंजक अन्तर्राष्ट्रीय चेष्टाओं में है।"[4] वास्तव में मैन्डेट व्यवस्था जनरल स्मट्म की एक ऐसी खोज थी, जिसका उद्देश्य विल्सन के

आदर्शवाद तथा अन्य मित्रराष्ट्रों की साम्राज्यवादी आकांक्षाओं में समन्वय स्थापित करना था। राष्ट्रपति विल्सन चाहते थे कि आत्मनिर्णय के सिद्धांत के अनुसार भूतपूर्व जर्मन उपनिवेशों को स्वतंत्रता प्रदान की जाये परन्तु अन्य मित्रराष्ट्र इन उपनिवेशों को क्षतिपूर्ति के रूप में अपने साम्राज्यों का एक अंग बना लेना चाहते थे। जनरल स्मट्स की योजना के अनुसार, इन प्रदेशों को न तो पूर्ण स्वतंत्रता प्रदान की जानी थी और न ही उनको मित्रराष्ट्रों के साम्राज्यों में सम्मिलित कर दिया जाना था, अपितु एक विशेष व्यवस्था के अधीन राष्ट्रसंघ के संरक्षण में उनके शासन को मित्रराष्ट्रों को सौंप दिया जाना था। यह व्यवस्था मैन्डेट व्यवस्था के नाम से प्रख्यात हुई। राष्ट्रसंघ की संविदा में कहा गया था कि, "उन उपनिवेशों और क्षेत्रों पर, जो कि पिछले महायुद्ध के परिणामस्वरूप उन राज्यों की प्रभुसत्ता में नहीं रह गये हैं, जिनका पहले उन पर शासन था तथा जिनमें ऐसे लोग बसते हैं जो आधुनिक विश्व की कठिन परिस्थितियों में अपने पैरों पर खड़े होने योग्य नहीं हैं, यह सिद्धान्त लागू किया जाये कि ऐसे लोगों का कल्याण और विकास सभ्य देशों का पवित्र कर्त्तव्य है। इस सिद्धान्त को व्यवहारिक रूप देने का सर्वोत्तम उपाय यह है कि ऐसे लोगों का संरक्षण उन समुन्नत राष्ट्रों को सौंपा जाये, जो इस जिम्मेदारी को सबसे अच्छी तरह निभा सकते हों तथा संरक्षण अधिकार का उपयोग ये राष्ट्रसंघ की ओर से संरक्षक राज्य के रूप में करें।"[5]

इस प्रकार मैन्डेट व्यवस्था के अन्तर्गत मित्रराष्ट्रों द्वारा शत्रुराष्ट्रों से छीने गये प्रदेशों का शासन राष्ट्रसंघ के संरक्षण में विभिन्न मित्रराष्ट्रों को सौंप दिया गया तथा उन्हें इस बात का निर्देश दिया गया कि वे इन प्रदेशों का इस प्रकार शासन करें जिससे ये प्रदेश शीघ्र स्वशासन के योग्य हो जायें। इन प्रदेशों को मैन्डेट तथा उनके शासन के लिए उत्तरदायी राज्य को मैन्डेटरी राज्य कहा जाता था।

मैन्डेटों को तीन वर्गों में विभाजित किया था–

1. प्रथम श्रेणी में ईराक, सीरिया, लेबनान, फिलिस्तीन तथा ट्रांसजोर्डन रखे गये। ये सभी युद्ध से पहले तुर्की के अधीन थे। इनके संबंध में राष्ट्रसंघ संविदा में कहा गया कि ये प्रदेश "विकास की ऐसी अवस्था तक पहुंच चुके हैं कि उनके अस्तित्व को अस्थायी रूप से स्वतंत्र राष्ट्रों के रूप में माना जा सकता है। परन्तु कोई एक मैन्डेटरी राज्य उन्हें तब तक प्रशासकीय सलाह व सहायता देता रहेगा, जब तक कि वे अपने पैरों पर स्वयं खड़े न हो जायें। एक मैन्डेटरी शक्ति के चुनाव में इन समुदायों की इच्छाओं पर मुख्य रूप से विचार करना आवश्यक है।"[7] प्रथम श्रेणी के मैन्डेटों में से

ईराक, फिलिस्तीन तथा ट्रांस जोर्डन–ग्रेट ब्रिटेन की तथा सीरिया और लेबनान फ्रांस की संरक्षता में रखे गए।

2. द्वितीय श्रेणी में मध्य अफ्रीका में स्थित जर्मनी के भूतपूर्व उपनिवेश रखे गये। इनमें से केमेरुन्ज का 1/6 भाग, टोगोलैण्ड का 1/3 भाग तथा टांगानिक ग्रेट ब्रिटेन को केमेरुन्ज का 5/6 भाग और टोगोलैण्ड का 2/3 फ्रांस को तथा रुआंडा एवं उरुन्डी बेल्जियम को सौंपे गये। इनके विषय में राष्ट्रसंघ संविदा में कहा गया कि ये लोग "विकास की उस सीढ़ी तक पहुंच पाये हैं जिसमें कि मैन्डेटरी शक्ति द्वारा उनके प्रदेश का इस प्रकार से शासन किया जाये कि जिसमें धर्म एवं सदाचार संबंधी स्वतंत्रता प्राप्त हो सके। इसका उद्देश्य सार्वजनिक व्यवस्था एवं सदाचार की रक्षा करना, दास व्यवसाय, शस्त्रों तथा शराब आदि के व्यापार जैसी बुराईयों को रोकना, पुलिस तथा प्रदेश की रक्षा के लिए आवश्यक सेना के अतिरिक्त सैनिक किलेबन्दी तथा समुद्री सेना के अड्डों पर प्रतिबन्ध लगाना तथा राष्ट्रसंघ के अन्य सदस्यों को व्यापार के लिए उचित अवसर प्रदान करना होना चाहिये।"[7]

3. तृतीय श्रेणी में दक्षिण-पश्चिम अफ्रीका तथा प्रशान्त महासागर के कुछ ऐसे द्वीपों को रखा गया जिनकी जनसंख्या अत्यन्त कम थी या जिनका आकार बहुत छोटा था या जो सभ्यता के केन्द्रों से बहुत दूर स्थित थे। इनको पृथक् राज्य का रूप लेने हेतु अनुपयुक्त समझा गया। मैन्डेटरी राज्यों को इसके संबंध में लगभग पूर्ण अधिकार प्रदान कर दिये गये। जिससे ये एक प्रकार से मैन्डेटरी राज्यों के अंग बन गये। केवल स्थानीय जनता के हितों की सुरक्षा के लिए कुछ विशेष संरक्षणों की व्यवस्था भी कर दी गई। इनमें से दक्षिणी-पश्चिम अफ्रीका दक्षिण अफ्रीका को, जर्मन टापू समोआ न्यूजीलैण्ड को, नौरु द्वीप ग्रेट ब्रिटेन को प्राप्त हुए। प्रशान्त महासागर के अन्य भूतपूर्व जर्मन द्वीप जापान तथा आस्ट्रेलिया में विभाजित कर दिए गए। भूमध्य रेखा से उत्तर के द्वीप जापान को प्राप्त हुए और दक्षिण के आस्ट्रेलिया को।

राष्ट्रसंघ को मैन्डेटों के संबंध में तीन प्रकार के अधिकार प्राप्त थे–

1. मैन्डेटरी राज्यों को मैन्डेटों की प्रगति के संबंध में प्रतिवर्ष राष्ट्रसंघ की परिषद् को एक वार्षिक प्रतिवेदन भेजना होता था।
2. प्रत्येक मैन्डेट के शासन के संबंध में राष्ट्रसंघ की परिषद् निर्देश दे सकती थी।
3. मैन्डेटरी राज्यों के वार्षिक प्रतिवेदनों की जाँच राष्ट्रसंघ द्वारा नियुक्त एक स्थायी मैन्डेट्स आयोग करता था तथा उनके संबंध में राष्ट्रसंघ की परिषद् को परामर्श देता था।

इन अधिकारों के अनुसार 1920 में राष्ट्रसंघ ने स्थायी मैन्डेट्स आयोग की नियुक्ति की। यह मैन्डेट्स आयोग राष्ट्रसंघ की परिषद् के अभिकर्ता (ऐजन्ट) के रूप में कार्य करता था। इसके प्रमुख कार्य थे–

1. मैन्डेटरी राज्य के प्रतिवेदन की जाँच करना।
2. मैन्डेटों के निवासियों के आवेदन पत्रों पर विचार करना।
3. मैन्डेट व्यवस्था संबंधी विषयों पर राष्ट्रसंघ को परामर्श देना।

व्यवहार में मैन्डेट व्यवस्था साम्राज्यवाद का एक नवीन रूप ही सिद्ध हुई। मैन्डेटरी राज्यों ने मैन्डेटों का शासन उनके कल्याण के उद्देश्य से नहीं अपितु अपने हितों की रक्षा के उद्देश्य से किया। ब्रिटेन ने ईराक में ईराकियों की स्वतंत्रता प्राप्ति की महत्वाकांक्षाओं के प्रति एक दमनपूर्ण नीति का अवलम्बन किया, उसने फिलिस्तीन में "फूट डालो और राज्य करो" की नीति अपनायी। फ्रांसीसियों ने सीरिया तथा लेबनान में राष्ट्रवाद का निर्दयतापूर्वक दमन किया। टोगोलैण्ड तथा कैमरुन्स में भी जनता की इच्छाओं की अवहेलना की गई। तृतीय श्रेणी की मैन्डेटों में मैन्डेटरी राज्यों में "मुक्त द्वार" की नीति को नहीं अपनाया और मैन्डेटों के साथ साधारण उपनिवेशों का व्यवहार किया। मैन्डेटरी शक्तियों ने राष्ट्रसंघ को केवल एक परामर्शदात्री संस्था माना, निदेशक संस्था नहीं। लार्ड बालफोर ने 1922 में कहा था–"एक मैन्डेट विजेता राष्ट्र द्वारा विजित प्रदेश में अपनी प्रभुसत्ता पर स्वेच्छापूर्वक लगाई हुई मर्यादा है। मानव जाति के सामान्य हितों के लिए मित्रराष्ट्रों ने अपने ऊपर ये मर्यादाएँ लगा लीं और राष्ट्रसंघ से यह देखने में, कि सामान्य नीति पर आचरण किया जाये, सहायता देने की प्रार्थना की। परन्तु राष्ट्रसंघ मैन्डेट व्यवस्था का रचयिता नहीं था। राष्ट्रसंघ का प्रथम कर्त्तव्य यह देखना था कि मैन्डेट की शर्तें संविदा के सिद्धांतों के अनुकूल हों तथा दूसरा कर्तव्य यह देखना था कि ये शर्तें वास्तव में मैन्डेट प्रदेशों में मैन्डेटरी शक्ति की नीति को निर्धारित करें।"

इस प्रकार मैन्डेट व्यवस्था साम्राज्यवादी अत्याचारों का अन्त नहीं कर सकी। इनग्राम ने ठीक ही कहा है कि, "शान्ति समझौते की मैन्डेटरी व्यवस्था एक समझौता थी और एक ऐसा समझौता थी, जो साम्राज्यवादी व्यवस्था के लक्षण अपनाये रखने के कारण युद्ध के एक प्रधान कारण का अन्त करने में असफल हो गई।"[8]

परन्तु दोषपूर्ण होते हुए भी मैन्डेट व्यवस्था सर्वथा महत्वहीन नहीं थी। शूमां के शब्दों में, "फिर भी आदेश पद्धति (मैन्डेट सिस्टम) पिछड़े प्रदेशों पर अन्तर्राष्ट्रीय निरीक्षण के एक दुस्साहस के कार्य का प्रतिनिधित्व करती थी।"[9] इससे साम्राज्यवादी शक्तियों ने कम से कम सिद्धान्ततः यह स्वीकार

कर लिया कि पिछड़े हुए प्रदेशों का शासन सत्ता के हित में नहीं अपितु प्रदेशों के निवासियों के हित में किया जाना चाहिए। यद्यपि राष्ट्रसंघ का, शासक राज्यों पर नियन्त्रण अधिक शक्तिशाली नहीं था, फिर भी यह तथ्य मात्र कि उन्हें अपने कार्यों के लिए एक अन्तर्राष्ट्रीय संस्था के सम्मुख उत्तर देना होगा, शासक राज्यों को दमनकारी नीति का अवलम्बन लेने के लिए अनिच्छुक बना देता था। इसी कारण 1932 में ईराक तथा द्वितीय महायुद्ध के काल में सीरिया और लेबनान को स्वतंत्रता प्राप्त हो सकी क्योंकि शासक राज्य दमनकारी नीति अपनाकर विश्व के जनमत को अपने विरुद्ध नहीं करना चाहते थे। अतः प्रोफेसर लियोनार्ड के शब्दों में हम कह सकते हैं कि "राष्ट्रसंघीय मैन्डेट व्यवस्था की मान्य दुर्बलताओं के बावजूद, यह औपनिवेशक नीति तथा प्रशासन में एक स्पष्ट सुधार का प्रतिनिधित्व करती थी।"

अल्पसंख्यकों के हितों के सुरक्षा संबंधी कार्य

पेरिस शान्ति सम्मेलन में इस बात का प्रयास किया गया था कि यूरोप को सभी राष्ट्रीय अल्पसंख्यकों को, "एक राष्ट्र एक राज्य" के सिद्धान्त के आधार पर राज्यों का पुनर्गठन कर, स्वशासन और स्वतंत्रता प्रदान कर दी जाये। परन्तु व्यवहार में ऐसा करना असम्भव सिद्ध हुआ और सभी सम्भव प्रयत्नों के बावजूद यूरोप में लगभग 1,70,00,000 राष्ट्रीय अल्पसंख्यक रह गए। इनकी सुरक्षा के लिए शान्ति सम्मेलन ने अल्पसंख्यक सन्धियों का उपाय अपनाया। इसके अनुसार, अधिकांश ऐसे राज्यों को, जिनमें राष्ट्रीय अल्पसंख्यक रह गए थे, अल्पसंख्यकों के अधिकारों और हितों का सम्मान करने के लिए वचनबद्ध किया गया। इन सन्धियों की व्यवस्थाओं को कार्यान्वित करने का भार राष्ट्रसंघ को सौंपा गया। परन्तु राष्ट्रसंघ इस कार्य में अधिक सफलता प्राप्त नहीं कर सका और विभिन्न देशों में राष्ट्रीय अल्पसंख्यकों को अनेक अत्याचारों का शिकार होने से नहीं बचाया जा सका।[10]

आर्थिक तथा सामाजिक कार्य

यद्यपि राष्ट्रसंघ प्रधानतः एक राजनैतिक संस्था थी परन्तु इसे वास्तविक सफलतायें आर्थिक तथा सामाजिक क्षेत्र में प्राप्त हुई। राष्ट्रसंघ ने आर्थिक और सामाजिक क्षेत्र में अन्तर्राष्ट्रीय सहयोग के नवीन युग का सूत्रपात किया। विश्व के इतिहास में प्रथम बार अन्तर्राष्ट्रीय सम्मेलनों में राजनैतिक और कूटनीतिक ही नहीं, अपितु आर्थिक और सामाजिक विषयों पर भी गम्भीर विचार-विमर्श होने लगा।

आर्थिक सहयोग—सर्वप्रथम राष्ट्रसंघ ने इस बात का प्रयास किया कि विश्व के सभी देश स्वस्थ आर्थिक नीतियों को अपनायें ताकि महायुद्ध से विध्वंसित विश्व का आर्थिक पुनर्निर्माण सफलतापूर्वक किया जा सके। इसके लिए राष्ट्रसंघ ने अनेक आर्थिक तथा वित्तीय समितियों की स्थापना की जिन्होंने न केवल आंकड़ों तथा तथ्यों के संकलन का प्रारम्भिक कार्य किया, अपितु अनेक समस्याओं पर महत्वपूर्ण और उपयोगी शोधकार्य भी किया।

अन्तर्राष्ट्रीय आर्थिक सहयोग की वृद्धि के लिए राष्ट्रसंघ की परिषद् ने अनेक सम्मेलनों का आयोजन किया। इनमें से 1920 का ब्रूसेल्स अन्तर्राष्ट्रीय आर्थिक सम्मेलन; अक्टूबर, 1923 का अन्तर्राष्ट्रीय बहि:शुल्क सम्मेलन; 1927 का जेनेवा विश्व आर्थिक सम्मेलन तथा 1932–1933 का विश्व अर्थसम्मेलन प्रमुख थे। इन सम्मेलनों में चुंगी, कच्चे मालों की पहुँच, आयात कर नियमावली, आर्थिक पुनर्निर्माण तथा आर्थिक संकट आदि विषयों पर विचार-विमर्श किया गया। इस सम्मेलनों के परिणामस्वरूप प्रोफेसर लियोनार्ड के शब्दों में, "केवल दो दशकों के अन्दर ही सरकारों ने तुलनात्मक 'एकान्त' से अपनी सामान्य आर्थिक तथा राजस्व संबंधी समस्याओं पर अन्तर्राष्ट्रीय संगठन के द्वारा गम्भीर सहकारिता की ओर कदम रखा।"

परन्तु इस प्रगति की अपेक्षा राष्ट्रसंघ आर्थिक राष्ट्रीयता की भावना को नियंत्रण में नहीं रख सका। 1930 में विश्व को एक गम्भीर आर्थिक संकट का सामना करना पड़ा। इस संकटकाल में लगभग सभी देशों ने राष्ट्रीय आर्थिक हितों की रक्षा के लिए अनेक संकुचित नीतियां अपनायीं। इससे राष्ट्रसंघ की गतिविधियां प्रभावहीन हो गईं और आर्थिक अन्तर्राष्ट्रीयतावाद की दीवारें लड़खड़ा कर गिर गईं।

वित्तीय सहायता—राष्ट्रसंघ ने अनेक देशों की आर्थिक संकट से सामना करने तथा पुनर्निर्माण के लिए वित्तीय सहायता प्रदान की। 1923 में राष्ट्रसंघ ने आस्ट्रिया को आर्थिक पुनर्निर्माण के लिए वित्तीय सहायता देकर अपने उद्देश्य को सफल बनाया। आस्ट्रिया का पुनर्निर्माण सम्भव हो गया। 1924 में राष्ट्रसंघ ने हंगरी को भी इसी प्रकार की सहायता दी। इससे हंगरी की अर्थव्यवस्था सुदृढ़ हो गई। इसी प्रकार राष्ट्रसंघ ने 1924, 1928, 1932, 1933 में यूनान को तथा 1926, 1928 में बल्गारिया को अनेक प्रकार की वित्तीय सहायता देकर उनकी आर्थिक व्यवस्था को सुदृढ़ किया। सार की घाटी तथा डैन्जिग के लोगों को वित्तीय सहायता प्रदान कर राष्ट्रसंघ ने उनकी आर्थिक प्रगति का पथ-प्रशस्त किया।

शरणार्थी सहायता कार्य–राष्ट्रीय अल्पसंख्यकों की समस्या ने यूरोप में एक गम्भीर शरणार्थी समस्या को जन्म दे दिया। युद्ध के कारण लाखों रूसी, यूनानी, तुर्क तथा आर्मेनियन लोग बेघरबार हो गए थे। राष्ट्रसंघ ने इस समस्या के समाधान के लिए डा॰ नानसेन को उच्च आयुक्त नियुक्त किया। उनके निर्देशन में लाखों रूसी, यूनानी तथा आर्मेनियन पुनः बसाये गए। परन्तु नाजीवाद के उदय के पश्चात् जर्मनी तथा अन्य अनेक देशों में यहूदियों पर घोर अत्याचार किये गये, जिनके कारण लाखों यहूदियों को अपना घरबार छोड़कर भागना पड़ा। इससे शरणार्थी समस्या अधिक जटिल हो गई और राष्ट्रसंघ इस समस्या के समाधान के लिए कोई प्रभावशाली कार्यवाही करने में असमर्थ रहा।

मार्ग तथा आवागमन–राष्ट्रसंघ की मार्ग समिति (ट्रान्जिट कमेटी) ने भी अपने क्षेत्र में महत्वपूर्ण कार्य किया। इस समिति के तत्वावधान में रेलवे की अन्तर्राष्ट्रीय व्यवस्था, पार-पात्रों के कार्य के सरलीकरण, वाणिज्य और पर्यटक मोटरकारों संबंधी नियम, जलशक्ति का विकास आदि के संबंध में अनेक अन्तर्राष्ट्रीय अभिसमयों को स्वीकृति प्राप्त हुई।

स्वास्थ्य संबंधी कार्य–राष्ट्रसंघ संविदा के 23वें अनुच्छेद में कहा गया था कि, "राष्ट्रसंघ के सदस्य बीमारी को रोकने तथा नियन्त्रण के लिए, अन्तर्राष्ट्रीय दृष्टि से विचारणीय प्रश्नों के विषय में आवश्यक कदम उठाने की चेष्टा करेंगे।" इस उद्देश्य की प्राप्ति के लिए राष्ट्रसंघ ने 1923 में एक स्वास्थ्य संगठन की स्थापना की, जिसका उद्देश्य, "अन्तर्राष्ट्रीय सहयोग द्वारा जन स्वास्थ्य की सुरक्षा को बढ़ावा देना था।" स्वास्थ्य संगठन के निर्देशन में संक्रामक रोगों को रोकने के लिए, सिंगापुर में एक ईस्टर्न ब्यूरो की स्थापना की गई, जिसको 113 बन्दरगाह प्रति सप्ताह अपनी जन स्वास्थ्य संबंधी दशा की रिपोर्ट तार से भेजते थे। 1923 में मलेरिया की रोकथाम के लिए एक मलेरिया आयोग की स्थापना की गई। 1931 में स्वास्थ्य संगठन ने ग्रामीण स्वास्थ्य पर एक सम्मेलन का आयोजन किया, जिसमें 23 देशों के प्रतिनिधियों ने भाग लिया।[11]

नारी कल्याण तथा बाल कल्याण–राष्ट्रसंघ संविदा में कहा गया था कि, "राष्ट्रसंघ के सदस्य स्त्रियों एवं बच्चों तथा अफीम एवं अन्य भयंकर औषधियों के व्यापार के संबंध में, समझौतों के सामान्य पर्यवेक्षण के कार्य को राष्ट्रसंघ को सौंप देंगे।"[12]

इस व्यवस्था के आधार पर राष्ट्रसंघ ने 1921 में एक अभिसमय (कन्वेंशन) स्वीकार किया, जिसके द्वारा विवाह के लिए सम्मति की आयु बढ़ा दी गई तथा अनैतिक उद्देश्यों के लिए स्त्रियों के व्यापार पर रोक लगा

दी गई। 1924 में बच्चों व युवकों के संरक्षण और कल्याण के लिए एक परामर्शदाता आयोग की नियुक्ति की गई। 1929 में राष्ट्रसंघ के निर्देशन में सुदूरपूर्व में बच्चों तथा महिलाओं की स्थिति की जांच की गई। राष्ट्रसंघ ने अश्लील प्रकाशनों को रोकने और वैश्यावृत्ति का अन्त करने के लिए भी विशेष प्रयत्न किये।

मादक द्रव्यों का नियन्त्रण–1920 में राष्ट्रसंघ ने अफीम तथा अन्य भयंकर औषधियों के व्यापार के संबंध में एक परामर्शदात्री समिति नियुक्ति की व्यवस्था की। 1925, 1931 में इस संबंध में जेनेवा अभिसमय स्वीकार किए गए। इनके द्वारा यह व्यवस्था की गई कि मादक औषधियों का उत्पादन वैज्ञानिक तथा चिकित्सा संबंधी उद्देश्यों के लिए सीमित रहना चाहिए।

दासता तथा बेगार की समस्यायें–राष्ट्रसंघ ने दासता तथा बेगार की समस्याओं की ओर भी ध्यान दिया। इनको रोकने के उपायों पर विचार करने के लिए राष्ट्रसंघ ने 1924 में एक विशेष तदर्थ समिति की नियुक्ति की। इस समिति की रिपोर्ट के आधार पर 1926 में, सभा ने दासता तथा उसके प्रत्येक रूप के क्रमशः तथा शीघ्रातिशीघ्र पूर्ण उन्मूलन के उद्देश्य से "दासता के दमन के अन्तर्राष्ट्रीय अभिसमय" को स्वीकार किया। राष्ट्रसंघ ने विशेषज्ञों की एक अस्थाई समिति की नियुक्ति की जिसने 1931 में अपनी रिपोर्ट में व्यक्त किया कि तिब्बत तथा मध्य एशिया को छोड़कर, जिनके विषय में जानकारी प्राप्त नहीं हो सकी, केवल अरब तथा अफ्रीका के कुछ भागों में ही दास प्रथा का उन्मूलन नहीं हो सका था।

बौद्धिक सहयोग–राष्ट्रसंघ ने बौद्धिक सहयोग के लिए अन्तर्राष्ट्रीय समिति की भी स्थापना की। इसका उद्देश्य साहित्य और विज्ञान के क्षेत्र में राष्ट्रों के मध्य अधिकतम एकता और सम्पर्क का विकास कर अन्तर्राष्ट्रीय सहयोग में वृद्धि करना था। 1924 में राष्ट्रसंघ ने पेरिस में "बौद्धिक सहयोग संस्थान" की स्थापना के प्रस्ताव को स्वीकृति दी। 1926 में इस संस्थान की स्थापना हुई।

युद्धबन्दियों का स्वदेश पुनरागमन–युद्धबन्दियों को छुड़ाना तथा उनकी स्वदेश वापसी का प्रबन्ध करना भी राष्ट्रसंघ की एक महत्वपूर्ण सफलता थी। 1919 में लाखों युद्धबन्दी गन्दे तथा अस्वास्थ्यकर कैम्पों में अत्यन्त दु:ख, भय और निराशा का जीवन व्यतीत कर रहे थे। राष्ट्रसंघ के प्रयत्नों से 1922 के अन्त तक लगभग सभी युद्धबन्दी अपने-अपने घरों को वापस पहुंच गए।

इस प्रकार राष्ट्रसंघ ने आर्थिक तथा सामाजिक क्षेत्र में अत्यन्त महत्वपूर्ण, उपयोगी तथा बहुमूल्य कार्य किया। उसकी मानवीय तथा वैज्ञानिक गतिविधियाँ

उससे पूर्व के किसी भी मानवीय संगठन की गतिविधियों से अधिक महान् थीं। उसने मानव जाति के कष्टों को दूर करने के गम्भीर प्रयत्न किये। लाखों लोगों तक आशा, विश्वास और नवजीवन का सन्देश पहुँचाया। राष्ट्रसंघ ने न केवल कूटनीतिक स्तर पर शान्ति स्थापना के प्रयत्न किये, अपितु इस सत्य को भी स्वीकार किया कि युद्ध के बीज मानव मस्तिष्क में निहित होते हैं और मानव मस्तिष्क में शान्ति की आधारशिला की स्थापना होनी चाहिए।

अन्तर्राष्ट्रीय शान्ति तथा सुरक्षा संबंधी कार्य

राष्ट्रसंघ का सर्वाधिक महत्वपूर्ण कार्य अन्तर्राष्ट्रीय शान्ति और सुरक्षा को बनाये रखना और अन्तर्राष्ट्रीय विवादों का शान्तिपूर्ण उपायों से समाधान करना था। इस संबंध में राष्ट्रसंघ संविदा में 6 प्रकार की व्यवस्थाएं थीं:–

1. निःशस्त्रीकरण–राष्ट्रसंघ संविदा के 8वें अनुच्छेद में इस बात की घोषणा की गई थी कि, "संघ के सदस्य इस बात को स्वीकार करते हैं कि शान्ति की व्यवस्था के लिए राष्ट्रीय शस्त्रों को उस कम से कम कोटि तक घटाना आवश्यक है जो राष्ट्रीय रक्षा एवं अन्तर्राष्ट्रीय उत्तरदायित्वों की सामान्य कार्यवाही के द्वारा प्रवर्तन के अनुकूल हों।"

राष्ट्रसंघ ने निःशस्त्रीकरण के लिए 1920 में स्थाई परामर्शदाता आयोग की स्थापना की; उसकी असफलता के उपरान्त 1921 में अस्थाई मिश्रित आयोग स्थापित किया। इसने 1923 में पारस्परिक सन्धि का प्रारूप तथा 1924 में जेनेवा प्रोटोकोल की सरंचना की परन्तु सफलता प्राप्त न हो सकी। 1925 में राष्ट्रसंघ ने प्रारम्भिक आयोग की नियुक्ति की; इसी की संस्तुति पर जेनेवा का विश्व निःशस्त्रीकरण सम्मेलन 1932 में आयोजित हुआ परन्तु राष्ट्रसंघ निःशस्त्रीकरण की दिशा में सफल नहीं हो पाया।

2. युद्ध-निवारण–राष्ट्रसंघ संविदा के 11वें अनुच्छेद का उद्देश्य शान्ति को स्थिर रखना तथा युद्धों का निवारण करना था। किसी भी युद्ध अथवा युद्ध की धमकी को राष्ट्रसंघ की चिन्ता का विषय घोषित कर दिया गया। ऐसी स्थिति में राष्ट्रसंघ को शान्ति की सुरक्षा के लिए आवश्यक कोई भी विवेकपूर्ण और प्रभावशाली कार्यवाही करने का अधिकार दिया गया। राष्ट्रसंघ ने समय-समय पर इस दिशा में सचेत रहकर विश्व-शान्ति को बनाये रखने की चेष्टा की परन्तु अन्त में वह युद्ध निवारण के प्रयत्नों में सफल नहीं हो सका।

3. पंच निर्णय तथा न्यायिक समझौता–राष्ट्रसंघ संविदा के 12वें अनुच्छेद में सदस्यों को यह निर्देश दिया गया कि वे किसी झगड़े को तय

करने के लिए बल प्रयोग का आश्रय न लें, अपितु उसे पंच फैसले या अन्तर्राष्ट्रीय न्याय के स्थायी न्यायालय के निर्णय या परिषद् के विचारार्थ प्रेषित करें। अधिकांश विवादों में राष्ट्रसंघ को समाधान करने में सफलता प्राप्त हुई, परन्तु महाशक्तियों के विवादों को निर्णीत कराने में वह असफल रहा।

4. साधारण सभा अथवा परिषद् द्वारा विवादों का समाधान—राष्ट्रसंघ का कोई सदस्य पंचायती निर्णय, न्यायिक फैसले अथवा परिषद् द्वारा जाँच संबंधी उपबन्धों का उल्लंघन कर युद्ध का आश्रय लेता है तब यह समझा जायेगा कि उसने स्वतः राष्ट्रसंघ के सभी सदस्यों के विरुद्ध युद्ध का कार्य किया है। तदुपरान्त राष्ट्रसंघ के सभी सदस्य तत्काल ही उससे समस्त व्यापारिक तथा आर्थिक संबंध भंग कर देंगे। 16वें अनुच्छेद की इस व्यवस्था के द्वारा राष्ट्रसंघ ने विवादों के समाधान का प्रयत्न किया परन्तु महाशक्तियों के विवादों में वह सफल नहीं हो पाया।

5. सन्धियों का पुनर्निरीक्षण—साधारण सभा समय-समय पर संघ के सदस्यों से उन सन्धियों के पुनर्विचार के लिए कह सकती थी, जो समयान्तर के कारण अनुपयुक्त हो गई हों।[13]

6. सामूहिक सुरक्षा—राष्ट्रसंघ ने सामूहिक सुरक्षा व्यवस्था को[14] सुदृढ़ करने का प्रथम महत्वपूर्ण प्रयास 1923 में किया। पारस्परिक सहायता सन्धि के प्रारूप के द्वारा सामूहिक सुरक्षा को सुदृढ़ करने का यह सशक्त प्रयास था, परन्तु सदस्य राज्य के विरोध के कारण यह असफल हो गया। 1924 में राष्ट्रसंघ का दूसरा प्रयत्न 'जेनेवा प्रोटोकोल' था परन्तु इसे भी सदस्य राष्ट्रों के विरोध का सामना करना पड़ा। इस प्रकार सामूहिक सुरक्षा व्यवस्था को सुदृढ़ करने में राष्ट्रसंघ असफल हो गया।

राष्ट्रसंघ की विफलता के कारण

राष्ट्रसंघ की स्थापना विश्व इतिहास का एक नया मोड़ थी। यह पहली संस्था थी जिससे अन्तर्राष्ट्रीय जगत में 'विधि शासन' की स्थापना करने की आशा की जाती थी। परन्तु राष्ट्रसंघ उद्दीप्त आदर्शों, महत्वाकांक्षी स्वप्नों तथा गौरवपूर्ण उद्देश्यों की प्राप्ति में सफल नहीं हो सका। वह मानव जाति को युद्ध की विभीषिका से नहीं बचा सका। वह विश्व को जनतंत्र के लिए सुरक्षित बनाने में सफल नहीं हो सका तथा वह निरन्तर और न्यायोचित शान्ति की स्थापना में असफल रहा। राष्ट्रसंघ के गंभीर प्रयत्नों के बावजूद निःशस्त्रीकरण का स्वप्न पूरा नहीं हो सका, अपितु शस्त्रीकरण की दौड़ और अधिक तीव्र हो गई। लगभग 44 अन्तर्राष्ट्रीय विवाद राष्ट्रसंघ के समक्ष

लाये गये। इनमें से कुछ छोटे विवादों का समाधान करने में राष्ट्रसंघ सफल रहा, परन्तु अधिकांश महत्वपूर्ण विवादों का समाधान करने में राष्ट्रसंघ को सफलता प्राप्त नहीं हुई। जापान, इटली, जर्मनी आदि आक्रामक राष्ट्रों के विरुद्ध राष्ट्रसंघ कोई प्रभावशाली कार्यवाही नहीं कर सका। 1939 में विश्व द्वितीय विश्व युद्ध की विभीषिका का शिकार हो गया। राष्ट्रसंघ की विफलता के प्रमुख कारण थे:–

1. एक पूर्वकालिक शिशु–राष्ट्रसंघ ऐसी संस्था थी, जो समय से पूर्व स्थापित हो गई थी क्योंकि इसकी स्थापना के समय तक राज्यों के संबंधों को नियन्त्रित करने वाली एक अन्तर्राष्ट्रीय संस्था का विचार उचित मान्यता प्राप्त नहीं कर सका था। पेरिस शान्ति सम्मेलन में एकत्रित राष्ट्रों ने राष्ट्रसंघ का विचार स्वेच्छा से नहीं अपितु राष्ट्रपति विल्सन के आग्रह के कारण अपनाया था।

2. बदनाम माँ की असम्मानित पुत्री–राष्ट्रसंघ की स्थापना को सुनिश्चित बनाने के लिए राष्ट्रपति विल्सन ने इस बात का आग्रह किया कि राष्ट्रसंघ संविदा को शान्ति सन्धियों का अंग बना दिया जाये। यह एक अत्यन्त दुर्भाग्यपूर्ण कार्य सिद्ध हुआ। अनेक राज्य वर्साय की सन्धि को एक कलंकित लेखपत्र मानते थे। उसमें सम्मिलित राष्ट्रसंघ के प्रति भी उनका दृष्टिकोण अनुदार हो गया। उससे, जैसा कि नार्मन बेंटविच का मत राष्ट्रसंघ "एक बदनाम माँ की असम्मानित पुत्री" समझा जाने लगा।

3. त्रुटिपूर्ण धारणाओं पर आधारित–यह कहा जाता है कि राष्ट्रसंघ अनेक त्रुटिपूर्ण धारणाओं पर आधारित था। प्रथम धारणा यह थी कि सभी राष्ट्र अपनी प्रभुसत्ता का कुछ भाग राष्ट्रसंघ को सौंपने के लिये प्रस्तुत हैं परन्तु यह धारणा गलत सिद्ध हुई, क्योंकि राष्ट्रों ने अपनी प्रभुसत्ता को सीमित करना स्वीकार नहीं किया। दूसरी धारणा थी, कि सभी देशों में प्रजातान्त्रिक पद्धति अपना ली जायेगी परन्तु 1930 के बाद अनेक देशों में अधिनायकवादी और फासीवादी शासनों का विकास हुआ। तीसरी धारणा थी कि विश्व के सभी राष्ट्र, राष्ट्रसंघ के सदस्य हो जायेंगे परन्तु ऐसा सम्भव न हो पाया। चौथी धारणा थी कि अन्तर्राष्ट्रीय समझौतों के द्वारा शस्त्रों में कमी की जा सकेगी परन्तु ये आशायें भी वास्तविकता का रूप नहीं ले सकी।

4. असमान शक्ति के स्तम्भों पर आधारित–राष्ट्रसंघ जिन स्तम्भों पर आधारित था वे समान रूप से शक्तिशाली और उचित रूप से संतुलित नहीं थे। ये स्तम्भ थे–निःशस्त्रीकरण; आक्रमण के विरुद्ध सुरक्षा; विवादों का समाधान और शान्तिपूर्ण परिवर्तन की व्यवस्था। इनमें से आक्रमण के

विरुद्ध सुरक्षा और विवादों के समाधान पर अत्यधिक बल दिया गया जबकि नि:शस्त्रीकरण और शान्तिपूर्ण परिवर्तन की व्यवस्था संबंधी उपबन्ध अपेक्षाकृत दुर्बल थे। इससे ऐसा प्रतीत होने लगा कि राष्ट्रसंघ का मुख्य उद्देश्य "यथास्थिति" को बनाए रखना है। परन्तु जैसा कि वेन्डनबोश और होगन का मत है–"शक्ति का कोई भी परिणाम एक ऐसी यथास्थिति को स्थिर नहीं रख सकता, जिसे एक भारी संख्या में लोग अत्यधिक अन्यायपूर्ण समझने लगे हों। व्यवस्था और परिवर्तन स्याम के जुड़वां बच्चों के समान संबंधित हैं जिनमें से एक के बिना दूसरा नहीं रह सकता। राष्ट्रसंघ ने व्यवस्था पर आवश्यकता से अधिक और परिवर्तन पर आवश्यकता से कम बल दिया।"

5. आर्थिक मन्दी–1930 की आर्थिक मन्दी ने राष्ट्रसंघ को अत्यधिक क्षति पहुँचाई। इसके फलस्वरूप लगभग सभी देशों में आर्थिक राष्ट्रवाद की शक्तियाँ प्रबल हो उठीं। उनका अन्तर्राष्ट्रीयतावाद पर से विश्वास उठ गया। वे सामूहिक सुरक्षा और आक्रमण के सामूहिक प्रतिरोध के उन सिद्धान्तों की उपेक्षा करने लगे जो राष्ट्रसंघ रूपी भवन की आधारशिला थे।

6. अधिनायकवाद का विकास–1922 में इटली तथा 1932 के बाद जर्मनी, स्पेन, पुर्तगाल आदि अनेक यूरोपीय देशों में अधिनायकवादी सरकारें सतारूढ़ हो गईं। ये सरकारें शान्ति और समझौते की नीति में नहीं, अपितु युद्ध और हिंसा की नीति में विश्वास रखती थीं। इनका राष्ट्रसंघ के आदर्शों में न तो कोई विश्वास ही था, अपितु ये उसे एक व्यर्थ की संस्था समझती थीं।

7. सार्वदेशिकता का अभाव–विश्व-शान्ति के संरक्षक के रूप में राष्ट्रसंघ की सफलता के लिए आवश्यक था कि विश्व के सभी प्रमुख राष्ट्र इसके सदस्य होते, परन्तु ऐसा नहीं हो सका। प्रारम्भ में ही संयुक्त राज्य अमरिका ने इसका सदस्य बनना अस्वीकार कर दिया, जबकि जर्मनी और रूस को इसका सदस्य नहीं बनाया गया। 1926 में जर्मनी को इसका सदस्य बना लिया गया, परन्तु इसके कुछ समय पश्चात् ब्राजील और कोस्टारिका ने इसका परित्याग कर दिया। 1934 में रूस राष्ट्रसंघ में प्रविष्ट हुआ, परन्तु 1933 में जापान और जर्मनी तथा 1937 में इटली ने इसका परित्याग कर दिया। 1939 में रूस को फिनलैण्ड पर आक्रमण करने के अपराध में राष्ट्रसंघ से निष्कासित कर दिया गया।

8. शक्तिहीनता–राष्ट्रसंघ के उत्तरदायित्व अत्यन्त भारी थे परन्तु इसकी शक्तियाँ अत्यन्त सीमित थीं। इसको विश्वशान्ति की रक्षा का भार सौंपा गया था परन्तु इसको स्वयं कार्यवाही करने की कोई प्रभावशाली शक्ति प्राप्त नहीं थी। यह न तो स्वयं आक्रामक राष्ट्र के विरुद्ध कोई प्रत्यक्ष सैनिक

कार्यवाही कर सकता था और न ही अपने सदस्यों को उसके विरुद्ध सैनिक कार्यवाही करने के लिए विवश कर सकता था।

9. संवैधानिक निर्बलतायें–राष्ट्रसंघ का संविधान अत्यधिक दोषपूर्ण था। प्रथम, राष्ट्रसंघ के पास अपनी कोई अन्तर्राष्ट्रीय पुलिस अथवा सेना नहीं थी, जिसके द्वारा वह स्वयं अपने निर्णयों को कार्यान्वित कर सकता। दूसरे, महत्वपूर्ण विषयों में परिषद् को अपने निर्णय सर्वसम्मति से करने होते थे। इस नियम के कारण राष्ट्रसंघ बहुधा कोई प्रभावपूर्ण निर्णय नहीं ले पाता था। तीसरे, राष्ट्रसंघ की कार्यपद्धति अत्यन्त जटिल थी। किसी समस्या पर इसके वाद-विवाद को इतना लम्बा खींचा जा सकता था कि आक्रामक राष्ट्र के विरुद्ध प्रभावशाली कार्यवाही का समय ही समाप्त हो जाये। चौथे, राष्ट्रसंघ संविदा ने युद्ध का पूर्ण वर्जन नहीं किया था अपितु आक्रामक और रक्षात्मक युद्ध के मध्य भेद कर रक्षात्मक युद्ध को वैध माना था। इससे यह धारणा बनी रही कि अन्तर्राष्ट्रीय विवादों के समाधान के लिए युद्ध का आश्रय लिया जा सकता है।

10. राष्ट्रों का विश्वासघात–राष्ट्रसंघ की असफलता का सबसे बड़ा कारण "राष्ट्रों का विश्वासघात" था। सदस्य राष्ट्रों ने राष्ट्रसंघ के प्रति अपने उत्तरदायित्वों का कभी निर्वाह नहीं किया।

11. संघ के सिद्धान्तों के प्रति महाशक्तियों की अनास्था–राष्ट्रसंघ के सदस्य उसके प्रति निष्ठावान नहीं थे। शूमां के शब्दों में, "संघ, सत्ताधारी सरकारों के सहयोग का एक उपाय मात्र ही रहा; उनके प्रजाजन तथा नागरिक राष्ट्रीय हितों में संलग्न देशभक्त ही रहे। कहीं पर भी उन्हें सामान्य उद्देश्यों की प्रभावपूर्ण सेवा के लिए एक करने की चेष्टा नहीं की गई। अतएव, जेनेवा की लेमन झील के तटों पर स्थित एरियाना पार्क में संघ का श्वेत भवन, अन्त में एक समाधि बन गया।"[15]

12. राष्ट्रसंघ का राष्ट्रीय नीति के यन्त्र के रूप में प्रयोग–राष्ट्रसंघ के कर्णधार, देश भेड़ की खाल ओढ़े हुए भेड़िये थे। उन्होंने कभी भी राष्ट्रसंघ को न्यायपूर्ण शान्ति की स्थापना का साधन नहीं समझा, अपितु उसका अपनी राष्ट्रीय नीति के उद्देश्यों की पूर्ति के यन्त्र के रूप में प्रयोग किया।

विश्वासघात की कहानी

राष्ट्रसंघ का इतिहास पॉल बांकूअर के इस कथन की सत्यता का साक्षी है कि "यह राष्ट्रसंघ नहीं था जो असफल रहा। यह इसके सिद्धान्त नहीं थे जो अपर्याप्त पाये गए। यह राष्ट्र थे जिन्होंने इसकी उपेक्षा की। यह

सरकारें थीं जिन्होंने इसका साथ दिया।" राष्ट्रसंघ के इस इतिहास को चार युगों में विभाजित किया गया है–

प्रथम युग (1919-1920)—1919-1920 को राष्ट्रसंघ की स्थापना और प्रारम्भिक आघातों का युग कहा जा सकता है। राष्ट्रसंघ की स्थापना का सर्वाधिक श्रेय अमेरिका के राष्ट्रपति विल्सन को है परन्तु अमेरिका ने राष्ट्रसंघ का सदस्य बनना अस्वीकार कर दिया। यह एक अत्यन्त दुर्भाग्यपूर्ण घटना थी। इससे सभी देशों में अदूरदर्शी राष्ट्रवाद को प्रोत्साहन मिला तथा राष्ट्रसंघ विरोधी तत्वों को शक्ति प्राप्त हुई। राष्ट्रसंघ एक विश्वव्यापी संगठन नहीं रह गया और अमेरिका राष्ट्रसंघ के बाहर आक्रामक राष्ट्रों के लिए एक खुला बाजार बना रह गया। इससे राष्ट्रसंघ मनोवैज्ञानिक तथा वास्तविक दोनों दृष्टियों से दुर्बल हो गया। हार्डी के शब्दों में, "एक ऐसे शिशु को यूरोप के दरवाजे पर छोड़ दिया गया था जिसका अंग-प्रत्यंग निर्भ्रांत रूप से इसके अटलांटिक पार के पितृत्व की उद्घोषणा कर रहा था। यह उन पालनकर्ताओं की देखभाल में छोड़ दिया गया था, जो अनिवार्यतः इसे उस बच्चे से हीन कोटि का समझते थे जैसा कि उनका विचार था कि वे पैदा कर सकते थे।"[16] इस युग की दूसरी दुर्भाग्यपूर्ण बात जर्मनी को राष्ट्रसंघ से पृथक् रखना था। इससे इस धारणा को बल मिला कि राष्ट्रसंघ एक विजेता राष्ट्रों की गोष्ठी थी।

दूसरा युग (1920-1924)—1920 से 1924 के युग को राष्ट्रसंघ संविदा के सुरक्षा उपबन्धों को दुर्बल बनाने का काल कहा जा सकता है।[17] इस काल में राष्ट्रसंघ ने कई अन्तर्राष्ट्रीय विवादों का सफलतापूर्वक समाधान किया, जैसे 1920 का रूस-ईरान का एन्जली विवाद; 1920 का फिनलैण्ड-स्वीडन का आलाण्ड विवाद; 1921 का ब्रिटिश-फ्रेंच विवाद; 1921 का जर्मनी-पोलैण्ड का अपर साइलीशिया विवाद; 1921-24 का अल्बानिया सीमा विवाद; 1923 का हंगेरियन-रूमानिया विवाद; 1923-1924 का पोलैण्ड-चैकोस्लोवाकिया का यावोजनो विवाद आदि। परन्तु राष्ट्रसंघ 1920 के आरमीनिया विवाद; 1920 का पोलैण्ड-लिथुआनिआ का विलना विवाद; 1923 का कार्फू विवाद का समाधान करने में असफल रहा। इनमें से यूनान और इटली के कार्फू विवाद ने राष्ट्रसंघ की प्रतिष्ठा को गहरा आघात पहुँचाया।

तीसरा युग (1924-1929)—इस युग को त्रिदलीय सहयोग का काल कहा जा सकता है। इस युग में ब्रिटेन, फ्रांस तथा जर्मनी ने पारस्परिक सहयोग से कार्य किया, जिससे यह युग राष्ट्रसंघ के जीवन का सर्वाधिक सफल काल बन गया। 1925 का लोकार्नो समझौता इस युग की एक महान् सफलता थी।[18]

चौथा युग (1929-1946)—1929 से 1946 के युग को राष्ट्रसंघ की मरण बेला तथा अन्त्येष्टि का काल कहा जा सकता है। इस युग को राष्ट्रों के विश्वासघात का काल भी कहा जा सकता है। इस युग में राष्ट्रसंघ शान्ति और सुरक्षा की स्थापना के कार्य में असफल होकर समाप्त हो गया। उसकी असफलता का कारण उसकी स्वयं की दुर्बलतायें न होकर, ब्रिटेन और फ्रांस का विश्वासघात था, जिन्होंने आक्रामक राष्ट्रों के प्रति तुष्टीकरण की नीति अपनाकर राष्ट्रसंघ के प्रति अपने उत्तरदायित्वों की निर्लज्ज अवहेलना की। 1931 में मंचूरिया कांड के अन्तर्गत जापान के प्रति;[19] 1935-36 में जर्मनी द्वारा वर्साय और लोकार्नो समझौते के उल्लंघन के अवसर पर जर्मनी के प्रति; 1935-36 में एबीसीनिया कांड के अन्तर्गत इटली के प्रति निर्लज्जतापूर्वक तुष्टीकरण[20] नीति अपनाकर अधिनायकतंत्रों को सफल होने दिया गया। 1938-39 में ब्रिटेन और फ्रांस की तुष्टीकरण की नीति से निरन्तर प्रोत्साहन पाकर जर्मनी एक के बाद एक आक्रामक कार्यवाही किए जा रहा था। अन्ततः उसने 1 सितम्बर 1939 को पोलैण्ड पर आक्रमण कर दिया, जिससे द्वितीय विश्व युद्ध का दावानल प्रज्वलित हो गया। राष्ट्रसंघ इसका निष्क्रिय दर्शक बना रहने के अतिरिक्त कुछ न कर सका। इस युद्ध की समाप्ति के पश्चात् अप्रैल, 1946 में राष्ट्रसंघ के अन्त की घोषणा कर दी गयी (19 अप्रैल, 1946)।

राष्ट्रसंघ का मूल्यांकन

यद्यपि सदस्य राष्ट्रों की निष्ठाहीनता के कारण राष्ट्रसंघ अन्तर्राष्ट्रीय शान्ति की स्थापना और सुरक्षा करने में सफल न हो सका। जैसा कि शूमां का मत है, "संघ तथा उससे संबंधित संस्थायें कभी भी मानवीय भ्रातृ-भावना की प्रतीक नहीं हो सकीं, जो समस्त देशों में अधिकांश लोगों के प्रेम तथा भक्ति को उत्पन्न कर सकतीं, जिसके द्वारा उस प्रतिष्ठा एवं अधिकार का विकास हो सकता, जिसकी एक प्रारम्भिक विश्व सरकार को आवश्यकता थी।"[21] फिर भी उसे अनुपयोगी अथवा महत्वहीन नहीं कहा जा सकता। अपने दोषों के बावजूद भी राष्ट्रसंघ ऐतिहासिक महत्व की एक महान् संस्था थी:-

1. इसने मानव जाति को अन्तर्राष्ट्रीय सहयोग और सामूहिक कार्यवाही का प्रथम वास्तविक पाठ पढ़ाया। वास्तव में, राष्ट्रसंघ उस प्रयत्न की प्रंशसनीय कृति थी, जिसका उद्देश्य राष्ट्रवाद और अन्तर्राष्ट्रीयतावाद में सामंजस्य स्थापित करना था। यह ऐसी प्रथम संस्था थी, जिसमें एक विश्व संघ के बीज निहित थे।

2. इसने कूटनीति के परम्परागत व्यवहार में अनेक परिवर्तन ला दिये। इसकी स्थापना से पूर्व अन्तर्राष्ट्रीय क्षेत्र में एक प्रकार से पूर्ण अराजकता की स्थिति थी और राज्यों की स्वेच्छाचारी गतिविधियों पर कोई प्रभावशाली नियन्त्रण नहीं था परन्तु राष्ट्रसंघ के रूप में एक ऐसी संस्था का जन्म हुआ जिसे आक्रमण के विरुद्ध पारस्परिक बीमा कहा जा सकता है। इसके द्वारा एक अत्यन्त न्यून परन्तु निश्चित मात्रा में राज्यों ने अपनी प्रभुसत्ता पर अन्तर्राष्ट्रीय संगठन का नियन्त्रण स्वीकार कर लिया और अन्तर्राष्ट्रीय विधि की प्रभावशीलता का तीव्रता से विकास होना आरम्भ हो गया।

3. आर्थिक, सामाजिक और मानवीय क्षेत्रों में राष्ट्रसंघ ने उल्लेखनीय और निश्चित सफलतायें प्राप्त कीं।

4. सुरक्षा के क्षेत्र में भी यह भूतकाल के अन्य अन्तर्राष्ट्रीय संगठनों से अत्यधिक उपयुक्त रहा।

अन्त में, राष्ट्रसंघ असफल होते हुए भी मानव जाति के लिए अत्यन्त बहुमूल्य अनुभव सिद्ध हुआ है। इसी अनुभव की आधारशिला पर संयुक्त राष्ट्र का निर्माण हुआ है। अतः एफ॰ पी॰ बाल्टर के शब्दों में हम कह सकते हैं–

"कार्य करने वाली संस्था के रूप में राष्ट्रसंघ मृतक के रूप में है। परन्तु वे आदर्श, जिनको इसने बढ़ावा देने का प्रयत्न किया और वे आशायें जिनको इसने उत्पन्न किया, वे ढंग जिनका इसने निर्माण किया और वे साधन जिनकी इसने रचना की, सभ्य संसार के राजनैतिक विचारों के महत्वपूर्ण भाग बन गये हैं और उनके प्रभाव तब तक जीवित रहेंगे जब तक कि मानव-जाति राज्यों और राष्ट्रों के विभाजनों के ऊपर एकता का अनुभव करती है।"

संदर्भ

1. 14 फरवरी, 1919 को शान्ति सम्मेलन के समक्ष राष्ट्रसंघ के संविदा का प्रारूप उपस्थित करते हुए दिया गया राष्ट्रपति विल्सन का भाषण।
2. सी॰ एफ॰ स्ट्रांगः माडर्न पॉलिटिकल कॉन्स्टिट्यूशन्स, पृ॰ 330।
3. गेथोर्न हार्डीः अन्तर्राष्ट्रीय राजनीति का संक्षिप्त इतिहास, पृ॰ 13-14।
4. फ्रेडरिक एल॰ शूमांः अन्तर्राष्ट्रीय राजनीति, पृ॰ 441।
5. राष्ट्रसंघ संविदा, अनुच्छेद 22 (1)।
6. राष्ट्रसंघ संविदा, अनुच्छेद 22 (4)।
7. राष्ट्रसंघ संविदा, अनुच्छेद 22 (5)।
8. केनथ इनग्रामः इयर्स ऑफ क्राइसिस, पृ॰ 26।

9. फ्रेडरिक एल० शूमां: अन्तर्राष्ट्रीय राजनीति, पृ० 443।
10. ई० एच० कार: दो विश्व युद्धों के बीच अन्तर्राष्ट्रीय संबंध, पृ० 135।
11. राष्ट्रसंघ संविदा, अनुच्छेद 23(6)।
12. वही, अनु० 23(3)।
13. वही, अनु० 19।
14. वही, अनु० 10।
15. फ्रेडरिक एल० शूमां: अन्तर्राष्ट्रीय राजनीति, पृ० 244।
16. गेथोर्न हार्डी: अन्तर्राष्ट्रीय राजनीति का संक्षिप्त इतिहास, पृ० 428।
17. फ्रेडरिक एच० हार्टमैन: बेसिक डाक्यूमेन्ट्स ऑफ इन्टरनेशनल रिलेशन्स, पृ० 84।
18. ई० एच० कार: दो विश्व युद्धों के बीच अन्तर्राष्ट्रीय संबंध, पृ० 166।
19. फ्रेडरिक एल० शूमां: अन्तर्राष्ट्रीय राजनीति, पृ० 244।
20. वही, पृ० 244।
21. वही, पृ० 244।

स्मरण संकेत

राष्ट्रसंघ की उत्पत्ति तथा प्रकृति

(i) विल्सन के 14 सूत्रों में राष्ट्रसंघ पर बल;
(ii) 10 जनवरी, 1920 को राष्ट्रसंघ की स्थापना;
(iii) राज्यों का ऐच्छिक समुदाय;
(iv) शान्ति सन्धियों का अनिवार्य अंग;
(v) शान्ति सम्मेलन का महान् रचनात्मक कार्य।

राष्ट्रसंघ के उद्देश्य

(i) अन्तर्राष्ट्रीय सहयोग को प्रोत्साहित करना;
(ii) अन्तर्राष्ट्रीय शान्ति को बनाये रखना;
(iii) अन्तर्राष्ट्रीय विधि को क्रियान्वित करना;
(iv) संगठित जातियों के पारस्परिक व्यवहार में न्याय की स्थापना।

राष्ट्रसंघ की सदस्यता

(i) राष्ट्रसंघ के सदस्य दो वर्गों में विभक्त (मौलिक, प्रविष्ट);
(ii) मौलिक सदस्यों की संख्या 42;
(iii) 1935 में राष्ट्रसंघ के सदस्य राज्य 62;

राष्ट्रसंघ के अंग

(i) साधारण सभा (असेम्बली);
(ii) परिषद् (कौंसिल);
(iii) सचिवालय;
(iv) अन्तर्राष्ट्रीय न्याय का स्थायी न्यायालय;
(v) अनेक प्राविधिक संस्थायें।

राष्ट्रसंघ के कार्य

(i) प्रशासनात्मक कार्य;
(ii) मैन्डेट संबंधी कार्य;
(iii) अल्पसंख्यकों के हितों की सुरक्षा संबंधी कार्य;
(iv) आर्थिक तथा सामाजिक कार्य;
(v) अन्तर्राष्ट्रीय शान्ति तथा सुरक्षा संबंधी कार्य।

आर्थिक और सामाजिक कार्य

(i) आर्थिक सहयोग;
(ii) वित्तीय सहायता;
(iii) शरणार्थी सहायता कार्यक्रम;
(iv) मार्ग तथा आवागमन में अन्तर्राष्ट्रीय सहयोग;
(v) स्वास्थ्य संबंधी कार्य;
(vi) नारी कल्याण तथा बाल-कल्याण;
(vii) मादक द्रव्यों का नियन्त्रण;
(viii) दासता तथा बेरोजगारी की समस्याओं का समाधान;
(ix) बौद्धिक सहयोग;
(x) युद्धबन्दियों का स्वदेश पुनरागमन।

अन्तर्राष्ट्रीय शान्ति तथा सुरक्षा संबंधी कार्य

(i) नि:शस्त्रीकरण;
(ii) युद्ध निवारण;
(iii) पंच निर्णय तथा न्यायिक समझौता;
(iv) साधारण सभा अथवा परिषद् द्वारा विवादों का समाधान;
(v) सन्धियों का पुनर्निरीक्षण;
(vi) सामूहिक सुरक्षा।

राष्ट्रसंघ की विफलता के कारण

(i) एक पूर्वकालिक शिशु;
(ii) बदनाम माँ की असम्मानित पुत्री;
(iii) त्रुटिपूर्ण धारणाओं पर आधारित;
(iv) असमान शक्ति के स्तम्भों पर आधारित;
(v) आर्थिक मन्दी;
(vi) अधिनायकवाद का विकास;
(vii) सार्वदेशिकता का अभाव;
(viii) शक्तिहीनता;
(ix) संवैधानिक निर्बलतायें;
(x) राष्ट्रों का विश्वासघात;
(xi) संघ के सिद्धान्तों के प्रति महाशक्तियों की अनास्था;
(xii) राष्ट्रसंघ का राष्ट्रीय नीति के यंत्र के रूप में प्रयोग।

राष्ट्रों के विश्वासघात की कहानी

(i) स्थापना का युग (1919-20) प्रारम्भिक आघातों का युग;
(ii) सुरक्षा उपबन्धों को दुर्बल बनाने का काल (1920-24);
(iii) त्रिदलीय सहयोग का काल (1924-29);
(iv) राष्ट्रसंघ की मरण-बेला तथा अन्त्येष्टि का काल (1929-46);
(v) राष्ट्रसंघ का अन्त (19 अप्रैल, 1946)।

राष्ट्रसंघ के महासचिव

(i) जेम्स एरिक ड्रमण्ड (1920-33);
(ii) जोसेफ एवोनोल (1933-40);
(iii) सिमेन लैस्टर (1940-46)।

राष्ट्रसंघ का मूल्यांकन

(i) ऐतिहासिक महत्व की महान् संस्था;
(ii) अन्तर्राष्ट्रीय सहयोग की भावना को बलवती बनाया;
(iii) राष्ट्रवाद तथा अन्तर्राष्ट्रीयतावाद में सामंजस्य स्थापित किया;
(iv) विश्व संघ की प्रतीक संस्था;
(v) कूटनीति के परम्परागत व्यवहार में परिवर्तन किया;
(vi) आक्रमण के विरुद्ध पारस्परिक बीमा;
(vii) सुरक्षा की दृष्टि से उपयुक्त;

(viii) मानव जाति के लिए बहुमूल्य अनुभव (संयुक्त राष्ट्र की आधारशिला);

(ix) आर्थिक क्षेत्र में उल्लेखनीय सफलतायें (अन्तर्राष्ट्रीय आर्थिक सहयोग, वित्तीय सहायता, बेरोजगारी की समस्याओं का समाधान आदि);

(x) सामाजिक क्षेत्र में उल्लेखनीय सफलतायें (बौद्धिक सहयोग, दासता की समस्या का समाधान, नारी-कल्याण तथा बाल-कल्याण, मार्ग तथा आवागमन में अन्तर्राष्ट्रीय सहयोग आदि)।

(xi) मानवीय क्षेत्र में उल्लेखनीय सफलतायें (शरणार्थी सहायता कार्यक्रम, स्वास्थ्य संबंधी कार्यक्रम, मादक द्रव्यों का नियन्त्रण, युद्धबन्दियों का स्वदेश पुनरागमन आदि)।

प्रश्न

1. राष्ट्रसंघ के उद्देश्य क्या थे? इसकी मुख्य सफलताओं और असफलताओं का आलोचनात्मक परीक्षण कीजिए।
2. राष्ट्रसंघ के राजनैतिक, आर्थिक और मानव हितकारी कार्यों का मूल्यांकन कीजिये।
3. राष्ट्रसंघ की विफलता के क्या कारण थे? राष्ट्रसंघ के उद्देश्यों पर प्रकाश डालते हुए उसका मूल्यांकन कीजिए।
4. राष्ट्रसंघ के मुख्य अंग कौन-कौन थे? इनके द्वारा किये गए कार्यों की समीक्षा कीजिए।

5

फ्रांस–सुरक्षा की खोजः विदेश नीति (1919-1939)

प्रथम विश्वयुद्ध (1914–1918) में विजय श्री ने पुनः फ्रांस को यूरोप का प्रथम राष्ट्र बना दिया। परन्तु फ्रांस अपनी इस विजय में चिन्तातुर व विकल था। 1918 में फ्रांस ने अपनी 1871 की पराजय का प्रतिशोध जर्मनी से ले लिया था, परन्तु फ्रांस जानता था कि उसकी यह विजय छायामात्र थी, वास्तविकता नहीं। फ्रांस ने युद्ध जीता था किन्तु अपने बल पर नहीं, अमेरिका और ब्रिटेन के बल पर। उसने 1871 में छीना गया आल्ससलारेन का प्रदेश जर्मनी से पुनः छीन लिया था, फिर भी वह यह अनुभव करता था कि जर्मनी जनसंख्या, साधनों और सैनिक कौशल तीनों में उससे बढ़कर है। उसे आशंका थी कि कहीं जर्मनी पुनः शक्तिशाली होकर उस पर आक्रमण न कर दे। वह इस सम्भावित आक्रमण के विरुद्ध सुरक्षा चाहता था। हार्डी के शब्दों में "फ्रांस की अवस्था उस मुक्केबाज जैसी थी जिसने पिछले चैम्पियन को एक अच्छी चोट जमा दी है पर वह अभी विस्मित होकर देख रहा है कि उसका प्रतिपक्षी 'मर गया था' या उसका मरना अभी बाकी है।"[1] लैंगसम के अनुसार, "युद्ध की अन्तिम प्रतिध्वनियों की समाप्ति से बहुत पहले ही फ्रांस ने एक अन्य जर्मन आक्रमण के विरुद्ध सुरक्षा के उपायों की खोज आरम्भ कर दी थी।"[2] वह अपनी सुरक्षा के लिए इतना अधिक चिन्तित था कि ई० एच० कार के शब्दों में, "1919 के बाद के यूरोपीय घटनाचक्र का सबसे महत्वपूर्ण एवं स्थायी तथ्य फ्रांस की सुरक्षा की मांग था।"[3]

जर्मनी को शक्तिहीन बनाने का प्रयास–जर्मनी के विरुद्ध अपने को निश्चित रूप से सुरक्षित करने के लिए फ्रांस ने उस पर ऐसी शान्ति सन्धि लादने का प्रयत्न किया, जिससे जर्मनी में पुनः शक्तिशाली राष्ट्र बनने की क्षमता ही न रह जाये। बेनहट के अनुसार, "वर्साय की सन्धि का प्रधान उद्देश्य फ्रांस को भावी जर्मन आक्रमण से सुरक्षित करना था।" इस सन्धि

के द्वारा जर्मनी के सम्पूर्ण उपनिवेश छीन लिए गये। उसका स्वयं का 15% प्रदेश जिसमें उसकी 10% जनसंख्या निवास करती थी, उससे ले लिया गया। उसके खनिज भण्डार के एक बड़े भाग से उसे वंचित कर दिया गया। उसके सैन्यबल को इतना सीमित कर दिया कि वह सैनिक दृष्टि से एकदम पंगु हो गया। उसे युद्ध प्रारम्भ करने का अपराधी माना गया और क्षतिपूर्ति की एक असम्भव राशि का देनदार ठहराया गया।

जर्मनी के विरुद्ध सुदृढ़ सुरक्षा व्यवस्था की स्थापना का प्रयत्न

लायड जार्ज का विचार था कि वर्साय की सन्धि से जर्मनी को इतना दुर्बल बना दिया गया था कि "60 वर्ष तक जर्मनी का उत्थान नहीं हो सकता है।" परन्तु फ्रांसीसी नेता इससे सहमत नहीं थे और अब भी पराजित जर्मनी से सशंकित और भयभीत थे। उन्होंने यह मांग की कि राइन नदी और उसके पुल, जिन्हें पार करना पूर्व से फ्रांस पर आक्रमण करने वाले किसी भी आक्रमणकर्ता के लिए आवश्यक था, स्थायी रूप से उसके अधिकार में दे दिये जाएं। फ्रांस की यह मांग "भौगोलिक प्रत्याभूति" (फिजिकल गारन्टी) की माँग के नाम से विख्यात है। परन्तु ब्रिटेन और अमेरिका फ्रांस की इस मांग को पूरा करने को तैयार नहीं हुये क्योंकि ऐसा करने से 50 लाख जर्मन अपने राष्ट्र से अलग हो जाते। अन्ततः एक बीच का मार्ग अपनाया गया और वर्साय की सन्धि में यह व्यवस्थाएं की गयीं–

1. 15 वर्ष तक राइन नदी के बाएँ तट के प्रदेश पर मित्रराष्ट्रों की सेनाओं का अधिकार रहेगा।
2. राइन नदी का प्रदेश स्थायी रूप से निःशस्त्र रहेगा और जर्मनी वहाँ कोई किलेबन्दी नहीं करेगा।
3. एक त्रिदलीय सन्धि की जाये जिसके द्वारा अमेरिका और ब्रिटेन जर्मनी द्वारा फ्रांस पर बिना उत्तेजना के आक्रमण किये जाने की दशा में फ्रांस की सहायता के लिये वचनबद्ध हों।

परन्तु अमेरिकन सिनेट ने वर्साय की सन्धि को सम्पुष्ट नहीं किया। इससे अमेरिका और ब्रिटेन द्वारा दिए गए वचन पूरे नहीं हो सके। अमेरिकन द्वारा अपने वचन की पूर्ति न किये जाने से ब्रिटेन का वचन भी क्रियान्वित नहीं हो सका, क्योंकि ब्रिटेन ने इसी शर्त पर फ्रांस की सहायता का वचन दिया था कि अमेरिका भी ऐसा ही करेगा। फ्रांस को इससे बड़ी निराशा हुई। प्वायनकारे ने कहा, "हमने वर्साय की सन्धि पर हस्ताक्षर करने के पश्चात् सबसे बड़े भ्रमोद्‌घाटन का सामना किया है। पेरिस से जाने के पूर्व प्रैज़ीडेन्ट विल्सन तथा लायड जार्ज ने प्रत्याभूति समझौतों पर हस्ताक्षर किये, जिसके

अन्तर्गत फ्रांस को जर्मनी द्वारा आक्रमण की स्थिति में अमेरिका तथा इंग्लैण्ड की सहायता का वचन दिया गया था किन्तु इन समझौतों की कभी पुष्टि नहीं की गई। जर्मनी के सामने फ्रांस अकेला रह गया।"

इस प्रकार शांति सम्मेलन के बाद फ्रांस अपनी स्थिति को दुर्बल और आरक्षित मानता रहा। वह जर्मनी के विरुद्ध सुरक्षा के साधनों की खोज में जुट गया। इसके लिए उसने प्रधानतः पांच प्रकार के प्रयत्न किये:–

(i) ब्रिटिश प्रत्याभूति की प्राप्ति का प्रयत्न;
(ii) गुटबन्दियों द्वारा सुरक्षा के प्रयास;
(iii) राष्ट्रसंघ की सुरक्षा व्यवस्था को सबल बनाने के प्रयत्न;
(iv) जर्मनी के साथ समझौते द्वारा सुरक्षा प्राप्ति का प्रयास;
(v) निःशस्त्रीकरण द्वारा सुरक्षा प्राप्ति का प्रयास।

ब्रिटिश प्रत्याभूति की प्राप्ति का प्रयत्न

प्रथम विश्वयुद्ध के पश्चात् फ्रांस ब्रिटेन पर बराबर इस बात के लिये दबाव डालता रहा कि ब्रिटेन जर्मनी के आक्रमण के विरुद्ध उसकी सहायता का वचन दे। अन्ततः जनवरी, 1922 में ब्रिटेन वर्साय की सन्धि में प्रस्तावित त्रिदलीय सन्धि की शर्तों के लगभग समान शर्तों पर फ्रांस को सुरक्षा की प्रत्याभूति देने पर तैयार हो गया। परन्तु तत्कालीन प्रधानमंत्री प्वायनकारे की अदूरदर्शिता के कारण फ्रांस इस अवसर से लाभ नहीं उठा सका। प्वायनकारे "सम्पूर्ण या शून्य" की नीति में विश्वास रखता था। वह चाहता था कि ब्रिटेन केवल फ्रांस पर सीधे जर्मन आक्रमण की दिशा में सहायता का वचन दे, अपितु उसके मित्रों (पोलैण्ड आदि) पर आक्रमण होने की दशा में भी सहायता का वचन दे। ब्रिटिश सरकार इतना आगे बढ़ने को तैयार नहीं थी। इस प्रकार फ्रांस का ब्रिटिश सैनिक प्रत्याभूति की प्राप्ति का प्रयत्न असफल हो गया।

गुटबन्दियों द्वारा सुरक्षा के प्रयास

अमेरिका और ब्रिटेन से निराश, रूर, सार और राइन प्रदेश की प्राप्ति की अपनी योजनाओं में असफल और साम्यवादी क्रान्ति के कारण अपने परम्परागत मित्र रूस से वंचित फ्रांस ने जर्मनी के विरुद्ध अपने को सुरक्षित करने के लिए जर्मनी के आस-पास के छोटे राष्ट्रों से मैत्री कर जर्मनी को अपने मित्रराष्ट्रों के एक सुरक्षात्मक घेरे से घेर देने का प्रयास किया। फ्रांस और इन छोटे राष्ट्रों के लिए सुरक्षा और यथास्थिति की रक्षा एक ही वस्तु थी तथा ये सभी राष्ट्र जर्मनी से संशकित और भयभीत थे। फ्रांस ने

सर्वप्रथम सितम्बर, 1920 में बेल्जियम से सैनिक सन्धि कर जर्मनी की पश्चिमी सीमा पर एक मित्र देश की प्राप्ति की। 19 फरवरी, 1921 को फ्रैंको-पोलिश मित्रता सन्धि हुई, जिसके द्वारा फ्रांस ने जर्मनी की पूर्वी सीमा पर एक मित्र देश की प्राप्ति की और इस प्रकार अपने मित्र देश रूस के साम्यवादी हो जाने से हुई हानि को पूरा करने का प्रयत्न किया। जनवरी, 1924 में फ्रांस ने चैकोस्लोवाकिया से, जून, 1926 में रुमानिया से और नवम्बर, 1927 में यूगोस्लाविया से मित्रता की सन्धियां कीं। इन सभी सन्धियों की शर्तें लगभग समान थीं। प्रधानतः इन सन्धियों में सुरक्षा समस्याओं पर पारस्परिक विचार विमर्श किए, आक्रमण की दशा में संयुक्त प्रतिरक्षा की तथा यूरोप में 'यथास्थिति' को कोई खतरा उत्पन्न हो जाने पर संयुक्त कार्यवाही की व्यवस्था की गई थी।

फ्रांस इतने से ही सन्तुष्ट नहीं हुआ। 1921-22 में ब्रिटेन से सन्धि करने के अपने प्रयास के असफल हो जाने के बाद फ्रांस ने अपने मित्र देश, इन छोटे राष्ट्रों को, संगठित करने का प्रयास आरम्भ किया। उसकी प्रेरणा से 1921 में यूगोस्लाविया और रुमानिया तथा चैकोस्लोवाकिया और रुमानिया में तथा 1922 में यूगोस्लाविया और चैकोस्लोवाकिया में तीन द्विपक्षीय संधियाँ हुईं। ये तीन राष्ट्र आस्ट्रिया-हंगरी के साम्राज्य का विघटन करके बनाये गये थे और उन्होंने परस्पर जो सन्धियाँ की थीं, उनका उद्देश्य जर्मनी को पुनः सिर उठाने से रोकना था तथा आस्ट्रिया-हंगरी के प्राचीन राजवंश, हैप्सबुर्ग वंश की पुनः प्रतिष्ठा या हंगरी द्वारा अपने प्रदेशों को पुनः प्राप्त करने के प्रयत्नों का विरोध करना था। इन सन्धियों के द्वारा उन राष्ट्रों ने परस्पर यह वचन दिया कि अकारण आक्रमण होने पर तीनों राष्ट्र मिलकर आक्रमण से प्रभावित राष्ट्र की सैनिक सहायता करेंगे। इन सन्धियों के कारण ये तीनों देश "छोटा त्रिगुट" या "लघु मैत्री संघ" (लिटिल इन्टेंन्टे) कहलाने लगे। ये तीनों राष्ट्र पूर्णतया फ्रांस के प्रभाव क्षेत्र में थे और अन्तर्राष्ट्रीय मामलों में फ्रांस की विदेश नीति का अनुसरण करते थे। इससे फ्रांस की शक्ति अत्यधिक बढ़ गयी। ई० एच० कार के अनुसार, "1920-1924 की अवधि में फ्रांस यूरोप में शक्ति और गौरव की चरम-सीमा पर पहुँच गया।"[4]

परन्तु फ्रांस इन छोटे राष्ट्रों का गुट स्थापित करके ही सन्तुष्ट नहीं हुआ। अक्टूबर, 1925 में लोकार्नो समझौते हुए, जिनके द्वारा ग्रेट-ब्रिटेन ने फ्रांस, बेल्जियम तथा जर्मनी की सीमाओं की सुरक्षा का वचन दिया। जर्मनी में हिटलर के सत्तारूढ़ होने के पश्चात् रूस भी फ्रांस के मैत्री-मण्डल में सम्मिलित हो गया। 1935 में एक अनाक्रमण समझौते द्वारा फ्रांस-रूस ने 'अनुत्तेजित आक्रमण' की दशा में पारस्परिक सहायता का वचन दिया।

हिटलर की बढ़ती हुई शक्ति ने ब्रिटेन को भी सशंकित किया। इससे ब्रिटेन और फ्रांस और निकट आ गये। 1934 में ब्रिटिश प्रधानमंत्री स्टैनली बाल्डविन ने घोषणा की कि, "इंग्लैण्ड की सीमा डोवर की चाक चट्टानें नहीं, अपितु राइन नदी है।" इटली की शक्ति के विकास ने फ्रांस और ब्रिटेन की मैत्री को और भी प्रगाढ़ कर दिया, जिसके फलस्वरूप 1938 के पश्चात् कुछ समय तक दोनों देशों ने एक समान विदेश नीति को अपनाया।

इन सब गुटबन्दियों ने एक बड़ी सीमा तक फ्रांस की सुरक्षा की समस्या को मनोवैज्ञानिक दृष्टि से हल कर दिया। परन्तु ये गुटबन्दियाँ फ्रांस को बहुत महंगी पड़ी। इन सन्धियों के द्वारा फ्रांस केवल वर्साय की सन्धि अपितु शांति–समझौतों द्वारा स्थापित लगभग सभी व्यवस्थाओं के पालन के लिए वचनबद्ध हो गया। किन्तु ये व्यवस्थाएँ अत्यधिक दुर्बल थीं। इनसे उत्पन्न पोलैण्ड, चैकोस्लोवाकिया, रुमानिया और यूगोस्लाविया आदि फ्रांस के मित्रराष्ट्रों में पोलैण्ड को छोड़कर अन्य सभी राष्ट्र क्षेत्रफल की दृष्टि से छोटे और आर्थिक और सैनिक दृष्टि से दुर्बल थे। फ्रांस को इन्हें निरन्तर आर्थिक और सैनिक सहायता देनी पड़ी, जिससे ये राष्ट्र फ्रांस के लिए एक प्रकार का बोझ बन गए।

ये राज्य फ्रांस की सीमाओं से बहुत दूरी पर स्थित थे। साथ ही, इनकी जनसंख्या का एक बड़ा भाग राष्ट्रीय अल्पसंख्यकों का था, जिसके कारण इनका अपने पड़ौसी राष्ट्रों से झगड़ा बना रहता था। इससे इनकी सहायता के वचन ने फ्रांस के सैनिक उत्तरदायित्व इतने अधिक बढ़ा दिये कि फ्रांस के लिए समय पड़ने पर उनको पूरा करना असम्भव नहीं तो दुष्कर अवश्य हो गया।

इन गुटबन्दियों के कारण पूर्वी और मध्य यूरोप में फ्रांस के प्रति सन्देह उत्पन्न हो गया। जर्मनी, इटली, रूस आदि अन्य यूरोपीय राष्ट्रों को यह सन्देह होने लगा कि फ्रांस सुरक्षा के नाम पर सम्पूर्ण यूरोप पर अपना अधिपत्य स्थापित करने की चेष्टा कर रहा है। अत: फ्रांस की महत्वाकांक्षाओं का विरोध करने के लिए अन्य राष्ट्रों ने भी अपने–अपने गुट बनाने प्रारम्भ कर दिए और शीघ्र ही सम्पूर्ण यूरोप तीन परस्पर विरोधी गुटों में विभाजित हो गया। ये गुट थे–फ्रांसीसी गुट, रूसी गुट तथा जर्मनी गुट और इटली आदि धुरी राष्ट्रों का गुट। इन गुटबन्दियों ने यूरोप के वातावरण को विषाक्त कर दिया। फ्रांसीसी गुटबन्दी उसे जर्मनी के आक्रमण से न बचा सकी और अन्ततः सितम्बर, 1939 में द्वितीय महायुद्ध प्रारम्भ हो गया।

राष्ट्रसंघ की सामूहिक सुरक्षा व्यवस्था को दृढ़ करने के प्रयत्न

दो विश्वयुद्धों के मध्य फ्रांसीसी विदेश नीति "असंगत और पाखण्ड-पूर्ण" थी। यह आरोप फ्रांस की राष्ट्रसंघ संबंधी नीति के संबंध में एक बड़ी सीमा तक सत्य प्रतीत होता है। फ्रांस का विश्वास था कि राष्ट्रसंघ की सुरक्षा व्यवस्थाओं पर निर्भर नहीं रहा जा सकता है अतः अपनी सुरक्षा व्यवस्था को सुदृढ़ करने के लिए उसने गुटबन्दियों का आश्रय लिया, परन्तु साथ ही वह राष्ट्रसंघ की सुरक्षा व्यवस्थाओं को शक्तिशाली बनाने का प्रयत्न भी करता रहा।

फ्रांस द्वारा राष्ट्रसंघ की सुरक्षा व्यवस्था को सुदृढ़ करने का प्रथम महत्वपूर्ण प्रयास पारस्परिक सहायता की प्रारूप सन्धि थी, जिसे 1923 में राष्ट्रसंघ की साधारण सभा ने स्वीकार किया था। इसमें आक्रमणात्मक युद्ध को अन्तर्राष्ट्रीय अपराध कहा गया था। राष्ट्रसंघ की परिषद् को आक्रमणकारी का निश्चय करना था तथा उसी गोलार्द्ध में स्थित राष्ट्रों को आक्रान्ता के विरुद्ध सैनिक कार्यवाही करने का निर्देश राष्ट्रसंघ को देना था। सन्धि को स्वीकार करने वाले राष्ट्रों को अपना निःशस्त्रीकरण भी करना था। हार्डी के अनुसार, "सन्धि का यह मसविदा, एक आम गारन्टी और स्थानीय मैत्रियों की प्रणाली के अपने-अपने लाभों को समन्वित करने और उसकी त्रुटियाँ दूर करने का एक अत्यधिक बुद्धिमत्तापूर्ण यत्न था।"[5] परन्तु यह सन्धि अधिक सफल न हो सकी। फ्रांस सहित केवल 18 राष्ट्रों ने ही उसे स्वीकार किया। अमेरिका और रूस दोनों उससे अलग रहे। ब्रिटेन ने इसे स्वीकार करने से इन्कार कर दिया, अतः यह प्रयास निष्फल हो गया।

राष्ट्रसंघ की सुरक्षा व्यवस्था को अधिक शक्तिशाली बनाने का दूसरा प्रयत्न अन्तर्राष्ट्रीय विवादों के शान्तिपूर्ण समझौते का प्रोटोकोल था, जो जेनेवा प्रोटोकोल के नाम से प्रसिद्ध हुआ। इसे राष्ट्रसंघ की साधारण सभा ने 2 अक्टूबर, 1924 को स्वीकार कर लिया। इसकी मुख्य विशेषता मध्यस्थता और पंचायती निर्णय को अनिवार्य बना देती थी। राजनैतिक विवादों का निर्णय राष्ट्रसंघ की परिषद् अथवा विशेष मध्यस्थता समितियों द्वारा किया जाना था। न्यायालय के अधिकार क्षेत्र अथवा परिषद् की सर्वसम्मत रिपोर्ट को अस्वीकार करना आक्रमण माना गया था। राष्ट्रसंघ किसी देश के घरेलू अधिकार क्षेत्र के विषयों पर भी विचार कर सकता था।

एल्फर्ड जिम्मर्न के शब्दों में, "यह प्रोटोकोल भूमण्डल पर कानून द्वारा शान्ति स्थापित करने का बड़ा साहसपूर्ण प्रयास था।"[6] परन्तु व्यवहार में जेनेवा प्रोटोकोल भी उसी प्रकार असफल हो गया, जिस प्रकार पारस्परिक

सहायता की प्रारूप सन्धि असफल हुई थी। फ्रांस सहित केवल 17 राज्यों ने ही इसे स्वीकार किया। ब्रिटेन ने जेनेवा प्रोटोकोल की अस्वीकृति की घोषणा कर दी। ब्रिटिश अस्वीकृति से जेनेवा प्रोटोकोल की अकाल-मृत्यु हो गई और फ्रांस का राष्ट्रसंघ द्वारा सुरक्षा प्राप्ति का महत्वपूर्ण प्रयास असफल हो गया।[7]

अब फ्रांस ने सुरक्षा की अपनी खोज की दिशा में थोड़ा परिवर्तन कर दिया। अब तक फ्रांस सामान्य व्यवस्थाओं के द्वारा राष्ट्रसंघ की सामूहिक सुरक्षा की व्यवस्था को दृढ़ करने का प्रयत्न कर रहा था। अब उसने प्रादेशिक समझौतों के द्वारा सामूहिक सुरक्षा व्यवस्था को दृढ़ करने का प्रयत्न किया। लोकार्नो सन्धियां इसी प्रयत्न का परिणाम थीं।

लोकार्नो सन्धियों की मुख्य बात फ्रांसीसी-जर्मन सीमा की सुरक्षा का विशेष आश्वासन थी। 1 अक्टूबर, 1925 से 16 अक्टूबर, 1925 तक तीन देशों के विदेश-मंत्रियों (ब्रिटेन के विदेशमंत्री आस्टिन चेम्बरलेन, जर्मनी के विदेशमंत्री स्ट्रैसमान, फ्रांस के विदेशमंत्री ब्रिआं) ने स्विट्जरलैण्ड के लोकार्नो नामक नगर में वार्तायें कीं, जिनके फलस्वरूप लोकार्नो सन्धियों पर हस्ताक्षर हुए। इन वार्ताओं में इटली, बेल्जियम, पोलैण्ड और चैकोस्लोवाकिया के प्रतिनिधियों ने भी भाग लिया।

लोकार्नो सम्मेलन में कुल 7 सन्धियाँ की गईं। इनमें से पहली सन्धि जर्मनी, फ्रांस, ब्रिटेन, बेल्जियम और इटली के बीच हुई। यह पारस्परिक गारन्टी सन्धि के नाम से प्रसिद्ध रही। यह सन्धि लोकार्नो सम्मेलन की सर्वाधिक महत्वपूर्ण सन्धि थी। इसे राइनलैण्ड समझौता और लोकार्नो सन्धि भी कहा जाता है। इसके द्वारा पाँचों शक्तियों ने वर्साय की सन्धि द्वारा निर्धारित जर्मनी, बेल्जियम तथा फ्रांस की सीमाओं और राइन प्रदेश के विसैन्यीकरण संबंधी व्यवस्थाओं के पालन का वचन दिया।

लोकार्नो सम्मेलन की दूसरी, तीसरी, चौथी और पांचवी सन्धियाँ मध्यस्थता सन्धियाँ थीं। ये सन्धियाँ एक ओर तो जर्मनी तथा दूसरी ओर क्रमश: बेल्जियम, फ्रांस, पोलैण्ड तथा चैकोस्लोवाकिया के मध्य हुई थीं। इनके द्वारा यह व्यवस्था की गई कि जर्मनी तथा इन राष्ट्रों के बीच उत्पन्न होने वाले जो विवाद कूटनीतिक वार्ता से नहीं सुलझाये जा सकेंगे, वे किसी मध्यस्थ या अन्तर्राष्ट्रीय न्यायालय को सौंपे जायेंगे।

छठी सन्धि फ्रांस और पौलेण्ड तथा सातवीं सन्धि फ्रांस और चैकोस्लोवाकिया के मध्य की गई। ये पारस्परिक सुरक्षा सन्धियाँ थीं जिनके द्वारा हस्ताक्षरकर्ताओं ने जर्मन आक्रमण की दशा में परस्पर सहायता का वचन दिया।

इस प्रकार जैसा कि ई॰ एच॰ कार का मत है–"युद्ध के बाद पहली बार फ्रांस और जर्मनी की आवश्यकताओं के बीच न्यायोचित और निष्पक्ष सन्तुलन स्थापित हुआ।"[8] फ्रांस इसे ब्रिटिश-फ्रांसीसी मैत्री का नवीनीकरण मानता था लोकार्नो समझौता–"विश्व इतिहास में नवीन युग का मार्गदर्शक बन गया।"[9] फिर भी लोकार्नो सन्धियाँ एक महान् कूटनीतिक भ्रम सिद्ध हुईं। उन्होंने जर्मनी की पूरी सीमा के प्रश्न को न तो हल किया, अपितु और भी असन्तोषजनक बना दिया। जर्मनी ने अपनी पूर्वी सीमा की अखण्डता की गारन्टी देने से इन्कार करके यह स्पष्ट कर दिया कि वह पोलैण्ड और चैकोस्लोवाकिया के उन प्रदेशों पर, जिनमें जर्मन लोग बड़ी संख्या में निवास करते थे, फिर से अधिकार करने का प्रयत्न कर सकता था। ई॰ एच॰ कार के अनुसार, "अन्ततोगत्वा, लोकार्नो सन्धि से वर्साय सन्धि और अनुबन्ध-पत्र दोनों को ही हानि पहुँची।"[10]

लोकार्नो सन्धियों के पश्चात् फ्रांस की सुरक्षा की खोज का अगला महत्वपूर्ण पग 1928 का केलाग-ब्रिआं समझौता (पेरिस पैक्ट) था। 29 अगस्त, 1928 को पेरिस में अमेरिकन विदेश मंत्री केलाग तथा फ्रांसीसी विदेश मंत्री ब्रिआं के प्रयासों से 15 राष्ट्रों के प्रतिनिधियों ने एक समझौता स्वीकार किया जो केलाग-ब्रिआं समझौता (पेरिस पैक्ट) कहलाता है। इसका वास्तविक नाम "युद्ध के परित्याग की सामान्य सन्धि" था। इसमें व्यक्त किया गया था कि हस्ताक्षरकर्त्ता राष्ट्र "अन्तर्राष्ट्रीय विवादों के समाधान के लिए युद्ध के आश्रय की निन्दा करते हैं और अपने एक-दूसरे के साथ संबंधों में राष्ट्रीय नीति के एक यंत्र के रूप में इसका परित्याग करते हैं।"

1933 तक 65 देशों ने इसे स्वीकार कर लिया था। वास्तव में, यह समझौता विश्व-इतिहास में एक "सीमा चिह्न" था। इतिहास में यह पहला राजनैतिक समझौता था, जिसका क्षेत्र लगभग सभी देश थे।"[11] फिर भी अपनी स्वीकृति के कुछ समय बाद ही इसे निरर्थक और अव्यवहारिक कहा जाने लगा। व्यवहार में पेरिस समझौता, शान्ति स्थापना का साधन नहीं अपितु एक पवित्र आकांक्षा ही सिद्ध हुआ।[12] पेरिस पैक्ट की कोई व्यवहारिक उपयोगिता नहीं थी।[13] हार्डी के शब्दों में, "एक ऐतिहासिक घटना के रूप में युद्ध का नीति के साधन के तौर से प्रायः सार्वजनिक प्रत्याख्यान अभूतपूर्व महत्व रखता प्रतीत होता है। युद्ध के प्रति एक नये नैतिक रुख के संकेत के रूप में यह निस्सन्देह प्रभावोत्पादक था।"[14]

राष्ट्रसंघ की सुरक्षा व्यवस्था को दृढ़ बनाने का अन्तिम महत्वपूर्ण प्रयत्न सितम्बर, 1928 का "अन्तर्राष्ट्रीय विवादों के शान्तिपूर्ण निपटारे के लिए

एक व्यापक अधिनियम" था। इसको राष्ट्रसंघ की साधारण सभा ने सितम्बर, 1928 में स्वीकार किया था। इसमें अन्तर्राष्ट्रीय विवादों के समाधान के लिए संराधन, पंच निर्णय और न्यायिक निर्णय की व्यवस्था की गई थी। परन्तु यह प्रयत्न भी अधिक सफल नहीं हो सका। 1935 के अन्त तक केवल 23 राज्यों ने इस अधिनियम को स्वीकार किया था।

जर्मनी के साथ समझौते के द्वारा सुरक्षा प्राप्ति का प्रयास

फ्रांस ने अपनी सुरक्षा की चिन्ता से मुक्त होने के लिए जर्मनी के साथ समझौते के मार्ग को भी अपनाया था। 1925 की लोकार्नो सन्धियाँ इस दिशा में सबसे महत्वपूर्ण प्रयत्न थीं। इससे जर्मनी और फ्रांस के मतभेद काफी कम हो गए। 1926 में राइन प्रदेश के एक भाग से मित्रराष्ट्रीय सेनायें हटा ली गईं। 1927 में मित्रराष्ट्रीय सैनिक नियंत्रण आयोग को हटा लिया गया। जून, 1930 में अपनी अवधि से 5 वर्ष पूर्व राइन प्रदेश से सभी फ्रांसीसी सेनायें हटा ली गईं। परन्तु हिटलर के उदय ने फ्रांस के प्रयास को नष्ट कर दिया। हिटलर की आक्रामक योजनाओं ने फ्रांस और जर्मनी के मध्य मैत्री की सम्भावनाओं को नष्ट कर डाला।

नि:शस्त्रीकरण द्वारा सुरक्षा प्राप्ति का प्रयास

फ्रांस की सुरक्षा की खोज की एक महत्वपूर्ण दिशा नि:शस्त्रीकरण थी। पेरिस शान्ति सम्मेलन में नि:शस्त्रीकरण संबंधी कोई समझौता नहीं हो सका परन्तु इस दिशा में प्रयत्न जारी रहे। इनमें से कुछ प्रयत्न राष्ट्रसंघ के तत्वावधान में किये गये थे और कुछ राष्ट्रसंघ से बाहर।

राष्ट्रसंघ के तत्वावधान में 1920 में स्थायी परामर्शदाता आयोग गठित हुआ, जिसका उद्देश्य संविदा के अनुसार राष्ट्रीय शस्त्रों में कमी करना था।[15] इस आयोग ने दिसम्बर, 1920 में यह रिपोर्ट दी कि तत्कालीन परिस्थितियों में शस्त्रों में कमी नहीं की जा सकती है। तदुपरान्त राष्ट्रसंघ की परिषद् ने 1921 में अस्थाई मिश्रित आयोग की नियुक्ति की। इसने 1923 में पारस्परिक सहायता की प्रारूप सन्धि तथा 1924 में जेनेवा प्रोटोकोल द्वारा नि:शस्त्रीकरण की योजनायें निर्मित कीं परन्तु ये योजनायें निष्फल हो गईं और इसको अधिक सफलता प्राप्त नहीं हो सकी।

1925 में राष्ट्रसंघ की परिषद् ने एक प्रारम्भिक आयोग की नियुक्ति की तथा उसे शस्त्रों में कटौती तथा परिमितता के लिए एक सम्मेलन की तैयारी करने का कार्य सौंपा। उसी के प्रतिवेदन के आधार पर विश्व नि:शस्त्रीकरण सम्मेलन 3 फरवरी, 1932 को आर्थर हैन्डर्सन की अध्यक्षता में आयोजित हुआ। इसमें 57 राज्यों के प्रतिनिधियों ने भाग लिया। इस

सम्मेलन में फ्रांस ने राष्ट्रसंघ के अन्तर्गत अन्तर्राष्ट्रीय पुलिस की एक निरोधात्मक तथा दण्डात्मक सेना बनाने का सुझाव रखा, जिसके द्वारा विभिन्न राज्यों की सुरक्षा की व्यवस्था की जा सके; परन्तु जर्मनी, ब्रिटेन तथा अमेरिका ने इसका विरोध किया। फलस्वरूप, सम्मेलन असफल हो गया। शीघ्र ही हिटलर की गतिविधियों ने निःशस्त्रीकरण की आशाओं का अन्त कर दिया। यूरोप की सामूहिक बुद्धि, सुरक्षा की प्राप्ति में असफल हो जाने के उपरान्त आत्मघात की तैयारियों में लग गई।[16]

राष्ट्रसंघ के बाहर निःशस्त्रीकरण के प्रयत्नों के सबसे पहले उल्लेखनीय "वाशिंगटन सम्मेलन" का आयोजन था।[17] यह सर्वाधिक सफल सम्मेलन था। यह सम्मेलन अमेरिकन राष्ट्रपति हार्डिंग द्वारा नौसैनिक शस्त्रों के नियन्त्रण के लिए 12 नवम्बर, 1921 को आयोजित किया गया था। इसमें 6 फरवरी, 1922 तक शस्त्रों के परिसीमन पर विचार होता रहा। अंत में, पंच शक्ति नौसैनिक परिसीमन सन्धि (फाइव पावर ट्रीटी लिमिटिंग नेवल अरमामेन्ट) सम्पन्न हुई। इस सन्धि के द्वारा ब्रिटेन, अमरीकन, जापान, फ्रांस तथा इटली की नौसैनिक शक्ति का अनुपात 5:5:3:1.67:1.67 निश्चित किया गया।[18] यह अनुपात 10 हजार टन से अधिक भार वाले जंगी जहाजों के संबंध में था। अन्य प्रकार के छोटे जहाजों, क्रूजर, डेस्ट्रायर पनडुब्बी आदि की सीमा के संबंध में कोई समझौता न हो सका।[19]

वाशिंगटन सम्मेलन के अधूरे कार्य को पूरा करने और क्रूजर, डेस्ट्रायर, पनडुब्बी आदि के परिसीमन पर विचार करने के लिए अमेरिकन राष्ट्रपति कूलिज ने ब्रिटेन, फ्रांस, इटली, जापान को एक सम्मेलन के लिए आमन्त्रित किया। परन्तु फ्रांस और इटली ने सम्मेलन का बहिष्कार किया। अतः जेनेवा में आयोजित जून, 1927 का यह नौसैनिक सम्मेलन विफल हो गया।

तदुपरान्त 21 जनवरी, 1930 को लन्दन में पाँचों शक्तियों (अमेरिका, ब्रिटेन, जापान, फ्रांस और इटली) का नौसैनिक सम्मेलन निःशस्त्रीकरण हेतु आयोजित हुआ। इस सम्मेलन में पनडुब्बी युद्ध को नियन्त्रित करने का प्रयास किया गया था। परन्तु फ्रांस और इटली ने पुनः सम्मेलन में विरोध उत्पन्न किया। फलस्वरूप यह सम्मेलन भी विफल हो गया। 1935 में पुनः नौसैनिक सम्मेलन का आयोजन लन्दन में हुआ परन्तु यह सम्मेलन भी विफल रहा।

1936 में ब्रिटिश-अमेरिका-जापानी नौसैनिक होड़ फिर प्रारम्भ हो गई। इसी बीच 7 मार्च, 1936 को जर्मनी ने राइन प्रदेश का सैन्यीकरण प्रारम्भ कर दिया। 1937 के मध्य तक दो विश्व युद्धों के बीच का निःशस्त्रीकरण आन्दोलन मृतप्राय हो गया।

सुरक्षा की खोज की विफलता

इस प्रकार प्रथम विश्व युद्ध के बाद फ्रांस ने मनोयोगपूर्वक सुरक्षा की खोज की, परन्तु अन्ततः यह खोज पूर्णतः विफल रही। 1933 में, फ्रांसीसी कूटनीति में एक नवीन और विनाशकारी युग का शुभारम्भ हुआ।[20] हिटलर ने उद्दंडतापूर्वक वर्साय की सन्धि का उल्लंघन करना प्रारम्भ किया। परन्तु जैसे–जैसे हिटलर की उद्दंडता बढ़ती गई, वैसे–वैसे फ्रांस का शक्ति द्वारा "यथास्थिति" की रक्षा करने का संकल्प दुर्बल होता गया। इसके बड़े दूरगामी परिणाम हुए। इससे फ्रांस की गुटबन्दियों की व्यवस्था छिन्न–भिन्न हो गई क्योंकि उसके मित्रों को यह विश्वास नहीं रहा कि फ्रांस समय आने पर जर्मन आक्रमण के विरुद्ध उनकी प्रभावशाली सहायता तथा रक्षा कर सकेगा। शनैः शनैः फ्रांस की नीति तुष्टीकरण की नीति में परिवर्तित हो गयी। इसके फलस्वरूप जापान, जर्मनी तथा इटली ने एक के बाद एक आक्रामक कार्यवाही करनी प्रारम्भ कर दी। इससे राष्ट्रसंघ की सामूहिक सुरक्षा व्यवस्था नष्ट–प्राय हो गई। शस्त्रीकरण की दौड़ प्रारम्भ हो गई। 1937 के बाद जर्मनी ने तुष्टीकरण की नीति से प्रोत्साहित होकर आस्ट्रिया (मार्च, 1938) और चैकोस्लोवाकिया (सितम्बर, 1938) की स्वतंत्रता का अपहरण कर लिया। परन्तु हिटलर की पिपासा शान्त नहीं हुई; उसने 1 सितम्बर, 1939 को पोलैण्ड पर आक्रमण कर दिया और विवश होकर फ्रांस को ब्रिटेन के साथ संयुक्त होकर जर्मनी के विरुद्ध युद्ध की घोषणा करनी पड़ी। अन्ततः विश्व द्वितीय विश्व युद्ध की ज्वालाओं से घिर गया। फ्रांस की विदेश नीति अपने उद्देश्य "फ्रांस की सुरक्षा" को प्राप्त करने में नितान्त विफल रही।

सन्दर्भ

1. गेथोर्न हार्डी: अन्तर्राष्ट्रीय राजनीति का इतिहास, पृ॰ 23।
2. डब्ल्यू॰ सी॰ लैंगसम: दी वर्ल्ड सिन्स 1914, पृ॰ 75।
3. ई॰ एच॰ कार: दो विश्व युद्धों के बीच अन्तर्राष्ट्रीय संबंध, पृ॰ 19।
4. वही, पृ॰ 33।
5. गेथोर्न हार्डी: अन्तर्राष्ट्रीय राजनीति का संक्षिप्त इतिहास, पृ॰ 58।
6. एल्फर्ड जिम्मर्न: दी लीग ऑफ नेशन्स एण्ड दि रूल ऑफ लॉ, पृ॰ 357।
7. गेथोर्न हार्डी: अन्तर्राष्ट्रीय राजनीति का संक्षिप्त इतिहास, पृ॰ 60-62।
8. ई॰ एच॰ कार: दो विश्व युद्धों के बीच अन्तर्राष्ट्रीय संबंध, पृ॰ 74-75।
9. डब्ल्यू॰ सी॰ लैंगसम: दि वर्ल्ड सिन्स, 1914, पृ॰ 216.
10. ई॰ एच॰ कार: दो विश्व युद्धों के बीच अन्तर्राष्ट्रीय संबंध, पृ॰ 74।

11. वही, पृ॰ 91।
12. वही, पृ॰ 92-93।
13. एल्फर्ड जिम्मर्न: दी लीग ऑफ नेशन्स, पृ॰ 399-400।
14. गेथोर्न हार्डी: अन्तर्राष्ट्रीय राजनीति का संक्षिप्त इतिहास, पृ॰ 156।
15. राष्ट्रसंघ-संविदा, अनु॰ 8 (1)।
16. फ्रेडरिक एल॰ शूमां: अन्तर्राष्ट्रीय राजनीति, पृ॰ 288।
17. एल्फर्ड जिम्मर्न: दी लीग ऑफ नेशन्स, पृ॰ 415-17।
18. वही, पृ॰ 424।
19. मेकनेअर एण्ड लाचः मार्डर्न फार-ईस्टर्न इन्टरनेशनल रिलेशन्स (द्वितीय संस्करण) पृ॰ 180।
20. फ्रेडरिक एल॰ शूमां: अन्तर्राष्ट्रीय राजनीति, पृ॰ 576।

स्मरण संकेत

फ्रांस की विदेश नीति द्वारा सुरक्षा प्राप्ति के प्रयत्न

(i) ब्रिटिश प्रत्याभूति की प्राप्ति का प्रयत्न;
(ii) गुटबन्दियों द्वारा सुरक्षा के प्रयास;
(iii) राष्ट्रसंघ की सुरक्षा व्यवस्था को सबल बनाने का प्रयत्न;
(iv) जर्मनी के साथ समझौते द्वारा सुरक्षा प्राप्ति का प्रयत्न;
(v) निःशस्त्रीकरण द्वारा सुरक्षा प्राप्ति का प्रयत्न।

ब्रिटिश प्रत्याभूति की प्राप्ति का प्रयत्न

(i) ब्रिटेन-फ्रांस में मतभेद;
(ii) फ्रांसीसी प्रधानमंत्री प्वायनकारे की अदूरदर्शिता;
(iii) ब्रिटिश सैनिक प्रत्याभूति की प्राप्ति के प्रयत्न में असफलता।

गुटबन्दियों द्वारा सुरक्षा का प्रयास

(i) बेल्जियम-फ्रेंच सैनिक सन्धि;
(ii) फ्रेंको-पोलिश मैत्री सन्धि;
(iii) फ्रेंको-चेकोस्लोवाकिया मैत्री सन्धि;
(iv) फ्रेंको-रुमानिया मैत्री सन्धि;
(v) फ्रेंको-यूगोस्लाविया मैत्री सन्धि;
(vi) मित्र देशों को संगठित करने का प्रयास;
(vii) यूगोस्लाविया-रुमानिया मैत्री सन्धि;
(viii) चैकोस्लोवाकिया-रुमानिया मैत्री सन्धि;

(ix) यूगोस्लाविया-चैकोस्लोवाकिया मैत्री सन्धि;
(x) लघु मैत्री संघ (लिटिल इन्टेन्टे);
(xi) 1920–24 की अवधि में फ्रांस यूरोप में गौरव की चरम सीमा पर;
(xii) अन्त में गुटबन्दियाँ फ्रांस के लिए संकटपूर्ण सिद्ध;
(xiii) गुटबन्दियों ने यूरोप के राजनैतिक वातावरण को विषाक्त किया।

राष्ट्रसंघ की सामूहिक सुरक्षा व्यवस्था को सुदृढ़ करने के प्रयत्न

(i) पारस्परिक सहायता की प्रारूप सन्धि;
(ii) जेनेवा प्रोटोकोल;
(iii) लोकार्नो सन्धियाँ;
(iv) केलॉग-ब्रिआं पैक्ट (पेरिस पैक्ट);
(v) जनरल एक्ट (व्यापक अधिनियम)।

जर्मनी के साथ समझौते द्वारा सुरक्षा प्राप्ति का प्रयत्न

(i) राइन प्रदेश से मित्रराष्ट्रीय सेनायें हटाना;
(ii) मित्रराष्ट्रीय सैनिक नियन्त्रण आयोग हटाना;
(iii) राइन प्रदेश से फ्रांसीसी सैनिकों की वापसी।

निःशस्त्रीकरण द्वारा सुरक्षा प्राप्ति का प्रयत्न

(i) स्थाई परामर्शदाता आयोग;
(ii) अस्थाई मिश्रित आयोग;
(iii) प्रारम्भिक आयोग;
(iv) विश्व निःशस्त्रीकरण सम्मेलन (जेनेवा);
(v) वाशिंगटन सम्मेलन;
(vi) जेनेवा नौसैनिक सम्मेलन;
(vii) लन्दन नौसैनिक सम्मेलन (प्रथम);
(viii) लन्दन नौसैनिक सम्मेलन (द्वितीय);
(ix) फ्रांस की सुरक्षा की खोज पूर्णतः विफल।

सुरक्षा की खोज की विफलता (फ्रांसीसी विदेश नीति का सिंहावलोकन)

(i) प्रथम विश्व युद्ध में फ्रांस की विजय ने उसे यूरोप का प्रथम राष्ट्र बनाया;
(ii) फ्रांस इस विजय की बेला में चिन्तातुर, विकल;
(iii) जर्मनी के आक्रमण के विरुद्ध सुरक्षा की मांग का प्रश्न;

(iv) 1919 के बाद, यूरोपीय घटनाचक्र का स्थाई तथ्य "फ्रांस की सुरक्षा मांग";
(v) जर्मनी को शक्तिहीन बनाने का प्रयास;
(vi) जर्मनी के विरुद्ध सुदृढ़ सुरक्षा व्यवस्था की स्थापना का प्रयत्न;
(vii) भौगोलिक प्रत्याभूति की प्राप्ति में विफलता;
(viii) ब्रिटिश प्रत्याभूति की प्राप्ति का प्रयत्न;
(ix) गुटबन्दी मार्ग;
(x) राष्ट्रसंघ की सामूहिक सुरक्षा व्यवस्था को दृढ़ करने का प्रयत्न;
(xi) जर्मनी के साथ समझौते की नीति;
(xii) निःशस्त्रीकरण के प्रयास;
(xiii) असंगत, पाखण्डपूर्ण नीति;
(xiv) विदेश नीति की विफलता (तुष्टीकरण नीति);
(xv) यथास्थिति की रक्षा करने का संकल्प दुर्बल;
(xvi) द्वितीय विश्व युद्ध में प्रवेश–पराजय।

प्रश्न

1. "1919 के बाद के वर्षों में यूरोपीय राजनीति का सर्वाधिक महत्वपूर्ण कारक फ्रांस की सुरक्षा का आग्रह था" (ई॰ एच॰ कार), इस कथन की समीक्षा कीजिए।
2. अन्तर्युद्ध काल (1919-1939) में फ्रांस की वैदेशिक नीति के प्रमुख सिद्धान्तों का वर्णन कीजिए।
3. 1919 से 1939 के मध्य फ्रांस की विदेश नीति के मुख्य उद्देश्यों को बतलाते हुए, उसके प्रयासों की समीक्षा कीजिए।
4. फ्रांसीसी विदेश नीति 'असंगत और पाखण्डपूर्ण' थी, इस कथन की समीक्षा करते हुए, नीति की विफलताओं पर प्रकाश डालिए। 1919 से 1939 के मध्य उसने सुरक्षा प्राप्ति के क्या प्रयत्न किये थे?

6

जर्मनी की विदेश नीति (1919—1939): नात्सी क्रान्ति (नाजीवाद)

11 नवम्बर, 1918 को प्रथम विश्व युद्ध में पराजित जर्मनी ने आत्म-समर्पण कर दिया। इस समर्पण के दो दिन पूर्व 9 नवम्बर, 1918 को जर्मन सम्राट् विलियम द्वितीय ने सिंहासन त्याग कर हालैण्ड में शरण ले ली थी। जर्मनी में इस पराजय की बेला में ईबर्ट की अध्यक्षता में एक अन्तरिम सरकार की स्थापना की गई थी। जनवरी 1919 में जर्मन जनता ने एक संविधान सभा को निर्वाचित किया, जिसने फरवरी, 1919 में जर्मनी के वाईमार नगर में एक नवीन गणतांत्रिक संविधान की रचना का कार्य प्रारम्भ किया। 31 जुलाई, 1919 को यह कार्य पूरा हो गया और वाईमार गणराज्य ने जन्म लिया।

वाईमार गणराज्य का जन्म अत्यन्त प्रतिकूल परिस्थितियों में हुआ था। वर्साय की सन्धि ने जर्मनी के यूरोपीय प्रदेश के आठवें भाग और 65 लाख जनसंख्या को कम कर दिया था। उसकी 15% कृषि योग्य भूमि, 12% पशुधन तथा लगभग 19% कारखाने उससे छीन लिये गए थे। उसकी शक्तिशाली नौ-सेना नष्ट कर दी गई थी और थल सेना बहुत कम, एक लाख तक सीमित कर दी गई थी। उसकी कोयले, लोहे, जस्ते और सीसे आदि की खदानें छीन ली गई थीं। उसके सभी उपनिवेश छीन लिये गए थे। उसका युद्ध-पूर्व का औद्योगिक और वाणिज्यिक संगठन नष्ट-भ्रष्ट हो गया। उसे अपने आस्ट्रियन जाति भाइयों से संघीकृत होने के अधिकार से वंचित कर दिया गया। उस पर क्षतिपूर्ति की एक विशाल और अनिश्चित राशि की देनकारी लाद दी गई। उसे अपने को युद्ध अपराधी मानने को विवश कर दिया गया। इन सब ने जर्मन जनता में यह धारणा उत्पन्न कर दी कि वर्साय की सन्धि 'एक आरोपित शान्ति' थी। 1920 में जर्मनी का नारा था—"वर्साय का अन्त हो।"

अतः जर्मनी के वाईमार गणतंत्र की विदेश नीति का मूलभूत लक्ष्य वर्साय की सन्धि द्वारा उसकी प्रभुसत्ता पर लगाई गई सीमाओं को रद्द करना था, जिससे वह अन्तर्राष्ट्रीय राजनीति में अपने युद्ध पूर्व के प्रभाव और शक्ति को पुनः प्राप्त कर सके।

वाईमार गणतंत्र की विदेश नीति के उद्देश्य (1919—1932)

1. क्षतिपूर्ति की राशि को कम कराना और अन्ततः उसे समाप्त कर देना।
2. अपने प्रदेश से विदेशी सेनाओं के आधिपत्य को समाप्त करना।
3. मित्रराष्ट्रीय नियन्त्रण आयोग को समाप्त कराना।
4. सैनिक तथा नौ-सैनिक विषयों में अपनी स्वतंत्रता को पुनः प्राप्त करना।
5. राइन प्रदेश की किलेबन्दी तथा रक्षा करने के अपने अधिकार को पुनः प्राप्त करना।
6. विदेशों में जर्मन अल्पसंख्यकों के हितों की सुरक्षा की प्रभावशाली व्यवस्था करना।
7. जर्मनी की सीमाओं का पुनर्निर्धारण कराना जिससे डैन्जिंग तथा पोलिश गलियारा जर्मनी को पुनः प्राप्त हो सके और अपर साइलीशिया के भविष्य का भी राष्ट्रीयता के आधार पर अधिक उचित निर्धारण हो सके।
8. जर्मनी के लिए विश्व की महान् शक्तियों से पुनः एक सम्मानित और समान स्थान प्राप्त करना।

संक्षेप में लैंगसम के शब्दों में, "1919 से 1932 तक जर्मन कूटनीति का प्रधान लक्ष्य यह था कि पितृभूमि के लिए राष्ट्रों के परिवार में अच्छी प्रतिष्ठा वाले एक सदस्य के रूप में पुनः प्रवेश प्राप्त कर लिया जाये।"

इन उद्देश्यों की प्राप्ति के लिए जर्मनी को शक्तिशाली राष्ट्रों के सहयोग की आवश्यकता थी। परन्तु जर्मन राजनीतिज्ञ इस प्रश्न पर, कि किन राष्ट्रों का सहयोग प्राप्त करने का प्रयत्न किया जाये, एकमत नहीं थे। इस संबंध में राजनीतिज्ञ दो वर्गों में विभाजित थे। पहले वर्ग के राजनीतिज्ञ पूर्वाभिमुखी नीति के समर्थक थे और साम्यवादी रूस से सहयोग के पक्षपाती थे। दूसरे वर्ग के राजनीतिज्ञ पश्चिमाभिमुखी नीति के समर्थक थे और जर्मनी के युद्धकालीन पश्चिमी शत्रुओं फ्रांस और ब्रिटेन से समझौते के पक्षपाती थे।

पूर्वाभिमुखी नीति का काल (1919—1923)—वाईमार गणतंत्र के प्रारम्भिक वर्षों में जर्मन जनता पश्चिमी शक्तियों (ब्रिटेन-फ्रांस) से अपने

को अपमानित तथा बहिष्कृत अनुभव कर रही थी। इसी समय रूस भी साम्यवादी क्रान्ति के कारण अपने को पश्चिमी शक्तियों द्वारा बहिष्कृत पा रहा था। ऐसी स्थिति में दोनों का एक-दूसरे के प्रति झुकना स्वाभाविक था। फलस्वरूप, अप्रैल, 1922 में जर्मन विदेश मंत्री वाल्थर राथेनो तथा रूसी विदेश मंत्री जार्ज चिचेरिन ने रापेल्लो की सन्धि की, जिसके द्वारा जर्मनी ने रूस की साम्यवादी सरकार को वैधानिक मान्यता प्रदान की और दोनों देशों ने सभी युद्ध-दावों और युद्ध-पूर्व के ऋणों को रद्द कर दिया। परन्तु पश्चिम के प्रति इस अवज्ञापूर्ण नीति के परिणाम जर्मनी के लिए दुखद सिद्ध हुए। न केवल जर्मनी अपनी विदेश नीति के तात्कालिक उद्देश्यों की प्राप्ति में असफल रहा, अपितु 11 जनवरी, 1923 को फ्रांस और बेल्जियम की सेनाओं ने रूर पर अधिकार कर जर्मनी की स्थिति को और भी दुर्बल बना दिया।

पश्चिमाभिमुखी नीति का काल (1923—1932)—जर्मनी के पश्चिमाभिमुखी नीति के समर्थक राजनीतिज्ञों का विचार था कि मित्र राष्ट्रों की सहायता और सहयोग से ही जर्मन गणतंत्र का उत्थान सम्भव है। वे "पूर्तिकरण और शान्तिकरण" की नीति (पालिसी ऑफ फुलफिलमेन्ट एण्ड रिकन्साइलेशन) की माँग कर रहे थे। डा० स्ट्रेसमान इस विचारधारा के नेता थे। वे 1923 में जर्मनी के विदेशमंत्री बन गये और 1929 तक इस पद पर रहे, उनके नेतृत्व में जर्मनी ने जिस विदेश नीति का पालन किया, उसके निम्न दो मूलभूत उद्देश्य थे-

1. फ्रांस के साथ समझौता;
2. एक समान तथा सम्मानित सदस्य के रूप में राष्ट्रों के समाज में पुनः प्रवेश।

स्ट्रेसमान की नीति की सफलताएँ-स्ट्रेसमान के विदेश मंत्री बनने के कुछ दिन बाद ही उसकी नीति की बुद्धिमत्ता, स्पष्ट रूप से दृष्टिगोचर होने लगी। 26 सितम्बर, 1923 को उसने रूर आधिपत्य के विरुद्ध अपनाई गई 'निष्क्रिय प्रतिरोध' की नीति के परित्याग की घोषणा कर दी और मित्र राष्ट्रों से जर्मनी की क्षतिपूर्ति की अदायगी की क्षमता की जाँच करने की प्रार्थना की। उसके इस समझौतेपूर्ण कदम का मित्रराष्ट्रों ने उत्साहपूर्ण प्रत्युत्तर दिया। क्षतिपूर्ति के प्रश्न की जाँच के लिए डावेस समिति की नियुक्ति की गयी। डावेस योजना से एक ओर तो जर्मनी की आर्थिक अस्थिरता को दूर करने में बड़ी सहायता मिली तथा दूसरी ओर 18 नवम्बर, 1924 तक फ्रांस और बेल्जियम ने रूर प्रदेश से अपनी सेनाएँ हटा लीं।

स्ट्रेसमान की दूसरी महत्वपूर्ण सफलता लोकार्नो सन्धियाँ थीं। लोकार्नो

सन्धि के द्वारा जर्मनी ने फ्रांस और बेल्जियम के साथ मिलने वाली अपनी पश्चिमी सीमाओं को वर्साय की सन्धि द्वारा निर्धारित रूप में स्वीकार कर लिया, उसने आल्सेस लारेन प्रदेश पर अपने दावे को त्याग दिया और राइन प्रदेश को विसैन्यीकृत क्षेत्र बनाये रखने की बात मान ली। लोकार्नो सन्धियों पर 1 दिसम्बर, 1925 को हस्ताक्षर किये गए और उसी दिन ब्रिटेन, फ्रांस और जर्मनी के नवीन सुसंबंधों के प्रतीक के रूप में मित्र-राष्ट्रीय सेनाओं ने कोलोन प्रदेश को खाली करना प्रारम्भ कर दिया। लोकार्नो विश्व युद्धों के मध्य में यूरोपियन इतिहास का नवीन युग का प्रतीक था।

स्ट्रेसमान की अगली सफलता जर्मनी का राष्ट्रसंघ में प्रवेश था। जर्मनी को एक स्थायी सदस्य के रूप में राष्ट्रसंघ में प्रविष्ट कर लिया गया। राष्ट्रसंघ में जर्मनी के प्रवेश के बाद स्ट्रेसमान की नीति के फलस्वरूप जर्मनी अन्य अनेक सुविधायें पाने में सफल रहा। 1927 में मित्रराष्ट्रों के नियन्त्रण आयोग जर्मनी से हटा लिए गए। 1928 में जर्मनी ने केलॉग-ब्रिआं समझौते पर हस्ताक्षर किए और क्षतिपूर्ति के प्रश्न पर पुनर्विचार हुआ। 1929 में यंग योजना के द्वारा क्षतिपूर्ति की राशि एक बड़ी सीमा तक कम कर दी गयी। अगस्त, 1929 में हेग सम्मेलन में स्ट्रेसमान को यह सफलता प्राप्त हुई कि मित्र-राष्ट्रीय सेनाएं सितम्बर, 1929 में अर्थात् निश्चित समय से 5 वर्ष पूर्व राइन प्रदेश को खाली करना प्रारम्भ कर दें और जून, 1930 तक उससे पूरी तरह हट जायें।

परन्तु इन सुविधाओं से जर्मन राष्ट्रवादी सन्तुष्ट नहीं हुए, अपितु उनकी मांगे तीव्रतर होती गईं। इसी समय अक्टूबर, 1929 में इस दूरदर्शी राजनीतिज्ञ (स्ट्रेसमान) की मृत्यु हो गई।

स्ट्रेसमान के पश्चात् जर्मन विदेश नीति—स्ट्रेसमान की मृत्यु के पश्चात् डा॰ कर्टियस ने स्ट्रेसमान की समझौते की नीति को जारी रखने का प्रयत्न किया। परन्तु उसे शीघ्र ही अत्यन्त प्रतिकूल परिस्थितियों का सामना करना पड़ा। 1930 में विश्व एक भीषण आर्थिक संकट का शिकार हो गया, जिसका सर्वाधिक विनाशकारी प्रभाव जर्मनी पर पड़ा। इससे जर्मनी में उग्र राष्ट्रीयतावादी और फासिस्ट तत्वों को बल मिला। हिटलर और उसके अनुयायी स्ट्रेसमान की नीति को जर्मन जनता की दृष्टि में असफल सिद्ध करने में सफल हुए और अन्ततः उन्होंने 1933 में वाईमार गणतंत्र की जीवनलीला को समाप्त कर दिया।

समग्रतः पश्चिमी राष्ट्रों के साथ समझौते की नीति से जर्मनी अनेक सुविधायें प्राप्त करने में सफल रहा, परन्तु अपने अधिक महत्वपूर्ण लक्ष्यों—डैन्जिंग और पोलिश गलियारे की पुनः प्राप्ति, आस्ट्रिया के साथ एकीकरण, उपनिवेशों

की प्राप्ति, शस्त्रास्त्र तथा सैनिक मामलों में अन्य-राष्ट्रों के समान अधिकारों की प्राप्ति आदि में वह असफल रहा। परन्तु फिर भी वाईमार गणतंत्र के राजनीतिज्ञ उससे कहीं अधिक सम्मान और प्रतिष्ठा के पात्र थे, जितना उन्हें मिला था। उन्हें अत्यन्त प्रतिकूल परिस्थितियों में कार्य करना पड़ा था। जर्मन एकता के चतुर शिल्पकार बिस्मार्क के समान स्ट्रेसमान की नीति भी इस सत्य की दूरदर्शितापूर्ण अनुभूति पर आधारित थी कि जर्मनी को, चाहे वह कितना ही शक्तिशाली क्यों न हो जाये, ऐसी नीति का अवलम्बन नहीं करना चाहिये, जिससे उसे ब्रिटेन अथवा रूस अथवा अमेरिका से युद्ध करना पड़ जाये।

नात्सी क्रान्ति और उसके कारण

जर्मन की नात्सी क्रान्ति सम्भवतः 20वीं शताब्दी की सर्वाधिक महत्वपूर्ण और आश्चर्यजनक घटना थी। इस क्रान्ति का भाग्य विधाता एडोल्फ हिटलर एक धूमकेतु के समान उदित होकर 1933 से 1945 तक यूरोपीय आकाश में, अपनी प्रखर दीप्ति से सम्पूर्ण विश्व को चकाचौंध करता रहा। अभूतपूर्व प्रतिभा का धनी यह व्यक्ति, जिसे अनेक विद्वानों ने अर्द्धविक्षिप्त कहा है 20 अप्रैल, 1889 को चुंगी विभाग के एक मामूली कर्मचारी के घर उत्पन्न हुआ था। अपनी युवावस्था के प्रारम्भिक दिनों में उसने एक महान् चित्रकार बनने की असफल चेष्टा की। उसने जर्मन सेना में भर्ती होकर प्रथम विश्वयुद्ध में भाग लिया और अपने वीरतापूर्ण कृत्यों के लिए आयरन क्रास का पुरस्कार प्राप्त किया। परन्तु 1918 में जर्मनी की पराजय ने उसे विक्षिप्त-सा कर दिया। जर्मन राष्ट्रीयता तथा जर्मन जाति की श्रेष्ठता और महत्ता में अगाध विश्वास रखने वाले इस उग्र देशभक्त ने साम्यवादियों और यहूदियों के देशद्रोह को जर्मनी की पराजय का कारण मान लिया। वर्साय की सन्धि ने उसे तिलमिला दिया और वह एक ओर तो इस राष्ट्रीय अपमान का प्रतिशोध लेने के लिए और दूसरी ओर, साम्यवादियों और यहूदियों को उनके तथाकथित देशद्रोह का दंड देने के लिए कृतसंकल्प हो गया।

1919 में हिटलर जर्मन श्रम दल (जर्मन वर्कर्ट पार्टी) नामक एक छः व्यक्तियों के दल का सातवाँ सदस्य बन गया। उसके नेतृत्व में इस दल ने अभूतपूर्व प्रगति की। उसने इसका नाम बदलकर 'राष्ट्रीय समाजवादी जर्मन श्रम दल' (नेशनल सोशलिस्ट जर्मन वर्कर्स पार्टी) या संक्षेप में नात्सी दल (नाजी पार्टी) रख दिया। इसकी सदस्य संख्या अगले चार वर्ष के अल्पकाल में ही 50,000 हो गई। नवम्बर, 1923 में उसने शक्ति और हिंसा के एक नाटकीय और आकस्मिक विस्फोट के द्वारा सरकार को बदलने का प्रयत्न किया। परन्तु यह प्रयत्न विफल रहा और हिटलर को 5 वर्ष के कारावास

का दण्ड प्राप्त हुआ। इसी कारावास काल में उसमें अपनी प्रसिद्ध पुस्तक "मेरा संघर्ष" या "मीन काम्फ" की रचना की। यह नाजियों के लिये बाईबिल के समान आदर और श्रद्धा की पात्र बन गई।

नाजी दल का कार्यक्रम–हिटलर को 1924 में ही खराब स्वास्थ्य के कारण कारावास से मुक्त कर दिया गया। अपनी मुक्ति के पश्चात् हिटलर ने अपनी शक्तियाँ नाजी दल के संगठन को सुदृढ़ करने और उसे एक निश्चित नीति और कार्यक्रम देने में लगाई। नाजीदल के कार्यक्रम के तीन प्रमुख उद्देश्य थे–

1. आत्मनिर्णय के द्वारा जर्मन जाति के सभी लोगों का एक महान् जर्मनी में संगठन।
2. वर्साय तथा सेंट जर्मेन की शान्ति संधियों की समाप्ति।
3. जर्मन की अतिरिक्त जनसंख्या को बसाने तथा जर्मन वासियों की आर्थिक उन्नति के लिए अतिरिक्त प्रदेशों की प्राप्ति।

इस प्रकार नाजी दल का लक्ष्य था–जर्मनी के राष्ट्रीय अपमान का प्रक्षालन तथा राष्ट्रीय प्रतिष्ठा की पुनः प्राप्ति। "मीन काम्फ" की रचना द्वारा हिटलर ने नाजी दल को एक निश्चित, स्पष्ट और शक्तिशाली कार्यक्रम प्रदान किया।

हिटलकर का "मीन काम्फ" जातीय उच्चता के सिद्धान्त पर आधारित विश्व–प्रभुत्व की एक योजना थी। उसके अनुसार शासन करना शक्तिशाली का अधिकार है क्योंकि केवल आर्य लोग ही 'उच्चतर मानव प्राणी' हैं। अतः वे विश्व की अन्य जातियों पर शासन करने के अधिकारी हैं। उसने विश्व की प्रमुख जातियों को 3 वर्गों में विभाजित किया–

1. संस्कृति की प्रणेता श्वेत वर्ण की आर्य जातियाँ, जैसे जर्मन तथा ब्रिटिश;
2. संस्कृति की प्रसारक पीत वर्ण की जातियाँ, जैसे जापानी;
3. अर्द्ध सभ्य काली जातियाँ और संस्कृति की विनाशक यहूदी जाति।

हिटलर का विचार था कि काली जातियाँ स्वशासन के योग्य नहीं हैं अपितु उन्हें आर्य जातियों की अधीनता में रहना चाहिए। यह जर्मन जाति को शुद्धतम आर्य जाति मानता था और जर्मनी को विश्व का अग्रगण्य राष्ट्र बनाना चाहता था। इसके लिये वह न केवल वर्साय से पूर्व की जर्मन सीमाओं की पुनः स्थापना चाहता था, अपितु यूरोप के उन सभी प्रदेशों को एक तृतीय जर्मन साम्राज्य[1] के रूप में संगठित करने का स्वप्न देखता था, जिनमें जर्मन जाति के लोग निवास करते थे। वह उपनिवेशों की उपयोगिता

में अधिक विश्वास नहीं करता था, अपितु जर्मनी की सीमा से लगे प्रदेशों विशेषकर आस्ट्रिया, चैकोस्लोवाकिया, पोलैण्ड और रूस को हड़पकर एक विशाल और शक्तिशाली जर्मन साम्राज्य के निर्माण की आकांक्षा रखता था। उसके शब्दों में–

"जर्मन सीमाएँ केवल संयोग का फल हैं और वे केवल अस्थायी सीमाएँ हैं जो कि उन राजनैतिक संघर्षों के फलस्वरूप स्थापित की गयी हैं जो कि समय-समय पर होते रहे। राज्य की सीमाएं मानव में स्थापित होती हैं और मानव प्राणियों द्वारा ही परिवर्तित की जा सकती हैं। एक देश के खोये हुए प्रदेशों को वापस जीतना प्राथमिक रूप से पितृभूमि की राजनैतिक स्वाधीनता व शक्ति को प्राप्त करने का प्रश्न है। इसको सम्भव बनाना तथा सन्धि की दक्ष नीति के द्वारा इसको सुरक्षित रखना, हमारी विदेश नीति के प्रबल निदेशन के लिए प्रथम कार्य है।"

"हम अन्तिम रूप में युद्ध के पूर्वकाल की औपनिवेशिक तथा व्यापारिक नीति को समाप्त करते हैं और भविष्य की प्रादेशिक नीति की ओर बढ़ते हैं किन्तु जब हम यूरोप में आज नए प्रदेश की बात करते हैं तो हमें मुख्य रूप से रूस के विषय में और उसके अन्तर्गत सीमावर्ती राज्यों के विषय में सोचना चाहिये।"

"अपनी वर्तमान सीमाओं में जर्मनी कच्चे माल में बहुत सीमित आत्मनिर्भरता प्राप्त कर सकता है और खाद्य पदार्थों में बिल्कुल नहीं, इसका एकमात्र समाधान, रहने के लिए अधिक स्थान के उपार्जन में निहित है। यदि हम अपनी खाद्य पदार्थों की सुरक्षा को मुख्य प्रश्न मान लें तो उसको सुरक्षित रखने के लिए आवश्यक स्थान की खोज केवल यूरोप में ही की जा सकती हैं, उपनिवेशों के शोषण में नहीं।"

हिटलर का मत था कि यहूदी जाति आर्य जाति की शत्रु है तथा आर्य जाति और यहूदी जाति के संघर्ष में फ्रांस और रूस यहूदियों के साधन के रूप में कार्य कर रहे हैं, अतः वे दोनों जर्मनी के शत्रु हो जाते हैं। यहूदियों, फ्रांस और रूस से अपने संघर्ष में जर्मनी को ब्रिटेन और इटली से मैत्री स्थापित करनी चाहिए। ब्रिटेन से इसलिए कि वह जर्मन जाति के पश्चात् दूसरी प्रधान आर्य जाति है और इटली से इसलिये कि एक ओर तो जर्मनी और इटली के हित समान हैं, क्योंकि फ्रांस दोनों का ही शत्रु है और दूसरी ओर दोनों के राजनैतिक विचार समान हैं। दोनों ही फासिस्टवादी तथा यहूदी विरोधी हैं। टायनबी के शब्दों में–"यदि रूस और फ्रांस हिटलर की शत्रुता के मौलिक स्थायी लक्ष्य थे तो ब्रिटेन और इटली उसकी मैत्री के मौलिक लक्ष्य थे।" जर्मनी की मित्रता का तीसरा लक्ष्य जापान था। उसका विश्वास

था कि यहूदी यूरोपीय राष्ट्रों को धोखा दे सकते थे, परन्तु जापान जैसे एशियाई राष्ट्रीय राज्य को नहीं। जर्मनी की ये मित्रतायें रक्षात्मक नहीं अपितु आक्रामक होनी थीं। उसका विश्वास था कि, "राष्ट्रों के भाग्य केवल शक्ति के एक पारस्परिक विस्तार की एक समान सफलता की सम्भावना से ही परस्पर बंधते हैं तथा एक मैत्री, जिसके उद्देश्य में युद्ध का प्रयोजन निहित नहीं होता, अर्थहीन और मूल्यहीन होता है।"

अपने उद्देश्यों की प्राप्ति के लिए हिटलर ने प्रधानतः हिंसा, शक्ति, छल-कपट और प्रचार का आश्रय लिया। आन्तरिक क्षेत्र में उसने वर्साय की सन्धि को अपने प्रचार का प्रमुख साधन बनाया। उसके शब्दों में-"वर्साय की शान्ति सन्धि का क्या उपयोग किया जा सकता है? इनमें से प्रत्येक बात को इस जाति के दिल और दिमाग में इस तरह भर दिया जा सकता है कि अन्ततः 6 करोड़ नर-नारियों के दिल की लज्जा और घृणा की सांझी भावना एक जाज्वल्यमान सागर बन जाए, जिस भट्टी में से मजबूत फौलाद का एक संकल्प पैदा हो और उससे एक आवाज निकले-हम फिर हथियार लेंगे।"

बाह्य क्षेत्र में उसने एक ओर तो साम्यवाद विरोधी प्रचार द्वारा पश्चिमी राष्ट्रों, विशेषतः ब्रिटेन की मैत्री की प्राप्ति का कार्यक्रम बनाया और दूसरी ओर, शान्ति के दम्भ और आडम्बर, धौंस और धमकी द्वारा एक के बाद एक प्रदेश को हड़पने की नीति का प्रतिपादन किया।

नात्सी क्रान्ति के कारण

यद्यपि "मीन काम्फ" के द्वारा नात्सी दल को एक विशद् और निश्चित दर्शन प्राप्त हो गया था फिर भी 1928 तक नाजी दल (नात्सी दल) अधिक लोकप्रिय न हो सका। 1928 के निर्वाचनों में उसे केवल 8 लाख 10 हजार मत प्राप्त हुए थे। परन्तु उसके पश्चात् नाजीदल की लोकप्रियता अत्यन्त तीव्रता से बढ़ने लगी। 1932 के निर्वाचनों में उसे 1 करोड़ 37 लाख 45 हजार मत प्राप्त हुए। 1933 में हिटलर जर्मनी का चांसलर बन गया। नाजी दल की यह अभूतपूर्व प्रगति एक आश्चर्यजनक तथा असामान्य घटना थी। नात्सी क्रान्ति सफलतापूर्वक सम्पन्न हुई। इसके कारण थे-

1. वर्साय का अपमान-वर्साय की अमानजनक सन्धि को नात्सी दल के उदय का प्रथम कारण माना जाता है। वर्साय की सन्धि की शर्तें इतनी कठोर थीं कि उसने जर्मनी की सामाजिक आर्थिक शक्ति को नष्ट-प्रायः कर दिया। इसकी दो प्रकार की प्रतिक्रियायें हुईं। प्रथम यह कि जर्मन लोगों में निराशा और उत्साहहीनता की भावना घर कर गई। दूसरी प्रतिक्रिया थी

जर्मन जनता, विशेषतः भूतपूर्व सैनिकों और युवक वर्ग में प्रतिरोध की तीव्र भावना और पितृभूमि के पुनरुत्थान के लिए व्याकुलता का उत्पन्न हो जाना। स्वभावतः ही नात्सी दल का उग्रवादी कार्यक्रम और 'वर्साय का अन्त हो' का नारा जर्मन जनता को आकर्षक प्रतीत हुआ।

2. **हिटलर का व्यक्तित्व**–नात्सी दल की लोकप्रियता का दूसरा कारण उसके नेता हिटलर का प्रभावशाली व्यक्तित्व था। हार्डी के अनुसार, "उसमें वास्तविक प्रतिभा का गुण था, चाहे वह प्रतिभा दिव्य न होकर राक्षसी थी।"[2] उसके ओजस्वी भाषणों ने जर्मन जनता का मन मोह लिया और अनेक लोग उसके अन्धअनुयायी बन गए।

3. **आकर्षक कार्यक्रम**–हिटलर का कार्यक्रम भी अत्यन्त आकर्षक और जर्मन जनता की इच्छाओं, परम्पराओं और विचारधाराओं के अनुकूल था। वह एक प्रकार से जर्मन विचारों और विश्वासों का सार था।

4. **जर्मन जाति का चरित्र तथा परम्परा**–स्वयं जर्मन जाति की परम्परा तथा चरित्र भी नात्सी उत्थान का एक कारण थी। जर्मन जाति स्वभाव से सैनिक मनोवृत्ति की है। यह अनुशासन और वीर पूजा में विश्वास करती है और प्रजातंत्र को शासन का उत्कृष्ट रूप नहीं मानती है। जर्मनी के इतिहास का मूल्यांकन करते हुए शूमां ने लिखा है–"जर्मनी के इतिहास का आरम्भ एक मानव प्रतीक से हुआ, जिसके बाद उत्तरोत्तर 3 राजवंशों के प्रतीकों का अस्तित्व रहा तथा उसका अन्त मानव प्रतीक से ही हुआ। हरमेन, हाहेन, हैप्सबर्ग, हाहेनजोलर्न्स और हिटलर।"[3]

5. **साम्यवाद का भय**–प्रथम विश्वयुद्ध के पश्चात् और विशेषतः 1930 के आर्थिक संकट के कारण जर्मनी में साम्यवादी दल को भी काफी लोकप्रियता प्राप्त होने लगी। इससे जर्मनी का धनिक वर्ग तथा दक्षिणपंथी दल चिन्तित हो उठे और उन्होंने साम्यवाद विरोधी शक्ति के रूप में नात्सी दल का समर्थन प्रारम्भ कर दिया।

6. **यहूदियों के प्रति असन्तोष**–यहूदी लोगों को महाजनी व्यवसाय के कारण जर्मनी में शोषक वर्ग समझा जाता था। दूसरी ओर, कुछ लोग उन्हें प्रथम विश्वयुद्ध में जर्मन पराजय के लिए उत्तरदायी मानते थे। अतः उनके विरुद्ध हिटलर का विषवमन जर्मन जनता में नात्सी दल की लोकप्रियता बढ़ाने में सहायक सिद्ध हुआ।

7. **सेना तथा नौकरशाही का समर्थन**–नात्सी दल को सेना और नौकरशाही के सहयोग से भी बल मिला था। हिटलर का उग्रराष्ट्रवादी कार्यक्रम और उसकी पुनः शस्त्रीकरण की मांग सैनिक और भूतपूर्व सैनिकों

को बहुत पसन्द आई। हिटलर का साम्यवाद-विरोध भी उन्हें आकर्षक प्रतीत हुआ। नौकरशाही भी नात्सी दल की समर्थक थी क्योंकि एक ओर तो यह वाईमार गणतंत्र की प्रजातांत्रिक पद्धति से असन्तुष्ट थी और दूसरी ओर हिटलर का अनुशासन तथा देश-प्रेम बल उसकी मनोवृत्ति के अनुकूल था।

8. वाईमार गणतंत्र के प्रति असन्तोष–हिटलर के उदय का एक कारण वाईमार गणतंत्र के प्रति असन्तोष भी था। वाईमार गणतंत्र जर्मन जनता की निष्ठा नहीं प्राप्त कर सका। जर्मन जनता की आस्था अधिनायकवादी शासन के प्रति ही बनी रही।

9. आर्थिक संकट–हार्डी का मत है कि हिटलर की सफलता का प्रधान कारण वर्साय का अपमान नहीं, अपितु हिटलर के अन्दर भरा हुआ 'राजनैतिक नेतृत्व' का गुण तथा 'आर्थिक संकट' की सहवर्ती निराशा थी।[4] 1930 का आर्थिक संकट हिटलर की सफलता का एक प्रधान कारण था। इस आर्थिक प्रलय ने जर्मन जनता के मध्यम तथा निम्न मध्यम वर्ग को अत्यधिक हानि पहुंचाई। इससे किसान, छोटे दुकानदार, कारीगर, सरकारी नौकर, क्लर्क, भूतपूर्व सैनिक, अधिकारी, विधवायें, अवकाश प्राप्त कर्मचारी आदि की जीवन भर की बचत मुद्रास्फीति द्वारा निगल ली गई। इस बरबादी से उनमें तीव्र असन्तोष उत्पन्न हो गया और वे नात्सी दल की ओर झुक गए। यह एक अत्यन्त महत्वपूर्ण तत्व है कि ज्यों-ज्यों आर्थिक संकट की भीषणता बढ़ती गई, नात्सी दल की शक्ति भी बढ़ती गई।

10. पापेन षड्यन्त्र–हिटलर को सत्ता अपनी लोकप्रियता के कारण नहीं अपितु एक राजनैतिक षड्यंत्र के द्वारा प्राप्त हुई थी। टायनबी जैसे इतिहासकारों का मत था कि, "बहुत सी बातें अस्पष्ट हो सकती हैं, पर एक बात जिसका आप भरोसा कर सकते हैं, वह है कि नात्सी पतन की ओर है।"[5] परन्तु जर्मनी के एक भूतपूर्व प्रधानमंत्री फ्रांस फान पापेन ने तत्कालीन प्रधानमंत्री कुर्त्त फान श्लीचर को अपदस्थ कर स्वयं सत्ता प्राप्ति के लिए एक षड्यन्त्र किया और उसमें हिटलर का एक साधन के रूप में प्रयोग करना चाहा। जर्मनी के अनेक प्रमुख उद्योगपतियों के सहयोग से तथा बोल्शेविज्म के संकट का भय दिखाकर उसने राष्ट्रपति हिंडनबर्ग द्वारा 30 जनवरी, 1933 को हिटलर को प्रधानमंत्री और अपने को उप-प्रधानमंत्री नियुक्त कर लिया। परन्तु हिटलर इतने ही से सन्तुष्ट नहीं हुआ। उसने अपनी स्थिति दृढ़ करने के लिए 5 मार्च 1933 को राइक स्टाक के नवीन निर्वाचन कराये। निर्वाचन से कुछ दिन पूर्व 27 फरवरी, 1933 को रहस्यपूर्ण परिस्थितियों में राइक स्टाक के भवन में आग लग गई। कुछ विद्वानों का

मत है कि यह अग्निकांड नात्सी दल का कार्य था।[6] हिटलर ने इस कृत्य को साम्यवादी षड्यंत्र बतलाया। तदुपरान्त हिटलर ने वामपक्षी नेताओं को जेलों में ठूंस दिया। वामपक्षी दलों को निर्वाचन की स्वतंत्रता से वंचित कर दिया। राजनैतिक दमन के इस वातावरण में नात्सी दल राइक स्टाक में बहुमत प्राप्त करने में सफल हुआ और एक पूर्णत: नात्सी मंत्रिमण्डल संगठित हुआ। 14 जुलाई, 1933 को एक विधि द्वारा नात्सी दल के अतिरिक्त किसी अन्य दल का संगठन अवैध घोषित कर दिया गया। 2 अगस्त, 1934 को राष्ट्रपति हिंडनबर्ग की मृत्यु हो गई। 14 अगस्त, 1934 को एक जनमत संग्रह द्वारा राष्ट्रपति और प्रधानमंत्री के पदों को एक में मिलाने की व्यवस्था की गई। हिटलर एक साथ ही फ्यूहर या सर्वोच्च नेता, राष्ट्रपति तथा प्रधानमंत्री बन गया। वह अब राज्य का प्रधान था, शासन का प्रधान था, सेना का प्रधान था और दल का प्रधान था। एक शब्द में, नात्सी दल राष्ट्र का और हिटलर नात्सी दल का प्रतीक बन गया। नात्सी क्रान्ति पूर्ण हो गई।

अन्तर्राष्ट्रीय राजनीति पर नात्सी क्रान्ति का प्रभाव

नात्सी क्रान्ति जर्मनी के इतिहास में एक नया मोड़ थी। जर्मनी एक प्रकार की उन्मादावस्था को प्राप्त हो गया। यूरोप और विश्व की राजनीति पर उसकी प्रतिक्रिया होनी अनिवार्य थी। हार्डी के शब्दों में, 1933 से 1940 के काल में, "यूरोप के इतिहास और कुछ सीमा तक सारे संसार के इतिहास पर, एक तथ्य छाया हुआ था और वह था एडोल्फ हिटलर के अधिनायकत्व में जर्मन शक्ति का पुनर्जन्म।"[7] यद्यपि हिटलर ने सत्तारूढ़ होने के पश्चात् यह आश्वासन दिया था कि वह विदेश नीति के क्षेत्र में शान्तिपूर्ण उपायों का अवलम्बन करेगा और वर्साय की सन्धि को बल प्रयोग द्वारा नष्ट करने की चेष्टा नहीं करेगा परन्तु लोग "मीन काम्फ" के कार्यक्रम को भूलने को तैयार नहीं थे। स्वयं हिटलर के कार्यों से, विशेषकर जर्मनी के पुन: शस्त्रीकरण के कार्यक्रम पर तेजी से अमल करने तथा अक्टूबर, 1933 में राष्ट्रसंघ की सदस्यता के त्याग का नोटिस दे देने से यह स्पष्ट हो गया था कि "मीन काम्फ" के विचारों की उपेक्षा करना एक भयंकर भूल होगी। ऐसी स्थिति में नात्सी क्रान्ति की प्रतिक्रियास्वरूप अन्तर्राष्ट्रीय संबंधों और यूरोपीय देशों की विदेश नीतियों में परिवर्तन अवश्यम्भावी थे। जर्मनी की नात्सी क्रान्ति ने लगभग सम्पूर्ण यूरोपीय देशों की विदेश नीतियों को न्यूनाधिक रूप में प्रभावित किया। कुछ देशों में नात्सी अधिनायकत्व के अत्याचारों के विरुद्ध नैतिक क्षोभ की भावना ने जन्म लिया और कुछ देशों में शान्ति समझौते के उल्लंघन की आशंका ने भय और चिन्ता को जन्म दिया। अमेरिका और ब्रिटेन आदि जिन देशों में नात्सी क्रान्ति की

प्रतिक्रिया का स्वरूप नैतिक क्षोभ का था, उनकी जर्मनी के प्रति नीति में विशेष अन्तर नहीं आया; परन्तु फ्रांस, रूस, इटली तथा पूर्वी यूरोप के छोटे राष्ट्रों में, जहाँ नात्सी-क्रान्ति की प्रतिक्रिया का स्वरूप भय और चिन्ता का था, वैदेशिक नीति के क्षेत्र में आकस्मिक और दूरगामी परिवर्तन हुए।

नात्सी क्रान्ति की सर्वप्रथम उल्लेखनीय प्रतिक्रिया लघु-मैत्रीसंघ (लिटिल इन्टेन्टे) के देशों—चैकोस्लोवाकिया, यूगोस्लाविया और रूमानिया में हुई। नात्सी क्रान्ति के भय से इन तीनों राष्ट्रों के विदेश मन्त्रियों ने "एकता समझौता" सम्पन्न किया, जिसके अनुसार सामान्य हित के विषयों पर समय-समय पर विचार करने के लिए और तीनों देशों की विदेश नीतियों के समन्वय के लिए विदेश मंत्रियों की एक स्थाई परिषद् की व्यवस्था की गई (1933 ई०)।

नात्सी क्रान्ति की दूसरी प्रतिक्रिया चतु:शक्ति सन्धि (15 जुलाई, 1933 ई०) थी। ब्रिटेन, फ्रांस, जर्मनी और इटली के प्रतिनिधियों ने मुसोलिनी के आग्रह से यह समझौता किया, जिसके द्वारा चारों शक्तियों ने शान्ति की रक्षा और नि:शस्त्रीकरण की प्रगति के उद्देश्य से परस्पर विचार-विमर्श करने का वचन दिया। इसके द्वारा इटली, फ्रांस और उसके मित्रों में फूट डालने के अपने उद्देश्य में सफल हुआ।

नात्सी क्रान्ति के फलस्वरूप पोलिश-जर्मन सन्धि (26 जनवरी, 1934 ई०) सम्पन्न हुई। इस सन्धि के द्वारा दोनों देशों ने 10 वर्ष के लिए अपने मतभेदों को निपटाने के लिए बल प्रयोग का आश्रय न लेने का वचन दिया। 1919 के बाद से यूरोप के किन्हीं भी अन्य देशों के संबंध इतने कटु नहीं थे, जितने जर्मनी और पोलैण्ड के थे, अत: उनके समझौतों पर आश्चर्य होना स्वाभाविक था। जर्मनी इसीलिए समझौते का इच्छुक था कि उसे मित्रों की आवश्यकता थी। लोकार्नो सन्धि तथा चतु:शक्ति सन्धि के कारण पोलैण्ड अपने मित्र फ्रांस से असन्तुष्ट हो गया था अत: उसने भी जर्मनी से मैत्री सन्धि कर ली।

सम्भवत: नात्सी क्रान्ति के फलस्वरूप सर्वाधिक क्रान्तिकारी परिवर्तन सोवियत संघ (रूस) की विदेश नीति में हुए। वर्साय की सन्धि के बाद से सोवियत रूस और जर्मनी के संबंध अत्यन्त मधुर चले आ रहे थे; नि:शस्त्रीकरण का सर्वाधिक प्रबल समर्थक और "नि:शस्त्रीकरण से पूर्व सुरक्षा" की फ्रांसीसी मांग का कटु आलोचक था। वह राष्ट्रसंघ का भी कटु आलोचक था और उसे "जनता की क्रान्ति दबाने के लिए बूर्जूआ वर्ग का पवित्र संघ" कहता था। परन्तु पश्चिम से नात्सी क्रान्ति और पूर्व में जापानी

साम्राज्यवाद के प्रसार ने उसकी नीति को पूर्णतया बदल दिया। वह राष्ट्रसंघ का प्रबल समर्थक बन गया और 18 सितम्बर, 1934 को उसने राष्ट्रसंघ में एक स्थायी सदस्य के रूप में प्रवेश किया। वह जापान के विरुद्ध संयुक्त राज्य अमेरिका तथा जर्मनी के विरुद्ध फ्रांस से मैत्री संबंध स्थापित करने की चेष्टा करने लगा। इन प्रयत्नों के परिणामस्वरूप 1933 में सोवियत रूस और अमेरिका के मध्य कूटनीतिक संबंधों की स्थापना हुई तथा 2 मई, 1935 को फ्रांसीसी-रूस सन्धि पर हस्ताक्षर हुए, जिसके द्वारा दोनों देशों ने अनुत्तेजिक आक्रमण की अवस्था में परस्पर सहायता देने का वचन दिया।

इसके अतिरिक्त रूस ने 16 मई, 1935 को फ्रांस के मित्र चैकोस्लोवाकिया से भी एक सन्धि की।

इटली की नात्सी क्रान्ति के प्रति प्रारम्भिक प्रतिक्रिया अत्यन्त अनुकूल थी क्योंकि जर्मनी में नात्सी दल और इटली के फासिस्ट दल के मध्य विचारधाराओं में एकरूपता थी। 1933 की चतु:शक्ति सन्धि इसी अनुकूल प्रतिक्रिया की परिचायक थी। शीघ्र ही आस्ट्रिया के प्रश्न को लेकर दोनों में मनोमालिन्य उत्पन्न होना प्रारम्भ हो गया। जर्मनी जर्मन प्रधान आस्ट्रिया को अपने में मिला लेना चाहता था। इटली, जर्मनी और आस्ट्रिया के संयोग का प्रबल विरोधी था क्योंकि इससे जर्मनी और इटली की सीमायें मिल जातीं और इटली की सुरक्षा को खतरा उत्पन्न हो जाता। यद्यपि आस्ट्रिया नात्सी क्रान्ति के पूर्व जर्मनी से संयोग की मांग कर रहा था, परन्तु नात्सियों की अधिनायकवादी गतिविधियों ने उसे सशंकित कर दिया और उसने जर्मनी के साथ संयोग का आंदोलन बन्द कर दिया। मई, 1934 में एक ओर आस्ट्रिया और दूसरी ओर इटली और हंगरी के मध्य अनेक राजनैतिक और आर्थिक समझौते हुए।

हिटलर का इस सबसे चिन्तित होना स्वाभाविक था। वह 15 जून, 1934 को स्वयं मुसोलिनी से वेनिस में मिला परन्तु कोई समझौता नहीं हो सका; बाद में एबीसीनिया संकट के कारण 25 अक्टूबर, 1936 को एक जर्मन-इटालियन समझौता हुआ, जिससे अन्तत: रोम-बर्लिन धुरी का विकास हुआ।

नात्सी क्रान्ति के भय से चिन्तित फ्रांस ने एक ओर रूस से और दूसरी ओर इटली से समझौता करके अपनी सुरक्षा व्यवस्था को सुदृढ़ बनाने का प्रयास किया। इस प्रकार नात्सी क्रान्ति ने इन दो शत्रुओं को मित्र बना दिया, यद्यपि हितों और स्वार्थों में गम्भीर अन्तरों के कारण यह मैत्री अल्पजीवी सिद्ध हुई।

नात्सी क्रान्ति के पश्चात् लगभग सभी यूरोपीय राष्ट्रों ने अपनी सुरक्षा व्यवस्थाओं को मजबूत करना प्रारम्भ कर दिया। रूस, फ्रांस और इटली जैसे बड़े राष्ट्रों ने ही अपनी गुटबन्दियों को मजबूत नहीं किया, अपितु पूर्वी और दक्षिणी-पूर्वी यूरोप के छोटे राष्ट्र भी अपनी सुरक्षा के लिए चिन्तित हो उठे। 9 फरवरी, 1934 को तुर्की, यूगोस्लाविया, रूमानिया और यूनान ने एक सन्धि के द्वारा परस्पर सीमाओं की रक्षा का वचन दिया। इन देशों की मैत्री बाल्कान मैत्री संघ कहलाई।

इस प्रकार नात्सी क्रान्ति के परिणाम इतने गम्भीर और दूरगामी थे कि उसने विश्व इतिहास को एक नया मोड़ दे दिया। नात्सी क्रान्ति के फलस्वरूप फ्रांस और सोवियत यूनियन निकट आ गये। सोवियत यूनियन और अमेरिका के मध्य कूटनीतिक संबंध स्थापित हुए। सोवियत यूनियन राष्ट्रसंघ का एक उत्साही सदस्य बन गया। ब्रिटेन ही एक ऐसा देश था, जिसकी विदेश नीति में नात्सी क्रान्ति के कारण कोई विशेष उथल-पुथल नहीं हुई।

नात्सी जर्मनी की विदेश नीति

नात्सी जर्मनी की विदेश नीति 'मीन काम्फ' पर आधारित थी, उसके तीन प्रमुख उद्देश्य थे:–

(i) जर्मन जाति के सभी लोगों का एक महान् जर्मनी में संगठन;
(ii) वर्साय और सेंट जर्मेन की शान्ति सन्धियों की समाप्ति;
(iii) जर्मन साम्राज्य का विस्तार।

उन उद्देश्यों की प्राप्ति हेतु 'मीन काम्फ' में व्यक्त किया गया था–"पीड़ित प्रदेश गर्मागर्म विरोध-प्रदर्शनों द्वारा पितृ देश में वापस नहीं लाये या सकते, अपितु कठोर आघात करने में समर्थ तलवार द्वारा ही लाये जा सकते हैं। इस तलवार का निर्माण करना आन्तरिक राजनैतिक नेतृत्व का कार्य है, इसके निर्माण कार्य की रक्षा करना और युद्ध कार्य में साथी खोजना विदेश नीति का कार्य है।"

इस प्रकार नात्सी जर्मन विदेश नीति की धारा मुख्यतः तीन दिशाओं में प्रवाहित हुई। ये तीन दिशायें थीं–

(i) वर्साय की सन्धि की अवहेलना करते हुए एक समर्थ तलवार का निर्माण;
(ii) युद्ध कार्य के लिए मित्रों की खोज;
(iii) क्षेत्रीय विस्तार; क्षेत्रीय विस्तार ने नात्सी विदेश नीति को एक और दिशा दी और वह थी द्वितीय विश्व युद्ध।

एक समर्थ तलवार का निर्माण

सर्वप्रथम हिटलर ने एक समर्थ तलवार के निर्माण की ओर ध्यान दिया। उसने 14 अक्टूबर, 1933 को "शान्ति, समानता और सम्मान" के उच्च सिद्धान्तों की दुहाई देते हुए निःशस्त्रीकरण सम्मेलन से पृथक् होने की घोषणा की और राष्ट्रसंघ के परित्याग का नोटिस दे दिया।

शस्त्रीकरण की दिशा में दूसरा पग, 10 मार्च, 1935 को जर्मन वायु सेना की पुनर्स्थापना था। 16 मार्च, 1935 को हिटलर ने व्यक्त किया कि मित्र राष्ट्रों ने निःशस्त्रीकरण की दिशा में कोई प्रभावशाली पग नहीं उठाया है, अतः अब आगे से जर्मनी वर्साय की सैनिक धाराओं से अपने-आपको बद्ध नहीं समझता और भविष्य में उसकी सेना की शान्तिकालीन शक्ति (5,54,000 सैनिकों की) 36 डिवीजन होंगी तथा यह अनिवार्य भर्ती द्वारा तैयार की जायेंगी।

वर्साय सन्धि के इस स्पष्ट उल्लंघन से फ्रांस आदि देश क्षुब्ध हो उठे। अतः अप्रैल, 1935 में ब्रिटिश, फ्रांसीसी तथा इटालियन राजनीतिज्ञों ने स्ट्रेजा सम्मेलन में वर्साय सन्धि के अन्तर्गत अपने कर्त्तव्यों को अस्वीकार करने के लिए जर्मनी की निन्दा की और वर्साय सन्धि की रक्षा करने में परस्पर सहयोग का वचन दिया। 17 अप्रैल, 1935 को राष्ट्रसंघ की परिषद् ने भी जर्मनी के विरुद्ध निन्दा प्रस्ताव पारित किया। परन्तु उस सबसे जर्मनी को कोई हानि नहीं हुई क्योंकि विरोध केवल शाब्दिक था, कोई क्रियात्मक प्रतिरोध नहीं। वास्तव में, स्ट्रेजा सम्मेलन के राष्ट्रों में वास्तविक एकता नहीं थी। हिटलर ने इस समय बड़े कूटनीतिक चातुर्य का परिचय दिया। उसने 18 जून, 1935 को ब्रिटेन के साथ एक समझौता कर अपनी नौ-सेना को ब्रिटिश नौ-सेना के 35% से अधिक न बढ़ाने की बात स्वीकार कर ली। यह हिटलर की एक महान् कूटनीतिक विजय थी क्योंकि इस समझौते में अप्रत्यक्ष रूप से इस बात की स्वीकृति निहित थी कि ब्रिटेन जर्मनी द्वारा वर्साय सन्धि की अवहेलना करते हुए स्थल और वायु सेना के निर्माण का विरोध नहीं करेगा। इस प्रकार ब्रिटेन को फ्रांसीसी गुट से अलग कर, स्ट्रेजा सम्मेलन की एकता को छिन्न-भिन्न करके हिटलर ने जनरल लुडविग बैंक की अध्यक्षता में 15 अक्टूबर, 1935 को जर्मन जनरल स्टाफ की पुनर्स्थापना कर दी।

शस्त्रीकरण की दिशा में अगला पग हिटलर ने 1936 में उठाया। उसने 7 मार्च, 1936 को राइन प्रदेश में जर्मन सेनाएं भेजकर वर्साय सन्धि तथा लोकार्नो सन्धि का खुला उल्लंघन किया। जर्मनी द्वारा राइनलैण्ड के सैन्यीकरण से फ्रांस क्षुब्ध हुआ और उसने जर्मनी के विरुद्ध सैनिक कार्यवाही करने का

निश्चय किया परन्तु ब्रिटेन के असहयोग से वह अकेले सैनिक कार्यवाही करने का साहस नहीं जुटा पाया। जर्मन सेनाएं राइन प्रदेश में बनी रहीं।[8]

24 अगस्त, 1936 को जर्मनी ने अपनी सैनिक सेवा की अवधि एक वर्ष से बढ़ाकर दो वर्ष कर दी ताकि एक समर्थ तलवार के निर्माण का कार्य अधिक तीव्रता से चल सके।

मित्रों की खोज

हिटलर ने अपने निकटवर्ती राज्यों में मित्रों की खोज प्रारम्भ की। हिटलर ने पाया कि जर्मनी शत्रु-राष्ट्रों से ही घिरा हुआ था। उसके पश्चिम में उसका ऐतिहासिक शत्रु फ्रांस था, पूर्व में भावी शत्रु रूस था तथा दक्षिण में प्रतिद्वन्द्वी राष्ट्र इटली था। इनमें से फ्रांस और रूस से मित्रता असम्भव थी। केवल इटली ही सम्भावित मित्र बन सकता था। "आल्पस के दक्षिण के महान् व्यक्ति" को मित्र बनाना हिटलर की व्यूह रचना का एक मूलभूत अंग था। परन्तु मुसोलिनी को यह आशंका थी कि हिटलर आस्ट्रिया को जर्मनी में मिलाने का प्रयत्न करेगा, जिसका परिणाम यह होगा कि जर्मनी की सीमा इटली के ब्रेनर दर्रे तक आ जायेगी। इस दर्रे के दक्षिण में लगभग 2½ लाख जर्मन जनसंख्या वाला इटालियन प्रदेश था। मुसोलिनी को भय था कि हिटलर इस प्रदेश को छीनने का प्रयास कर सकता था। इसके अतिरिक्त जर्मनी और आस्ट्रिया के संयोग से बाल्कान में जर्मनी का प्रभाव बढ़ जाने की सम्भावना थी, जबकि इटली इस प्रदेश को अपना प्रभाव क्षेत्र मानता था। परन्तु एबीसीनिया युद्ध ने इटली की स्थिति में क्रान्तिकारी परिवर्तन ला दिया इससे एक ओर इटली तथा दूसरी ओर राष्ट्रसंघ, ब्रिटेन, फ्रांस तथा रूस के बीच गम्भीर मतभेद उत्पन्न हो गया। ऐसे समय में अन्तर्राष्ट्रीय परिस्थिति की यथार्थताओं ने इटली के लिए एक ही मार्ग रह जाने दिया और वह मार्ग था जर्मनी से मित्रता। हिटलर ने भी इस अवसर का लाभ उठाने का पूरा-पूरा प्रयत्न किया। उसने राष्ट्रसंघ द्वारा इटली के विरुद्ध लगाये गए प्रतिबन्धों में भाग लेने से इन्कार कर दिया और इटली की एबीसीनिया विजय को स्वीकृति प्रदान करने वाला प्रथम राज्य होकर इटली की सद्भावना जीत ली। 17 जुलाई, 1936 को स्पेन में गृहयुद्ध छिड़ गया। इसमें इटली ने जनरल फ्रांको का पक्ष लिया। हिटलर ने इस संबंध में इटली का पूरा-पूरा समर्थन किया। इससे जर्मनी और इटली के संबंध घनिष्टतम होते गए। अन्ततः 25 अक्टूबर, 1936 को दोनों ने एक सन्धि द्वारा परस्पर सहयोग करने का वचन दिया और 1 नवम्बर, 1936 को मुसोलिनी ने रोम-बर्लिन धुरी की चर्चा प्रारम्भ कर दी।

इटली से समझौता करने के पश्चात् हिटलर ने "मीन काम्फ" की

योजना के अनुसार जापान से मैत्री स्थापित करने का यत्न किया। सोवियत रूस, जर्मनी और जापान दोनों के ही साम्राज्यों के प्रसार में बाधक था। अत: 25 नवम्बर, 1936 को दोनों ने सोवियत रूस के विरुद्ध एंटी कामिन्टर्न पैक्ट किया। 6 नवम्बर, 1937 को इटली ने भी इस समझौते पर हस्ताक्षर कर दिए और इस प्रकार रोम-बर्लिन धुरी रोम-बर्लिन-टोकियो धुरी में परिवर्तित हो गई। इस प्रकार दो स्पष्ट गुटों का निर्माण हो गया। एक ओर जर्मनी, इटली और जापान थे जो धुरी राष्ट्र कहलाये; दूसरी ओर फ्रांस, रूस और उनके मित्र राष्ट्र थे। इन दोनों के सैद्धान्तिक और व्यवहारिक मतभेद इतने गम्भीर थे कि मुसोलिनी के शब्दों में-"दोनों संसारों के मध्य संघर्ष किसी समझौते की अनुमति नहीं दे सकता। या तो हम रहेंगे या वे।"

24 फरवरी, 1939 को हंगरी और मंचूकुओं तथा 27 मार्च, 1939 को स्पेन भी इस समझौते में सम्मिलित हो गया।

हिटलर ने इसी मित्रता की खोज शृंखला में फ्रांस के साथी राष्ट्रों से भी मित्रता करके सभी को अचम्भित कर दिया था। 26 जनवरी, 1934 को पोलैण्ड से अनाक्रमण समझौता तथा ब्रिटेन के साथ 18 जून, 1935 को नौ-सैनिक समझौता उल्लेखनीय है।

साम्राज्य का विस्तार

साम्राज्य के विस्तार के संबंध में हिटलर ने सावधानी और सतर्कता से कार्य करना प्रारम्भ किया। 1935 की पहली मार्च को वर्साय सन्धि के अनुसार 15 वर्ष के राष्ट्रसंघीय शासन के पश्चात् एक जनमत संग्रह के परिणामस्वरूप सार का प्रदेश पुन: जर्मनी को प्राप्त हो गया। 1935-36 के एबीसीनिया संकट ने जर्मन-इटालियन मित्रता को स्थापित कर दिया था। स्पेन के गृहयुद्ध और नवम्बर, 1937 में लार्ड हैलीफैक्स (ब्रिटिश विदेश मंत्री) की बर्लिन यात्रा से हिटलर को यह विश्वास हो गया कि ब्रिटेन और फ्रांस उसे रोकने के लिए सैनिक कार्यवाही करने का साहस नहीं करेंगे। अत: उसने 1938 में आस्ट्रिया और चैकोस्लोवाकिया को हड़पने का निश्चय कर लिया। 10 मार्च, 1938 को सम्पूर्ण विश्व बर्लिन रेडियो से यह घोषणा सुनकर अचम्भित रह गया कि वियना में एक साम्यवादी क्रान्ति की आसन्न सम्भावना है और जर्मनी के लिए अपने राष्ट्रबन्धुओं की रक्षा हेतु तुरन्त कार्यवाही करना आवश्यक है। दो दिन बाद जर्मन सेनाओं ने आस्ट्रिया में प्रवेश करना प्रारम्भ कर दिया। 14 मार्च, 1938 को वियना पर हिटलर का अधिकार हो गया। 10 अप्रैल, 1938 को आस्ट्रिया सहित समस्त जर्मनी में आस्ट्रिया और जर्मनी के संयोग के प्रश्न पर जनमत संग्रह लिया गया,

जिसमें 99.73% मतदाताओं ने जर्मनी और आस्ट्रिया के संयोग का समर्थन किया।

हिटलर का अगला शिकार चैकोस्लोवाकिया था। हिटलर ने धमकियों, वार्ताओं और समझौतों की नीति से चैकोस्लोवाकिया को प्राप्त करने का निश्चय किया। उसने चैकोस्लोवाकिया के सुडेटनलैण्ड में रहने वाले जर्मन अल्पसंख्यकों के उत्पीड़न का झूठा बहाना लेकर चैकोस्लोवाकिया में हस्तक्षेप की योजना बनाई। अन्तर्राष्ट्रीय दृष्टिकोण से चैकोस्लोवाकिया की स्थिति अत्यधिक दृढ़ थी। वह एक उन्नतशील औद्योगिक राष्ट्र था जिसके पास एक सुसंगठित, अनुशासित और शक्तिशाली सेना थी। रूस तथा फ्रांस के साथ उसकी सुरक्षात्मक सन्धियाँ थीं और ऐसा समझा जाता था कि जर्मन आक्रमण की दशा में ब्रिटेन भी उसकी सहायता करेगा। परन्तु ब्रिटेन इस समय तुष्टीकरण की नीति अपनाये था और फ्रांस ब्रिटेन के बिना अकेले चैकोस्लोवाकिया की सहायता के हेतु प्रस्तुत नहीं था। अन्ततः ब्रिटिश-फ्रांसीसी विश्वासघात के कारण चैकोस्लोवाकिया नात्सी आक्रमण का शिकार बन गया। 29 सितम्बर, 1938 को म्यूनिख में जर्मनी, ब्रिटेन, फ्रांस और इटली (हिटलर, मुसोलिनी, ब्रिटिश प्रधानमंत्री नेविले, चेम्बरलेन, फ्रेंच प्रधानमंत्री दलादिये) के मध्य एक समझौता हुआ जिसमें चैकोस्लोवाकिया के प्रतिनिधि को भाग नहीं लेने दिया गया। अपने मित्रों द्वारा विश्वासघात के बाद चैक सरकार के पास समझौते को स्वीकार करने के अतिरिक्त कोई और विकल्प नहीं रह गया। उसे अपने मृत्यु दण्ड को स्वीकार करना पड़ा। समझौते के अनुसार, सम्पूर्ण सुडेटन प्रदेश पहली अक्टूबर, 1938 से चैक सेनायें खाली करना प्रारम्भ कर देंगी तथा खाली करने का कार्य 10 अक्टूबर, 1938 तक पूरा हो जाना था। वास्तव में ब्रिटेन और फ्रांस ने हिटलर की माँगों को कार्यान्वित करने वाले अभिकर्त्ताओं के रूप में कार्य किया।[9] मित्रों द्वारा विश्वासघात के कारण चैकोस्लोवाकिया जर्मन प्रभाव क्षेत्र में चला गया। वह हिटलर की महत्वपूर्ण कूटनीतिक विजय थी और नेविले चेम्बरलेन की सर्वाधिक बड़ी विफलता थी।[10] चैकोस्लोवाकिया के प्रकरण में हिटलर का डकैत सदृश आचरण रहा।[11] चैकोस्लोवाकिया के बाद पोलैण्ड हिटलर का अगला शिकार सिद्ध हुआ।[12] चैकोस्लोवाकिया की अन्त्येष्टि के तुरन्त बाद 20 मार्च, 1939 को हिटलर ने मेमल पर अधिकार कर लिया।[13] पोलैण्ड पर आक्रमण के पूर्व हिटलर ने 22 मई, 1939 को मुसोलिनी से फौलादी समझौता तथा 23 अगस्त, 1939 को सोवियत संघ (रूस) के साथ अनाक्रमण समझौता करके अपनी स्थिति को और भी सुदृढ़ कर लिया। तत्पश्चात् 1 सितम्बर, 1939 को जर्मन सेनाओं ने पोलैण्ड पर आक्रमण कर दिया।

2 दिन की अनिश्चितता के बाद 3 सितम्बर, 1939 को ब्रिटेन और फ्रांस ने जर्मनी के विरुद्ध युद्ध की घोषणा कर दी। इस प्रकार द्वितीय विश्वयुद्ध का दावानल प्रज्वलित हो उठा।

नात्सी विद्युत प्रहार तथा पराजय

जर्मनी और पोलैण्ड का युद्ध शीघ्र ही एक विश्वयुद्ध में परिवर्तित हो गया। जर्मन सेनाओं ने विद्युत वेग से पोलैण्ड पर प्रहार किया। 17 सितम्बर, 1939 को रूस ने भी पोलैण्ड पर आक्रमण कर दिया तथा 28 सितम्बर, 1939 को जर्मनी और रूस ने पोलैण्ड को आपस में विभाजित कर लिया। परन्तु हिटलर केवल पोलैण्ड की विजय से ही सन्तुष्ट नहीं हुआ, वह विश्व-प्रभुत्व के स्वप्न देख रहा था। 23 नवम्बर, 1939 को उसने अपने जनरलों से कहा कि, "मैं प्रहार करूँगा, शत्रु के हाथ समर्पण नहीं; समझौते की प्रत्येक आशा बचपना मात्र है। यह विजय है या पराजय। प्रश्न नात्सी जर्मन के भाग्य का नहीं है, अपितु इसका है कि भविष्य में यूरोप पर कौन शासन करेगा।" 9 अप्रैल, 1940 को हिटलर ने नार्वे पर और अगले दिन डेनमार्क पर आक्रमण कर दिया। दोनों देशों ने तुरन्त आत्मसमर्पण कर दिया। 10 मई, 1940 को बेल्जियम पर आक्रमण करके हिटलर का दूसरा दौर प्रारम्भ हुआ और 24 जून, 1940 तक बेल्जियम, हालैण्ड और फ्रांस ने घुटने टेक दिए। 10 जुलाई, 1940 को जर्मनी की वायुसेना ने ब्रिटेन पर आक्रमण प्रारम्भ किया परन्तु जर्मनी कई महीनों युद्ध करने के पश्चात् भी ब्रिटेन को पराजित नहीं कर सका। ऐसी स्थिति में हिटलर ने अपना ध्यान पुन: पूर्वी क्षेत्रों की ओर लगाया। सितम्बर, 1940 में रुमानिया, नवम्बर, 1940 में हंगरी और स्लोवाकिया को विजित कर लिया। मार्च, 1941 में बल्गारिया तथा अप्रैल, 1941 में यूगोस्लाविया को विजित कर लिया। 22 जून, 1941 को हिटलर ने रूस पर आक्रमण कर दिया परन्तु रूस पर आक्रमण हिटलर की एक भयानक भूल सिद्ध हुई। कुछ प्रारम्भिक सफलताओं के बावजूद जर्मन सेनायें पराजित हुईं। रूस, ब्रिटेन और अमेरिका आदि संयुक्त राष्ट्रों के संयुक्त आक्रमणों के समक्ष जर्मनी को घुटने टेक देने पड़े। 29 अप्रैल, 1945 को हिटलर ने आत्महत्या कर ली। 17 मई, 1945 को जर्मनी ने आत्मसमर्पण कर दिया।

सन्दर्भ

1. चार्ल्समैन द्वारा आठवीं शताब्दी में 'पवित्र रोमन साम्राज्य' की जर्मनी में स्थापना की गई थी; इसे जर्मनी का 'प्रथम साम्राज्य' कहते हैं। 1871 से 1918 तक के साम्राज्य को जर्मनी का 'द्वितीय साम्राज्य' कहा जाता है।

2. गेथोर्न हार्डीः अन्तर्राष्ट्रीय राजनीति का संक्षिप्त इतिहास, पृ० 303।
3. फ्रेडरिक एल० शूमांः अन्तर्राष्ट्रीय राजनीति, पृ० 494-495।
4. गेथोर्न हार्डीः अन्तर्राष्ट्रीय राजनीति का संक्षिप्त इतिहास, पृ० 305।
5. टायनबीः इन्टरनेशनल अफेअर्स, मई, 1934, पृ० 343।
6. जान गुन्थरः इनसाइड यूरोप, पृ० 42-50।
7. गेथोर्न हार्डीः अन्तर्राष्ट्रीय राजनीति का संक्षिप्त इतिहास, पृ० 302।
8. विंसटन चर्चिलः दी सेकेन्ड वर्ल्ड वार, खण्ड 1, पृ० 236।
9. केनथ इनग्रामः ईअर्स ऑफ क्राइसिस, पृ० 494-495।
10. यगेन एन० एन्डरसनः माडर्न यूरोप इन वर्ल्ड पर्सपेक्टिव, पृ० 497।
11. विंसटन चर्चिलः दी सेकेण्ड वर्ल्ड वार, खण्ड 1, पृ० 293।
12. जवाहरलाल नेहरूः ग्लिम्पसिज ऑफ वर्ल्ड हिस्ट्री, पृ० 922, 964।
13. विंसटन चर्चिलः दि सेकेण्ड वर्ल्ड वार, खण्ड 1, पृ० 293।

स्मरण संकेत

वाईमार गणतंत्र की विदेश नीति के उद्देश्य (1919-1932)

(i) क्षतिपूर्ति की राशि को कम कराना, अन्ततः समाप्त कराना;
(ii) विदेशी सेनाओं के आधिपत्य से पितृभूमि को मुक्त कराना;
(iii) मित्र राष्ट्रीय नियन्त्रण आयोग को समाप्त कराना;
(iv) सैनिक विषयों में अपनी स्वतंत्रता को पुनः प्राप्त करना;
(v) राइन प्रदेश में किलेबन्दी के अधिकार को प्राप्त करना;
(vi) विदेशों में जर्मन अल्पसंख्यकों की सुरक्षा;
(vii) जर्मनी की सीमाओं का पुनर्निधारण कराना;
(viii) अन्तर्राष्ट्रीय सम्मान प्राप्त करना।

वाईमार गणतंत्र की विदेश-नीति का क्रियान्वयन

(i) पूर्वाभिमुखी नीति का काल (1919-1923);
(ii) पश्चिमाभिमुखी नीति का काल (1923-1932)।

वाईमार गणतंत्र की विदेश नीति की उपलब्धियां

(i) जर्मन-रूस (रापेल्लो की सन्धि);
(ii) रूर संकट का अन्त;
(iii) लोकार्नो सन्धियाँ;
(iv) जर्मनी का राष्ट्रसंघ में प्रवेश;
(v) मित्र राष्ट्रों के नियन्त्रण आयोग की समाप्ति;

(vi) क्षतिपूर्ति की राशि बड़ी सीमा तक कम;
(vii) मित्र राष्ट्रीय सेनाओं की पूर्ण वापसी;
(viii) अन्तर्राष्ट्रीय सम्मान की प्राप्ति।

नात्सी क्रान्ति और उसके कारण

(i) बीसवीं शताब्दी की सर्वाधिक महत्वपूर्ण घटना;
(ii) 1919 में हिटलर जर्मन श्रम दल का सातवां सदस्य बना;
(iii) जर्मन श्रम दल (नेशनल सोशलिस्ट जर्मन श्रम दल) नाजी दल बना;
(iv) "मीन काम्फ" की रचना; विश्व प्रभुत्व की योजना प्रस्तुत;
(v) वर्साय का अपमान;
(vi) हिटलर का व्यक्तित्व;
(vii) आकर्षक कार्यक्रम;
(viii) जर्मन जाति का वीर पूजक चरित्र और परम्परा;
(ix) साम्यवाद का भय;
(x) यहूदियों के प्रति असन्तोष;
(xi) सेना तथा नौकरशाही का समर्थन;
(xii) वाईमार गणतंत्र के प्रति असंतोष;
(xiii) आर्थिक संकट;
(xiv) पापेन का षड्यन्त्र।

नाजी दल का कार्यक्रम

(i) आत्मनिर्णय के द्वारा जर्मन जाति का महान् जर्मनी में संगठन;
(ii) वर्साय तथा सेंट जर्मेन सन्धियों की समाप्ति;
(iii) अतिरिक्त प्रदेशों की प्राप्ति।

अन्तर्राष्ट्रीय राजनीति पर नात्सी क्रान्ति का प्रभाव

(i) लघु मैत्री संघ के देशों का एकता समझौता;
(ii) चतु:शक्ति सन्धि;
(iii) पोलिश जर्मन सन्धि;
(iv) रूस (सोविय संघ) की विदेश नीति में परिवर्तन;
(v) इटली और आस्ट्रिया की मिश्रित प्रतिक्रिया;
(vi) फ्रांसीसी-इटालियन सन्धि।

नात्सी जर्मनी की विदेश नीति

(अ) एक समर्थ तलवार का निर्माण:

(i) राष्ट्रसंघ तथा निःशस्त्रीकरण सम्मेलन का परित्याग;

(ii) सैनिक कानून;

(iii) एंग्लो-जर्मन नाविक समझौता;

(iv) राइन-प्रदेश का सैन्यीकरण।

(ब) मित्रों की खोज-"रोम-बर्लिन-टोकिया धुरी का निर्माण"।

(स) साम्राज्य विस्तार:

(i) सार की प्राप्ति;

(ii) आस्ट्रिया का जर्मनी में विलय;

(iii) म्यूनिख समझौता और चैकोस्लोवाकिया का अपहरण;

(iv) मेमल पर अधिकार;

(v) रूस-जर्मन समझौता;

(vi) पोलैण्ड पर आक्रमण;

(vii) द्वितीय विश्व युद्ध प्रारम्भ।

प्रश्न

1. दो विश्व-युद्धों के मध्य जर्मन विदेश नीति की समीक्षा कीजिए।
2. जर्मनी में हिटलर के उत्थान का सोवियत रूस, फ्रांस व इंग्लैण्ड की विदेश नीति पर क्या प्रभाव पड़ा?
3. उन कारकों तथा परिस्थितियों का परीक्षण कीजिये, जिनके फलस्वरूप जर्मनी में हिटलर का अभ्युदय हुआ। यूरोप की महत्वपूर्ण शक्तियों का पर-राष्ट्र नीतियों पर क्या प्रभाव पड़ा?
4. हिटलर की विदेश नीति के मुख्य उद्देश्य क्या थे? उन्हें किस प्रकार प्राप्त करने का प्रयत्न किया और उसके क्या परिणाम हुये?
5. वाईमार गणतंत्र ने किस प्रकार अपनी विदेश नीति को क्रियान्वयन किया? उसकी उपलब्धियों की समीक्षा कीजिए।
6. नात्सी क्रान्ति के मुख्य कारण बतलाइए। उसके अन्तर्राष्ट्रीय प्रभाव को भी व्यक्त कीजिए।

7

इटली की विदेश नीति (1919-1939): फासिज्म

प्रथम विश्वयुद्ध से पूर्व इटली की विदेश नीति में तीन महत्वकांक्षाएँ थीं–(i) इटालियन भाषा-भाषी जो प्रदेश विदेशी शासन के अधीन बच रहे थे, उन्हें मुक्त कराके इटली में सम्मिलित करना; (ii) अफ्रीका में एक विशाल साम्राज्य की स्थापना; (iii) भूमध्य सागर पर प्रभुत्व स्थापित करना ताकि उसे रोमन झील कहा जा सके।[1]

परन्तु उसमें इतनी सामर्थ्य नहीं थी कि स्वयं अपने बल पर इन महत्वाकांक्षाओं को पूरा कर सके। अत: उसने इन लक्ष्यों की प्राप्ति के लिये एक श्रगाल नीति अपनाई।[2] यह विभिन्न शक्तियों से सन्धिबद्ध होते हुए भी युद्ध आदि के अवसरों पर एक चतुर श्रगाल की तरह इस बात की प्रतीक्षा करता था कि यह स्पष्ट हो जाए कि कौन-सा पक्ष विजयी होगा। फिर युद्ध की समाप्ति से कुछ समय पूर्व वह सम्भावित विजेता के पक्ष में सम्मिलित होकर विजय की लूट में से हिस्सा मांगता था। इस प्रकार एक श्रगाल की भांति वह महाशक्तियों के संग्राम के बाद विजेता की लूट के शेषांश को उदरस्थ कर जाता था। साथ ही, वह छोटे और निर्बल राष्ट्रों को शिकार करने का प्रयत्न भी करता रहता था।

अपनी त्रिगुट सन्धि के बावजूद, वह प्रारम्भ में प्रथम विश्वयुद्ध में तटस्थ बना रहा परन्तु जब 28 अप्रैल, 1915 की लन्दन की गुप्त सन्धि के द्वारा मित्र राष्ट्रों ने उसे ब्रेनर दर्रे तक दक्षिणी टिरोज, ट्रीस्टे, गोरिजिया, आस्ट्रिया और डालमेशिया का एक बड़ा भाग देना स्वीकार कर लिया तब वह अपने भूतपूर्व मित्रों के विरुद्ध तथा मित्र राष्ट्रों के पक्ष में 23 मई, 1915 को युद्ध में सम्मिलित हो गया।

परन्तु पेरिस शान्ति सम्मेलन में इटली की सभी महत्वाकांक्षाएँ पूरी नहीं हो सकीं।[3] राष्ट्रपति विल्सन के विरोध के कारण उसकी अफ्रीका में

साम्राज्य विस्तार की महत्वाकांक्षा अधूरी ही रह गई तथा भूमध्य सागर में इटली के प्रभुत्व को स्वीकार करने की एंग्लो-फ्रेंच अनिच्छा के कारण फ्यूम बन्दरगाह के संबंध में उसकी आकांक्षा पूरी नहीं हुई। अत: इटली को प्रतीत हुआ कि वह प्रथम विश्वयुद्ध के विजयी राष्ट्रों में होते हुए भी पराजित हो गया है। शान्ति सम्मेलन के बाद उसने अपने को 'असन्तुष्ट' राज्यों की श्रेणी में पाया।[4]

इस प्रकार 1919 के शान्ति समझौते से इटली के अन्तर्राष्ट्रीय सम्मान में वृद्धि न होकर ह्रास ही दिखलाई पड़ा। 1920 में उसे यूगोस्लाविया से सन्धि कर फ्यूम को एक स्वाधीन नगर के रूप में स्वीकार करना पड़ा। उसे अल्बानिया पर मैन्डेट प्राप्त नहीं हो सका; अल्बानियन लोगों ने अपनी भूमि पर से इटालियन सेनाओं को खदेड़ दिया। इसी समय इटली की आन्तरिक दशा भी गिरती चली जा रही थी। युद्ध के कारण उसकी अर्थव्यवस्था क्षत-विक्षत हो गयी थी। युद्ध के बाद शासन की अक्षमता के कारण दशा और भी खराब हो गई। स्थान-स्थान पर विद्रोह, हड़तालें और दंगे हुए। इस अर्द्ध-अराजकता की स्थिति में जनता के लगभग सभी वर्गों में तत्कालीन समाजवादी सरकार के प्रति असन्तोष उत्पन्न हो गया। विशेषत: धनिक वर्ग साम्यवाद के प्रसार के भय से आतंकित हो उठे। ऐसी अवस्था में मुसोलिनी के नेतृत्व में फासिस्ट दल का विकास हुआ। अक्टूबर 1922 में उसने एक क्रान्ति के द्वारा सत्ता प्राप्ति का प्रयत्न किया। 27 अक्टूबर, 1922 को 30 हजार फासिस्ट सैनिकों ने रोम की ओर प्रस्थान किया। एक विनाशकारी गृह-युद्ध से बचने के लिए सम्राट् विक्टर इमेनुअल तृतीय ने 31 अक्टूबर, 1922 को मुसोलिनी को प्रधानमंत्री नियुक्त कर दिया। शीघ्र ही मुसोलिनी एक सर्वेसर्वा अधिनायक बन गया।[5]

फासिज्म तथा फासिस्ट विदेश नीति के मूल तत्व

'फासिज्म' लेटिन के 'फासियो' शब्द से बना है, जिसका अर्थ होता है 'लकड़ियों का गट्ठा'। प्राचीन रोम में लकड़ी का गट्ठा तथा कुल्हाड़ी राज्य चिन्ह थे।[6] पहले को अनुशासन तथा एकता का और दूसरे को शक्ति का प्रतीक माना जाता था। अत: मुसोलिनी के अनुसार, "फासिज्म वह दर्शन है जो राज्य की सत्ता की सर्वोच्चता में विश्वास करता है और शक्ति, अनुशासन और एकता पर बल देता है।" इसका एक ही सर्वोपरि उद्देश्य था-राष्ट्रीय प्रतिष्ठा और गौरव की प्राप्ति।[7] राष्ट्रीय प्रतिष्ठा की अभिवृद्धि के लिए उसने एक त्रिसूत्रीय कार्यक्रम अपनाया। इस कार्यक्रम का प्रथम अंग था सैनिक शक्ति का विकास। इटली वासियों की धारणा थी कि पेरिस शान्ति सम्मेलन में उनकी माँगों की अस्वीकृति का कारण उनकी सैनिक

दुर्बलता थी। अतः मुसोलिनी ने एक शक्तिशाली सैन्य बल के निर्माण को अपना प्रथम लक्ष्य बनाया। उसके कार्यक्रम का दूसरा अंग उपनिवेशों की विजय और साम्राज्य विस्तार था। वह विश्व की आँखों में इटली की प्रतिष्ठा बढ़ाने के लिए कटिबद्ध था। उसका विचार था कि वह तभी सम्भव था जब इटली यह सिद्ध कर सके कि उसमें अपनी रक्षा करने की ही नहीं अपितु दूसरों पर विजय प्राप्त करने की भी क्षमता है। वह कच्चे माल की प्राप्ति और अपनी बढ़ती हुई जनसंख्या की समस्याओं के समाधान के लिए भी उपनिवेशों को प्राप्त करना चाहता था। 1926 में मुसोलिनी ने स्पष्ट शब्दों में कहा था, "हम भूमि के भूखे हैं, क्योंकि हमारी जनसंख्या में वृद्धि हो रही है और हम ऐसा चाहते भी हैं।" तीसरे, वह इटली को सर्वश्रेष्ठ भूमध्यसागरीय शक्ति बना देना चाहता था। कैथरीन डफ्फ के शब्दों में, "स्थिति कुछ ऐसी थी कि भूमध्य सागर उसका साम्राज्य होने की अपेक्षा उसके लिये एक जेल के समान था; कोरसिका, माल्टा ट्यूनिस तथा साईप्रस उस जेल के सिकंचे थे जबकि जिब्राल्टर और स्वेज इसके दरवाजों की रक्षा करते थे तथा यूनान, तुर्की और मिस्र उसको घेरने वाली जंजीर को पूरा करने को तैयार थे। पहले जेल के सिकंचों को तोड़ने और उसके बाद महासागर की ओर बढ़ने के लिए कृतसंकल्प, जिसके बिना वह अर्द्धस्वतंत्र ही समझा जाना चाहिए। इटली सम्भवतः लीबिया को सूडान के द्वारा इथियोपिया से जोड़कर हिन्द महासागर की ओर तथा फ्रांसीसी उत्तरी अफ्रीका के रास्ते अटलांटिक की ओर बढ़ाता।"[8]

उपर्युक्त उद्देश्यों की प्राप्ति के लिये मुसोलिनी ने शान्तिपूर्ण उपायों का ही नहीं, अपितु सैनिक शक्ति का भी आश्रय लिया। उसका "युद्धरत राष्ट्रीयता" (मिलीटेन्ट नेशनलिज्म) के सिद्धान्त में विश्वास था। उसने कहा था–"चिर शान्ति की कामना एक बेतुकी-सी बात है। इसका हमारे सिद्धान्त और प्रवृत्ति से मेल नहीं। सामूहिक सुरक्षा का सिद्धान्त न कभी कायम रहा है और न भविष्य में कभी कायम रहेगा। राष्ट्रसंघ एक व्यर्थ संस्था है। हमें अपने जीवन-मरण के लिए स्वयं तैयार रहना चाहिये।"[9]

वैदेशिक नीति का क्रियान्वन तथा उपलब्धियाँ

मुसोलिनी के नेतृत्व में इटली की अन्तर्राष्ट्रीय प्रतिष्ठा का तीव्रता से विकास हुआ। 1923 में लोसाने की सन्धि द्वारा रोड्स और डोडेकनीज के द्वीप, जो उसे 1920 में यूनान को देने पड़े थे, पुनः इटली को प्राप्त हो गए। 23 अगस्त, 1923 को अल्बानिया की सीमा निर्धारित करने वाले अन्तर्राष्ट्रीय आयोग के इटालियन सदस्य की, यूनानी दिशा की ओर से गोली चलाकर

हत्या कर दी गई। इस पर इटली ने यूनान से भारी क्षतिपूर्ति की माँग की। यूनान मामले को राष्ट्रसंघ में ले गया, परन्तु इटली ने राष्ट्रसंघ की उपेक्षा करते हुए, यूनान में कोरफू द्वीप पर बम-वर्षा करके 31 अगस्त, 1923 को उस पर अधिकार कर लिया। ब्रिटिश सरकार के अल्टीमेटम के कारण इटली को कोरफू द्वीप खाली करना पड़ा, परन्तु यूनान से उसे 5 करोड़ 30 लाख लीरा क्षतिपूर्ति के रूप में प्राप्त हुए, जिससे इटली की अन्तर्राष्ट्रीय प्रतिष्ठा में पर्याप्त वृद्धि हुई।

1924 में यूगोस्लाविया के साथ रोम की सन्धि (27 जनवरी, 1924) के द्वारा फ्यूम समस्या का समाधान किया। फ्यूम का नगर इटली को मिला और उसका पृष्ठभागीय प्रदेश यूगोस्लाविया को प्राप्त हुआ।

17, नवम्बर, 1926 को टिराना की सन्धि से अल्बानिया पर इटली का संरक्षण स्थापित हुआ। 1928 में टैंजियर नगर के अन्तर्राष्ट्रीय प्रशासन में भाग प्राप्त कर इटली ने एक और कूटनीतिक विजय प्राप्त की। इटली ने अप्रैल, 1927 को हंगरी के साथ; 23 सितम्बर, 1928 को यूनान के साथ तथा 6 फरवरी, 1930 को आस्ट्रिया के साथ मित्रता की सन्धियाँ कर अपनी स्थिति को सुदृढ़ बनाया। इस प्रकार एफ० लीबेन्स के शब्दों में, अपने शासन की प्रथम दशाब्दी में, "मुसोलिनी एड्रियाटिक सागर पर इटली के आधिपत्य को दृढ़ करने, भूमध्य सागर में उसके सम्मान की वृद्धि करने तथा दक्षिण-पूर्व यूरोप में अपने कूटनीतिक तथा आर्थिक प्रभाव को विस्तृत करने में सफल हुआ।[10]

1933 में जर्मनी में नात्सी दल सत्तारूढ़ हुआ। नात्सी और फासिस्ट विचारधाराओं की समानताओं को दृष्टिगत रखते हुए प्रारम्भ में मुसोलिनी ने नात्सी क्रान्ति का स्वागत किया। 15 जुलाई, 1933 को उसके प्रयत्नों से ब्रिटेन, फ्रांस, जर्मनी और इटली की चतुःशक्ति सन्धि हुई, जिसका उद्देश्य एक ओर तो राष्ट्रसंघ के मुकाबले में चार महाशक्तियों का गुट बनाकर यूरोपीय मैत्री की पद्धति को पुनर्जीवित करना था और दूसरी ओर जर्मनी और इटली की अन्तर्राष्ट्रीय प्रतिष्ठा में वृद्धि करना था परन्तु जब जर्मनी ने आस्ट्रिया को अपने साथ मिलाने का प्रयत्न किया तब अपनी श्रगाल नीति के अनुरूप इटली पुनः जर्मनी के विरोधी फ्रांस की ओर झुक गया।[11]

17 मार्च, 1934 को रोम प्रोटोकोल के रूप में इटली, आस्ट्रिया और हंगरी का एक त्रिकोणात्मक गठबन्धन स्थापित हुआ। 7 जनवरी, 1935 को मुसोलिनी और फ्रेंच विदेश मंत्री लावाल ने फ्रांको-इटालियन समझौता (रोम समझौता) किया। इसके द्वारा दोनों देशों ने आस्ट्रिया की स्वतंत्रता पर संकट आने की दशा में परस्पर विचार-विमर्श करने का निश्चय किया;

यूरोप में 'यथास्थिति' बनाये रखने की आवश्यकता पर बल दिया; फ्रांस ने अपने 71 हजार वर्ग कि०मी० के अफ्रीकी प्रदेश इटली को दे दिये तथा फ्रेंच ट्यूनिस में इटालियन को कुछ विशेषाधिकार दिये, जिससे इटली-फ्रांस की मैत्री सुदृढ़ बनी रहे।

इस प्रकार 1922 से 1935 तक मुसोलिनी ने अन्तर्राष्ट्रीय संबंधों के क्षेत्र में अनेक सफलतायें प्राप्त कीं, परन्तु इनमें से कोई भी इतनी महान् नहीं थी कि इटली के लिए स्थाई गौरव की बात कही जा सकती। साथ ही, देश में 1930-35 के आर्थिक संकट के कारण बेकारों की संख्या बढ़कर 2½ लाख हो गई थी। देश में असंतोष बढ़ता जा रहा था। अतः जापान की मंचूरिया विजय से प्रेरणा ग्रहण कर मुसोलिनी ने आन्तरिक लोकप्रियता और अन्तर्राष्ट्रीय प्रतिष्ठा की अभिवृद्धि के लिए एबीसीनिया विजय का निश्चय किया। एबीसीनिया को अधिकृत करने से इटली का लाल सागर पर नियन्त्रण बढ़ जाता, जिससे उसके भूमध्य सागर को 'हमारा समुद्र' बनाने की आकांक्षा की पूर्ति में सहायता प्राप्त होती।[12] मुसोलिनी के सौभाग्य से जापान की मंचूरिया विजय ने राष्ट्रसंघ की सामूहिक सुरक्षा व्यवस्था के खोखलेपन को सिद्ध कर दिया और दूसरी ओर जर्मनी में नात्सी क्रान्ति ने ब्रिटेन और फ्रांस को इटली की मित्रता प्राप्ति के लिए उत्सुक बना दिया। 7 जनवरी, 1935 के फ्रेंको-इटालियन समझौते द्वारा इटली-फ्रांस के जर्मन विरोधी गुट में सम्मिलित हो गया और फ्रांसीसी विदेश मंत्री लावाल ने गुप्त रूप से मुसोलिनी को एबीसीनिया में मनमानी करने की स्वतंत्रता दे दी। इससे प्रोत्साहित होकर मुसोलिनी ने एबीसीनिया में सैनिक हस्तक्षेप तीव्र व विस्तृत कर दिया। ब्रिटेन, फ्रांस के विश्वासघात के कारण, राष्ट्रसंघ अपने सदस्य राज्य एबीसीनिया की रक्षा कर पाने में असमर्थ हो गया और एबीसीनिया पर इटली का आधिपत्य स्थापित हो गया (मई, 1936 ई०)।[13]

एबीसीनिया प्रकरण में जर्मनी ने इटली का पूर्ण समर्थन किया था। अतः इटली जर्मनी की मित्रता के लिए उत्सुक हो उठा। 25 अक्टूबर, 1936 को जर्मनी और इटली के मध्य एक समझौता हुआ और 1 नवम्बर, 1936 को मुसोलिनी ने रोम-बर्लिन धुरी की चर्चा करनी प्रारम्भ कर दी। स्पेन के गृह-युद्ध ने इटली और जर्मनी के संबंधों को और भी घनिष्ठ बना दिया। इस गृह-युद्ध में जर्मनी और इटली ने जनरल फ्रांको की सहायता की थी। इटली ने गृह-युद्ध में अधिक सक्रिय भाग लिया था। एबीसीनिया विजय से उसे भूमध्य सागर के पूर्वी भाग पर प्रभुत्व प्राप्त हो गया था। अब स्पेन में अपनी कठपुतली सरकार की स्थापना कर, वह भूमध्य सागर के पश्चिमी

भाग पर अपना प्रभुत्व स्थापित करना चाहता था। इससे उसकी भूमध्य सागर को 'एक रोमन झील' बनाने की इच्छा पूर्ण होने की सम्भावना थी। इससे फ्रांस की स्थिति अत्यन्त दुर्बल हो जाती और ब्रिटेन के स्वेज नहर और भारत जाने वाले मार्ग कट जाते। स्पेन में लोहा, तांबा, जस्ता और रांगा आदि अनेक युद्धोपयोगी वस्तुओं की खानें थीं जो इटली की रणसज्जा में अत्यधिक सहायक सिद्ध हो सकती थीं। फ्रांको के एक फासिस्ट होने के कारण मुसोलिनी लगभग प्रत्येक मामले में उसके सहयोग के विषय में आश्वस्त रह सकता था। इस प्रकार इटली ने अपनी महत्वाकांक्षाओं की पूर्ति हेतु जर्मनी के साथ स्पेन के गृह-युद्ध में डटकर हस्तक्षेप किया और अन्ततः फ्रांको 28 मार्च, 1939 को सम्पूर्ण स्पेन पर अधिकार करने में सफल हो गया। इससे जर्मनी और इटली की मित्रता और भी प्रगाढ़ हो गई। इटली को साम्राज्यवादी नीति को इससे और भी बल मिला। इटली ने अप्रैल, 1939 में अल्बानिया पर अधिकार कर लिया। 22 मई, 1939 को जर्मनी और इटली के मध्य एक फौलादी समझौता हुआ, जिसके द्वारा दोनों देशों ने युद्ध छिड़ने की अवस्था में पारस्परिक सैनिक सहायता का वचन दिया।[14]

परन्तु किसी राष्ट्र से स्थाई शत्रुता अथवा मित्रता करना इटली की परम्परागत श्रगाल नीति के विरुद्ध होता। अतः जर्मनी से अपनी बढ़ती हुई मित्रता के बावजूद मुसोलिनी ब्रिटेन से मैत्री सम्बन्ध बनाये रखने के लिए उत्सुक था। 2 जनवरी, 1937 को ब्रिटेन और इटली के मध्य एक "सज्जन समझौता" हुआ, जिसके अनुसार दोनों देशों ने स्पेन की अखण्डता और तटस्थता को स्वीकार करते हुए भूमध्यसागर में "यथा स्थिति, को बनाये रखने पर बल दिया। किन्तु साथ ही, इटली जर्मनी से भी अपनी मित्रता प्रगाढ़ करता रहा। म्यूनिख समझौते के समय (29 सितम्बर, 1938) इटली को जर्मनी और पाश्चात्य राष्ट्रों के मध्य मध्यस्थ का कार्य करके एक बार फिर अपनी पीठ ठोकने का अवसर प्राप्त हो गया।[15]

सितम्बर, 1939 में द्वितीय विश्व युद्ध प्रारम्भ हो गया। इटली ने इसमें प्रारम्भ से अन्त तक श्रगाल नीति का अनुसरण किया।[16] जर्मन इटालियन फौलादी समझौते के बावजूद इटली युद्ध में तटस्थ बना रहा। परन्तु जब उसे यह विश्वास हो गया कि फ्रांस की पराजय सन्निकट है तब ब्रिटेन और अमेरिका के, मित्रता का हाथ बढ़ाने पर भी उसने 10 जून, 1940 को ब्रिटेन और फ्रांस के विरुद्ध युद्ध की घोषणा कर दी।

सन्दर्भ

1. गेथोर्न हार्डीः अन्तर्राष्ट्रीय राजनीति का संक्षिप्त इतिहास, पृ॰ 306।
2. फ्रेडरिक एल॰ शूमांः अन्तर्राष्ट्रीय राजनीति, पृ॰ 491।
3. टायनबीः इन्टरनेशनल अफेयर्स (1934), पृ॰ 304।
4. जान गुन्थरः इनसाइड यूरोप, पृ॰ 49-51।
5. विन्सटन चर्चिलः दि सेकेन्ड वर्ल्ड वार, पृ॰ 267 (खण्ड-1)।
6. केनथ इनग्रामः ईअर्स ऑफ क्राइसिस, पृ॰ 406।
7. गेथोर्न हार्डीः अन्तर्राष्ट्रीय राजनीति का संक्षिप्त इतिहास, पृ॰ 309।
8. फ्रेडरिक एल॰ शूमांः अन्तर्राष्ट्रीय राजनीति, पृ॰ 487।
9. गेथोर्न हार्डीः अन्तर्राष्ट्रीय राजनीति का संक्षिप्त इतिहास, पृ॰ 354।
10. जवाहर लाल नेहरूः ग्लिम्पसिस ऑफ वर्ल्ड हिस्ट्री, पृ॰ 911।
11. विस्केमैनः दि रोम-बर्लिन एक्सिस, पृ॰ 129।
12. ई॰ एच॰ कारः दो विश्व युद्धों के बीच अन्तर्राष्ट्रीय संबंध, पृ॰ 49।
13. गेथोर्न हार्डीः अन्तर्राष्ट्रीय राजनीति का संक्षिप्त इतिहास, पृ॰ 324।
14. फ्रेडरिक एल॰ शूमांः अन्तर्राष्ट्रीय राजनीति, पृ॰ 506।
15. ई॰ एच॰ कारः दो विश्व युद्धों के बीच अन्तर्राष्ट्रीय संबंध, पृ॰ 57।
16. गेथोर्न हार्डीः अन्तर्राष्ट्रीय राजनीति का संक्षिप्त इतिहास, पृ॰ 338।

स्मरण संकेत

इटली की विदेश नीति की तीन महत्वाकांक्षायें

(i) इटालियन भाषा-भाषी प्रदेशों को इटली में सम्मिलित करना;
(ii) अफ्रीका में विशाल साम्राज्य की स्थापना;
(iii) भूमध्य सागर पर प्रभुत्व।

फासिस्ट शासन से पूर्व की विदेश नीति का क्रियान्वयन

(i) श्रगाल नीति;
(ii) लन्दन की गुप्त सन्धि;
(iii) पेरिस शान्ति सम्मेलन से निराश;
(iv) असन्तुष्ट राज्यों की श्रेणी में;
(v) फासिस्ट शासन की स्थापना (मुसोलिनी सर्वेसर्वा अधिनायक)।

फासिज्म तथा फासिस्ट विदेश नीति के मूल तत्व

(i) फासिज्म (लकड़ियों का गट्ठा);
(ii) प्राचीन रोम में लकड़ियों का गट्ठा तथा कुल्हाड़ी (राजचिह्न);

(iii) सर्वोपरि उद्देश्य–राष्ट्रीय प्रतिष्ठा और गौरव की प्राप्ति;
(iv) सैन्य बल का निर्माण;
(v) साम्राज्य का विस्तार;
(vi) सर्वश्रेष्ठ भूमध्य सागरीय शक्ति के रूप में इटली की अन्तर्राष्ट्रीय प्रतिष्ठा;
(vii) युद्धरत राष्ट्रीयता का सिद्धान्त।

वैदेशिक नीति का क्रियान्वयन तथा उपलब्धियाँ

(i) लोसाने की सन्धि;
(ii) कोरफू टापू विवाद;
(iii) रोम की सन्धि;
(iv) टिराना की सन्धि;
(v) टैंजियर नगर के अन्तर्राष्ट्रीय प्रशासन में अधिकारों की प्राप्ति;
(vi) हंगरी, यूनान, आस्ट्रिया के साथ मित्रता की सन्धियां;
(vii) चतु:शक्ति सन्धि;
(viii) रोम प्रोटोकोल;
(ix) फ्रैंको–इटालियन समझौता;
(x) एबीसीनिया पर अधिकार;
(xi) रोम–बर्लिन समझौता;
(xii) रोम–बर्लिन–टोकियो धुरी;
(xiii) सज्जन समझौता;
(xiv) स्पेन के गृह–युद्ध में हस्तक्षेप;
(xv) फौलादी समझौता;
(xvi) श्रगाल नीति का परम्परागत पालन;
(xvii) द्वितीय विश्व–युद्ध में प्रवेश।

प्रश्न

1. इटली ने 1920 के बाद से अन्तर्राष्ट्रीय संबंधों में क्या भाग लिया?
2. उन कारकों और परिस्थितियों की व्याख्या कीजिए जिनके कारण इटली में मुसोलिनी का अभ्युदय हुआ।
3. फासिज्म से आप क्या समझते हैं। फासिस्ट विदेश नीति के मूल तत्वों की समीक्षा कीजिए।

4. दो विश्व-युद्धों के मध्य इटालियन विदेश नीति के उद्देश्यों को बतलाते हुए, उसके क्रियान्वयन की विवेचना कीजिए।
5. मुसोलिनी की विदेश नीति की समीक्षा कीजिए।
6. "श्रगाल नीति इटालियन विदेश नीति की परम्परा थी," इस कथन को अभिव्यक्त करते हुए फासिस्ट इटली की विदेश नीति की विवेचना कीजिए।

8
ब्रिटेन की विदेश नीति (1919–1939): तुष्टीकरण नीति

दो विश्व युद्धों के मध्य (1919-1939) की ब्रिटिश विदेश नीति को दो शब्दों में रखा जा सकता है–'अलगाव' (नान इन्वाल्वमेन्ट) तथा 'तुष्टीकरण' (एपीजमेन्ट); इसके परिणाम को एक वाक्य में अभिव्यक्त किया जा सकता है–'सामूहिक सुरक्षा का विनाश'। प्रत्यक्षतः यह विदेश नीति उन्हीं तत्वों पर आधारित थी जिनके द्वारा ब्रिटिश विदेश नीति एलिजाबेथ प्रथम के युग से निर्धारित होती आई थी।

ब्रिटिश विदेश नीति के मूल तत्व

सर आयर क्रोवे के अनुसार, "इंग्लैण्ड की विदेश नीति का सामान्य स्वभाव मुख्यतः यूरोप के विशाल सागरीय पार्श्व पर उसकी अपरिवर्तनशील द्वीपीय स्थिति तथा उसके अधीन अनेक उपनिवेशों तथा आश्रित राज्यों के तथ्य द्वारा निर्धारित होता है। ब्रिटेन के एक स्वतंत्र समाज के रूप में अस्तित्व एवं जीवन का उसकी प्रभावशाली सामुद्रिक शक्ति से गहरा संबंध रहा है।"[1] इन विशेष परिस्थितियों के कारण ब्रिटेन की विदेश नीति के कुछ प्रमुख और स्थाई उद्देश्य रहे हैं–

(i) अपनी नौ सैनिक सर्वोच्चता को बनाये रखना;

(ii) यूरोपीय महाद्वीप के राज्यों में एक शक्ति सन्तुलन बनाये रखना ताकि ब्रिटेन उनके विवादों में एक आदरणीय मध्यस्थ का कार्य कर सके और अपने राजनैतिक प्रभुत्व को सुरक्षित रख सके;

(iii) हालैण्ड, नार्वे, स्वीडन, डेनमार्क आदि निचले प्रदेशों को तटस्थ बनाये रखना ताकि उनके बन्दरगाहों पर किसी महाशक्ति का प्रभुत्व स्थापित न हो सके;

(iv) समुद्रों तथा व्यापार की स्वतंत्रता को प्रोत्साहन देना ताकि ब्रिटेन का व्यापार अधिकाधिक विकसित हो सके।

सामान्यतः ब्रिटेन अपने को यूरोपीय राष्ट्रों से एक पृथक् और स्वतंत्र शक्ति मानता था। अतः वह उनके झगड़ों में पड़ना पसन्द नहीं करता था, परन्तु उपर्युक्त उद्देश्यों की प्राप्ति के लिए आवश्यकता पड़ने पर उनमें हस्तक्षेप भी करता था। विशेषतः वह शक्ति सन्तुलन को बनाये रखने के लिए सजग रहता था। यह उसका एक स्थाई स्वार्थ तथा उद्देश्य था। इसके लिए वह किसी भी देश से मित्रता अथवा शत्रुता करने को प्रस्तुत रहता था।

इस प्रकार समय-समय पर शक्ति सन्तुलन की स्थापना के लिए ब्रिटेन ने यूरोपीय मामलों में हस्तक्षेप किया। परन्तु जब शक्ति-सन्तुलन के भंग होने का भय नहीं रहता था तब ब्रिटेन यूरोपीय मामलों के संबंध में अलगाव और तटस्थता की नीति अपना लेता था। उन्नीसवीं शताब्दी में नेपोलियन बोनापार्ट की पराजय के पश्चात् ब्रिटेन ने इसी नीति का अनुसरण किया था और बीसवीं शताब्दी में प्रथम विश्व युद्ध में जर्मनी की पराजय के पश्चात् ब्रिटेन ने पुनः इस नीति को अपना लिया। इस नीति के अनुसार ब्रिटेन यूरोपीय महाद्वीप की किसी शक्ति के साथ "मैत्री सन्धियों" में नहीं बंधना चाहता था। बल्कि "शानदार तटस्थता" के साथ उनके मध्य एक आदरणीय मध्यस्थ का भाग अदा करना चाहता था। अनुदार तथा उदार दोनों दलों की सरकारों ने इसी नीति पर आचरण किया।

अलगाव-नीति का युग (1919-1930)

अलगाव और शानदार तटस्थता की नीति के अनुरूप लायड जार्ज ने पेरिस शान्ति सम्मेलन में राष्ट्रसंघ के प्रति एक उत्साहहीन दृष्टिकोण अपनाया था।[2] लायड जार्ज (1916-1922) के पश्चात् ब्रिटेन में बोनर लॉ (1922-23) तथा बाल्डविन (1923-29) के नेतृत्व में अनुदारदलीय सरकारों ने भी अलगाव की नीति को जारी रखा। इसके फलस्वरूप 1925 में ब्रिटेन ने जेनेवा प्रोटोकोल को स्वीकार करने से इन्कार कर दिया तथा राष्ट्रसंघ की साधारण सभा द्वारा सितम्बर, 1928 में स्वीकृत अन्तर्राष्ट्रीय मामलों के शान्तिपूर्ण निपटारे के व्यापक अधिनियम को भी स्वीकार नहीं किया।

दो युद्धों के बीच के काल में दो बार–प्रथम (1924 में) तथा द्वितीय (1929 से 1931 तक)–मजदूर दलीय मंत्रिमण्डल पदासीन रहे। मजदूर दल की विचारधारा उदार तथा अनुदार दल की विचारधाराओं से भिन्न थी; परन्तु फिर भी वह ब्रिटेन की परम्परागत नीति को बदलने में असमर्थ रहा। इस नीति के अनुरूप 1924 में प्रधानमंत्री मैकडोनाल्ड ने पारस्परिक सहायता की प्रारूप सन्धि को अस्वीकार कर दिया तथा 1929 में ब्रिआं के यूरोपियन संघ के प्रस्ताव का समर्थन करने से इन्कार कर दिया।

1931 से 1939 तक क्रमशः मैकडोनाल्ड (1931–1935) बाल्डविन (1935–1937) तथा चेम्बरलेन (1937–1940) के प्रधानमंत्रित्व में तीन सरकारें पदासीन रहीं। इन तीनों ने न केवल अलगाव की नीति का पालन करते हुए जापान, इटली तथा जर्मनी की आक्रामक गतिविधियों के विरुद्ध प्रभावशाली कार्यवाही करने का प्रयत्न ही किया, अपितु अलगाव की नीति का इतना अदूरदर्शितापूर्ण संचालन किया कि यह "शानदार तटस्थता" के स्थान पर "तुष्टीकरण" की नीति बन गई,[3] जिसके फलस्वरूप यूरोपीय महाद्वीप पर शक्ति-सन्तुलन नष्ट हो गया और विश्व को द्वितीय विश्वयुद्ध की भयंकर दावाग्नि का सामना करना पड़ा।[4]

अलगाव की नीति के कारण

वास्तव में तात्कालिक परिस्थितियों में अलगाव की नीति ब्रिटेन के लिये एक स्वाभाविक और परम्परागत नीति थी। उसके निर्धारक तत्व इतने महत्वपूर्ण थे कि कोई भी ब्रिटिश मंत्रिमंडल चाहे वह अनुदार दल का होता या मजदूर दल का–उनकी उपेक्षा नहीं कर सकता था।[5]

इनमें से पहला तत्व था ब्रिटेन की द्वीपीय स्थिति। इस स्थिति के कारण ब्रिटेन अपने को यूरोपीय राष्ट्रों से अलग समझने लगा था, उसका महाद्वीपीय राजनीति में एक ही स्वार्थ था–'शक्ति सन्तुलन की रक्षा'। इस उद्देश्य की प्राप्ति के लिए आवश्यक दायित्वों को छोड़कर और कोई अन्य दायित्व ब्रिटेन अपने ऊपर नहीं लेना चाहता था। इसके अतिरिक्त यूरोपीय राजनीति में ब्रिटेन की और कोई विशेष दिलचस्पी नहीं थी।

दूसरा तत्व था–'ब्रिटेन का एक विश्व शक्ति होना'। यह उसकी अलगाव की नीति का दूसरा कारण था। विश्वव्यापी हितों के कारण वह उस प्रकार के उत्तरदायित्वों को स्वीकार करने के लिए प्रस्तुत नहीं था, जिन्हें फ्रांस जैसे देश स्वीकार करने को प्रस्तुत थे; जिनके हित विश्व के कुछ भागों तक सीमित थे।

ब्रिटेन राष्ट्रमण्डलीय संबंध तीसरा प्रमुख तत्व था, ब्रिटेन की अलगाव नीति का। उसका तर्क था कि महाद्वीपीय आधार पर दायित्वों का बंटवारा ब्रिटिश राष्ट्रमंडल के ढांचे को, जिसके उत्तरदायित्व संसार भर में फैले हुए हैं, घातक रूप में काट देता है। ब्रिटेन और उसके डोमीनियनों को संसार के सब भागों में आक्रमण का प्रतिरोध करने के बोझ का बहुत बड़ा भार उठाना पड़ता।

ब्रिटेन द्वारा स्वीकृत दायित्व–ब्रिटेन द्वारा अलगाव की नीति के अवलम्बन का यह अर्थ नहीं है कि उसने कोई उत्तरदायित्व स्वीकार किये ही नहीं।

इसके विपरीत, उसने 1921-1922 की वाशिंगटन सन्धियों, 1930 के नौ-सैनिक सम्मेलन, 1935 के एंग्लो-जर्मन समझौते के द्वारा अनेकानेक उत्तरदायित्वों को स्वीकार किया। इसके अतिरिक्त 1925 की लोकार्नो सन्धियों, 1928 के ब्रिआं-केलाग पैक्ट (पेरिस पैक्ट), 1933 की चतुःशक्ति सन्धि, 1938 के म्यूनिख समझौते तथा 1939 की पोलिश गारंटियों के द्वारा सुरक्षा संबंधी अनेक दायित्वों को स्वीकार किया। इन दायित्वों को स्वीकार करने का कारण ब्रिटिश नौ-सैनिक उच्चता तथा यूरोपीय शक्ति सन्तुलन को बनाये रखने की इच्छा थी।

अलगाव की नीति के परिणाम

अलगाव की ब्रिटिश नीति के मुख्यतः दो परिणाम हुए–

(i) फ्रांस तथा ब्रिटेन के मध्य मतभेदों का उत्पन्न हो जाना;

(ii) राष्ट्रसंघ की सुरक्षा व्यवस्था को शक्तिशाली बनाने के प्रयत्नों का विफल हो जाना। पारस्परिक सहायता की प्रारूप सन्धि, जेनेवा प्रोटोकोल, अन्तर्राष्ट्रीय विवादों के शान्तिपूर्ण निपटारे का व्यापक अधिनियम आदि राष्ट्रसंघ को शक्तिशाली बनाने के प्रयत्नों की विफलता का प्रधान कारण ब्रिटिश सहयोग का अभाव ही था।[6]

तुष्टीकरण नीति का युग (1931-1939)

1930 के पश्चात् ब्रिटिश विदेश नीति ने एक नया रूप धारण कर लिया–'तुष्टीकरण का रूप'। तुष्टीकरण की नीति का तात्पर्य, उस नीति से है जिसके द्वारा यथास्थिति को शक्ति के बल पर बदल कर, अपने साम्राज्य का विस्तार करने की आकांक्षा रखने वाले राज्य की आक्रामक गतिविधियों को प्रभावशाली कूटनीति तथा सैनिक कार्यवाही के द्वारा रोकने का प्रयत्न नहीं किया जाता, अपितु उनकी अनुचित मांगों को न्यूनाधिक रूप में पूरा कर उन्हें सन्तुष्ट करने का प्रयास किया जाता है। 1930 के बाद ब्रिटेन ने जापान, जर्मनी तथा इटली की आक्रामक गतिविधियों के संबंध में इसी नीति का अनुसरण किया। इसका परिणाम यह हुआ कि इन तीनों फासिस्ट राज्यों की शक्ति में तीव्रता से वृद्धि हुई; राष्ट्रसंघ और उसकी सामूहिक सुरक्षा की व्यवस्था सर्वथा असफल हो गई; यूरोपीय महाद्वीप पर शक्ति-सन्तुलन नष्ट हो गया और अन्ततः विश्व द्वितीय विश्व युद्ध की ज्वालाओं में घिर गया।

मंचूरिया कांड–सामूहिक सुरक्षा के विनाश और ब्रिटिश तुष्टीकरण की कहानी का प्रारम्भ 1931 में मंचूरिया पर जापानी आक्रमण से होता है। ब्रिटिश विदेश मंत्री सर जान साइमन ने जापान के विरुद्ध किसी प्रभावशाली कार्यवाही को न करके सन्तुष्टीकरण नीति अपनाई। राष्ट्रसंघ की जापानी

आक्रमण को रोकने में असफलता का प्रधान कारण ब्रिटेन की तुष्टीकरण की नीति थी। ब्रिटेन द्वारा इस नीति को अपनाये जाने के मुख्य प्रेरक तत्व थे–

(i) जापान 1902 के बाद उसका मित्र रहा था;

(ii) ब्रिटेन को भय था कि यदि राष्ट्रसंघ के तत्वावधान में कोई सैनिक कार्यवाही की जाती है, तब रूस और अमेरिका के राष्ट्रसंघ का सदस्य न होने के कारण उसका अधिकांश भार ब्रिटेन को उठाना पड़ेगा।

(iii) उसको डर था कि यदि जापान को मंचूरिया में रोका गया तो इस क्षेत्र में रूस का प्रभाव बढ़ सकता था।

(iv) उसे आशा थी कि चीन पर जापान के आक्रमण से, चीन में प्रबल हो रहा विदेशियों के विशेषाधिकारों का विरोधी आन्दोलन, दब जायेगा।

(v) उसको आशंका थी कि यदि चीन में जापानी प्रसार को रोका गया तो जापान दक्षिण-पूर्वी एशिया के ब्रिटिश प्रदेशों में घुसपैठ का प्रयत्न कर सकता था।

इन कारणों से न केवल ब्रिटेन ने चीन की सहायता करने से इन्कार किया अपितु जापानी आक्रमणों को अप्रत्यक्ष रूप से प्रोत्साहन भी दिया। ब्रिटिश विदेश मंत्री सर जान साइमन ने स्पष्ट रूप से कह दिया था कि उसका देश मंचूरिया के प्रश्न पर जापान से युद्ध करने को प्रस्तुत नहीं था।

जापान के प्रति तुष्टीकरण की ब्रिटिश नीति के परिणाम अत्यन्त घातक थे, इससे जापानी आक्रमण को प्रोत्साहन मिला। जापान ने राष्ट्रसंघ की खुले आम अवहेलना की, चीन में अपने साम्राज्य का निरन्तर प्रसार करने और सुदूरपूर्व में ब्रिटिश प्रभाव को समाप्त करने की नीति अपनायी। ब्रिटिश नीति के कारण, चीन को जापानी साम्राज्यवाद के विरुद्ध अपने संघर्ष में कोई प्रभावशाली अन्तर्राष्ट्रीय सहायता नहीं मिल सकी। जापानी साम्राज्यवादी नीति की सफलता से पाठ लेकर यूरोप में जर्मनी और इटली ने भी आक्रामक गतिविधियाँ प्रारम्भ कर दीं। मंचूरिया में असफलता के कारण राष्ट्रसंघ की प्रतिष्ठा को बहुत धक्का लगा। हार्डी के शब्दों में–"इस घटना से सामूहिक सुरक्षा की सारी पद्धति को आघात पहुंचा था, वह बहुत बड़ा था।"[7]

जर्मनी द्वारा अपने अन्तर्राष्ट्रीय उत्तरदायित्वों का उल्लंघन–सामूहिक सुरक्षा के विनाश की कथा का दूसरा अध्याय जर्मनी द्वारा अपने अन्तर्राष्ट्रीय उत्तरदायित्वों का परित्याग था। 1933 में नात्सी दल के सत्तारूढ़ हो जाने

के बाद जर्मनी ने एक के बाद एक वर्साय की सन्धि की विभिन्न व्यवस्थाओं का उल्लंघन प्रारम्भ कर दिया। 14 अक्टूबर, 1933 को उसने राष्ट्रसंघ का परित्याग तथा निःशस्त्रीकरण सम्मेलन का बहिष्कार कर दिया। 16 मार्च, 1935 को वर्साय की सन्धि के विरुद्ध जर्मन ने सैन्य बल का पुनर्गठन प्रारम्भ कर दिया। स्ट्रेजा सम्मेलन में फ्रांस, इटली के साथ ब्रिटेन ने जर्मनी के इन कृत्यों की निन्दा की परन्तु शीघ्र ही यह स्पष्ट हो गया कि ब्रिटेन इस संबंध में एक दो-मुखी नीति पर आचरण कर रहा था और उसकी जर्मन कृत्यों की निन्दा एक ढोंगमात्र थी। ब्रिटेन के इस आचरण के कारण जर्मनी के विरुद्ध कोई कार्यवाही नहीं की जा सकी, अपितु ब्रिटेन ने 18 जून, 1935 के एंग्लो-जर्मन नाविक समझौते के द्वारा अप्रत्यक्ष रूप से जर्मनी के कार्यों को अपना नैतिक समर्थन भी प्रदान किया।

एबीसीनिया कांड–सामूहिक सुरक्षा के विनाश की कथा के तीसरे अध्याय का नायक मुसोलिनी था। इस बार न केवल ब्रिटेन अपितु फ्रांस ने भी तुष्टीकरण की आत्मघाती नीति का आश्रय लिया। अक्टूबर, 1935 में इटली ने एबीसीनिया पर आक्रमण कर दिया। ब्रिटिश विदेश मंत्री सर सेमुअल होर इटली को एक मित्र के रूप में प्राप्त करने के लिए तुष्टीकरण नीति अपनाये जाने का समर्थक था। परन्तु ब्रिटिश जनता इटली के आक्रमण के विरुद्ध कार्यवाही की मांग कर रही थी। इसलिए ब्रिटेन स्पष्ट रूप से राष्ट्रसंघ में इटली का पक्ष नहीं ले सका। किन्तु ब्रिटेन और फ्रांस अन्दर ही अन्दर राष्ट्रसंघ से विश्वासघात कर रहे थे। 7 दिसम्बर, 1935 को ब्रिटिश विदेश मंत्री सर सेमुअल होर तथा फ्रांसीसी विदेश मंत्री लावाल ने एक समझौता करके इटली को एबीसीनिया का दो-तिहाई भाग देने की व्यवस्था की। परिणामस्वरूप, एबीसीनिया में इटली की सेनाएँ आगे बढ़ती रहीं और 1 मई, 1936 को एबीसीनिया के सम्राट् हेल सिलासी को राजधानी छोड़कर भागना पड़ा। नवम्बर, 1938 में ब्रिटेन तथा फ्रांस ने एबीसीनिया पर इटली के अधिकार को मान्यता दे दी।[8] इस प्रकार एबीसीनिया तुष्टीकरण की वेदी पर चढ़ा दिया गया। राष्ट्रसंघ इस धक्के के बाद कभी नहीं संभल सका। उसकी सामूहिक सुरक्षा की व्यवस्था निष्प्राण हो गई।

राइन प्रदेश का सैन्यीकरण–सामूहिक सुरक्षा की व्यवस्था पर अगला प्रहार हिटलर ने किया। एबीसीनिया कांड ने ब्रिटेन, फ्रांस और इटली के स्ट्रेजा मोर्चों को पूर्णतया नष्ट कर दिया था। इससे लाभ उठाकर हिटलर ने 7 मार्च, 1936 को लोकार्नो सन्धियों को अमान्य घोषित कर दिया और राइन प्रदेश का पुनः सैन्यीकरण प्रारम्भ कर दिया। फ्रांस ने सन्धियों के इस घोर उल्लंघन के विरुद्ध सैनिक कार्यवाही के लिये ब्रिटेन से अनुरोध

किया, परन्तु ब्रिटेन ने ऐसा करने से इन्कार कर दिया। इस प्रकार सामूहिक सुरक्षा की व्यवस्था एक बार फिर प्रभावहीन सिद्ध हुई।

स्पेन का गृह युद्ध–सामूहिक सुरक्षा के विनाश की कथा का अगला अध्याय स्पेन में लिखा गया। 17 जुलाई, 1936 को जनरल फ्रांको ने स्पेन की गणतांत्रिक सरकार के विरुद्ध विद्रोह कर दिया। इससे जो युद्ध प्रारम्भ हुआ, वह साधारण गृह-युद्ध नहीं था, अपितु एक प्रकार से स्पेन पर जर्मनी और इटली का आक्रमण था क्योंकि वे फ्रांको की सहायता कर रहे थे। ब्रिटेन और फ्रांस ने हस्तक्षेप के नाम पर और अमेरिका ने तटस्थता के नाम पर स्पेन को शस्त्रास्त्र भेजने पर रोक लगा दी। इस प्रकार उन्होंने अप्रत्यक्ष रूप से धुरी राष्ट्रों को स्पेन के गणतंत्र की हत्या करने में सहायता पहुंचायी क्योंकि इस प्रतिबन्ध के कारण स्पेन की गणतांत्रिक सरकार को शस्त्रास्त्र नहीं मिल पाये जबकि फ्रांकों और उसके फासिस्टवादी अनुयायियों को जर्मनी और इटली से बराबर अस्त्र-शस्त्र प्राप्त होते रहे। इससे गणतांत्रिक सेनाओं की पराजय हुई। अन्ततः 27 फरवरी, 1939 को ब्रिटेन और फ्रांस ने फ्रांको की सरकार को मान्यता दे दी। ब्रिटेन और फ्रांस की किसी भी मूल्य पर युद्ध से बचने की नीति के कारण राष्ट्रसंघ कोई प्रभावशाली कार्यवाही नहीं कर सका।

आस्ट्रिया तथा चैकोस्लोवाकिया का अपहरण–सामूहिक सुरक्षा के विनाश की कथा के अन्तिम अध्यायों का नायक नात्सी जर्मन था। मार्च, 1938 में जर्मनी ने आस्ट्रिया पर अधिकार कर लिया। परन्तु ब्रिटेन ने आत्म-निर्णय के अधिकार का प्रयोग मानकर इसकी उपेक्षा कर दी। इसके बाद हिटलर ने चैकोस्लोवाकिया पर गृद्ध-दृष्टि डाली। ब्रिटेन और फ्रांस ने न केवल जर्मन आक्रमण के विरुद्ध चैकोस्लोवाकिया को सहायता देने के अपने वायदों को पूरा नहीं किया, अपितु उसे जर्मनी को स्यूडेटन प्रदेश दे देने को विवश भी किया। शूमां के शब्दों में–"म्यूनिख समझौता (29 सितम्बर, 1938) तुष्टीकरण की नीति का सर्वोच्च विकास तथा पश्चिमी लोकतंत्रों की मृत्यु का आज्ञा-पत्र था। यह सामूहिक सुरक्षापद्धति के विनाश का प्रतीक था। यह हिटलर की आतंक की रणनीति की अब तक की सबसे बड़ी विजय थी।"

तुष्टीकरण के कारण

1. साम्यवाद का भय–ब्रिटेन द्वारा तुष्टीकरण की नीति को अपनाये जाने का प्रमुख कारण साम्यवाद और साम्यवादी रूस का भय था। ब्रिटेन के अनुदारवादी धनिक और व्यवसायी इटली, जर्मनी और स्पेन के फासिज्म

को साम्यवादी रूस के विरुद्ध एक सुरक्षा मानते थे। वे नाजी आक्रमण को रोकने की अपेक्षा उसे पूर्व में रूस की ओर मोड़ने के लिए अधिक प्रयत्नशील थे।

2. शक्ति सन्तुलन की रक्षा–यद्यपि तुष्टीकरण की नीति ने अन्ततः यूरोप में शक्ति सन्तुलन को नष्ट कर दिया, परन्तु तत्कालीन ब्रिटिश शासकों का विश्वास था कि यह नीति शक्ति-सन्तुलन की रक्षा में सहायक सिद्ध होगी। वे जर्मनी की शक्ति को बढ़ाना चाहते थे क्योंकि उनका विचार था कि जर्मनी रूस पर आक्रमण कर ब्रिटिश पूंजीवाद के सबसे बड़े खतरे (रूसी साम्यवाद) को नष्ट कर देगा। वे सोचते थे कि रूस और जर्मनी के संघर्ष में स्वयं जर्मनी भी अत्यधिक निर्बल होकर भयप्रद नहीं रहेगा। यदि इस संघर्ष में रूस की विजय की सम्भावना होती तो वे स्वयं जर्मनी की मदद करने को तैयार थे। जापान के प्रति तुष्टीकरण की नीति भी रूस की शक्ति को सन्तुलित करने के उद्देश्य से अपनायी गई थी। इटली के प्रति तुष्टीकरण की नीति अपनाने का एक उद्देश्य जर्मनी की शक्ति को सन्तुलित करने वाली शक्ति का निर्माण करना था। परन्तु तुष्टीकरण की नीति इन सभी बातों की प्राप्ति में असफल रही। जर्मनी ने रूस पर आक्रमण करने की अपेक्षा अगस्त, 1939 में उससे अनाक्रमण समझौता कर लिया। जापान ने रूस के स्थान पर सुदूरपूर्व के अमरीकन तथा ब्रिटिश प्रदेशों पर आक्रमण किया। इटली जर्मनी से संबंद्ध हो गया।

3. ब्रिटेन और फ्रांस के मतभेद–ब्रिटेन और फ्रांस के गम्भीर मतभेद भी तुष्टीकरण की ब्रिटिश नीति के कारण थे। जर्मनी के साथ व्यवहार, राष्ट्रसंघ, सामूहिक सुरक्षा, क्षतिपूर्ति आदि अनेकानेक प्रश्नों पर दोनों ने विरोधी दृष्टिकोण अपनाये। राष्ट्रसंघ में फ्रांस का अत्यधिक प्रभाव होने के कारण ब्रिटेन उसके तथा उसकी सामूहिक व्यवस्था के प्रति उदासीन हो गया।

4. ब्रिटेन की आन्तरिक दुर्बलतायें–तुष्टीकरण की नीति का एक कारण ब्रिटेन की आन्तरिक दुर्बलतायें भी थीं। उसकी गिरती हुई आर्थिक दशा ने उसके पूंजीपति वर्ग में साम्यवाद का काल्पनिक भय उत्पन्न कर दिया और वे जर्मनी, इटली और जापान का साम्यवाद विरोधी शक्तियों के रूप में समर्थन करने लगे। वे ब्रिटिश अर्थव्यवस्था को सुदृढ़ करने के लिए जर्मनी के आर्थिक पुनरोदय को आवश्यक मानने लगे। अन्ततः ब्रिटिश सरकार फासिस्ट आक्रमण के विरुद्ध सैनिक कार्यवाही के लिए अत्यन्त अनुत्सुक हो गई।

5. हिटलर की आकांक्षाओं के संबंध में ब्रिटिश शासकों का भ्रम–ब्रिटिश प्रधानमंत्री चेम्बरलेन, जिसे तुष्टीकरण की नीति का प्रमुख

निर्माता कहा जा सकता है, कभी भी हिटलर की आकांक्षाओं के वास्तविक रूप को नहीं पहचान सका। उसका विश्वास था कि हिटलर अपने वचनों का पालन करेगा। उसकी यह एक भयंकर भ्रान्ति थी। इसी भ्रान्ति के कारण वह हिटलर की मांगों को पूरा करता गया। पर ज्यों-ज्यों मांगें पूरी होती गई त्यों-त्यों उसकी तृष्णा बढ़ती गई।

तुष्टीकरण का औचित्य

ब्रिटिश शासकों ने तुष्टीकरण की नीति को अनेक आधारों पर उचित ठहराने का प्रयत्न किया था। प्रारम्भ में यह नीति जर्मनी के प्रति एक प्रकार का सहानुभूति प्रदर्शन था, जो इस विश्वास पर आधारित था कि वर्साय की सन्धि जर्मनी के प्रति अन्यायपूर्ण थी। 1935 में तुष्टीकरण का व्यवहारिक उपयोगिता के आधार पर समर्थन किया गया। 18 जून, 1935 को ब्रिटेन ने जर्मनी के साथ एक नाविक समझौता कर, उसे ब्रिटिश नौ-सेना के 35% तक अपनी नौ-सेना के विकास का अधिकार दिया। जब फ्रांस ने इसका विरोध किया तब ब्रिटेन ने उत्तर दिया कि, "सन्धियों के उल्लंघन के प्रति एक उच्च नैतिक दृष्टिकोण अपनाने और इस प्रकार व्यवहार में असीमित जर्मन पुनर्शस्त्रीकरण के होने से यह अधिक श्रेष्ठ था कि जर्मनी से स्वेच्छापूर्वक अपने आपको शस्त्रास्त्र के एक तर्कसंगत स्तर तक सीमित करा लिया जाये।" 1936 में तुष्टीकरण को आत्मनिर्णय के आधार पर उचित ठहराया गया। जब मार्च, 1936 में जर्मन ने लोकार्नो सन्धियों को अमान्य करते हुए राइन प्रदेश का पुन-सैन्यीकरण किया, तब यह कहा गया कि जर्मन सेनाएँ अपने ही प्रदेश में तो जा रही हैं। जर्मनी और आस्ट्रिया के संयोग की भी आत्मनिर्णय के आधार पर समर्थन करके, उपेक्षा कर दी गई। अन्त में सैनिक दुर्बलता और शस्त्रीकरण के लिए समय पाने के आधार पर तुष्टीकरण को उचित ठहराया गया।

तुष्टीकरण की विफलता और परिणाम

म्यूनिख समझौता तुष्टीकरण की नीति का शीर्ष बिन्दु था। चेम्बरलेन को विश्वास था कि हिटलर इसके बाद यूरोप में और कोई आक्रामक कार्यवाही नहीं करेगा। परन्तु, मार्च, 1939 में जर्मनी ने पुनः चैकोस्लोवाकिया के विरुद्ध अपनी आक्रामक गतिविधियाँ प्रारम्भ कर दीं और 15 मार्च, 1939 को जर्मन सेनाओं ने चैकोस्लोवाकिया की राजधानी प्राग पर अधिकार कर लिया। इस घटना ने ब्रिटिश विदेश नीति में एक नया मोड़ उत्पन्न कर दिया। इसने चेम्बरलेन की आंखें खोल दीं। उसने तुष्टीकण की नीति की असफलता को स्वीकार कर लिया। ब्रिटेन ने अन्ततः तुष्टीकरण की आत्मघाती

नीति का परित्याग कर दिया। परन्तु ब्रिटेन की आंखें बहुत देर से खुली थीं। प्राग पर जर्मनी के अधिकार से क्रुद्ध ब्रिटेन और फ्रांस ने बर्लिन स्थित अपने राजदूतों को वापस बुला लिया। 31 मार्च, 1939 को चेम्बरलेन ने पोलैण्ड को जर्मन आक्रमण के विरुद्ध गारण्टी देने की घोषणा की। 12 मई, 1939 को ब्रिटेन ने तुर्की को इसी प्रकार की गारन्टी दी, परन्तु ब्रिटेन का दैत्य हिटलर अब इतना अधिक शक्तिशाली को चुका था कि वह अपने निर्माता के नियन्त्रण को स्वीकार करने को राजी नहीं था। 1 सितम्बर, 1939 को जर्मन सेनाओं ने पोलैण्ड पर आक्रमण कर दिया और 3 सितम्बर, 1939 को जर्मनी के विरुद्ध युद्ध की घोषणा करते हुए चेम्बरलेन को तुष्टीकरण की नीति की असफलता को स्वीकार करना पड़ा।

इस प्रकार तुष्टीकरण की नीति सर्वथा असफल सिद्ध हुई। वह न अपने किसी भी उद्देश्य को प्राप्त नहीं कर सकी, अपितु उसके अत्यन्त अनिष्टकारी परिणाम हुए–

1. इससे फासिस्टवादी राज्यों की शक्ति का तीव्रता से विकास हुआ; यदि ब्रिटेन इस नीति का आश्रय न लेता तो जर्मनी, जापान तथा इटली अपनी आक्रामक गतिविधियों में इतनी सफलता प्राप्त नहीं कर सकते थे। जवाहरलाल नेहरू ने ठीक ही लिखा है–"यदि फासिज्म का विकास हुआ है और उसने विश्व पर प्रभुत्व जमाना प्रारम्भ कर दिया है, तो इसका अधिकांश श्रेय ब्रिटेन को है।"[9]

2. इसने यूरोप में शक्ति-सन्तुलन को नष्ट कर दिया। इससे जर्मनी को यूरोप की विजय का अवसर प्राप्त हो गया, जिससे स्वयं ब्रिटेन के लिए भी गम्भीर संकट उत्पन्न हो गया।

3. इससे अन्ततः साम्यवाद के प्रसार में भी सहायता मिली, क्योंकि द्वितीय विश्व-युद्ध के फलस्वरूप पूर्वी यूरोप के अनेक देश रूस की कठपुतली बन गए।

4. इससे राष्ट्रसंघ का अन्त हो गया और सामूहिक सुरक्षा की व्यवस्था नष्ट हो गई। केनथ इनग्राम के शब्दों में–"इस नीति का अर्थ था राष्ट्रसंघ के सिद्धान्तों का पूर्ण परित्याग क्योंकि इसके अन्तर्गत अधिनायकों के भूत और सम्भवतः भविष्य के आक्रामक कार्य क्षमा किये थे।"[10]

5. तुष्टीकरण की नीति द्वितीय विश्व-युद्ध का एक प्रधान कारण थी। इसने हिटलर की महत्वाकांक्षा और शक्ति को बहुत बढ़ा दिया; वह ब्रिटेन और फ्रांस को अत्यन्त दुर्बल और कायर राष्ट्र मानने लगा। यदि ब्रिटेन तुष्टीकरण की नीति पर आचरण नहीं करता तो हिटलर की शक्ति और

साहस इतने अधिक नहीं बढ़ सकते थे कि वह द्वितीय विश्व-युद्ध को प्रारम्भ करने का साहस कर सकता। तुष्टीकरण की इस विनाशकारी नीति का काल ब्रिटिश इतिहास का एक अत्यन्त लज्जाजनक अध्याय है–शूमां ने ठीक ही लिखा है–"यह नीति प्रारम्भ से ही एक आत्मघाती मूर्खता के अतिरिक्त और कुछ नहीं थी, जिसे इंग्लैण्ड, कॉमनवेल्थ तथा साम्राज्य के महान् दिवसों के उपयुक्त, किसी प्रकार से भी नहीं ठहराया जा सकता था।"[11]

सन्दर्भ

1. सर आयर क्रोवे: फ्रांस तथा जर्मनी के साथ ब्रिटिश संबंधों की स्थिति पर स्मरण-पत्र (1907 ई॰)।
2. फ्रेडरिक एच॰ हार्टमैन: बेसिक डाक्यूमेन्ट्स ऑफ इन्टरनेशनल रिलेशन्स, पृ॰ 84।
3. एस॰ डी॰ मडारियागा: डिसआर्मामैन्ट–दी रोल ऑफ दि एंग्लो सैक्सन नेशन्स, पृ॰ 18।
4. गेथोर्न हार्डी: अन्तर्राष्ट्रीय राजनीति का संक्षिप्त इतिहास, पृ॰ 61।
5. फ्रेडरिक एल॰ शूमां: इन्टरनेशनल पॉलिटिक्स, पृ॰ 506।
6. ई॰ एच॰ कार: दो विश्व युद्धों के बीच अन्तर्राष्ट्रीय संबंध, पृ॰ 19।
7. गेथोर्न हार्डी: अन्तर्राष्ट्रीय राजनैतिक का संक्षिप्त इतिहास, पृ॰ 275।
8. फ्रेडरिक एल॰ शूमां: इन्टरनेशनल पॉलिटिक्स, पृ॰ 548।
9. जवाहर लाल नेहरू: ग्लिम्पसिज ऑफ वर्ल्ड हिस्ट्री, पृ॰ 956।
10. केनथ इनग्राम: ईअर्स ऑफ क्राइसिस, पृ॰ 162।
11. फ्रेडरिक एल॰ शूमां: अन्तर्राष्ट्रीय राजनीति, पृ॰ 593।

स्मरण संकेत

(i) अलगाव की नीति का युग (1919-1930);
(ii) तुष्टीकरण नीति का युग (1931-1939)।

ब्रिटिश विदेश नीति के मूल तत्व

(i) नौ-सैनिक सर्वोच्चता;
(ii) शक्ति सन्तुलन;
(iii) निचले प्रदेशों को तटस्थ बनाये रखना;
(iv) समुद्रों तथा व्यापार की स्वतंत्रता को प्रोत्साहन।

अलगाव नीति का युग

(i) लायड जार्ज की संयुक्त सरकार (1916-1922);
(ii) बोनर लॉ (1922-1923); अनुदार दलीय सरकार;

(iii) बाल्डविन (1923-24), (1924-29) अनुदार दलीय सरकार;
(iv) मेकडोनाल्ड (1924); (1929-31) मजदूर दलीय सरकार।

तुष्टीकरण नीति का युग

(i) मेक्डोनाल्ड (1931-35) राष्ट्रीय सरकार;
(ii) बाल्डविन (1935-37) राष्ट्रीय सरकार;
(iii) चेम्बरलेन (1937-40) राष्ट्रीय सरकार।

अलगाव नीति के युग में वैदेशिक घटनाएँ-उपलब्धियाँ

(i) राष्ट्रसंघ के प्रति उत्साहहीन दृष्टिकोण;
(ii) जेनेवा प्रोटोकोल अस्वीकृत;
(iii) अन्तर्राष्ट्रीय मामलों के शान्तिपूर्ण निपटारे का व्यापक अधिनियम अस्वीकृत;
(iv) अदूरदर्शितापूर्ण निर्णय।

अलगाव की नीति के कारण

(i) ब्रिटेन की द्वीपीय स्थिति;
(ii) ब्रिटेन का एक विश्व शक्ति होना;
(iii) ब्रिटेन द्वारा स्वीकृत दायित्व;
(iv) ब्रिटेन के राष्ट्रमण्डलीय संबंध।

अलगाव की नीति के परिणाम

(i) फ्रांस तथा ब्रिटेन के मध्य मतभेदों का उत्पन्न हो जाना;
(ii) राष्ट्रसंघ की सुरक्षा व्यवस्था को शक्तिशाली बनाने के प्रयत्नों में विफलता;
(iii) अन्तर्राष्ट्रीय सम्मान को क्षति।

तुष्टीकरण नीति के युग में वैदेशिक घटनायें

(i) मंचूरिया कांड;
(ii) राष्ट्रसंघ की सामूहिक सुरक्षा व्यवस्था को गहरा आघात;
(iii) अधिनायकों को प्रोत्साहन;
(iv) जर्मनी द्वारा अपने अन्तर्राष्ट्रीय उत्तरदायित्वों का उल्लंघन;
(v) एबीसीनिया कांड;
(vi) होर-लावाल पैक्ट;
(vii) राइन प्रदेश का सैन्यीकरण;
(viii) स्पेन का गृह युद्ध;

(ix) आस्ट्रिया पर जर्मन अधिकार;

(x) म्यूनिख समझौता (चैकोस्लोवाकिया पर जर्मन अधिकार);

(xi) पोलैण्ड पर जर्मन आक्रमण (द्वितीय विश्व युद्ध प्रारम्भ)।

तुष्टीकरण के कारण

(i) साम्यवाद का भय;

(ii) शक्ति सन्तुलन की रक्षा;

(iii) ब्रिटेन और फ्रांस के मतभेद;

(iv) ब्रिटेन की आंतरिक दुर्बलतायें;

(v) हिटलर की आकांक्षाओं के संबंध में ब्रिटिश शासकों का भ्रम।

तुष्टीकरण का औचित्य

(i) जर्मनी के प्रति सहानुभूति प्रदर्शन;

(ii) व्यवहारिक उपयोगिता;

(iii) आत्म-निर्णय का आधार;

(iv) सैनिक दुर्बलता और शस्त्रीकरण के लिए समय पाने का आधार।

तुष्टीकरण की विफलता और परिणाम

(i) फासिस्टवादी शक्तियों का तीव्रता से विकास;

(ii) यूरोप का शक्ति सन्तुलन विनष्ट;

(iii) साम्यवाद का प्रसार;

(iv) राष्ट्रसंघ का अन्त;

(v) द्वितीय विश्व-युद्ध का प्रधान कारण;

(vi) ब्रिटिश इतिहास का लज्जाजनक अध्याय।

प्रश्न

1. 1919 और 1939 के मध्य ब्रिटेन की वैदेशिक नीति के प्रमुख तत्वों की विवेचना कीजिये।
2. तुष्टीकरण नीति के कारणों, औचित्य तथा परिणामों की विवेचना करते हुए बतलाइये कि क्या यह द्वितीय विश्व युद्ध के लिए उत्तरदायी थी?
3. 'चेम्बरलेन के समय में तुष्टीकरण नीति अपनी पराकाष्ठा पर पहुँच गई।' कथन की समीक्षा कीजिए।
4. दो विश्व-युद्धों के मध्य ब्रिटिश विदेश नीति की समीक्षा कीजिये।

9

संयुक्त राज्य अमेरिका की विदेश नीति (1919-1941)

किसी भी अन्य राज्य की विदेश नीति के समान, संयुक्त राज्य अमेरिका की विदेश नीति एक बड़ी सीमा तक भौगोलिक तथा ऐतिहासिक तत्त्वों, उसकी राजनैतिक तथा सामाजिक व्यवस्था, उसकी आर्थिक सामर्थ्य और सैनिक शक्ति, उसकी सापेक्षिक शक्ति-स्थिति, अन्य राज्यों की नीतियों तथा विश्व-परिस्थितियों के द्वारा निर्मित होती है।[1] किसी भी अन्य राज्य की विदेश नीति के समान अमेरिका की विदेश नीति भी अन्ततः उसके राष्ट्रीय हितों और स्वार्थों पर आधारित रही है। परन्तु अमेरिकन लोग इस विश्वास पर कार्य करने का प्रयत्न करते हैं कि उनकी विदेश नीति विश्व-शक्ति राजनीति की यथार्थताओं पर आधारित नहीं है, अपितु कुछ नैतिक सिद्धान्तों और आदर्शों पर आधारित है। वे अपने को स्वतन्त्रता की पताका का प्रहरी और प्रजातन्त्र का रक्षक मानते हैं। उनका विश्वास है कि, "सदाचारिता राष्ट्र को महान् बनाती है" और वे अपने को मानव जाति की भावी आशाओं का प्रन्यासी (ट्रस्टी) मानते हैं। नीतिशास्त्र के आदर्शों तथा विश्व राजनीति की यथार्थताओं का यह सम्मिलन अमेरिकन विदेश नीति में उलझन भरी जटिलतायें उत्पन्न करता रहा है। प्रथम तथा द्वितीय विश्व-युद्ध दोनों में ही अमेरिका का प्रवेश विश्व राजनीति की यथार्थताओं और राष्ट्रीय हित पर आधारित था, पर दोनों ही बार अमेरिकन लोगों ने अपने को इस भ्रम में रखने का यत्न किया था कि वे प्रजातन्त्र और स्वतन्त्रता की रक्षा करने तथा सैनिकवाद और निरंकुशवाद का अन्त करने के लिये युद्ध में प्रविष्ट हुए थे।

अमेरिकन विदेश नीति के तीन प्रमुख सिद्धान्त रहे हैं–

(i) प्रथम सिद्धान्त का प्रतिपादन राष्ट्रपति जैफरसन ने 1801 में किया था, उसका उद्देश्य था–"शान्तिपूर्ण व्यापार सबके साथ, परन्तु झंझट पैदा करने वाली सन्धियाँ किसी के साथ नहीं।" अर्थात्

उनका मत था कि अमेरिका को यूरोप से व्यापार तो करना चाहिए परन्तु यूरोप की शक्ति राजनीति से पृथक् रहना चाहिए।

(ii) दूसरे सिद्धान्त का प्रतिपादन राष्ट्रपति मुनरो ने, 1823 में किया था। इस सिद्धांत द्वारा उन्होंने यूरोपीय राज्यों को अमेरिका की शक्ति राजनीति में हस्तक्षेप न करने को कहा था।

(iii) तीसरा सिद्धांत, जिसका वास्तविक निर्माता अमेरिकन विदेश मन्त्री जॉन हे था, 'मुक्त द्वार' (ओपन डोर) के नाम से प्रसिद्ध है। यह सिद्धांत सुदूरपूर्व से सम्बन्धित था और इसका अभिप्राय यह था कि सुदूरपूर्व में यूरोप तथा अमेरिका के लोगों को व्यापार की समान सुविधायें प्राप्त होनी चाहिए, परन्तु उनमें से किसी को भी वहाँ की शक्ति राजनीति में हस्तक्षेप नहीं करना चाहिए।

तटस्थता, मुनरो सिद्धांत और उन्मुक्त द्वार के इन तीनों सिद्धांतों को एक शब्द में 'पृथकत्ववाद' कहा जा सकता है। अमेरिकन लोगों का विश्वास है कि वे पृथकत्ववाद पर आचरण करते आये हैं, परन्तु वास्तव में अमेरिकन विदेश नीति केवल ऊपरी तौर से ही पृथकत्ववाद पर आधारित थी, उसका वास्तविक आधार कुछ दूसरा ही था। जैसा कि शूमां का मत है–"अमेरिका की वैदेशिक नीति की कुँजी उतनी ही साधारण है जितनी कि प्रारम्भिक शताब्दियों में ब्रिटिश वैदेशिक नीति की कुँजी थी। किसी भी एक शक्ति या शक्तियों के गुट को यूरोप तथा एशिया पर निर्विवाद नियंत्रण प्राप्त न करने देना, क्योंकि ऐसी अवस्था में अमेरिका का मूलभूत हित अर्थात् एक स्वतन्त्र सत्ता के रूप में राजनैतिक जीवन के अस्तित्व के प्रति खतरा उत्पन्न हो जायेगा।"[2]

अमेरिका ने तभी तक पृथकत्ववाद पर आचरण किया, जब तक यूरोप में आवश्यक शक्ति सन्तुलन बना रहा, परन्तु जब यह शक्ति सन्तुलन टूटने लगता था तब अमेरिका भी पृथकत्ववाद का परित्याग कर देता था। शूमां ने ठीक ही कहा है–"पृथकत्ववाद की नीति, विश्व शक्तियों के सन्तुलन की छायामात्र ही थी।"[3]

प्रथम विश्व युद्ध और संयुक्त राज्य अमेरिका

1823 में, मुनरो सिद्धान्त के प्रतिपादन से लेकर प्रथम विश्व युद्ध तक यूरोप में शक्ति सन्तुलन बना रहा और अमेरिका दृढ़तापूर्वक पृथकत्ववाद की नीति का अनुसरण करता रहा। प्रथम विश्व युद्ध के प्रारम्भ में भी अमेरिका तटस्थ बना रहा परन्तु जैसे-जैसे जर्मनी की विजयों से यूरोपीय शक्ति सन्तुलन के नष्ट होने की सम्भावना बढ़ती गई, वैसे-वैसे अमेरिका ब्रिटेन

की अधिकाधिक सहायता करता गया। 6 अप्रैल, 1917 को अमेरिका के युद्ध में सम्मिलित होने से पूर्व भी मित्र राष्ट्र उससे 1-1/2 खरब डालर ऋणों के रूप में पा चुके थे। यद्यपि अमेरिका के युद्ध में सम्मिलित होने का तात्कालिक कारण जर्मन पनडुब्बियों द्वारा अमेरिकन व्यापारिक जहाजों को डुबा दिया जाना था तथापि 'शान्ति-दूत विल्सन' ने बारम्बार यह कहा था कि अमेरिका 'शाश्वत शान्ति की स्थापना', 'प्रजातन्त्र की रक्षा', 'युद्धों का अन्त' आदि आदर्शों के लिये युद्ध में सम्मिलित हुआ परन्तु वास्तविक तथ्य यह था कि जर्मन विजय से यूरोपीय शक्ति सन्तुलन के विनष्ट हो जाने की आशंका ने अमेरिका द्वारा पृथकत्व का त्याग कर युद्ध में सम्मिलित होने को आवश्यक बना दिया।

अमेरिका की सहायता प्रथम विश्व युद्ध में मित्र राष्ट्रों की विजय का प्रधान कारण थी। इस युद्ध के बाद अमेरिका की प्रतिष्ठा में चार चाँद लग गए। राष्ट्रपति विल्सन के उच्च आदर्शों ने यूरोपीय जनता का मन मोह लिया। उसके 14 सूत्रों को शान्ति समझौते का आधार माना गया। उसे बीसवीं सदी का ईसामसीह, शान्तिदूत कहा गया। पेरिस सम्मेलन में एकत्रित राजनीतिज्ञों ने स्वयं उसमें विश्वास के न होते भी विल्सन की प्रिय कल्पना राष्ट्रसंघ को वर्साय की सन्धि सहित सभी शान्ति सन्धियों का अंग बना दिया परन्तु स्वयं उसके देशवासियों ने उसका परित्याग कर दिया। उन्होंने उसके अन्तर्राष्ट्रीयतावाद को ठुकरा कर पुनः पृथकत्ववाद को अपना लिया। अपने ही देशवासियों से परित्यक्त विश्व शान्ति का पैगम्बर विल्सन एक भग्न हृदय लेकर इस संसार से विदा हुआ।

पृथकत्ववाद के पुनरोदय के कारण

विल्सन की इस पराजय और पृथकत्ववाद के पुनरोदय के अनेक कारण बताये जाते हैं। प्रथम, यह कहा जाता है कि पृथकत्ववाद अमेरिका की परम्परागत नीति थी। मित्रराष्ट्रों के सशक्त युद्ध-प्रचार और जर्मनी की नीति, कुशलताहीनता ने अमेरिका को युद्ध में घसीट लिया था। परन्तु अमेरिकन जनता का शीघ्र यूरोपीय झंझटों से हाथ खींचने की माँग करना स्वाभाविक था। दूसरा, अमेरिकन जनता में जर्मन, इटालियन, यूनानी जाति वाले लोग अधिकाधिक थे और ये लोग पेरिस शान्ति सम्मेलन में हुए समझौतों से असन्तुष्ट थे। तीसरा, युद्धकाल में एन्टी ट्रस्ट कानून, फैडरल रिजर्व कानून, टैरिफ कानून आदि ने प्रशासन को व्यापक शक्तियाँ दे दी थीं। व्यक्तिगत स्वाधीनता में आस्था रखने वाली अमेरिकन जनता में इन कानूनों ने तीव्र असन्तोष उत्पन्न कर दिया था। चौथा, यह कहा जाता है कि अमेरिका की पृथकत्ववादी परम्परा को दृष्टि में रखते हुए अमेरिकन जनता राष्ट्रसंघ के

दायित्वों को स्वीकार नहीं कर पा रही थी। पाँचवां, विल्सन द्वारा शान्ति-सम्मेलन में स्वयं भाग लेने को भी वर्साय की सन्धि की अस्वीकृति का कारण माना जाता है। इससे उन्हें दीर्घकाल तक अमेरिका से अनुपस्थित रहना पड़ा, जिससे उनके विरोधियों को उनके विरुद्ध भड़काने का अवसर मिल गया। छठा, विल्सन की शान्ति सम्मेलन के लिए अमेरिकन प्रतिनिधिमंडल के सदस्यों के चयन सम्बन्धी भूलें भी सीनेट द्वारा वर्साय की सन्धि की अस्वीकृति के लिए उत्तरदायी मानी जाती हैं। राष्ट्रपति के उस प्रतिनिधि-मंडल में सीनेट की विदेश समिति के अध्यक्ष अथवा रिपब्लिकन दल के किसी प्रभावशाली सदस्य अथवा थ्योडोर रुजवेल्ट आदि किसी भूतपूर्व राष्ट्रपति को सम्मिलित नहीं किया गया था। इससे सीनेट के सदस्य उसके द्वारा किये गए शान्ति समझौते को ठुकराने के लिए कटिबद्ध हो गये। इस प्रकार पृथकत्ववाद के पुनरावर्तन के अनेक कारण स्वीकार किये जाते हैं, परन्तु इसका वास्तविक कारण यह था कि विश्व युद्ध में जर्मनी की पराजय के बाद यूरोप में शक्ति सन्तुलन पुनः स्थापित हो गया था। इस कारण अमेरिका अपने राष्ट्रीय हितों की रक्षा करते हुए भी यूरोपीय विवादों से पृथक् रह सकता था और उसने किया भी ऐसा ही।

स्पर्शहीन सहयोग का युग (1920-1932)
(यूरोप के प्रति नीति)

2 नवम्बर, 1920 को विल्सन के अन्तर्राष्ट्रीयतावाद के विरोधी रिपब्लिकन दल के उम्मीदवार हार्डिंग, अमेरिका के राष्ट्रपति निर्वाचित हुए। कांग्रेस को भेजे गए अपने प्रथम संदेश में उन्होंने पृथकत्ववाद की नीति को अपनाते हुए राष्ट्रसंघ से कोई भी सम्बन्ध न रखने का मन्तव्य प्रकट किया और कहा कि–"हमारा उद्देश्य उलझनों से नहीं।" सीनेट ने न केवल राष्ट्रसंघ की सदस्यता स्वीकार करने से इन्कार कर दिया, अपितु अन्तर्राष्ट्रीय न्याय के स्थाई न्यायालय, से भी सम्बन्ध नहीं रखने का निश्चय किया। जर्मन आक्रमण की दशा में ब्रिटेन और अमेरिका द्वारा फ्रांस की सुरक्षा की गारन्टी देने का प्रस्ताव ठुकरा दिया। अमेरिका में आकर बसने वाले विदेशियों की संख्या नियन्त्रित करने के लिए 19 मई, 1921 को आव्रजन कानून पास किया गया तथा विदेशी आयात को कम करने के लिए 27 मई, 1921 को आपातकालीन तटकर कानून बनाया गया।

परन्तु 1919 में पृथकत्ववाद की नीति का, उसके पूर्व दशाब्दियों वाले रूप के अनुसार, अनुसरण करना सम्भव नहीं था। पृथकत्ववाद की अपनी घोषित नीति के बावजूद अमेरिका की बढ़ती हुई शक्ति के सन्दर्भ में उसके हितों, विश्व राजनीति की परिवर्तित स्थिति और अन्य परिस्थितियों ने उसे

यूरोपीय और गैर-अमेरिकन मामलों में रुचि लेने को विवश कर दिया। वस्तुतः 1919 के बाद अमेरिका ने एक ऐसी नीति का पालन किया, जिसे स्पर्शहीन सहयोग की नीति कहा जा सकता है। वह "साँप मरे, न लाठी टूटे" की कहावत को चरितार्थ करना चाहता था। वह विश्व-नेता का मुकुट धारण करना चाहता था, परन्तु उसे धारण करने की चिन्ताओं से मुक्त रहना चाहता था। यह एक ऐसी नीति थी, जिसका उद्देश्य उत्तरदायित्व को वहन किये बिना शक्ति और प्रतिष्ठा की प्राप्ति था। पृथकत्ववाद के प्रति निष्ठा की घोषणा करते हुए भी अमेरिका एक सीमा तक विश्व राजनीति में भाग लेता रहा।

अमेरिका और राष्ट्रसंघ—यद्यपि अमेरिकन सीनेट राष्ट्रसंघ का सदस्य बनना अस्वीकार कर चुकी थी, फिर भी एक वर्ष से भी कम समय में अमेरिका ने राष्ट्रसंघ की बैठकों में प्रेक्षकों को भेजना प्रारम्भ कर दिया। 1924 के पश्चात् अमेरिका की सरकार ने खुले तौर से राष्ट्रसंघ द्वारा आयोजित सम्मेलनों में राष्ट्रीय हितों की रक्षा के लिए पूर्ण रूप से भाग लेने के लिए प्रतिनिधि भेजना प्रारम्भ कर दिया। मार्च, 1930 तक अमेरिकन प्रतिनिधि 22 सम्मेलनों में भाग ले चुके थे। मंचूरिया संकट के समय तो अमेरिका ने स्वयं राष्ट्रसंघ की कार्यवाही में भाग लेने के लिए एक प्रतिनिधि-प्रेटिस बी० गिल्बर्ट को भेजा था।

अमेरिका तथा निःशस्त्रीकरण—निःशस्त्रीकरण और सुदूरपूर्व की समस्याओं पर विचार करने के लिए अमेरिका ने वाशिंगटन सम्मेलन आयोजित किया जिसके परिणामस्वरूप एक पंचशक्ति नौ-सैनिक सन्धि पर हस्ताक्षर हुए। यह सन्धि निःशस्त्रीकरण के प्रयत्नों की एक उल्लेखनीय सफलता मानी जाती है और उसके द्वारा अमेरिका ब्रिटेन, जापान, फ्रांस तथा इटली के बड़े युद्ध-पोतों का अनुपात क्रमशः 5 : 5 : 3 : 1.67 : 1.67 निर्धारित किया गया। 1927 में राष्ट्रपति कूलिज ने जेनेवा निःशस्त्रीकरण सम्मेलन के आयोजन में प्रमुख भाग लिया। अमेरिका ने जनवरी, 1930 में आयोजित लन्दन नौ-सैनिक सम्मेलन तथा फरवरी, 1932 में आयोजित जेनेवा निःशस्त्रीकरण सम्मेलन में सक्रिय भाग लिया।

अमेरिका तथा क्षतिपूर्ति और युद्ध-ऋणों की समस्या—अनेक आर्थिक समस्याओं को सुलझाने में भी अमेरिका ने सक्रिय भाग लिया; क्षतिपूर्ति और युद्ध-ऋणों की समस्याओं को सुलझाने के लिये नियुक्त किए गए दो अत्यधिक महत्त्वपूर्ण आयोगों—डावेस आयोग तथा यंग आयोग के अध्यक्ष अमेरिकन वित्त विशेषज्ञ थे। 1931 में राष्ट्रपति हूवर के प्रस्ताव पर इन समस्याओं के सम्बन्ध में एक वर्ष का चुकान विलम्ब काल स्वीकार किया

गया। जून, 1933 के विश्व अर्थ सम्मेलन में भी अमेरिका ने सक्रिय योग दिया।

केलॉग-ब्रिआं पैक्ट–अमेरिकन सहयोग का चौथा क्षेत्र अन्तर्राष्ट्रीय विवादों के शान्तिपूर्ण समाधान और पंचायती निर्णय से सम्बन्धित था। इसकी सर्वाधिक महत्त्वपूर्ण अभिव्यक्ति 29 अगस्त, 1928 का केलॉग-ब्रिआं समझौता था। इसका उद्देश्य विश्व के राष्ट्रों को राष्ट्रीय नीति के साधन के रूप में युद्ध का परित्याग करने तथा अपने विवादों का शान्तिपूर्ण साधनों से समाधान करने के लिए बाँधना था।

रुजवेल्ट युग–पृथकत्ववाद से अन्तर्राष्ट्रीयतावाद की ओर (1933-1945)

4 मार्च, 1933 को फ्रैन्कलिन डी॰ रुजवेल्ट अमेरिका के राष्ट्रपति पद पर आसीन हुए। उस समय अमेरिका एक भीषण आर्थिक संकट से गुजर रहा था। अतः उन्होंने अपनी समग्र शक्तियाँ 'नई व्यवस्था' की नीति के द्वारा अमेरिकन अर्थव्यवस्था को सुव्यवस्थित करने में लगा दीं। परन्तु जापान के मंचूरिया आक्रमण तथा यूरोप में फासिस्ट और नात्सी साम्राज्यवाद के उदय ने शीघ्र ही उन्हें विश्व समस्याओं की ओर ध्यान देने पर विवश कर दिया।

रुजवेल्ट जैसे प्रतिभावान राजनीतिज्ञ को यह समझते देर नहीं लगी कि फासिस्ट शक्तियों की आक्रामक गतिविधियाँ अमेरिका की सुरक्षा के लिए भी उतना ही बड़ा खतरा हैं जितना कि यूरोपीय जनतन्त्रों के लिए। अतः रुजवेल्ट ने एक ऐसी नीति का अवलम्बन करना चाहा जिसके द्वारा आक्रामक राष्ट्रों का प्रतिरोध कर विश्व की स्वतंत्रता और सुरक्षा की रक्षा की जा सके। परन्तु अमेरिकन जनमत इस समय घोर पृथकत्ववादी था। उसमें यह धारणा प्रबल थी कि अमेरिकन लोग एक अकुशल नेतृत्व और चातुर्यपूर्ण मित्रराष्ट्रीय प्रचार द्वारा विश्व युद्ध में घसीट लिए गये थे। वे ऐसी घटना की पुनरावृत्ति को रोकने के लिए दृढ़ प्रतिज्ञ थे। अतः उन्होंने इस उद्देश्य की प्राप्ति के लिए अनेक तटस्थता विधियों का निर्माण किया–

(i) 31 अगस्त, 1935 को पारित तटस्थता विधि के द्वारा किसी युद्धरथ राष्ट्र को शस्त्रों और युद्ध सामग्री का निर्यात निषिद्ध कर दिया।

(ii) 1937 में पारित तटस्थता विधि द्वारा "नकद दाम दो और माल ले जाओ" (कैश एण्ड कैरी) के सिद्धांत का प्रतिपादन किया गया था, इसके अनुसार यह व्यवस्था की गई कि युद्धरत राष्ट्रों को

> निषिद्ध युद्ध सामग्री के अतिक्ति अन्य सामग्री का निर्यात भी केवल तभी किया जा सकता था, जब वे उस सामग्री का नकद मूल्य दें और गैर अमरीकी जहाजों में सामग्री को ले जायें।

राष्ट्रपति रुजवेल्ट को इन विधियों की विवेकशीलता में सन्देह था, परन्तु काफी समय तक उन्होंने पृथकत्ववादी विचारधारा के विरुद्ध जनमत को जागृत करने की चेष्टा नहीं की; एबीसीनिया युद्ध के समय उन्होंने इन तटस्थतावादी विधियों को पूर्णत: कार्यान्वित किया। स्पेन के गृह-युद्ध के सम्बन्ध में भी उन्हें लागू कर दिया।

राष्ट्रपति रुजवेल्ट द्वारा अपने विवेक के विरुद्ध तटस्थतावाद पर आचरण करने का प्रधान कारण इसकी तात्कालिक लोकप्रियता था। 1937 के एक गैलप पोल में 64% अमेरिकनों ने प्रथम विश्व युद्ध में अमेरिका के भाग लेने को एक भयंकर भूल माना था। परन्तु यूरोप में हिटलर की आक्रामक गतिविधियों ने तथा 1937 में चीन पर जापानी आक्रमण ने रुजवेल्ट को यह विश्वास दिला दिया कि पृथकत्ववाद के विरुद्ध जनमत को जाग्रत करने का समय आ गया था। अत: 5 अक्टूबर, 1937 को शिकागो में अपनी प्रसिद्ध 'क्वारन्टीन वक्तृता' में उन्होंने जनता का अन्तर्राष्ट्रीय अराजकता को समाप्त करने के लिए आह्वान किया परन्तु अमेरिकन जनता ने उनके इस आह्वान को ठुकरा दिया और तटस्थता की नीति पर अड़ी रही।

सितम्बर, 1939 में द्वितीय विश्व-युद्ध के छिड़ जाने पर भी अमेरिकन जनता नात्सी विरोधी होते हुए भी युद्ध में भाग लेने के विरुद्ध थी। परन्तु अमेरिका के तटस्थ रहते हुए भी रुजवेल्ट के आग्रह पर नवम्बर 1939 की तटस्थता विधि के द्वारा अमेरिकन कांग्रेस ने युद्धरत राष्ट्रों को शस्त्रास्त्रों के निर्यात पर से प्रतिबन्ध हटा लिया, बशर्ते कि यह निर्यात "नकद दाम दो और माल ले जाओ" के आधार पर हो अर्थात् क्रेता राष्ट्र उन शस्त्रों का नकद मूल्य चुका दें और अपने जहाजों में उन्हें ले जायें। इस संशोधन से केवल ब्रिटेन ही लाभ उठा सकता था, जर्मनी नहीं क्योंकि ब्रिटेन की नौ-सैनिक शक्ति जर्मनी से कहीं अधिक थी। 24 जून, 1940 को फ्रांस के पतन के पश्चात् रुजवेल्ट ने सितम्बर 1940 में न्यूफाउण्डलैण्ड से ट्रीनीडाड तक के 8 ब्रिटिश अड्डों के 99 वर्षीय पट्टों के बदले ब्रिटेन को 50 डेस्ट्रोयर प्रदान किये, जो एक सर्वथा तटस्थता विरोधी कार्यवाही थी। अप्रैल, 1940 में अमेरिका ने ग्रीनलैण्ड पर तथा जुलाई, 1940 में आइसलैण्ड पर अधिकार कर लिया। सितम्बर, 1940 में रुजवेल्ट ने जर्मन पनडुब्बियों को दिखाई पड़ते ही डुबा देने का आदेश दिया। 29 दिसम्बर, 1940 को रुजवेल्ट ने अमेरिका को "प्रजातन्त्र का शस्त्रागार" की संज्ञा दी। 11 मार्च,

1931 को उधार पट्टा अधिनियम पास हुआ जिसके आधार पर अमेरिका तेजी से मित्र राष्ट्रों को समुद्री जहाज, वायुयान, टैंक, मशीनें आदि प्रदान करने लगा। जून, 1941 में जर्मनी के रूस पर आक्रमण के पश्चात् 7 नवम्बर, 1941 को रुजवेल्ट ने उसे भी उधार पट्ट के अन्तर्गत सहायता प्राप्त करने योग्य घोषित कर दिया था।

इस प्रकार वैधानिक रूप से तटस्थ रहते हुए भी अमेरिका वस्तुत: मित्रराष्ट्रों का सहयोगी बन गया था। फिर भी नवम्बर, 1941 तक अमेरिका के केवल 20% लोग ही युद्ध में सम्मिलित होने के पक्ष में थे। परन्तु 7 दिसम्बर, 1941 को पर्ल हारबर पर आक्रमण कर जापान ने अमेरिका को युद्ध में सम्मिलित होने को विवश कर दिया। 8 दिसम्बर, 1941 को सीनेट ने जापान के विरुद्ध युद्ध की घोषणा कर दी 11 दिसम्बर, 1941 को जर्मनी और इटली ने अमेरिका के विरुद्ध युद्ध की घोषणा कर दी जिसके प्रत्युत्तर में अमेरिका ने भी उनके विरुद्ध युद्ध की घोषणा कर दी।

सुदूरपूर्व के प्रति नीति (मुक्त द्वार नीति)

संयुक्त राज्य अमेरिका की पृथकत्ववादी नीति केवल यूरोपीय मामलों तक ही सीमित थी। सुदूरपूर्व तथा लैटिन अमेरिका के मामलों में उसने प्रारम्भ से ही सक्रिय भाग लिया। 1898 में अमेरिकन स्पेनिश युद्ध के फलस्वरूप अमेरिका को प्रशान्त महासागर में गुआम, हवाई, फिलीपाइन्स द्वीप समूह प्राप्त हुये। प्रशान्त महासागर में अमेरिका के हितों ने उसे चीन पर दृष्टि रखने को प्रेरित किया। इस समय तथाकथित 'सुविधाओं के युद्ध' द्वारा पश्चिमी शक्तियाँ चीन की बन्दर-बाँट में लगी हुई थीं। उन्होंने लगभग सम्पूर्ण देश को अपने प्रभाव क्षेत्रों में विभाजित कर लिया। अमेरिका की चीन में प्रादेशिक अधिकार प्राप्त करने में कोई दिलचस्पी नहीं थी, परन्तु वह वहाँ अपने व्यापारिक हितों की रक्षा के लिये उत्सुक था। इसके लिए अमेरिकी विदेशमन्त्री जॉन हे ने 'मुक्त द्वार नीति' का प्रतिपादन किया। 6 सितम्बर, 1899 को उसने महाशक्तियों को भेजे गये एक नोट में यह माँग की कि 'प्रभाव-क्षेत्रों' का दावा करने वाली प्रत्येक शक्ति अपने प्रभाव-क्षेत्रों में इस बात का वचन दे कि-

(i) वह उन क्षेत्रों के बन्दरगाहों को सभी के लिए खुला रखेगी;

(ii) बिना किसी राज्य के विरुद्ध पक्षपात किए उन बन्दरगाहों में सन्धियों द्वारा निश्चित तट-कर लागू होने देंगी;

(iii) सभी राष्ट्रों के निवासियों के लिये समान बन्दरगाह शुल्क और रेलवे दरों को बनाये रखेगी। रूस के अतिरिक्त अन्य सभी शक्तियाँ

हे के प्रस्तावों से सहमत हो गईं। रूस ने भी अंशतः हे प्रस्तावों को स्वीकार कर लिया परन्तु व्यवहार में उनका उल्लंघन किया।

चीन के अतिरिक्त सुदूरपूर्व का दूसरा महत्त्वपूर्ण देश जापान था। दोनों (अमेरिका और जापान) ने चीन में 'मुक्त द्वार' का समर्थन किया था और दोनों ही ने सुदूरपूर्व में रूसी-प्रसार का विरोध किया था। जापान की जब शक्ति बढ़ने लगी, तब अमेरिका में 'पीले संकट' (येलो पेरिल) का विचार किया जाने लगा।[4] प्रथम विश्वयुद्ध ने जापान और अमेरिका के मतभेदों को और बढ़ा दिया। जनवरी, 1916 में जापान ने चीन पर अपनी प्रसिद्ध 21 माँगें लादने का प्रयत्न किया। विदेश मन्त्री लैनशिंग ने इसका 'मुक्त द्वार नीति' के उल्लंघन के रूप में विरोध किया। फिर भी नवम्बर, 1917 में (अमेरिकन विदेश मन्त्री लैनशिंग तथा जापानी विदेश मन्त्री इशी) लैनशिंग इशी समझौते के द्वारा अमेरिका ने चीन में जापान के विशेष हितों की स्थिति को स्वीकार कर लिया। पेरिस शान्ति सम्मेलन में अमेरिका ने जापान के शाटुंग पर दावे का असफल विरोध किया।

प्रथम विश्व युद्ध के फलस्वरूप सुदूरपूर्व में जर्मनी और रूस की शक्ति नष्ट हो गई; अन्ततोगत्वा जापान इस क्षेत्र का सर्वेसर्वा बन गया। इस समय तक जापान एक साम्राज्यवादी नीति अपना चुका था जो 'मुक्त द्वार' नीति के सर्वथा प्रतिकूल तथा अमेरिकन हितों के लिए घातक थी। फलतः जापान और अमेरिका के सम्बन्धों में कटुता का उत्पन्न हो जाना स्वाभाविक था। प्रथम विश्वयुद्ध के उपरान्त दोनों देशों में एक भीषण नौ-सैनिक प्रतिद्वन्द्विता प्रारम्भ हो गई और युद्ध के आसार दृष्टिगत होने लगे। ऐसी स्थिति में 1921-22 में वाशिंगटन सम्मेलन हुआ, जिसने अमेरिका, ब्रिटेन और जापान के मध्य बड़े युद्धपोतों के सम्बन्ध में 5 : 5 : 3 का अनुपात स्थापित किया। जापान को न केवल 'मुक्त-द्वार' की नीति को स्वीकार करते हुए चीन की प्रभुसत्ता, स्वतन्त्रता तथा प्रादेशिक अखण्डता का सम्मान करने का वचन देना पड़ा, अपितु शांटुंग का प्रदेश भी चीन को वापस देना पड़ा। इस प्रकार अमेरिका वाशिंगटन सम्मेलन में जापानी साम्राज्यवाद पर अंकुश लगाने में सफल हो गया। अमेरिका और जापान के मध्य युद्ध की सम्भावना अनिश्चित काल के लिए टल गई।[5] परन्तु जैसा कि ई० एच० कार का मत है, "यह मूल प्रश्न कि सुदूरपूर्व में एंग्लो-सेक्सन प्रभुत्व रहेगा या जापान की ही तूती बजेगी, अभी भी अनिर्णित था।"[6]

अप्रैल, 1924 में अमेरिका द्वारा जापानी आव्रजन को रोकने के लिए पास किए गए आव्रजन अधिनियम जापान को क्रुद्ध तथा असन्तुष्ट करते चले गए।[7] अप्रैल, 1927 में तानाका के जापानी प्रधानमन्त्री बन जाने से

जापान अमेरिका के सम्बन्धों में अत्यधिक कटुता बढ़ गई। उसकी नीति संयुक्त राज्य अमेरिका को नियन्त्रित करने की थी।

18 सितम्बर, 1931 को मुकदन घटना ने जापान का मंचूरिया अभियान प्रारम्भ किया तथा जापानी-अमेरिकन सम्बन्धों को तनावपूर्ण बना दिया। अमेरिका की दृष्टि में जापान का मंचूरिया पर आक्रमण 1922 की नवशक्ति सन्धि, केलॉग-ब्रिआं समझौता (1928), राष्ट्रसंघ तथा विश्व के सभी शांति प्रिय राष्ट्रों को एक सीधी चुनौती थी। अमेरिकन विदेश मन्त्री स्टिमसन ने तुरन्त ही जापान को नव-शक्ति सन्धि और केलॉग-ब्रिआं समझौते के अन्तर्गत उसके उत्तरदायित्वों का स्मरण कराया परन्तु जब जापान ने उसकी उपेक्षा की, तब अमेरिका ने 7 जनवरी, 1932 को अपने 'अनभिज्ञान के सिद्धान्त' का प्रतिपादन किया। स्टिमसन ने स्पष्ट किया कि "संयुक्त राज्य अमेरिका किसी भी ऐसे समझौते की वैधता को स्वीकार नहीं करेगा, जो चीन में संयुक्त राज्य अमेरिका अथवा उसके नागरिकों की सन्धियों से प्राप्त अधिकारों, चीनी गणतन्त्र की स्वतन्त्रता अथवा प्रादेशिक और प्रशासनिक अखंडता का हनन करता हो।" परन्तु अमेरिका की तात्कालिक आर्थिक कठिनाइयाँ अधिक विकट थीं, इसलिए अमेरिका जापान के विरुद्ध कोई कठोर कार्यवाही करने के लिए प्रेरित नहीं हुआ।

18 अप्रैल, 1934 के अमाऊ वक्तव्य के द्वारा, जिसे जापानी मुनरो सिद्धान्त भी कहा जाता है, जापान ने सभी विदेशी शक्तियों को "चीन से दूर रहो" नोटिस दे दिया। यह अमेरिका की "मुक्त द्वार नीति" को स्पष्ट एवं गम्भीर चुनौती थी। इस चुनौती के प्रत्युत्तर में अमेरिका ने 29 अप्रैल, 1934 को चीन में अपने सन्धियों द्वारा प्राप्त अधिकारों को पुनः दृढ़तापूर्वक व्यक्त किया। इसके अतिरिक्त उसने चीन को एक बड़ी मात्रा में सहायता देना तथा राष्ट्रसंघ से सहयोग करना प्रारम्भ कर दिया। 5 अक्टूबर, 1937 को राष्ट्रपति रुजवेल्ट ने अपनी प्रसिद्ध क्वारन्टीन वक्तृता दी। 1939 में 1911 की जापान-अमेरिका वाणिज्य सन्धि का नवीनीकरण नहीं किया। इससे जापान क्रोधित हो गया; उसने अमेरिका के विरुद्ध अपनी स्थिति दृढ़ करने का प्रयत्न किया। जुलाई, 1941 में जापान ने हिन्द-चीन में अपना आर्थिक विस्तार करना प्रारम्भ किया, तब अमेरिका ने अपने प्रदेश में स्थित सम्पूर्ण जापानी पूँजी को जब्त कर लिया। 16 नवम्बर, 1941 को अमेरिकन विदेश मन्त्री हल ने जापान से 1931 (मंचूरिया कांड के पूर्व) की पूर्वस्थिति की पुनर्स्थापना करने को कहा। स्पष्टतः जापान इन शर्तों को स्वीकार नहीं कर सकता था, उसने युद्ध करने का निश्चय किया। 7 दिसम्बर, 1941 को

पर्ल हारबर पर आक्रमण कर दिया; अगले दिन अमेरिका ने जापान के विरुद्ध युद्ध की घोषणा कर दी।

लैटिन अमेरिका के प्रति संयुक्त राज्य अमेरिका की विदेश नीति

संयुक्त राज्य अमेरिका की लैटिन अमेरिका[8] के प्रति नीति को संक्षेप में तीन शब्दों में रखा जा सकता है—मुनरो सिद्धान्त, डालर कूटनीति, तथा अखिल अमेरिकनवाद।

मुनरो सिद्धान्त—पारकर टी० मून के अनुसार, लैटिन अमेरिका में संयुक्त राज्य अमेरिका ने जिन साधनों का प्रयोग किया है, वे आश्चर्यजनक रूप से यूरोपियन साम्राज्यवाद के साधनों के समान थे।" मुनरो सिद्धान्त का प्रतिपादन दिसम्बर, 1823 में प्रत्यक्षतः अमेरिका के देशों की यूरोपीय साम्राज्यवाद से रक्षा करने के लिए किया गया था। परन्तु शीघ्र ही ऐसा प्रतीत होने लगा कि यह सिद्धान्त यूरोपीय "हितों और प्रभाव के क्षेत्र" के सिद्धान्त से भिन्न नहीं था और इसका उद्देश्य लैटिन अमेरिका को केवल संयुक्त राज्य अमेरिका के नियन्त्रण और शोषण के लिए सुरक्षित रखना था। 20 जून, 1895 को विदेश मन्त्री ओलनी ने मुनरो सिद्धान्त की व्याख्या करते हुए ओलनी सिद्धान्त का प्रतिपादन किया। उसने कहा कि "आज संयुक्त राज्य व्यवहारिक रूप में इस महाद्वीप पर सम्प्रभु है तथा इसकी आज्ञा उन प्रजाजनों के लिए विधि है, जिनके प्रति यह अपनी मध्यस्था को सीमित रखता है।" 1904 में राष्ट्रपति थ्योडोर रुजवेल्ट ने मुनरो सिद्धान्त के आधार पर इस बात का दावा किया कि संयुक्त राज्य को लैटिन अमेरिका में हस्तक्षेप का एकाधिकार प्राप्त है। उसने कहा कि "पश्चिमी गोलार्द्ध में, संयुक्त राज्य की मुनरो सिद्धान्त के प्रति निष्ठा, दुष्कर्म या शासन की अक्षमता के अतिवादी मामलों में, संयुक्त राज्य को अनिच्छापूर्वक एक अन्तर्राष्ट्रीय पुलिस शक्ति का कार्य करने को विवश कर सकती है।

डालर कूटनीति—डालर कूटनीति अमेरिकन साम्राज्यवाद का दूसरा रूप था। इसे आर्थिक साम्राज्यवाद कहा जा सकता है, क्योंकि इसका लक्ष्य किसी देश पर राजनैतिक सत्ता स्थापित करना न होकर उस देश का आर्थिक शोषण करना होता था। राष्ट्रपति विलियम एच० टाफ्ट के अनुसार, "इस नीति (डालर कूटनीति) की विशेषता गोलियों के स्थान पर डालरों का प्रयोग करना रही है। यह अमेरिकन व्यापार को बढ़ाने के लिये स्पष्ट रूप में निदेशित प्रयत्न है, जो इस स्वयंसिद्ध सिद्धान्त पर आधारित है कि अमेरिकन सरकार विदेशों में स्थित प्रत्येक उचित और हितकारी अमेरिकन व्यवसाय को सभी उचित समर्थन प्रदान करेगी।" 1893 के पश्चात् संयुक्त राज्य अमेरिका ने अपने लैटिन अमेरिकन पड़ोसियों के प्रति इस नीति को अपनाया।

अखिल अमेरिकनवाद–संयुक्त राज्य अमेरिका और लैटिन अमेरिका के सम्बन्धों की तीसरी मुख्य बात अखिल अमेरिकनवाद है। सेमुअल एफ॰ बेमिस के अनुसार, अखिल अमेरिकनवाद नई दुनिया के गणतन्त्रों (कनाडा को छोड़कर) की पड़ोसियों के रूप में समान आकांक्षाओं और हितों के पारस्परिक विचार-विमर्श और उनकी प्राप्ति के लिए परस्पर सहयोग करने की न्यूनाधिक रूप से निश्चित प्रवृत्ति है। अखिल अमेरिकनवाद एक प्रकार का सहकारिता आन्दोलन है, पर साथ ही इसका एक साम्राज्यवादी पक्ष भी है क्योंकि संयुक्त राज्य अमेरिका ने अखिल अमेरिकनवाद का प्रयोग, लैटिन अमेरिका में अपने प्रभाव का विस्तार करने और प्रभुत्व की स्थापना करने के लिए प्रयत्न किया है।

लैटिन अमेरिकन देशों के प्रति नीति (प्रथम विश्व युद्ध तक)

संयुक्त राज्य अमेरिका की समृद्धि, लैटिन अमेरिकन देशों के पिछड़ेपन और संयुक्त राज्य अमेरिका की डालर कूटनीति ने उन्नीसवीं शताब्दी के उत्तार्द्ध तक लैटिन अमेरिका में संयुक्त राज्य अमेरिका के विरुद्ध भीषण असंतोष उत्पन्न कर दिया। इन परिस्थितियों में अखिल अमेरिकन आन्दोलन का विकास हुआ। 1889 में वाशिंगटन में प्रथम अखिल अमेरिकन सम्मेलन हुआ। इसमें एक बहिःशुल्क संघ, एक समान मुद्रा तथा अन्तर अमेरिकन विवादों के समाधान के लिए पंच-निर्णय की व्यवस्था के सुझाव रखे गए। परन्तु सम्मेलन कई रचनात्मक पग उठाने में असफल रहा। 1895 में ओलनी सिद्धान्त के प्रतिपादन और 1904 में मुनरो सिद्धान्त की थ्योडोर रुजवेल्ट की व्याख्या ने लैटिन अमेरिकन देशों में संयुक्त राज्य अमेरिका विरोधी भावनाओं को और भी बढ़ा दिया। 1890 से 1919 के बीच तीन अखिल अमेरिकन सम्मेलन हुये, पर किसी को भी कोई उल्लेखनीय सफलता प्राप्त नहीं हुई। 1913 में तथा उसके बाद राष्ट्रपति विल्सन ने लैटिन अमेरिकन देशों के संयुक्त राज्य अमेरिका के प्रति अविश्वास और शंकालु दृष्टिकोण को दूर करने का भरसक प्रयास किया परन्तु जब संयुक्त राज्य अमेरिका प्रथम विश्व युद्ध में प्रविष्ट हुआ तब केवल 8 लैटिन अमेरिकन देशों ने ही जर्मनी के विरुद्ध युद्ध की घोषणा की। प्रथम विश्व युद्ध के पश्चात् "उत्तर का महादैत्य" और भी अधिक शक्तिशाली हो गया। उसके राष्ट्रसंघ में सम्मिलित न होने से लैटिन अमेरिका में इस धारणा को बल मिला कि संयुक्त राज्य अमेरिका अपनी गतिविधियों पर कोई बाह्य नियन्त्रण स्वीकार करने को प्रस्तुत नहीं है। उन्होंने राष्ट्रसंघ में अमेरिकन साम्राज्यवाद को नियन्त्रित करने के एक नवीन साधन को पाने की आशा की और लगभग सभी लैटिन अमेरिकन राष्ट्र, राष्ट्रसंघ के सदस्य बन गये।

अहस्तक्षेप तथा प्रत्याहरण का युग (1919-1932)

सेमुअल एफ० बेमिस का मत है कि, "1914 से 1919 के प्रथम विश्व युद्ध के शुभ परिणाम और सुदूरपूर्व तथा प्रशान्त महासागर में इसके कूटनीतिक उत्तर कार्य, फरवरी, 1922 की वाशिंगटन सन्धियों ने संयुक्त राज्य अमेरिका की लैटिन अमेरिकन नीति में एक नवीन अध्याय को प्रारम्भ किया–साम्राज्यवाद के अपाकरण का अध्याय।" अमेरिकन साम्राज्य के अपाकरण की दिशा में प्रथम पग जून, 1921 में उठाया गया जबकि डोमिनिकन गणतन्त्र के सैनिक राज्यपाल ने घोषणा की कि गणतन्त्र को 8 माह बाद स्वाधीन कर दिया जायेगा। 1923 में अमेरिकन सम्मेलन सेन्टियागो डी चिली में हुआ, जिसमें लैटिन अमेरिकन गणराज्य समानता और स्वतन्त्रता के लिए आन्दोलित हुए परन्तु संयुक्त राज्य अमेरिका से उन्हें सहयोग प्राप्त नहीं हुआ।[9]

साम्राज्यवाद के अपाकरण की दिशा में दूसरा पग संयुक्त राज्य अमेरिका ने 1925 में उठाया। संयुक्त राज्य अमेरिका ने इस वर्ष निकारागुआ से अपनी नौ-सेना हटा ली और आर्थिक नियन्त्रण भी कम कर दिया। इसी प्रकार मैक्सिको में, मैक्सिको के साथ हार्दिक सम्बन्ध स्थापित करते हुए, संयुक्त राज्य अमेरिका ने तेल सम्बन्धी सुविधाओं को प्राप्त करने में सफलता प्राप्त की (1925)।

1928 के पश्चात् विश्व को एक भीषण अर्थिक संकट का सामना करना पड़ा। इससे लैटिन अमेरिकन देशों में भीषण उथल-पुथल हुई परन्तु संयुक्त राज्य अमेरिका ने अपनी अहस्तक्षेप की नीति जारी रखी तथा दिसम्बर, 1928 के प्रसिद्ध क्लार्क स्मृति-पत्र में कहा गया कि "मुनरो सिद्धान्त आगे से लैटिन अमेरिका के विरुद्ध हिंसा और सैनिक गतिविधि का साधन नहीं समझा जाना है, अपितु जैसा कि राष्ट्रपति मुनरो ने असंदिग्ध रूप से चाहा था, इसे स्वाधीनता और प्रादेशिक अखण्डता की प्रत्याभूति होना है।"

अच्छे पड़ोसी की नीति (1932-1945)

1932 में फ्रेंकलिन रुजवेल्ट अमेरिका के राष्ट्रपति बने। उन्होंने लैटिन अमेरिका के सम्बन्ध में एक नवीन नीति का प्रतिपादन किया। अपने प्रथम उद्घाटन भाषण में उन्होंने कहा कि, "मैं इस राष्ट्र को अच्छे पड़ोसी की नीति के प्रति समर्पित कर दूंगा।" उन्होंने अमेरिकन गणतन्त्रों का पारस्परिक सहयोग के लिए आह्वान किया और स्पष्ट किया कि आखिरकार, अन्य राष्ट्रों में संवैधानिक व्यवस्था की रक्षा एक ऐसा पवित्र उत्तरदायित्व नहीं है जिसे केवल संयुक्त राज्य अमेरिका को ही वहन करना चाहिए।" दिसम्बर, 1933 में मोन्टवीडियो में हुए अखिल अमेरिकन सम्मेलन में उन्होंने स्पष्ट

रूप से कहा कि संयुक्त राज्य अमेरिका की निश्चित नीति अब से सशस्त्र हस्तक्षेप के विरुद्ध है। इसी के अन्तर्गत 1934 के अन्त तक सभी सेनायें लैटिन अमेरिका से संयुक्त राज्य अमेरिका ने हटा लीं। दिसम्बर, 1936 में ब्यूनर्स आयर्स के अखिल अमेरिकन सम्मेलन में राष्ट्रपति रुजवेल्ट ने आक्रामक राज्यों के विरुद्ध सम्मिलित विचार-विमर्श और सहयोग पर बल दिया। यह प्रस्ताव स्वीकर कर लिया गया।

1937-38 में मैक्सिको ने संयुक्त राज्य अमेरिका की तेल कम्पनियों को अधिकृत कर लिया, इससे इस नीति में गतिरोध उत्पन्न होने की आशंका दृष्टिगत होने लगी, परन्तु संयुक्त राज्य अमेरिका के राष्ट्रपति रुजवेल्ट ने दिसम्बर, 1938 के लीमा में आयोजित अखिल अमेरिकन सम्मेलन में मैक्सिको के विरुद्ध कार्यवाही न करने का आश्वासन दिया। इससे अच्छे पड़ोसी की नीति का पथ-प्रशस्त हो गया। अन्ततोगत्वा न केवल संयुक्त राज्य अमेरिका अपितु 21 लैटिन अमेरिकन राष्ट्र मुनरो सिद्धान्त के व्याख्याता तथा कार्यपालक बन गये।

इस प्रकार शनैः शनैः रुजवेल्ट अपनी अच्छे पड़ोसी की नीति द्वारा लैटिन अमेरिका के संयुक्त राज्य अमेरिका के प्रति अविश्वास को दूर करने में एक बड़ी सीमा तक सफल हो गया। जब जापान ने संयुक्त राज्य अमेरिका (पर्ल हारबर) पर आक्रमण किया तब मैक्सिको को छोड़कर मध्य अमेरिका और कैरीबियन सागर के सभी राज्यों ने धुरी राष्ट्रों के विरुद्ध युद्ध की घोषणा कर दी। चिली और अर्जेन्टाइना को छोड़कर दक्षिणी अमेरिका के सभी राज्यों ने धुरी राष्ट्रों से कूटनीतिक सम्बन्ध-विच्छेद कर लिये। द्वितीय विश्व-युद्ध का सामना करने के लिए अमेरिकन गोलार्द्ध के गणतन्त्र 'उत्तर के अच्छे पड़ोसी' के सैनिक पंखों के नीचे इकट्ठे हो गये। युद्ध के अन्त से पूर्व के सभी अमेरिकन राज्यों ने धुरी राज्यों के विरुद्ध युद्ध की घोषणा कर दी और 26 जून, 1945 को सानफ्रांसिसको में सभी अमेरिकन राज्य संयुक्त राष्ट्रसंघ (यू॰ एन॰ ओ॰) के सदस्य बन गये।

इस प्रकार 'उत्तर का महादैत्य'-'उत्तर का अच्छा पड़ोसी' बन गया।[10]

सन्दर्भ

1. पामर एण्ड परकिन्सः इन्टरनेशनल रिलेशन्स, पृ॰ 691-92।
2. फ्रेडरिक एल॰ शूमांः अन्तर्राष्ट्रीय राजनीति, पृ॰ 607।
3. वही, पृ॰ 607-608।
4. जापानी लोगों का वर्ण पीला होता है, अतः उनकी बढ़ती हुई शक्ति से उत्पन्न भय को "पीला संकट" (येलो पेरिल) कहा गया।
5. मेकनेअर एण्ड लाचः माडर्न फॉर ईस्टर्न इन्टरनेशनल रिलेशन्स, पृ॰ 180।

6. ई० एच० कार: दो विश्व युद्धों के बीच अन्तर्राष्ट्रीय सम्बन्ध, पृ० 16।
7. क्लाड ए० बस: दी फॉर ईस्ट, पृ० 353।
8. मेक्सिको, मध्य अमेरिका और दक्षिणी अमेरिका के देशों तथा कैरीबियन सागर के द्वीपों को सम्मिलित रूप से लैटिन अमेरिका कहा जाता है।
9. गेथोर्न हार्डी: अन्तर्राष्ट्रीय राजनीति का संक्षिप्त इतिहास, पृ० 175।
10. फ्रेडरिक एल० शूमां: अन्तर्राष्ट्रीय राजनीति, पृ० 417।

स्मरण संकेत

अमेरिकन विदेश नीति के तीन प्रमुख सिद्धान्त

(i) अमेरिका को यूरोप से व्यापार करना चाहिए। परन्तु यूरोप की शक्ति राजनीति से पृथक् रहना चाहिये।
(ii) यूरोप को अमेरिका की शक्ति राजनीति से पृथक् रहना चाहिए।
(iii) सुदूरपूर्व में यूरोप तथा अमेरिका को व्यापार की समान सुविधायें प्राप्त होनी चाहिएँ; परन्तु किसी को भी वहां की शक्ति राजनीति में हस्तक्षेप नहीं करना चाहिए।

संयुक्त राज्य अमेरिका की विदेश नीति की विशेषतायें

(i) तटस्थता;
(ii) मुनरो सिद्धान्त;
(iii) उन्मुक्त द्वार;
(iv) पृथकत्ववाद;
(v) पृथकत्ववाद की नीति विश्व शक्तियों के सन्तुलन की छायामात्र।

प्रथम विश्व युद्ध और संयुक्त राज्य अमेरिका

(i) जर्मनी द्वारा यूरोपीय शक्ति सन्तुलन विनष्ट;
(ii) अमेरिका द्वारा पृथकत्ववाद का परित्याग;
(iii) प्रथम विश्व युद्ध में मित्रराष्ट्रों के पक्ष में अमेरिका प्रविष्ट;
(iv) अमेरिका की अन्तर्राष्ट्रीय प्रतिष्ठा में वृद्धि;
(v) शान्ति सम्मेलन के पश्चात् पृथकत्ववाद का पुनरोदय।

पृथकत्ववाद के पुनरोदय के कारण

(i) पृथकत्ववाद अमेरिका की परम्परागत नीति;
(ii) अमेरिकन जनता में जर्मन, इटालियन, यूनानियों की संख्या अधिक थी और वे शान्ति समझौतों से असन्तुष्ट थे;

(iii) युद्धकाल में व्यक्तिगत स्वाधीनता नियन्त्रित कर दी गई थी अतः अमेरिकन जनता असन्तुष्ट थी;

(iv) अमेरिका की जनता राष्ट्रसंघ के दायित्वों को स्वीकार करने के लिए प्रेरित नहीं थी;

(v) विल्सन द्वारा राष्ट्रसंघ की स्थापना, शान्ति समझौतों में स्वयं भाग लेना;

(vi) विल्सन की शान्ति सम्मेलन के लिए अमेरिकन प्रतिनिधिमण्डल के सदस्यों के चयन सम्बन्धी भूलें।

संयुक्त राज्य अमेरिका की यूरोप के प्रति नीति

(i) स्पर्शहीन सहयोग का योग (1920-1932);

(ii) रुजवेल्ट युग-पृथकत्ववाद से अन्तर्राष्ट्रीयतावाद की ओर (1933-1945)।

स्पर्शहीन सहयोग का युग

(i) पृथकत्ववाद का पुनरोदय;

(ii) राष्ट्रसंघ से सीमित सहयोग;

(iii) निःशस्त्रीकरण के लिए सक्रिय प्रयत्न;

(iv) क्षतिपूर्ति और ऋणों की समस्या को हल करने में सहयोग;

(v) केलॉग-ब्रिआं पैक्ट।

पृथकत्ववाद से अन्तर्राष्ट्रीयतावाद की ओर का युग

(i) नई व्यवस्था की नीति;

(ii) तटस्थता विधियाँ;

(iii) साम्राज्यवादी राष्ट्रों के विरुद्ध रुजवेल्ट का असफल आह्वान;

(iv) पुच्छल युद्धरतता;

(v) पर्ल हारबर और अमेरिका का द्वितीय विश्व युद्ध में प्रविष्ट होना।

सुदूरपूर्व के प्रति नीति (मुक्त द्वार नीति)

(i) पीला संकट;

(ii) वाशिंगटन संधियाँ;

(iii) स्टिमसन सिद्धान्त;

(iv) पर्ल हारबर और अमेरिका का द्वितीय विश्व युद्ध में प्रविष्ट होना।

लैटिन अमेरिका के प्रति संयुक्त राज्य अमेरिका की विदेश नीति

(i) मुनरो सिद्धान्त;

(ii) डालर कूटनीति;

(iii) अखिल अमेरिकनवाद;

(iv) संयुक्त राज्य अमेरिका-लैटिन अमेरिका के सम्बन्धों के इतिहास के तीन मुख्य युग थे–

(क) प्रथम अखिल अमेरिकी सम्मेलन से प्रथम विश्व-युद्ध तक (1889-1918);

(ख) अहस्तक्षेप तथा प्रत्याहरण का युग (1919-1932);

(ग) अच्छे पड़ोसी की नीति का युग (1932-1945)।

प्रश्न

1. अखिल अमेरिकनवाद से आप क्या समझते हैं? उसका 1920 के बाद से विश्व राजनीति पर क्या प्रभाव पड़ा?
2. 1919 से 1932 तक संयुक्त राज्य अमेरिका की वैदेशिक नीति का परीक्षण कीजिए।
3. 1919 से 1945 के मध्य सुदूरपूर्व के प्रति संयुक्त राज्य अमेरिका की विदेश नीति का आलोचनात्मक परीक्षण कीजिए।
4. दो विश्व युद्धों के मध्य यूरोप तथा राष्ट्रसंघ के प्रति संयुक्त राज्य अमेरिका की विदेश नीति की समीक्षा कीजिए।
5. लैटिन अमेरिका के प्रति संयुक्त राज्य अमेरिका की विदेश नीति की विवेचना कीजिए।
6. मुक्त द्वार नीति से क्या तात्पर्य है? संयुक्त राज्य अमेरिका की जापान से सम्बन्धित नीति का परीक्षण कीजिए।
7. अच्छे पड़ोसी की नीति की समीक्षा कीजिए, इसके परिणामों को बतलाते हुए, रुजवेल्ट की लैटिन अमेरिकन सम्बन्ध नीति को विवेचित कीजिये।
8. पृथकत्ववाद के पुनरोदय के क्या कारण थे? संयुक्त राज्य अमेरिका की विदेश नीति में इस तत्त्व की भूमिका क्या रही?
9. स्पर्शहीन सहयोग नीति की विवेचना करते हुए, संयुक्त राज्य अमेरिका के वैदेशिक सम्बन्धों की समीक्षा कीजिये।

10

सोवियत संघ की विदेश नीति (1919-1945)

1917 की साम्यवादी क्रांति रूस के इतिहास में ही नहीं अपितु सम्पूर्ण विश्व के इतिहास में एक युग प्रवर्तक घटना थी। अन्तर्राष्ट्रीय सम्बन्धों और विदेश नीति के क्षेत्र में इस घटना का महत्त्व अत्यधिक दृष्टिगत होता है। इससे पूर्व रूस के अन्तर्राष्ट्रीय सम्बन्ध शक्ति राजनीति की सामान्य व्यवस्थाओं पर आधारित थे। परन्तु अब उनमें एक सर्वथा नूतन तत्त्व का समावेश हुआ था। यह नूतन तत्त्व था–विचारधाराओं का संघर्ष। विश्व के इतिहास में प्रथम बार सामाजिक विचारधाराओं का संघर्ष अन्तर्राष्ट्रीय सम्बन्धों का एक प्रमुख निर्धारक तत्व बन गया।

साम्यवादी क्रांति का रूस की विदेश नीति पर कितना और क्या प्रभाव पड़ा? इस सम्बन्ध में विरोधी विचार व्यक्त किये गये हैं। अनेक विद्वानों का मत है कि ज़ारशाही और साम्यवादी रूस की विदेश नीति में कोई अन्तर नहीं था। दोनों ही साम्राज्यवादी विस्तारवाद पर आधारित थीं। उनके अनुसार "साम्यवादी रूस की विदेश नीति जारशाही विदेश नीति का विकसित रूप थी।"[1] इसके विपरीत साम्यवादियों का मत है कि सोवियत विदेश नीति साम्यवाद के उच्च सिद्धान्तों पर आधारित एक सर्वथा नवीन वस्तु है।

वस्तुत: उपर्युक्त दोनों ही विचार अंशत: सत्य हैं। यह असन्दिग्ध है, कि 1917 की क्रांति के पश्चात् 'साम्यवाद का प्रसार' रूसी विदेश नीति का एक स्थायी तत्त्व बन गया था। पूंजीवादी राज्यों का विरोध इस तत्त्व का स्वाभाविक और अनिवार्य परिणाम था। इसके कारण साम्यवादी रूस की विदेश नीति शक्ति, राजनैतिक और शक्ति सन्तुलन के सिद्धान्तों पर उस परम्परागत रूप से आधारित नहीं रह सकती थी जिस रूप में जारशाही रूस की नीति आधारित थी। फिर भी साम्यवादी रूस की विदेश नीति जारशाही रूस की विदेश नीति से सर्वथा भिन्न नहीं थी। साम्यवादी क्रांति से रूसी

विदेश नीति के निर्धारण में कुछ नवीन तत्त्वों का समावेश अवश्य हो गया था, पर अन्ततः यह नीति जारशाही युग के समान 'राष्ट्रीय हित' पर आधारित थी। फ्लोयड ए० केव का मत है, "सोवियत नीति कहीं भी बड़ी मात्रा में उन ऐतिहासिक ध्येयों से दूर नहीं हटी है, जिन्हें सोवियत यूनियन की भौगोलिक तथा राजनैतिक स्थिति ने उसके प्रारब्ध का एक अंग बना दिया है।"[2]

अपने राष्ट्रीय हितों की पूर्ति के लिए सोवियत विदेश नीति ने इस काल में (1919-1945) में अनेक रूप बदले। इन परिवर्तनों के आधार पर इस काल को 6 युगों में विभक्त किया जा सकता है:

1. विश्व क्रांति का स्वप्न और पूँजीवादी हस्तक्षेप का युग (1917-1921);
2. कूटनीति अभिज्ञान की खोज का युग (1921-1934);
3. पश्चिम के साथ सहयोग का युग (1934-1938);
4. संकटपूर्ण पार्थक्य का युग (1938-1939);
5. शत्रुओं के पुनर्मिलन का युग (1939-1941);
6. विचित्र मैत्री का युग (1941-1945)

विश्व क्रांति का स्वप्न और पूंजीवादी हस्तक्षेप का युग (1917-1921)

किसी भी शासन पद्धति को अपने जन्म के समय इतनी तीव्र और दीर्घ प्रसव-वेदना नहीं सहनी पड़ी है, जितनी कि रूस की साम्यवादी सोवियत शासन पद्धति को सहनी पड़ी है। अपने जीवन के प्रारम्भिक 4 वर्षों में उसे आन्तरिक और बाह्य दोनों प्रकार के शत्रुओं के भीषण प्रहारों का सामना करना पड़ा पर अन्ततः ट्राटस्की द्वारा संगठित लाल सेना रूस में साम्यवादी शासन को स्थापित करने में सफल हुई।

साम्यवादी क्रांति के पश्चात् ब्रिटेन, फ्रांस, अमेरिका आदि पश्चिमी शक्तियों ने राज्य-प्रभुसत्ता के सिद्धांत का उल्लंघन कर रूस के साम्यवादी शासन को गला घोंट कर मार डालने का प्रयत्न किया। साम्यवादियों का दमन करने के लिए रूस में अपनी सेनायें भेजीं।[3]

राज्य-प्रभुसत्ता के सिद्धान्त का परित्याग कर साम्यवादी क्रान्ति के विरुद्ध उनके इस हस्तक्षेप के प्रमुख कारण थे-

(i) स्वयं रूसी साम्यवादी राज्य प्रभुसत्ता के सिद्धान्त को नहीं मानते थे। वे सोवियत संघ को एक राष्ट्रीय इकाई मात्र नहीं, अपितु विश्व क्रांति का अग्रदूत मानते थे। वे सम्पूर्ण विश्व में पूँजीवाद का अन्त करने और साम्यवादी विश्व क्रांति के विचार को मूर्त

रूप देने के लिए सक्रिय थे। इस प्रकार रूस की साम्यवादी क्रांति पश्चिमी के लिये एक चुनौती थी। इस चुनौती का उत्तर देने के लिए पश्चिमी राज्यों ने प्रयत्न किया।

(ii) क्रांति के बाद रूस प्रथम विश्व-युद्ध से पृथक् हो गया था और उसने मार्च, 1918 में जर्मनी के साथ ब्रेस्ट लिटोवस्क की सन्धि कर ली थी, जिससे जर्मनी पूर्वी मोर्चे से निश्चिन्त होकर अपनी सम्पूर्ण शक्ति पश्चिमी और दक्षिणी मोर्चों पर लगा सका। इससे पश्चिमी राष्ट्र रूस से क्रुद्ध हो उठे।

(iii) साम्यवादियों द्वारा सम्पूर्ण विदेशी ऋणों की अस्वीकृति तथा विदेशी औद्योगिक प्रतिष्ठानों के राष्ट्रीयकरण ने पश्चिमी राष्ट्रों को क्रोधित कर दिया था।

(iv) सोवियत सरकार ने संसार के सभी श्रमिकों को युद्ध-प्रयत्नों का विरोध करने का आह्वान किया। इससे यत्र-तत्र पश्चिम राज्यों के युद्ध प्रयत्नों में शिथिलता आने लगी। इस सभी कारणों ने पश्चिमी राज्यों को साम्यवादी रूस के विरुद्ध संघर्ष के लिए प्रेरित किया।

परन्तु न तो रूसी साम्यवादी अपने विश्व क्रांति के स्वप्न को साकार करने में सफल हुए और न ही पश्चिमी राज्य साम्यवादी रूस को नष्ट करने की अपनी आकांक्षा में सफल हुए। इस प्रकार पूँजीवादी और साम्यवादी शक्तियों का प्रथम संघर्ष अनिर्णीत रहा।[4]

कूटनीति अभिज्ञान की खोज का युग (1921-1934)

1921 में साम्यवादी रूस की विदेश नीति का दूसरा दौर प्रारम्भ होता है। इस समय तक रूसी बाल्शेविक विश्व क्रांति की ज्वाला को प्रदीप्त करने की अपनी असफलता को समझ चुके थे। साथ ही, साम्यवादी क्रांति विरोधी श्वेत आन्दोलन तथा पूंजीवादी हस्तक्षेप भी असफल हो चुके थे। साम्यवादी रूस की दशा आर्थिक पहलू से इतनी अधिक बिगड़ चुकी थी कि उनके लिए पूँजीवाद से न्यूनाधिक समझौता करना अनिवार्य हो गया। परिणामस्वरूप आन्तरिक क्षेत्र में लेनिन ने एक नवीन आर्थिक नीति (न्यू इकनामिक पालिसी), जो राष्ट्रीयकरण के साम्यवादी सिद्धान्त को अन्तिम लक्ष्य मानते हुए भी कृषि, आन्तरिक व्यापार और लघु उद्योगों के क्षेत्र में व्यक्तिगत स्वामित्व की पूँजीवादी व्यवस्था की उपयोगिता की स्वीकृति पर आधारित थी, को अपनाया तथा अन्तर्राष्ट्रीय क्षेत्र में पूंजीवादी राज्यों से व्यापारिक सम्बन्ध स्थापित करने और कूटनीतिक अभिज्ञान प्राप्त करने का प्रयत्न किया। इस युग में साम्यवादी विदेश नीति के मुख्य लक्ष्य थे-

(i) जर्मनी को साम्यवादी विरोधी गुट का सदस्य बनने से रोकना;

(ii) पश्चिमी देशों से कूटनीतिक अभिज्ञान प्राप्त करना;

(iii) क्रांति की सफलताओं को सुदृढ़ करना और देश की अर्थव्यवस्था का पुनर्गठन करना तथा इसके लिए पूँजीवादी देशों से व्यापारिक सम्बन्ध स्थापित करना।

समग्रतः यह युग एक अशान्त सहअस्तित्व का युग था,[5] क्योंकि अन्य राज्यों ने इस युग में साम्यवादी रूस को ताथ्यिक अभिज्ञान (डिफैक्टो रिकगनीशन) तो प्रदान कर दिया, परन्तु वैधानिक अभिज्ञान (डिजुरे रिकगनीशन) बहुत कम राज्यों ने प्रदान किया था। साम्यवादी रूस की विदेश नीति के इस दूसरे दौर का प्रथम परिणाम मार्च, 1921 का ब्रिटिश रूसी व्यापार समझौता था। 1921 के अन्त तक 11 अन्य राज्यों ने भी इसी प्रकार के समझौते रूस से सम्पन्न किए थे। परन्तु फिर भी अधिकांश राज्य साम्यवादी रूस के साथ कूटनीतिक सम्बन्ध स्थापित करने को तैयार नहीं थे। इसका मुख्य कारण साम्यवादी रूस द्वारा जारशाही रूस के विदेशी ऋणों को अमान्य घोषित कर देना था। साम्यवादी रूस के विदेश मंत्री चिचेरिन के प्रस्ताव पर विदेशी ऋणों की समस्या पर एक अन्तर्राष्ट्रीय सम्मेलन का 1922 में जेनेवा में आयोजन हुआ परन्तु इस अर्थ सम्मेलन में कोई समझौता न हो सका।

जेनेवा सम्मेलन ने अन्तर्राष्ट्रीय राजनीति के 2 तत्कालीन अछूतों (जर्मनी और रूस) को निकट आने में सहायता दी। 16 अप्रैल, 1922 को जर्मनी और रूस के मध्य रोपेल्लो की सन्धि हुई, जिसके द्वारा जर्मनी ने साम्यवादी रूस को 'वैधानिक मान्यता' (डिजुरे रिकगनीशन) प्रदान की।[6]

1924 में सोवियत संघ ने यह घोषणा की कि जो राज्य उसे सर्वप्रथम 'वैधानिक मान्यता' प्रदान करेगा, वह उसके साथ एक विशेष लाभदायक व्यापारिक सन्धि करेगा। परिणास्वरूप 1 फरवरी, 1924 को ब्रिटेन ने; 7 फरवरी, 1924 को इटली ने; 28 अक्टूबर, 1924 को फ्रांस ने तथा 21 जनवरी, 1925 को जापान ने रूस को वैधानिक मान्यता प्रदान कर दी।

पश्चिमी राज्यों से अपने सम्बन्ध सुधारने के लिए रूस ने इस युग में साम्यवादी विश्व क्रांति के विचार को त्याग दिया। साम्यवादी विश्व क्रांति के समर्थक ट्राटस्की को निष्कासित कर दिया गया और अपने ही देश में साम्यवाद को दृढ़ करने की नीति का समर्थक स्टालिन रूस का सर्वेसर्वा बन गया। विश्व क्रांति की नीति के परित्याग की व्यवहारिक अभिव्यक्ति के रूप में रूस ने अपने पड़ोसी राज्यों के साथ अनेक अनाक्रमण समझौते

किए। ये राज्य थे–तुर्की (1925); जर्मनी (1926); अफगानिस्तान (1926); लिथुआनिया (1926); ईरान (1927); फिनलैण्ड (1931); इस्टोनिया (1931); पोलैण्ड (1931); लैटविया (1933); चैकोस्लोवाकिया (1933); इटली (1933) तथा यूगोस्लाविया (1933)।

1932 में रूस ने फ्रांस के साथ एक तटस्थता सन्धि सम्पन्न की। इस प्रकार इस युग में रूस ने पूँजीवादी राज्यों से समझौता करने की नीति अपनाई, परन्तु कोमिन्टर्न द्वारा अन्य देशों में साम्यवादी क्रांति फैलाने के प्रयत्नों के कारण पश्चिमी राज्य रूस को अविश्वास की दृष्टि से देखते रहे।

इस युग में रूस ने विश्व शान्ति और निःशस्त्रीकरण का प्रबल समर्थन किया। 1928 में उसने केलॉग-ब्रिआं पैक्ट पर हस्ताक्षर किये तथा लिटविनोव प्रोटोकोल के द्वारा उसका विस्तार करने का प्रयत्न किया। परन्तु राष्ट्रसंघ को रूस 'शताब्दी की सर्वाधिक निर्लज्ज लुटेरा सन्धि (वर्साय) की उपज' मानता रहा और उसके साथ असहयोग करता रहा।

पश्चिम के साथ सहयोग का युग (1934-1938)

1930 के बाद पूर्व में जापानी साम्राज्यवाद के विकास और पश्चिम में नात्सी जर्मनी के उदय ने, जो स्पष्ट रूप से साम्यवादी रूस के शत्रु थे, रूस के लिए दो मोर्चों पर आक्रमण के भय को उत्पन्न कर दिया। इससे एक बार पुनः सोवियत विदेश नीति में एक नया मोड़ उत्पन्न हुआ और उसने जर्मनी, जापान और बाद में इटली के विरुद्ध पश्चिमी पूंजीवादी देशों की ओर मित्रता का हाथ बढ़ाया। उसने पाया कि फासिस्ट शक्तियों के उदय से उत्पन्न हुई परिस्थितियों में अनाक्रमण समझौतों की नकारात्मक नीति अपर्याप्त थी और अपने अर्द्ध-पार्थक्य को दूर करने तथा सुरक्षा व्यवस्था को सुदृढ़ करने के लिए यह आवश्यक था कि रूस पश्चिमी शक्तियों से अधिक घनिष्ठ सम्बन्ध स्थापित करे।[7]

जापानी साम्राज्यवाद का विकास अमेरिका के लिए भी उतनी ही चिन्ता की बात थी जितनी रूस के लिए। अतः इस बदली हुई परिस्थिति में दोनों देशों ने एक-दूसरे की आवश्यकताओं को समझते हुये कूटनीतिक सम्बन्ध स्थापित कर लिए।

अब तक रूस वर्साय की सन्धि द्वारा स्थापित व्यवस्थाओं का विरोध करता रहा था, परन्तु अब उसने 'यथास्थिति' का समर्थन करने और जर्मन आक्रमण के विरुद्ध बाँध के रूप में सीमावर्ती राज्यों को मजबूत करने की नीति अपनायी। मई, 1933 में राडेक ने इजवेस्तिया में लिखा कि "लूट भरी वर्साय की सन्धि के संशोधन का मार्ग एक नये विश्व युद्ध से होकर जाता

है। संशोधन की चर्चा वह पर्दा है, जिसके पीछे साम्राज्यवाद मानव बुद्धि के कल्पनागम्य, भयंकरतम और क्रूरतम युद्ध की तैयारी करता है।" साथ ही राष्ट्रसंघ के प्रति भी सोवियत संघ का दृष्टिकोण परिवर्तित हो गया। वह उसके कटु आलोचक के स्थान पर उसका प्रबल समर्थक बन गया और 18 सितम्बर, 1934 को उसने एक स्थायी सदस्य के रूप में राष्ट्रसंघ में प्रवेश किया।

फ्रांस के साथ मैत्री राष्ट्रसंघ के साथ सहयोग की नीति की स्वाभाविक उपसिद्धि थी। 2 मई, 1935 को रूस और फ्रांस के मध्य तथा 16 मई, 1935 को रूस और चैकोस्लोवाकिया के मध्य पारस्परिक सहायता के समझौते हुए।[8]

इस प्रकार 1934 से 1938 तक रूस ने पश्चिम के साथ सहयोग की नीति अपनायी परन्तु रूस और पश्चिम के मध्य कोई वास्तविक मित्रता नहीं हो सकी। शूमां के अनुसार, "इस उद्वेगपूर्ण मैत्रीभाव में पारस्परिक विश्वास का अभाव था।" पश्चिमी राष्ट्रों का विश्वास था कि रूस का उद्देश्य अन्ततः पूँजीवाद का विनाश है, अतः उसकी मित्रता एक दिखावामात्र है। फलस्वरूप वे फासिस्ट शक्तियों को साम्यवाद विरोधी तत्व समझकर बढ़ावा देते रहे। मई, 1935 में फ्रांसीसी-रूसी सन्धि पर हस्ताक्षर के कुछ ही दिन बाद उसका खोखलापन स्पष्ट होने लगा। इस मैत्री की प्रथम परीक्षा मार्च, 1936 में तब हुई जब हिटलर ने लोकार्नो सन्धियों को अमान्य घोषित करते हुए राइन प्रदेश के सैन्यीकरण की घोषणा की। फ्रांस ने इसके विरुद्ध कोई कार्यवाही नहीं की। फ्रांसीसी-रूसी मैत्री की दूसरी परीक्षा, इटली-एबीसीनिया युद्ध था। इस बार फिर फ्रांस ने आक्रमणकारी के प्रति तुष्टीकरण की नीति अपनायी। तीसरी परीक्षा, स्पेनिश गृहयुद्ध के समय हुई। इस अवसर पर भी रूस ने तो स्पेनिश गणतन्त्र की सहायता की, परन्तु फ्रांस ने ब्रिटिश अहस्तक्षेप की नीति का अनुसरण किया। परीक्षा का चौथा और अन्तिम अवसर म्यूनिख समझौता था। यह अवसर मई, 1935 के फ्रांस-चैक-रूस गुट की अग्नि परीक्षा सिद्ध हुआ। फ्रांस और रूस दोनों ही चैकोस्लोवाकिया की रक्षा के लिए प्रतिबद्ध थे। रूस चैकोस्लोवाकिया की सहायता करना चाहता था, परन्तु फ्रांस ने न केवल चैकोस्लोवाकिया के साथ विश्वासघात किया, अपितु हिटलर के विरोध के कारण रूस को म्यूनिख सम्मेलन के लिए आमन्त्रित तक नहीं किया। परिणामस्वरूप, रूस को पश्चिम के साथ सहयोग की नीति को एक पूर्ण असफलता के रूप में त्यागना पड़ा।[9]

संकटपूर्ण पार्थक्य का युग (1938-1939)

ब्रान्स हूपर के शब्दों में, "म्यूनिख समझौता एक ब्लेक आउट पराजय था-सोवियत यूनियन की विदेश नीति के दो युगों के मध्य की समय सीमा

था। चारों पश्चिमी शक्तियों के राजनीतिज्ञों ने रूस को न केवल क्लब से निकाल बाहर किया, अपितु पश्चिम की ओर की सोवियत कुटनीतिक सुरक्षा व्यवस्थाओं को बारूद से उड़ा दिया।" सितम्बर, 1938 के म्यूनिख समझौते के पश्चात् रूस ने अपने आपको अत्यन्त संकटपूर्ण स्थिति में पाया। उसने अपने को पूर्व और पश्चिम दोनों ओर शक्तिशाली शत्रुओं (जापान और जर्मनी) से घिरा पाया। इन शत्रुओं के विरुद्ध उस समय उसका कोई मित्र नहीं था। उसका पूर्ववर्ती मित्र फ्रांस उसे धोखा दे चुका था। ब्रिटेन उसके विरुद्ध जर्मनी के तुष्टीकरण में लगा हुआ था।[10]

रूस जानता था कि पश्चिमी शक्तियाँ जर्मनी को रूस पर आक्रमण करने के लिए प्रेरित कर रही हैं। अपनी मित्रविहीन स्थिति से चिन्तित होकर रूस ने ब्रिटेन से मैत्री का प्रयास किया परन्तु असफलता ही हाथ लगी। दिसम्बर, 1938 में रूस ने पोलैण्ड के साथ मैत्री करने का असफल प्रयास किया। 1 जनवरी, 1939 में रूस ने जर्मनी के साथ समझौता करने का प्रयास किया, परन्तु निराशा ही हाथ लगी। अप्रैल, 1939 में पुनः एंग्लो-सोवियत वार्तायें प्रारम्भ हुईं, परन्तु सभी प्रयास निष्फल हो गए। वास्तव में, पश्चिमी राज्य रूस के प्रति एक दो-मुखी नीति पर आचरण कर रहे थे, उसी प्रकार रूस भी पश्चिमी राज्यों के प्रति एक दो-मुखी नीति अपनाये हुये था। परस्पर मैत्री की वार्तायें करते हुए भी रूस और पश्चिमी राज्य दोनों ही जर्मनी को एक दूसरे के विरुद्ध कर देने के लिए उत्सुक थे। रूस जर्मनी की ओर मित्रता का हाथ बढ़ा रहा था यद्यपि वह ब्रिटेन से भी मैत्री की वार्तायें कर रहा था।

शत्रुओं के पुनर्मिलन का युग (1939-1941)

हिटलर पोलैण्ड पर आक्रमण करने का निश्चय कर चुका था (मई, 1939); परन्तु ब्रिटेन स्पष्ट रूप से पोलैण्ड की सहायता की घोषणा कर चुका था, अतः जर्मनी रूस को किसी भी सम्भावित युद्ध में तटस्थ रखने के लिए उत्सुक था। रूस ने भी ब्रिटेन और फ्रांस के अनिश्चित दृष्टिकोण से क्षुब्ध होकर जर्मनी के हाथों अपनी तटस्थता को ऐसे मूल्य पर बेचने का निश्चय किया, जिससे जर्मनी के विरुद्ध उसकी प्रतिरक्षा व्यवस्था अधिकतम मात्रा में सुदृढ़ हो जाती। फलस्वरूप, 23 अगस्त, 1939 को संसार यह सुनकर स्तब्ध रह गया कि तब तक के कट्टर शत्रुओं, रूस और जर्मनी ने परस्पर एक अनाक्रमण समझौता कर लिया है।

पश्चिमी राष्ट्रों के लिए सोवियत-जर्मन समझौता आशातीत वज्रपात था। सोवियत-जर्मन अनाक्रमण समझौता सोवियत विदेश नीति की एक महान् विजय तथा स्टालिन के तूफानी राजनैतिक जीवन की एक महान् सफलता

थी। इसके द्वारा रूस पर जर्मन आक्रमण की सम्भावना अनिश्चित काल के लिए टल गई। रूस की मित्रविहीन स्थिति से उत्पन्न संकट दूर हो गया। साथ ही इस सन्धि के साथ हुए एक गुप्त समझौते के द्वारा जर्मनी ने फिनलैण्ड, इस्टोनिया, लैटविया, पोलैण्ड के पूर्वी भाग तथा रुमानिया के बेसाराविया प्रदेश को रूसी प्रभाव क्षेत्र मान लिया। इस सन्धि के परिणामस्वरूप रूस-विरोधी एन्टी कामिन्टर्न पैक्ट निष्फल हो गया तथा जब जर्मनी ने अन्ततः रूस पर आक्रमण किया तब रूस को उसके विरुद्ध पश्चिमी राज्यों से पूरी-पूरी सहायता मिली।[11]

1 सितम्बर, 1939 को जर्मनी ने पोलैण्ड पर आक्रमण कर दिया और 3 सितम्बर, 1939 को ब्रिटेन और फांस के युद्ध में प्रवेश से द्वितीय विश्व युद्ध का दावानल भड़क उठा। सोवियत-जर्मन अनाक्रमण समझौते के अनुसार रूस तटस्थ बना रहा, परन्तु वह यह जानता था कि एक न एक दिन हिटलर उस पर आक्रमण अवश्य करेगा। अतः उसने अपनी तटस्थ स्थिति का, अपनी सुरक्षा व्यवस्था को सुदृढ़ बनाने के लिए, पूरा-पूरा उपयोग किया। 17 सितम्बर, 1939 को उसने भी पोलैण्ड पर आक्रमण पर दिया। 28 सितम्बर, 1939 को एक समझौते के द्वारा रूस और जर्मनी ने परस्पर पोलैण्ड का विभाजन कर लिया, इससे रूस की सीमा पश्चिम में 400 कि॰मी॰ आगे बढ़ गई। इसके बाद रूस ने अपनी पश्चिमी सीमा पर बाल्टिक राज्यों पर अपना संरक्षण स्थापित किया। 28 सितम्बर, 1939 में इस्टोनिया, 5 अक्टूबर, 1939 में लैटविया, 10 अक्टूबर, 1939 में लिथुआनिया से सन्धियाँ की गयीं, जिनके द्वारा इन राज्यों और रूस ने किसी भी यूरोपियन शक्ति के आक्रमण की दशा में पारस्परिक सहायता के वचन दिये। साथ ही, इन राज्यों ने रूस को अपने-अपने प्रदेश में कुछ नौ-सैनिक तथा हवाई अड्डे स्थापित करने का अधिकार भी दिया। तदुपरान्त रूस ने फिनलैण्ड में सामयिक महत्व के क्षेत्र प्राप्त करने हेतु 20 नवम्बर, 1939 को आक्रमण कर दिया। फिनलैण्ड की पराजय हुई और 12 मार्च, 1940 की सन्धि के द्वारा फिनलैण्ड ने रूस द्वारा माँगे गए प्रदेश उसे 30 वर्ष के पट्टे पर प्रदान कर दिए परन्तु रूस फिर भी अपनी सुरक्षा के विषय में आश्वस्त नहीं हुआ। 15-17 जून, 1940 को उसने लिथुआनिआ, लैटविया, इस्टोनिया पर अधिकार कर उन्हें सोवियत यूनियन का अंग बना लिया। 28 जून, 1940 को उसने रुमानिया के बेसाराबिया और बुकोबिना के प्रदेशों पर अधिकार कर लिया।

अगस्त, 1939 से जून 1941 के प्रारम्भ तक रूस और जर्मनी एक-दूसरे से सहयोग करते रहे। इसी मध्य 13 अप्रैल, 1941 को जापान ने रूस के साथ अनाक्रमण और तटस्थता का पंचवर्षीय समझौता कर लिया। परन्तु जून,

1941 में जर्मनी ने रूस पर आक्रमण करने का निश्चय कर लिया। उसका लक्ष्य यूक्रेन के विशाल अन्नभण्डार और काकेशस के तेल कूपों पर अधिकार करना था। 22 जून, 1941 को जर्मन सेनाओं ने रूस पर आक्रमण कर दिया। इस आक्रमण के साथ ही सोवियत संघ की विदेश नीति में पुनः परिवर्तन हो गया।[12]

विचित्र मैत्री का युग (1941-1945)

जर्मनी द्वारा रूस पर आक्रमण के साथ ही सोवियत रूस की विदेश नीति का छठा युग प्रारम्भ हुआ–साम्यवादी और पूँजीवादी देशों की विचित्र मैत्री का युग।

रूस पर जर्मनी की विजय हिटलर को सर्वेसर्वा बना देती परन्तु ब्रिटिश प्रधानमंत्री चर्चिल इस खतरे के प्रति पूर्णतः सावधान था। तुष्टीकरण की नीति के इस महान् विरोधी ने तुरन्त ही सोवियत संघ के साथ एकता की घोषणा कर दी। 26 मई, 1942 को एंग्लो-सोवियत मैत्री सन्धि सम्पन्न हुई। संयुक्त राज्य अमेरिका ने रूस को जर्मन आक्रमण के विरुद्ध पूर्ण सहायता देने का आश्वासन दिया। जून, 1941 से सितम्बर, 1945 तक रूस और पश्चिमी राज्य कन्धे से कन्धा मिलाकर फासिस्ट शक्तियों के विरुद्ध लड़े। परन्तु उनकी यह मित्रता अन्दर से एक खोखली वस्तु थी। रूस, ब्रिटेन, और अमेरिका के सह-युद्धरत होते हुए भी उनके मध्य पारस्परिक अविश्वास और संदेह का वातावरण बना रहा। अमेरिका ने एक बड़ी मात्रा में रूस को युद्ध सामग्री प्रदान की; फिर भी रूस को उसके प्रति शिकायत बनी ही रही क्योंकि रूस के युद्ध के प्रारम्भ होने के तीन वर्ष बाद तक भी मित्र राष्ट्रों ने जर्मनी के विरुद्ध "दूसरा मोर्चा" नहीं खोला, जिसके कारण जर्मन आक्रमण की सम्पूर्ण तीव्रता का प्रधानतः अकेले रूस को ही सामना करना पड़ा।

जैसे-जैसे मित्र राष्ट्रीय विजय की सम्भावनायें बढ़ती गईं, वैसे-वैसे एक ओर ब्रिटेन और अमेरिका तथा दूसरी ओर रूस के साथ सम्बन्ध बिगड़ते गए। पश्चिमी राष्ट्र साम्यवाद की विजय को सन्देह की दृष्टि से देखते थे और उसे अपने लिए घातक समझते थे। 1945 में याल्टा, सानफ्रांसिसको तथा पोट्सडाम सम्मेलनों में रूस और पश्चिमी शक्तियों के मतभेद उग्र से उग्रतर होते चले गये। जापान के साथ युद्ध के प्रश्न ने इन मतभेदों की कटुता को और अधिक बढ़ा दिया। शूमां के शब्दों में–"मृत्यु की छाया में अमेरिका और रूस के लोग अन्तरंग मित्र हो गये थे। 3 वर्षों के बाद वे एक-दूसरे को सन्देह की दृष्टि से देखने वाले अजनबी होने वाले थे। 4 वर्ष के उपरान्त वे सम्भावित शत्रु होने वाले थे।"[13]

सन्दर्भ

1. ई॰ एच॰ कार: दो विश्व युद्धों के बीच अन्तर्राष्ट्रीय सम्बन्ध, पृ॰ 97।
2. फ्रेडरिक एल॰ शूमां: अन्तर्राष्ट्रीय राजनीति, पृ॰ 299।
3. गेथोर्न हार्डी: अन्तर्राष्ट्रीय राजनीति का संक्षिप्त इतिहास, पृ॰ 306।
4. जान गुन्थर: इनसाइड यूरोप, पृ॰ 67-68।
5. केनथ इनग्राम: ईअर्स आफ क्राइसिस, पृ॰ 497-498।
6. ई॰ एच॰ कार: दो विश्व युद्धों के बीच अन्तर्राष्ट्रीय सम्बन्ध, पृ॰ 131।
7. गेथोर्न हार्डी: अन्तर्राष्ट्रीय राजनीति का संक्षिप्त इतिहास, पृ॰ 306।
8. फ्रेडरिक एल॰ शूमां: अन्तर्राष्ट्रीय राजनीति, पृ॰ 264।
9. गेथार्न हार्डी: अन्तर्राष्ट्रीय राजनीति का संक्षिप्त इतिहास, पृ॰ 310।
10. बुलेटिन आफ इन्टरनेशनल न्यूज, जिल्द 10, संख्या 4, (1933)।
11. फ्रेडरिक एल॰ शूमां: अन्तर्राष्ट्रीय राजनीति, पृ॰ 530।
12. पामर एण्ड परकिन्स: इन्टरनेशनल रिलेशन्स, पृ॰ 691-692।
13. फ्रेडरिक एल॰ शूमां: अन्तर्राष्ट्रीय राजनीति, पृ॰ 530।

स्मरण संकेत

सोवियत संघ की विदेश नीति (1917-1945) के छः युग

(i) विश्व क्रान्ति का स्वप्न और पूँजीवादी हस्तक्षेप का युग (1917-1921);
(ii) कूटनीतिक अभिज्ञान की खोज का युग (1921-1934);
(iii) पश्चिम के साथ सहयोग का युग (1934-1938);
(iv) संकटपूर्ण पार्थक्य का युग (1938-1939);
(v) शत्रुओं के पुनर्मिलन का युग (1939-1941);
(vi) विचित्र मैत्री का युग (1941-1945)।

विश्व क्रांति का स्वप्न और पूंजीवादी हस्तक्षेप का युग (1917-1921)

(i) साम्यवादी क्रान्ति पश्चिम के लिये चुनौती;
(ii) ब्रेस्ट-लिटोवस्क की सन्धि;
(iii) सोवियत संघ द्वारा विदेशी ऋणों की देनदारी से इन्कार;
(iv) विदेशी पूँजी अधिकृत;
(v) पूंजीवादी-साम्यवादी शक्तियों का संघर्ष अनिर्णीत।

कूटनीतिक अभिज्ञान की खोज का युग (1921-1934)

(i) अन्तर्राष्ट्रीय क्षेत्र में पूँजीवादी राज्यों से सम्बन्ध स्थापित करने का प्रयत्न;

(ii) अशान्त सह-अस्तित्व का युग;
(iii) रापेल्लो की सन्धि;
(iv) पश्चिमी राष्ट्रों द्वारा रूस को वैधानिक मान्यता की प्राप्ति;
(v) साम्यवादी विश्व क्रान्ति के विचार का परित्याग;
(vi) पड़ोसी राज्यों से अनाक्रमण समझौता;
(vii) फ्रांस के साथ तटस्थता सन्धि सम्पन्न;
(viii) पूँजीवादी राज्यों से समझौता करने की नीति;
(ix) विश्व शांति और निःशस्त्रीकरण का समर्थन।

पश्चिम के साथ सहयोग का युग (1934-1938)

(i) जर्मनी, जापान, इटली के विरुद्ध मित्रता प्राप्त करने का प्रयत्न;
(ii) राष्ट्रसंघ में प्रविष्ट;
(iii) रूस-फ्रांस पारस्परिक सहायता सन्धि;
(iv) रूस-चैकोस्लोवाकिया पारस्परिक सहायता सन्धि;
(v) पारस्परिक विश्वास का अभाव (राइन प्रदेश का सैन्यीकरण);
(vi) इटली-एबीसीनिया कांड;
(vii) स्पेनिश गृह-युद्ध;
(viii) म्यूनिख समझौता।

संकटपूर्ण पार्थक्य का युग (1938-1939)

(i) रूस की संकटपूर्ण स्थिति;
(ii) ब्रिटेन, पोलैण्ड से मित्रता प्राप्ति में निराशा;
(iii) पश्चिमी राज्यों की रूस के प्रति दो-मुखी नीति;
(iv) रूस की पश्चिमी राज्यों के प्रति दो-मुखी नीति।

शत्रुओं के पुनर्मिलन का युग (1939-1941)

(i) सोवियत-जर्मन अनाक्रमण समझौता;
(ii) स्टालिन की तूफानी राजनीति;
(iii) एन्टी कामिन्टर्न पैक्ट निष्फल;
(iv) सतर्कतापूर्ण तटस्थता।

विचित्र मैत्री का युग (1941-1945)

(i) जर्मनी द्वारा रूस पर आक्रमण;

(ii) इंग्लैण्ड द्वारा सोवियत संघ के साथ एकता की घोषणा;
(iii) एंग्लो-सोवियत मैत्री सन्धि सम्पन्न;
(iv) संयुक्त राज्य अमेरिका द्वारा सोवियत संघ को सहायता का आश्वासन;
(v) रूस-ब्रिटेन-अमेरिका सह-युद्धरत;
(vi) रूस-ब्रिटेन-अमेरिका में अविश्वास और सन्देह का वातावरण;
(vii) रूस और पश्चिमी शक्तियों के मध्य उग्र मतभेद।

प्रश्न

1. 1919 से 1945 के वर्षों के बीच रूसी विदेश नीति के प्रमुख सिद्धान्तों की विवेचना कीजिए।
2. 1919 से 1945 के दौरान पाश्चात्य शक्तियों के सोवियत संघ के प्रति रुख की आलोचनात्मक परीक्षा कीजिए। सोवियत प्रतिक्रिया क्या हुई?
3. दो विश्व-युद्धों के मध्य सोवियत संघ की विदेश नीति की समीक्षा करते हुए, उसके लक्ष्यों को बतलाइये।
4. 1919-1939 के मध्य सोवियत संघ की विदेश नीति के मुख्य उद्देश्य क्या थे? क्या वे पूर्ण हुए?
5. "1919-1945 के मध्य सोवियत संघ की विदेश नीति में बारम्बार परिवर्तन किये गये," समीक्षा कीजिए।
6. "1919 से 1945 के मध्य सोवियत संघ की विदेश नीति जारशाही काल की विदेश नीति के सदृश थी," समीक्षा कीजिए।

11

जापान की विदेश नीति (1919-1941)

सूर्योदय का राष्ट्र जापान द्वितीय विश्व युद्ध से पूर्व एकमात्र एशियाई शक्ति था, जो यूरोप की महाशक्तियों से शक्ति और सामर्थ्य में समानता का दावा कर सकता था।[1] जापान ने अपने 'पश्चिमीकरण' के कार्यक्रम में असाधारण तीव्र गति से सफलता प्राप्त की थी। उसमें नव-शक्ति और नव-आकांक्षाओं का संचार हुआ था। अपनी आकांक्षाओं की पूर्ति हेतु बीसवीं शताब्दी के प्रारम्भ में (1902 ई०) उसने मित्रों की खोज की, जिसका परिणाम 1902 की एंग्लो-जापानी सन्धि थी। इस सन्धि द्वारा जापान ने ब्रिटेन के चीन में विशेष हितों तथा ब्रिटेन ने चीन तथा कोरिया में जापान के विशेष हितों को स्वीकार किया। यह व्यवस्था भी की गई कि यदि अपने विशेष हितों की रक्षा के लिए दोनों में से किसी भी राष्ट्र को किसी अन्य राष्ट्र से युद्ध करना पड़ा, तब दूसरा राष्ट्र तटस्थ रहेगा और अन्य राष्ट्रों को तटस्थ रखने का प्रयास करेगा। परन्तु यदि उसके प्रयत्नों के बावजूद कोई अन्य देश उसके मित्र के विरुद्ध युद्ध में सम्मिलित होता है, तब वह तुरन्त अपने मित्र की सहायता के लिए आगे आ जायेगा।

एंग्लो-जापानी सन्धि सुदूरपूर्व के इतिहास की एक निर्णायक घटना थी, इससे ब्रिटेन और जापान दोनों को ही अत्यधिक लाभ पहुँचा। ब्रिटेन रूसी प्रसार को रोकने के लिए चिन्तित था। एंग्लो-जापानी सन्धि ने ब्रिटेन की चिन्ता दूर कर दी। ब्रिटेन के साथ सन्धि ने जापान को न केवल रूस और उसके मित्रों के विरुद्ध एक शक्तिशाली मित्र प्रदान कर दिया, अपितु उसकी अन्तर्राष्ट्रीय प्रतिष्ठा में वृद्धि कर दी।

प्रथम विश्व युद्ध और जापान की विदेश नीति के उद्देश्य—प्रथम विश्व युद्ध के प्रारम्भ होने पर जापान ने ब्रिटेन के साथ अपनी मैत्री का प्रदर्शन करने तथा सुदूरपूर्व में जर्मन प्रभाव का अन्त करने के जुड़वा उद्देश्यों

से 23 अगस्त, 1914 को जर्मनी के विरुद्ध युद्ध की घोषणा कर दी।[2] उसने जर्मनी द्वारा हस्तगत किए गये शांटुंग प्रायद्वीप के क्यौचौ प्रदेश पर अधिकार कर लिया। विश्व युद्ध में यूरोपीय शक्तियों की व्यस्तता का लाभ उठाकर उसने 18 जनवरी, 1915 को चीनी राष्ट्रपति युवान के समक्ष प्रसिद्ध 21 मांगें प्रस्तुत कीं। ये मांगें शांटुंग, मंचूरिया, आन्तरिक मंगोलिया, कोयला तथा लोहे से सम्बन्धित सुविधाओं, जापानी परामर्शदाताओं की नियुक्ति, आर्थिक प्राथमिकता के अधिकार आदि से सम्बन्धित थीं। साथ ही यह मांग की गयी कि चीन अपनी खाड़ियों, बन्दरगाहों, तटों अथवा प्रदेशों को किसी अन्य शक्ति को नहीं देगा। इन माँगों का उद्देश्य, चीन के द्वार यूरोपियन और अमेरिकन लोगों के लिए बन्द कर देना था। जापान का नारा था "एशिया, एशिया वालों के लिए।" अतः इन मांगों को एशियाई मुनरो सिद्धान्त भी कहा जाता है। यूरोपीय राष्ट्रों तथा अमेरिका ने इन माँगों का विरोध किया। परन्तु विरोध की परवाह न करते हुए जापान ने चीन को युद्ध की धमकी देकर 25 मई, 1915 को चीन से दो सन्धियों पर हस्ताक्षर करा लिये जिनमें जापान को दक्षिणी मंचूरिया और आन्तरिक मंगोलिया में अनेक सुविधायें देने की व्यवस्था थी। 2 नवम्बर, 1917 को लैनसिंग-इशी समझौते द्वारा अमेरिका ने यह स्वीकार कर लिया कि "जापान के चीन में विशेष स्वार्थ हैं।"[3]

पेरिस शांति सम्मेलन (1919) में मित्र राष्ट्रों ने जापान के साम्राज्यवादी दावों को मान्यता प्रदान की। उसे शांटुंग प्रायद्वीप तथा क्यौचौ में वे सभी अधिकार प्रदान किये गये जो युद्ध से पूर्व जर्मनी को प्राप्त थे। उसे भूमध्य रेखा के उत्तर के सभी जर्मन अधिकृत द्वीप (प्रशान्त महासागर में) भी प्रदान किये गये। यह जापानी विदेश नीति की सफलता थी।[4]

वाशिंगटन सम्मेलन (जापानी कूटनीति का पराभव)–जापानी साम्राज्यवाद और जापानी महत्वाकांक्षा को नियन्त्रित करने के उद्देश्य तथा मुक्त द्वार नीति की सफलता के लिए संयुक्त राज्य अमेरिका के राष्ट्रपति हार्डिंग ने वाशिंगटन में सम्मेलन का आयोजन किया। यह सम्मेलन 12 नवम्बर, 1921 से 6 फरवरी, 1922 तक आयोजित रहा। इस सम्मेलन में संयुक्त राज्य अमेरिका, ब्रिटेन, जापान, फ्रांस, इटली, चीन, पुर्तगाल, बेल्जियम और हालैण्ड के प्रतिनिधियों ने शस्त्रों को मर्यादित करने के संबंध में तथा प्रशान्त महासागर और सुदूरपूर्व की समस्याओं पर विचार-विनियम किया।

वाशिंगटन सम्मेलन में 6 सन्धियाँ तथा 12 प्रस्ताव सम्पन्न हुए थे। इनमें से प्रथम 13 दिसम्बर, 1921 को हुई सन्धि, जो चतु:शक्ति सन्धि कहलाई, अधिक महत्वपूर्ण थी। इस सन्धि में हस्ताक्षरकर्त्ता राष्ट्र थे–ब्रिटेन, फ्रांस

अमेरिका तथा जापान। इसके द्वारा 1902 की एंग्लो-जापानी सन्धि को समाप्त कर दिया गया था तथा सम्बन्धित राष्ट्रों ने प्रशान्त महासागर में एक-दूसरे के अधीन प्रदेशों और द्वीपों का सम्मान करने और प्रशान्त महासागर सम्बन्धी विवादों को सम्मेलनों द्वारा सुलझाने का वचन दिया था।

इसी सम्मेलन में ब्रिटेन, अमेरिका, जापान, फ्रांस तथा इटली द्वारा 6 फरवरी, 1922 को पंचशक्ति नौ-सैनिक सन्धि सम्पन्न हुई थी। इस सन्धि द्वारा 10 वर्ष के लिये नवीन युद्धपोतों का निर्माण बन्द कर दिया गया था। बड़े जहाजों के सम्बन्ध में नौ-सैनिक प्रतिद्वन्द्विता समाप्त कर दी गई थी और यह निश्चित किया गया था कि अमेरिका, ब्रिटेन, जापान, फ्रांस तथा इटली के बड़े जहाजों का अनुपात 5 : 5 : 3 : 1.67 : 1.67 रहेगा। यह भी निश्चित हुआ कि प्रशान्त महासागरीय द्वीपों की किलेबन्दी के सम्बन्ध में 'यथास्थिति' को कायम रखा जायेगा।

6 फरवरी, 1922 को इसी सम्मेलन में ब्रिटेन, अमेरिका, जापान, फ्रांस, इटली, बेल्जियम, हालैण्ड, पुर्तगाल तथा चीन द्वारा नव शक्ति मुक्त द्वार सन्धि सम्पन्न हुई। इस सन्धि में हस्ताक्षरकर्ताओं ने व्यक्त किया कि वे चीन की प्रभुसत्ता, प्रादेशिक अखण्डता का सम्मान करेंगे। चीन में सभी देशों को व्यापार का समान अवसर प्राप्त रहेगा तथा चीन की तटस्थता का सम्मान किया जायेगा।

इसके अतिरिक्त नवशक्ति सन्धि, पंचशक्ति सन्धि, चतु:शक्ति प्रशान्त सन्धि तथा 12 समझौते भी इसी सम्मेलन में सम्पन्न हुए। इस प्रकार इस सम्मेलन ने सुदूरपूर्व की समस्याओं का निराकरण किया और जापानी महत्वाकांक्षा को नियन्त्रित करने के चेष्टा की। इस सम्मेलन के उपरान्त सुदूरपूर्व में एक शान्ति युग प्रारम्भ हुआ; जापान ने चीन के प्रति एक मित्रतापूर्ण नीति अपनाई जो 1927 तक चलती रही; जापान-अमेरिकन सद्भावना में वृद्धि हुई। सुदूरपूर्व में नौ-सैनिक प्रतिद्वन्द्विता का अन्त हो गया। यह अमेरिका की कूटनीतिक विजय थी और जापानी कूटनीति का पराभव था। शांटुंग का प्रदेश जापान ने चीन को वापस कर दिया। जापान को चीन में प्राप्त अनेक सुविधाओं का परित्याग भी करना पड़ा। जैसा कि क्लाड ए॰ बस का मत है, "1921-1922 का वाशिंगटन सम्मेलन कितने ही रूप से जापान के लिये एक दुखपूर्ण कूटनीतिक षड्यन्त्रोद्घाटन था।" जापानियों की दृष्टि में यह सम्मेलन जापान पर अमेरिकन कूटनीति की पूर्ण विजय था।[5] 1922 में इस सम्मेलन के पश्चात् जापान को 3 समस्याओं का सामना करना पड़ा—

(i) चीन में एक नवीन और उग्र राष्ट्रवाद के विकास की समस्या;

(ii) साइबेरिया में रूसी बोल्शेविज्म के विकास की समस्या;

(iii) प्रशान्त महासागर में एंग्लो-अमेरिकन प्रभाव के बढ़ने की समस्या।

शिदेहारा की समझौतापूर्ण नीति (1924-1927 तथा 1929-1931)– इन समस्याओं के समाधान के लिए किस नीति का अवलम्बन किया जाये, इस सम्बन्ध में जापानी राजनीतिज्ञों में उग्र मतभेद था। प्रारम्भ में तथा 1924 से 1927 और 1929 से 1931 के मध्य जापान ने एक समझौतावादी नीति पर आचरण किया। इस काल में (1924-1927) जापानी प्रधानमन्त्री शिदेहारा ने सोवियत संघ और अमेरिका के प्रति मैत्रीपूर्ण नीति अपनाई।[6]

तानाका स्मरण पत्र (विश्व विजय का स्वप्न)–अप्रैल, 1927 में बैरन तानाका जापान के प्रधानमन्त्री बने। जहाँ शिदेहारा जापान के कुटीर उद्योगों के व्यापारवादी हितों का प्रतिनिधि था और एक मैत्रीपूर्ण नीति द्वारा निर्यात के लिए विदेशी बाजारों को बढ़ाने का प्रयत्न कर रहा था; वहाँ तानाका जापान के भारी उद्योगों के हितों का प्रतिनिधि था और एक दृढ़ और 'सकारात्मक' नीति का समर्थक था।[7]

जून-जुलाई, 1927 में उसने (तनाका) विदेश मंत्रालय में एक सम्मेलन बुलाया, जिसमें सेनाध्यक्षों तथा वित्त और युद्ध विभाग के प्रतिनिधियों ने भाग लिया। इस सम्मेलन में प्रसिद्ध तानाका स्मरण पत्र की रचना हुई; इसमें व्यक्त किया गया था–

> "आत्मरक्षा के लिये तथा दूसरों की रक्षा के लिये जापान पूर्वी एशिया में कठिनाइयों को उस समय तक दूर नहीं कर सकता जब तक वह रक्त और लौह की नीति को नहीं अपनाता; विश्व को जीतने के लिए हमको पहले चीन को जीतना चाहिये। चीन को जीतने के लिए हमें पहले मंचूरिया और मंगोलिया को जीतना चाहिये। देर-सबेर हमें अमेरिका तथा सोवियत रूस के विरुद्ध युद्ध करना होगा।"[8]

तानाका स्मरण पत्र को जापान की विदेश नीति में वही स्थान प्राप्त हुआ जो नात्सी जर्मनी की विदेश नीति में हिटलर के 'मीन काम्फ' को प्राप्त हुआ। इसे जापान का मुनरो सिद्धान्त भी कहा गया है। यह "एशिया, एशिया वालों के लिये" के सिद्धान्त पर आधारित था। इसका उद्देश्य एशिया को यूरोपियन साम्राज्य से बचाना था।

तानाका स्मरण पत्र में निर्देशित नीति पर आचरण 1927 में ही प्रारम्भ हो गया। जापानी-चीनी सेनाओं में मुठभेड़ प्रारम्भ हो गई परन्तु जापानी राजनैतिक क्षेत्रों में अत्यधिक आलोचना के कारण तानाका को अपनी सकारात्मक नीति को त्यागना पड़ा। जुलाई, 1929 में शिदेहारा पुनः जापान के प्रधानमंत्री बने और दो वर्ष तक (1931 ई०) जापान पुनः समझौतावादी नीति पर आचरण करता रहा।

1931 में जापान ने पुनः तानाका की साम्राज्यवादी नीति को अपना लिया। जापानी साम्राज्यवाद के इस पुनरोद्भव के प्रमुख कारण थे–

(i) कुओमिन्तांग दल के नेतृत्व में चीनी राष्ट्रीय एकता का विकास;

(ii) चीन में साम्यवादी रूस का बढ़ता हुआ प्रभाव;

(iii) 1930 का आर्थिक संकट जिसने जापान को दूसरे देशों में अपने अतिरिक्त उत्पादन के लिए बाजार और अपनी अतिरिक्त जनसंख्या के लिए प्रदेश खोजने के लिए विवश कर दिया।

मंचूरिया संकट–जापानी साम्राज्यवाद के इस पुनरोद्भव के फलस्वरूप मंचूरिया में शीघ्र (1931) हस्तक्षेप हुआ। मंचूरिया जापान की साम्राज्यवादी महत्वाकांक्षाओं का स्वाभाविक लक्ष्य था। तानाका स्मरण पत्र में स्पष्ट कहा गया था–"यदि यामतो जाति अपनी विशिष्टता सिद्ध करना चाहती है, तो मंचूरिया और मंगोलिया का नियन्त्रण प्राप्त करना पहला कदम है।" 18 सितम्बर, 1931 को जापानी रक्षक दल ने यह बहाना लेकर कि चीनी सैनिकों ने जापानी सेना के मुख्य कार्यालय मुकदन के निकट एक रेलवे लाइन को उड़ा देने का प्रयास किया है, चीनी सेनाओं पर प्रबल आक्रमण कर दिया। 3 फरवरी, 1932 तक जापानियों ने सम्पूर्ण मंचूरिया पर अधिकार कर लिया। 19 फरवरी, 1932 को जापान ने मंचूरिया में मंचुकुओं नाम के एक कठपुतली राज्य की स्थापना करके औपचारिक मान्यता दे दी।

इस घटना की प्रतिक्रिया सम्पूर्ण विश्व में हुई। सम्पूर्ण विश्व में जापानी साम्राज्यवाद की निन्दा की गई। चीन ने राष्ट्रसंघ से रक्षा की याचना की परन्तु राष्ट्रसंघ अपने सदस्य राज्य की रक्षा न कर सका। राष्ट्रसंघ ने जापान के कृत्य की निन्दा की। इस पर जापान ने 27 मार्च, 1933 को राष्ट्रसंघ की सदस्यता से त्यागपत्र दे दिया। ब्रिटेन की जापान के प्रति तुष्टीकरण की नीति के कारण राष्ट्रसंघ उसके विरुद्ध कोई प्रभावशाली कार्यवाही करने में असमर्थ रहा। अमेरिका खुलेआम जापान से युद्ध करने की स्थिति में नहीं था। रूस भी कोई सैनिक कार्यवाही करने का साहस नहीं कर सका। इस कांड ने वाशिंगटन सम्मेलन की सफलताओं को नष्ट कर दिया। प्रशांत महासागर में शक्ति संघर्ष पुनः प्रारम्भ हो गया।[9]

जापान-चीन संघर्ष–मंचूरिया विजय उस नाटक का प्रथम अंक था, जिसे मुकदन घटना ने प्रारम्भ किया था। जापान केवल मंचूरिया पर अधिकार करके ही शान्त होने वाला नहीं था, उसने अपनी आकांक्षा के अनुरूप 1933 में उत्तरी चीन के 5 प्रान्तों–होपे, चाहार, शांटुंग, शांसी और स्वेयुआन में पृथकतावादी आन्दोलन को उकसाया। उसने तेल के क्षेत्र जेहोल पर अधिकार कर लिया।[10]

18 अप्रैल, 1934 को प्रसिद्ध अमाउ वक्तव्य प्रकाशित हुआ। यह वक्तव्य तानाका स्मरण पत्र का पूरक था। इसके द्वारा जापान ने "पाश्चात्य राज्यों के साम्राज्यवाद के विरुद्ध चीन का रक्षक होने का दावा किया, चीन में अपने विशेष हितों पर बल दिया और अमेरिका सहित पाश्चात्य शक्तियों को चीन को किसी भी प्रकार की सहायता देने के विरुद्ध चेतावनी दी।" यह वक्तव्य, जिसे जापानी मुनरो सिद्धान्त तथा तानाका स्मरण पत्र का स्पष्टीकरण कहा जाता है, वास्तव में उतना चीन के प्रति एक धमकी नहीं था जितना यूरोपियों के लिए 'चीन छोड़ो' नोटिस था। पाश्चात्य शक्तियों ने इसका विरोध किया, परन्तु जापान ने उस विरोध की नितान्त उपेक्षा की।

एशिया में नवीन व्यवस्था की स्थापना करने के अपने उद्देश्य में सफलता प्राप्त करने हेतु जापान ने जर्मनी के साथ 25 नवम्बर, 1936 को एन्टी कोमिन्टर्न पैक्ट पर हस्ताक्षर किये। 1937 में जापान ने एक ओर चीन के विरुद्ध और दूसरी ओर रूस के सुदूरपूर्वी प्रदेशों के विरुद्ध एक नया आक्रमण प्रारम्भ कर दिया। जुलाई, 1937 में मार्कोपोलो पुल के पास जापानी-चीनी सैनिकों की मुठभेड़ से चीन-जापान अघोषित युद्ध प्रारम्भ हो गया, जो 8 वर्ष बाद 1945 में द्वितीय विश्व युद्ध के अन्त के साथ ही समाप्त हो सका।

चीन-जापान युद्ध में चीन को अकेले ही जापानी साम्राज्यवाद का सामना करना पड़ा। पाश्चात्य राष्ट्रों ने उसको प्रभावशाली सैनिक सहायता प्रदान नहीं की। जापान ने पाश्चात्य शक्तियों के किसी भी सम्भावित हस्तक्षेप के विरुद्ध अपनी स्थिति को सुदृढ़ बनाने का निश्चय करते हुए एक त्रिगुट बनाया। 13 जनवरी, 1940 को जापानी प्रधानमन्त्री हिरानुमा ने घोषणा की कि "हम उनके साथ हाथ मिलायेंगे, जो पूर्वी एशिया में जापान द्वारा एक नवीन व्यवस्था की स्थापना से सहमत होंगे।" इस घोषणा के आधार पर 27 सितम्बर, 1940 को जापान ने जर्मनी तथा इटली के साथ एक 10 वर्षीय त्रिगुट समझौते पर हस्ताक्षर किये, जिसके द्वारा सम्बन्धित पक्षों ने 'महानतर पूर्वी एशिया में एक नवीन व्यवस्था' तथा 'यूरोप में एक नवीन व्यवस्था' की स्थापना करने तथा एक-दूसरे के नेतृत्व को मान्यता और सम्मान देने के वचन दिये।

1941 के प्रारम्भ तक जापान-चीन युद्ध एक अनिर्णयात्मक और स्थिर स्थिति में पहुँच गया। जापान ने पूर्वी एशिया ब्रिटिश, डच उपनिवेशों के विरुद्ध विजय अभियान प्रारम्भ करने तथा सुदूरपूर्व में वास्तविक प्रतिद्वन्द्वी अमेरिका से दो-दो हाथ करने हेतु नवीन कूटनीतिक मैत्री स्थापित करने की चेष्टा की। 13 अप्रैल, 1941 को उसने रूस के साथ एक पंचवर्षीय समझौता कर लिया।[11]

पर्ल हारबर की घटना तथा द्वितीय विश्व युद्ध का दावानल–जापान को विश्वास हो चुका था कि वह तब तक चीन पर पूर्ण विजय प्राप्त नहीं कर सकता था जब तक कि अमेरिका की सहायता, जो चीन को प्राप्त हो रही है, न रोक दे। अतः जापान ने सुदूरपूर्व में अमेरिका और ब्रिटेन की शक्ति को नष्ट करने का निश्चय किया। 7 दिसम्बर, 1941 को पर्ल हारबर में स्थित अमेरिकन नौ-सैनिक बेड़े पर भीषण आक्रमण किया। परिणामस्वरूप 8 दिसम्बर, को अमेरिका ने जापान के विरुद्ध युद्ध की घोषणा कर दी। 9 दिसम्बर, 1941 को जापान ने ब्रिटेन के विरुद्ध भी युद्ध की घोषणा कर दी। इसी समय चीन ने भी मित्रराष्ट्रों की ओर से, जापान के विरुद्ध युद्ध की घोषणा कर दी। जापान के मित्रों (धुरी राष्ट्र) जर्मनी और इटली ने भी अमेरिका के विरुद्ध युद्ध की घोषणा कर दी। इस प्रकार जापान की साम्राज्यवादी महत्वाकांक्षा के फलस्वरूप यूरोप में प्रारम्भ महायुद्ध सम्पूर्ण विश्व में विस्तृत होता चला गया।[12]

प्रारम्भ में जापान को युद्ध में आशातीत सफलता प्राप्त हुई। 6 महीने के अन्दर ही जापान ने हांगकांग, ग्वाम, फिलिपाइन्स, स्याम, बर्मा, मलाया, सिंगापुर, डच ईस्टइंडीज तथा पश्चिमी एलशियन्स तक धावा मार दिया। परन्तु 1943 के बाद जापान का पराभव होना प्रारम्भ हुआ। 6 अगस्त, 1945 को अमेरिका ने एटम बम के प्रहार से हिरोशिमा नगर को नष्ट कर दिया। 8 अगस्त, 1945 को रूस ने जापान के विरुद्ध युद्ध की घोषणा कर दी। अन्ततः सूर्योदय के देश ने घुटने टेक दिये, 14 अगस्त, 1945 को जापान ने आत्मसमर्पण कर दिया। इस प्रकार अगस्त, 1945 में जापान के विश्व-विजय के स्वप्न का अन्त हो गया।

सन्दर्भ

1. डी० एम० केटलबी: ए हिस्ट्री ऑफ माडर्न टाइम फ्रॉम 1789, पृ० 56।
2. जी० एफ० हडसन: दी फॉर ईस्ट इन वर्ल्ड पालिटिक्स, पृ० 132।
3. मेकनेअर एण्ड लाच: माडर्न फॉर ईस्टर्न इन्टरनेशनल रिलेशन्स, पृ० 180।
4. क्लाड ए० बस०: दी फॉर ईस्ट, पृ० 384।
5. पारकर टी० मून: इम्पीरिएलिज्म एण्ड वर्ल्ड पॉलिटिक्स, पृ० 357।
6. ई० एच० कार: दो विश्व युद्धों के बीच अन्तर्राष्ट्रीय सम्बन्ध पृ० 16।
7. क्लाड ए० बस: दी फॉर ईस्ट, पृ० 352।
8. ई० एच० कार: दो विश्व युद्धों के बीच अन्तर्राष्ट्रीय सम्बन्ध, पृ० 131।
9. फ्रेडरिक एल० शूमां: अन्तर्राष्ट्रीय राजनीति, पृ० 574।
10. क्लाड ए० बस: दी फार ईस्ट, पृ० 353।

11. ई॰ एच॰ कार: दो विश्व युद्धों के बीच अन्तर्राष्ट्रीय सम्बन्ध, पृ॰ 132।

12. फ्रेडरिक एल॰ शूमां: अन्तर्राष्ट्रीय राजनीति, पृ॰ 575।

स्मरण-संकेत

1. ब्रिटेन के साथ अपनी मैत्री का प्रदर्शन करने हेतु प्रथम विश्व युद्ध में प्रवेश;
2. सुदूरपूर्व में जर्मन प्रभाव का अन्त करने हेतु प्रथम विश्व युद्ध में प्रवेश;
3. लैनसिंग-इशी समझौता;
4. मित्र राष्ट्रों द्वारा जापान के साम्राज्यवादी दावों को मान्यता प्रदान करना;
5. वाशिंगटन सम्मेलन (जापानी कूटनीति का पराभव);
6. शिदेहारा की समझौतापूर्ण नीति;
7. तानाका स्मरण पत्र (विश्व विजय का स्वप्न);
8. जापान का मुनरो सिद्धान्त (एशिया, एशिया वालों के लिए);
9. मंचूरिया संकट (जापानी साम्राज्यवाद का पुनरोद्भवन);
10. अमाउ वक्तव्य;
11. जापान-चीन संघर्ष;
12. एन्टी कोमिन्टर्न पैक्ट (रोम-बर्लिन-टोकियो धुरी निर्मित);
13. चीन-जापान अघोषित युद्ध प्रारम्भ;
14. पर्ल हारबर की घटना (द्वितीय विश्व युद्ध में प्रवेश);
15. जापान का पराभव (एटम बम का प्रहार);
16. आत्मसमर्पण (विश्व विजय के स्वप्न का अन्त)।

प्रश्न

1. दो विश्व युद्धों के मध्य जापान की विदेश नीति की समीक्षा कीजिये।
2. जापानी साम्राज्यवाद के पुनरोद्भव के क्या कारण थे? महत्वपूर्ण शक्तियों की पर-राष्ट्र नीतियों पर इसका क्या प्रभाव पड़ा?

12

मध्य-पूर्व: अरब राष्ट्रवाद और तेल कूटनीति

मध्य-पूर्व का अर्थ–भारतीय उपमहाद्वीप के पश्चिमी और रूस के दक्षिण-पश्चिम में स्थित प्रदेश को, जो एशिया, अफ्रीका और यूरोप का संगम स्थल है, ब्रिटिश सरकार ने मध्य-पूर्व की संज्ञा दी है। अमेरिकन लोग इसे निकट पूर्व तथा भारत सरकार पश्चिमी एशिया पुकारते हैं। जार्ज लैंस जीवस्की के अनुसार, "मध्य पूर्व में एशिया के वे सब देश जो सोवियत संघ के दक्षिणी और पाकिस्तान के पश्चिम में स्थित हैं तथा अफ्रीकी महाद्वीप पर स्थित मिस्र सम्मिलित हैं।"[1] परन्तु गाईविन्ट के अनुसार, "मध्य पूर्व के सीमित अर्थ में मिस्र तथा एशिया के अरब राज्य समझे जाते हैं किन्तु प्राय: इसमें ईरान और तुर्की तथा भूमध्य सागर पर अवस्थित लीबिया, टयूनिस, अल्जीरिया और मोरक्को का भी समावेश किया जाता है।"[2] अधिकांशत: मध्य-पूर्व का तात्पर्य रूस के दक्षिण और पाकिस्तान के पश्चिम में स्थिति एशियाई देशों तथा अफ्रीका के दो अरब देशों–मिस्र और सूडान से समझा जाता है।

मध्य-पूर्व का महत्त्व और अन्तर्राष्ट्रीय राजनीति के निर्धारक तत्त्व

(i) **भौगोलिक स्थिति**–मध्य-पूर्व का क्षेत्रफल लगभग 43.20 लाख वर्ग कि॰मी॰ है परन्तु इसका अधिकांश भाग मरुस्थल है। विशेषत: सऊदी अरब, मिस्र और ईरान में विशाल मरुस्थल है। इस कारण से इसकी जनसंख्या केवल 8 करोड़ के लगभग है। फिर भी अन्तर्राष्ट्रीय राजनीति के क्षेत्र में यह प्रदेश अत्यन्त महत्त्वपूर्ण स्वीकार किया जाता है। इसका प्रथम कारण इसकी भौगोलिक स्थिति है। "मध्य-पूर्व सैनिक दृष्टि से विश्व का सर्वाधिक महत्त्वपूर्ण स्थल सेतु है जो कि तीन महाद्वीपों–एशिया, अफ्रीका और यूरोप को जोड़ता है।" इसे पूर्वी गोलार्द्ध की धुरी कहा जाता है और अन्तर्राष्ट्रीय गमनागमन का एक प्रधान केन्द्र माना जाता है। यह केवल तीन महाद्वीपों को

ही नहीं जोड़ता है अपितु सागरों को भी सम्बद्ध करता है–अन्ध महासागर, भूमध्य सागर, कृष्ण सागर। स्वेज नहर का अत्यधिक सामरिक और व्यापारिक महत्व है। दर्रे दानियाल और बास्फोरस जलडमरूमध्य भी सामरिक दृष्टि से अत्यधिक महत्वपूर्ण हैं।

(ii) **ऐतिहासिक तथा धार्मिक महत्त्व**–मध्य-पूर्व ऐतिहासिक और धार्मिक दृष्टिकोण से भी महत्त्वपूर्ण है। विश्व के तीन महान् धर्मों–इस्लाम, ईसाई और यहूदी धर्म का जन्म मध्य-पूर्व की भूमि पर हुआ था। विशेषतः मध्य-पूर्व इस्लामी विश्व का केन्द्र है। इस्लाम के सर्वाधिक पवित्र तीर्थ स्थल मक्का और मदीना और इस्लामी विद्या की महान्तम संस्थायें मध्य-पूर्व में ही स्थित हैं। यरुसलम को इस्लाम, ईसाई और यहूदी तीनों धर्मों के अनुयायी अपना पवित्र स्थल मानते हैं।[4]

(iii) **तेल कूटनीति (आयल डिप्लोमेसी)**–वर्तमान युग में मध्य-पूर्व को महत्त्व प्रदान करने वाला सर्वाधिक महत्त्वपूर्ण तत्त्व इसका तेल भंडार है। पेट्रोल औद्योगिक विकास के लिए अनिवार्य वस्तु है। ईरान, ईराक, कुवैत और सऊदी अरब इस तेल के प्रधान उत्पादक हैं। यूरोप अपने लिये आवश्यक तेल का लगभग 80 प्रतिशत मध्य-पूर्व से प्राप्त करता है। यदि यूरोप को यह तेल प्राप्त न हो सके तो उसके उद्योग बन्द हो जायें और उसकी सामरिक क्षमता नष्ट हो जाये। इस कारण से यूरोप की प्रधान शक्तियाँ मध्य-पूर्व के तेल भंडारों से युक्त देशों की राजनीति में विशेष दिलचस्पी लेती रही हैं। तेल उत्पादन के अधिकार प्राप्त करना इन शक्तियों की मध्य-पूर्व सम्बन्धी नीति का एक प्रधान उद्देश्य बन गया। इसी कारण से मध्य-पूर्व की अन्तर्राष्ट्रीय राजनीति को तेल कूटनीति (आयल डिप्लोमेसी) कहा जाने लगा।[5] द्वितीय विश्व युद्ध से पूर्व इसमें ब्रिटेन को अधिक सफलता प्राप्त हुई थी।

(iv) **अरब राष्ट्रवाद (अरब नेशनलिज्म)**–सम्भवतः मध्य-पूर्व की अन्तर्राष्ट्रीय राजनीति को सबसे अधिक प्रभावित करने वाला तत्त्व अरब राष्ट्रवाद है।[6] अरब राष्ट्रवाद का विकास प्रथम महायुद्ध के समय प्रारम्भ हुआ जबकि ब्रिटेन ने अरब लोगों को तुर्की के विरुद्ध विद्रोह के लिए प्रोत्साहित किया था। परन्तु बाद में अरब राष्ट्रीयता एक प्रधानतः पश्चिम विरोधी और यहूदी विरोधी आन्दोलन बन गया। अरब राष्ट्रीयता मध्य-पूर्व में अनेक प्रकार से एक निर्णायक तत्व सिद्ध हुई। प्रथम, प्रथम विश्व युद्ध के पश्चात् ब्रिटेन और फ्रांस ने इस क्षेत्र के एक बड़े भाग को मैन्डेटों और प्रभाव क्षेत्रों के रूप में बाँट लिया। परन्तु अरब राष्ट्रीयता की बढ़ती हुई लहर ने उन्हें इस प्रदेश के देशों को स्वतन्त्रता के लिए विवश कर दिया।

अरब राष्ट्रीयता का दूसरा मुख्य प्रभाव अरब-यहूदी संघर्ष में निहित रहा। स्वेज नहर पर आधिपत्य का संघर्ष अरब राष्ट्रीयता की तीसरी अभिव्यक्ति थी।

यही मध्य-पूर्व की अन्तर्राष्ट्रीय राजनीति के महत्त्वपूर्ण निर्धारक तत्त्व थे। मध्य-पूर्व प्राचीन काल से ही विश्व राजनीति का केन्द्र रहा है। यहाँ प्राचीन काल में मिस्री ईजियन, फिनिशियन, सुमेरियन, असीरियन, बेबीलोनियन, खाल्दियन, हरवामनी, सासानियन और यूनानी साम्राज्यों का उत्थान और पतन हुआ था। 16वीं शताब्दी के अन्त तक तुर्क लोगों ने लगभग सम्पूर्ण मध्य-पूर्व पर अधिकार कर लिया था। स्वेज नहर के निर्माण के पश्चात् ब्रिटेन की अभिरुचि मध्य-पूर्व में बढ़ गई। शनैः शनैः अन्य यूरोपीय शक्तियों ने भी मध्य-पूर्व में रुचि लेनी प्रारम्भ कर दी। प्रथम महायुद्ध में तुर्की ने जर्मनी का साथ दिया। तुर्की के प्रथम विश्व युद्ध में जर्मनी का साथ देने के कारण 18 दिसम्बर, 1914 को मिस्र को ब्रिटेन ने अपना संरक्षित प्रदेश घोषित कर दिया और अरबों को तुर्की के विरुद्ध विद्रोह करने के लिए उत्तेजित किया। ब्रिटेन ने अरबों को, प्रथम विश्व युद्ध के पश्चात्, एक स्वतन्त्र अरब संघ की स्थापना का आश्वासन भी दिया। साथ ही ब्रिटेन ने यहूदियों को भी फिलिस्तीन में उनके "राष्ट्रीय देश" की स्थापना का वचन दे दिया।[7]

प्रथम विश्व युद्ध के पश्चात् मध्य-पूर्व की स्थिति–प्रथम विश्वयुद्ध के बाद ब्रिटेन ने अपने वचनों को पूरा नहीं किया। तुर्की के अरब प्रदेशों को उससे छीन लिया गया, परन्तु एक अरब संघ की स्थापना न करके अनेक नवीन देशों की रचना कर दी गई। ये देश थे–ईराक, फिलिस्तीन, ट्रांसजोर्डन, सीरिया और लेबनान। इनमें से प्रथम तीन ब्रिटिश मैन्डेट बना दिये गये। केवल हेजाज स्वतन्त्र रहा। बाद में इब्न सऊद ने हेजाज और नज्द को सऊदी अरब का नाम दिया।[8] इसके अतिरिक्त ईरान और अफगानिस्तान भी स्वतन्त्र बने रहे, यद्यपि उन पर ब्रिटेन का बहुत प्रभाव था। स्वयं तुर्की को 1920 में सेव्र की अपमानजनक सन्धि को स्वीकार करने के लिए विवश किया गया परन्तु कमालपाशा के नेतृत्व में तुर्की की राष्ट्रवादी शक्तियों ने संगठित होकर सेव्र की सन्धि करने से इन्कार कर दिया। अन्त में, तीन वर्षों के संघर्ष के पश्चात् 1923 में लोसाने की सन्धि के द्वारा तुर्की सम्मानजनक शर्तें प्राप्त करने और अपनी स्वतन्त्रता की रक्षा करने में सफल हुआ।

प्रथम विश्व-युद्ध के बाद अरब राष्ट्रवाद ने जो कि अब तक तुर्की विरोधी था, ब्रिटिश और फ्रेंच विरोधी रूप ले लिया। अरब राष्ट्रवादी इन

शक्तियों के चुंगल से छुटकारा पाने का प्रयत्न करने लगे। 1914 में मिस्र को ब्रिटेन का संरक्षित प्रदेश घोषित कर दिया गया था, परन्तु जगलुल के पाशा के नेतृत्च में राष्ट्रीयता के बढ़ते हुये ज्वार ने ब्रिटेन के लिए अपने संरक्षित राज्य की स्थिति को बनाये रखना कठिन कर दिया। 28 फरवरी, 1922 को उसने मिस्र की स्वतन्त्रता की घोषणा कर दी।[9] स्वतन्त्रता की इस घोषणा के साथ ही चार विषय ब्रिटिश सरकार के लिए सुरक्षित रख लिए गये। ये चार विषय थे–

(i) साम्राज्य सम्बन्धी संचार व्यवस्था;
(ii) मिस्र की सुरक्षा;
(iii) विदेशियों और अल्पसंख्यकों की सुरक्षा;
(v) सूडान।

ये चार विषय इतने महत्त्वपूर्ण थे कि मिस्री नेताओं ने अपनी स्वतन्त्रता को अधूरा माना और ब्रिटेन के विरुद्ध उनका संघर्ष चलता रहा। 1936 में एक समझौता भी हुआ पर उससे भी समस्या का अन्त नहीं हुआ।[20]

ब्रिटेन ने अपने मैन्डेटों के सम्बन्ध में एक उदारवादी नीति अपनायी और अरब राष्ट्रीयता की माँगों को सन्तुष्ट करना उचित समझा। उसने 1932 में ईराक को भी स्वतन्त्रता प्रदान कर दी। परन्तु ब्रिटेन ने ईराक से कुछ आर्थिक और सामरिक विशेषाधिकार प्राप्त कर लिए, जो काफी समय तक राष्ट्रवादियों के असंतोष का कारण बने रहे। ट्रांस जोर्डन में भी ब्रिटेन द्वारा आर्थिक शोषण के कारण असन्तोष छाया रहा। फिलिस्तीन में अरब-यहूदी के कारण अशान्ति बनी रही।[11]

फ्रांस ने अपने मैन्डेटों में 'फूट डालो और राज्य करो' की नीति अपनाई[12] और राष्ट्रीयता का दमन करने का प्रयत्न किया। परन्तु द्वितीय विश्व युद्ध में जब जून, 1940 में फ्रांस पराजित हो गया तब सीरिया और लेबनान पर से भी उसका नियन्त्रण उठ गया। द्वितीय विश्व युद्ध के अन्तिम चरण में फ्रांस ने पुनः उन पर अपना प्रभुत्व स्थापित करना चाहा, परन्तु ब्रिटिश विरोध और दबाव के कारण ऐसा सम्भव न हो सका तथा मार्च, 1945 में सीरिया और लेबनान दोनों को स्वतन्त्रता प्राप्त हो गई।

फिलिस्तीन : अरब-यहूदी संघर्ष और इज़राइल

मध्य-पूर्व में अन्तर्राष्ट्रीय राजनीति को प्रभावित करने वाली समस्याओं में यहूदियों की समस्या अत्यन्त महत्वूर्ण थी। 19वीं शताब्दी में यहूदी लोगों का अपना कोई देश अथवा राज्य नहीं था, अपितु वे यूरोप के विभिन्न देशों और अमेरिका में बसे हुये थे। इन लोगों का प्रधान व्यवसाय ऋण देना होने

तथा धार्मिक कारणों से इन्हें घृणा की दृष्टि से देखा जाता था। अनेक देशों में उन पर अत्याचार किये जाते थे। उन्नीसवीं शताब्दी के अन्तिम वर्षों में कुछ यहूदी नेताओं ने इस विचार को जन्म दिया कि इन अत्याचारों से यहूदियों को बचाने के लिए, उनके एक स्वतन्त्र राज्य की स्थापना की जानी चाहिए। प्राचीन काल में फिलिस्तीन में यहूदियों का राज्य था। अतः उन्होंने आधुनिक युग में भी इसी प्रदेश को यहूदियों का देश बनाने का निश्चय किया। बाईबिल के अनुसार फिलिस्तीन में जेरुसलम की जायन नामक पहाड़ी पर यहूदियों के प्रसिद्ध राजा दाऊद और उसके उत्तराधिकारियों का निवास स्थान था। इस कारण से फिलिस्तीन में यहूदी देश की स्थापना का आन्दोलन जायनवाद कहलाया।[13]

1897 में थियोडोर हर्त्सल के प्रयत्नों से बाजेल में पहली विश्व जायनवादी कांग्रेस हुई तथा प्रथम महायुद्ध के प्रारम्भ तक लगभग एक लाख यहूदी फिलिस्तीन में जाकर बस गए। 2 नवम्बर, 1917 को जायनवाद आन्दोलन के नेता ब्रिटिश रसायन शास्त्री डॉ॰ वाइजमान की सेवाओं से प्रसन्न होकर ब्रिटिश सरकार ने बाल्फोर घोषणा के द्वारा उन्हें यह वचन दिया–

> "ब्रिटिश सरकार फिलिस्तीन में यहूदी लोगों के लिए राष्ट्रीय देश (नेशनल होम) के विचार को पसन्द करती है, वह इस उद्देश्य की पूर्ति को सुविधाजनक बनाने में अपना सर्वोत्तम प्रयत्न लगायेगी।"

परन्तु फिलिस्तीन 1917 में तुर्की साम्राज्य का एक भाग था और उसकी लगभग 90% जनसंख्या अरब थी। ब्रिटेन तुर्की के विरुद्ध अरबों का समर्थन प्राप्त करना चाहता था। इस समर्थन की प्राप्ति के लिये 24 अक्टूबर, 1915 को मिस्र के ब्रिटिश हाई कमिश्नर सर हेनरी मैकमलन ने अरब स्वातन्त्र्य आन्दोलन के नेता मक्का के शरीफ हुसैन को एक पत्र में फिलिस्तीन को एक स्वतन्त्र अरब राज्य का भाग बनाने का वचन दे दिया। इस प्रकार ब्रिटेन ने एक ही वस्तु को दो भिन्न-भिन्न खरीदारों को बेचकर संघर्ष का सूत्रपात कर दिया।

प्रथम विश्व युद्ध के बाद ब्रिटेन को फिलिस्तीन मैन्डेट के रूप में दिया गया तथा उसे यह उत्तरदायित्व सौंपा गया कि वह देश का प्रशासन इस प्रकार करे कि "यहूदी राष्ट्रीय देश की स्थापना हो सके और साथ ही फिलिस्तीन के सभी निवासियों के नागरिक और धार्मिक अधिकारों की रक्षा भी हो।" परन्तु यदि फिलिस्तीन में एक यहूदी राज्य की स्थापना होनी थी, जैसा कि जायनवादी नेताओं का संकल्प था, तब अरब अधिकारों की रक्षा असम्भव थी। ब्रिटेन ने फिलिस्तीन में सीमित यहूदी आव्रजन की नीति

द्वारा यहूदियों और अरबों की विरोधी अभिलाषाओं के समन्वय का प्रयत्न किया परन्तु इसमें वह नितान्त असफल रहा क्योंकि अरब लोग यहूदी आव्रजन के पूर्ण विरोधी थे। जबकि यहूदी लोगों ने, विशेषतः नात्सी जर्मनी में यहूदियों पर अत्याचारों के बाद, यहूदी आव्रजन पर लगाई सीमाओं का घोर विरोध किया। दोनों पक्षों ने अपने-अपने उद्देश्यों की प्राप्ति के लिए आतंकवादी साधनों को अपनाया और ब्रिटेन के शान्ति स्थापना के सभी प्रयत्नों के बावजूद फिलिस्तीन संघर्ष, उपद्रव और हिंसात्मक कार्यवाहियों का केन्द्र बना रहा।

17 मई, 1939 को ब्रिटेन ने भावी युद्ध संकट में अरबों का समर्थन पाने के उद्देश्य से एक श्वेत पत्र प्रकाशित किया, जिसमें कहा गया था कि फिलिस्तीन में एक यहूदी राज्य की स्थापना न करके अरबों और यहूदियों के एक सम्मिलित स्वतन्त्र राज्य की स्थापना की जायेगी तथा यहूदी आव्रजन को इस प्रकार सीमित रखा जायेगा कि उनकी जनसंख्या कुल जनसंख्या का लगभग 1/3 रहे। इस श्वेत पत्र की न केवल यहूदियों ने निन्दा की अपितु राष्ट्रसंघ के मैन्डेट आयोग ने इसे स्वयं मैन्डेट का उल्लंघन कहा। चर्चिल ने इसे "बाल्फोर घोषणा का उल्लंघन और खंडन" कहा। इस प्रकार फिलिस्तीन में अराजकता और अशान्ति बढ़ती चली गई।

एंग्लो-मिस्र सम्बन्ध

मिस्र मध्य-पूर्व का सबसे अधिक जनसंख्या वाला और सम्भवतः सबसे अधिक महत्वपूर्ण देश है। प्रथम महायुद्ध तक यह देश तुर्की के अधीन माना जाता था। 1869 में स्वेज नहर के निर्माण के बाद ब्रिटेन इस देश में रुचि लेने लगा था। 1875 में ब्रिटिश प्रधानमन्त्री डिजरेली ने स्वेज नहर पर; जिसे ब्रिटिश साम्राज्य की बचाव रस्सी (लाइफ लाइन) माना जाता था, नियन्त्रण प्राप्त करने के उद्देश्य से स्वेज नहर कम्पनी के आधे हिस्से खरीद लिए। 29 अक्टूबर, 1888 को ब्रिटेन, फ्रांस, जर्मनी, इटली, आस्ट्रिया, हंगरी, रूस, स्पेन, हालैण्ड और तुर्की ने कान्सटेन्टिनोपल में स्वेज नहर के सम्बन्ध में एक अभिसमय (कन्वेंशन) स्वीकार कर यह व्यवस्था की कि स्वेज नहर शांति एवं युद्ध दोनों कालों में सभी देशों के व्यापारिक और जंगी जहाजों के लिए खुली रहेगी और उसमें कोई स्थायी किलेबन्दी नहीं की जायेगी। इस बीच और उसके बाद ब्रिटेन मिस्र पर अपने नियन्त्रण को अधिकाधिक मजबूत बनाता गया और जब प्रथम महायुद्ध में तुर्की ने जर्मनी का साथ दिया, तब ब्रिटेन ने 18 दिसम्बर, 1914 को मिस्र को अपना संरक्षित राज्य घोषित कर दिया।[14]

प्रथम महायुद्ध के पश्चात् जगलुल पाशा के नेतृत्व में मिस्र में एक उग्र राष्ट्रीय आन्दोलन का विकास हुआ। राष्ट्रवादियों ने ब्रिटिश नियन्त्रण से स्वतन्त्रता और वैधानिक सरकार की स्थापना की मांग की। इसके फलस्वरूप ब्रिटेन ने 28 फरवरी, 1922 को मिलनर आयोग की सिफारिशों के आधार पर चार महत्वपूर्ण विषयों को अपने अधिकार में रखते हुए मिस्र को स्वतन्त्रता प्रदान कर दी। ये चार विषय थे–

(i) ब्रिटिश साम्राज्य के स्वेज नहर आदि मार्गों की सुरक्षा;
(ii) मिस्र की सुरक्षा;
(iii) विदेश हितों और अल्पसंख्यकों का संरक्षण;
(iv) सूडान।

परन्तु मिस्री राष्ट्रवादियों ने अपनी स्वतन्त्रता को अधूरा माना और अपना आन्दोलन जारी रखा। 1924, 1927 और 1929 में दोनों देशों में समझौता वार्तायें हुईं, परन्तु उनका कोई परिणाम नहीं निकला। इसी बीच इटली ने एबीसीनिया में अपनी आक्रामक गतिविधियाँ प्रारम्भ कर दीं; तब दोनों पक्ष समझौतें के लिए उत्सुक हो उठे, जिसके फलस्वरूप 26 अगस्त, 1936 को मिस्र और ब्रिटेन में एक मैत्री सन्धि हुई। सन्धि की व्यवस्थायें थीं–

(i) ब्रिटिश सेनायें मिस्र के अन्दरूनी भागों से हट जायेंगी।
(ii) स्वेज नहर मिस्र का पूर्ण अंग मानी जायेगी, परन्तु ब्रिटेन को उसकी रक्षा के लिये 20 वर्ष तक नहरी प्रदेश में 400 चालकों सहित 10,000 सैनिक रखने का अधिकार प्राप्त होगा।
(iii) ब्रिटेन मिस्र में यूरोपियन राज्यों के नागरिकों को प्राप्त विशषाधिकारों और अपरदेशीय अधिकारों को समाप्त करायेगा।
(iv) ब्रिटेन मिस्र को राष्ट्रसंघ की सदस्यता दिलवायेगा।
(v) सूडान पर मिस्र और ब्रिटेन का संयुक्त शासन रहेगा।

इस सन्धि के अनुसार व्यवस्था स्थापित होते ही मिस्र को राष्ट्रसंघ की सदस्यता भी प्राप्त हो गई।[15] परन्तु द्वितीय विश्व युद्ध के बाद ब्रिटेन और मिस्र के सम्बन्धों में पुनः कटुता उत्पन्न हो गई। मिस्र के राष्ट्रवादी चाहते थे कि ब्रिटिश सेनाएं पूरी तरह से मिश्र से हट जायें, स्वेज नहर पर मिस्र का पूर्ण नियन्त्रण हो जाये और सूडान मिस्र में मिला दिया जाये। परन्तु ब्रिटेन इन माँगों को स्वीकार करने के लिए तैयार नहीं था, विशेषतः सूडान के सम्बन्ध में ब्रिटेन का मत था कि स्वयं सूडानियों को अपने भविष्य के निर्धारण का अधिकार होना चाहिये। अतः एंग्लो–मिस्र सम्बन्ध तनावपूर्ण बने रहे।

सन्दर्भ

1. जार्ज लैंसजीवस्की: दी मिडल ईस्ट इन वर्ल्ड अफेयर्स, पृ॰ 17।
2. गाई विन्ट: मिडल ईस्ट क्राइसिस, पृ॰ 16।
3. ई॰ ए॰ स्पीकर: यूनाइटेड स्टेट्स एण्ड दि नियर ईस्ट, पृ॰ 252।
4. पामर एण्ड परकिन्स: इटरनेशनल रिलेशन्स, पृ॰ 692।
5. फ्रेडरिक एल॰ शूमां: इन्टरनेशनल पालिटिक्स, पृ॰ 431।
6. गेथोर्न हार्डी: ए शार्ट हिस्ट्री ऑफ इन्टरनेशनल अफेयर्स, पृ॰ 511।
7. केनथ इनग्राम: ईअर्स ऑफ क्राइसिस, पृ॰ 162।
8. इ॰ एच॰ कार: दो विश्व युद्धों के बीच अन्तर्राष्ट्रीय सम्बन्ध, पृ॰ 74।
9. डब्लू॰ सी॰ लैंगसम: दी वर्ल्ड सिन्स 1914, पृ॰ 216।
10. जार्ज लैंसजीवस्की: दी मिडल ईस्ट इन वर्ल्ड अफेयर्स, पृ॰ 64।
11. जार्ज लैंसजीवस्की: दी मिडल ईस्ट इन वर्ल्ड अफेयर्स, पृ॰ 69।
12. गाई विन्ट: मिडल ईस्ट क्राइसिस, पृ॰ 61।
13. जार्ज लैंसजीवस्की: दी मिडल ईस्ट इन वर्ल्ड अफेयर्स, पृ॰ 87।
14. गाईविन्ट: मिडल ईस्ट क्राइसिस, पृ॰ 112।
15. जार्ज लैंसजीवस्की: दी मिडल ईस्ट इन वर्ल्ड अफेयर्स, पृ॰ 106।

स्मरण-संकेत

(i) मध्य-पूर्व का अर्थ (मिस्र तथा एशिया के अरब राज्य);

(ii) मध्य-पूर्व का महत्व और अन्तर्राष्ट्रीय राजनीति के निर्धारक तत्त्व–

- (क) भौगोलिक स्थिति (एशिया, अफ्रीका और यूरोप का संगम स्थल);
- (ख) पूर्वी गोलार्द्ध की धुरी;
- (ग) ऐतिहासिक तथा धार्मिक महत्त्व (इस्लाम, ईसाई, यहूदी धर्म जन्म स्थली);
- (घ) तेल कूटनीति;
- (ङ) अरब राष्ट्रवाद।

प्रथम विश्व युद्ध के पश्चात् मध्य-पूर्व की स्थिति

(i) तुर्की के अरब प्रदेश राष्ट्रों द्वारा अधिकृत (ब्रिटेन, फ्रांस द्वारा);

(ii) मैन्डेट व्यवस्था क्रियान्वित;

(iii) पश्चिम विरोधी, यहूदी विरोधी लहर;

(iv) फिलिस्तीन में राष्ट्रीय देश की स्थापना (यहूदियों के लिये) का प्रयत्न;

(v) मिस्र में ब्रिटिश संरक्षण;

(vi) इब्न सऊद (सऊदी अरब)।

फिलिस्तीनः अरब-यहूदी संघर्ष और इज़राइल

(i) जायनवाद;

(ii) बाल्फोर घोषणा;

(iii) मक्का के शरीफ हुसैन को प्रोत्साहन;

(iv) श्वेत पत्र (अरब-यहूदी सम्मिलित स्वतन्त्र राज्य की स्थापना का प्रयत्न);

(v) अरब-यहूदी संघर्ष का सूत्रपात।

एंग्लो-मिस्र सम्बन्ध

(i) ब्रिटेन का संरक्षण;

(ii) जगलुल पाशा के नेतृत्व में राष्ट्रीय आन्दोलन;

(iii) मिलनर आयोग की सिफारिशें;

(iv) मिस्र-ब्रिटेन की मैत्री सन्धि (26 अगस्त, 1936);

(v) मिश्र को राष्ट्र संघ की सदस्यता प्राप्त;

(vi) एंग्लो-मिस्र सम्बन्ध तनावपूर्ण।

प्रश्न

1. मध्य-पूर्व से क्या तात्पर्य है? इसके महत्त्व को प्रकट करते हुए अन्तर्राष्ट्रीय राजनीति के निर्धारक तत्त्वों की समीक्षा कीजिये।
2. मध्य-पूर्व का अर्थ स्पष्ट कीजिये। मध्य-पूर्व ने किस प्रकार महाशक्तियों को प्रभावित किया?
3. मध्य-पूर्व के महत्व को प्रकट करते हुए, उन प्रमुख तत्वों की विवेचना कीजिये जिनसे अन्तर्राष्ट्रीय राजनीति प्रभावित हुई।
4. "अरब राष्ट्रवाद तथा तेल कूटनीति मध्य-पूर्व में अन्तर्राष्ट्रीय राजनीति को प्रभावित करने वाला प्रमुख तत्त्व रहा है" विवेचना कीजिये।
5. एंग्लो-मिस्र सम्बन्धों पर प्रकाश डालते हुए, मध्य-पूर्व के महत्त्व को निरूपित कीजिये।
6. फिलस्तीन समस्या क्या थी? ब्रिटेन ने उसे हल करने का क्या प्रयत्न किया? उसके क्या परिणाम हुए?

7. टिप्पणी लिखिए–
   (i) बालफोर घोषणा;
   (ii) इब्न सऊद;
   (iii) जायनवाद।

13

सुदूरपूर्व: चीन-जापान सम्बन्ध

सूर्योदय का देश जापान और प्राचीन सभ्यता का केन्द्र स्थल चीन सुदूरपूर्व के अन्तर्गत स्वीकार किये जाते रहे। दो विश्व युद्धों के मध्य इन दोनों देशों ने अन्तर्राष्ट्रीय राजनीति को बहुत अधिक प्रभावित रखा। विश्व की महान् शक्तियों की रुचि इस क्षेत्र में सदैव बनी रही।

सूर्योदय का देश जापान ही प्रथम युद्ध से पूर्व एक मात्र एशियाई शक्ति था जो यूरोप की महाशक्तियों से शक्ति और सामर्थ्य में समानता का दावा कर सकता था।[1] जापान की रूस पर विजय (1904-1905) ने असन्दिग्ध रूप से यह सिद्ध कर दिया कि जापान विश्व की महान् शक्तियों में से एक था। ब्रिटेन के साथ उसकी मैत्री थी। प्रथम विश्व युद्ध के प्रारम्भ होने पर जापान ने ब्रिटेन के साथ अपनी मैत्री का प्रदर्शन करने तथा सुदूरपूर्व में जर्मन प्रभाव का अन्त करने के उद्देश्यों से 23 अगस्त, 1914 को जर्मन के विरुद्ध युद्ध की घोषणा कर दी।[2] युद्ध के दौरान जापान ने जर्मनी द्वारा हस्तगत किये गए शांटुंग प्रायद्वीप के क्यौचो प्रदेश पर अधिकार कर लिया। 18 जनवरी, 1915 को चीनी राष्ट्रपति युआन के समक्ष 21 मांगें जापान ने प्रस्तुत कीं। ये माँगें शांटुंग, मंचूरिया, आन्तरिक मंगोलिया, कोयला तथा लोहे से सम्बन्धित सुविधाओं, जापानी परामर्शदाताओं की नियुक्ति आर्थिक प्राथमिकता के अधिकार आदि से सम्बन्धित थीं। साथ ही यह मांग भी की गई कि चीन अपनी खाड़ियों, बन्दरगाहों, तटों अथवा प्रदेशों को किसी अन्य शक्ति को नहीं देगा। इन माँगों का उद्देश्य चीन के द्वार यूरोपियन लोगों के लिए बन्द कर देना था। जापान का नारा था 'एशिया, एशिया वालों के लिए।'[3] इन माँगों को एशियाई मुनरो सिद्धान्त भी कहा जाता है। यूरोपीय राष्ट्रों तथा अमेरिका ने इन मांगों का विरोध किया था; फिर भी जापान ने 7 मई, 1915 को युद्ध की धमकी देकर 25 मई, 1915 को चीन से दो सन्धियों पर हस्ताक्षर करा लिये, जिनमें जापान को दक्षिणी मंचूरिया और आंतरिक मंगोलिया में अनेक सुविधायें देने की व्यवस्था थी।

सुदूरपूर्व का दूसरा प्रमुख राष्ट्र चीन उन्नीसवीं शताब्दी के उत्तरार्ध में विदेशी घुसपैठ के बाद भी अपनी मोहनिद्रा से नहीं जगा था। जापान में एक नवयुग (जागरण) का प्रारम्भ हुआ परन्तु चीन अपने पुराने सामन्तवादी ढाँचे से चिपका रहा, जिसके कारण यूरोपीय साम्राज्यवादी शक्तियों ने उसका आर्थिक शोषण किया और सम्पूर्ण चीन को अपने प्रभाव क्षेत्रों में बाँटकर उसको अर्द्ध-परतन्त्रता की स्थिति में पहुँचा दिया।[4]

बीसवीं शताब्दी के प्रारम्भ में आधुनिक चीन के पिता डॉ० सुन यात सेन (1866-1924) के नेतृत्व में एक शक्तिशाली राष्ट्रवादी दल कुओमिन्तांग का विकास हुआ[5], जिसका उद्देश्य चीन के विदेशी शोषण का अन्त करके उसका सर्वतोमुखी विकास करना था। इसी के नेतृत्व में प्रथम महायुद्ध से पूर्व क्रान्ति हुई और चीन में प्राचीन राजवंश का अन्त करके गणतन्त्र की घोषणा की गई परन्तु शीघ्र ही वहाँ युआन के नेतृत्व में तानाशाही व्यवस्था स्थापित हुई। इन्हीं परिस्थितियों में जापानी साम्राज्यवाद से आतंकित चीन ने भी अगस्त, 1917 में जर्मनी के विरुद्ध युद्ध की घोषणा कर दी। इस प्रकार जापान और चीन दोनों ही मित्र राष्ट्रों की ओर से युद्ध में सम्मिलित हुए।[6]

चीन-जापान सम्बन्ध (दो विश्व युद्धों के मध्य)

पेरिस शान्ति सम्मेलन में चीन-जापान मतभेद—पेरिस शान्ति सम्मेलन में दोनों (चीन-जापान) के प्रतिनिधिमंडलों ने परस्पर विरोधी दावे प्रस्तुत किये। मित्र राष्ट्रों ने चीन के दावों को अस्वीकार कर जापान के साम्राज्यवादी दावों को मान्यता प्रदान की। उसे शांटुंग प्रायद्वीप तथा क्यौचो में वे सभी अधिकार प्रदान किए गए जो युद्ध में पूर्व जर्मनी को प्राप्त थे। उसे भूमध्य रेखा से उत्तर के प्रशान्त महासागर में स्थित सभी जर्मन अधिकृत द्वीप भी प्रदान किये गए। इन सबके विरोध में चीनी प्रतिनिधिमंडल ने वर्साय की सन्धि पर हस्ताक्षर करने से इन्कार कर दिया था।

वाशिंगटन सम्मेलन--पेरिस शान्ति सम्मेलन के पश्चात् सुदूरपूर्व के इतिहास की अगली महत्त्वपूर्ण घटना वाशिंगटन सम्मेलन थी। यह सम्मेलन अमेरिकन राष्ट्रपति हार्डिंग के द्वारा बुलाया गया था। 1 अगस्त, 1921 को अमेरिकन सरकार ने जापान, ब्रिटेन, फ्रांस, इटली, चीन, पुर्तगाल, बेल्जियम और हालैण्ड को शस्त्रों को मर्यादित करने के सम्बन्ध में तथा प्रशान्त महासागर और सुदूरपूर्व के प्रश्नों पर विचार करने के लिये, एक सम्मेलन में भाग लेने को आमन्त्रित किया। परिणामस्वरूप इन शक्तियों के प्रतिनिधि 12 नवम्बर, 1921 को वाशिंगटन में एकत्रित हुए तथा यह सम्मेलन 6 फरवरी, 1922 तक आयोजित रहा। इस सम्मेलन में 6 सन्धियाँ सम्पन्न हुईं तथा 12

समझौते किए गए। इनमें से नव शक्ति मुक्त द्वार सन्धि तथा नवशक्ति सन्धि चीन-जापान सम्बन्धों के परिप्रेक्ष्य में अधिक उल्लेखनीय हैं।[7] नवशक्ति मुक्त द्वार सन्धि के द्वारा सभी प्रतिनिधियों ने चीन की प्रभुसत्ता, प्रादेशिक तथा प्रशासनात्मक अखण्डता का सम्मान करने का आश्वासन दिया। नवशक्ति सन्धि द्वारा सभी प्रतिनिधियों ने यह स्वीकार किया कि चीन अपने क्षेत्र में आने वाली वस्तुओं पर चुंगी लगाने का अधिकार रखता है।

इसी के साथ ही जापान ने शांटुंग में अपने विशेषाधिकार चीन को लौटा दिये, परन्तु उसे कुछ रेलों पर 15 वर्ष तक नियन्त्रण रखने का अधिकार प्राप्त रहा। इस सम्मेलन के पश्चात् चीन-जापान सम्बन्धों में निश्चित रूप से सुधार हुआ। जापान ने चीन के प्रति एक मित्रतापूर्ण नीति अपनायी, जो 1927 तक चलती रही। वास्तव में, वाशिंगटन सन्धियों से सर्वाधिक लाभ चीन को हुआ। नवशक्ति मुक्त द्वार सन्धि चीन के लिए इतनी अधिक लाभप्रद थी कि उसे चीन की स्वतन्त्रता का महान् आज्ञापत्र (मैग्नाकार्टा) कहा गया। सकारात्मक रूप से उसे शांटुंग वापस मिल गया।[8]

जापान के लिए वाशिंगटन सम्मेलन एक कूटनीतिक पराजय थी। उसे चीन में प्राप्त अनेक सुविधाओं का परित्याग भी करना पड़ा। इसी के तदन्तर चीन में एक नवीन और उग्र राष्ट्रवाद का विकास हुआ।[9]

वाशिंगटन सम्मेलन के पश्चात् चीन जापान की स्थिति–डॉ० सुनयात सेन की मृत्यु के पश्चात् 1925 में कुओमिन्तांग दल दो गुटों में विभक्त हो गया–राष्ट्रवादी और साम्यवादी। राष्ट्रवादी गुट का नेता च्यांग काई शेक, डॉ० सुन यात सेन के बाद कुओमिन्तांग सरकार का अध्यक्ष बना। उसने 1927 में साम्यवादियों का दमन करना प्रारम्भ कर दिया। इससे चीन में गृहयुद्ध छिड़ गया[10], जिसका अन्त 1949 में साम्यवादियों की विजय से हुआ।

1924 में जापान ने शिदेहारा के प्रधानमन्त्रित्व काल में समझौतापूर्ण नीति को क्रियान्वित किया। इसी के तदन्तर जापान ने क्यौचौ क्षेत्र चीन को वापस कर दिया जिससे चीन-जापान सम्बन्ध सौहार्दपूर्ण हो सकें। परन्तु 1927 में बैरन तानाका जापान के प्रधानमन्त्री बने, जिन्होंने चीन के सम्बन्ध में स्पष्ट घोषणा की–"आत्मरक्षा के लिए तथा दूसरों की रक्षा के लिए भी जापान पूर्वी एशिया में कठिनाइयों को उस समय तक दूर नहीं कर सकता जब तक वह "रक्त और लौह नीति" को नहीं अपनाता। विश्व जीतने के लिए हमको पहले चीन को जीतना चाहिए। चीन को जीतने के लिए हमें पहले मंचूरिया और मंगोलिया को जीतना चाहिए। देर-सबेर हमें सोवियत रूस और संयुक्त राज्य अमेरिका के विरुद्ध युद्ध करना होगा।"[11]

तानाका स्मरण पत्र (25 जुलाई, 1927) जापान का मुनरो सिद्धान्त कहलाता है। यह एशिया, एशिया वालों के सिद्धान्त पर आधारित था। मुनरो सिद्धान्त के समान तानाका स्मरण-पत्र का घोषित उद्देश्य सुदूरपूर्व को यूरोपियन साम्राज्यवाद से बचाना था।

तानाका स्मरण-पत्र में निर्देशित नीति पर आचरण 1927 में ही प्रारम्भ हो गया, जबकि 1927 के मध्य चीनी राष्ट्रीय सेनाओं के उत्तरी मोर्चे के तथाकथित खतरे के विरुद्ध जापानी नागरिकों के जीवन और सम्पत्ति की रक्षा के लिए जापानी सेनाएं शांटुंग में भेज दी गईं। अप्रैल, 1928 में शांटुंग की राजधानी त्सीनान को अधिक जापानी सेनायें भेजी गईं। 3 मई, 1928 को जापानी-चीनी सेनाओं में पहली मुठभेड़ हुई। 11 मई, 1928 को चीन ने राष्ट्रसंघ से अपील की। इसी समय जापानी राजनैतिक क्षेत्रों में तानाका की आलोचना की गई। जुलाई, 1929 में शिदेहारा पुनः प्रधानमन्त्री बने और दो वर्ष तक जापान पुनः समझौतावादी नीति पर आचरण करता रहा।

मंचूरिया संकट–1931 में जापान ने पुनः तानाका साम्राज्यवादी नीति को अपना लिया। जापानी साम्राज्यवाद के इस पुनरोद्भव के अनेक कारण थे–

(i) कुओमिन्तांग दल के नेतृत्व में चीनी राष्ट्रीय एकता का विकास;

(ii) चीन में साम्यवादी रूस का बढ़ता प्रभाव;

(iii) 1930 का आर्थिक संकट जिसने जापान को दूसरे देशों में अपनी अतिरिक्त जनसंख्या के लिए प्रदेश खोजने के लिए विवश कर दिया।[12]

जापान मंचूरिया पर अधिकार करने के लिए कटिबद्ध था। चीनी राष्ट्रवादी भी मंचूरिया को राष्ट्रीय एकता का प्रतीक समझते थे। चीनी राष्ट्रवादी जापानी नियन्त्रण और प्रभाव के विरुद्ध थे। अतः जापान ने चीन पर आक्रमण का निश्चय किया। चीन में च्यांग काई शेक (राष्ट्रवादी) और साम्यवादियों में एक भीषण गृह-युद्ध चल रहा था। चीन की इस असहाय अवस्था से जापानी साम्राज्यवादियों को प्रोत्साहन मिला।

18 सितम्बर, 1931 को जापानी रक्षक दल ने यह बहाना लेकर कि चीनी सैनिकों ने जापानी सेना के मुख्य कार्यालय मुकदन के निकट एक रेलवे लाइन को उड़ा देने का प्रयास किया है, चीनी सेनाओं पर आक्रमण कर दिया। 3 जनवरी, 1932 तक जापानियों ने सम्पूर्ण मंचूरिया पर अधिकार कर लिया।[13] 19 फरवरी, 1932 को जापान ने मंचूरिया में मंचूकुओ नाम के एक कठपुतली राज्य की स्थापना कर दी।

इस घटना से जिस घटनाचक्र का प्रारम्भ हुआ उसने न केवल सुदूरपूर्व, अपितु सम्पूर्ण विश्व के इतिहास को एक नया मोड़ दे दिया। सम्पूर्ण विश्व में जापानी साम्राज्यवाद की निन्दा की गई। चीन ने इसका उत्तर जापानी वस्तुओं का बहिष्कार करके दिया। चीन सरकार ने राष्ट्रसंघ से सहायता माँगी। राष्ट्रसंघ ने जापान के कार्यों की निन्दा की। इस पर जापान ने 27 मार्च, 1933 को राष्ट्रसंघ की सदस्यता से त्यागपत्र दे दिया। जापान के प्रति, ब्रिटिश तुष्टीकरण की नीति के कारण उसके विरुद्ध राष्ट्रसंघ कोई प्रभावशाली कार्यवाही करने में असमर्थ रहा।

जापान-चीन युद्ध—मंचूरिया पर अधिकार करने के बाद जापान ने 1933 में उत्तरी चीन के पांच प्रान्तों—होपे, चाहार, शांटुंग, शांसी और स्वेयुआन में पृथकतावादी आन्दोलन भड़काने का प्रयत्न किया। उसने तेल की दृष्टि से समृद्ध जेहोल प्रदेश को मंचूरिया का भाग बतलाते हुए, उस पर अधिकार कर लिया।

18 अप्रैल, 1934 को प्रसिद्ध अमाउ वक्तव्य प्रकाशित हुआ।[14] यह वक्तव्य तानाका स्मरण-पत्र का पूरक था। इसके द्वारा जापान ने पाश्चात्य राज्यों के साम्राज्यवाद के विरुद्ध, चीन का रक्षक होने का दावा किया; चीन में अपने विशेष हितों पर बल दिया और अमेरिका सहित पाश्चात्य शक्तियों को चीन को किसी भी प्रकार सहायता देने के विरुद्ध चेतावनी दी। पाश्चात्य शक्तियों ने इसका विरोध किया, परन्तु जापान ने उस विरोध की नितान्त उपेक्षा की।

जिस समय जापान मंचूरिया में अपने पाँव फैला रहा था उस समय चीन एक भीषण गृह-युद्ध में फंसा हुआ था। च्यांग काई शेक विदेशी शत्रु को हराने से पूर्व आन्तरिक शत्रु को नष्ट करने में सक्रिय था। परन्तु चीनी जनता जापान के प्रसार को रोकने के लिए अधिक व्यग्र थी। फलस्वरूप राष्ट्रवादियों और साम्यवादियों में समझौता हो गया। अब पूर्ण शक्ति से जापान का विरोध करने का निश्चय चीन की जनता ने किया। कुओमिन्तांग और साम्यवादियों के पुनर्मिलन से जापानी प्रसार के रुक जाने की सम्भावना उत्पन्न हो गई। इस सम्भावना के विरुद्ध अपनी स्थिति को मजबूत करने और एशिया में 'नवीन व्यवस्था' की स्थापना करने के अपने उद्देश्य में सफलता प्राप्त करने के लिए जापान ने जर्मनी के साथ 25 नवम्बर, 1936 को एन्टी कोमिन्टर्न पैक्ट पर हस्ताक्षर किए।[15]

1937 के मध्य में जापान ने एक ओर चीन के विरुद्ध और दूसरी ओर रूस के सुदूरपूर्वी प्रदेशों के विरुद्ध एक नया आक्रमण प्रारम्भ कर दिया।

शीघ्र ही चीन और जापान के बीच एक अघोषित युद्ध छिड़ गया जो 8 वर्ष बाद 1945 में द्वितीय महायुद्ध के अन्त के साथ ही समाप्त हो सका।

चीन-जापान युद्ध में चीन को अकेले ही जापानी साम्राज्यवाद का सामना करना पड़ा। 1941 के प्रारम्भ तक जापान-चीन युद्ध एक अनिर्णयात्मक और स्थिर स्थिति में पहुँच गया। जापान को विश्वास हो गया कि वह तब तक चीन पर पूर्ण विजय प्राप्त नहीं कर सकता था जब तक कि अमेरिका को चीन की सहायता करने से रोक न दिया जाये। अतः जापान ने सुदूरपूर्व में अमेरिका और ब्रिटेन की शक्ति को नष्ट करने का निश्चय किया। 7 दिसम्बर, 1941 को जापान ने पर्ल हारबर में स्थित अमेरिकन नौ-सैनिक बेड़े पर भीषण आक्रमण किया। परिणामस्वरूप 8 दिसम्बर, 1941 को अमेरिका ने जापान के विरुद्ध युद्ध की घोषणा कर दी। 9 दिसम्बर, 1941 को ब्रिटेन ने जापान के विरुद्ध युद्ध की घोषणा कर दी। दिसम्बर, 1941 में ही चीन ने भी मित्र राष्ट्रों की ओर से जापान के विरुद्ध युद्ध की घोषणा कर दी। 6 अगस्त, 1945 को अमेरिका ने एटमबम के प्रहार से जापान के हिरोशिमा नगर को नष्ट कर दिया। 8 अगस्त, 1945 को रूस ने जापान के विरुद्ध युद्ध की घोषणा कर दी। अन्ततः सूर्योदय के देश को घुटने टेक देने पड़े। 14 अगस्त, 1945 को जापान ने आत्मसमर्पण कर दिया।[16]

इस प्रकार अगस्त, 1945 में जापान के विश्व विजय के स्वप्न का अन्त हो गया। जापान की पराजय से सर्वाधिक लाभ चीन को हुआ। जापान को चीन में अपने सभी अधिकारों का परित्याग करना पड़ा और फारमोसा चीन को वापस कर देना पड़ा। परन्तु चीन अपनी आन्तरिक कलह से इस स्थिति का अपने हित में उपयोग नहीं कर पाया।

सन्दर्भ

1. पामर और परकिन्सः इन्टरनेशनल रिलेशन्स, पृ० 490।
2. गेथोर्न हार्डीः अन्तर्राष्ट्रीय राजनीति का संक्षिप्त इतिहास, पृ० 124।
3. डी० एम० केटलबीः ए हिस्ट्री ऑफ माडर्न टाइम फ्राम 1789, पृ० 5।
4. जी० एफ० हडसनः दी फॉर ईस्ट इन वर्ल्ड पालिटिक्स पृ० 132।
5. मेकनेअर एण्ड लाचः माडर्न फॉर ईस्टर्न इन्टरनेशनल रिलेशन्स, पृ० 180।
6. क़्लाड० ए० बस०: दी फॉर ईस्ट, पृ० 384।
7. पारकर टी० मूनः इम्पीरिएलिज्म एण्ड वर्ल्ड पालिटिक्स, पृ० 357।
8. ई० एच० कारः दो विश्व युद्धों के बीच अन्तर्राष्ट्रीय सम्बन्ध, पृ० 16।
9. क्लाड ए० बस०: दी फॉर ईस्ट, पृ० 352।
10. फ्रेडरिक एल शूमांः अन्तर्राष्ट्रीय राजनीति, पृ० 297।

11. क्लाड ए॰ बस: दी फॉर ईस्ट, पृ॰ 352।
12. फ्रेडरिक एल॰ शूमां: अन्तर्राष्ट्रीय राजनीति, पृ॰ 399।
13. क्लाड ए॰ बस: दी फॉर ईस्ट, पृ॰ 354।
14. फ्रेडरिक एल॰ शूमां: अन्तर्राष्ट्रीय राजनीति, पृ॰ 406।
15. क्लाड ए॰ बस: दी फॉर ईस्ट, पृ॰ 378।
16. फ्रेडरिक एल शूमां: अन्तर्राष्ट्रीय राजनीति, पृ॰ 487।

स्मरण-संकेत

(i) जापान, चीन सुदूरपूर्व के मुख्य देश;
(ii) जापान प्रथम विश्व युद्ध से पूर्व एकमात्र विश्व शक्ति;
(iii) चीन (निर्बल राष्ट्र)–अर्द्ध परतन्त्रता की स्थिति;
(iv) कुओमिन्तांग दल का विकास;
(v) पेरिस शान्ति सम्मेलन में जापान के साम्राज्यवादी दावों को मान्यता;
(vi) वाशिंगटन सम्मेलन (चीन का मैग्नाकार्टा); जापान को पराभव;
(vii) चीन में उग्र राष्ट्रवाद का विकास;
(viii) मंचूरिया संकट (जापानी साम्राज्यवाद का पुनरोद्‌भव);
(ix) तानाका स्मरण पत्र, अमाउ वक्तव्य;
(x) कुओमिन्तांग, साम्यवादियों का पुनर्मिलन;
(xi) चीन-जापान अघोषित युद्ध;
(xii) पर्ल हारबर पर जापानी आक्रमण;
(xiii) जापान का आत्मसमर्पण (जापान के विश्व विजय के स्वप्न का अन्त);
(xiv) फारमोसा चीन को प्राप्त।

प्रश्न

1. सुदूरपूर्व से क्या तात्पर्य है? दो विश्व-युद्धों के मध्य चीन-जापान सम्बन्धों की विवेचना कीजिए।
2. सुदूरपूर्व में जापानी साम्राज्यवाद ने किस प्रकार अन्तर्राष्ट्रीय राजनीति में हस्तक्षेप किया? उसके क्या परिणाम हुए?

14

मैन्डेट व्यवस्था (शासनादेश व्यवस्था)

फ्रेडरिक एल॰ शूमां के अनुसार, मैन्डेट व्यवस्था "साम्राज्यवाद की दोहरी समस्या–एक ओर तो निवासियों के हितों की रक्षा करना तथा दूसरी ओर साम्राज्य-निर्माताओं में शान्ति रखना–के दृढ़तापूर्वक समाधान की सबसे अधिक मनोरंजक अन्तर्राष्ट्रीय चेष्टाओं में है।"[1] वास्तव में मैन्डेट व्यवस्था जनरल स्मट्स की एक ऐसी खोज थी, जिसका उद्देश्य विल्सन के आदर्शवाद तथा अन्य मित्रराष्ट्रों की साम्राज्यवादी आकांक्षाओं में समन्वय स्थापित करना था। संयुक्त राज्य अमेरिका के राष्ट्रपति चाहते थे कि आत्मनिर्णय के सिद्धान्त के अनुसार भूतपूर्व जर्मन उपनिवेशों को स्वतन्त्रता प्रदान की जाये परन्तु अन्य मित्र राष्ट्र इन उपनिवेशों को क्षतिपूर्ति के रूप में अपने साम्राज्यों का एक अंग बना लेना चाहते थे। जनरल स्मट्स की योजना के अनुसार इन प्रदेशों को न तो पूर्ण स्वतन्त्रता प्रदान की जानी थी और न ही उनको मित्र राष्ट्रों के साम्राज्यों में सम्मिलित कर दिया जाना था, अपितु एक विशेष व्यवस्था के अधीन राष्ट्रसंघ के संरक्षण में उनके शासन को मित्र राष्टों को सौंप दिया जाना था। यह व्यवस्था मैन्डेट व्यवस्था के नाम से प्रसिद्ध हुई।

राष्ट्रसंघ की संविदा में कहा गया था कि "उन उपनिवेशों और क्षेत्रों पर जो कि पिछले युद्ध के परिणामस्वरूप उन राज्यों की प्रभुसत्ता में नहीं रह गये हैं, जिनका पहले उन पर शासन था तथा जिनमें ऐसे लोग बसते हैं, जो आधुनिक विश्व की कठिन परिस्थितियों में अपने पैरों पर खड़े होने योग्य नहीं हैं, यह सिद्धान्त लागू किया जाए कि ऐसे लोगों का कल्याण और विकास सभ्य देशों का पवित्र कर्तव्य है। इस सिद्धान्त को व्यवहारिक रूप देने का सर्वोत्तम उपाय यह है कि ऐसे लोगों का संरक्षण उन समुन्नत राष्ट्रों को सौंपा जाय; जो इस जिम्मेदारी को सबसे अच्छी तरह निभा सकते हों तथा इस संरक्षण अधिकार का उपयोग ये राष्ट्रसंघ की ओर से संरक्षक राज्य के रूप में करें।"[2]

इस प्रकार मैन्डेट व्यवस्था के अन्तर्गत मित्र राष्ट्रों द्वारा शत्रु राष्ट्रों से

छीने गये प्रदेशों का शासन राष्ट्रसंघ के संरक्षण में विभिन्न मित्र राष्ट्रों को सौंप दिया गया तथा उन्हें इस बात का निर्देश दिया गया कि वे इन प्रदेशों पर इस प्रकार शासन करें जिससे ये प्रदेश शीघ्र स्वशासन के योग्य हो जायें। इन प्रदेशों को मैन्डेट तथा उनके शासन के लिए उत्तरदायी राज्य को मैन्डेटरी राज्य कहा जाता था।

मैन्डेटों की श्रेणियाँ—मैन्डेटों को तीन श्रेणियों में विभाजित किया गया था—प्रथम श्रेणी में ईराक, सीरिया, लेबनान, फिलिस्तीन तथा ट्राँस जोर्डन रखे गये थे। ये सभी युद्ध से पहले तुर्की के अधीन थे। इनके सम्बन्ध में राष्ट्रसंघ संविदा में कहा गया कि ये प्रदेश विकास की ऐसी अवस्था तक पहुंच चुके हैं कि उनके अस्तित्व को अस्थायी रूप से स्वतन्त्र राष्ट्रों के रूप में माना जा सकता है। लेकिन कोई एक मैण्डेटरी राज्य उन्हें तब तक प्रशासकीय सलाह व सहायता देता रहेगा, जब तक कि वे अपने पैरों पर स्वयं खड़े न हो जायें। एक मैन्डेटरी शक्ति के चुनाव में इन समुदायों की इच्छाओं पर मुख्य रूप से विचार करना आवश्यक है।[3] प्रथम श्रेणी के मैन्डेटों में से ईराक, फिलिस्तीन तथा ट्रांस जोर्डन ग्रेट ब्रिटेन की तथा सीरिया और लेबनान फ्रांस की संरक्षता में रखे गए थे।

द्वितीय श्रेणी में मध्य अफ्रीका में स्थित जर्मन के 6 भूतपूर्व उपनिवेश रखे गए थे। इनमें से केमेरुन्ज का 1/6 भाग, टोगोलैण्ड का 1/3 भाग तथा टांगानिक ग्रेट ब्रिटेन को; केमेरुन्ज का 5/6 भाग और टोगोलैण्ड का 2/3 भाग फ्रांस को तथा रुआंडा उरुंडी बेल्जियम को सौंपे गए। इनके विषय में राष्ट्रसंघ संविदा में कहा गया कि ये लोग "विकास की सीढ़ी तक ही पहुंच पाये हैं, जिसमें कि मैन्डेटरी शक्ति द्वारा उनके प्रदेश का इस प्रकार से शासन किया जाए कि जिसमें धर्म एवं सदाचार सम्बन्धी स्वतन्त्रता प्राप्त हो सके। इसका उद्देश्य सार्वजनिक व्यवस्था एवं सदाचार की रक्षा करना, दास व्यवसाय, शस्त्रों तथा शराब आदि के व्यापार जैसी बुराइयों को रोकना, पुलिस तथा प्रदेश की रक्षा के लिए आवश्यक सेना के अतिरिक्त सैनिक किलेबन्दी तथा समुद्री सेना के अड्डों पर प्रतिबन्ध लगाना तथा राष्ट्रसंघ के अन्य सदस्यों को व्यापार के लिए उचित अवसर प्रदान करना होना चाहिये।[4]

तृतीय श्रेणी में दक्षिण-पश्चिम अफ्रीका तथा प्रशान्त महासागर के कुछ ऐसे द्वीपों को रखा गया जिनकी जनसंख्या अत्यन्त कम थी या जिनका आकार बहुत छोटा था या जो सभ्यता के केन्द्रों से बहुत दूर स्थित थे। इनको पृथक् राज्य का रूप लेने के लिए अनुपयुक्त समझा गया। मैन्डेटरी राज्यों को इसके सम्बन्ध में लगभग पूर्ण अधिकार प्रदान कर दिये गए

जिससे ये एक प्रकार से मैन्डेटरी राज्यों के अंग बन गए। केवल स्थानीय जनता के हितों की सुरक्षा के लिए कुछ विशेष संरक्षणों की व्यवस्था भी कर दी गई। इनमें से दक्षिण-पश्चिम अफ्रीका दक्षिण अफ्रीका को, जर्मन टापू समोआ न्यूजीलैण्ड को, नौरू द्वीप ग्रेट-ब्रिटेन को प्राप्त हुए। प्रशान्त महासागर के अन्य भूतपूर्व जर्मन द्वीप जापान तथा आस्ट्रेलिया में विभाजित कर दिये गए। भूमध्य रेखा से उत्तर के द्वीप जापान को प्राप्त हुए और दक्षिण के आस्ट्रेलिया को।

मैन्डेटों पर राष्ट्रसंघ का नियन्त्रण–राष्ट्रसंघ को मैन्डेटों के सम्बन्ध में तीन प्रकार के अधिकार प्राप्त थे–

(i) मैन्डेटरी राज्यों को मैन्डेटों की प्रगति के सम्बन्ध में प्रतिवर्ष राष्ट्रसंघ की परिषद् को एक वार्षिक प्रतिवेदन भेजना होता था।

(ii) प्रत्येक मैन्डेट के शासन के सम्बन्ध में राष्ट्रसंघ की परिषद् निर्देश दे सकती थी।

(iii) मैन्डेटरी राज्यों के वार्षिक प्रतिवेदनों की जाँच राष्ट्रसंघ द्वारा नियुक्त एक स्थाई मैन्डेट्स आयोग करता था तथा उनके सम्बन्ध में राष्ट्रसंघ की परिषद् को परामर्श देता था।

इन अधिकारों के अनुसार, 1920 में राष्ट्रसंघ ने स्थाई मैन्डेट्स आयोग की नियुक्ति की। इस आयोग में प्रारम्भ में 9 सदस्य थे, जिनमें से अधिकांश गैर-मैन्डेटरी राज्यों के नागरिक थे। 1924 में सदस्यों की संख्या 11 कर दी गई। एक स्थान राष्ट्रसंघ सचिवालय के मैन्डेट विभाग के अध्यक्ष को दिया गया तथा दूसरा अन्तर्राष्ट्रीय श्रमसंघ के प्रतिनिधि को। 1927 में सदस्यों की संख्या 12 कर दी गई और बढ़े हुए स्थान पर जर्मनी के नागरिक को नियुक्त किया गया।

यह मैन्डेट्स आयोग राष्ट्रसंघ की परिषद् के अभिकर्त्ता (एजेन्ट) के रूप में कार्य करता था। इसके प्रमुख कार्य निम्न थे–

(i) मैन्डेटरी राज्यों के प्रतिवेदनों की जाँच करना;

(ii) मैन्डेटों के निवासियों के आवेदन-पत्रों पर विचार करना;

(iii) मैन्डेट व्यवस्था सम्बन्धी विषयों पर राष्ट्रसंघ को परामर्श देना।

मैन्डेट व्यवस्था का व्यवहारिक रूप–व्यवहार में मैन्डेट व्यवस्था साम्राज्यवाद का एक नवीन रूप ही सिद्ध हुई। मैन्डेटरी राज्यों ने मैन्डेटों का शासन उनके कल्याण के उद्देश्य से नहीं अपितु अपने हितों की रक्षा के उद्देश्य से किया। ब्रिटेन ने ईराक में ईराकियों की स्वतन्त्रता प्राप्ति की महत्वाकांक्षाओं के प्रति एक दमनपूर्ण नीति का अवलम्बन किया। उसने

फिलिस्तीन में "फूट डालो और राज्य करो" की नीति अपनाई। फ्रांसीसियों ने सीरिया तथा लेबनान दोनों में राष्ट्रवाद का निर्दयतापूर्वक दमन किया। टोगोलैण्ड, कैमरुन्स में भी जनता की इच्छाओं की अवहेलना की गई। तृतीय श्रेणी के मैन्डेटों में मैन्डेटरी राज्यों ने "मुक्त द्वार" की नीति को नहीं अपनाया और मैन्डेटों के साथ साधारण उपनिवेशों का सा व्यवहार किया। मैन्डेटरी शक्तियों ने राष्ट्रसंघ को केवल एक परामर्शदात्री संस्था माना, निदेशक संस्था नहीं। लार्ड बालफोर ने 1922 में स्पष्ट कहा था–"एक मैन्डेट विजेता राष्ट्र द्वारा विजित प्रदेश में अपनी प्रभुसत्ता पर स्वेच्छापूर्वक लगाई हुई मर्यादा है। मानव जाति के सामान्य हितों के लिए मित्रराष्ट्रों ने अपने ऊपर ये मर्यादायें लगा लीं और राष्ट्रसंघ से यह देखने में, कि सामान्य नीति पर आचरण किया जाए, सहायता देने की प्रार्थना की, परतु राष्ट्रसंघ मैन्डेट व्यवस्था का रचयिता नहीं था। राष्ट्रसंघ का प्रथम कर्त्तव्य यह देखना था कि मैन्डेट की शर्तें संविदा के सिद्धांतों के अनुकूल हों तथा दूसरा कर्त्तव्य यह देखना था कि ये शर्तें वास्तव में मैन्डेट प्रदेशों में मैन्डेटरी शक्ति की नीति को निर्धारित करें।"

इस प्रकार मैन्डेट व्यवस्था साम्राज्यवादी अत्याचारों का अन्त नहीं कर सकी। इनग्राम का कथन समीचीन है–"शान्ति समझौते की मैन्डेटरी व्यवस्था एक समझौता थी और एक ऐसा समझौता थी जो साम्राज्यवादी व्यवस्था के लक्षण अपनाये रखने के कारण युद्ध के एक प्रधान कारण का अन्त करने में असफल हो गई।"[5]

मैन्डेट व्यवस्था का मूल्यांकन–दोषपूर्ण होते हुए भी मैन्डेट व्यवस्था सर्वथा महत्वहीन नहीं थी। फ्रेडरिक एल० शूमां के शब्दों में, "मैन्डेट व्यवस्था पिछड़े प्रदेशों पर अन्तर्राष्ट्रीय निरीक्षण के एक दुस्साहस के कार्य का प्रतिनिधित्व करती थी।"[6] इससे साम्राज्यवादी शक्तियों ने कम-से-कम सिद्धान्ततः यह स्वीकार कर लिया कि पिछड़े हुए प्रदेशों का शासन सत्ता के हित में नहीं अपितु प्रदेशों के निवासियों के हित में किया जाना चाहिए। यद्यपि राष्ट्रसंघ का शासक राज्यों पर नियन्त्रण अधिक शक्तिशाली नहीं था, फिर भी यह तथ्य मात्र कि उन्हें अपने कार्यों के लिए एक अन्तर्राष्ट्रीय संस्था के सम्मुख उत्तर देना होगा, शासक राज्यों को दमनकारी नीति का अवलम्बन लेने के लिए अनिच्छुक बना देता था। इसी कारण 1932 में ईराक तथा द्वितीय महायुद्ध के काल में सीरिया और लेबनान को स्वतन्त्रता प्राप्त हो सकी क्योंकि शासक राज्य दमनकारी नीति अपनाकर विश्व के जनमत को अपने विरुद्ध नहीं करना चाहते थे। दूसरे, जैसा कि मैन्डर का मत है, "निस्सन्देह औपनिवेशिक सरकार के स्तरों पर प्रभाव पड़ा है, क्योंकि

ब्रिटेन अथवा फ्रांस के लिये अपने औपनिवेशिक आधिपत्यों पर एक प्रकार से और अपने मैन्डेट प्रदेशों पर दूसरे प्रकार से शासन करते रहना सम्भव नहीं था।" अतः प्रोफेसर लियोनार्ड के शब्दों में, हम कह सकते हैं कि "राष्ट्रसंघीय मैन्डेट व्यवस्था की मान्य दुर्बलताओं के बावजूद, यह औपनिवेशिक नीति तथा प्रशासन में एक स्पष्ट सुधार का प्रतिनिधित्व करती थी।"

सन्दर्भ

1. फ्रेडरिक एल॰ शूमां: अन्तर्राष्ट्रीय राजनीति, पृ॰ 441।
2. राष्ट्रसंघ संविदा, अनुच्छेद 22(1)।
3. वही, अनु॰ 22(4)।
4. वही, अनु॰ 22(5)।
5. केनथ इनग्राम: ईयर्स ऑफ क्राइसिस, पृ॰ 26।
6. फ्रेडरिक एल॰ शूमां: अन्तर्राष्ट्रीय राजनीति, पृ॰ 443।

स्मरण-संकेत

(i) मैन्डेट व्यवस्था जनरल स्मट्स की खोज;

(ii) विल्सन के आदर्शवाद; मित्रराष्टों की साम्राज्यवादी आकांक्षाओं में समन्वय;

(iii) मित्रराष्ट्रों द्वारा शत्रुराष्ट्रों से छीने गए प्रदेशों का शासन राष्ट्रसंघ के संरक्षण में;

(iv) मैन्डेट तीन श्रेणियों में विभक्त–प्रथम, द्वितीय, तृतीय श्रेणी;

(v) प्रथम श्रेणी में टर्की से छीने गए प्रदेश;

(vi) द्वितीय श्रेणी में मध्य अफ्रीका के जर्मन उपनिवेश;

(vii) तृतीय श्रेणी में दक्षिण-पश्चिम अफ्रीका तथा प्रशान्त महासागर के द्वीप;

(viii) राष्ट्रसंघ को मैन्डेटों के सम्बन्ध में तीन प्रकार के अधिकार;

(ix) स्थाई मैन्डेट्स आयोग की नियुक्ति;

(x) मैन्डेट्स आयोग राष्ट्रसंघ की परिषद् का अभिकर्ता (एजेन्ट);

(xi) व्यवहार में मैन्डेट व्यवस्था साम्राज्यवाद का नवीन रूप;

(xii) मैन्डेटरी राज्यों द्वारा मैन्डेटों का शासन अपने हित में संचालित;

(xiii) मैन्डेट व्यवस्था साम्राज्यवादी अत्याचारों का अन्त करने में असफल;

(xiv) मैन्डेट व्यवस्था सर्वथा महत्वहीन नहीं;

(xv) औपनिवेशिक नीति में सुधार का प्रतिनिधित्व करने वाली संस्था।

प्रश्न

1. मैन्डेट व्यवस्था से क्या तात्पर्य है? इसके व्यवहारिक रूप का वर्णन करते हुये, मैन्डेट व्यवस्था का मूल्यांकन कीजिये।
2. "मैन्डेट विजेता द्वारा विजित प्रदेश में अपनी प्रभुसत्ता पर स्वेच्छापूर्वक लगाई हुई मर्यादा है", इस कथन की समीक्षा कीजिए।

15

दो विश्व-युद्धों के मध्य नि:शस्त्रीकरण के प्रयास

फ्रांस तथा अन्य राष्ट्रों की सुरक्षा की खोज की एक महत्वपूर्ण दिशा नि:शस्त्रीकरण थी। विल्सन ने अपने चौदह सूत्रों में नि:शस्त्रीकरण को स्थान दिया था। पेरिस शान्ति सम्मेलन में यह बात स्वीकार की जा चुकी थी कि नि:शस्त्रीकरण के बिना स्थाई शान्ति की स्थापना सम्भव नहीं है। यह स्पष्ट रूप से कहा गया था कि वर्साय की सन्धि द्वारा जर्मनी को नि:शस्त्र करने का उद्देश्य एक व्यापक नि:शस्त्रीकरण के लिये मार्ग प्रशस्त करना है। क्लेमान्सो का कथन था कि, "जर्मन शस्त्रों संबंधी ये व्यवस्थायें केवल जर्मनी को अपने सैनिक आक्रमण को पुनः प्रारम्भ करने में असमर्थ बनाने के लिए ही नहीं रखी गई थीं। वे शस्त्रों में एक व्यापक कटौती और परिमितता करने, जो कि युद्ध का एक सर्वाधिक प्रभावशाली निरोधक है तथा जिसके लिये प्रयत्न करना राष्ट्रसंघ के प्रथम कर्त्तव्यों में से होगा, की दिशा में पहला पग भी है।" इस प्रकार लायड जार्ज ने यह प्रयत्न किया था कि राष्ट्रसंघ संविदा पर हस्ताक्षर होने से पूर्व एक नि:शस्त्रीकरण समझौता कर लिया जाये। उनके अनुसार, "राष्ट्रसंघ की सफलता की प्रथम शर्त यह है कि बड़े राज्यों के बीच एक पक्का समझौता हो जाए कि सैनिक क्षेत्रों में एक-दूसरे से होड़ नहीं करेंगे; यदि राष्ट्रसंघ के प्रमुख सदस्य अपने शस्त्रास्त्रों पर पाबन्दी लगा दें तो यूरोप के सभी छोटे-छोटे राज्य भी अपनी सैनिक शक्ति को सीमित रखेंगे।"

पेरिस शान्ति सम्मेलन में नि:शस्त्रीकरण संबंधी कोई समझौता नहीं हो सका; परन्तु इस दिशा में प्रयत्न जारी रहे। इनमें से कुछ प्रयत्न राष्ट्रसंघ से बाहर महाशक्तियों ने किये और कुछ प्रयत्न राष्ट्रसंघ के तत्वावधान में किये गए थे।

राष्ट्रसंघ से बाहर महाशक्तियों द्वारा किए गए निःशस्त्रीकरण के प्रयत्न–राष्ट्रसंघ से बाहर निःशस्त्रीकरण की दिशा में महाशक्तियों द्वारा किये गये सभी प्रयत्न नौ-सेना के क्षेत्र में थे। इन प्रयत्नों में सर्वाधिक उल्लेखनीय वाशिंगटन सम्मेलन था:–

(i) **वाशिंगटन सम्मेलन**–निःशस्त्रीकरण के लिए राष्ट्रसंघ से बाहर किये गये प्रयत्नों में प्रथम और सर्वाधिक सफल प्रयत्न 1921-22 का वाशिंगटन सम्मेलन था।[1] यह सम्मेलन अमेरिकी राष्ट्रपति हार्डिंग द्वारा नौ-सैनिक शस्त्रों के नियन्त्रण के लिए 12 नवम्बर, 1921 को बुलाया गया था। वाशिंगटन सम्मेलन एकमात्र निःशस्त्रीकरण सम्मेलन था, जिसे सफल कहा जा सकता है। इस सफलता का रहस्य तत्कालीन परिस्थितियों में निहित था जो समझौते के अनुकूल थीं। वाशिंगटन सम्मेलन में केवल नौ-सैनिक निःशस्त्रीकरण की समस्या पर ही विचार किया गया था। प्रथम विश्वयुद्ध के पश्चात् ब्रिटेन, अमेरिका, जापान, फ्रांस तथा इटली केवल पाँच महत्वपूर्ण नौ-सैनिक शक्तियाँ थीं। 12 नवम्बर, 1921 से 6 फरवरी, 1922 तक सम्मेलन ने नौ-सैनिक होड़ को समाप्त करने के लिए 7 सन्धियाँ कीं। इनमें से सर्वाधिक महत्वपूर्ण पंच-शक्ति नौ-सैनिक निःशस्त्रीकरण सन्धि थी। इसके द्वारा अमेरिका, ब्रिटेन, जापान, फ्रांस तथा इटली की नौ-सैनिक शक्ति का अनुपात क्रमशः 5 : 5 : 3 : 1.67 : 1.67 निश्चित किया गया। यह अनुपात 10 हजार टन से अधिक भार वाले युद्ध पोतों के संबंध में था। अन्य प्रकार के छोटे जहाजों, क्रूजर, डेस्ट्रायर, पनडुब्बी आदि की सीमा के संबंध में कोई समझौता नहीं हो सका। यह भी निश्चित किया गया कि 10 वर्ष तक महाशक्तियाँ नौ-सैनिक छुट्टी (नेवल हालीडे) मनायेंगी अर्थात् 10 वर्ष तक बड़े युद्ध-पोत निर्मित नहीं किये जायेंगे। यह भी निश्चित हुआ कि जापान, ब्रिटेन तथा अमेरिका प्रशासन महासागर की किलेबन्दियों और नौ-सैनिक अड्डों के संबंध में यथास्थिति बनाये रखेंगे। वाशिंगटन सम्मेलन निःशस्त्रीकरण और अन्तर्राष्ट्रीय राजनीति के क्षेत्र में एक महत्वपूर्ण सफलता थी। मेकनेअर और लाच के शब्दों में, "पंच-शक्ति नौ-सैनिक सन्धि का शस्त्रास्त्रों पर विशाल व्यय को बचाने का उल्लेखनीय योगदान है। इससे यह परिणाम भी हुआ कि एक ओर अमेरिका और दूसरी ओर जापान या ग्रेट-ब्रिटेन के मध्य युद्ध की सम्भावना अनिश्चित काल के लिए टल गई।"[2]

(ii) **जेनेवा नौ-सैनिक सम्मेलन** (1927)–वाशिंगटन सम्मेलन के अधूरे कार्य को पूरा करने और क्रूजर, डेस्ट्रायर, पनडुब्बी आदि के परिसीमन पर विचार करने के लिए अमेरिकन राष्ट्रपति कूलिज ने ब्रिटेन, फ्रांस, इटली तथा जापान को एक सम्मेलन के लिए आमन्त्रित किया। ब्रिटेन और जापान ने निमन्त्रण स्वीकार कर लिया, परन्तु फ्रांस और इटली ने इस आधार पर सम्मेलन में भाग लेने से इन्कार कर दिया कि इससे राष्ट्रसंघ के नि:शस्त्रीकरण के प्रयत्नों में बाधा पड़ती है। अन्ततः अमेरिका, ब्रिटेन और जापान के प्रतिनिधि 20 जून, 1927 को जेनेवा में एकत्रित हुये; परन्तु सम्मेलन को कोई सफलता प्राप्त नहीं हो सकी।

(iii) **लन्दन नौ-सैनिक सम्मेलन** (1930)–21 जनवरी, 1930 को पुनः पाँचों शक्तियाँ (अमेरिका, ब्रिटेन, जापान, फ्रांस तथा इटली) लन्दन में नौ-सैनिक नि:शस्त्रीकरण पर विचार करने के लिए सम्मिलित हुईं। इसके परिणामस्वरूप शस्त्रास्त्रों में कटौती और परिसीमन सन्धि हुई जिस पर ब्रिटेन, अमेरिका और जापान ने हस्ताक्षर किये। इस सन्धि ने पनडुब्बी युद्ध को नियन्त्रित करने का प्रयत्न किया तथा क्रूजर और पनडुब्बियों के संबंध में मर्यादायें स्थिर कीं। फिर भी लन्दन सम्मेलन को एक सफल सम्मेलन नहीं कहा जा सकता। इस सम्मेलन में फ्रांस और इटली में समानता के प्रश्न पर समझौता नहीं हो सका और उन्होंने सन्धि के नौ-सैनिक शक्ति को मर्यादित करने वाले मुख्य अंश पर हस्ताक्षर नहीं किये।

(iv) **द्वितीय लन्दन नौ-सैनिक सम्मेलन** (1935)–अगला नौ-सैनिक सम्मेलन 1935 में लन्दन में आयोजित किया गया परन्तु प्रारम्भ से ही परिस्थितियाँ इसकी सफलता के लिए अनुकूल नहीं थीं। भूमध्य सागर में फ्रांस और इटली के बीच प्रतिद्वन्द्विता थी। मंचूरिया काण्ड तथा इटली-एबीसीनिया काण्ड ने अन्तर्राष्ट्रीय जगत में तनाव उत्पन्न कर दिया था। जापान, ब्रिटेन और अमेरिका के साथ समानता प्राप्ति के लिए कटिबद्ध हो गया था। ऐसी परिस्थिति में लन्दन सम्मेलन की विफलता निश्चित थी। समानता के प्रश्न पर जापान सम्मेलन से पृथक् हो गया। इससे सम्मेलन की कार्यवाही स्थगित कर दी गई।

1936 में ब्रिटिश अमेरिकी जापानी नौ-सैनिक होड़ पुनः प्रारम्भ हो गई। 1937 के मध्य तक दो विश्व-युद्धों के बीच का नि:शस्त्रीकरण आन्दोलन मृतप्राय: हो गया।

राष्ट्रसंघ द्वारा निःशस्त्रीकरण के प्रयत्न

राष्ट्रसंघ ने दो विश्व-युद्धों के बीच निःशस्त्रीकरण के अथक प्रयास किये थे। वे प्रयास थे:-

1. **स्थाई परामर्शदाता आयोग (1920)**–राष्ट्रसंघ संविदा में कहा गया था कि 'शान्ति की स्थापना के लिए राष्ट्रीय सुरक्षा के अनुकूल न्यूनतम बिन्दु तक राष्ट्रीय शस्त्रों में कमी करना आवश्यक है।'[3] इस उद्देश्य की प्राप्ति के लिए जनवरी, 1920 में स्थल, जल और वायुसेना के विशेषज्ञों के एक स्थाई परामर्शदाता आयोग की स्थापना की गई। इस आयोग ने दिसम्बर, 1920 में यह रिपोर्ट दी कि तत्कालीन परिस्थितियों में शस्त्रों में कमी करना उपयुक्त नहीं था।
2. **अस्थाई मिश्रित आयोग (1920-1924)**–1920 में साधारण सभा ने परिषद् से एक नए आयोग की संस्तुति की, फलस्वरूप अस्थाई मिश्रित आयोग गठित हुआ, जिसमें सैनिक और असैनिक दोनों प्रकार के विशेषज्ञ थे। इसने निःशस्त्रीकरण के लिए 1923 में पारस्परिक सहायता की प्रारूप सन्धि की योजना प्रस्तुत की, जिसमें सुरक्षा और निःशस्त्रीकरण की समस्यायें परस्पर संबद्ध थीं परन्तु ब्रिटेन ने इसे स्वीकार नहीं किया और यह प्रयास निष्फल हो गया। तदुपरान्त 1924 में एक दूसरा प्रयास 'जेनेवा प्रोटोकोल' के नाम से प्रसिद्ध रहा जिसमें मध्यस्थता, निःशस्त्रीकरण और सुरक्षा पर आधारित अन्तर्राष्ट्रीय विवादों के शान्तिपूर्ण समाधान की एक योजना के निर्माण का अनुरोध किया गया था परन्तु इसे भी ब्रिटिश अस्वीकृति ने विफल कर दिया। 1924 में अस्थाई मिश्रित आयोग को समाप्त कर दिया गया।
3. **प्रारम्भिक आयोग (1925)**–12 दिसम्बर, 1925 को परिषद् ने एक प्रारम्भिक आयोग की नियुक्ति की तथा उसे "शस्त्रों में कटौती तथा परिमितता के लिए एक सम्मेलन" की तैयारी करने का कार्य सौंपा। यह आयोग अमेरिका और रूस, जो राष्ट्रसंघ के सदस्य नहीं थे, का भी सहयोग पाने में सफल हुआ। अन्ततः 6 वर्ष के कठोर परिश्रम के बाद दिसम्बर, 1930 में शस्त्रास्त्रों में कटौती और परिसीमन के संबंध में एक प्रारूप अभिसमय स्वीकार कर विघटित हो गया। यह अभिसमय 1932 के विश्व निःशस्त्रीकरण सम्मेलन के विचार-विमर्श का आधार माना गया।
4. **जेनेवा का विश्व निःशस्त्रीकरण सम्मेलन**–विश्व निःशस्त्रीकरण सम्मेलन 3 फरवरी, 1932 को भूतपूर्व ब्रिटिश विदेश मंत्री आर्थर

हैन्डर्सन की अध्यक्षता में प्रारम्भ हुआ। इसमें 57 राज्यों के 230 प्रतिनिधियों ने भाग लिया।

विश्व निःशस्त्रीकरण सम्मेलन विश्व के इतिहास में एक अत्यधिक महत्वाकांक्षी शान्ति प्रयास था परन्तु तत्कालीन परिस्थितियाँ इसके अनुकूल नहीं थीं। जब सम्मेलन प्रारम्भ हुआ, तब शंघाई में जापान और चीन का युद्ध चल रहा था। प्रतिनिधियों के दृष्टिकोण में अधिक मतभेद था। फ्रांसीसी और जर्मन दृष्टिकोणों में गम्भीर विरोध था। फ्रांस सुरक्षा की मांग कर रहा था, जर्मनी समानता की मांग कर रहा था। फ्रांस उस समय तक शस्त्रास्त्रों में कटौती करने को तैयार नहीं था, जब तक उससे पूर्व सुरक्षा की कोई प्रभावशाली व्यवस्था नहीं कर दी जाए। जर्मनी का कहना था कि उसे 1919 में इस धारणा के आधार पर निःशस्त्र किया गया था कि अन्य देश भी अपने शस्त्रास्त्रों को कम कर देंगे; परन्तु ऐसा नहीं किया गया है। अतः जर्मनी को अन्य देशों से समानता के आधार पर शस्त्रीकरण का अधिकार होना चाहिए। फ्रांस जर्मनी की इस मांग का कट्टर विरोधी था। फ्रांस ने राष्ट्रसंघ के अन्तर्गत अन्तर्राष्ट्रीय पुलिस की एक निरोधात्मक तथा दण्डात्मक सेना बनाने का सुझाव रखा, जिसके द्वारा विभिन्न राज्यों की सुरक्षा की व्यवस्था की जा सके परन्तु जर्मनी, ब्रिटेन तथा अमेरिका ने इसका विरोध किया।

ब्रिटिश प्रतिनिधि सर जान साइमन ने अपना गुणात्मक निःशस्त्रीकरण का प्रस्ताव रखा, जिसके अनुसार शस्त्रास्त्रों को दो भागों में विभाजित किया गया था–रक्षात्मक तथा आक्रामक। प्रस्ताव में कहा गया कि रक्षात्मक शस्त्रों पर कोई रोक न हो परन्तु आक्रामक शस्त्रों को कम कर दिया जाये। परन्तु यह प्रस्ताव स्वीकृत न हो सका क्योंकि इस बात पर कोई मतैक्य नहीं हो सका कि कौन से शस्त्र रक्षात्मक हैं और कौन से आक्रामक। रूस ने अन्ततः सभी प्रकार के शस्त्रों पर सदा के लिए नियन्त्रण लगाने का प्रस्ताव रखा; अमेरिका ने वर्तमान सशस्त्र सेना और शस्त्रास्त्रों में एक-तिहाई की कमी का प्रस्ताव रखा। परन्तु इनमें से कोई भी प्रस्ताव स्वीकार नहीं हो सका। 10 अक्टूबर, 1933 को सर जान साइमन ने यह प्रस्ताव रखा कि 4 वर्ष तक जर्मनी की वर्तमान निःशस्त्र स्थिति बनी रहे और उसके बाद अन्य शक्तियाँ अपने शस्त्रास्त्र घटाने प्रारम्भ करें। परन्तु इसे जर्मनी ने स्वीकार नहीं किया और वह 14 अक्टूबर, 1933 को सम्मेलन से पृथक् हो गया। अन्ततोगत्वा 16 जून, 1934 को निःशस्त्रीकरण सम्मेलन अनिश्चित काल के लिए स्थगित हो गया।

शीघ्र ही हिटलर की गतिविधियों ने निःशस्त्रीकरण की आशाओं का अन्त कर दिया। 16 मार्च, 1935 को जर्मनी ने अनिवार्य सैनिक भर्ती पुनः

प्रारम्भ कर दी। शूमां के शब्दों में, "राष्ट्रसंघ के द्वारा संसार के नि:शस्त्रीकरण की चेष्टाओं का आरम्भ जर्मनी के एक एकपक्षीय नि:शस्त्रीकरण से आरम्भ हुआ था। जर्मनी के एकपक्षीय पुनर्शस्त्रीकरण से इन चेष्टाओं का अन्त हो गया।"[4]

सम्मेलन की असफलता के कारण (नि:शस्त्रीकरण की विफलताओं के कारण) इसलिए असफलता के कारण थे:–

1. असफलता का प्रमुख कारण महाशक्तियों, विशेषत: जर्मनी और फ्रांस के विरोधी दृष्टिकोण थे। जहाँ जर्मनी सुरक्षा से पहले नि:शस्त्रीकरण की मांग कर रहा था या शस्त्रों की समानता की मांग कर रहा था वहाँ फ्रांस नि:शस्त्रीकरण से पहले सुरक्षा की मांग पर अड़ा हुआ था। फ्रांस की अन्तर्राष्ट्रीय सेना की योजना ब्रिटेन और अमेरिका को मान्य नहीं थी।
2. नि:शस्त्रीकरण को प्रधानत: शस्त्रों के परिसीमन की एक तकनीकी समस्या मानकर प्रयास किया गया। वास्तव में यह मनोवैज्ञानिक और राजनैतिक समस्या थी। इसके समाधान के लिए प्रभावशाली अन्तर्राष्ट्रीय संगठन की आवश्यकता थी जो सुरक्षा की गारन्टी दे सकता।
3. आर्थिक संकट के परिणामों ने नि:शस्त्रीकरण की सम्भावनाओं को कम कर दिया। आर्थिक संकट से उत्पन्न परिस्थितियों ने नि:शस्त्रीकरण के प्रयासों को विफल कर दिया।
4. शस्त्रों के सुरक्षात्मक तथा आक्रामक आदि श्रेणियों में वर्गीकरण से राष्ट्रों में सन्देह तथा भय का वातावरण उत्पन्न हो गया, इससे नि:शस्त्रीकरण के प्रयास निष्फल हो गए।
5. महाशक्तियों का नि:शस्त्रीकरण में पूर्ण विश्वास नहीं था। वे नि:शस्त्रीकरण के लिए वचनबद्ध होते हुए भी स्वयं अपना नि:शस्त्रीकरण करके एक उदाहरण प्रस्तुत करने को तैयार नहीं थे।
6. शस्त्रास्त्र निर्माण करने वाली कम्पनियों ने इस बात का सदैव प्रयत्न किया कि नि:शस्त्रीकरण के प्रयास सफल न हो सकें क्योंकि ऐसा हो जाने में उन्हें हानि थी।
7. फात्सीवाद और नात्सीवाद के उदय ने नि:शस्त्रीकरण की सफलता को असम्भव बना दिया क्योंकि ये विचारधारायें युद्ध को आवश्यक और गौरवपूर्ण मानती थीं।
8. अल्फ्रेड जिम्मर्न का मत है–"प्रत्येक शक्ति अपनी सुरक्षा के लिये

चिन्तित थी, अतः निःशस्त्रीकरण संबंधी वाद-विवाद सहयोग के नहीं, अपितु प्रतिस्पर्धा की भावना के वातावरण में हुआ। इस प्रकार के प्रतियोगी आधार पर 50 राष्ट्रों अथवा केवल महाशक्तियों की ही एक स्वीकृत सन्धि की रचना की आशा करना एक वृत्त को समचतुर्भुज करने में सफलता प्राप्त करने की आशा करना था।"[5]

सन्दर्भ

1. ई॰ एच॰ कार: दो विश्व-युद्धों के बीच अन्तर्राष्ट्रीय संबंध, पृ॰ 33।
2. मेकनेअर एण्ड लाच: मार्डर्न फार ईस्टर्न इन्टरनेशनल रिलेशन्स, पृ॰ 180।
3. राष्ट्रसंघ संविदा, अनुच्छेद 8 (1)।
4. फ्रेडरिक एल॰ शूमां: अन्तर्राष्ट्रीय राजनीति, पृ॰ 288।
5. एल्फर्ड जिम्मर्न: दी लीग ऑफ नेशन्स, पृ॰ 415-417।

स्मरण-संकेत

राष्ट्रसंघ से बाहर महाशक्तियों द्वारा किये गए निःशस्त्रीकरण के प्रयत्नः-

(क) वाशिंगटन सम्मेलन;

(ख) जेनेवा नौ-सैनिक सम्मेलन;

(ग) लन्दन नौ-सैनिक सम्मेलन (प्रथम);

(घ) द्वितीय, लन्दन नौ-सैनिक सम्मेलन।

राष्ट्रसंघ द्वारा निःशस्त्रीकरण के प्रयत्नः-

(क) स्थाई परामर्शदाता आयोग;

(ख) अस्थाई मिश्रित आयोग;

1. पारस्परिक सहायता की प्रारूप सन्धि की योजना;
2. जेनेवा प्रोटोकोल।

(ग) प्रारम्भिक आयोग;

(घ) जेनेवा का विश्व निःशस्त्रीकरण सम्मेलन;

1. 3 फरवरी, 1932 को प्रारम्भ;
2. आर्थर हैन्डर्सन (अध्यक्ष);
3. 57 राज्यों के प्रतिनिधि;
4. राष्ट्रसंघ के बाहर के राष्ट्र भी सम्मिलित;
5. महाशक्तियों के दृष्टिकोण में मतभेद;
6. जर्मनी द्वारा निःशस्त्रीकरण सम्मेलन का परित्याग;
7. 16 जून, 1934 को सम्मेलन अनिश्चित काल के लिए स्थगित।

असफलता के कारण

(1) महाशक्तियों के विरोधी दृष्टिकोण;
(2) तकनीकी समस्या मानकर प्रयास;
(3) आर्थिक संकट;
(4) शस्त्रों का सुरक्षात्मक तथा आक्रामक श्रेणियों में वर्गीकरण;
(5) महाशक्तियों का निःशस्त्रीकरण में विश्वास नहीं;
(6) शस्त्रास्त्र निर्माण करने वाली कम्पनियों का निःशस्त्रीकरण के विरुद्ध प्रयास;
(7) फात्सीवाद और नाजीवाद का उदय;
(8) महाशक्तियों में सैन्य प्रतिद्वन्द्विता की भावना।

प्रश्न

1. दो विश्व-युद्धों के मध्य निःशस्त्रीकरण के क्या प्रयास किये गये? उसकी असफलता के कारणों पर प्रकाश डालिए।
2. राष्ट्रसंघ ने निःशस्त्रीकरण के लिए क्या प्रयास किए? निःशस्त्रीकरण की विफलताओं के कारण बतलाइए।

16

दो विश्व-युद्धों के मध्य सामूहिक सुरक्षा हेतु प्रयत्न

राष्ट्रसंघ संविदा में कहा गया था कि, "संघ के सदस्य, उसके सभी सदस्यों की प्रादेशिक एकता एवं राजनैतिक स्वतंत्रता का सम्मान करने तथा उन्हें बाह्य आक्रमण के विरुद्ध सुरक्षित रखने का वचन देते हैं। इस प्रकार के किसी भी आक्रमण के होने अथवा इस प्रकार के आक्रमण की धमकी अथवा भय उत्पन्न होने की अवस्था में परिषद् उन साधनों के विषय में परामर्श देगी जिनसे इस उत्तरदायित्व को पूरा किया जा सके।"[1]

राष्ट्रसंघ के अन्तर्गत सामूहिक सुरक्षा व्यवस्थाओं को शक्तिशाली बनाने का सबसे पहला उल्लेखनीय प्रयास "पारस्परिक सहायता की प्रारूप सन्धि" की योजना थी।

पारस्परिक सहायता की प्रारूप सन्धि की योजना

1923 में राष्ट्रसंघ की साधारण सभा ने पारस्परिक सहायता की प्रारूप सन्धि की योजना को स्वीकार किया था। इस सन्धि योजना के प्रमुख तथ्य थे–

1. आक्रमणात्मक युद्ध एक अन्तर्राष्ट्रीय अपराध है तथा सन्धि को स्वीकार करने वाले देशों द्वारा यह वचन दिया जाता है कि उनमें से कोई भी ऐसा करने का अपराधी नहीं होगा।
2. युद्ध प्रारम्भ होने के 4 दिन के अन्दर राष्ट्रसंघ की परिषद् यह निश्चय करेगी कि कौन आक्रमणकारी है। वह यह भी निश्चित करेगी कि जिस देश पर आक्रमण हुआ है, उसे किस प्रकार से आर्थिक तथा सैनिक सहायता दी जाये।
3. सैनिक सहायता देने के लिए उन्हीं देशों से कहा जायेगा जो उसी गोलार्द्ध में स्थित हों, जिसमें आक्रमणकारी राष्ट्र स्थित हैं। सैन्यबल के प्रयोग का उत्तरदायित्व राष्ट्रसंघ के सभी सदस्यों पर नहीं

अपितु केवल सन्धि पर हस्ताक्षर करने वाले देशों पर रखा गया। ऐसे देश भी इस सन्धि को स्वीकार कर सकते थे जो राष्ट्रसंघ के सदस्य नहीं थे।

4. सन्धि को स्वीकार करने वाले राष्ट्र 2 वर्ष के भीतर अपने शस्त्रास्त्रों में कमी कर देंगे, जो देश ऐसा नहीं करेंगे, वे आक्रमण के विरुद्ध सामान्य सहायता के अधिकारी नहीं होंगे।

हार्डी के शब्दों में, "सन्धि का यह मसविदा, एक आम गारन्टी और स्थानीय मैत्रियों की प्रणाली के अपने-अपने लाभों को समन्वित करने और उसकी त्रुटियाँ दूर करने का एक अत्यधिक बुद्धिमत्तापूर्ण प्रयत्न था।"[2] इस सन्धि में उस महत्वपूर्ण तथ्य को भी स्वीकार किया गया था कि सुरक्षा और निःशस्त्रीकरण की समस्यायें परस्पर संबंधित हैं परन्तु यह सन्धि अधिक सफल न हो सकी। फ्रांस सहित केवल 18 राष्ट्रों ने ही उसे स्वीकार किया। अमेरिका और रूस दोनों उससे अलग रहे। ब्रिटेन ने भी इसे स्वीकार करने से इन्कार कर दिया। ब्रिटिश मत था कि ब्रिटिश साम्राज्य विश्वव्यापी है, परन्तु इस सन्धि के अनुसार, केवल युद्ध-क्षेत्र के पास वाले स्थानीय राज्य ही सैनिक सहायता द्वारा आक्रान्ता का विरोध करेंगे। इससे यह सम्भावना उत्पन्न हो जाती थी कि ब्रिटिश साम्राज्य के कुछ प्रदेशों की आक्रान्ता के विरुद्ध सैनिक सहायता देनी पड़े, जबकि अन्य प्रदेश तटस्थ रहें। ब्रिटेन ऐसी किसी स्थिति को स्वीकार करने को तैयार नहीं था।

जेनेवा प्रोटोकोल

राष्ट्रसंघ की सामूहिक सुरक्षा व्यवस्था को अधिक शक्तिशाली बनाने का दूसरा प्रयास "अन्तर्राष्ट्रीय विवादों के शान्तिपूर्ण समझौते का प्रोटोकोल था, जो जेनेवा प्रोटोकोल के नाम से प्रसिद्ध हुआ। इसे राष्ट्रसंघ की साधारण सभा ने 2 अक्टूबर, 1924 को स्वीकार कर लिया। जेनेवा प्रोटोकोल की मुख्य विशेषता मध्यस्थता और पंचायती निर्णय को अनिवार्य बना देना थी। इसकी अन्य प्रमुख बातें थीं–

1. आक्रामक युद्ध एक अन्तर्राष्ट्रीय अपराध माना जायेगा और प्रोटोकोल पर हस्ताक्षर करने वाले राष्ट्र, आत्मरक्षा तथा राष्ट्रसंघ के आदेशों के पालन इन दो अवस्थाओं को छोड़कर अन्य किसी अवस्था में युद्ध नहीं करेंगे।
2. न्यायालय के अधिकार क्षेत्र अथवा परिषद् की सर्वसम्मत रिपोर्ट को अस्वीकार करना आक्रमण माना जायेगा और ऐसा करने वाला देश आक्रमणकारी समझा जायेगा।

3. परिषद् आक्रमणकारी के विरुद्ध आर्थिक प्रतिबन्धों और सैनिक कार्यवाही की व्यवस्था कर सकती है।
4. राष्ट्रसंघ उन विषयों पर भी विचार कर सकता है जो किसी देश के घरेलू अधिकार क्षेत्र में आते हों।
5. युद्ध का सारा व्यय आक्रमणकारी राष्ट्रों को अदा करना होगा।
6. यदि 1 मई, 1925 तक परिषद् के स्थायी सदस्यों का बहुमत और राष्ट्रसंघ के 10 अन्य सदस्य इस प्रोटोकोल को स्वीकार कर लें तब 15 जून, 1925 को जेनेवा में एक अन्तर्राष्ट्रीय नि:शस्त्रीकरण सम्मेलन आयोजित किया जायेगा।

व्यवहार में जेनेवा प्रोटोकोल भी उसी प्रकार असफल हो गयी, जिस प्रकार पारस्परिक सहायता की प्रारूप सन्धि असफल हुई थी। फ्रांस सहित केवल 17 राज्यों ने ही इसे स्वीकार किया। ब्रिटेन ने 25 मार्च, 1925 को राष्ट्रसंघ की परिषद् के सामने प्रोटोकोल की अस्वीकृति की घोषणा कर दी। ब्रिटिश स्वीकृति के अभाव में जेनेवा प्रोटोकोल का कोई व्यवहारिक मूल्य नहीं रह गया। ब्रिटेन की यूरोप के झगड़ों में पड़ने की अनिच्छा थी। ब्रिटेन को यह आशंका थी कि इससे ऐसी परिस्थितियाँ उत्पन्न हो सकती हैं, जिनमें राष्ट्रसंघ अमेरिका को आक्रमणकारी घोषित कर दे। ब्रिटेन अमेरिका से झगड़ा मोल लेने को तैयार नहीं था। ब्रिटेन के विचार से पंचायती निर्णय का विचार राष्ट्रों की प्रभुसत्ता के सिद्धान्त से प्रतिकूल था। इसके अतिरिक्त हार्डी का मत है कि ब्रिटिश अस्वीकृति का प्रधानतम कारण उपनिवेशों का विरोध था।[3] इस विरोध का कारण यह था कि ब्रिटेन के स्वायत्तशासी उपनिवेश यूरोपीय संकट स्थलों से बहुत दूर थे और वे यूरोपीय झंझटों में फंसना नहीं चाहते थे।

लोकार्नो सन्धियाँ

ब्रिटिश अस्वीकृति से जेनेवा प्रोटोकोल की अकाल मृत्यु हो गई और राष्ट्रसंघ द्वारा सामूहिक सुरक्षा प्राप्ति का एक महत्वपूर्ण प्रयास असफल हो गया। अब फ्रांस ने सामूहिक सुरक्षा की अपनी खोज की दिशा में थोड़ा परिवर्तन कर दिया। अब तक फ्रांस सामान्य व्यवस्थाओं के द्वारा राष्ट्रसंघ की सामूहिक सुरक्षा की व्यवस्था को दृढ़ करने का प्रयत्न कर रहा था। अब उसने प्रादेशिक समझौतों के द्वारा सामूहिक सुरक्षा व्यवस्था को दृढ़ करने का प्रयत्न किया। लोकार्नो सन्धियाँ इसी प्रयत्न का परिणाम थीं।

1 अक्टूबर, 1925 से 16 अक्टूबर, 1925 के मध्य सात राष्ट्रों (ब्रिटेन, फ्रांस, जर्मनी, इटली, बेल्जियम, चैकोस्लोवाकिया और पोलैण्ड) के प्रतिनिधियों

ने स्विटजरलैण्ड के लोकार्नो नामक नगर में वार्तायें कीं, जिनके फलस्वरूप लोकार्नो सन्धियों पर हस्ताक्षर हुए। लोकार्नो सम्मेलन में सात सन्धियाँ की गयी थीं। इनमें से पहली सन्धि जर्मनी, फ्रांस, ब्रिटेन, बेल्जियम और इटली के बीच हुई और पारस्परिक गारन्टी सन्धि कहलाई। इसे राइनलैण्ड समझौता भी कहा जाता है। इसके द्वारा पाँचों शक्तियों ने वर्साय की सन्धि द्वारा निर्धारित जर्मनी, बेल्जियम तथा फ्रांस की सीमाओं और राइन प्रदेश के विसैन्यीकरण संबंधी व्यवस्थाओं के पालन का वचन दिया। इसके अतिरिक्त जर्मनी, बेल्जियम तथा फ्रांस ने यह वचन दिया कि वे तीन अवस्थाओं को छोड़कर अन्य किसी अवस्था में न तो एक-दूसरे के विरुद्ध युद्ध छेड़ेंगे और न ही आक्रमण करेंगे। यह तीन अवस्थायें थीं–

(i) न्यायपूर्ण आत्मरक्षा;

(ii) विसैन्यीकरण का ज्वलन्त उल्लंघन;

(iii) राष्ट्रसंघ द्वारा आदिष्ट सैनिक कार्यवाही।

पाँचों राज्यों ने पारस्परिक विवादों को शान्तिपूर्ण उपायों से हल करने और सन्धि का उल्लंघन करने वाले राज्य के विरुद्ध सम्मिलित कार्यवाही करने का निश्चय किया।

लोकार्नो सम्मेलन की दूसरी, तीसरी, चौथी और पांचवी सन्धियाँ मध्यस्थता सन्धियाँ थीं। ये सन्धियाँ एक ओर तो जर्मनी तथा दूसरी ओर क्रमशः बेल्जियम, फ्रांस, पोलैण्ड तथा चैकोस्लोवाकिया के मध्य हुई थीं। इनके द्वारा यह व्यवस्था की गई कि जर्मनी तथा इन राष्ट्रों के बीच उत्पन्न होने वाले जो विवाद कूटनीतिक वार्ता से नहीं सुलझाये जा सकेंगे, वे किसी मध्यस्थ या अन्तर्राष्ट्रीय न्यायालय को सौंपे जायेंगे।

छठी सन्धि फ्रांस और पोलैण्ड तथा सातवीं सन्धि फ्रांस और चैकोस्लोवाकिया के मध्य की गई। ये पारस्परिक सहायता सुरक्षा सन्धियाँ थीं जिनके द्वारा हस्ताक्षरकर्त्ताओं ने जर्मन आक्रमण की दशा में परस्पर सहायता का वचन दिया।

15 दिसम्बर, 1925 को इन सब सन्धियों पर लन्दन में विधिवत् हस्ताक्षर कर दिए गए। इसमें कोई सन्देह नहीं है कि लोकार्नो सन्धियाँ यूरोपीय इतिहास की एक अत्यन्त महत्वपूर्ण घटना थी। इसने सामूहिक सुरक्षा व्यवस्था को सुदृढ़ करने का प्रयत्न किया था। लोकार्नो सन्धियों ने यूरोप में शान्ति और सौहार्द की स्थापना में बहुत योगदान दिया।

केलॉग-ब्रिआं पैक्ट (पेरिस का समझौता)

लोकार्नो सन्धियों के पश्चात् सामूहिक सुरक्षा की खोज का अगला

महत्वपूर्ण पग 1928 का केलॉग-ब्रिआं पैक्ट (पेरिस का समझौता) था। 29 अगस्त, 1928 को पेरिस में संयुक्त राज्य अमेरिका के विदेशमंत्री केलॉग तथा फ्रांस के विदेश मंत्री ब्रिआं के प्रयासों से 15 राष्ट्रों ने "राष्ट्रीय नीति के साधन के रूप में युद्ध के परित्याग की घोषणा करने वाली एक सामान्य सन्धि" के प्रारूप पर विचार किया और इसे स्वीकार करते हुए विश्व के राष्ट्रों को इसको स्वीकार करने के लिए आमन्त्रित किया। 1933 तक 65 देशों ने इसे स्वीकार कर लिया, जबकि उस समय राष्ट्रसंघ की सदस्य संख्या केवल 58 थी।

केलॉग-ब्रिआं समझौता, जिसका वास्तविक नाम 'युद्ध के परित्याग की सामान्य सन्धि' था, की प्रमुख विशेषताएं थीं–

(i) सभी हस्ताक्षरकर्त्ता राष्ट्र यह घोषणा करते हैं कि वे अन्तर्राष्ट्रीय विवादों के समाधान के लिए युद्ध के आश्रय की निन्दा करते हैं और अपने एक-दूसरे के साथ संबंधों में राष्ट्रीय नीति के एक यन्त्र के रूप में इसका परित्याग करते हैं।

(ii) सभी हस्ताक्षरकर्त्ता राष्ट्र अपने विवादों का निर्णय शान्तिपूर्ण साधनों की अपेक्षा अन्य किसी भी प्रकार से नहीं करेंगे।

इस प्रकार केलॉग-ब्रिआं समझौते ने युद्ध को राष्ट्रीय नीति के एक साधन के रूप में अवैध घोषित कर दिया। ई॰ एच॰ कार का मत है–"यह समझौता विश्व इतिहास में एक सीमा चिन्ह था। इतिहास में यह पहला ही राजनैतिक समझौता था, जिसका क्षेत्र लगभग सभी देश थे।"[4]

यद्यपि केलॉग-ब्रिआं समझौता सार्वदेशिक मान्यता प्राप्त करने वाले प्रथम समझौते के रूप में एक ऐतिहासिक महत्व का समझौता था, फिर भी अपनी स्वीकृति के कुछ समय बाद ही इसे निरर्थक और अव्यवहारिक कहा जाने लगा। नार्मन बेन्टविच के शब्दों में, "समझौते ने युद्ध की प्रेत बाधा को शब्दों में भगाया था, परन्तु जब शैतान (नाजी और फात्सीवादी शक्तियों) ने चुनौती दी तब जादू ने काम नहीं किया।" अपराधी को दंडित करने की व्यवस्था के अभाव में पेरिस का समझौता एक पवित्र आकांक्षा का घोषणामात्र रह गया। यह एक 'दन्त नख विहीन सिंह' था।

जनरल एक्ट (व्यापक अधिनियम)

राष्ट्रसंघ की सामूहिक सुरक्षा व्यवस्था को दृढ़ बनाने का अन्तिम महत्वपूर्ण प्रयत्न सितम्बर, 1928 का "अन्तर्राष्ट्रीय विवादों के शान्तिपूर्ण निपटारे के लिए एक व्यापक अधिनियम" था। इसको राष्ट्रसंघ की साधारण सभा ने सितम्बर, 1928 में स्वीकार किया था। इसका उद्देश्य अन्तर्राष्ट्रीय

विवादों के शान्तिपूर्ण समाधान की सामान्य व्यवस्था की रचना करना था। इसमें अन्तर्राष्ट्रीय विवादों के समाधान के लिए संराधन, पंच निर्णय, न्यायिक निर्णय की व्यवस्था की गई थी। परन्तु यह प्रयत्न भी अधिक सफल नहीं हो सका। 1935 के अन्त तक केवल 23 राज्यों ने इस अधिनियम को स्वीकार किया था।

सामूहिक सुरक्षा व्यवस्था की विफलता और उसके कारण

सामूहिक सुरक्षा के विनाश की कहानी का प्रारम्भ 1931 में मंचूरिया पर जापानी आक्रमण से होता है। 18 सितम्बर, 1931 को मुकदन में रेलवे लाइन के पास हुये एक बम विस्फोट का बहाना लेकर जापान ने मुकदन पर तथा उसके निकटवर्ती प्रदेश पर अधिकार कर लिया। शनैः शनैः सम्पूर्ण मंचूरिया पर जापानी सेनाओं ने आधिपत्य जमा लिया और 9 मार्च, 1932 को वहाँ मंचूकुओं नाम से एक कठपुतली राज्य की स्थापना कर दी। चीन सरकार ने राष्ट्रसंघ से सहायता माँगी। ब्रिटेन ने जापान के प्रति तुष्टीकरण नीति अपनाई; फलस्वरूप चीन को जापानी साम्राज्यवाद के विरुद्ध कोई प्रभावशाली अन्तर्राष्ट्रीय सहायता नहीं मिल सकी। राष्ट्रसंघ अपने सदस्य राज्य की रक्षा न कर सका। हार्डी के शब्दों में, "इस घटना से सामूहिक सुरक्षा की सारी पद्धति को जो आघात पहुंचा था, वह बहुत बड़ा था।"[5]

सामूहिक सुरक्षा के विनाश की कथा का दूसरा अध्याय जर्मनी द्वारा अपने अन्तर्राष्ट्रीय उत्तरदायित्वों का परित्याग था। 1933 में नात्सी दल के सत्तारूढ़ हो जाने के बाद जर्मनी ने एक के बाद एक वर्साय की सन्धि की विभिन्न व्यवस्थाओं का उल्लंघन प्रारम्भ कर दिया।[6] 14 अक्टूबर, 1933 को उसने राष्ट्रसंघ का परित्याग कर दिया, निःशस्त्रीकरण सम्मेलन से पृथक हो गया। 16 मार्च, 1935 को उसने वर्साय की सन्धि के पाँचवें भाग को अमान्य घोषित करते हुए जर्मन सैन्य बल का पुनर्गठन प्रारम्भ कर दिया। ब्रिटेन ने इस बार भी जर्मनी के प्रति तुष्टीकरण नीति को अपनाया; फलस्वरूप हिटलर को प्रोत्साहन प्राप्त हुआ और उसने सामूहिक सुरक्षा पद्धति को गहरा आघात पहुँचाया।

सामूहिक सुरक्षा के विनाश की कथा के तीसरे अध्याय का नायक मुसोलिनी था।[7] इस बार न केवल ब्रिटेन अपितु फ्रांस ने भी तुष्टीकरण की आत्मघाती नीति का आश्रय लिया। अक्टूबर, 1935 में इटली ने एबीसीनिया पर आक्रमण कर दिया। एबीसीनिया ने राष्ट्रसंघ से रक्षा की याचना की; परन्तु ब्रिटेन, फ्रांस ने इटली को सहयोग किया तथा तुष्टीकरण नीति अपनायी; अतः राष्ट्रसंघ सदस्य राज्य की रक्षा न कर सका। इटली ने एबीसीनिया को

अधिकृत कर लिया। एबीसीनिया, राष्ट्रसंघ तथा सामूहिक सुरक्षा को तुष्टीकरण की बलिवेदी पर बलि कर दिया गया। राष्ट्रसंघ इस धक्के के बाद कभी नहीं संभल सका। उसकी सामूहिक सुरक्षा की व्यवस्था निष्प्राण हो गयी।

सामूहिक सुरक्षा की व्यवस्था पर अगला प्रहार हिटलर ने किया। हिटलर ने 7 मार्च, 1936 को लोकार्नो सन्धियों को अमान्य घोषित कर दिया[8] और राइन प्रदेश का पुनः सैन्यीकरण प्रारम्भ कर दिया। ब्रिटेन ने इस बार भी तुष्टीकरण नीति अपनाई और जर्मनी के विरुद्ध कोई कार्यवाही नहीं की।

सामूहिक सुरक्षा के विनाश की कथा का अगला अध्याय स्पेन में लिखा गया। 17 जुलाई, 1936 को जनरल फ्रांको ने स्पेन की गणतांत्रिक सरकार के विरुद्ध विद्रोह कर दिया; इससे जो गृह-युद्ध प्रारम्भ हुआ; उसमें जर्मनी और इटली ने जनरल फ्रांको की सहायता करते हुए स्पेन पर आक्रमण कर दिया। ब्रिटेन और फ्रांस ने अहस्तक्षेप के नाम पर और अमेरिका ने 'तटस्थता' के नाम पर स्पेन को शस्त्रास्त्र भेजने पर रोक लगा दी। इस प्रकार उन्होंने अप्रत्यक्ष रूप से धुरी राष्ट्रों को स्पेन के गणतंत्र की हत्या करने में सहायता पहुंचायी। स्पेन में फासिस्टों की विजय से सामूहिक सुरक्षा व्यवस्था और राष्ट्रसंघ की प्रतिष्ठा को पुनः गहरा आघात लगा।[9]

सामूहिक सुरक्षा के विनाश की कथा के अन्तिम अध्यायों का नायक नात्सी जर्मनी था। मार्च, 1938 में जर्मनी ने आस्ट्रिया पर अधिकार कर लिया, परन्तु ब्रिटेन ने आत्म-निर्णय के अधिकार का प्रयोग मानकर इसकी उपेक्षा कर दी। इसके बाद हिटलर ने चैकोस्लोवाकिया पर गिद्ध-दृष्टि डाली। ब्रिटेन, फ्रांस ने अपने मित्र के साथ विश्वासघात करते हुए तुष्टीकरण नीति अपनायी तथा जर्मनी के विरुद्ध किसी भी प्रकार की कार्यवाही करने से इन्कार कर दिया, फलस्वरूप डेविड थाम्पसन के अनुसार, "मित्र राष्ट्रों ने इस मामले में चैकोस्लोवाकिया को सामूहिक सुरक्षा प्रदान करने की अपेक्षा उसके प्रदेश पर सामूहिक डकैती की, उसे जबरदस्ती अपना प्रदेश जर्मनी को सौंपने के लिए बाध्य किया।"[10] शूमां ने ठीक ही लिखा है–"म्यूनिख समझौता तुष्टीकरण की नीति का सर्वोच्च विकास तथा पश्चिमी लोकतंत्रों की मृत्यु का आज्ञापत्र था। यह सामूहिक सुरक्षा पद्धति के विनाश का प्रतीक था।"[11]

15 मार्च, 1939 को जर्मन सेनाओं ने चैकोस्लोवाकिया की राजधानी प्राग पर अधिकार कर लिया। तदुपरान्त 1 सितम्बर, 1939 को जर्मन सेनाओं ने पोलैण्ड पर आक्रमण करते हुए द्वितीय विश्व युद्ध का सूत्रपात किया। सामूहिक सुरक्षा के सभी प्रयास निष्फल हो गये और विश्व पुनः महायुद्ध की ज्वाला में घिर गया।

सामूहिक सुरक्षा पद्धति की विफलता के कुछ प्रमुख कारण थे–पहला कारण था, 'ब्रिटेन की तुष्टीकरण नीति'। तुष्टीकरण नीति के फलस्वरूप नाजीवादी, फासिस्टवादी, साम्राज्यवादी, सैनिकवादी शक्तियों को अग्रसारित होने का अवसर मिलता चला गया, जिससे सामूहिक सुरक्षा के सभी प्रयास निष्फल हो गये। दूसरा कारण था, 'राष्ट्रसंघ की विफलता'। राष्ट्रसंघ अपने सदस्य राज्यों की रक्षा करने में विफल रहा, जिससे राष्ट्रों को सामूहिक सुरक्षा के सिद्धान्त में विश्वास ही नहीं रहा और वे अराजकता की ओर बढ़ते चले गये। तीसरा कारण था, 'निःशस्त्रीकरण की विफलता'। निःशस्त्रीकरण के सभी प्रयास व्यर्थ हो गये, अतः सामूहिक सुरक्षा का कोई प्रयास सफल होने की सम्भावना ही नहीं रही। चौथा कारण था, 'जर्मनी में नाजीवाद का विकास', 'इटली में फासिज्म का विकास', नात्सी और फात्सी विचारों ने सामूहिक सुरक्षा में शक्तियों तथा राष्ट्रों के विचारों को पनपने ही नहीं दिया। पांचवां कारण था, 'साम्यवाद का भय'। साम्यवादी विचारधारा से पश्चिमी लोकतंत्र भयभीत रहते थे। अतः उन्होंने परोक्ष और अपरोक्ष रूप से साम्यवाद के विरुद्ध नात्सी और फात्सी दलों को विकसित होने में योगदान दिया, जिसका परिणाम सामूहिक सुरक्षा पद्धति का नष्ट हो जाना था। छठा कारण था, 'आर्थिक संकट'। विश्वव्यापी आर्थिक संकट ने विश्व के राष्ट्रों की मनोदशा को बिगाड़ दिया था, वे आर्थिक दुश्चिन्ताओं से मुक्त होने के लिए सभी प्रकार के साधन अपनाने लगे, साम्राज्यवाद एवं उपनिवेशवाद का आश्रय लिया, इससे लोकतंत्र की मर्यादा नष्ट हुई। राष्ट्रसंघ के उद्देश्यों, सिद्धान्तों से विश्वास उठ गया; ऐसे वातावरण में सामूहिक सुरक्षा; निःशस्त्रीकरण के प्रयासों का निष्फल हो जाना स्वाभाविक था।

सन्दर्भ

1. राष्ट्रसंघ संविदा, अनुच्छेद (10)।
2. गेथोर्न हार्डी: अन्तर्राष्ट्रीय राजनीति का संक्षिप्त इतिहास, पृ॰ 58।
3. वही, पृ॰ 60।
4. ई॰ एच॰ कार: दो विश्व-युद्धों के बीच अन्तर्राष्ट्रीय संबंध, पृ॰ 91।
5. गेथोर्न हार्डी: अन्तर्राष्ट्रीय राजनीति का संक्षिप्त इतिहास, पृ॰ 275।
6. केनथ इनग्राम: ईयर्स ऑफ क्राइसिस, पृ॰ 162।
7. ई॰ एच॰ कार: दो विश्व-युद्धों के बीच अन्तर्राष्ट्रीय संबंध, पृ॰ 107।
8. वही, पृ॰ 113।
9. गेथोर्न हार्डी: अन्तर्राष्ट्रीय राजनीति का संक्षिप्त इतिहास, पृ॰ 87।
10. डेविड थाम्पसन: यूरोप सिन्स नैपोलियन, पृ॰ 348।
11. फ्रेडरिक एल॰ शूमां: अन्तर्राष्ट्रीय राजनीति, पृ॰ 593।

स्मरण-संकेत

1. पारस्परिक सहायता की प्रारूप सन्धि की योजना;
2. जेनेवा प्रोटोकोल;
3. लोकार्नो सन्धियाँ;
4. केलॉग-ब्रिआं पैक्ट (पेरिस का समझौता);
5. जनरल एक्ट (व्यापक अधिनियम)।

सामूहिक सुरक्षा व्यवस्था की विफलता

(i) मंचूरिया कांड;
(ii) जर्मनी द्वारा अपने अन्तर्राष्ट्रीय उत्तरदायित्वों का परित्याग;
(iii) इटली-एबीसीनिया कांड;
(iv) राइन प्रदेश का सैन्यीकरण;
(v) स्पेन का गृह-युद्ध;
(vi) आस्ट्रिया का जर्मनी में विलय;
(vii) म्यूनिख समझौता।

सामूहिक सुरक्षा के प्रयत्नों में विफलता के कारण

(i) ब्रिटेन की तुष्टीकरण नीति;
(ii) राष्ट्रसंघ की विफलता;
(iii) नि:शस्त्रीकरण की विफलता;
(iv) नाजीवाद और फात्सीवाद का विकास;
(v) साम्यवाद का भय;
(vi) आर्थिक संकट।

प्रश्न

1. सामूहिक सुरक्षा के लिये दो विश्व-युद्धों के मध्य जो प्रयत्न किये गये, उनकी समीक्षा कीजिये।
2. सामूहिक सुरक्षा के प्रयत्नों में विफलता के प्रमुख कारणों की विवेचना कीजिये।
3. 1919 से 1939 के बीच यूरोप में सामूहिक सुरक्षा की व्यवस्था के विकास के लिए जो प्रयत्न किये गये, उनकी असफलता के कारणों की विवेचना कीजिये।

17
अल्पसंख्यकों की समस्या

अल्पसंख्यकों की समस्या एक ऐसी समस्या थी जिसने यूरोप के राज्यों में पारस्परिक कटुता उत्पन्न कर, स्थाई और न्यायपूर्ण अन्तर्राष्ट्रीय शान्ति की स्थापना के मार्ग को अवरुद्ध कर दिया था। 1914 से पूर्व यूरोप के जिन राज्यों में भाषायी और राष्ट्रीय अल्पसंख्यकों की संख्या अधिक थी, उनमें पाँच प्रमुख थे–रूस, जर्मनी, आस्ट्रिया, हंगरी तथा तुर्की। इन पाँचों ने ही अपने-अपने अल्पसंख्यकों के प्रति बलपूर्वक अंगीभूत करने की नीति अपनाई परन्तु यह नीति सफल न हो सकी। अल्पसंख्यकों का जितना अधिक दमन किया गया, वे उतनी ही दृढ़तापूर्वक अपनी भाषा और संस्कृति की रक्षा के लिए कटिबद्ध हो गए। अपनी भाषा और संस्कृति की रक्षा के लिए उनके संघर्ष ने धीरे-धीरे सम्पूर्ण विश्व का ध्यान अपनी ओर आकर्षित कर लिया और उनके आत्मनिर्णय के अधिकार की मांग का अनेक राजनीतिज्ञों और विद्वानों ने प्रबल समर्थन किया।

अल्पसंख्यकों की समस्या तथा शान्ति सम्मेलन–संयुक्त राज्य अमेरिका के राष्ट्रपति वुडरो विल्सन ने 11 फरवरी, 1918 को घोषित किया था–"विभिन्न जनसमूहों और प्रान्तों को एक प्रभुसत्ता से दूसरी प्रभुसत्ता को इस प्रकार नहीं दिया जायेगा मानो वे शक्ति सन्तुलन के, अब सदा के लिए निन्दनीय खेल के जमीन जायदाद या मोहरे हों।"[1]

राष्ट्रपति विल्सन ने पेरिस शान्ति सम्मेलन में आत्मनिर्णय के सिद्धान्त पर बल दिया। शान्ति सन्धियों में प्रादेशिक व्यवस्थाओं के अन्तर्गत जो व्यवस्था स्थापित हुई, उसमें आत्मनिर्णय के सिद्धान्त को महत्व दिया गया। इससे यूरोप में भाषायी अल्पसंख्यकों की संख्या 5,40,00,000 से घटकर 1,70,00,000 रह गई। इस प्रकार विल्सन के प्रयत्नों के बावजूद भी अल्पसंख्यकों की समस्या का केवल आंशिक समाधान ही हो सका, पूर्ण अन्त नहीं। 1919-1920 की शान्ति सन्धियों के बाद भी 75 लाख जर्मन, 30 लाख मैग्यार, 13 लाख 50 हजार बल्गारिया जाति के लोग राष्ट्रीय अल्पसंख्यकों

के रूप में फ्रांस, पौलेण्ड, चैकोस्लोवाकिया, यूगोस्लाविया, रुमानिया, इटली तथा यूनान में रह गये थे। इनके अतिरिक्त 5 लाख यूगोस्लाव इटली में, 45 लाख रुथेनियन्स तथा यूक्रेनियन्स पोलैण्ड में, चैकोस्लोवाकिया में तथा रुमानिया में, लगभग 30 लाख रूसी पोलैण्ड में, राष्ट्रीय अल्पसंख्यकों के रूप में रह गए थे। इस प्रकार निकट पूर्व के अधिकांश देशों में पेरिस शान्ति सम्मेलन की नयी प्रादेशिक व्यवस्थाओं के बावजूद भी एक बड़ी संख्या में अल्पसंख्यक जातियाँ रह गई थीं। इनके अतिरिक्त फ्रांस, जर्मनी, आस्ट्रिया, हंगरी, बल्गारिया, तुर्की, रुमानिया, यूनान, लिथुआनिआ, लैटविया, फिनलैण्ड और अल्बानिया आदि यूरोपीय देशों तथा ईराक, पेलेस्टाइन, सीरिया, ट्रांस जोर्डन आदि मध्य पूर्व के देशों तथा संरक्षित प्रदेशों में भी अल्पसंख्यक काफी बड़ी संख्या में थे।

इस प्रकार विल्सन के प्रयत्नों के बावजूद 1919 में अल्पसंख्यकों की समस्या काफी गम्भीर थी और इस बात की पूरी आशंका थी कि उनके साथ पक्षपातपूर्ण व्यवहार किया जायेगा। अतः पेरिस शान्ति सम्मेलन ने उनकी सुरक्षा के लिए तीन प्रकार की व्यवस्थायें की थीं:[2]

(i) प्रथम, नवीन राज्यों तथा जर्मनी के अतिरिक्त अन्य पराजित राज्यों से की गई सन्धियों में अल्पसंख्यकों की सुरक्षा के लिए व्यवस्थायें सम्मिलित की गईं। ये व्यवस्थायें अल्पसंख्यक सन्धियों के नाम से प्रसिद्ध हैं।

(ii) राष्ट्रसंघ के तत्वावधान में इन सन्धियों का पालन कराने के लिये अन्तर्राष्ट्रीय यन्त्र की व्यवस्था की गई।

(iii) संबंधित राज्यों से यह घोषणा करायी गई कि ये सुरक्षाएं उनके संविधानों का एक अंग होंगी।

अल्पसंख्यक सन्धियाँ

अल्पसंख्यक सन्धियों के प्रधानतः दो उद्देश्य थे। प्रथम उद्देश्य यह था कि अल्पसंख्यक जातियाँ बहुसंख्यक जाति के साथ शान्ति और सहयोगपूर्वक रह सकें। दूसरा उद्देश्य यह था कि अल्पसंख्यक अपनी भाषा तथा संस्कृति संबंधी विशेषताओं को जीवित रख सकें। इस द्वैध उद्देश्य की प्राप्ति के लिए यह आवश्यक था कि एक ओर तो अल्पसंख्यकों के साथ राज्य के अन्य नागरिकों के समान पूर्ण समानता का व्यवहार किया जाये तथा दूसरी ओर अल्पसंख्यकों को अपनी भाषा, संस्कृति तथा परम्पराओं की रक्षा के उपयुक्त साधन प्राप्त हों।[3] इसके लिए लगभग सभी सन्धियों में यह व्यवस्था की गई थी–

(i) राज्य "जन्म, राष्ट्रीयता, भाषा, जाति अथवा धर्म के भेदभाव के बिना", अपने सभी निवासियों के जीवन की रक्षा करेगा।

(ii) किसी भी व्यक्ति पर व्यक्तिगत व्यवहार, व्यापार, धर्म, समाचार-पत्रों, अथवा किसी भी प्रकार के प्रकाशनों अथवा सार्वजनिक सभाओं में किसी भी भाषा के स्वतंत्र प्रयोग पर कोई भी प्रतिबन्ध नहीं लगाए जायेंगे।

(iii) उन जिलों में जहाँ पर जनसंख्या का अधिकांश भाग अल्पसंख्यकों की बोली बोलता हो, अल्पसंख्यकों को अपनी निजी भाषा में शिक्षा प्राप्त करने के लिए आवश्यक सुविधाएं प्रदान की जायेंगी।

अल्पसंख्यकों की सुरक्षा के लिए की गई सन्धियाँ तीन प्रकार की थीं:

(i) **शान्ति सन्धियाँ**—आस्ट्रिया, हंगरी, बल्गारिया तथा तुर्की से की गयी शान्ति सन्धियों में उपर्युक्त व्यवस्थायें भी सम्मिलित की गयीं।

(ii) **विशेष सन्धियाँ**—पोलैण्ड, चैकोस्लोवाकिया, रुमानिया, यूगोस्लाविया, यूनान, लिथुआनिआ, लैटविया, इस्टोनिया, फिनलैण्ड और अल्बानिया आदि से विशेष सन्धियाँ कर अल्पसंख्यकों के संरक्षण की व्यवस्था की गयी।

(iii) **द्विपक्षीय सन्धियाँ**—कुछ देशों ने परस्पर द्विपक्षीय सन्धियाँ कर एक-दूसरे के क्षेत्रों में रहने वाले अल्पसंख्यकों के अधिकारों की रक्षा की व्यवस्था की। इन सन्धियों में प्रमुख थीं—फिनलैण्ड-रूस सन्धि (1920); फ्रांस-तुर्की सन्धि (1920); जर्मन-पोलैण्ड सन्धि (1922); आस्ट्रिया-चैकोस्लोवाकिया सन्धि (1922); एंग्लो-ईराकी सन्धि (1922) आदि।

अल्पसंख्यकों के संबंध में राष्ट्रसंघ की व्यवस्था

उपर्युक्त शान्ति शक्तियों और विशेष सन्धियों द्वारा की गई व्यवस्थाओं को कार्यान्वित करने का भार राष्ट्रसंघ को सौंपा गया। इस प्रकार दो विश्व-युद्धों के बीच राष्ट्रसंघ अल्पसंख्यकों का संरक्षक स्वीकार किया जा सकता है। इसके लिए राष्ट्रसंघ ने जिस प्रक्रिया को अपनाया, वह दो परस्पर विरोधी सिद्धान्तों पर आधारित थी। पहला सिद्धान्त था, 'अन्तर्राष्ट्रीय निरीक्षण तथा नियन्त्रण का सिद्धान्त'; दूसरा सिद्धान्त था, 'राष्ट्रीय सम्प्रभुता के प्रति सम्मान का सिद्धान्त'। इन सिद्धान्तों पर आधारित यह प्रक्रिया चार अवस्थाओं में विभाजित थी:[4]

(i) **आवेदन**—प्रथम अवस्था में अल्पसंख्यक वर्ग का कोई व्यक्तिगत

सदस्य अन्तर्राष्ट्रीय संगठन अथवा राज्य या किसी अल्पसंख्यक सन्धि के वास्तविक अथवा सम्भावित उल्लंघन की सूचना राष्ट्रसंघ को दे सकता था।

(ii) **अल्पसंख्यक विभाग द्वारा परीक्षा**—दूसरी अवस्था में राष्ट्रसंघ सचिवालय का अल्पसंख्यक विभाग इस बात की परीक्षा करता था कि आवेदन ठीक है तो उसे उस सरकार के पास भेज देता जिसके विरुद्ध आवेदन पत्र में शिकायत की गई थी। यदि वह सरकार उचित आश्वासन दे देती थी तब आवेदन पर राष्ट्रसंघ का कार्य समाप्त हो जाता था।

(iii) **सदस्यों में प्रचार तथा उपसमिति अवस्था**—यदि दोषी सरकार का उत्तर असन्तोषजनक होता था, तब उसे राष्ट्रसंघ की परिषद् के सभी सदस्यों के पास भेज दिया जाता था परन्तु इस अवस्था में भी दोषी सरकार के विरुद्ध कोई औपचारिक कार्यवाही नहीं की जाती थी। परिषद् मामले को एक उपसमिति को सौंप देती थी। यह समिति विवाद को संबंधित राज्य के साथ अनौपचारिक वार्ताओं द्वारा सुलझाने का प्रयास करती थी। अनेक शिकायतें इस अवस्था के साथ समाप्त हो जाती थीं।

(iv) **परिषद् द्वारा विचार**—यदि उपसमिति विवाद के निपटारे में सफल नहीं होती थी तब परिषद् स्वयं इस पर विचार करती थी। परिषद् के प्रधान् साधन प्रख्यापन तथा प्रचार थे। इनके असफल हो जाने पर परिषद् मामले को विधिवेत्ताओं के एक आयोग अथवा अन्तर्राष्ट्रीय न्याय के स्थायी न्यायालय को सौंप सकती थी।

राष्ट्रसंघ की अल्पसंख्यकों के संबंध में असफलता

1935 तक परिषद् ने लगभग 400 आवेदनों की परीक्षा की। इनमें से 192 सफलतापूर्वक निपटा दिए गए, फिर भी राष्ट्रसंघ अल्पसंख्यकों की समस्या का उचित समाधान करने में असफल रहा।[5] अल्पसंख्यक सन्धियों के बावजूद जिन अल्पसंख्यक जातियों की सुरक्षा में राष्ट्रसंघ की परिषद् के सदस्य राज्यों में से एक-न-एक विशेष रूप से रुचि नहीं रखता था, उन्हें व्यवहार में राष्ट्रसंघ से कोई संरक्षण प्राप्त नहीं हुआ। उदाहरणार्थ, पोलैण्ड में पिल्डुस्की ने प्रत्येक जाति की भाषा और संस्कृति को नष्ट कर उन पर पोलिश संस्कृति लादने के निरन्तर प्रयास किये, परन्तु राष्ट्रसंघ ने इसके विरुद्ध कोई कार्यवाही नहीं की। 13 सितम्बर, 1934 को पोलैण्ड ने राष्ट्रसंघ की साधारण सभा में घोषित किया कि वह अल्पसंख्यकों की सुरक्षा के

कार्य में उस समय तक सहयोग नहीं करेगा जब तक कि राष्ट्रसंघ के सभी सदस्य अपने-अपने देशों में अल्पसंख्यकों की रक्षा के लिए उसी प्रकार के दायित्वों को स्वीकार नहीं कर लेते। अन्य राज्यों ने भी पोलैण्ड का अनुसरण किया और अपने दायित्वों की उपेक्षा करते हुये अल्पसंख्यकों के संरक्षण के लिए राष्ट्रसंघ के साथ सहयोग करने से इन्कार कर दिया। इसी बीच जर्मनी तथा यूरोप के अन्य अनेक देशों ने यहूदियों पर खुले आम अत्याचार करने प्रारम्भ कर दिये। यहूदियों की रक्षा के संबंध में कोई अल्पसंख्यक सन्धि न होने के कारण राष्ट्रसंघ ने उनकी सुरक्षा के लिए कोई कार्य नहीं किया। इन अत्याचारों के फलस्वरूप इतने अधिक यहूदियों को अपने घर छोड़कर भागना पड़ा कि इनकी समस्या ने शीघ्र ही अन्तर्राष्ट्रीय रूप धारण कर लिया। इससे विवश होकर राष्ट्रसंघ की परिषद् ने 26 अक्टूबर, 1933 को जर्मनी से आये शरणार्थियों की सुख-सुविधा का प्रबन्ध करने के लिए जेम्स जी॰ मेकडॉनेल्ड को उच्चायुक्त नियुक्त किया परन्तु पर्याप्त आर्थिक साधनों के अभाव में कोई प्रभावपूर्ण कार्य नहीं किया जा सका। मेकडॉनेल्ड ने निराश होकर 27 दिसम्बर, 1935 को त्यागपत्र दे दिया।

असफलता के कारण

(i) **राष्ट्रों की अपने दायित्वों को पूरा करने की अनिच्छा**–अल्पसंख्यकों की सुरक्षा के इन प्रयत्नों की असफलता का प्रमुख कारण था कि संबंधित राष्ट्रों की अपने दायित्वों को पूरा करने की इच्छा ही नहीं थी। जिन मित्रराष्ट्रों ने उन पर ये सन्धियाँ थोपी थीं वे सभी अपने संकीर्ण स्वार्थों के कारण उनका पालन कराने को कटिबद्ध नहीं थे। उदाहरणार्थ, फ्रांस ने पोलैण्ड, चैकोस्लोवाकिया, यूगोस्लाविया और रुमानिया को अल्पसंख्यकों के प्रति अपने कर्त्तव्यों की मनमानी व्याख्या करने और उनकी अवहेलना करने में खुलेआम सहायता दी थी।

(ii) **राष्ट्रसंघ के प्रयत्नों का अपूर्ण होना**–इन दायित्वों का पालन कराने के लिए राष्ट्रसंघ ने जो प्रयत्न किए, वे अपूर्ण थे। राष्ट्रसंघ ने अपराधी राष्ट्र के विरुद्ध कोई प्रभावशाली कार्यवाही करने की अपेक्षा सदैव कोई-न-कोई समझौता कराने का प्रयत्न किया। उसकी नीति के प्रार्थी अल्पसंख्यकों की प्रभावशाली सुरक्षा के स्थान पर दोषी राष्ट्र के तुष्टीकरण का रूप ले लिया।

(iii) **आर्थिक साधनों का अभाव**–पर्याप्त आर्थिक साधनों के अभाव में राष्ट्रसंघ अल्पसंख्यकों के हित-संवर्द्धन न कर सका।

(iv) **अल्पसंख्यक सन्धियों में अभिव्यक्त दायित्वों का विश्वव्यापी न होना**–अल्पसंख्यक सन्धियों में अभिव्यक्त दायित्वों को विश्वव्यापी बनाने की असफलता ने उन राज्यों, जिन पर वे दायित्व लागू होते थे, द्वारा इनकी अवहेलना को सरल बना दिया।

(v) **राष्ट्रसंघ की सीमायें**–अल्पसंख्यक सन्धियों को स्वीकार करने वाले सभी राज्य स्वतंत्र और सम्प्रभु थे। अतः राष्ट्रसंघ उनको अपने अल्पसंख्यकों को सुविधायें और अधिकार देने के लिए बाध्य नहीं कर सकता था।

(vi) **जातीय समानता के सिद्धान्त की अस्वीकृति**–अल्पसंख्यकों के अधिकारों की उचित सुरक्षा के लिए जातीय समानता के सिद्धान्त की स्वीकृति आवश्यक थी। ब्रिटेन तथा अमेरिका जातीय समानता के सिद्धान्त के विरुद्ध रहे, अतः अल्पसंख्यकों के संबंध में राष्ट्रसंघ की असफलता निश्चित थी।

(vii) **अल्पसंख्यकों के संबंध में उद्देश्य का निर्धारित न होना**–राष्ट्रसंघ अल्पसंख्यकों के संबंध में उद्देश्य का निर्धारण न कर सका; अर्थात् अल्पसंख्यकों का अन्ततः बहुसंख्यकों में समीकरण अथवा उनकी सांस्कृतिक विशिष्टताओं का संरक्षण तथा विकास। इसका परिणाम यह हुआ कि राष्ट्रसंघ की सिफारिशें बहुत अस्पष्ट, अनिश्चित और प्रभावहीन होती थीं।

(viii) **राष्ट्रसंघ को द्विपक्षीय समझौतों के संबंध में कोई शक्ति प्राप्त नहीं थी**–अल्पसंख्यकों के हित में अनेकानेक द्विपक्षीय समझौते हुये थे; इन समझौतों पर राष्ट्रसंघ का कोई प्रभाव नहीं था; अतः समझौतों का उल्लंघन होने पर राष्ट्रसंघ कोई कार्यवाही न कर सका।

इस प्रकार राष्ट्रसंघ संबंधित राष्ट्रों की निष्ठाहीनता तथा अपनी दुर्बलताओं के कारण अल्पसंख्यकों के अधिकारों की रक्षा में समर्थ नहीं हो सका। अन्तर्राष्ट्रीय नियन्त्रण और राष्ट्रीय सम्प्रभुता के सिद्धान्तों के मध्य समन्वय स्थापित नहीं कर सका। एम॰ एन॰ दलाल ने ठीक ही लिखा है – "राष्ट्रीय अल्पसंख्यकों के संबंध में राष्ट्रसंघ द्वारा अपनायी गई अल्पसंख्यक अधिकारों की अन्तर्राष्ट्रीय प्रत्याभूति की पद्धति लाभदायक की अपेक्षा उत्तेजक अधिक थी क्योंकि अन्तर्राष्ट्रीय सत्ता का हस्तक्षेप जो स्वयं बहुत कुछ अनिश्चित और प्रभावहीन होता था, सदैव विलम्बपूर्ण और निष्फल रहता था।"[6]

सन्दर्भ

1. ई॰ एच॰ कार: दो विश्व-युद्धों के बीच अन्तर्राष्ट्रीय संबंध, पृ॰ 47।
2. गेथोर्न हार्डी: अन्तर्राष्ट्रीय राजनीति का संक्षिप्त इतिहास, पृ॰ 216।
3. जान गुन्थर: इनसाइड यूरोप, पृ॰ 54।
4. डी॰ एम॰ केटलबी: ए हिस्ट्री ऑफ माडर्न टाइम फ्राम 1789, पृ॰ 134।
5. फ्रेडरिक एल॰ शूमां: अन्तर्राष्ट्रीय राजनीति, पृ॰ 514।
6. एम॰ एन॰ दलाल: व्हीदर माइनॉरिटीज, पृ॰ 17-18।

स्मरण-संकेत

अल्पसंख्यकों की समस्या तथा शान्ति सम्मेलन

(i) आत्मनिर्णय का सिद्धान्त;
(ii) अल्पसंख्यक सन्धियों की व्यवस्था;
(iii) अन्तर्राष्ट्रीय यन्त्र की व्यवस्था;
(iv) सुरक्षायें प्रत्येक राज्य के संविधान का अंग।

अल्पसंख्यक सन्धियों के उद्देश्य

(i) अल्पसंख्यक, बहुसंख्यक साथ-साथ रहें;
(ii) अल्पसंख्यकों की भाषा और संस्कृति की रक्षा।

अल्पसंख्यक सन्धियाँ

(i) शान्ति सन्धियाँ;
(ii) विशेष सन्धियाँ;
(iii) द्विपक्षीय सन्धियाँ।

अल्पसंख्यकों के संबंध में राष्ट्रसंघ की व्यवस्था

(i) आवेदन;
(ii) अल्पसंख्यक विभाग द्वारा परीक्षा;
(iii) सदस्यों में प्रचार तथा उपसमिति व्यवस्था;
(iv) परिषद् द्वारा विचार।

असफलता के कारण

(i) राष्ट्रों की अपने दायित्वों को पूरा करने की अनिच्छा;
(ii) राष्ट्रसंघ के प्रयत्नों का अपूर्ण होना;
(iii) आर्थिक साधनों का अभाव;
(iv) अल्पसंख्यक सन्धियों में अभिव्यक्त दायित्वों का विशवव्यापी न होना;

(v) राष्ट्रसंघ की सीमायें;
(vi) जातीय समानता के सिद्धान्त की अस्वीकृति;
(vii) अल्पसंख्यकों के संबंध में उद्देश्य का निर्धारित न होना;
(viii) राष्ट्रसंघ को द्विपक्षीय समझौतों के संबंध में कोई शक्ति प्राप्त नहीं थी।

अल्पसंख्यकों के संबंध में असफलताएँ

(i) परिषद् ने 400 आवेदन पत्रों की परीक्षा की;
(ii) राष्ट्रसंघ उचित समाधान में असफल;
(iii) अल्पसंख्यकों को व्यवहार में 'राष्ट्रसंघ' से संरक्षण प्राप्त नहीं;
(iv) पोलैण्ड के अल्पसंख्यकों की समस्या ने उग्र रूप धारण किया;
(v) जर्मनी में यहूदियों पर अत्याचार;
(vi) यहूदियों की समस्या अन्तर्राष्ट्रीय समस्या बनी;
(vii) अल्पसंख्यकों के उच्चायुक्त का त्यागपत्र–राष्ट्रसंघ असफल।

प्रश्न

1. "दो विश्व-युद्धों के मध्य अल्पसंख्यकों की समस्या ने अन्तर्राष्ट्रीय अशान्ति को जन्म दिया था", इस कथन की समीक्षा कीजिए।
2. अल्पसंख्यक सन्धियों से क्या तात्पर्य है? राष्ट्रसंघ ने अल्पसंख्यकों की समस्या का क्या निदान किया? असफलता के कारणों पर भी प्रकाश डालिए।

18

वाशिंगटन सम्मेलन (1921-1922)

पेरिस शान्ति सम्मेलन के पश्चात् सुदूरपूर्व के इतिहास की महत्वपूर्ण घटना वाशिंगटन सम्मेलन थी। यह सम्मेलन अमेरिकन राष्ट्रपति हार्डिंग के द्वारा आयोजित किया गया। 11 अगस्त, 1921 को अमेरिकन सरकार ने जापान, ब्रिटेन, फ्रांस, इटली, चीन, पुर्तगाल, बेल्जियम और हालैण्ड को "शस्त्रों को मर्यादित करने के संबंध में तथा उसके प्रसंग प्रशान्त महासागर और सुदूरपूर्व के प्रश्नों पर विचार करने के लिये," एक सम्मेलन में भाग लेने को आमन्त्रित किया। परिणामस्वरूप, इन शक्तियों के प्रतिनिधि 12 नवम्बर, 1921 को वाशिंगटन में एकत्रित हुये और 6 फरवरी, 1922 तक समझौते सम्पन्न करते रहे।

वाशिंगटन सम्मेलन के आयोजित होने की पृष्ठभूमि और कारण–वाशिंगटन सम्मेलन का प्रमुख कारण सुदूरपूर्व और प्रशान्त महासागर में जापान और अमेरिका की प्रतिद्वन्द्विता थी। जापान की बढ़ती हुई शक्ति ने अमेरिका को जापानी साम्राज्यवाद के "पीले खतरे" (येलो पेरिल) के प्रति चिन्तातुर बना दिया। 1915 में जापान की 21 माँगों ने चीन में 'मुक्त द्वार' के अन्त का भय उत्पन्न कर दिया और अमेरिका ने इसका विरोध किया। पेरिस शान्ति सम्मेलन में अमेरिका ने जापान को शांटुंग दिए जाने का असफल विरोध किया। याप द्वीप के विवाद ने अमेरिकन-जापानी संबंधों को कटुता प्रदान की थी। याप द्वीप पर अमेरिकन संचार व्यवस्था स्थापित थी परन्तु उसे जापान के नियन्त्रण में पेरिस शान्ति सम्मेलन में दे दिया गया था। अमेरिका की चिन्ता का तीसरा कारण एंग्लो-जापानी सन्धि थी; अमेरिका इस सन्धि के विरुद्ध था वह चाहता था जापान को इंग्लैण्ड की मित्रता न प्राप्त हो क्योंकि इससे अमेरिकन-जापानी संबंध प्रभावित हो रहे थे; जापानी साम्राज्यवाद को सम्बल मिल रहा था। वाशिंगटन सम्मेलन का चौथा कारण नौ-सैनिक होड़ थी; जापान की बढ़ती हुई शक्ति से भयभीत होकर अमेरिका ने प्रथम युद्ध के बाद तीव्रता से अपनी नौ-सेना का विकास करना प्रारम्भ कर दिया

था। इससे जापान और ब्रिटेन ने भी अपनी नौ-सेनाओं का विस्तार प्रारम्भ कर दिया। परन्तु शीघ्र ही तीनों देशों ने यह अनुभव किया कि यह प्रतिद्वन्द्विता अत्यन्त खर्चीली और हानिप्रद थी; अतः तीनों ही देश इस प्रतिद्वन्द्विता को समाप्त करना चाहते थे। इन्हीं कारणों व पृष्ठभूमि में वाशिंगटन सम्मेलन आयोजित हुआ।

वाशिंगटन सम्मेलन की सन्धियाँ, समझौते

वाशिंगटन सम्मेलन में 6 सन्धियाँ और 12 समझौते सम्पन्न हुए थे; वे सन्धियाँ, समझौते इस प्रकार थे-

(i) **चतुःशक्ति प्रशान्त सन्धि**-वाशिंगटन सम्मेलन में यह प्रथम सन्धि 13 दिसम्बर, 1921 को चार राष्ट्रों (ब्रिटेन, अमेरिका, फ्रांस तथा जापान) के मध्य सम्पन्न हुई थी। इसके द्वारा 1902 की एंग्लो-जापानी सन्धि को समाप्त कर दिया गया था। इस सन्धि द्वारा संबंधित राष्ट्रों ने प्रशान्त महासागर में एक-दूसरे के अधीन प्रदेशों और द्वीपों का सम्मान करने और प्रशान्त महासागर संबंधी विवादों को सम्मेलनों द्वारा सुलझाने का वचन दिया। इस सन्धि की अवधि 10 वर्ष रखी गयी थी।

(ii) **पंच शक्ति नौ-सैनिक सन्धि**-ब्रिटेन, अमेरिका, जापान, फ्रांस तथा इटली द्वारा 6 फरवरी, 1922 को की गयी पंचशक्ति नौ-सैनिक सन्धि वाशिंगटन सम्मेलन की सर्वाधिक महत्वपूर्ण सन्धि थी। इस सन्धि द्वारा 10 वर्ष के लिए नवीन युद्धपोतों का निर्माण बन्द कर दिया गया। बड़े जहाजों के संबंध में नौ-सैनिक प्रतिद्वन्द्विता समाप्त हो गयी और यह निश्चित किया गया कि अमेरिका, ब्रिटेन, जापान, फ्रांस तथा इटली के बड़े जहाजों का अनुपात 5 : 5 : 3 : 1.67: 1.67 रहेगा। यह भी निश्चित हुआ कि प्रशान्त महासागरीय द्वीपों की किलेबन्दी के संबंध में 'यथास्थिति' को कायम रखा जायेगा। सन्धि की अवधि 31 दिसम्बर, 1936 तक रखी गयी। उसके पश्चात् कोई भी हस्ताक्षरकर्त्ता राष्ट्र, 2 वर्ष का नोटिस देकर सन्धि को समाप्त कर सकता था।

(iii) **नवशक्ति मुक्त द्वार सन्धि**-ब्रिटेन, अमेरिका, जापान, फ्रांस, इटली, बेल्जियम, हालैण्ड, पुर्तगाल तथा चीन द्वारा 6 फरवरी, 1922 को की गयी नवशक्ति मुक्त द्वार सन्धि वाशिंगटन सम्मेलन की तीसरी महत्वपूर्ण सन्धि थी। इसके द्वारा सभी राज्यों ने यह वचन दिया कि वे चीन की प्रभुसत्ता, प्रादेशिक तथा प्रशासनात्मक अखण्डता का

सम्मान करेंगे; चीन में सभी देशों को व्यापार का समान अवसर प्राप्त करायेंगे; चीन के निश्चित भू-भागों में विशेष स्वार्थों की पूर्ति के लिए प्रभाव क्षेत्रों की स्थापना के लिए कोई कार्यवाही नहीं की जायेगी; दूसरी शक्तियों के युद्धों में चीन की तटस्थता का सम्मान किया जायेगा।

(iv) **नवशक्ति सन्धि**–इसके द्वारा सभी नौ राष्ट्रों ने चीन को अपने प्रदेश में आने वाली वस्तुओं पर चुंगी लगाने के पहले से अधिक अधिकार प्रदान किये।

(v) **पंचशक्ति सन्धि**–इसके द्वारा अमेरिका, ब्रिटेन, फ्रांस, जापान तथा इटली ने पनडुब्बियों तथा विषैली गैसों के प्रयोग को नियंत्रित किया।

(vi) **चतुःशक्ति सन्धि**–इसके द्वारा अमेरिका, ब्रिटेन, फ्रांस तथा जापान ने प्रशान्त महासागरीय द्वीपों से संबंधित अधिकारों की सुरक्षा दी।

वाशिंगटन सम्मेलन में इन 6 सन्धियों के अतिरिक्त 12 समझौते भी हुये; इनमें से चीन-जापान समझौता, अमेरिकन-जापानी याप समझौता अधिक महत्वपूर्ण थे। पहले के द्वारा जापान ने शांटुंग में अपने विशेषाधिकार चीन को लौटा दिये, परन्तु उसे कुछ रेलों पर 15 वर्षों तक नियन्त्रण रखने का अधिकार प्राप्त रहा। दूसरे समझौते द्वारा याप द्वीप अमेरिकनों को जापानियों के तुल्य समानाधिकार और स्वतंत्र प्रवेश के अधिकार प्राप्त हुए।

वाशिंगटन सम्मेलन का महत्व तथा प्रभाव

वाशिंगटन सम्मेलन को अपने समय की एक महान् सफलता माना गया है। इसके महत्व तथा प्रभाव को निम्न दृष्टि से समझा जा सकता है:

(i) **एक शान्ति युग का प्रारम्भ**–वाशिंगटन सम्मेलन ने पेरिस शान्ति सम्मेलन के अधूरे कार्य को पूरा कर दिया। इस सम्मेलन के पश्चात् चीन और जापान और अमेरिका के संबंधों में निश्चित रूप से सुधार हुआ। जापान ने चीन के प्रति एक मित्रतापूर्ण नीति अपनायी जो 1927 तक चलती रही; इसी प्रकार जापान-अमेरिकन सद्भाव में तीव्र गति से वृद्धि हुई। प्रशान्त महासागर में नौ-सैनिक प्रतिद्वन्द्विता समाप्त हो गयी।

(ii) **सुदूरपूर्व में नौ-सैनिक प्रतिद्वन्द्विता का अन्तः, निःशस्त्रीकरण की सफलता**–वाशिंगटन सम्मेलन दो विश्व युद्धों के मध्य एक मात्र सफल निःशस्त्रीकरण सम्मेलन था, जिसने नौ-सैनिक प्रतिद्वन्द्विता को समाप्त करने में सफलता प्राप्त की थी।

(iii) **चीन की मेग्नाकार्टा**–वाशिंगटन सम्मेलन से सर्वाधिक लाभ चीन को हुआ। नवशक्ति मुक्तद्वार सन्धि उसके लिए इतनी अधिक लाभप्रद थी कि उसे चीन की स्वतंत्रता का महान् आज्ञापत्र (मैग्नाकार्टा) कहा जाता है। सकारात्मक रूप से उसे शांटुंग वापस मिल गया। उसे महान् शक्तियों से यह आश्वासन भी मिला कि वे चीन की सम्प्रभुता, अखण्डता का सम्मान करेंगी।

(iv) **अमेरिका की कूटनीतिक विजय**–अमेरिका के लिए वाशिंगटन सम्मेलन एक महान् कूटनीतिक विजय थी। उसके लगभग सभी उद्देश्य पूरे हो गये थे। शांटुंग का प्रदेश चीन को वापस कर दिया गया था। चीन के संबंध में मुक्तद्वार नीति को मान्यता प्राप्त हुई थी। एंग्लो-जापानी सन्धि और लैनलिंग-इशी समझौता रद्द हो गये थे। नौ-सैनिक होड़ समाप्त हो गयी थी। जापान-अमेरिकन संबंधों में सुधार हुआ था।

(v) **जापानी साम्राज्यवाद का पराभव**–जापान के लिए वाशिंगटन सम्मेलन एक कूटनीतिक पराजय थी। उसे न तो नौ-सैनिक समानता प्राप्त हो सकी, अपितु चीन में प्राप्त अनेक सुविधाओं का परित्याग भी करना पड़ा। के॰ एम॰ पानिक्कर के शब्दों में, "यह एक सुविधा का प्रत्यावर्तन तथा जापानी साम्राज्यवाद का प्रथम सार्वजनिक निवर्तन था।"

(vi) **ब्रिटेन के लिए दुविधापूर्ण स्थिति का अन्त**–ब्रिटेन के लिए वाशिंगटन सम्मेलन एक दुविधापूर्ण स्थिति का अन्त था क्योंकि इस सम्मेलन ने उसके दो मित्रों (अमेरिका तथा जापान) की शत्रुता का सफलतापूर्वक अन्त कर दिया था। मेकनेअर और लाच ने ठीक ही लिखा है–"चतुःशक्ति प्रशान्त सन्धि और पंचशक्ति नौ-सैनिक सन्धि का, शस्त्रास्त्रों पर विशाल व्यय को बचाने के अतिरिक्त यह परिणाम भी हुआ कि अमेरिका और जापान या ग्रेट-ब्रिटेन के मध्य युद्ध की सम्भावना अनिश्चित काल के लिए टल गयी।"[1]

वाशिंगटन सम्मेलनः मूल्यांकन

इसमें सन्देह नहीं कि वाशिंगटन सम्मेलन एक अत्यन्त सफल अन्तर्राष्ट्रीय सम्मेलन था। परन्तु इसकी अधिकांश सफलतायें अल्पजीवी सिद्ध हुईं। इसकी प्रथम सफलता एक मैत्रीपूर्ण युग का उद्घाटन थी परन्तु यह युग केवल 1927 तक ही रहा। इसकी दूसरी सफलता नौ-सैनिक प्रतिद्वन्द्विता का अन्त थी परन्तु यह सफलता अपूर्ण और एकांगी थी। वाशिंगटन सम्मेलन

में केवल बड़े युद्धपोतों के विषय में ही समझौता हो सका था; छोटे जहाजों और पनडुब्बियों के संबंध में नहीं। तीसरी इन सन्धियों को चीन का "मैग्नाकार्टा" कहा गया था। परन्तु ये सन्धियाँ चीन को भी सन्तुष्ट नहीं कर सकीं क्योंकि चीनी राष्ट्रवाद की विकासोन्मुख शक्तियाँ नवीन प्रतिबन्धों के न लगने से ही सन्तुष्ट होने को प्रस्तुत नहीं थीं अपितु पहले से लगे हुए प्रतिबन्धों का भी अन्त करने के लिए दृढ़प्रतिज्ञ थीं। वास्तव में यह तथाकथित मैग्नाकार्टा बहुत अधिक प्रभावशाली नहीं था, क्योंकि इसको कार्यान्वित करने के लिए कोई विशेष व्यवस्था नहीं की गयी थी। जैसा कि क्लाड ए॰ बस का कथन है–"यह सामूहिक सुरक्षा के एक समझौते की अपेक्षा एक आत्मपरित्यागी घोषणा अधिक था। इसने किसी को कार्य करने के लिए नहीं बांधा, यह पूर्णतया सद्भाव पर आधारित था।"[2] चौथी, वाशिंगटन सन्धियों को जापानी साम्राज्यवाद का पराभव कहा गया था, परन्तु टायनबी का मत है कि पंचशक्ति नौ-सैनिक सन्धि का परिणाम था–"पश्चिमी प्रशान्त महासागर में जापान की सुरक्षात्मक स्थिति को समुद्र के मार्ग से पूर्णरूपेण अभेद्य बना देना।" इसी आधार पर बुएल का मत रहा–"ऐसी केवल एक शक्ति है जिससे जापानी साम्राज्यवाद को प्रभावित किया जा सकता है–वह शक्ति है, विश्व का लोकमत।"[3] पांचवीं, ये सन्धियाँ मुक्त द्वार नीति की विजय मानी जाती थीं। परन्तु यह विजय एक भ्रम मात्र सिद्ध हुई। एंग्लो-जापानी सन्धि का अन्त हो गया, परन्तु उसकी भावना जीवित रही और जब जापान ने मंचूरिया पर आक्रमण किया तब ब्रिटेन ने उसको अपना नैतिक समर्थन प्रदान किया। इस प्रकार इतिहास का निर्णय वाशिंगटन सम्मेलन के बहुत अनुकूल नहीं कहा जा सकता; फिर भी वाशिंगटन सम्मेलन अपने समय की एक महान् सफलता थी क्योंकि जैसा कि ई॰ एच॰ कार का मत है–"यह मूल प्रश्न कि सुदूरपूर्व में एंग्लो-सेकसन प्रभुत्व रहेगा या जापान की ही तूती बजेगी, अभी भी अनिर्णीत था। किन्तु यह वाशिंगटन सम्मेलन का ही परिणाम था कि प्रश्न ठीक 10 वर्षों तक भविष्य के गर्भ में ही पड़ा रहा।"[4]

क्लाड ए॰ बस का मत है–"1921-1922 का वाशिंगटन सम्मेलन कितने ही रूप से जापान के लिए एक दुखपूर्ण कूटनीतिक षड्यन्त्रोद्घाटन था।"[5] जापानियों की दृष्टि में यह सम्मेलन जापान पर अमेरिकन कूटनीति की पूर्ण विजय थी। 1922 में इस सम्मेलन के पश्चात् जापान को तीन समस्याओं का सामना करना पड़ा। पहली समस्या थी, चीन में एक नवीन और उग्र राष्ट्रवाद का विकास; दूसरी समस्या थी, साइबेरिया में रूसी बोल्शेविज्म के अन्त के लिए गए मित्रराष्ट्रीय हस्तेक्ष की असफलता और

तीसरी समस्या थी, वाशिंगटन सम्मेलन के पश्चात् प्रशान्त महासागर में एंग्लो-जापानी सहयोग के स्थान पर एंग्लो-अमेरिकन सहयोग का प्रारम्भ होना।

सन्दर्भ

1. मेकनेअर एण्ड लाच: माडर्न फॉर ईस्टर्न इन्टरनेशनल रिलेशन्स, पृ॰ 180।
2. क्लाड ए॰ बस: दी फॉर ईस्ट, पृ॰ 384-385।
3. पारकर टी॰ मून: इम्पीरिएलिज्म एण्ड वर्ल्ड पालिटिक्स, पृ॰ 357।
4. ई॰ एच॰ कार: दो विश्व युद्धों के बीच अन्तर्राष्ट्रीय संबंध, पृ॰ 16।
5. क्लास ए॰ बस: दी फार ईस्ट, पृ॰ 352।

स्मरण संकेत

1. सुदूरपूर्व के इतिहास की महत्वपूर्ण घटना;
2. अमेरिकन राष्ट्रपति हार्डिंग द्वारा आयोजित;
3. नौ राष्ट्र सम्मिलित (अमेरिका, ब्रिटेन, फ्रांस, जापान, इटली, चीन, बेल्जियम, हालैण्ड, पुर्तगाल);
4. 12 नवम्बर, 1921 से 6 फरवरी, 1922 तक आयोजित।

वाशिंगटन सम्मेलन के आयोजित होने की पृष्ठभूमि और कारण

(i) सुदूरपूर्व में जापान-अमेरिकन प्रतिद्वन्द्विता;
(ii) जापानी साम्राज्यवाद (पीला संकट) का भय;
(iii) याप द्वीप विवाद;
(iv) एंग्लो-जापानी सन्धि से अमेरिका चिन्तातुर;
(v) नौ-सैनिक होड़।

वाशिंगटन सम्मेलन की सन्धियाँ और समझौते

(i) चतु:शक्ति प्रशान्त सन्धि;
(ii) पंचशक्ति नौ-सैनिक सन्धि;
(iii) नवशक्ति मुक्त द्वार सन्धि;
(iv) नवशक्ति सन्धि;
(v) पंचशक्ति सन्धि;
(vi) चतु:शक्ति सन्धि;
(vii) 12 समझौते (चीन-जापान समझौता; अमेरिकन-जापानी याप समझौता)।

वाशिंगटन सम्मेलन का महत्व तथा प्रभाव

(i) एक शान्ति युग का प्रारम्भ;
(ii) सुदूरपूर्व में नौ-सैनिक प्रतिद्वन्द्विता का अन्त;

(iii) चीन का मैग्नाकार्टा;
(iv) अमेरिका की कूटनीतिक विजय;
(v) जापानी साम्राज्यवाद का पराभव;
(vi) ब्रिटेन के लिए दुविधापूर्ण स्थिति का अन्त।

वाशिंगटन सम्मेलनः मूल्यांकन

(i) सफल अन्तर्राष्ट्रीय सम्मेलन;
(ii) सफलतायें अल्पजीवी;
(iii) जापान के लिए दुःखपूर्ण कूटनीतिक षड्यन्त्रोद्घाटन;
(iv) एंग्लो-जापानी सहयोग के स्थान पर एंग्लो-अमेरिकन सहयोग प्रारम्भ।

प्रश्न

1. वाशिंगटन सम्मेलन के आयोजित होने के कारणों की समीक्षा कीजिए। इसके महत्व को स्पष्ट कीजिए।
2. वाशिंगटन सम्मेलन की सन्धियों की विवेचना कीजिए। अन्तर्राष्ट्रीय क्षेत्र में इसके प्रभाव की भी विवेचना कीजिए।

19

जेनेवा प्रोटोकोल

राष्ट्रसंघ की सुरक्षा व्यवस्था को अधिक शक्तिशाली बनाने का महत्वपूर्ण प्रयास "अन्तर्राष्ट्रीय विवादों के शान्तिपूर्ण समझौते का प्रोटोकोल" था जो जेनेवा प्रोटोकोल के नाम से प्रसिद्ध हुआ। सितम्बर, 1924 में ब्रिटिश प्रधानमंत्री रेम्जे मैकडोनाल्ड और फ्रांसीसी प्रधानमंत्री एरियो ने जेनेवा में राष्ट्रसंघ की साधारण सभा में एक संयुक्त प्रस्ताव द्वारा 'मध्यस्थता, निःशस्त्रीकरण और सुरक्षा' पर आधारित अन्तर्राष्ट्रीय विवादों के शान्तिपूर्ण समाधान की एक योजना के निर्माण का अनुरोध किया। इस प्रस्ताव के आधार पर यूनानी प्रतिनिधि पॉलीटिस तथा चैकोस्लाव प्रतिनिधि बेनेस ने एक योजना तैयार की, जिसे राष्ट्रसंघ की साधारण सभा ने 2 अक्टूबर, 1924 को स्वीकार कर लिया। यही योजना जेनेवा प्रोटोकोल कहलायी।

जेनेवा प्रोटोकोल की मुख्य विशेषताएँ—जेनेवा प्रोटोकोल की मुख्य विशेषता मध्यस्थता और पंचायती निर्णय को अनिवार्य बना देना थी। इसकी अन्य प्रमुख विशेषतायें थीं—

(i) आक्रामक युद्ध एक अन्तर्राष्ट्रीय अपराध माना जायेगा और प्रोटोकोल पर हस्ताक्षर करने वाले राष्ट्र, आत्मरक्षा तथा राष्ट्रसंघ के आदेशों के पालन – इन दो अवस्थाओं को छोड़कर अन्य किसी अवस्था में युद्ध नहीं करेंगे।

(ii) विभिन्न देशों के सभी वैधानिक झगड़ों का निर्णय अनिवार्य रूप से अन्तर्राष्ट्रीय न्याय के स्थायी न्यायालय द्वारा किया जायेगा।

(iii) राजनैतिक विवादों का निर्णय राष्ट्रसंघ की परिषद् अथवा विशेष मध्यस्थता समितियों द्वारा किया जायेगा।

(iv) जिस समय न्यायालय अथवा परिषद् विवाद पर विचार कर रही होगी, उस काल में कोई सैनिक तैयारी नहीं की जायेगी।

(v) न्यायालय के अधिकार क्षेत्र अथवा परिषद् की सर्वसम्मत रिपोर्ट

को अस्वीकार करना आक्रमण माना जायेगा और ऐसा करने वाला देश आक्रमणकारी समझा जायेगा।

(vi) राष्ट्रसंघ उन विषयों पर भी विचार कर सकता है जो किसी देश के घरेलू अधिकार क्षेत्र में आते हों।

(vii) परिषद् राष्ट्रसंघ संविदा के 16वें अनुच्छेद के अनुसार आक्रमणकारी के विरुद्ध 'आर्थिक प्रतिबन्धों और सैनिक कार्यवाही' की व्यवस्था कर सकती है।

(viii) युद्ध का समस्त व्यय आक्रमणकारी राष्ट्र को अदा करना होगा।

(ix) यदि 1 मई, 1925 तक परिषद् के स्थाई सदस्यों का बहुमत और राष्ट्रसंघ के दस अन्य सदस्य इस प्रोटोकोल को स्वीकार कर लें तब 15 जून, 1925 को जेनेवा में एक अन्तर्राष्ट्रीय निःशस्त्रीकरण सम्मेलन आयोजित किया जायेगा।

जेनेवा प्रोटोकोल के गुण-दोष—एल्फर्ड जिम्मर्न के शब्दों में—"यह प्रोटोकोल भूमंडल पर कानून द्वारा शान्ति स्थापित करने का बड़ा साहसपूर्ण प्रयास था।"[1] इस प्रोटोकोल ने राष्ट्रसंघ के दो महत्वपूर्ण दोषों को दूर करने का प्रयास किया था। पहला दोष था, परिषद् के निर्णयों के लिये सर्वसम्मति का नियम तथा दूसरा दोष था, घरेलू क्षेत्र के मामलों पर राष्ट्रसंघ के क्षेत्राधिकार का निषेध। इस प्रोटोकोल ने पहले दोष को अनिवार्य मध्यस्थता की व्यवस्था कर दूर करना चाहा और दूसरे दोष को दूर करने के लिए यह व्यवस्था की कि राष्ट्रसंघ घरेलू क्षेत्र के मामलों पर भी विवादों के शान्तिपूर्ण समाधान के उद्देश्य से विचार कर सकता है।

परन्तु जेनेवा प्रोटोकोल में दो महत्वपूर्ण दोष भी थे—

(i) इसमें राष्ट्रसंघ संविदा के 16वें अनुच्छेद के अन्तर्गत परिषद् के अधिकारों को सुदृढ़ करने और सैनिक वचनों को दायित्वपूर्ण बनाने के लिए कोई व्यवस्था नहीं की गई।

(ii) इसमें सुरक्षा का अर्थ 1919 की यथास्थिति को कायम रखना मान लिया गया और उसमें आवश्यक संशोधनों के लिए कोई उपयुक्त प्रबन्ध नहीं किया गया था।

जेनेवा प्रोटोकोल की अस्वीकृति—व्यवहार में जेनेवा प्रोटोकोल असफल हो गया। फ्रांस सहित केवल 17 राज्यों ने ही इसे स्वीकार किया। यद्यपि ब्रिटेन इस योजना के प्रारम्भकर्त्ताओं में से था; परन्तु 25 मार्च, 1925 को उसने राष्ट्रसंघ की परिषद् के सामने प्रोटोकोल की अस्वीकृति की घोषणा कर दी। ब्रिटिश स्वीकृति के अभाव में जेनेवा प्रोटोकोल का कोई व्यवहारिक

मूल्य नहीं रह गया। जेनेवा प्रोटोकोल की ब्रिटिश अस्वीकृति के अनेक कारण थे–

(i) प्रथम कारण था, नवम्बर, 1924 में मैकडोनाल्ड सरकार का पतन हो जाना, जिसके फलस्वरूप वाल्डविन के नेतृत्व में एक अनुदारदलीय मंत्रिमण्डल सत्तारूढ़ हुआ।

(ii) दूसरा कारण था, ब्रिटेन की यूरोप के झगड़ों में पड़ने की अनिच्छा।

(iii) तीसरा, ब्रिटेन को यह आशंका थी कि इससे ऐसी परिस्थितियाँ उत्पन्न हो सकती हैं, जिनमें राष्ट्रसंघ अमेरिका जैसे किसी ऐसे देश को आक्रमणकारी घोषित कर दे, जो राष्ट्रसंघ का सदस्य न हो। ब्रिटेन अमेरिका से झगड़ा मोल लेने को तैयार नहीं था।

(iv) चौथा, ब्रिटेन के विचार से पंचायती निर्णय का सिद्धान्त, राष्ट्रों की प्रभुसत्ता के सिद्धान्त के अनुकूल नहीं था।

(v) पाँचवाँ, हार्डी का मत है, कि ब्रिटिश अस्वीकृति का प्रधानतम कारण उपनिवेशों का विरोध था।[2] इस विरोध का कारण यह था कि ब्रिटेन के स्वायत्तशासी उपनिवेश यूरोपीय संकट स्थलों से बहुत दूर थे और यूरोपीय झंझटों में फंसना नहीं चाहते थे। कनाडियन प्रतिनिधि डैन्डयूरेन्ट ने स्पष्ट कहा था–"युद्ध की अग्नि के विरुद्ध किए जा रहे इस बीमें में विभिन्न देशों के खतरे बराबर नहीं हैं। हम ज्वलनशील सामग्री से दूर, अग्नि से सर्वथा सुरक्षित रहते हैं।" दक्षिण अफ्रीका, भारत, आस्ट्रेलिया और न्यूजीलैण्ड के भी कुछ ऐसे ही विचार थे।

सन्दर्भ

1. एल्फर्ड जिम्मर्नः दी लीग लॉफ नेशन्स एण्ड दी रूल ऑफ लॉ, पृ॰ 357।
2. गेथोर्न हार्डीः अन्तर्राष्ट्रीय राजनीति का संक्षिप्त इतिहास, पृ॰ 60-62।

स्मरण-संकेत

1. अन्तर्राष्ट्रीय विवादों के शान्तिपूर्ण समझौते का प्रोटोकोल;
2. 2 अक्टूबर, 1924 को राष्ट्रसंघ की साधारण सभा द्वारा स्वीकार;
3. मुख्य विशेषता–मध्यस्थता, पंचायती निर्णय को अनिवार्य बना देना।

अन्य व्यवस्थायें

(i) आक्रामक युद्ध एक अन्तर्राष्ट्रीय अपराध;

(ii) वैधानिक विवादों का निर्णय, अन्तर्राष्ट्रीय न्याय के स्थायी न्यायालय द्वारा;

(iii) राजनैतिक विवादों का निर्णय परिषद् या मध्यस्थता समितियों द्वारा;
(iv) विवाद पर विचार के काल में कोई सैनिक तैयारी नहीं;
(v) न्यायालय के अधिकार क्षेत्र तथा परिषद् की सर्वसम्मत रिपोर्ट अस्वीकार नहीं हो सकती;
(vi) राष्ट्रसंघ को घरेलू मामलों पर भी विचार करने का अधिकार;
(vii) आक्रमणकारी के विरुद्ध आर्थिक प्रतिबन्ध, सैनिक कार्यवाही की व्यवस्था;
(viii) युद्ध का व्यय आक्रमणकारी राष्ट्र देगा;
(ix) जेनेवा में अन्तर्राष्ट्रीय नि:शस्त्रीकरण सम्मेलन के आयोजन का निर्णय।

जेनेवा प्रोटोकोल के गुण

(i) अनिवार्य मध्यस्थता की व्यवस्था;
(ii) राष्ट्रसंघ घरेलू क्षेत्र के मामलों पर भी विचार कर सकता था।

जेनेवा प्रोटोकोल के दोष

(i) सैनिक वचनों को दायित्वपूर्ण बनाने की कोई व्यवस्था नहीं;
(ii) 1919 की यथास्थिति को कायम रखना।

जेनेवा प्रोटोकोल की ब्रिटिश अस्वीकृति के कारण

(i) मैक्डोनाल्ड सरकार का पतन;
(ii) यूरोप की झगड़ों में पड़ने की अनिच्छा;
(iii) ब्रिटेन अमेरिका से संघर्ष के लिए तैयार नहीं;
(iv) पंचायती निर्णय का सिद्धान्त राष्ट्रों की प्रभुसत्ता के सिद्धान्त के अनुकूल नहीं;
(v) उपनिवेशों का विरोध।

प्रश्न

1. जेनेवा प्रोटोकोल की व्यवस्थाओं को बतलाते हुए, इसके गुण और दोषों को भी बतलाइये।
2. जेनेवा प्रोटोकोल की मुख्य विशेषतायें क्या थीं? इसकी ब्रिटिश अस्वीकृति के क्या कारण थे?

20
लोकार्नो सन्धियाँ

लोकार्नो सन्धियों की पृष्ठभूमि—ब्रिटिश स्वीकृति के अभाव में जेनेवा प्रोटोकोल असफल हो गया था, इससे फ्रांस का राष्ट्रसंघ द्वारा सुरक्षा प्राप्ति का एक महत्वपूर्ण प्रयत्न व्यर्थ हो गया था; अतः फ्रांस ने सुरक्षा की अपनी खोज की दिशा में परिवर्तन किया। अभी तक फ्रांस सामान्य व्यवस्थाओं के द्वारा राष्ट्रसंघ की सामूहिक सुरक्षा की व्यवस्था को दृढ़ करने का प्रयत्न कर रहा था। अब उसने प्रादेशिक समझौतों के द्वारा सामूहिक सुरक्षा व्यवस्था को दृढ़ करने का प्रयत्न किया। लोकार्नो सन्धियाँ इसी प्रयत्न का परिणाम थीं।

तत्कालीन परिस्थितियाँ भी इसी प्रकार के समझौतों के लिए अनुकूल थीं। यूरोपीय राष्ट्र इस बात से सहमत हो रहे थे कि यूरोपीय शान्ति को भंग करने वाले मुख्य खतरों के विरुद्ध कोई न कोई व्यवस्था आवश्यक है। इस समय तक डावेस योजना के कारण क्षतिपूर्ति की समस्या पर समझौता हो चुका था और ब्रिटेन के रुख से निराश होकर फ्रांस जर्मनी से समझौता करने को उत्सुक था। 1922 की रापेल्लो सन्धि ने रूस और जर्मनी की गुटबन्दी की सम्भावना उत्पन्न कर दी थी, जिससे ब्रिटेन भी चिन्तित हो उठा था और फ्रांस के साथ सहयोग करने को तैयार था। सौभाग्य से तत्कालीन फ्रांसीसी विदेशमंत्री ब्रिआं, ब्रिटिश विदेशमंत्री आस्टिन चेम्बरलेन तथा जर्मन विदेशमंत्री गुस्टाव स्ट्रेसमान तीनों ही ऐसे व्यक्ति थे जो समझौतों की नीति में विश्वास रखते थे। परिणामस्वरूप, 1 अक्टूबर, 1925 से 16 अक्टूबर, 1925 तक तीनों देशों के विदेशमंत्रियों ने स्विट्ज़रलैण्ड के लोकार्नो नामक नगर में वार्ताएं कीं, जिनके फलस्वरूप लोकार्नो सन्धियों पर हस्ताक्षर हुये। इन वार्ताओं में इटली, बेल्जियम, चैकोस्लोवाकिया और पोलैण्ड के प्रतिनिधियों ने भी भाग लिया।

सम्मेलन के समक्ष कठिनाइयाँ—वार्ता के दौरान सम्मेलन के समक्ष अनेक कठिनाइयाँ दृष्टिगत हुईं, परन्तु अन्ततः सभी कठिनाइयों को हल कर लिया गया। जर्मनी ने यह शर्त रखी कि उसे बिना शर्त राष्ट्रसंघ का सदस्य

बना लिया जाये, यह शर्त स्वीकार कर ली गयी। एक दूसरी कठिनाई यह थी कि 1922 में रापेल्लो सन्धि द्वारा जर्मनी-रूस की मैत्री हुई थी, जर्मनी को भय था कि राष्ट्रसंघ का सदस्य बनने के उपरान्त कहीं उसे रूस के विरुद्ध सैनिक कार्यवाही में भाग लेने के लिए न कहा जाये, इस भय को भी समाप्त कर दिया गया; मित्र-राष्ट्रों ने जर्मनी को आश्वस्त किया कि उससे रूस के विरुद्ध सैनिक कार्यवाही में भाग लेने को नहीं कहा जायेगा। तीसरी कठिनाई थी कि जर्मनी वर्साय की सन्धि द्वारा निश्चित अपनी पश्चिमी सीमा की गारन्टी देने को तैयार था, परन्तु पूर्वी सीमा की नहीं। इस कठिनाई को हल करने के लिए यह व्यवस्था की गई कि जर्मनी की पूर्वी सीमा के लिए जर्मनी और पोलैण्ड तथा जर्मनी और चैकोस्लोवाकिया के बीच मध्यस्थता सन्धियाँ की जायें, जिनके द्वारा पूर्वी सीमा संबंधी सभी विवादों को पंच निर्णय के लिए रखने की व्यवस्था की जाए।

लोकार्नो सन्धियाँ–लोकार्नो सम्मेलन में कुल सात सन्धियाँ की गयीं। इनमें से पहली सन्धि जर्मनी, फ्रांस, ब्रिटेन, बेल्जियम और इटली के बीच हुई और पारस्परिक गारन्टी सन्धि कहलाई। यह सन्धि लोकार्नो सम्मेलन की सर्वाधिक महत्वपूर्ण सन्धि थी। इसे राइनलैण्ड समझौता और लोकार्नो सन्धि भी कहा जाता है। इसके द्वारा पांचों शक्तियों ने वर्साय की सन्धि द्वारा निर्धारित जर्मनी, बेल्जियम तथा फ्रांस की सीमाओं और राइन प्रदेश के विसैन्यीकरण संबंधी व्यवस्थाओं के पालन का वचन दिया। दूसरी, जर्मनी, बेल्जियम तथा फ्रांस ने यह वचन दिया कि वे तीन अवस्थाओं को छोड़कर अन्य किसी अवस्था में न तो एक-दूसरे के विरुद्ध युद्ध छेड़ेंगे और न ही आक्रमण करेंगे। ये तीन अवस्थाएं थीं–

(i) न्यायपूर्ण आत्मरक्षा;

(ii) विसैन्यीकरण का ज्वलन्त उल्लंघन;

(iii) राष्ट्रसंघ द्वारा आदिष्ट सैनिक कार्यवाही, तीसरी, पाँचों राज्यों ने पारस्परिक विवादों को शांतिपूर्ण उपायों से हल करने और सन्धि का उल्लंघन करने वाले राज्य के विरुद्ध सम्मिलित कार्यवाही करने का निश्चय किया। चौथी, यदि इस संबंध में विवाद हो कि सन्धि का उल्लंघन हुआ है अथवा नहीं, तब इसका निर्णय राष्ट्रसंघ की परिषद् को सौंपा जायेगा। पांचवीं, जर्मनी को राष्ट्रसंघ का सदस्य बनाने की व्यवस्था की गई।

लोकार्नो सम्मेलन की दूसरी, तीसरी, चौथी और पांचवीं सन्धियाँ मध्यस्थता सन्धियाँ थीं। ये सन्धियाँ एक ओर तो जर्मनी तथा दूसरी ओर क्रमशः बेल्जियम, फ्रांस, पोलैण्ड तथा चैकोस्लोवाकिया के मध्य हुई थीं। इनके

द्वारा यह व्यवस्था की गई कि जर्मनी तथा इन राष्ट्रों के बीच उत्पन्न होने वाले जो विवाद कूटनीतिक वार्ता से नहीं सुलझाये जा सकेंगे, वे किसी मध्यस्थ अथवा अन्तर्राष्ट्रीय न्यायालय को सौंपे जायेंगे।

छठी सन्धि फ्रांस और पोलैण्ड तथा सातवीं सन्धि फ्रांस और चैकोस्लोवाकिया के मध्य की गयी। ये पारस्परिक सहायता सुरक्षा सन्धियाँ थीं, जिनके द्वारा हस्ताक्षरकर्त्ताओं ने जर्मन आक्रमण की दशा में परस्पर सहायता का वचन दिया था।

1 दिसम्बर, 1925 को इन सब सन्धियों पर लन्दन में विधिवत् हस्ताक्षर कर दिये गए।

लोकार्नो सन्धियों के गुण

लोकार्नो सन्धियों का ब्रिटेन, फ्रांस और जर्मनी में बड़े उत्साह से स्वागत किया गया था। आस्टिन चेम्बरलेन ने गर्व से कहा था कि, "लोकार्नो युद्ध के वर्षों एवं शान्ति के वर्षों के बीच वास्तविक विभाजक रेखा को अंकित करता है।" ब्रिआं का मत था कि, "लोकार्नो से एक नये युग का प्रारम्भ होता है। यह जर्मनी के लिये शान्ति है, यह फ्रांस के लिए शान्ति है। इससे इतिहास में पृष्ठों को काला करने वाले भयंकर एवं रक्तरंजित संघर्षों की एक सुदीर्घ शृंखला का अन्त होता है। राइफलों, मशीनगनों और तोपों का जमाना लद गया, अब ये समझौते मध्यस्थता और शान्ति के लिए मार्ग प्रशस्त कर रहे हैं।" स्ट्रेसमान ने इसमें यूरोपीय एकता के दर्शन किए थे। उसने कहा, "हम सभी अपने-अपने देशों के नागरिक हैं, परन्तु हम लोग यूरोप के भी नागरिक हैं। हम लोगों को समूचे यूरोप के लिए बोलने का अधिकार है।"

(i) निःसन्देह लोकार्नो सन्धियाँ यूरोपीय इतिहास की एक अत्यन्त महत्वपूर्ण घटना थीं। इसने फ्रांस और जर्मनी के मध्य शत्रुता के एक बड़े कारण को नष्ट कर दिया था; इसके द्वारा जर्मनी ने आल्सस लारेन पर फ्रांस की प्रभुसत्ता को स्वीकार कर लिया, जिससे फ्रांस एक बड़ी सीमा तक जर्मनी के इरादों के प्रति आश्वस्त हो गया।

(ii) युद्ध के बाद यह पहला अवसर था जब मित्रराष्ट्रों ने जर्मनी से समानता के आधार पर बातचीत की। लोकार्नो में जर्मनी को अन्तर्राष्ट्रीय समाज में पुनः सम्मानित स्थान प्राप्त हो गया। इस प्रकार लोकार्नो सम्मेलन ने पेरिस शान्ति सम्मेलन के अधूरे कार्य को पूरा कर दिया।

(iii) यह सन्धि जर्मनी पर आरोपित नहीं की गई थी, अपितु उसने इसे स्वेच्छा से स्वीकार किया था।

(iv) इस सम्मेलन में जर्मनी को अपनी शिकायतें तथा अन्यायपूर्ण व्यवस्थाओं के विरुद्ध अपना मत प्रकट करने का अवसर दिया गया था।

(v) ई० एच० कार का मत है, "युद्ध के बाद पहली बार उसने फ्रांस और जर्मनी की आवश्यकताओं के बीच न्यायोचित और निष्पक्ष सन्तुलन स्थापित किया।"[1] इसके द्वारा ब्रिटेन ने न केवल फ्रांस को जर्मन आक्रमण के विरुद्ध सुरक्षा का आश्वासन दिया, अपितु जर्मनी को भी फ्रांसीसी आक्रमण के विरुद्ध सुरक्षा का आश्वासन दिया।

(vi) इसने ब्रिटेन, फ्रांस और जर्मनी के मध्य सहयोग के एक नवयुग को प्रारम्भ किया। फ्रांस इसे ब्रिटिश-फ्रांसीसी मैत्री का नवीनीकरण मानता था। जर्मनी उसे वर्साय की प्रतिशोधपूर्ण नीति का अन्त समझता था। ब्रिटेन का विचार था कि उसने यूरोप में पुनः शक्ति सन्तुलन की स्थापना कर दी है जिसमें ब्रिटेन की स्थिति जर्मनी और फ्रांस के बीच उस मध्यस्थ की-सी है जो समय-समय पर अपने हित के अनुसार उनमें से एक दूसरे का पक्ष लेने का निर्णय करता है। इस प्रकार लोकार्नो ने तीनों शक्तियों को सन्तुष्ट कर अन्तर्राष्ट्रीय स्नेह और सौहार्द का वातावरण स्थापित कर दिया, जिससे वह "विश्व इतिहास में नवीन युग का मार्गदर्शक" बन गया।[2]

लोकार्नो सन्धियों की दुर्बलताएँ

लोकार्नो सन्धियाँ सर्वथा दोष-रहित नहीं थीं। जहाँ वे यूरोपीय इतिहास में एक नए युग का प्रारम्भ थीं, वहाँ वे एक महान् कूटनीतिक भ्रम थीं।

(i) उन्होंने जर्मनी की पूरी सीमा के प्रश्न को न तो हल किया, अपितु और भी असन्तोषजनक बना दिया। जर्मनी ने अपनी पूर्वी सीमा की अखण्डता की गारन्टी देने से इन्कार करके यह स्पष्ट कर दिया कि वह पोलैण्ड और चैकोस्लोवाकिया के उन प्रदेशों पर जिनमें जर्मन लोग बड़ी संख्या में निवास करते थे, फिर से अधिकार करने का प्रयत्न कर सकता था।

(ii) ई० एच० कार के अनुसार, "अंततोगत्वा, लोकार्नो सन्धि से वर्साय सन्धि ओर अनुबन्ध पत्र दोनों को ही हानि पहुँची।"[3] इसने इस धारणा को उत्पन्न किया कि वर्साय सन्धि से उत्पन्न दायित्व उतने बन्धनशील नहीं हैं, जितने स्वेच्छा से स्वीकृत दायित्व। ब्रिटेन द्वारा जर्मनी की पूर्वी सीमा की गारन्टी देने से इन्कार करने से यह प्रतीत होने लगा कि सुरक्षा की दृष्टि से कुछ सीमायें प्रथम श्रेणी की हैं

और कुछ द्वितीय श्रेणी कीं। इसने यह धारणा भी उत्पन्न की कि यदि जर्मनी की पूर्वी सीमाओं के उल्लंघन से उत्पन्न परिस्थितियों में राष्ट्रसंघ संविदा के अनुसार कार्यवाही का अवसर आता है, तब ब्रिटेन पूर्ण मन से अपने राष्ट्रसंघ संबंधी दायित्वों को नहीं निभायेगा।

(iii) लोकार्नो सन्धि एक बड़ी सीमा तक अवास्तविक थी। ब्रिटेन ने इसके अन्तर्गत जो दायित्व स्वीकार किए थे, उनको पूरा करना उसके लिए असम्भव था। ब्रिटेन फ्रांस पर जर्मन आक्रमण की स्थिति में फ्रांस की सहायता कर सकता था परन्तु जर्मनी पर फ्रांस के आक्रमण की स्थिति में वह जर्मनी की कोई वास्तविक सहायता नहीं कर सकता था क्योंकि एक तो जर्मनी उससे बहुत दूर था और दूसरे उसकी सैन्य क्षमता फ्रांस से कम थी।

(iv) सोवियत रूस को इस सम्मेलन में आमन्त्रित नहीं किया गया, अतः उसके मन में पश्चिमी शक्तियों के इरादों के प्रति शंका उत्पन्न हो गयी।

(v) इससे फ्रांस और उसके मित्रों–पोलैण्ड तथा चैकोस्लोवाकिया – के बीच मनोमालिन्य उत्पन्न हो गया। पोलैण्ड और चैकोस्लोवाकिया को यह शंका हो गई कि जर्मनी के आक्रमण के विरुद्ध सहायता के अपने वचन के प्रति फ्रांस निष्ठावान् नहीं है।

लोकार्नो के व्यवहारिक परिणाम

लोकार्नो ने जहाँ अन्तर्राष्ट्रीय सहयोग और सौहार्द की भावना को आगे बढ़ाया, वहाँ इसके अनेक दुखद परिणाम भी हुए। जर्मनी को राष्ट्रसंघ की परिषद् में स्थायी स्थान देने के प्रश्न पर एक संकट उठ खड़ा हुआ। पोलैण्ड, स्पेन, ब्राजील और चीन ने भी स्थायी स्थान की माँग की। ब्राजील ने इस प्रश्न पर राष्ट्रसंघ का परित्याग कर दिया, जिससे न्यूनाधिक मात्रा में राष्ट्रसंघ का विघटन ही प्रारम्भ हो गया। साथ ही फ्रांस द्वारा इस विवाद में पोलैण्ड का पक्ष लेने से जर्मनी पुनः शंकित हो उठा और उसने 24 अप्रैल, 1926 को रूस के साथ एक अनाक्रमण समझौता कर लिया।

लोकार्नो सन्धियों का महत्व

इन सब दोषों के बावजूद भी इसमें सन्देह नहीं कि लोकार्नो सन्धियों ने यूरोप में शांति और सौहार्द की स्थापना में बहुत योग दिया। एक दृष्टि से यह कहा जा सकता है कि प्रथम विश्व युद्ध का अन्त 1919 की वर्साय सन्धि से नहीं, अपितु 1925 की लोकार्नो सन्धि से हुआ, क्योंकि लोकार्नो

सन्धि के द्वारा फ्रांस और जर्मनी की शत्रुता का अन्त हो गया, यद्यपि यह अन्त केवल अल्पकालीन सिद्ध हुआ। अपने दोषों के बावजूद भी लोकार्नो सदा के लिए राष्ट्रों के बीच "शान्तिपूर्ण सहअस्तित्व" का प्रतीक बन गया।

सन्दर्भ

1. ई॰ एच॰ कार: दो विश्व युद्धों के बीच अन्तर्राष्ट्रीय संबंध, पृ॰ 74-75।
2. डब्ल्यू॰ सी॰ लैंगसम: दी वर्ल्ड सिन्स 1914, पृ॰ 216।
3. ई॰ एच॰ कार: दो विश्व युद्धों के बीच अन्तर्राष्ट्रीय संबंध, पृ॰ 74।

स्मरण-संकेत

लोकार्नो सन्धियों की पृष्ठभूमि

(i) जेनेवा प्रोटोकोल की असफलता से उत्पन्न परिस्थितियाँ;
(ii) फ्रांस द्वारा प्रादेशिक समझौते की नीति द्वारा सामूहिक सुरक्षा व्यवस्था को दृढ़ करना;
(iii) अन्तर्राष्ट्रीय परिस्थितियाँ अनुकूल (डावेस योजना से क्षतिपूर्ति की समस्या का सन्तोषजनक हल);
(iv) रूस-जर्मन गुटबन्दी (रापेल्लो सन्धि) से ब्रिटेन चिन्तातुर;
(v) ब्रिटेन-फ्रांस सहयोग का वातावरण;
(vi) फ्रांस, ब्रिटेन, जर्मनी के विदेश मन्त्रियों द्वारा समझौते की नीति में विश्वास;
(vii) 1 अक्टूबर, 1925 से 16 अक्टूबर, 1925 तक सात राष्ट्रों के प्रतिनिधियों का लोकार्नो नामक नगर (स्विट्जरलैण्ड) में सम्मेलन;
(viii) सात राष्ट्र (ब्रिटेन, फ्रांस, जर्मनी, इटली, बेल्जियम, पोलैण्ड, चैकोस्लोवाकिया)।

लोकार्नो सन्धियाँ

(i) पारस्परिक गारन्टी सन्धि; (ब्रिटेन, फ्रांस, जर्मनी, इटली और बेल्जियम);
(ii) मध्यस्थता सन्धियाँ; (एक ओर जर्मनी और दूसरी ओर क्रमशः फ्रांस, बेल्जियम, पोलैण्ड, चैकोस्लोवाकिया);
(iii) पारस्परिक सहायता सुरक्षा सन्धियाँ (फ्रांस-पोलैण्ड, फ्रांस-चैकोस्लोवाकिया)।

लोकार्नो सन्धियों के गुण

(i) फ्रांस-जर्मनी के मध्य शत्रुता का अन्त;
(ii) जर्मनी के साथ समानता का व्यवहार;

(iii) आरोपित सन्धि नहीं;
(iv) जर्मनी को शिकायत करने, अन्यायपूर्ण व्यवस्थाओं के विरुद्ध मत प्रकट करने का अधिकार प्राप्त;
(v) फ्रांस-जर्मनी के मध्य निष्पक्ष न्यायोचित सन्तुलन;
(vi) ब्रिटेन, फ्रांस, जर्मनी के मध्य सहयोग के नवयुग का सूत्रपात।

लोकार्नो सन्धियों की दुर्बलतायें

(i) जर्मनी की पूरी सीमा को असन्तोषजनक बना दिया;
(ii) वर्साय सन्धि, अनुबन्ध पत्र को क्षति;
(iii) बड़ी सीमा तक अवास्तविक;
(iv) सोवियत रूस शंकाकुल;
(v) फ्रांस और उसके मित्रों (पोलैण्ड, चैकोस्लोवाकिया) के बीच मनोमालिन्य उत्पन्न; कूटनीतिक भ्रम उत्पन्न।

लोकार्नो के व्यवहारिक परिणाम

(i) अन्तर्राष्ट्रीय सहयोग की भावना का विकास;
(ii) राष्ट्रसंघ में संकट उत्पन्न;
(iii) जर्मनी-फ्रांस के मध्य पुनः सन्देह की स्थिति।

लोकार्नो सन्धियों का महत्व

(i) फ्रांस-जर्मनी की शत्रुता का अन्त;
(ii) यूरोप में शान्ति और सौहार्द के युग का प्रारम्भ;
(iii) शान्तिपूर्ण सहअस्तित्व का प्रतीक;
(iv) युद्ध और शान्ति के बीच वास्तविक भेदक रेखा।

प्रश्न

1. "लोकार्नो समझौता युद्ध और शान्ति के बीच वास्तविक भेदक रेखा थी," इस कथन की समीक्षा कीजिये।
2. लोकार्नो सन्धियों को बतलाते हुये, इसके गुण और इसकी दुर्बलताओं की समीक्षा कीजिए। इसके महत्व पर भी प्रकाश डालिए।

21

केलॉग-ब्रिआं पैक्ट (पेरिस का समझौता)

समझौते की पृष्ठभूमि–लोकार्नो सन्धियों के पश्चात् फ्रांस की सुरक्षा की खोज का महत्वपूर्ण प्रयास 1928 का केलॉग-ब्रिआं समझौता था। फ्रांसीसी विदेश-मंत्री ब्रिआं ने 6 अप्रैल, 1927 को अमेरिकन जनता के नाम एक सन्देश भेजकर यह सुझाव दिया कि अमेरिका के युद्ध में प्रवेश के दसवें वार्षिकोत्सव के अवसर पर फ्रांस और अमेरिका एक समझौता करें, जिसके द्वारा राष्ट्रीय नीति के एक साधन के रूप में युद्धों को अवैध घोषित कर दिया जाये। दिसम्बर, 1927 में अमरीकन विदेशमंत्री केलॉग ने यह सुझाव दिया कि प्रस्तावित समझौता बहुपक्षीय होना चाहिए, जिसमें विश्व के समस्त राष्ट्र सम्मिलित हो सकें। ब्रिआं ने इस प्रस्ताव को स्वीकार कर लिया और 23 जून, 1928 को 'राष्ट्रीय नीति के साधन के रूप में युद्ध के परित्याग' की घोषणा करने वाली एक सामान्य सन्धि का प्रारूप केलॉग ने जर्मनी, ब्रिटेन, इटली, जापान आदि 14 राष्ट्रों को भेजा। इस प्रारूप पर विचार करने के लिए अमेरिका, ब्रिटेन, फ्रांस, जर्मनी, इटली, जापान, बेल्जियम, पोलैण्ड, चैकोस्लोवाकिया आदि 15 राष्ट्रों के प्रतिनिधि 29 अगस्त, 1928 को पेरिस में एकत्रित हुए। उन राष्ट्रों ने मिलकर एक समझौते को स्वीकार किया, जो केलॉग-ब्रिआं समझौता या पेरिस का समझौता के नाम से प्रसिद्ध हुआ। अरब के नज्द, हजाज और यमन को छोड़कर विश्व के लगभग सभी राष्ट्रों को इसको स्वीकार करने के लिए आमन्त्रित किया गया था। 1933 तक 65 देशों ने इसे स्वीकार कर लिया, जबकि उस समय राष्ट्रसंघ की सदस्य संख्या केवल 58 थी। केवल अर्जेन्टाइना, ब्राजील, बोलिविया और सेल्वेडोर ही इससे पृथक् रहे।

समझौते की व्यवस्थायें–केलॉग-ब्रिआं समझौता, जिसका वास्तविक नाम युद्ध के परित्याग की सामान्य सन्धि था, एक अत्यन्त छोटा लेखपत्र था। इसकी प्रमुख व्यवस्थायें थीं:–

(i) उच्च बन्धेजकर्ता दल गम्भीरतापूर्वक अपने-अपने राष्ट्रों के नाम यह घोषित करते हैं कि वे अन्तर्राष्ट्रीय विवादों के समाधान के लिए युद्ध के आश्रय की निन्दा करते हैं और अपने एक-दूसरे के साथ संबंधों में राष्ट्रीय नीति के एक यन्त्र के रूप में इसका परित्याग करते हैं।

(ii) उच्च बन्धेजकर्ता दल सहमत होते हैं कि सभी विवादों का समाधान शान्तिपूर्ण साधनों की अपेक्षा अन्य किसी भी प्रकार से नहीं होगा।

समझौते की सीमायें–केलॉग-ब्रिआं समझौते ने युद्ध को राष्ट्रीय नीति के एक साधन के रूप में अवैध घोषित कर दिया परन्तु इस पर हस्ताक्षर करने वाले राष्ट्रों ने इसे पूर्णरूप से स्वीकार नहीं किया था, अपितु कुछ सीमाओं के साथ स्वीकार किया था। अमेरिकन विदेशमंत्री केलॉग ने इसकी रचना के समय यह लिखा था कि, "प्रत्येक राज्य को यह निर्णय करने का एकमात्र अधिकार है कि क्या वर्तमान परिस्थितियों में आत्मरक्षा के लिए युद्ध आवश्यक है।" उन्होंने यह भी स्पष्ट कर दिया कि अमेरिकन मुनरो सिद्धान्त की रक्षा के लिए युद्ध कर सकता है। फ्रांस ने भी केलॉग-ब्रिआं समझौते को इन सीमाओं के साथ स्वीकार किया था कि प्रत्येक हस्ताक्षरकर्ता को वैध आत्मरक्षा का अधिकार प्राप्त रहेगा और यदि एक हस्ताक्षरकर्ता युद्ध न करने के अपने वचन का उल्लंघन करता है तो अन्य सभी भी अपने दायित्वों से मुक्त समझे जाने चाहिए। इसके अतिरिक्त फ्रांस ने यह भी जोड़ दिया कि इस समझौते का फ्रांस के राष्ट्रसंघ, लोकार्नो सन्धियों और अन्य सन्धियों के अन्तर्गत पहले दायित्वों पर कोई प्रभाव नहीं पड़ेगा।

ब्रिटिश सरकार ने समझौते को स्वीकार करते समय स्पष्ट कर दिया था कि–"विश्व में अनेक ऐसे प्रदेश हैं, जिनका कल्याण और अखण्डता हमारी शान्ति और सुरक्षा के लिए आवश्यक है। इनको आक्रमणों से सुरक्षित रखना ब्रिटिश साम्राज्य के लिये आत्मरक्षा का कार्य है।"

इसी प्रकार जापान के विदेशमंत्री ने कहा था कि "वास्तव में मंचूरिया और मंगोलिया उस क्षेत्र के अन्तर्गत हैं, जहाँ पर कि हमारा आत्मरक्षा का अधिकार प्रयोग किया जा सकता है।" इसी प्रकार की सीमाएँ अन्य देशों ने भी लगा दी थीं। संक्षेप में राष्ट्रों ने युद्ध के परित्याग का वचन दिया परन्तु साथ ही निम्न तीन अवस्थाओं में युद्ध को उचित माना:–

(i) आत्मरक्षा;

(ii) पहले से की गई सन्धियों के दायित्वों का पालन;

(iii) राष्ट्रसंघ संविदा के दायित्वों का पालन।

समझौते की विशेषतायें–केलॉग-ब्रिआं समझौते की तीन प्रमुख विशेषतायें थीं:–

(i) ई॰ एच॰ कार के अनुसार, "यह समझौता विश्व इतिहास में एक सीमा चिन्ह था। इतिहास में यह पहला ही राजनैतिक समझौता था, जिसका क्षेत्र लगभग सभी देश थे।"[1] इस पर 65 राष्ट्रों ने हस्ताक्षर किये थे, जबकि राष्ट्रसंघ के सदस्यों की संख्या केवल 58 थी।

(ii) यह समझौता कभी रद्द नहीं किया जा सकता था।

(iii) इसने राष्ट्रीय प्रभुसत्ता के सिद्धान्त को कुछ अंशों में खण्डित कर दिया, क्योंकि इसके द्वारा राष्ट्रों ने यह स्वीकार किया कि वे एक विश्व-समाज के सदस्य हैं और उसके हित के लिए युद्ध का परित्याग करने को प्रस्तुत हैं।

समझौते की आलोचना–यद्यपि केलॉग-ब्रिआं समझौता सार्वदेशिक मान्यता प्राप्त करने वाले प्रथम समझौते के रूप में एक ऐतिहासिक महत्व का समझौता था, फिर भी अपनी स्वीकृति के कुछ समय बाद ही इसे निरर्थक और अव्यवहारिक कहा जाने लगा। वास्तव में यह एक पूर्णतया अव्यवहारिक अन्तर्राष्ट्रीय चुम्बन रह गया, जिसने भविष्य के लिए कुछ भी आश्वासन नहीं दिया। नार्मन बेन्टविच के शब्दों में, "समझौते ने युद्ध की प्रेत-बाधा को शब्दों से भगाया था, परन्तु जब शैतान (नाजी और फात्सी शक्तियों) ने चुनौती दी तब जादू ने काम नहीं किया।" अपराधी को दण्डित करने की व्यवस्था के अभाव में पेरिस का समझौता एक पवित्र आकांक्षा का घोषणा मात्र रह गया। यह एक 'दन्त नख विहीन सिंह' था।

इस समझौते के द्वारा युद्ध का केवल परित्याग किया गया था, उसको पूर्णतः अवैध घोषित नहीं किया गया था। लगभग सभी हस्ताक्षरकर्ताओं ने आत्मरक्षा के लिए युद्ध के अधिकार को सुरक्षित रखा था। परिणाम यह हुआ कि हस्ताक्षरकर्ताओं ने अपने प्रत्येक युद्ध को आत्मरक्षा का युद्ध कह कर उसे उचित सिद्ध करने का प्रयत्न किया।

हस्ताक्षरकर्ता राष्ट्रों ने समझौते को स्वीकार करते समय इतनी सीमायें लगायी थीं कि समझौते का व्यवहारिक महत्व एक बड़ी सीमा तक नष्ट हो गया।

ई॰ एच॰ कार के अनुसार, पेरिस समझौता राष्ट्रसंघ के लिए भी एक चुनौती प्रतीत होने लगा।[2] व्यवहार में पेरिस समझौता शान्ति स्थापना का साधन नहीं अपितु एक पवित्र आकांक्षा ही सिद्ध हुआ। 1931 में जापान के

मंचूरिया पर तथा 1935 में इटली के एबीसीनिया पर आक्रमण ने यह स्पष्ट कर दिया कि पेरिस समझौते की कोई व्यवहारिक उपयोगिता नहीं थी।

समझौते का महत्व—पेरिस समझौता अपनी दुर्बलताओं के बावजूद भी एक महत्वपूर्ण और ऐतिहासिक घटना थी। यह एक ओर तो प्रथम अन्तर्राष्ट्रीय समझौता था, जिसे सार्वदेशिक स्वीकृति प्राप्त हुई और दूसरी ओर यह अमेरिका की पार्थक्यवादी नीति की समाप्ति का सूचक था। जिम्मर्न के अनुसार, यह उस समय विश्व के प्रभुतासम्पन्न राज्यों द्वारा किया गया सबसे महत्वपूर्ण समझौता था।[3] हार्डी के शब्दों में, "एक ऐतिहासिक घटना के रूप में, युद्ध का नीति के साधन के तौर से यह प्राय: सार्वजनिक प्रत्याख्यान अभूतपूर्व महत्व रखता प्रतीत होता है। युद्ध के प्रति एक नये नैतिक रुख के संकेत के रूप में यह निस्सन्देह प्रभावोत्पादक था।"[4]

सन्दर्भ

1. ई० एच० कार: दो विश्व युद्धों के बीच अन्तर्राष्ट्रीय संबंध, पृ० 91।
2. वही, पृ० 92-93।
3. एल्फर्ड जिम्मर्न: दी लीग ऑफ नेशन्स, पृ० 399-400।
4. गेथोर्न हार्डी: अन्तर्राष्ट्रीय राजनीति का संक्षिप्त इतिहास, पृ० 156।

स्मरण संकेत

समझौते की पृष्ठभूमि

(i) फ्रांस की सुरक्षा की खोज का महत्वपूर्ण प्रयास;
(ii) अमेरिकन विदेशमंत्री केलॉग का बहुपक्षीय प्रस्ताव;
(iii) 'राष्ट्रीय नीति के साधन के रूप में युद्ध के परित्याग' सन्धि का प्रारूप;
(iv) 29 अगस्त, 1928 को 15 राष्ट्रों के प्रतिनिधि पेरिस में एकत्रित;
(v) 65 राष्ट्रों ने स्वीकार किया।

समझौते की व्यवस्थायें

(i) युद्ध के परित्याग की घोषणा;
(ii) अन्तर्राष्ट्रीय विवादों के समाधान के लिए युद्ध के आश्रय की निन्दा;
(iii) सभी विवादों का समाधान शान्तिपूर्ण साधनों से।

समझौते की सीमायें

(i) हस्ताक्षरकर्ता राष्ट्रों ने पूर्णरूप से स्वीकार नहीं किया;
(ii) आत्मरक्षा के लिए युद्ध आवश्यक (अमेरिका);

(iii) अमेरिका 'मुनरो सिद्धान्त की रक्षा के लिये' युद्ध कर सकता था;
(iv) सार्वदेशिक स्वीकृति आवश्यक (फ्रांस);
(v) वैध आत्मरक्षा का अधिकार प्राप्त (फ्रांस);
(vi) कोई राष्ट्र अपने वचन का उल्लंघन करता तो सभी राष्ट्र अपने दायित्व से मुक्त (फ्रांस);
(vii) अन्य सन्धियों के अन्तर्गत पहले दायित्वों पर प्रभाव नहीं (फ्रांस);
(viii) विश्व के ब्रिटिश प्रभावों, प्रदेशों की सुरक्षा (आत्मरक्षा का कार्य), ब्रिटेन इस हेतु युद्ध कर सकता है;
(ix) मंचूरिया और मंगोलिया में आत्मरक्षा के लिए युद्ध किया जा सकता है (जापान);
(x) तीन अवस्थाओं में युद्ध किया जा सकता था–
1. आत्मरक्षा हेतु;
2. पहले की गई सन्धियों के दायित्वों का पालन करने हेतु;
3. राष्ट्रसंघ संविदा के दायित्वों का पालन करने हेतु।

समझौते की विशेषताएं

(i) सार्वदेशिक समझौता;
(ii) समझौता कभी रद्द नहीं हो सकता था;
(iii) राष्ट्रीय प्रभुसत्ता के सिद्धान्तों का खण्डन (विश्व समाज की संरचना)।

समझौते की आलोचना

(i) निरर्थक और अव्यवहारिक;
(ii) भविष्य के लिए कुछ भी आश्वासन नहीं;
(iii) अपराधी को दण्डित करने की व्यवस्था का अभाव;
(iv) दन्त नख विहीन सिंह;
(v) युद्ध पूर्णतया अवैध घोषित नहीं;
(vi) आत्मरक्षा के लिए युद्ध उचित;
(vii) हस्ताक्षरकर्ता राष्ट्रों ने पूरी निष्ठा के साथ स्वीकार नहीं किया;
(viii) राष्ट्रसंघ के लिए चुनौती;
(ix) शान्ति स्थापना का साधन नहीं (केवल पवित्र आकांक्षा);
(x) व्यवहारिक उपयोगिता नहीं।

समझौते का महत्व

(i) महत्वपूर्ण ऐतिहासिक घटना;

(ii) सार्वदेशिक स्वीकृति का अन्तर्राष्ट्रीय समझौता;

(iii) नये नैतिक रुख का संकेत।

प्रश्न

1. केलॉग-ब्रिआं पैक्ट की व्यवस्थाओं को बतलाते हुये, इसके महत्व को निरूपित कीजिये।
2. पेरिस पैक्ट के गुण-दोषों को बतलाते हुए, इसके महत्व पर प्रकाश डालिये।

22
मंचूरिया काण्ड

सामूहिक सुरक्षा के विनाश और तुष्टीकरण की कहानी का प्रारम्भ 1931 में मंचूरिया पर जापानी आक्रमण से होता है। मंचूरिया जापान की साम्राज्यवादी महत्वाकांक्षाओं का स्वाभाविक लक्ष्य था। मंचूरिया संकट के अनेक कारण बतलाये जाते हैं।

मंचूरिया काण्ड के घटित होने के कारण, पृष्ठभूमि

1931 में जापान ने तानाका की साम्राज्यवादी नीति को अपना लिया था। तानाका स्मरण-पत्र में कहा गया था कि, "यदि यामतो जाति अपनी विशिष्टता सिद्ध करना चाहती है, तो मंचूरिया और मंगोलिया का नियन्त्रण प्राप्त करना पहला कदम है।" मंचूरिया अनेक प्रकार से जापान के लिये महत्वपूर्ण था। आर्थिक दृष्टि से मंचूरिया 6,08,000 वर्ग कि०मी० का एक अत्यन्त उपजाऊ भू-भाग था और उसमें कोयला, लोहा, सोना आदि अनेक महत्वपूर्ण खनिजों की खानें थीं। सामरिक दृष्टि से मंचूरिया, चीन और रूस दोनों के विरुद्ध रक्षा और आक्रमण दोनों की दृष्टि से अत्यन्त महत्वपूर्ण प्रदेश था। वह जापान की अतिरिक्त जनसंख्या को बसाने के लिए भी एक अत्यन्त महत्वपूर्ण उपनिवेश सिद्ध हो सकता था।

इस समय कुओमिन्तांग दल के नेतृत्व में चीनी राष्ट्रीय एकता का विकास हो रहा था और चीनी राष्ट्रवादी अपनी राष्ट्रीय एकता की पूर्ति और रक्षा के लिए मंचूरिया पर अपनी पकड़ बढ़ा रहे थे। मंचूरिया विशुद्ध चीनी प्रान्त था परन्तु चीन की निर्बलता का लाभ उठाकर जापान ने 1905 में आर्थिक तथा राजनैतिक लाभ के उद्देश्य से साउथ मंचूरियन रेलवे का निर्माण किया था। चीनी राष्ट्रवादी अपनी यातायात व्यवस्था पर जापानी नियन्त्रण के विरुद्ध थे। इससे जापानी साम्राज्यवाद और चीनी राष्ट्रवाद में संघर्ष अनिवार्य हो गया।

चीन में साम्यवादी रूस का बढ़ता हुआ प्रभाव भी मंचूरिया पर जापानी

आक्रमण का प्रेरक तत्व था। 1931 में जापान को यह विश्वास हो गया कि पाश्चात्य शक्तियाँ उसके चीनी अभिमान का सक्रिय प्रतिरोध नहीं करेंगी, तब उसने चीन पर आक्रमण करने का निश्चय कर लिया। चीन में च्यांग काई शेक और साम्यवादियों में एक भीषण गृहयुद्ध चल रहा था। चीन की इस असहाय अवस्था से भी जापानी साम्राज्यवादियों को प्रोत्साहन मिला।

1930 का आर्थिक संकट, जिसने जापान को दूसरे देशों में अपने अतिरिक्त जनसंख्या के लिए प्रदेश खोजने के लिए विवश कर दिया, भी मंचूरिया पर जापानी आक्रमण का कारण था।

मुकदन घटना—1905 की रूसी-जापानी सन्धि द्वारा जापान को साउथ मंचूरियन रेलवे की रक्षा के लिए मंचूरिया में 15,000 सैनिक रखने का अधिकार प्राप्त था। 18 सितम्बर, 1931 को जापानी रक्षक दल ने यह बहाना लेकर कि चीनी सैनिकों ने जापानी सेना के मुख्य कार्यालय मुकदन के निकट एक रेलवे लाइन को उड़ा देने का प्रयास किया है, चीनी सेनाओं पर आक्रमण करके लगभग 10,000 चीनी सैनिकों को निःशस्त्र कर दिया। 3 जनवरी, 1932 तक जापानियों ने सम्पूर्ण मंचूरिया पर अधिकार कर लिया। 19 फरवरी, 1932 को जापान ने मंचूरिया में मंचूकुओं नाम के एक कठपुतली राज्य की स्थापना करने और 1911 में चीन की गद्दी से पदच्युत किए गये, हेनरी प्यूयी को इसका राजा बनाने का निश्चय किया। 9 मार्च, 1932 को इस नवीन राज्य की स्थापना कर दी गयी और 15 सितम्बर, 1932 को जापान ने औपचारिक रूप से इसे मान्यता प्रदान कर दी।

मुकदन घटना की अन्तर्राष्ट्रीय प्रतिक्रियायें और राष्ट्रसंघ की कार्यवाही

मुकदन घटना एक महत्वपूर्ण घटना थी। इस घटना से जिस घटनाक्रम का प्रारम्भ हुआ, उसने न केवल सुदूरपूर्व, अपितु सम्पूर्ण विश्व के इतिहास को एक नया मोड़ दे दिया। इस घटना की प्रतिक्रिया सम्पूर्ण विश्व में हुई। सम्पूर्ण विश्व में जापानी साम्राज्यवाद की निन्दा की गई। चीन ने इसका उत्तर जापानी वस्तुओं का बहिष्कार करके दिया। 21 सितम्बर, 1931 (मुकदन घटना के तीन दिन बाद) को चीन सरकार ने अनुच्छेद 11 के अन्तर्गत राष्ट्रसंघ से सहायता मांगी। परन्तु जापानी सरकार ने ब्रिटेन को यह आश्वासन देकर कि उसका वास्तविक उद्देश्य साम्यवाद को रोकना है, अपने पक्ष में कर लिया; अतः ब्रिटिश विदेशमंत्री सर जान साइमन ने जापान के विरुद्ध किसी प्रभावशाली कार्यवाही को नहीं होने दिया। 21 सितम्बर, 1931 को राष्ट्रसंघ परिषद् ने अपने प्रस्ताव में केवल दोनों पक्षों से अपनी सेनायें लौटा लेने का अनुरोध मात्र किया। 10 दिसम्बर, 1931 को परिषद् ने परिस्थितियों का अध्ययन करने के लिए लिटन आयोग की नियुक्ति की, जिससे काफी

विलम्ब के पश्चात् 3 अक्टूबर, 1932 को अपनी रिपोर्ट प्रस्तुत की। 24 फरवरी, 1933 को साधारण सभा ने जापान की निन्दा की और आयोग की सिफारिशों को स्वीकार करने का प्रस्ताव पारित किया। इस पर जापान ने राष्ट्रसंघ के परित्याग का 27 मार्च, 1933 को नोटिस दे दिया। राष्ट्रसंघ के सदस्यों ने मंचूकुओं को मान्यता न देने के अतिरिक्त कुछ भी नहीं किया।

राष्ट्रसंघ की जापानी आक्रमण को रोकने में असफलता का प्रधान कारण ब्रिटेन की तुष्टीकरण की नीति थी। ब्रिटेन द्वारा इस नीति को अपनाये जाने के अनेक कारण थे:

(i) जापान 1902 के बाद उसका मित्र रहा था।

(ii) ब्रिटेन को भय था कि यदि राष्ट्रसंघ के तत्वावधान में कोई सैनिक कार्यवाही की जाती है, तब रूस और अमेरिका के राष्ट्रसंघ का सदस्य न होने के कारण उसका अधिकांश भार ब्रिटेन को उठाना पड़ेगा।

(iii) ब्रिटेन को डर था कि यदि जापान को मंचूरिया में रोका गया तो इस क्षेत्र में रूस का प्रभाव बढ़ जायेगा।

(iv) ब्रिटेन को आशा थी कि चीन पर जापान के आक्रमण से चीन में प्रबल हो रहा विदेशियों के विशेषाधिकारों का विरोधी आन्दोलन दब जायेगा।

(v) ब्रिटेन को भय था कि यदि चीन में जापानी प्रसार को रोका जायेगा तो जापान दक्षिण-पूर्वी एशिया के ब्रिटिश प्रदेशों में घुसपैठ करेगा।

इन कारणों से न केवल ब्रिटेन ने चीन की सहायता करने से इन्कार कर दिया अपितु जापानी आक्रामकों को अप्रत्यक्ष रूप से प्रोत्साहन भी दिया। 1933 में एल॰ एम॰ एमरी ने तो कामन्स सभा में स्पष्ट रूप से जापान का नैतिक समर्थन किया। उन्होंने कहा, "मूलभूत यथार्थताओं पर आधारित जापान का एक अत्यन्त शक्तिशाली पक्ष है। जब आप इस तथ्य पर दृष्टि डालते हैं कि जापान को बाजारों की आवश्यकता है और उसके लिए यह अत्यावश्यक है कि जिस संसार में वह रहता है, उसमें किसी प्रकार की शान्ति और सुव्यवस्था हो तब हममें से कौन पहला पत्थर फेंकेगा और कहेगा कि जापान को मंचूरिया में शान्ति और सुव्यवस्था स्थापित करने और प्रबल चीनी राष्ट्रवाद के निरन्तर आक्रमण से अपनी रक्षा करने के उद्देश्य से कार्य नहीं करना चाहिए था? अगर हम जापान की निन्दा करते हैं तब भारत में हमारी सम्पूर्ण नीति, मिस्त्र में हमारी सम्पूर्ण नीति निन्दित हो जाती है।" ब्रिटिश विदेशमंत्री सर जान साइमन ने स्पष्ट रूप से कह दिया था कि

उसका देश मंचूरिया के प्रश्न पर जापान से युद्ध करने को प्रस्तुत नहीं था, यही नहीं, ब्रिटिश सरकार ने आक्रामक और आक्रान्त को एक ही स्तर पर रखते हुये जापान और चीन दोनों को शस्त्रास्त्र भेजने पर प्रतिबन्ध लगा दिया। इसका चीन पर अधिक प्रतिकूल प्रभाव पड़ा। जापान के प्रति तुष्टीकरण की ब्रिटिश नीति के परिणाम अत्यन्त घातक थे।[1] इससे जापानी आक्रमण को प्रोत्साहन मिला। उसने राष्ट्रसंघ की खुलेआम अवहेलना की। चीन में अपने साम्राज्य का निरन्तर प्रसार करने और सुदूरपूर्व में ब्रिटिश प्रभाव को समाप्त करने की जापान ने नीति अपनाई। ब्रिटिश तुष्टीकरण नीति के कारण चीन को जापानी साम्राज्यवाद के विरुद्ध अपने संघर्ष में कोई प्रभावशाली अन्तर्राष्ट्रीय सहायता नहीं मिल सकी।

अमेरिका की दृष्टि में जापान का मंचूरिया पर आक्रमण 1922 की नवशक्ति मुक्त द्वार सन्धि, 1928 के केलॉग-ब्रिआं समझौते, राष्ट्रसंघ की सामूहिक सुरक्षा व्यवस्था तथा विश्व के सभी शान्तिप्रिय राष्ट्रों को एक सीधी चुनौती थी।[2] अमरीकन विदेशमंत्री स्टिमसन ने तुरन्त ही जापान को इन समझौतों के अन्तर्गत उसके दायित्वों का स्मरण कराया परन्तु जापान ने इस पर ध्यान नहीं दिया। तब उसने 7 जनवरी, 1932 को अपने 'अनिभिज्ञान के सिद्धान्त' का प्रतिपादन किया। उसने कहा, "संयुक्त राज्य अमेरिका किसी भी ऐसे समझौते की वैधता को स्वीकार नहीं कर सकता, जो चीन में संयुक्त राज्य अमेरिका अथवा उसके नागरिकों के सन्धियों से प्राप्त अधिकारों, चीनी गणतंत्र की स्वतंत्रता अथवा प्रादेशिक और प्रशासनिक अखण्डता का हनन करता हो।" परन्तु अमेरिका की तात्कालिक आर्थिक कठिनाइयाँ इतनी विकट थीं कि वह जापान के विरुद्ध कोई और अधिक कठोर कार्यवाही न कर सका।

रूस ने भी जापानी आक्रमण की स्पष्ट रूप से निन्दा की परन्तु कोई सैनिक कार्यवाही करने का साहस नहीं किया।

मंचूरिया काण्ड के परिणाम–ई० एच० कार के अनुसार, "जापान द्वारा मंचूरिया विजय प्रथम विश्व युद्ध के बाद सर्वाधिक महत्वपूर्ण ऐतिहासिक सीमा चिन्हों में से एक थी।"[3] इसने वाशिंगटन सम्मेलन की सफलताओं को नष्ट कर दिया। प्रशान्त महासागर में शक्ति संघर्ष पुनः प्रारम्भ हो गया। मंचूरिया विजय से न केवल जापानी साम्राज्यवाद को प्रोत्साहन मिला, अपितु यूरोप में जर्मनी और इटली के अधिनायक भी इससे सबक लेने में पीछे न रहे। वस्तुतः मुकदन घटना के साथ पेरिस शान्ति सम्मेलन द्वारा स्थापित शान्ति काल का अन्त हो गया और घटनाओं की एक ऐसी श्रृंखला का सूत्रपात हुआ, जिसने राष्ट्रसंघ को प्रभावहीन कर दिया, सामूहिक सुरक्षा

व्यवस्था को नष्ट कर दिया और अन्ततः विश्व को द्वितीय विश्व युद्ध की ज्वालाओं में धकेल दिया।

जापान की मंचूरिया विजय ने संयुक्त राज्य अमेरिका तथा रूस को चिन्तित किया और उन दोनों के मध्य विधिवत् कूटनीतिक संबंधों की स्थापना हो गई। मंचूरिया में राष्ट्रसंघ कोई प्रभावी कार्यवाही करने में असफल रहा, इससे राष्ट्रसंघ की प्रतिष्ठा को गहरा आघात लगा। हार्डी के शब्दों में "इस घटना से सामूहिक सुरक्षा की सारी पद्धति को जो आघात पहुंचा था, वह बहुत बड़ा था।"[4]

सन्दर्भ

1. क्लाड ए० बस: दी फार ईस्ट, पृ० 353।
2. फ्रेडरिक एल० शूमां: अन्तर्राष्ट्रीय राजनीति, पृ० 607।
3. ई० एच० कार: दो विश्व युद्धों के बीच अन्तर्राष्ट्रीय संबंध, पृ० 131।
4. गेथोर्न हार्डी: अन्तर्राष्ट्रीय राजनीति का संक्षिप्त इतिहास, पृ० 275।

स्मरण संकेत

मंचूरिया काण्ड के घटित होने के कारण, पृष्ठभूमि

(i) जापान के प्रधानमंत्री तानाका की साम्राज्यवादी नीति;
(ii) मंचूरिया आर्थिक दृष्टि से समृद्ध चीनी प्रान्त;
(iii) मंचूरिया सामरिक दृष्टि से महत्वपूर्ण;
(iv) चीन में राष्ट्रीय एकता का प्रयास;
(v) चीन की निर्बलता;
(vi) चीन में साम्यवादी रूस का बढ़ता हुआ प्रभाव;
(vii) चीन में गृह-युद्ध की स्थिति;
(viii) 1930 का आर्थिक संकट;
(ix) तात्कालिक कारण (मुकदन की घटना)।

मुकदन घटना

(i) 18 सितम्बर, 1931 जापान ने आक्रमण किया;
(ii) 21 सितम्बर, 1931 चीन ने राष्ट्रसंघ से सहायता मांगी;
(iii) 3 जनवरी, 1932 सम्पूर्ण मंचूरिया जापान द्वारा विभाजित;
(iv) मंचूरिया का नया नाम 'मंचूकुओ'।

मुकदन घटना की अन्तर्राष्ट्रीय प्रतिक्रियायें और राष्ट्रसंघ की कार्यवाही

(i) विश्व के इतिहास को नया मोड़ (महत्वपूर्ण घटना);

(ii) घटना की प्रतिक्रिया सम्पूर्ण विश्व में;
(iii) जापानी साम्राज्यवाद की निन्दा;
(iv) चीन द्वारा जापानी वस्तुओं का बहिष्कार;
(v) ब्रिटेन द्वारा जापान के प्रति तुष्टीकरण नीति;
(vi) राष्ट्रसंघ द्वारा दोनों पक्षों को अपनी सेनायें लौटाये जाने का अनुरोध;
(vii) राष्ट्रसंघ द्वारा लिटन आयोग नियुक्त;
(viii) साधारण सभा द्वारा जापान की निन्दा;
(ix) आयोग की सिफारिशों का प्रस्ताव राष्ट्रसंघ द्वारा पारित;
(x) जापान द्वारा राष्ट्रसंघ के परित्याग का नोटिस;
(xi) राष्ट्रसंघ जापानी साम्राज्यवाद से चीन की रक्षा में असफल;
(xii) अमेरिका द्वारा अनभिज्ञान के सिद्धान्त का प्रतिपादन;
(xiii) रूस द्वारा जापानी आक्रमण की निन्दा।

मंचूरिया काण्ड के परिणाम

(i) वाशिंगटन सम्मेलन की सफलतायें नष्ट;
(ii) प्रथम विश्व युद्ध के बाद सर्वाधिक महत्वपूर्ण ऐतिहासिक सीमा चिन्हों में से एक;
(iii) प्रशान्त महासागर में शक्ति संघर्ष पुनः प्रारम्भ;
(iv) जापान साम्राज्यवाद को प्रोत्साहन;
(v) इटली, जर्मनी के अधिनायकों को प्रोत्साहन;
(vi) पेरिस शान्ति सम्मेलन द्वारा स्थापित शान्तिकाल का अन्त;
(vii) राष्ट्रसंघ प्रभावहीन, राष्ट्रसंघ की प्रतिष्ठा को गहरा आघात;
(viii) सामूहिक सुरक्षा व्यवस्था नष्ट;
(ix) विश्व, द्वितीय विश्व युद्ध की ओर उन्मुख;
(x) संयुक्त राज्य अमेरिका चिन्तातुर;
(xi) रूस की विदेश नीति में परिवर्तन की प्रक्रिया के प्रारम्भ होने के लक्षण;
(xii) रूस में भय व्याप्त;
(xiii) अमेरिका-रूस में नैकट्य साहचर्य की भावना उद्दीप्त;
(xiv) ब्रिटिश प्रतिष्ठा समाप्त;
(xv) राष्ट्रसंघ के सदस्य राज्यों का विश्वास समाप्त;
(xvi) नि:शस्त्रीकरण के प्रयासों को गहरा आघात;
(xvii) चीन-जापान संघर्ष का सूत्रपात।

प्रश्न

1. जापान द्वारा मंचूरिया में आक्रमण के कारणों को स्पष्ट कीजिए, इसकी अन्तर्राष्ट्रीय प्रतिक्रिया की भी समीक्षा कीजिए।
2. मुकदन घटना की अन्तर्राष्ट्रीय प्रतिक्रिया क्या हुई? इसके परिणामों की भी समीक्षा कीजिये।
3. मंचूरिया काण्ड के घटित होने के क्या कारण थे? उसके क्या परिणाम दृष्टिगत हुये?

23

इटली-एबीसीनिया काण्ड

पृष्ठभूमि और कारण–1922 से 1934 तक मुसोलिनी ने अन्तर्राष्ट्रीय जगत में अनेक सफलतायें प्राप्त की थीं, परन्तु इटली के लिए स्थाई गौरव की कोई सफलता नहीं थी। 1930-34 के मध्य इटली आर्थिक संकट के दौर से गुजर रहा था; बेरोजगारों की संख्या ढाई लाख से अधिक हो गई थी। प्रजातान्त्रिक स्वतंत्रताओं के नष्ट हो जाने के कारण देश में असन्तोष बढ़ता जा रहा था। अतः जापान की मंचूरिया विजय से प्रेरणा ग्रहण कर मुसोलिनी ने आन्तरिक लोकप्रियता और अन्तर्राष्ट्रीय प्रतिष्ठा की अभिवृद्धि के लिए एबीसीनिया विजय का संकल्प किया था। इस अभियान के कुछ प्रमुख कारण थे–

(i) इटली साम्राज्य-निर्माण की दौड़ में विलम्ब से सम्मिलित हुआ था। 1934 तक अफ्रीका में एबीसीनिया ही एकमात्र ऐसा देश बचा था, जो यूरोपीय शक्तियों के साम्राज्यान्तर्गत नहीं था, अतः इटली एबीसीनिया को ही अधिकृत करने की आशा कर सकता था और उसने ऐसा ही निश्चय किया था।

(ii) एबीसीनिया के समीपस्थ प्रदेश एरिट्रिया और सुमालीलैण्ड पहले से ही इटली के अधिकार में थे।

(iii) एबीसीनिया एक कम जनसंख्या का विशाल देश था; उसका क्षेत्रफल 5,60,000 वर्ग कि॰मी॰ था जबकि जनसंख्या केवल 60 लाख थी। अतः उससे इटली की अतिरिक्त जनसंख्या की समस्या का समाधान हो सकता था। साथ ही, एबीसीनिया इटली के उद्योग-धन्धों के लिए कच्चे माल का भी एक विशाल स्रोत हो सकता था।

(iv) एबीसीनिया पर अधिकार से इटली का लाल सागर पर नियन्त्रण बढ़ जाता, जिससे उसके भूमध्य सागर को 'हमारा समुद्र' बनाने की आकांक्षा की पूर्ति में सहायता प्राप्त होती।

(v) इटली ने 1896 में एबीसीनिया पर विजय प्राप्त करने का असफल

प्रयास किया था। अतः एबीसीनिया पर विजय प्राप्त कर मुसोलिनी 1896 के राष्ट्रीय अपमान का प्रतिशोधक बनने का गौरव प्राप्त कर सकता था।

इस प्रकार मुसोलिनी ने एबीसीनिया पर विजय प्राप्त करने का संकल्प कर लिया। परन्तु यूरोप के श्रगाल के लिए ब्रिटेन और फ्रांस के आशीर्वाद के बिना ऐसा करना सम्भव नहीं था। प्रारम्भ में फ्रांस और ब्रिटेन दोनों ही इटली के एबीसीनिया पर अधिकार के विरोधी थे क्योंकि एक ओर तो फ्रांस और इटली की भूमध्य सागर में प्रतिद्वन्द्विता थी और दूसरी ओर इससे ब्रिटिश साम्राज्य के पूर्वी प्रदेशों को जाने वाले महामार्ग की सुरक्षा को खतरा उत्पन्न हो जाता परन्तु मुसोलिनी के सौभाग्य से एक ओर तो जापान की मंचूरिया विजय ने राष्ट्रसंघ की सामूहिक सुरक्षा व्यवस्था के खोखलेपन को सिद्ध कर दिया और दूसरी ओर जर्मनी में नात्सी क्रान्ति ने ब्रिटेन और फ्रांस को इटली की मित्रता प्राप्ति के लिये उत्सुक बना दिया। 7 जनवरी, 1935 के फ्रेंको-इटालियन समझौते द्वारा इटली फ्रांस के जर्मन विरोधी गुट में सम्मिलित हो गया और फ्रांसीसी विदेशमंत्री लावाल ने गुप्त रूप से मुसोलिनी को एबीसीनिया में मनमानी करने की स्वतंत्रता दे दी।[1]

आक्रमण (वलवल की घटना)–5 दिसम्बर, 1934 को इटालियन सुमालीलैण्ड तथा एबीसीनिया के पास वलवल नामक ग्राम के समीप एबीसीनिया और इटली की सेनाओं में मुठभेड़ हो गई, जिसमें दोनों पक्षों के कुछ सैनिक हताहत हुए। वास्तव में, यह मुठभेड़ इटली द्वारा जानबूझकर कराई गई थी। इटली ने तुरन्त की एबीसीनिया से क्षमायाचना करने और क्षतिपूर्ति के रूप में एक भारी राशि देने की मांग की। एबीसीनिया ने स्थिति के संकटपूर्ण होने से बचने के लिये विवाद राष्ट्रसंघ को सौंप दिया। 3 जनवरी, 1935 को परिषद् की बैठक होने पर एबीसीनिया ने 11वें अनुच्छेद के अन्तर्गत कार्यवाही की मांग की परन्तु फ्रांस इस समय इटली की मित्रता प्राप्त करने का प्रयास कर रहा था और वह राष्ट्रसंघ से एबीसीनिया की प्रार्थना पर कार्यवाही को स्थगित करता रहा।

ब्रिटेन की तुष्टीकरण नीति–एबीसीनिया संकट के संबंध में ब्रिटेन ने तुष्टीकरण नीति अपनाई। वास्तव में ब्रिटिश नीति अत्यन्त कपटपूर्ण थी। मार्च, 1935 में जर्मनी ने अपने शस्त्रीकरण की घोषणा कर दी थी। ब्रिटेन और फ्रांस जर्मनी के विरुद्ध इटली का सहयोग चाहते थे और अप्रैल, 1935 के स्ट्रेजा सम्मेलन में इटली ने ऐसा सहयोग देने का वचन भी दिया था। अतः ब्रिटिश सरकार इटली के विरुद्ध कोई प्रभावशाली कार्यवाही नहीं करना चाहती थी। परन्तु ब्रिटिश जनता एक स्वर से आक्रमण के विरोध की

मांग कर रही थी। इसके कारण ब्रिटिश सरकार को प्रत्यक्षतः इटली का समर्थन करने का साहस नहीं हुआ। 1935 के सामान्य निर्वाचनों में प्रधानमंत्री बाल्डविन ने प्रत्येक दशा में आक्रमण का विरोध और राष्ट्रसंघ का समर्थन करने की प्रतिज्ञा की। परन्तु अन्दर ही अन्दर ब्रिटिश सरकार एबीसीनिया, राष्ट्रसंघ और ब्रिटिश जनता के साथ विश्वासघात करने का निश्चय कर चुकी थी। अगस्त, 1935 में लन्दन में एक त्रिशक्ति सम्मेलन हुआ जिसमें फ्रांसीसी विदेशमंत्री लावाल तथा ब्रिटिश प्रतिनिधि ईडन ने इटालियन प्रतिनिधि बेरोन अलोयसी के सामने इटली के विशेष हितों का ध्यान रखते हुये एबीसीनिया की उन्नति के लिए सामूहिक सहायता और प्रादेशिक पुनर्विभाजन की एक योजना रखी। परन्तु मुसोलिनी ने न केवल इसे अस्वीकार कर दिया, अपितु धृष्टतापूर्वक कहा कि "यदि चांदी की तश्तरी रखकर सम्पूर्ण एबीसीनिया (इथियोपिया) भी हमें भेंट किया जाये तो हम उसे अस्वीकार कर देंगे क्योंकि हमने उसे तलवार के जोर से लेने का निश्चय कर लिया है।"[2]

इस प्रकार मुसोलिनी ने यह स्पष्ट कर दिया कि वह एबीसीनिया पर आक्रमण करेगा। ब्रिटिश जनमत को सन्तुष्ट करने के लिए ब्रिटेन के विदेशमंत्री सर सेमुअल होर ने 11 सितम्बर, 1935 को यह घोषणा की कि ब्रिटिश सरकार राष्ट्रसंघ संविदा के अन्तर्गत स्वीकार किये गये अपने सभी दायित्वों को पूरा करेगी; परन्तु यह घोषणा एक धोखामात्र थी क्योंकि 10 सितम्बर, 1935 को सर सेमुअल होर तथा लावाल के मध्य गुप्त रूप से यह समझौता हो चुका था कि इटली के विरुद्ध न तो सैनिक कार्यवाही की जायेगी, न उसकी समुद्री जहाजों के द्वारा नाकाबन्दी की जायेगी और न ही उसके जहाजों के लिये स्वेज नहर बन्द की जाएगी।

राष्ट्रसंघ के साथ विश्वासघात–1 अक्टूबर, 1935 को मुसोलिनी ने इटालियन सेनाओं को एबीसीनिया पर आक्रमण करने का आदेश दे दिया। इस पर एबीसीनिया ने राष्ट्रसंघ से 16वें अनुच्छेद के अन्तर्गत कार्यवाही करने का अनुरोध किया। 7 अक्टूबर, 1935 को परिषद् इस निष्कर्ष पर पहुँची कि इटली ने संविदा के 12वें अनुच्छेद का उल्लंघन करते हुए युद्ध का आश्रय लिया है। 19 अक्टूबर, 1935 को राष्ट्रसंघ ने इटली के विरुद्ध आर्थिक प्रतिबन्ध लगाने का निश्चय किया। यह राष्ट्रसंघ के इतिहास में आर्थिक प्रतिबन्धों का पहला और अन्तिम प्रयोग था परन्तु महाशक्तियों ने इनके संबंध में प्रारम्भ से ही एक कुटिल नीति अपनाई। सामरिक दृष्टि से सर्वाधिक महत्वपूर्ण वस्तु तेल थी। इस पर पाबन्दी लगाने से इटली के एबीसीनिया अभियान की अकालमृत्यु हो सकती थी। परन्तु फ्रांस के विरोध

के कारण उस पर प्रतिबन्ध नहीं लगाया जा सका। राष्ट्रसंघ के बाहर अमेरिका की नीति भी इटली के अनुकूल थी। 5 अक्टूबर, 1935 को अमेरिकन राष्ट्रपति ने यह घोषणा की कि "एक युद्ध स्थिति वर्तमान है और युद्ध में अमेरिकन शस्त्रों और उपकरणों का किसी भी युद्धरत पक्ष को निर्यात अवैध होगा।" व्यवहार में इस घोषणा का अर्थ था, एबीसीनिया की आक्रमण का प्रतिरोध करने की क्षमता की वृद्धि की सम्भावनाओं का अत्यन्त सीमित हो जाना। यही नहीं, अमेरिका ने उस एकमात्र वस्तु पर कोई प्रतिबन्ध नहीं लगाया, जिसकी मुसोलिनी को वास्तविक आवश्यकता थी। यह वस्तु थी–तेल। इसीलिये कहा जाता है कि "मुसोलिनी अमेरिका के बड़े व्यवसायिकों द्वारा प्रदत्त तेल के समुद्र पर तैरकर विजय की ओर बढ़ा था।"[3]

परन्तु महाशक्तियों की दो-मुखी नीति के बावजूद आर्थिक प्रतिबन्ध काफी प्रभावशाली सिद्ध हुए। संसार के छोटे राष्ट्रों ने राष्ट्रसंघ के निर्णय का उत्साहपूर्वक स्वागत किया और 18 नवम्बर, 1935 तक इटली का "आर्थिक घेरा" जोर-शोर से लागू हो गया। फ्रांस को डर था कि यदि इटली की हार हो गई तब वह सदैव के लिए इटली की मित्रता से हाथ धो बैठेगा। अतः 7 दिसम्बर, 1935 को लावाल ने होर के साथ इटली को सन्तुष्ट करने के लिये एक गुप्त समझौता किया। इस समझौते के अनुसार इटली एबीसीनिया को अस्सब का बन्दरगाह और समुद्रतट जोड़ने के लिए एक छोटा-सा प्रदेश देता और बदले में एबीसीनिया इटली को 96,000 वर्ग कि०मी० का एक विशाल भू-भाग प्रदान करता। साथ ही इटली को दक्षिण एबीसीनिया के 2,50,000 वर्ग कि०मी० के विशाल प्रदेश में औद्योगिक विकास का एकाधिकार दिया जाता। इस प्रकार से दो-तिहाई एबीसीनिया इटली के अधिकार में आ जाता परन्तु यह समझौता क्रियान्वित नहीं हो सका क्योंकि इटली ने इसे स्वीकार नहीं किया। साथ ही, इस समझौते से ब्रिटिश जनता इतनी अधिक क्षुब्ध हुई कि विदेश मंत्री होर को पदत्याग करना पड़ा। इस प्रकार महाशक्तियों के विश्वासघात के कारण इटालियन सेनायें एबीसीनिया में आगे बढ़ती गयीं और अप्रैल, 1936 में वे राजधानी आदिस अबाबा के निकट पहुंच गयीं। इस समय राष्ट्रसंघ से एक अन्तिम अपील करते हुए सम्राट् हेल सिलासी ने कहा कि "मुझे उस समय तक डटा रहना आवश्यक है जब तक मेरे सुस्त मित्र दिखाई दें। यदि वे कभी नहीं आते, तो मैं बिना क्रोध के यह भविष्यवाणी करता हूँ कि पश्चिम का नाश हो जायेगा।" हेल सिलासी की अपील व्यर्थ गई। मई, 1936 के प्रारम्भ में इटालियन सेनाओं ने आदिस अबाबा पर अधिकार कर लिया। हेल सिलासी को देश छोड़कर

भाग जाना पड़ा। 9 मई, 1936 को इटली के राजा को एबीसीनिया (इथियोपिया) का सम्राट् घोषित कर दिया गया। फिर भी आर्थिक प्रतिबन्धों ने इटली की अर्थव्यवस्था की नींव हिला दी थी। इसकी पूरी सम्भावना थी कि यदि आर्थिक प्रतिबन्ध एक वर्ष और जारी रहते तो मुसोलिनी को घुटने टेक देने पड़ते परन्तु ब्रिटेन और फ्रांस ऐसा न होने देने के लिए कटिबद्ध थे। फलस्वरूप, 4 जुलाई, 1936 को राष्ट्रसंघ ने इटली के विरुद्ध लगाये गये आर्थिक प्रतिबन्धों को समाप्त कर दिया।

तत्पश्चात् ब्रिटेन और फ्रांस ने एबीसीनिया को राष्ट्रसंघ से निकालने और इटली को उसमें पुनः लाने का कुचक्र रचा। क्योंकि इटली ने राष्ट्रसंघ की सदस्यता का परित्याग कर दिया था। इस पर एबीसीनिया के सम्राट् हेल सिलासी ने चेतावनी देते हुए कहा था कि "राष्ट्रसंघ स्वयं ही अपनी कब्र खोद लेगा, यदि न्याय के द्वारा शान्ति की स्थापना के लिये बनाये जाने के उपरान्त वह उस सिद्धान्त को छोड़कर किसी भी कीमत पर शान्ति के सिद्धान्त को स्वीकार कर लेगा। यहाँ तक कि अपने एक सदस्य राज्य को आक्रमणकारी के चरणों में डाल देने की कीमत चुकाने का प्रयत्न करेगा।" परन्तु उसकी चेतावनी पर किसी ने ध्यान नहीं दिया। 1938 में राष्ट्रसंघ ने अपने सदस्यों को एबीसीनिया पर इटली के स्वत्य को मानने अथवा न मानने की स्वतंत्रता दे दी। नवम्बर 1938 में ब्रिटेन तथा फ्रांस ने एबीसीनिया पर इटली के अधिकार को मान्यता दे दी। इस प्रकार एबीसीनिया, राष्ट्रसंघ तथा सामूहिक सुरक्षा की तुष्टीकरण की बलिवेदी पर बलि चढ़ा दिया गया। राष्ट्रसंघ इस धक्के के बाद कभी नहीं संभल सका। उसकी सामूहिक सुरक्षा की व्यवस्था निष्प्राण हो गई। एबीसीनिया काण्ड ने राष्ट्रसंघ की प्रतिष्ठा का लगभग अन्त ही कर दिया। राष्ट्रसंघ फिर कभी नहीं पनप सका।

एबीसीनिया काण्ड के परिणाम और महत्व—गेथोर्न हार्डी के शब्दों में, "इस (एबीसीनिया विजय के) समय से युद्धोत्तर इतिहास में एक महत्वपूर्ण मोड़ आरम्भ होता है। इटालियन आक्रमण ने, जो नग्न और निर्लज्जता से किया गया था, सारे संसार पर अपना गहरा असर डाला।"[4] इसका अन्तर्राष्ट्रीय क्षेत्र में गहन प्रभाव दृष्टिगत हुआ:

(i) इसका प्रथम और सबसे दु:खद परिणाम था राष्ट्रसंघ और सामूहिक सुरक्षा व्यवस्था का प्रभावहीन हो जाना।

(ii) दूसरे ब्रिटेन की प्रतिष्ठा को इससे बड़ा धक्का लगा। जर्मनी और इटली के फासिस्ट राष्ट्र उसे दुर्बल और कायर मानने लगे, जबकि छोटे राष्ट्रों में यह धारणा उत्पन्न हो गई कि ब्रिटेन के आक्रमण का प्रतिरोध करने संबंधी वचनों पर विश्वास नहीं किया जा सकता।

(iii) तीसरे, फ्रांस के लिये एबीसीनिया काण्ड एक महान् पराजय सिद्ध हुआ। उसकी दोगली नीति सर्वथा असफल सिद्ध हुई। लावाल के शब्दों में "प्रतिबन्ध इसलिये लगाए गए थे ताकि ग्रेट-ब्रिटेन और राष्ट्रसंघ से संबंध न टूट जायें और वे सीमित रूप से इसलिए लगाए गये थे ताकि इटली से संबंध न टूटें और युद्ध को रोका जा सके।" परन्तु फ्रांस न केवल राष्ट्रसंघ के सदस्यों का विश्वास खो बैठा, अपितु इटली की मित्रता से भी वंचित हो गया। इटली जर्मनी के विरुद्ध एक मित्र के स्थान में उसके शत्रु जर्मनी का मित्र बन गया। एबीसीनिया विजय से प्राप्त शक्ति और प्रतिष्ठा के कारण वह भूमध्य सागर में फ्रांस का खतरनाक प्रतिद्वन्द्वी बन गया।

(iv) चौथे यद्यपि इटली अपने साम्राज्य और प्रतिष्ठा की वृद्धि में सफल हुआ परन्तु अन्ततः उसको यह विजय अत्यन्त महंगी पड़ी। अब तक वह फ्रांस और जर्मनी के मध्य एक प्रकार की सन्तुलन शक्ति बना हुआ था, परन्तु अब वह जर्मनी पर अधिकाधिक निर्भर हो गया। उसने पतनोन्मुख प्रजातंत्रों के विरुद्ध शक्तिशाली जर्मनी को मित्र बनाने का निश्चय किया। परन्तु जैसा कि शूमां ने लिखा है, "अमोघ मुसोलिनी इस बात को न समझ सका कि यदि वह निश्चित रूप से, एक अधिक शक्तिशाली शक्ति के साथ, विशेषतः उस शक्ति के साथ जिसका शासक एक पागल हो, मित्रता कर लेगा तो वह स्वयं एक सेवक बन जायेगा तथा सम्मिलित विजय से बहुत कम लाभ प्राप्त कर सकेगा तथा पराजित होने पर सब कुछ खो देगा।"[5]

इस प्रकार एबीसीनिया अभियान, जो एक जर्मन विरोधी कदम के रूप में प्रारम्भ हुआ था, अन्त में जर्मनी के लिये ही सर्वाधिक लाभदायक सिद्ध हुआ। अब तक वह और इटली आस्ट्रिया पर प्रभुत्व के लिए प्रतिद्वन्द्वी थे, परन्तु राष्ट्रसंघ द्वारा अपराधी घोषित कर दिये जाने पर इटली जर्मनी की मित्रता के लिये उत्सुक हो उठा। जर्मनी ने एबीसीनिया के प्रकरण में इटली का पूर्ण समर्थन किया था अतः इटली ने आस्ट्रिया की स्वतंत्रता का आग्रह छोड़ दिया। 25 अक्टूबर, 1936 को जर्मनी ओर इटली के मध्य एक समझौता हुआ और 1 नवम्बर, 1936 को मुसोलिनी ने रोम-बर्लिन धुरी की घोषणा कर दी।

सन्दर्भ

1. फ्रेडरिक एल॰ शूमां: इन्टरनेशनल पालिटिक्स, पृ॰ 548।
2. केनथ इनग्राम: ईयर्स आफ क्राइसिस, पृ॰ 162।

3. ई॰ एच॰ कार: दो विश्व युद्धों के बीच अन्तर्राष्ट्रीय संबंध, पृ॰ 159।
4. गेथोर्न हार्डी: अन्तर्राष्ट्रीय राजनीति का संक्षिप्त इतिहास, पृ॰ 354।
5. फ्रेडरिक एल॰ शूमां: अन्तर्राष्ट्रीय राजनीति, पृ॰ 487।

स्मरण संकेत

पृष्ठभूमि और कारण

(i) मुसोलिनी अन्तर्राष्ट्रीय गौरव का आकांक्षी;
(ii) इटली का आर्थिक संकट से मुक्त होने का प्रयत्न;
(iii) इटली में आन्तरिक क्षेत्र में असन्तोष;
(iv) मंचूरिया काण्ड से प्रेरणा;
(v) इटली की साम्राज्यवादी नीति;
(vi) अफ्रीका में एकमात्र स्वतंत्र देश–एबीसीनिया;
(vii) सामरिक तथा आर्थिक महत्व का क्षेत्र;
(viii) इटली की अतिरिक्त जनसंख्या के समाधान का क्षेत्र;
(ix) वलवल की घटना (5 दिसम्बर, 1934)।

ब्रिटेन की तुष्टीकरण नीति

(i) ब्रिटिश नीति कपटपूर्ण;
(ii) जर्मनी के विरुद्ध इटली का सहयोग;
(iii) अप्रैल, 1935 स्ट्रेजा सम्मेलन;
(iv) अगस्त, 1935 (लन्दन का त्रिशक्ति सम्मेलन);
(v) 10 सितम्बर, 1935 (होर-लावाल पैक्ट)।

राष्ट्रसंघ के साथ विश्वासघात

(i) अक्टूबर, 1935 एबीसीनिया पर आक्रमण;
(ii) 7 अक्टूबर, 1935 राष्ट्रसंघ द्वारा इटली युद्ध प्रारम्भ करने का दोषी घोषित;
(iii) 19 अक्टूबर, 1935 राष्ट्रसंघ द्वारा इटली के विरुद्ध आर्थिक प्रतिबन्ध;
(iv) महाशक्तियों द्वारा राष्ट्रसंघ के संबंध में कुटिल नीति अपनाना;
(v) तेल पर प्रतिबन्ध नहीं;
(vi) अमेरिका की नीति इटली के पक्ष में;
(vii) 7 दिसम्बर, 1935 होर-लावाल समझौता (इटली को सन्तुष्ट करने के पक्ष में);

(viii) मई, 1936 एबीसीनिया इटली द्वारा विजित;

(ix) 7 मई, 1936 इटली का राजा एबीसीनिया का सम्राट् घोषित।

एबीसीनिया काण्ड के परिणाम, महत्व

(i) युद्धोत्तर इतिहास में महत्वपूर्ण मोड़;

(ii) सम्पूर्ण विश्व प्रभावित; अन्तर्राष्ट्रीय क्षेत्र में गहन प्रभाव;

(iii) राष्ट्रसंघ पर कुठाराघात;

(iv) सामूहिक सुरक्षा व्यवस्था प्रभावहीन;

(v) ब्रिटेन की प्रतिष्ठा को गहरा आघात;

(vi) जर्मनी-इटली द्वारा ब्रिटेन को कायर राष्ट्र स्वीकार करना;

(vii) छोटे राष्ट्रों का ब्रिटेन से विश्वास समाप्त;

(viii) फ्रांस के लिए महान् पराजय;

(ix) इटली-जर्मनी मित्र;

(x) फ्रांस और इटली की मित्रता समाप्त;

(xi) ब्रिटेन को इटली का सहयोग नहीं;

(xii) स्ट्रेजा सम्मेलन की एकता विनष्ट;

(xiii) इटली भूमध्य सागर में फ्रांस का खतरनाक प्रतिद्वन्द्वी;

(xiv) फ्रांस-ब्रिटेन की निर्बलता परिलक्षित;

(xv) इटली अपने साम्राज्य, प्रतिष्ठा में सफल;

(xvi) एबीसीनिया का स्वतंत्र अस्तित्व समाप्त;

(xvii) राष्ट्रसंघ से सदस्य राज्यों का विश्वास समाप्त;

(xviii) निःशस्त्रीकरण के प्रयत्नों पर आघात;

(xix) इटली-जर्मनी पर अधिकाधिक निर्भर;

(xx) जर्मनी के लिए सर्वाधिक लाभप्रद;

(xxi) इटली द्वारा आस्ट्रिया की स्वतंत्रता के आग्रह का परित्याग;

(xxii) आस्ट्रिया पर जर्मन आक्रमण की पृष्ठभूमि निर्मित।

प्रश्न

1. एबीसीनिया पर इटालियन आक्रमण के कारणों, परिणामों की विवेचना कीजिए।
2. एबीसीनिया पर इटालियन आक्रमण की अन्तर्राष्ट्रीय प्रतिक्रिया (फ्रांस, ब्रिटेन की कार्यवाहियों) की विवेचना कीजिए, उसके परिणामों की भी समीक्षा कीजिए।

24
स्पेन का गृह-युद्ध

एबीसीनिया काण्ड के कुछ समय बाद ही 17 जुलाई, 1936 से घटनाओं के एक नवीन क्रम का प्रारम्भ हुआ, जिसने इटली और जर्मनी के संबंधों को और भी घनिष्ठ बना दिया। यह घटनाक्रम था–स्पेन का गृह-युद्ध।

स्पेनिश गृह-युद्ध की पृष्ठभूमि और कारण–स्पेन कृषि-प्रधान देश था; उसके सामाजिक, आर्थिक ढांचे में राजा, सामन्तवादी तत्वों और चर्च की प्रधानता थी। देश में संसदात्मक संस्थाओं का विकास अधिक सफलतापूर्वक दृष्टिगत नहीं था। प्रथम विश्व युद्ध के पश्चात् स्पेन आर्थिक संकट के दौर से गुजर रहा था, जिसके फलस्वरूप संवैधानिक सुधारों का आन्दोलन तीव्र हो उठा और समाजवादी तथा साम्यवादी विचारधाराओं की लोकप्रियता बढ़ने लगी। अन्ततः 14 अप्रैल, 1931 को राजा आलफोन्सो त्रयोदश को राजगद्दी छोड़कर भाग जाना पड़ा और एक गणतंत्र की स्थापना हो गई। नवीन गणतांत्रिक संविधान में एक समाजवादी अर्थव्यवस्था स्थापित करने, भूमि और धन का उचित वितरण करने आदि के आदर्शों को मान्यता प्रदान की गई तथा स्पेन को सभी वर्गों के श्रमिकों का एक प्रजातान्त्रिक गणतंत्र घोषित कर दिया गया।

प्रधानमंत्री मानवैल आथान्या के नेतृत्व में नवीन सरकार ने अनेक क्रान्तिकारी सुधार किये। प्राचीन व्यवस्था के अन्तर्गत शक्ति-चर्च, सामन्तों और सेना में केन्द्रित थी। आथान्या सरकार ने चर्च को राज्य द्वारा दी जाने वाली सहायता बन्द कर दी और उसकी सम्पत्ति जब्त कर ली। बड़े सामन्तों की जमींदारियां जब्त कर उन्हें भूमिहीन कृषकों में वितरित करने का निश्चय किया। सेना के 22,000 अधिकारियों में से 10,000 अधिकारियों को फालतू समझकर, पेंशन देकर सेवा-निवृत्त कर दिया। परन्तु नवम्बर, 1933 के निर्वाचनों में दक्षिणपन्थी तथा केन्द्रीय दलों की जीत हुई और इन्होंने आथान्या सरकार के सुधारों को रद्द करने का प्रयास किया। फरवरी, 1936 के निर्वाचनों में उदार, समाजवादी, अराजकतावादी और साम्यवादी

दलों ने दक्षिणपन्थी दलों के विरुद्ध एक लोकप्रिय मोर्चे की स्थापना की। निर्वाचनों में इस लोकप्रिय मोर्चे को विजय प्राप्त हुई। लोकप्रिय मोर्चे की सरकार ने सत्तारुढ़ होते ही विरोधी दलों का दमन प्रारम्भ कर दिया। दूसरी ओर, पदच्युत सैनिक अधिकारी, पादरी, राजतन्त्रवादी और सामन्त सरकार के सुधारों का प्राणपण से विरोध करने लगे। इससे देश में अर्द्ध-अराजकता की स्थिति उत्पन्न हो गई। ऐसी स्थिति में फासिस्टवादी और सामन्तवादी तत्व विद्रोह की योजनायें बनाने लगे। इन्हें सेना के एक बड़े भाग का भी समर्थन प्राप्त था। उन्होंने लोकप्रिय मोर्चे की सरकार को उलटने के लिए विदेशी सहायता पाने का प्रयत्न भी किया। 1936 में जनरल सानजुरजो ने अनेक बार रोम और बर्लिन की यात्रायें कीं। मुसोलिनी और हिटलर दोनों ने उसे सहायता का आश्वासन दिया। 17 जुलाई, 1936 को विद्रोह प्रारम्भ हो गया।

गृह-युद्ध का प्रारम्भ तथा प्रकृति–गृह-युद्ध का तात्कालिक कारण 12 जुलाई, 1936 को गणतंत्र की सेनाओं द्वारा एक प्रमुख राजतंत्रवादी काल्वो सोटेलो की हत्या थी। इससे क्षुब्ध होकर 17 जुलाई, 1936 को स्पेन की मोरक्को स्थित सेनाओं ने विद्रोह कर दिया। जनरल सानजुरजो की एक विमान-दुर्घटना में मृत्यु हो जाने के कारण विद्रोह का नेतृत्व जनरल फ्रांको ने संभाला।

स्पेन का गृह-युद्ध केवल नाममात्र के ही लिए गृह-युद्ध था। प्रारम्भ से ही विदेशी शक्तियों के हस्तक्षेप के कारण इसने एक अन्तर्राष्ट्रीय महत्व प्राप्त कर लिया।[1] यह सिद्धान्तों का संघर्ष और द्वितीय विश्व युद्ध का पूर्वाभ्यास था।[2] जवाहरलाल नेहरू के शब्दों में, "स्पेन में युद्ध को एक राष्ट्रीय संघर्ष से कहीं अधिक बड़ी वस्तु समझा गया है। यह प्रजातंत्र और फासिज्म के मध्य संघर्ष का प्रतीक बन गया और इस कारण इसे व्यापक रुचि और सहानुभूति प्राप्त हुई है।"

इस युद्ध में जर्मनी और इटली ने फ्रांको की और रूस ने गणतान्त्रिक सरकार की सक्रिय सहायता की थी। ब्रिटेन, फ्रांस और अमेरिका का रुख कुछ अनिश्चयात्मक था। एक ओर तो वे गणतंत्र से सहानुभूति रखते थे और दूसरी ओर फासिस्टों ने अपने विद्रोह को साम्यवाद के विरुद्ध धर्म-युद्ध की संज्ञा देकर उनको किंकर्त्तव्यविमूढ़ कर दिया था। फिर भी एक बड़ी संख्या में रूसी, अमेरिकन, ब्रिटिश और फ्रेंच स्वयंसेवकों ने गणतंत्र के पक्ष में हथियार उठाये थे। इटालियन और जर्मन स्वयंसेवकों ने फ्रांको की सहायता की थी। इस प्रकार स्पेन के गृह-युद्ध में यूरोपीय शक्ति-संगठन के उस स्वरूप का आभास प्राप्त होने लगा था जो इसने द्वितीय विश्व युद्ध में ग्रहण

किया था। इसलिए कहा जाता है कि स्पेन का गृह-युद्ध विभिन्न विरोधी गुटों द्वारा एक-दूसरे का बलाबल देखने के लिए, उड़ाया जाने वाला अन्तर्राष्ट्रीय शक्ति राजनीति का परीक्षणात्मक गुब्बारा था।

इटली द्वारा हस्तेक्षेप के कारण–स्पेनिश गृह-युद्ध में सर्वाधिक सक्रिय भाग लेने वाली शक्ति इटली था। उसने और जर्मनी ने 18 नवम्बर, 1936 को फ्रांको की सरकार को मान्यता प्रदान कर दी। कहा जाता है कि इस युद्ध में इटली के 2 लाख सैनिकों ने भाग लिया था। इटली ने फ्रांको को प्रचुर मात्रा में रण सामग्री और धन की भी सहायता दी थी। इटली के हस्तक्षेप के तीन कारण थे–

(i) एबीसीनिया विजय से उसे भूमध्य सागर के पूर्वी भाग पर प्रभुत्व प्राप्त हो गया था। अब स्पेन में अपनी कठपुतली सरकार की स्थापना कर वह भूमध्य सागर के पश्चिमी भाग पर अपना प्रभुत्व स्थापित करना चाहता था। इससे उसकी भूमध्य सागर को 'एक रोमन झील' बनाने की इच्छा की एक बड़ी सीमा तक पूर्ति होने की सम्भावना थी। इससे फ्रांस की स्थिति अत्यन्त दुर्बल हो जाती और ब्रिटेन की स्वेज नहर और भारत जाने वाले मार्ग कट जाते।

(ii) स्पेन में लोहा, तांबा, जस्ता और रांगा आदि अनेक युद्धोपयोगी वस्तुओं की खानें थीं, जो इटली की रणसज्जा में अत्यधिक सहायक सिद्ध हो सकती थीं।

(iii) फ्रांको के एक फासिस्ट होने के कारण मुसोलिनी लगभग प्रत्येक मामले में उसके सहयोग के विषय में आश्वस्त रह सकता था।

जर्मनी द्वारा हस्तक्षेप के कारण–जर्मनी ने भी लगभग 3,600 सैनिक, 3,000 टैकनीशियन तथा प्रचुरमात्रा में रणसामग्री भेजकर फ्रांकों की सहायता की थी। स्पेन में उसके हस्तक्षेप के तीन कारण थे–

(i) इससे उसके प्रधान शत्रु फ्रांस के पृष्ठ भाग में एक फासिस्ट शक्ति की स्थापना हो जाने से फ्रांस की सामरिक स्थिति अत्यन्त निर्बल हो जाती।

(ii) वह स्पेन में सामरिक अड्डे प्राप्त करना चाहता था।

(iii) वह स्पेन को अपनी नवीन रण-पद्धति, नवीन रणसामग्री, यान्त्रिक तथा हवाई सेना आदि के परीक्षण के लिए एक प्रयोगशाला के रूप में प्रयुक्त कर रहा था।

सोवियत संघ द्वारा हस्तक्षेप के कारण–इटली और जर्मनी के विपरीत रूस ने गणतंत्र की सैनिकों, रणसामग्री और धन से सहायता की। इसमें रूस

का प्रमुख उद्देश्य जर्मनी की शक्ति वृद्धि को रोकना था। इसके अतिरिक्त दो गौण उद्देश्य, अपने मित्र फ्रांस की सुरक्षा व्यवस्था को मजबूत बनाये रखना और साम्यवाद के प्रसार थे।

ब्रिटेन, फ्रांस और संयुक्त राज्य अमेरिका का दृष्टिकोण–ब्रिटेन, फ्रांस और अमेरिका की सहानुभूति अधिकांशतः गणतंत्र के साथ थी, परन्तु उनकी सरकारों ने तटस्थतावादी नीति अपनाई। ब्रिटेन द्वारा इस नीति को अपनाने का पहला कारण, जिब्राल्टर को सुरक्षित रखने की चिन्ता थी और दूसरा कारण, चेम्बरलेन का यह विश्वास था कि जर्मनी, इटली तथा जनरल फ्रांको साम्यवाद विरोधी शक्तियाँ हैं। फ्रांस को यह जानते हुए भी कि स्पेन में फासिस्ट सरकार की स्थापना से उसका अहित ही होगा, ब्रिटेन का अनुसरण करना पड़ा क्योंकि वह किसी भी मूल्य पर ब्रिटेन की मित्रता नहीं खोना चाहता था। अमेरिकन सरकार ने यूरोपीय मामलों से पृथक् रहने की अपनी परम्परागत नीति का अनुसरण किया। ब्रिटेन और फ्रांस ने अहस्तक्षेप के नाम पर और अमेरिका ने तटस्थता के नाम पर अपने नागरिकों को स्पेन को शस्त्रास्त्र भेजने पर रोक लगा दी। इस प्रकार उन्होंने अप्रत्यक्ष रूप से धुरी राष्ट्रों को स्पेन के गणतंत्र की हत्या करने में सहायता पहुंचाई क्योंकि इस प्रतिबन्ध के कारण स्पेन की गणतान्त्रिक सरकार को शस्त्रास्त्र नहीं मिल पाये जबकि फ्रांकों और उसके फासिस्टवादी अनुयायियों को जर्मनी और इटली से बराबर अस्त्र-शस्त्र प्राप्त होते रहे। इससे गणतांत्रिक सेनाओं की पराजय हुई। अन्ततः 27 फरवरी, 1939 को ब्रिटेन और फ्रांस ने तथा 1 अप्रैल, 1939 को अमेरिका ने फ्रांको की सरकार को स्पेन की सरकार मान लिया।

राष्ट्र संघ की असफलता–स्पेन में फासिस्टवादियों की विजय से सामूहिक सुरक्षा व्यवस्था और राष्ट्रसंघ की प्रतिष्ठा को फिर एक गहरा आघात लगा। स्पेन की सरकार ने अनेक बार इस मामले को राष्ट्रसंघ में उठाने का प्रयास किया, परन्तु ब्रिटेन तथा फ्रांस ने हर बार मामले को टालने की कोशिश की। 2 अक्टूबर, 1937 को साधारण सभा ने यह प्रस्ताव पास किया कि स्पेन की भूमि पर विदेशी सैनिक दल निश्चित रूप से हैं और उन्हें फौरन तथा पूर्ण रूप से स्पेन से हट जाना चाहिए परन्तु जर्मनी और इटली ने इस प्रस्ताव की उपेक्षा की। ब्रिटेन और फ्रांस की किसी भी मूल्यों पर युद्ध से बचने की नीति के कारण राष्ट्रसंघ कोई प्रभावशाली कार्यवाही नहीं कर सका, जैसा कि स्पेन के विदेश मंत्री सेनॉरवायो ने 8 सितम्बर, 1938 को साधारण सभा के समक्ष कहा–"जेनेवा में एक विचित्र सिद्धान्त विकसित हो गया है, जिसके अनुसार शान्ति और संविदा को क्रियान्वित

करने से संबंधित सभी प्रश्नों के उसके विचार क्षेत्र से हटा देना राष्ट्रसंघ की सेवा की सर्वोत्तम पद्धति मानी जाती है।" ऐसी स्थिति में राष्ट्रसंघ का असफल हो जाना अवश्यम्भावी था।

अहस्तक्षेप समिति–स्पेनिश गृह-युद्ध में प्रारम्भ से ही विदेशी शक्तियों की रुचि होने के कारण उसके एक यूरोपीय युद्ध का रूप धारण कर लेने की सम्भावना थी। इस सम्भावना को मूर्तरूप धारण करने से रोकने के लिए 1 अगस्त, 1936 को फ्रांस की ओर से ल्यों ब्लूम ने ब्रिटेन और इटली के समक्ष यह प्रस्ताव रखा कि तीनों देश स्पेन के गृह-युद्ध के किसी भी पक्ष को युद्धोपयोगी सामग्री न दें। ब्रिटेन ने इसका समर्थन करते हुए बेल्जियम, पोलैण्ड, रूस, जर्मनी और पुर्तगाल से भी इसको स्वीकार करने का अनुरोध किया। अगस्त, 1936 के अन्त में यूरोप की मुख्य शक्तियों ने एक अहस्तक्षेप समझौते पर हस्ताक्षर किये और 9 सितम्बर, 1936 को इस समझौते को क्रियान्वित करने के लिए एक अहस्तक्षेप समिति की स्थापना की थी।

परन्तु एक ओर इटली, जर्मनी और पुर्तगाल तथा दूसरी ओर रूस बराबर एक-दूसरे पर समझौते के उल्लंघन का आरोप लगाते रहे, वास्तव में दोनों ही पक्षों को बराबर विदेशी सहायता प्राप्त हुई। व्यवहार में अहस्तक्षेप समिति इस सहायता को रोकने में असमर्थ सिद्ध हुई। सत्यता यह है कि अहस्तक्षेप नीति से फासिस्ट पक्ष को बड़ी सहायता प्राप्त हुई। उसके समर्थक जर्मनी तथा इटली सरलता से उसे गुप्त सहायता भेज सकते थे, जबकि गणतान्त्रिक पक्ष के मित्रों के लिए ऐसा करना काफी कठिन था। इस प्रकार अहस्तक्षेप नीति गणतान्त्रिक पक्ष की पराजय का एक प्रधान कारण बन गई। नवम्बर, 1936 तक फासिस्ट सेनायें राजधानी मैड्रिड के बाहरी प्रदेश तक पहुंच गयीं और गणतान्त्रिक सरकार को वेलेन्शिया को राजधानी बनाना पड़ा। फिर भी युद्ध 2 वर्ष 3 मास तक और चलता रहा पर अन्ततः प्रचुर विदेशी सहायता के कारण फ्रांको की सेनायें 28 मार्च, 1939 को मैड्रिड सहित सम्पूर्ण स्पेन पर अधिकार करने में सफल हो गयीं। तुष्टीकरण के पैगम्बर चेम्बरलेन और दलादिये इटली को सन्तुष्ट करने के लिए इससे पहले ही 27 फरवरी, 1939 को फ्रांको की सरकार को वैधानिक मान्यता प्रदान कर चुके थे।

स्पेनिश गृह-युद्ध का महत्व और परिणाम–स्पेनिश गृह-युद्ध अन्तर्राष्ट्रीय राजनीति के दृष्टिकोण से एक अत्यन्त महत्वपूर्ण घटना थी और इसके परिणाम अत्यन्त दूरगामी हुए–

(i) इसने पाश्चात्य राष्ट्रों और रूस के मध्य मनोमालिन्य उत्पन्न कर दिया। रूस ने शीघ्र ही इस संबंध में अपनी विदेश नीति परिवर्तित की;

(ii) इसने जर्मनी और इटली की मित्रता को और प्रगाढ़ बना दिया। इस गृह-युद्ध के अन्तर्गत ही जर्मनी-इटली अटूट मैत्री के बन्धन में दृढ़ हुए–रोम बर्लिन धुरी का निर्माण हुआ।

(iii) राष्ट्रसंघ के लड़खड़ाते भवन को स्पेनिश गृह-युद्ध से एक और धक्का लगा। स्पेनिश सरकार के अनेक बार प्रयत्न करने पर भी ब्रिटेन और फ्रांस की तुष्टीकरण की नीति के कारण राष्ट्रसंघ कोई प्रभावशाली कार्यवाही नहीं कर सका। वास्तव में, स्पेन में जर्मनी और इटली ने एक खुला आक्रमण किया था।

(iv) इटली की साम्राज्यवादी नीति को इससे और भी बल मिला। 11 दिसम्बर, 1937 को इटली ने राष्ट्रसंघ का परित्याग कर दिया। अप्रैल, 1939 में उसने अल्बानिया पर अधिकार कर लिया।

(v) हिटलर की विस्तारवादी आकांक्षाओं को भी इससे प्रोत्साहन मिला। इटली के स्पेनिश गृह-युद्ध में व्यस्तता का लाभ उठाकर उसने आस्ट्रिया को जर्मनी में मिला लिया। अन्त में, जैसा कि काउन्ट स्फोजी का मत है–"इथियोपिया में मुसोलिनी की सफलता ने स्पेन में उसका हस्तक्षेप सम्भव बनाया। स्पेन का गृह-युद्ध और उसके संबंध में पेरिस और लन्दन की नीति ही मुख्य रूप से यूरोप के बौद्धिक और नैतिक पतन के कारण थे। इससे फ्रांस का म्यूनिख में अपने मित्र चैकोस्लोवाकिया के साथ विश्वासघात उत्पन्न हुआ और उसने पोलैण्ड के विरुद्ध हिटलर के आक्रमण और यूरोपीय युद्ध को जन्म दिया।"

सन्दर्भ

1. गेथोर्न हार्डी: अन्तर्राष्ट्रीय राजनीति का संक्षिप्त इतिहास, पृ० 354।
2. वही।
3. जवाहर लाल नेहरू: ग्लिम्पसिज आफ वर्ल्ड हिस्ट्री, पृ० 911।
4. गेथोर्न हार्डी: अन्तर्राष्ट्रीय राजनीति का संक्षिप्त इतिहास, पृ० 355।
5. फ्रेडरिक एल० शूमां: अन्तर्राष्ट्रीय राजनीति, पृ० 593।

स्मरण संकेत

स्पेनिश गृह-युद्ध की पृष्ठभूमि और कारण

(i) लोकप्रिय मोर्चे की सरकार (गणतंत्र) ने सुधारों का कार्यक्रम लागू किया;

(ii) फासिस्टवादी तथा सामन्तवादी तत्वों ने विरोध प्रारम्भ किया;

(iii) 17 जुलाई, 1936 विद्रोह प्रारम्भ (गृह-युद्ध);
(iv) जनरल फ्रांको विद्रोहियों का नेता;
(v) विदेशी शक्तियों का हस्तक्षेप प्रारम्भ;
(vi) प्रजातन्त्र एवं फासिज्म के मध्य संघर्ष का प्रतीक;
(vii) जर्मनी, इटली ने फ्रांको की सहायता की;
(viii) रूस ने गणतान्त्रिक सरकार की सहायता की;
(ix) ब्रिटेन, फ्रांस, अमेरिका का रुख अनिश्चयात्मक;
(x) गृह-युद्ध (अन्तर्राष्ट्रीय शक्ति राजनीति का परीक्षणात्मक गुब्बारा);
(xi) द्वितीय विश्व युद्ध का पूर्वाभ्यास।

इटली द्वारा हस्तक्षेप के कारण

(i) भूमध्य सागर पर प्रभुत्व की कामना;
(ii) स्पेन में खनिज प्राप्त करने की कामना;
(iii) फ्रांको के फासिस्ट होने के कारण।

जर्मनी द्वारा हस्तक्षेप के कारण

(i) फ्रांस के पृष्ठभाग में सहयोगी प्राप्त होना;
(ii) स्पेन में सामरिक अड्डे प्राप्त करने हेतु;
(iii) स्पेन में अपनी रणसामग्री का परीक्षण करने हेतु।

रूस द्वारा हस्तक्षेप के कारण

(i) जर्मनी की शक्ति वृद्धि को रोकना;
(ii) अपने मित्र फ्रांस की सुरक्षा व्यवस्था को सुदृढ़ करना;
(iii) साम्यवाद का प्रसार।

ब्रिटेन, फ्रांस, अमेरिका का दृष्टिकोण

(i) ब्रिटेन जिब्राल्टर को सुरक्षित रखना चाहता था;
(ii) फ्रांस जर्मनी के विरुद्ध इटली की मित्रता चाहता था;
(iii) अमेरिका पार्थक्य की नीति का अनुगामी था।

राष्ट्रसंघ की असफलता

(i) ब्रिटिश तुष्टीकरण नीति से राष्ट्रसंघ असमर्थ;
(ii) सामूहिक सुरक्षा का विनाश।

अहस्तक्षेप समिति

(i) अहस्तक्षेप समिति युद्ध रोकने में विफल;

(ii) अहस्तक्षेप नीति गणतंत्र की पराजय का प्रमुख कारण बनी;

(iii) फ्रांको को सफलता प्राप्त हुई, 28 मार्च, 1939 गृह-युद्ध समाप्त।

स्पेनिश गृह-युद्ध का महत्व, परिणाम

(i) अन्तर्राष्ट्रीय राजनीति के दृष्टिकोण से महत्वपूर्ण घटना;

(ii) पाश्चात्य राष्ट्रों, रूस के मध्य मनोमालिन्य उत्पन्न;

(iii) जर्मनी-इटली की मित्रता प्रगाढ़;

(iv) राष्ट्रसंघ का पतन;

(v) इटली की साम्राज्यवादी नीति को बल प्राप्त;

(vi) हिटलर को प्रोत्साहन।

प्रश्न

1. "स्पेन का गृह-युद्ध द्वितीय विश्व युद्ध का पूर्वाभ्यास था" इस कथन की विवेचना कीजिए।
2. स्पेन के गृह-युद्ध में विदेशी शक्तियों के हस्तक्षेप के क्या कारण थे? गृह-युद्ध के परिणामों तथा महत्व की समीक्षा कीजिए।

25
रोम-बर्लिन-टोकियो धुरी

"आल्पस के दक्षिण के महान् व्यक्ति" को मित्र बनाना हिटलर की व्यूह रचना का एक मूलभूत अंग था; परन्तु मुसोलिनी को यह आशंका थी कि हिटलर आस्ट्रिया को जर्मनी में मिलाने का प्रयत्न करेगा, जिसका परिणाम यह होगा कि जर्मनी की सीमा इटली के ब्रेनर दर्रे तक आ जायेगी। इस दर्रे के दक्षिण में लगभग 2½ लाख जर्मन जनसंख्या वाला इटालियन प्रदेश था। मुसोलिनी को भय था कि हिटलर इस प्रदेश को छीनने का प्रयास कर सकता था। इसके अतिरिक्त जर्मनी और आस्ट्रिया के संयोग से बाल्कन देशों में जर्मनी का प्रभाव बढ़ जाने की सम्भावना थी, जबकि इटली इस प्रदेश को अपना प्रभाव क्षेत्र मानता था।

नात्सी क्रान्ति के बाद हिटलर ने अपने निकटवर्ती राज्यों में मित्रों की खोज प्रारम्भ की, उसने पाया कि जर्मनी शत्रु राष्ट्रों से ही घिरा हुआ है; उसके पश्चिम में उसका ऐतिहासिक शत्रु फ्रांस था, पूर्व में भावी शत्रु रूस था तथा दक्षिण में प्रतिद्वन्द्वी राष्ट्र इटली था। इनमें से फ्रांस तथा रूस से मित्रता असम्भव थी। केवल इटली ही सम्भावित मित्र हो सकता था।

जब जर्मनी अपने शस्त्रीकरण की दौड़ में आगे बढ़ता जा रहा था तो यूरोपीय देशों ने अपनी सुरक्षा के लिए अप्रैल, 1935 में स्ट्रेजा में एक समझौता किया। स्ट्रेजा में तीन देशों (इटली, फ्रांस, ब्रिटेन) के प्रतिनिधियों ने मुसोलिनी के परामर्श से यह घोषणा की कि वे वर्साय की सन्धि और राष्ट्रसंघ के निर्णयों की रक्षा करने में सहयोगी बने रहेंगे। परन्तु यह गुट जो जर्मनी के विरुद्ध बना था, स्थायित्व नहीं रखता था क्योंकि इन देशों के वास्तविक स्वार्थ भिन्न थे और उनके संबंध भी मधुर न थे। हिटलर ने इस स्थिति का पूर्ण रूप से लाभ उठाने का प्रयत्न किया। उसकी मान्यता थी कि प्रजातंत्र तथा अधिनायकतंत्र का संयोग अस्वाभाविक है। उसके अनुसार यदि अधिनायकतंत्रों का गुट बनाया जा सके तो प्रजातंत्र को पराजित किया जा सकता है। इस लक्ष्य को लेकर उसने कूटनीति के ताने-बाने बुनने आरम्भ कर दिये। उसे उचित अवसर भी मिल गया।

एबीसीनिया युद्ध ने इटली की स्थिति में क्रान्तिकारी परिवर्तन ला दिया। इससे एक ओर इटली तथा दूसरी ओर राष्ट्रसंघ, ब्रिटेन, फ्रांस तथा रूस के बीच गम्भीर मतभेद उत्पन्न हो गया। ऐसे समय में अन्तर्राष्ट्रीय परिस्थिति की यथार्थताओं ने इटली के लिए एक ही मार्ग रह जाने दिया और वह मार्ग था जर्मनी से मित्रता। हिटलर ने भी इस अवसर का लाभ उठाने का पूरा-पूरा प्रयत्न किया। उसने राष्ट्रसंघ द्वारा इटली के विरुद्ध लगाये गये प्रतिबन्धों में भाग लेने से इन्कार कर दिया और इटली की एबीसीनिया विजय को स्वीकृति प्रदान करने वाला प्रथम राज्य होकर इटली की सद्भावना जीत ली। 17 जुलाई, 1936 को स्पेन में गृह-युद्ध छिड़ गया। इसमें इटली ने जनरल फ्रांको का पक्ष लिया। हिटलर ने इस संबंध में इटली का पूरा-पूरा समर्थन किया। इससे जर्मनी और इटली के संबंध घनिष्ठतर होते गए। अन्तत: 25 अक्टूबर, 1936 को दोनों ने एक सन्धि द्वारा परस्पर सहयोग करने का वचन दिया और 1 नवम्बर, 1936 को मुसोलिनी ने रोम-बर्लिन धुरी की चर्चा करनी प्रारम्भ कर दी।[1] इस सन्धि से जर्मनी की एकाकिता का अन्त हो गया। यहीं से दोनों प्रजातन्त्रीय व्यवस्था को सड़ी-गली व्यवस्था समझने लगे। उन्होंने यहीं से अपने को किसी निश्चित कदम उठाने के लिए तैयार कर लिया। इस सन्धि द्वारा यह तय किया गया था कि जिन विषयों में दोनों के समान स्वार्थ रहेंगे, उनमें वे एक-दूसरे को सहयोग देंगे। स्पेन की क्षेत्रीय और औपनिवेशिक एकता को कायम रखने का संकल्प किया। डैन्यूबियन क्षेत्र में उन्होंने सहयोग के लिए तथा साम्यवाद के विरुद्ध नीति बनाये रखने का निश्चय किया।[2]

इस प्रकार मित्र-विहीनता की स्थिति से बचने के लिए इटली को अधिकाधिक मात्रा में जर्मनी की ओर झुकना पड़ा। जर्मन मित्रता के मूल्य के रूप में इटली को आस्ट्रिया और जर्मनी के साथ एकीकरण के विरोध को त्यागना पड़ा।

एन्टी कोमिन्टर्न पैक्ट–1936 में कुओमिन्तांग और साम्यवादियों के पुनर्मिलन से चीनी राष्ट्रवाद शक्तिशाली हो उठा और उसने जापानी साम्राज्यवाद के विरुद्ध सशक्त मुहिम छेड़ दी, इससे जापानी प्रसार के रुक जाने की सम्भावना उत्पन्न हो गई। इस सम्भावना के विरुद्ध अपनी स्थिति को मजबूत करने और एशिया में नवीन व्यवस्था की स्थापना करने के अपने उद्देश्य में सफलता प्राप्त करने के लिए जापान ने जर्मनी के साथ समझौता करने का निश्चय किया। दूसरी ओर इटली से समझौता करने के पश्चात् हिटलर ने 'मीन काम्फ' की योजना के अनुसार जापान से मैत्री स्थापित करने का यत्न किया। सोवियत रूस, जर्मनी और जापान दोनों के ही साम्राज्यों के प्रसार

में बाधक था। अन्ततः 25 नवम्बर, 1936 को दोनों ने सोवियत रूस के विरुद्ध एन्टी कोमिन्टर्न पैक्ट किया। 6 नवम्बर, 1937 को इटली ने भी इस समझौते पर हस्ताक्षर कर दिये और इस प्रकार 'रोम-बर्लिन धुरी'-'रोम-बर्लिन-टोकियो धुरी' में परिवर्तित हो गई। इससे दो स्पष्ट गुटों का निर्माण हो गया। एक ओर जर्मनी, इटली और जापान थे जो धुरी राष्ट्र कहलाये; दूसरी ओर फ्रांस, रूस और उनके मित्रराष्ट्र थे। इन दोनों के सैद्धान्तिक और व्यवहारिक मतभेद इतने गम्भीर थे कि मुसोलिनी के शब्दों में-"दोनों संसारों के मध्य संघर्ष किसी समझौते की अनुमति नहीं दे सकता। या तो हम रहेंगे या वे।"[3]

24 फरवरी, 1939 को हंगरी और मंचूकुओं तथा 27 मार्च, 1939 को स्पेन भी इस समझौते में सम्मिलित हो गए। 'रोम-बर्लिन-टोकियो' धुरी के निर्मित हो जाने से हिटलर की आकांक्षा 'मित्रों की खोज' पूर्ण हो गई। इसी के तदन्तर हिटलर ने मार्च, 1938 में आस्ट्रिया का जर्मनी में एकीकरण करके अपनी साम्राज्यवादी महत्वाकांक्षा की पूर्ति की और इस सफलता से प्रेरित होकर सितम्बर, 1938 में म्यूनिख समझौते में चैकोस्लोवाकिया का अंग-भंग कर दिया। तदुपरान्त पोलैण्ड पर 1 सितम्बर, 1939 को आक्रमण कर दिया जिसके तदन्तर विश्व, द्वितीय विश्व युद्ध की ज्वालाओं से घिर गया। वह 'रोम-बर्लिन-टोकियो धुरी' का प्रत्यक्ष परिणाम था। केटलबी ने ठीक ही लिखा है-"यहीं से नाजियों की प्रगति बढ़ती गई और उनकी भूख क्षमता और दृढ़ता की कोई सीमा न रही।"[4]

सन्दर्भ

1. गेथोर्न हार्डीः अन्तर्राष्ट्रीय राजनीति का संक्षिप्त इतिहास, पृ० 307।
2. फ्रेडरिक एल० शूमांः अन्तर्राष्ट्रीय राजनीति, पृ० 496-497।
3. जान गुन्थरः इनसाइड यूरोप, पृ० 87-88।
4. डी० एम० केटलबीः ए शार्ट हिस्ट्री ऑफ माडर्न यूरोप, पृ० 198।

स्मरण संकेत

1. इटली को मित्र बनाना हिटलर की व्यूह रचना का मूलभूत अंग;
2. नात्सी क्रान्ति के बाद हिटलर द्वारा मित्रों की खोज;
3. स्ट्रेजा सम्मेलन की एकता विनष्ट करना आवश्यक;
4. प्रजातंत्र, अधिनायकतंत्र का संयोग अस्वाभाविक;
5. अधिनायकतंत्रों का गुट प्रजातंत्रों की पराजय के लिए आवश्यक;
6. एबीसीनिया युद्ध से इटली की स्थिति में क्रान्तिकारी परिवर्तन;
7. इटली-राष्ट्रसंघ के मध्य गम्भीर मतभेद;

8. इटली-ब्रिटेन के मध्य गम्भीर मतभेद;
9. इटली-फ्रांस के मध्य गम्भीर मतभेद;
10. इटली-रूस के मध्य गम्भीर मतभेद;
11. हिटलर ने कूटनीतिक परिस्थिति को अपने अनुकूल बनाया;
12. हिटलर द्वारा इटली की एबीसीनिया विजय को मान्यता;
13. जर्मनी-इटली के संबंध घनिष्ठतर;
14. स्पेन के गृह-युद्ध में जर्मन-इटालियन सहयोग;
15. 25 अक्टूबर, 1936 रोम-बर्लिन समझौता सम्पन्न;
16. 1 नवम्बर, 1936 रोम-बर्लिन धुरी की चर्चा;
17. जर्मनी की एकाकिता का अन्त;
18. चीन में कुओमिन्तांग और साम्यवादियों का पुनर्मिलन;
19. चीनी राष्ट्रवाद द्वारा जापानी साम्राज्यवाद के विरुद्ध मुहिम;
20. जापान द्वारा नवीन व्यवस्था की स्थापना का प्रयत्न;
21. मीन काम्फ की योजना;
22. सोवियत रूस, जर्मन-जापान के प्रसार में बाधक;
23. 25 नवम्बर, 1936 एन्टी कोमिन्टर्न पैक्ट सम्पन्न;
24. 6 नवम्बर, 1937 इटली द्वारा एन्टी कोमिन्टर्न पैक्ट पर हस्ताक्षर;
25. रोम-बर्लिन धुरी–'रोम-बर्लिन-टोकियो धुरी' में परिवर्तित;
26. विश्व दो गुटों में विभक्त–धुरी राष्ट्र तथा मित्र-राष्ट्र;
27. हिटलर की आकांक्षा 'मित्रों की खोज' सफल;
28. हिटलर की साम्राज्यवादी नीति को प्रोत्साहन;
29. आस्ट्रिया का जर्मनी में एकीकरण;
30. चैकोस्लोवाकिया में जर्मन हस्तक्षेप;
31. पोलैण्ड पर जर्मन आक्रमण;
32. द्वितीय विश्व-युद्ध का सूत्रपात;
33. नाजियों की प्रगति का प्रतीक 'रोम-बर्लिन-टोकियो धुरी'।

प्रश्न

1. 'रोम-बर्लिन-टोकियो धुरी' के सम्पन्न होने की परिस्थितियों का आँकलन कीजिए; इसके परिणामों की भी समीक्षा कीजिए।
2. रोम-बर्लिन-टोकियो धुरी के निर्मित होने की परिस्थितियों की समीक्षा करते हुए, इसके अन्तर्राष्ट्रीय प्रभावों की विवेचना कीजिए।

26

आस्ट्रिया का जर्मनी में विलय

पृष्ठभूमि–रोम-बर्लिन-टोकियो धुरी के निर्मित हो जाने के उपरान्त हिटलर ने सर्वप्रथम आस्ट्रिया की ओर ध्यान दिया। इस संबंध में हिटलर स्पष्ट रूप से मीनकाम्फ में व्यक्त कर चुका था कि:

"1914 की सीमाओं की पुनर्स्थापना की माँग ऐसी विस्तार और प्रभावशाली एक राजनैतिक मूर्खता है कि वह एक अपराध प्रतीत होने लगती है। यह इस तथ्य की पूर्ण उपेक्षा करती है कि 1914 में जर्मन साम्राज्य की सीमाएँ न तो जर्मन राष्ट्रीयता के सभी व्यक्तियों को अपने में समेट लेने के दृष्टिकोण से पूर्ण थीं और न ही अपनी भौगोलिक उपयुक्तता की दृष्टि से युक्तिसंगत थीं।"

हिटलर ने अपनी विदेशनीति के उद्देश्यों को प्रकट करते हुए कहा था कि जर्मन जाति के सभी लोगों का एक महान् जर्मनी में संगठन; वर्साय और सेंट जर्मेन सन्धियों की समाप्ति तथा जर्मन साम्राज्य का विस्तार उसकी प्रमुख आकांक्षायें हैं। आस्ट्रिया जर्मन बहुल क्षेत्र था परन्तु वर्साय सन्धि तथा सेंट जर्मेन सन्धियों में यह उल्लिखित किया गया था कि आस्ट्रिया का जर्मनी में विलय नहीं किया जा सकता क्योंकि इससे जर्मनी के शक्तिशाली हो जाने का खतरा था, जिससे यूरोप का शक्ति संतुलन विनष्ट होने की सम्भावना थी। फ्रांस की सुरक्षा हेतु भी आस्ट्रिया का जर्मनी से पृथक् रहना आवश्यक था।

जर्मनी जर्मन प्रधान आस्ट्रिया को अपने में मिला लेना चाहता था, परन्तु इटली जर्मनी और आस्ट्रिया के संयोग का प्रबल विरोधी था क्योंकि इससे जर्मनी और इटली की सीमायें मिल जातीं और इटली की सुरक्षा को खतरा उत्पन्न हो जाता। उधर यद्यपि आस्ट्रिया नात्सी क्रान्ति से पूर्व जर्मनी से संयोग की माँग कर रहा था, परन्तु नात्सियों की अधिनायकवादी गतिविधियों ने उसे सशंकित कर दिया और उसने जर्मनी के साथ संयोग का आन्दोलन बन्द कर दिया। मई, 1934 में एक ओर आस्ट्रिया और दूसरी ओर इटली

और हंगरी के मध्य अनेक राजनैतिक और आर्थिक समझौते हुए; हिटलर का इन सबसे चिन्तित होना स्वाभाविक था। हिटलर 15 जून, 1934 को स्वयं मुसोलिनी से वेनिस में मिला परन्तु इस संबंध में कोई समझौता नहीं हो सका। परन्तु बाद में एबीसीनिया के संकट के कारण 25 अक्टूबर, 1936 को जर्मन-इटालियन समझौता हुआ। तदुपरान्त हिटलर ने आस्ट्रिया को जर्मनी में विलय करने का सफल प्रयास किया। आस्ट्रिया के जर्मनी में विलय के प्रमुख कारण थे–

(i) आस्ट्रिया जर्मन प्रधान क्षेत्र था और हिटलर की विदेश नीति का उद्देश्य था 'महान् जर्मन जाति का संगठन' इसलिये हिटलर ने आस्ट्रिया का जर्मनी में विलय करने का निश्चय किया।

(ii) वर्साय तथा सेंट जर्मेन सन्धियों की समाप्ति हिटलर की विदेश नीति का दूसरा प्रमुख उद्देश्य था। हिटलर इन दोनों सन्धियों से घृणा करता था अतः उसने आस्ट्रिया का जर्मनी में विलय का निश्चय किया, जिससे इस अपमान का प्रतिशोध लिया जा सके।

(iii) आस्ट्रिया जर्मन साम्राज्य के प्रसार का सचेतक बिन्दु था। आस्ट्रिया के जर्मनी में विलय होने से जर्मन साम्राज्य का विस्तार हो रहा था और वह मध्य यूरोप का सर्वथा विशाल राज्य कहला सकता था। जर्मन साम्राज्य का यह प्रसार हिटलर की विदेश नीति का तीसरा मुख्य उद्देश्य था इसलिये हिटलर ने यह कदम उठाया।

(iv) आस्ट्रिया जर्मन विरोधी गुटबन्दी का केन्द्र बनता जा रहा था अतः हिटलर ने आस्ट्रिया को अधिकृत करने का निश्चय किया।

(v) ब्रिटिश तुष्टीकरण नीति ने हिटलर को प्रोत्साहन प्रदान किया; मंचूरिया काण्ड और इटली-एबीसीनिया काण्ड में ब्रिटेन-फ्रांस की विफलता तथा राष्ट्रसंघ की असफलता ने उसे इस महत्वाकांक्षी योजना की पूर्ति की प्रेरणा दी।

(vi) 1934 की आस्ट्रिया में हुई विफलता, उसे इस विलीनीकरण की उत्तेजना प्रदान कर रही थी।

(vii) आस्ट्रिया में सामरिक महत्व के स्थान, विदेशी मुद्रा और विशाल जनसंख्या तथा कृषि-उद्योग के क्षेत्र मिलने की आशा ने हिटलर को आस्ट्रिया पर अधिकार करने के लिए प्रेरित किया।

घटनाक्रम–स्पेन के गृह-युद्ध और नवम्बर, 1937 में लार्ड हैलीफेक्स की बर्लिन यात्रा से हिटलर को यह विश्वास हो गया कि ब्रिटेन और फ्रांस उसे रोकने के लिए सैनिक कार्यवाही करने का साहस नहीं करेंगे। अतः उसने 1938 के प्रारम्भ में आस्ट्रिया को हड़पने का निश्चय कर लिया।

10 मार्च, 1938 को सम्पूर्ण विश्व बर्लिन रेडियो से यह घोषणा सुनकर अचम्भित रह गया कि वियना में एक साम्यवादी क्रान्ति की आसन्न सम्भावना है और जर्मनी के लिए अपने राष्ट्रबन्धुओं की रक्षा हेतु तुरन्त कार्यवाही करना आवश्यक है। दो दिन बाद जर्मन सेनाओं ने आस्ट्रिया में प्रवेश करना आरम्भ कर दिया। 14 मार्च, 1938 को वियना पर हिटलर का अधिकार हो गया। 10 अप्रैल, 1938 को आस्ट्रिया सहित समस्त जर्मनी में आस्ट्रिया और जर्मनी के संयोग के प्रश्न पर जनमत संग्रह लिया गया, जिसमें 99.73% मतदाताओं ने जर्मनी और आस्ट्रिया के संयोग का समर्थन किया।

ब्रिटेन ने आत्मनिर्णय के अधिकार का प्रयोग मानकर इस विलय की उपेक्षा कर दी। फ्रांस और राष्ट्रसंघ ने भी इसका कोई विरोध नहीं किया। इटली ने भी इस कार्य का अनुमोदन कर दिया। अपदस्थ चांसलर शुस्निग ने इस स्थिति पर प्रकाश डालते हुए कहा था कि "नाजियों का यह दावा कि उनकी सरकार परिस्थिति को संभाल नहीं सकती, आदि से अन्त तक झूठ है। वास्तविकता तो यह है, कि हमें बलात्कार से झुकना पड़ा है, ईश्वर आस्ट्रिया की रक्षा करे।"

आस्ट्रिया का जर्मनी में विलय का परिणाम, महत्व—आस्ट्रिया का जर्मनी में मिलाया जाना एक बड़े महत्व की घटना थी,[1] क्योंकि इससे जर्मनी की स्थिति मध्य यूरोप में प्रभावपूर्ण हो गई। इससे जर्मनी का ब्रेनर दर्रे द्वारा इटली, यूगोस्लाविया और हंगरी से सीधा संबंध स्थापित करने का मार्ग स्पष्ट हो गया। नाजियों के सैनिक तथा आर्थिक अभ्युदय में इस विजय का एक बहुत बड़ा हाथ था। चैकोस्लोवाकिया को एकाकी बनाने और उसके सुरक्षा साधनों को निरर्थक बनाने में इस विजय ने हिटलर को बड़ी सहायता पहुंचाई। इस विजय से संतुष्ट होकर हिटलर ने कहा था कि "जर्मनी अब विजय की बेला से गुजर रहा है और जर्मन जनता एक सूत्र में बंध चुकी है।[2] हमें कोई धमकियाँ, कठिनाइयाँ या बल अपनी एकता से विचलित नहीं कर सकती हैं।"

डेरी और जारमेन के अनुसार, "जर्मनी ने इस आक्रमण से देश में सत्तर लाख व्यक्तियों को और बढ़ा लिया, इससे नये आर्थिक तथा सैनिक साधन उपलब्ध हो गए और इसने अपने मध्य-यूरोप के अधिकार से बाल्कन प्रायद्वीप की आर्थिक स्थिति पर प्रभाव स्थापित कर लिया। सबसे महत्वशाली फल था कि अब जर्मनी चैकोस्लोवाकिया को अपना दूसरा शिकार बनाने की स्थिति में हो गया।[3]

वास्तव में हिटलर ने आस्ट्रिया की स्वतंत्रता समाप्त करने का उपयुक्त समय चुना था। इंग्लैण्ड में ईडन ने मन्त्रिमण्डल को उन्हीं दिनों छोड़ा था

और फ्रांस की सरकार में अव्यवस्था बढ़ी हुई थी तथा इटली हिटलर से मैत्री संबंध स्थापित कर चुका था। ऐसी स्थिति में हिटलर के कार्यों में बाधा उपस्थित करने वाली कोई शक्ति न थी। आस्ट्रिया को अपनी पुरानी भविष्यवाणी पर विश्वास करना पड़ा और वह थी, "आस्ट्रिया पृथ्वी पर निरन्तर सहन करता रहेगा।"[4]

संदर्भ

1. फ्रेडरिक एल॰ शूमां: अन्तर्राष्ट्रीय राजनीति, पृ॰ 494-495।
2. गेथोर्न हार्डी: अन्तर्राष्ट्रीय राजनीति का संक्षिप्त इतिहास, पृ॰ 305।
3. विन्सटन चर्चिल: दी सेकेन्ड वर्ल्ड वार, खण्ड 1, पृ॰ 236।
4. केनथ इनग्राम: ईअर्स ऑफ क्राइसिस, पृ॰ 486।

स्मरण संकेत

पृष्ठभूमि

(i) मीनकाम्फ के अनुसार 'आस्ट्रिया में अधिकार का संकल्प';
(ii) जर्मन राष्ट्रीयता का उग्र-ज्वार;
(iii) रोम-बर्लिन-टोकियो धुरी से प्राप्त शक्ति।

कारण

(i) आस्ट्रिया जर्मन प्रधान क्षेत्र;
(ii) वर्साय तथा सेंट जर्मेन सन्धियों की समाप्ति का निश्चय;
(iii) जर्मन साम्राज्य के विस्तार का निश्चय;
(iv) आस्ट्रिया जर्मन विरोधी गुटबन्दी का क्षेत्र;
(v) ब्रिटिश तुष्टीकरण नीति;
(vi) 1934 में पराजय का प्रतिशोध लेने का निश्चय;
(vii) सामरिक महत्व का स्थान।

घटनाक्रम

(i) 10 मार्च, 1938 आस्ट्रिया के विरुद्ध हिटलर की कार्यवाही;
(ii) 14 मार्च, 1938 हिटलर द्वारा आस्ट्रिया अधिकृत;
(iii) 10 अप्रैल, 1938 जनमत संग्रह द्वारा आस्ट्रिया का जर्मनी में विलय।

परिणाम-महत्व

(i) जर्मनी की मध्य यूरोप में प्रभावपूर्ण स्थिति;
(ii) चैकोस्लोवाकिया में जर्मन हस्तक्षेप का मार्ग प्रशस्त;

(iii) नाजियों का आर्थिक, सैनिक अभ्युदय;
(iv) बाल्कन प्रायद्वीप की आर्थिक स्थिति पर जर्मन प्रभाव स्थापित;
(v) हिटलर की साम्राज्यवादी नीति सफल।

प्रश्न

1. आस्ट्रिया का जर्मनी में विलय के कारणों की समीक्षा करते हुए इसके परिणामों की विवेचना कीजिए।
2. आस्ट्रिया का जर्मनी में विलय की पृष्ठभूमि को समझाते हुए इसके महत्व की समीक्षा कीजिए।

27

जर्मनी द्वारा चैकोस्लोवाकिया में हस्तक्षेप: म्यूनिख समझौता

हिटलर ने आस्ट्रिया का जर्मनी में विलय करने के पश्चात् अपना अगला शिकार चैकोस्लोवाकिया को बनाया; परन्तु चैकोस्लोवाकिया पर प्रत्यक्ष आक्रमण अथवा उसका जर्मनी में सीधा विलय सम्भव नहीं था क्योंकि चैकोस्लोवाकिया के फ्रांस और रूस से संबंध बहुत घनिष्ठ मैत्री के थे और दोनों ही उसे जर्मन आक्रमण के विरुद्ध सहायता का वचन दे चुके थे। अत: हिटलर ने धमकियों, वार्ताओं और समझौतों की नीति से चैकोस्लोवाकिया में अधिकार प्राप्त करने का निश्चय किया।

पृष्ठभूमि और कारण–चैकोस्लोवाकिया में हस्तक्षेप करने के लिए हिटलर को एक सुन्दर बहाना भी प्राप्त हो गया। चैकोस्लोवाकिया में बड़ी संख्या में जर्मन अल्पसंख्यक रहते थे, जिनकी जनसंख्या 1931 की जनगणना के अनुसार 32,31,600 थी; इनमें से अधिकांश स्युडेटनलैण्ड नामक प्रदेश में बसे हुए थे। यह प्रदेश सामरिक दृष्टि से अत्यधिक महत्वपूर्ण था। इस प्रदेश में मध्य यूरोप की डैन्यूब नदी की घाटी को उत्तरी यूरोप के मैदान से पृथक् करने वाली स्यूडेटीज पर्वतमाला थी। इस पर नियन्त्रण प्राप्त हो जाने से हिटलर सम्पूर्ण मध्य यूरोप पर अपना प्रभुत्व स्थापित कर सकता था। यह एक उद्योग प्रधान देश था। इसमें रणसामग्री के निर्माण का प्रसिद्ध स्कोडा कारखाना था। अत: जर्मनी ने इस प्रदेश को जर्मन अल्संख्यकों के हितों की रक्षा के बहाने प्राप्त करने की योजना बनाई। अन्तर्राष्ट्रीय दृष्टिकोण से चैकस्लोवाकिया की स्थिति अत्यधिक दृढ़ थी। वह एक उन्नत औद्योगिक राष्ट्र था, जिसके पास एक सुसंगठित, अनुशासित और शक्तिशाली सेना थी। रूस तथा फ्रांस के साथ उसकी सुरक्षात्मक सन्धियाँ थीं और ऐसा समझा जाता था कि जर्मन आक्रमण की दशा में ब्रिटेन भी उसकी सहायता करेगा। मध्य यूरोंप के एकमात्र प्रजातांत्रिक राज्य के रूप में उसे अमरीका सहित विश्व के सभी प्रजातांत्रिक राष्ट्रों की सहानुभूति प्राप्त थी।

यह स्पष्ट था कि यदि जर्मनी उस पर आक्रमण करता तो जर्मनी की पराजय निश्चित थी।

परन्तु ब्रिटेन इस समय तुष्टीकरण की नीति अपना चुका था और फ्रांस ब्रिटेन के बिना अकेले चैकोस्लोवाकिया की सहायता करने को प्रस्तुत नहीं था। अन्ततः ब्रिटिश-फ्रांसीसी विश्वासघात के कारण चैकोस्लोवाकिया नात्सी आक्रमण का शिकार बन गया।

घटनाक्रम तथा अन्तर्राष्ट्रीय शक्तियों की प्रतिक्रिया—चैकोस्लोवाकिया का अपने अल्पसंख्यकों के प्रति व्यवहार यूरोप के किसी भी अन्य देश के अपने अल्पसंख्यकों के प्रति व्यवहार से अधिक श्रेष्ठ था, फिर भी हिटलर के उकसाने से स्यूडेटन जर्मनों ने चैक सरकार के विरुद्ध आन्दोलन प्रारम्भ कर दिया। 28 मार्च, 1938 को हिटलर ने स्यूडेटन जर्मनों के नेता कोनार्ड हैनलाइन को बर्लिन बुलाया और उसे चैक सरकार के आगे अत्यन्त उग्र मांगें प्रस्तुत करने को कहा। परिणामस्वरूप हैनलाइन ने 24 अप्रैल 1938 को चैक सरकार के सम्मुख स्यूडेटन जर्मन के नाम से 8 सूत्री मांगें प्रस्तुत कीं। इन मांगों के मानने का अर्थ होता—चैक राज्य के खंडित होने की प्रक्रिया का प्रारम्भ, अतः चैक सरकार ने इन मांगों को अस्वीकार कर दिया। इस पर हैनलाइन ने चैक सरकार के विरुद्ध प्रचार करने के लिए लन्दन और बर्लिन की यात्राएं कीं और स्यूडेटन जर्मनों के लिए आत्मनिर्णय के अधिकार की माँग की। 2 मई, 1938 को हिटलर ने मुसोलिनी का समर्थन प्राप्त करने के लिए रोम की यात्रा की। इसी बीच चैक सरकार को बदनाम करने के लिए स्यूडेटन जर्मन आत्मनिर्णय के नाम पर बराबर अपनी मांगों को बढ़ाते जा रहे थे। परन्तु चैक राजनीतिज्ञ अपने देश की अखण्डता की रक्षा के लिए कटिबद्ध थे। राष्ट्रपति बेनेश, प्रधानमंत्री मीलन होजा तथा विदेशमंत्री कामिल क्रोप्टा आदि सभी जर्मन मांगों के समक्ष झुक जाने की अपेक्षा लड़ना श्रेयस्कर समझते थे। परन्तु उसके मित्र ब्रिटेन और फ्रांस उसे नात्सी देवता की सन्तुष्टि के लिये बलि देने का निश्चय कर चुके थे।

ऐसी स्थिति में 12 सितम्बर, 1938 को हिटलर ने न्यूरेम्बग में स्पष्ट रूप से कहा कि "35 लाख जर्मनों पर चैक लोग घोर अत्याचार कर रहे हैं। स्यूडेटन जर्मनों को अन्य जातियों की तरह आत्म-निर्णय का अधिकार प्राप्त होना चाहिए। यदि स्यूडेटन जर्मन अपनी ताकत से अपना यह अधिकार प्राप्त नहीं कर सकते तो हम उनकी सहायता करेंगे।" यह स्पष्ट रूप से युद्ध की धमकी थी। 15 सितम्बर, 1938 को ब्रिटिश प्रधानमंत्री चेम्बरलेन ने बर्खटेसगाडेन में हिटलर से भेंट की। हिटलर ने स्पष्ट रूप से स्यूडेटन प्रदेश को जर्मनी को दे दिये जाने की मांग की। 18 सितम्बर, 1938 को फ्रांसीसी

प्रधानमंत्री दलादिये तथा विदेशमंत्री बोनेट ने चेम्बरलेन से भेंट की। 19 सितम्बर, 1938 को एक संयुक्त एंग्लो-फ्रेंच नोट में चैक सरकार को 50% से अधिक जर्मन जनसंख्या वाले चैक प्रदेश जर्मनी को दे देने की सलाह दी।

अपने मित्रों के विश्वासघात के कारण चैक सरकार को यह सलाह माननी पड़ी। 21 सितम्बर, 1938 को चेम्बरलेन ने गोडेसवर्ग में हिटलर से पुनः भेंट की। हिटलर ने अपनी मांगें फिर बढ़ा दीं। उसने माँग की कि स्यूडेटन जर्मन प्रदेश 1 अक्टूबर, 1938 तक जर्मनी को दे दिया जाये तथा इस प्रदेश की किलेबन्दी, रेलें, कारखानें आदि सभी सुरक्षित रूप से जर्मनी को सौंप दिये जाएं। उसने कहा, "इस प्रदेश से एक भी गाय बाहर नहीं ले जाई जा सकती है।"

चेम्बरलेन इन प्रस्तावों को सुनकर स्तब्ध रह गया। 25 सितम्बर, 1938 को ब्रिटिश मन्त्रिपरिषद् ने इन मांगों को रद्द कर दिया। युद्ध आसन्न दिखाई देने लगा। परन्तु ब्रिटिश-फ्रांसीसी शांतिवादी प्रतिष्ठा खोकर भी शांति चाहते थे। चेम्बरलेन ने होरेस विल्सन को अपने वैयक्तिक दूत के रूप में हिटलर के पास भेजकर विवाद के शान्तिपूर्ण समाधान की प्रार्थना की। अन्ततः 29 सितम्बर, 1938 को म्यूनिख में जर्मनी, ब्रिटेन, फ्रांस और इटली के प्रधानमंत्री का सम्मेलन हुआ। अन्त में एक समझौता हुआ। चैक प्रतिनिधि को इस सम्मेलन में भाग नहीं लेने दिया गया। समझौता हो जाने के बाद 30 सितम्बर, 1938 को उसकी प्रतिलिपि चैक प्रतिनिधि मसारिक को दी गई। अपने मित्रों द्वारा विश्वासघात कर दिए जाने के बाद चैक सरकार के पास समझौते को स्वीकार करने के अतिरिक्त कोई और उपाय नहीं रह गया। उसे अपने मृत्युदण्ड को स्वीकार करना पड़ा।

म्यूनिख समझौते की शर्तें

(i) चैक सेनाएं 1 अक्टूबर, 1938 को स्यूडेटन प्रदेश को खाली करना प्रारम्भ कर देंगी।

(ii) खाली करने का कार्य 10 अक्टूबर, 1938 तक पूरा कर दिया जायेगा, चैक सरकार प्रदेश खाली करते हुए खाद्य सामग्री और पशुओं को हटा सकेगी परन्तु किलेबन्दी को नष्ट नहीं करेगी।

(iii) स्यूडेटन प्रदेश को खाली करने की शर्तों का निर्धारण एक अन्तर्राष्ट्रीय आयोग करेगा, जिसमें जर्मनी, इटली, ब्रिटेन, फ्रांस और चैकोस्लोवाकिया का एक-एक प्रतिनिधि होगा।

(iv) जर्मन सेनाएं असन्दिग्ध जर्मन बहुमत के प्रदेशों पर 1 अक्टूबर,

1938 को अधिकार करना प्रारम्भ करेंगी और 7 अक्टूबर, 1938 तक इस कार्य को पूरा कर लेंगी।

(v) जर्मन बहुमत के सन्दिग्ध प्रदेशों का निर्धारण एक अन्तर्राष्ट्रीय आयोग करेगा। यह आयोग यह भी निश्चित करेगा कि किन-किन प्रदेशों में जनमत संग्रह किया जाए तथा उसकी क्या शर्तें हों। आयोग जनमत संग्रह की तिथि भी निर्धारित करेगा। परन्तु यह तिथि नवम्बर, 1938 के अन्त से पहले होनी चाहिए।

(vi) सीमाओं का अन्तिम निर्धारण एक अन्तर्राष्ट्रीय आयोग करेगा।

(vii) जनता को 6 माह के अन्दर दिए गए प्रदेशों में बसने या छोड़ने की स्वतंत्रता होगी। जनसंख्या के इस हस्तान्तरण से संबंधित बातों का निर्धारण एक जर्मन-चैकोस्लोवाकिया आयोग करेगा।

(viii) चैक सरकार 4 सप्ताह के अन्दर सभी राजनैतिक जर्मन बन्दियों को मुक्त कर देगी।

म्यूनिख समझौते का महत्व, परिणाम–म्यूनिख समझौते का चैकोस्लोवाकिया को छोड़कर सभी संबंधित पक्षों ने उत्साहपूर्वक स्वागत किया था। फ्रांस और ब्रिटेन की जनता ने म्यूनिख से लौटने पर अपने-अपने प्रधानमन्त्रियों का अभूतपूर्व अभिनन्दन किया था। बर्लिन स्थित ब्रिटिश राजदूत सर हैन्डरसन ने तो चेम्बरलेन को यहाँ तक लिखा था कि, "संसार की करोड़ों माताएं आज आपको आशीर्वाद दे रही हैं कि आपने उनके बच्चों को युद्ध के मुख से बचा लिया है। कल से आपकी सफलताओं की प्रशंसा में स्याही का समुद्र उमड़ पड़ेगा।"

परन्तु इस उत्साहपूर्ण स्वागत के बावजूद म्यूनिख समझौता ब्रिटेन और फ्रांस की एक भयंकर भूल और कूटनीतिक पराजय थी। रिबनट्राप (जर्मन विदेशमंत्री) ने ठीक ही कहा था–"बूढ़े आदमी (चेम्बरलेन) ने अपनी मृत्यु के आज्ञापत्र पर हस्ताक्षर कर दिये हैं और अब हमें उस पर केवल उसकी तिथि को लिखना है।"

म्यूनिख समझौता एक अत्यन्त महत्वपूर्ण घटना थी तथा उसके अत्यन्त दूरगामी परिणाम हुए। इसने यूरोप के लगभग सभी प्रमुख देशों की राजनीति पर गम्भीर प्रभाव डाला। ब्रिटेन के लिए म्यूनिख समझौता तुष्टीकरण की नीति का चरम बिन्दु था। केनथ इनग्राम के शब्दों में, "यह पतन की उस प्रक्रिया की, जिसके साथ अब चेम्बरलेन अपने आपको, अपने देश को बांधता पा रहा था, सर्वाधिक अन्धकारमय घड़ी थी क्योंकि इस दुःखद वास्तविकता से कोई छुटकारा नहीं था क्योंकि उस समय ब्रिटेन और फ्रांस

हिटलर की माँगों को कार्यान्वित करने वाले अभिकर्त्ताओं के रूप में कार्य कर रहे थे।"[1]

म्यूनिख समझौते ने फ्रांस की गुटबन्दियों द्वारा सुरक्षा प्राप्ति की योजना को नष्ट कर दिया। अपने सर्वाधिक शक्तिशाली मित्र के विश्वासघात के कारण चैकोस्लोवाकिया जर्मन प्रभावक्षेत्र में चला गया। पोलैण्ड, रूमानिया और युगोस्लाविया आदि देशों, जिनके साथ फ्रांस 'यथा-स्थिति' की रक्षा के लिए वचनबद्ध था, का फ्रांसीसी मित्रता की उपयोगिता में विश्वास नष्ट हो गया।

जर्मनी के लिए म्यूनिख समझौता एक प्रकार का वरदान था। म्यूनिख हिटलर के कूटनीतिक जीवन की सबसे बड़ी विजय और चेम्बरलेन की सबसे बड़ी पराजय थी।[2] चेम्बरलेन को हिटलर की लगभग सभी मांगें मान लेनी पड़ी थीं। विन्सटन चर्चिल के शब्दों में "बर्खटेसगाडेन में पिस्तौल तानकर 1 पौण्ड मांगा गया, जब यह दे दिया गया तब गोडेसवर्ग में पिस्तौल दिखाकर 2 पौण्ड मांगे गये। अन्त में अधिनायक ने 1 पौण्ड 17 शि॰ 6 पेन्स लेना स्वीकार कर लिया।"[3] हिटलर को इस समझौते से अत्यधिक लाभ हुआ। अब इसके लिए पोलैण्ड पर विजय पाना अत्यन्त सरल हो गया। उसके दो प्रधान शत्रुओं (फ्रांस और रूस) में फूट पड़ गई। सम्पूर्ण मध्य यूरोप जर्मन प्रभाव क्षेत्र में आ गया। जर्मन-रूस समझौते का मार्ग प्रशस्त हो गया। इसके अतिरिक्त म्यूनिख समझौते के कारण हिटलर को यह विश्वास हो गया कि ब्रिटेन और फ्रांस उसके विरुद्ध कुछ भी करने का साहस नहीं करेंगे। उसने कहा कि, "मैंने म्यूनिख में उन गरीब कीड़ों (दलादिये और चेम्बरलेन) का अनुभव किया है। वे दोनों आक्रमण करने के लिए अत्यधिक कायर सिद्ध होंगे।"

सोवियत विदेश नीति पर म्यूनिख समझौते का क्रान्तिकारी प्रभाव पड़ा। उसके इतिहास में एक नवीय युग का सूत्रपात हुआ। म्यूनिख वार्ता में उसे आमन्त्रित नहीं किया गया तथा स्वयं म्यूनिख समझौता 1935 को फ्रांसीसी रूसी सन्धि का उल्लंघन था। ब्रान्स हूपर के शब्दों में, "म्यूनिख समझौता एक ब्लैक आउट पराजय था। सोवियत यूनियन की विदेश नीति के दो युगों के मध्य की समय सीमा था।" रूस को विश्वास हो गया कि वह अपने पश्चिमी मित्रों पर विश्वास नहीं कर सकता। वह जर्मनी से समझौता करने की सोचने लगा।

चैकोस्लोवाकिया के लिए म्यूनिख समझौता न केवल एक प्रकार का मृत्युदण्ड का आज्ञापत्र था, अपितु इतिहास का सबसे महान् विश्वासघात भी

था। चैकोस्लोवाकिया की पराजय का वास्तविक कारण उसकी अपनी कोई दुर्बलता नहीं थी, अपितु उसके मित्रों का विश्वासघात था। म्यूनिख समझौते ने जर्मनी की शक्ति को द्विगुणित कर दिया उसे न केवल स्यूडेटन प्रदेश प्राप्त हुआ, अपितु विशाल मात्रा में औद्योगिक तथा सामरिक महत्व की वस्तुएं भी प्राप्त हुईं। उसे शूबर किलेबन्दी पर चैक सरकार ने 50 मिलियन पौण्ड व्यय किये थे, स्कोडा शस्त्र फैक्टरी और ऑसिग केमिकल वर्क्स प्राप्त हुए। उसे चैक कोयले की खानों का 50%, धातु उद्योग का 39%, शीशे के उद्योग का 55%, चैकोस्लोवाकिया के 27 बड़े नगरों में से 14 नगर तथा चैकोस्लोवाकिया की औद्योगिक जनसंख्या का 1/3 प्राप्त हुआ। चैकोस्लोवाकिया को शक्तिहीन और सम्पत्तिहीन कर दिया गया। यही नहीं, म्यूनिख समझौते के तुरन्त बाद पोलैण्ड और हंगरी ने भी चैकोस्लोवाकिया के मृत-प्राय शरीर में अपने दांत गड़ा दिए। पौलेण्ड ने टेचन के आसपास के पोल बहुल प्रदेश पर दावा किया और हंगरी ने स्लोवाकिया के मेगिआर जाति से बसे हुए क्षेत्र पर दावा किया। चैकोस्लोवाकिया को इन दावों को भी स्वीकार करना पड़ा।

म्यूनिख समझौता सम्पूर्ण यूरोप के लिए महान् कूटनीतिक क्रान्ति सिद्ध हुआ। इसने वर्साय की सन्धि द्वारा स्थापित व्यवस्था को नष्ट कर दिया। फ्रांस तथा ब्रिटेन के मित्र देशों ने उन पर विश्वास को नष्ट कर दिया। लघु मैत्री संघ के महत्व को समाप्त कर दिया। जवाहरलाल नेहरू के शब्दों में–"इस प्रकार यूरोप का एक नया विभाजन प्रारम्भ हुआ, एक यूरोप जिसमें फ्रांस तथा ब्रिटेन द्वितीय श्रेणी की शक्तियाँ बनते जा रहे थे और हिटलर के अन्तर्गत नात्सी जर्मनी प्रभुत्व सम्पन्न था।" म्यूनिख समझौता यूरोप तथा विश्व के इतिहास में नया मोड़ था।[4]

राष्ट्रसंघ के लिए म्यूनिख समझौता अत्यन्त घातक सिद्ध हुआ। इसने राष्ट्रसंघ की सामूहिक सुरक्षा व्यवस्था की प्रभावहीनता को सूर्य के प्रकाश के समान स्पष्ट कर दिया। इस प्रकार म्यूनिख समझौता चैकोस्लोवाकिया के प्रति ही नहीं अपितु सामूहिक सुरक्षा के प्रति भी एक निर्लज्ज विश्वासघात था। समझौते के द्वारा जैसा कि महात्मा गांधी ने कहा था, "केवल एक सप्ताह के सांसारिक जीवन के लिए यूरोप ने अपनी आत्मा बेच डाली।"

लन्दन तथा पेरिस की जनता ने म्यूनिख समझौते के बाद चेम्बरलेन और दलादिये का शान्ति दूतों के रूप में स्वागत किया; चेम्बरलेन का मत था कि 1878 के बाद दूसरी बार ब्रिटेन ने सम्मान सहित शान्ति को प्राप्त किया है। परन्तु वास्तव में चेम्बरलेन अपनी शान्तिप्रियता के नशे में अपनी पराजय

को देखने में असफल रहा था। चर्चिल ने उसी समय कहा था, "ब्रिटेन और फ्रांस को इस समय युद्ध व अपमान में चुनाव करना पड़ा है। उन्होंने अपमान को चुना है और शीघ्र ही उन्हें युद्ध करना पड़ेगा।" उनका मत था कि "एक छोटे राज्य को भेड़िये के आगे फेंककर सुरक्षा पाने की आशा घातक भ्रान्ति-मात्र है।"[5] चर्चिल की भविष्यवाणी सत्य सिद्ध हुई।

डेविड थाम्पसन के अनुसार–"मित्रराष्ट्रों ने इस मामले में चैकोस्लोवाकिया को सामूहिक सुरक्षा प्रदान करने की अपेक्षा उसके प्रदेश पर सामूहिक डकैती की; उसे जबरदस्ती अपना प्रदेश जर्मनी को सौंपने के लिए बाध्य किया।"

शूमां के शब्दों में–"म्यूनिख समझौता तुष्टीकरण की नीति का सर्वोच्च विकास तथा पश्चिमी लोकतन्त्रों की मृत्यु का आज्ञापत्र था। यह सामूहिक सुरक्षा पद्धति के विनाश का प्रतीक था। यह हिटलर की आतंक की रणनीति की अब तक की सबसे बड़ी विजय थी।"

चैकोस्लोवाकिया की अंत्येष्टि–26 सितम्बर, 1938 को हिटलर ने कहा था "कि मैंने चेम्बरलेन को आश्वासन दिया है कि जब स्यूडेटन जर्मनों की समस्या सुलझ जायेगी तो जर्मनी यूरोप में किसी अन्य प्रदेश पर दावा नहीं करेगा।" परन्तु शीघ्र ही यह स्पष्ट हो गया कि हिटलर पर विश्वास नहीं किया जा सकता। म्यूनिख समझौते के बाद जर्मनी ने स्लोवाकिया के प्रदेश को शेष चैकोस्लोवाकिया से पृथक् होने के लिए भड़काया। चैक सरकार ने जब इस विद्रोह को दबाने की चेष्टा की, तब हिटलर ने स्लोवाक नेताओं को बर्लिन बुलाकर उन्हें जर्मन संरक्षण प्रदान किया। उसके प्रोत्साहन से 14 मार्च, 1939 को स्लोवाकिया ने अपने को स्वतंत्र घोषित कर दिया। उसी दिन चैक राष्ट्रपति एमिल हाशा, जो हिटलर से मिलने बर्लिन आये थे, से बलपूर्वक एक ऐसे दस्तावेज पर हस्ताक्षर करा लिए गए, जिसके द्वारा वोहिमिया और मोराविया 'जर्मन संरक्षण' में रख दिए गये, जिससे चैकोस्लोवाकिया का अस्तित्व समाप्त हो गया।

सन्दर्भ

1. केनथ इनग्राम: ईयर्स ऑफ क्राइसिस, पृ॰ 494-495।
2. यूगेन एन॰ एन्डरसन: माडर्न यूरोप इन वर्ल्ड पर्सपेक्टिव, पृ॰ 382।
3. विन्सटन चर्चिल: दी सेकेन्ड वर्ल्ड वार, खण्ड 1, पृ॰ 293।
4. जवाहर लाल नेहरू: ग्लिम्पसिज ऑफ वर्ल्ड हिस्ट्री, पृ॰ 922।
5. विन्सटन चर्चिल: दी सेकेन्ड वर्ल्ड वार, खण्ड 1, पृ॰ 292।

स्मरण संकेत

पृष्ठभूमि और कारण

(i) स्यूडेटन जर्मनों की समस्या;
(ii) सामरिक महत्व का स्थान;
(iii) औद्योगिक दृष्टि से महत्वपूर्ण;
(iv) जर्मन विरोधी गुटबन्दी का केन्द्र;
(v) जर्मन की साम्राज्यवादी नीति; आस्ट्रिया के विलीनकरण से प्रोत्साहन।

घटनाक्रम तथा अन्तर्राष्ट्रीय शक्तियों की प्रतिक्रिया

(i) ब्रिटिश तुष्टीकरण नीति;
(ii) हिटलर द्वारा स्यूडेटन जर्मनों को विद्रोह के लिए प्रेरित करना;
(iii) फ्रांस द्वारा ब्रिटिश तुष्टीकरण नीति का अनुमोदन;
(iv) चेम्बरलेन द्वारा बर्खटेसगाडेन में हिटलर से भेंट;
(v) गोडेसबर्ग प्रस्ताव;
(vi) म्यूनिख समझौता।

म्यूनिख समझौते का महत्व, परिणाम

1. ब्रिटेन, फ्रांस की कूटनीतिक पराजय;
2. तुष्टीकरण नीति का चरम बिन्दु;
3. फ्रांस की गुटबन्दियों द्वारा सुरक्षा प्राप्ति की योजना विनष्ट;
4. जर्मनी के लिए वरदान; हिटलर की कूटनीतिक विजय;
5. सोवियत रूस के इतिहास में नवीन युग का सूत्रपात;
6. चैकोस्लोवाकिया के लिए मृत्युदण्ड का आज्ञापत्र;
7. जर्मनी की शक्ति द्विगुणित;
8. जर्मनी को औद्योगिक तथा सामरिक महत्व का क्षेत्र प्राप्त;
9. यूरोप के लिए कूटनीतिक क्रान्ति;
10. वर्साय सन्धि द्वारा स्थापित व्यवस्था नष्ट;
11. लघुमैत्री संघ का महत्व समाप्त;
12. राष्ट्रसंघ के लिए घातक और विनाशकारी सिद्ध;
13. सामूहिक सुरक्षा पद्धति के विनाश का प्रतीक;
14. यूरोप तथा विश्व के इतिहास में नया मोड़;
15. मित्रराष्ट्रों द्वारा चैकोस्लोवाकिया के साथ निर्लज्ज विश्वासघात;
16. पश्चिमी लोकतन्त्रों की मृत्यु का आज्ञापत्र;

17. सोवियत विदेश नीति में परिवर्तन; जर्मन-सोवियत मैत्री का पथ प्रशस्त;
18. यूरोपियन राष्ट्रों का मित्रराष्ट्रों से विश्वास समाप्त;
19. चैकोस्लोवाकिया का अस्तित्व समाप्त।

प्रश्न

1. "म्यूनिख समझौता तुष्टीकरण नीति का सर्वोच्य विकास तथा पश्चिमी लोकतन्त्रों की मृत्यु का आज्ञापत्र था," समीक्षा कीजिए।
2. चैकोस्लोवाकिया में हिटलर द्वारा हस्तक्षेप के क्या कारण थे? उसके परिणामों की भी विवेचना कीजिए।

28

द्वितीय विश्व युद्ध के कारण

द्वितीय विश्व युद्ध मूलतः उन्हीं शक्तियों और प्रवृत्तियों का परिणाम था, जिन्होंने प्रथम विश्व युद्ध को जन्म दिया था। इसके प्रमुख कारण थे–

1. कट्टर और अन्ध-राष्ट्रीयता (उग्रराष्ट्रवाद)–द्वितीय विश्व युद्ध का मूल कारण कट्टर और अन्ध-राष्ट्रीयता थी। प्रथम विश्व युद्ध की विनाश-लीला से क्षुब्ध होकर विश्व के राजनीतिज्ञों ने प्रभुसत्तासम्पन्न राष्ट्रीय राज्यों की महत्वाकांक्षाओं पर नियन्त्रण रखने के लिए अन्तर्राष्ट्रीयतावाद का पथ प्रशस्त किया तथा राष्ट्रसंघ की स्थापना की थी। परन्तु उनके अन्तर्राष्ट्रीयतावाद में विशेष गहराई न थी। वे अब भी राष्ट्रीयता के निष्ठावान उपासक थे। 'शान्ति की सन्धि' की रचना और नये यूरोप का निर्माण करते समय विजेता राष्ट्रों ने अपने राष्ट्रीय हितों को सर्वोपरि स्थान दिया। जर्मनी आदि पराजित राष्ट्रों ने भी 'मेरा देश' के सिद्धान्त पर आचरण किया। जर्मनी, जापान और इटली, जिनकी आक्रामक गतिविधियों को द्वितीय विश्व युद्ध के लिए विशेष रूप से उत्तरदायी ठहराया जाता है, एक ही स्पष्ट लक्ष्य की प्राप्ति के लिए कार्य कर रहे थे–राष्ट्रीय प्रतिष्ठा की अभिवृद्धि।

2. आर्थिक साम्राज्यवाद–द्वितीय विश्व युद्ध के कारणों में आर्थिक साम्राज्यवाद भी अधिक महत्वपूर्ण था। कच्चे माल के स्रोतों, पक्के माल के लिए बाजारों, पूंजी लगाने के लिए प्रदेशों की प्राप्ति के लिए पारस्परिक संघर्ष, जिसने प्रथम विश्व युद्ध की पृष्ठभूमि निर्मित की थी; पेरिस शान्ति सम्मेलन की व्यवस्थाओं के बाद और भी तीव्र हो गया। आर्थिक साम्राज्यवाद के आकांक्षी दो भागों में विभाजित हो गए थे। पहले वर्ग में ब्रिटेन, फ्रांस, बेल्जियम, पुर्तगाल और हालैण्ड आदि थे, जिन्होंने विश्व के अर्द्ध-विकसित और अविकसित कहे जाने वाले अधिकांश भागों पर अधिकार कर रखा था। दूसरे वर्ग में जर्मनी, जापान, इटली आदि थे जो उपनिवेशों की दौड़ में देर से सम्मिलित हुए थे तथा जिनका विचार था कि उन्हें विश्व के उपनिवेशों में उनका उचित भाग प्राप्त नहीं हुआ था। प्रथम विश्व युद्ध में पराजित

जर्मनी से उसके समस्त उपनिवेश छीन लिए गये थे। जापान और इटली विजयी राष्ट्रों में थे, परन्तु मित्रराष्ट्रों ने जर्मनी और तुर्की से छीने गये उपनिवेशों का जो बंटवारा किया, उसमें अधिकांश उपनिवेश फ्रांस और ब्रिटेन को प्राप्त हुए थे। कुछ थोड़े से जापान को मिले थे तथा इटली को कुछ भी नहीं मिला था। इसके कारण जहां ब्रिटेन और फ्रांस को अपने उद्योगों के लिए लगभग सभी आवश्यक कच्चा माल उपलब्ध था, वहां जर्मनी, इटली और जापान के पास उसकी बहुत कमी थी। अतः जर्मनी, इटली, जापान ने एक विस्तारवादी, साम्राज्यवादी और आक्रामक विदेश नीति अपनाई। जर्मनी ने न केवल आस्ट्रिया और चैकोस्लोवाकिया पर आक्रमण किया अपितु म्यूनिख समझौते के बाद विश्व की सम्पति के जर्मनी और इटली के पक्ष में अधिक न्यायोचित वितरण की मांग भी की, जिसका अर्थ प्रथम विश्व युद्ध के जर्मन उपनिवेशों की वापसी मात्र नहीं था। इटली ने इथियोपिया पर आक्रमण किया तथा जापान ने मंचूरिया और चीन में पैर फैलाने की कोशिश की।

3. गुप्त मैत्रियों की पद्धति और सैन्यवाद–गुप्त मैत्रियों की पद्धति और सैन्यवाद द्वितीय विश्व युद्ध के मूल कारणों में से थे। फ्रांस ने बेल्जियम, पोलैण्ड, चैकोस्लोवाकिया, रूमानिया और यूगोस्लाविया से गुप्त मैत्री सन्धियां (गुटबन्दी) करके अपने गुट की रचना की थी। जर्मनी, जापान और इटली ने भी अपने गुट का निर्माण किया। सोवियत संघ भी अपने गुट का निर्माण करने के लिए निरन्तर प्रयत्नशील था। इसके साथ ही यूरोप के लगभग सभी देश लगातार अपने सैनिक बल को अधिकाधिक बढ़ाने में दत्तचित्त थे।

4. वर्साय की सन्धि–वर्साय की सन्धि की कठोरता को भी द्वितीय विश्व युद्ध का एक प्रधान कारण माना जाता है। सिरिल फाल्स के अनुसार, द्वितीय विश्व युद्ध सार रूप से जर्मनी द्वारा प्रारम्भ किया गया एक प्रतिशोधात्मक युद्ध था। वर्साय संधि स्वयं प्रतिशोध की भावना पर आधारित थी। जर्मनी को संगीन की नोक पर हस्ताक्षर करने को विवश किया गया था। इसके द्वारा जर्मनी के यूरोपीय प्रदेश का 1/8 भाग उससे छीन लिया गया। उसके सारे उपनिवेश उससे ले लिये गये। पोलिश गलियारे की व्यवस्था करने के लिए उसे दो भागों में विभाजित कर दिया गया। उसकी नौ-सेना नष्ट कर दी गई। उसकी भूमि पर विदेशी सैनिक तैनात किये गए और शान्ति सम्मेलन में उसके प्रतिनिधियों को बुरी तरह से अपमानित किया गया। जर्मनी को युद्ध अपराधी ठहराने वाले उपबन्ध व्यवहारिक दृष्टि से निरर्थक और मनोवैज्ञानिक दृष्टि से अनावश्यक रूप से अपमानजनक थे। इसी प्रकार क्षतिपूर्ति के रूप में असम्भव धनराशि की मांग की गयी थी। इन सब अनावश्यक कठोरताओं

ने जर्मनी में गहरा राष्ट्रीय असन्तोष उत्पन्न कर दिया, जिसका हिटलर ने अत्यन्त कौशलपूर्ण ढंग से लाभ उठाकर जर्मन जनता में प्रतिशोध की तीव्र इच्छा उत्पन्न कर दी।

5. युद्ध-ऋण और क्षतिपूर्ति की समस्या–प्रथम विश्व युद्ध के बाद के अन्तर्राष्ट्रीय वातावरण को विषाक्त करके युद्ध-ऋण और क्षतिपूर्ति की समस्याओं ने भी द्वितीय विश्व युद्ध की पृष्ठभूमि तैयार करने में बहुत भाग लिया। विन्सटन चर्चिल के शब्दों में–"इतिहास इन सब लेन-देनों को पागलपन की संज्ञा देगा। इन्होंने सैन्यवादी श्राप और आर्थिक झंझावात को उत्पन्न करने में सहायता दी।"

युद्ध-ऋण और क्षतिपूर्ति ऐसी समस्यायें थीं, जिन पर आर्थिक दृष्टिकोण से विचार किया जाना चाहिए था, परन्तु उन पर अधिकांश विजेता राष्ट्रों ने राजनैतिक दृष्टिकोण से विचार किया, जिसके अनेक दुखद परिणाम हुए। ब्रिटेन और फ्रांस के मध्य गम्भीर मतभेद और मनोमालिन्य उत्पन्न हो गया। जर्मनी और फ्रांस का पारस्परिक द्वेष और भी गहरा हो गया। अमेरिका और अन्य मित्रराष्ट्रों के संबंधों में कटुता उत्पन्न हो गई।

6. विश्व अर्थ संकट–युद्ध-ऋण और क्षतिपूर्ति की समस्याओं का सबसे भयंकर दुष्परिणाम विश्व अर्थ-संकट था, जो अक्टूबर, 1929 में प्रारम्भ हुआ और अनेक वर्षों तक विश्व को सन्तप्त करता रहा। इस अर्थ-संकट ने लगभग सभी देशों में आर्थिक राष्ट्रीयता को उग्र बना दिया, जिससे प्रेरित होकर इन देशों ने ऐसी आर्थिक नीतियाँ अपनाईं, जिन्होंने अन्तर्राष्ट्रीय क्षेत्र में प्रभावशाली राजनैतिक सहयोग को असम्भव बना दिया। इस अर्थ-संकट के कारण यूरोप के अधिकांश देशों की जनता को भीषण कष्टों का सामना करना पड़ा। इससे उत्पन्न बेकारी और आर्थिक असुरक्षा ने उदारवादी पूंजीवाद और लोकतान्त्रिक शासन पद्धति को एक बड़ी सीमा तक अलोकप्रिय बना दिया। विशेष रूप से मध्यम वर्ग और मजदूर वर्ग इनसे असन्तुष्ट होकर फासीवाद और साम्यवाद की ओर आकर्षित होने लगे। जर्मनी में हिटलर के नेतृत्व में नात्सीवाद का उदय इसी का परिणाम था। जापान और जर्मनी आदि अनेक देशों की सरकारों ने आर्थिक कष्टों के समाधान के रूप में साम्राज्यवाद का मार्ग अपनाया। पामर और परकिन्स के शब्दों में, "अर्थ-संकट का परिणाम आर्थिक राष्ट्रीयता थी, जिसे द्वितीय विश्व युद्ध के बड़े मूल कारणों में गिना जाना चाहिए।"[1]

7. राष्ट्रीय अल्पसंख्यकों की समस्या–दो विश्व-युद्धों के मध्य राष्ट्रीय अल्पसंख्यकों की समस्या अन्तर्राष्ट्रीय तनाव का कारण बनी रही। जर्मनी ने यह बहाना करके कि आस्ट्रिया की जर्मन जनता जर्मनी के साथ संयुक्त

होना चाहती है, आस्ट्रिया पर अधिकार कर लिया। तत्पश्चात् यह शोर मचाकर कि चैकोस्लोवाकिया और पोलैण्ड में जर्मन अल्पसंख्यकों पर अत्याचार किया जा रहा है, इन देशों को अपनी साम्राज्यलिप्सा का शिकार बनाया। पोलैण्ड पर उसका आक्रमण द्वितीय विश्व युद्ध का तात्कालिक कारण सिद्ध हुआ।

8. वैचारिकी–बीसवीं शताब्दी में अन्तर्राष्ट्रीय संबंधों के क्षेत्र में एक नये तत्व को महत्वपूर्ण स्थान प्राप्त हुआ–यह तत्व था 'वैचारिकी'। 1917 की सोवियत क्रान्ति के बाद यूरोप के पूंजीवादी देश–विशेष रूप से ब्रिटेन–साम्यवाद के भय से आतंकित हो गये। उन्होंने साम्यवादी रूस के विरुद्ध दुर्ग प्राचीर के रूप में नात्सी जर्मनी को प्रोत्साहन देने की नीति अपनायी। नात्सी और फ्रासीवादी विचारधारायें स्पष्टतः साम्राज्यवाद और युद्धरत राष्ट्रीयता के सिद्धान्तों में विश्वास करती थीं। अतः उनके विकास ने अन्ततः युद्ध को अनिवार्य बना दिया।

9. संयुक्त राज्य अमेरिका द्वारा राष्ट्रसंघ का परित्याग–पेरिस शान्ति व्यवस्था की अन्तर्राष्ट्रीय राजनीति की सर्वाधिक महत्वपूर्ण देन राष्ट्रसंघ थी। इसकी स्थापना मुख्यतः युद्धों को रोकने के उद्देश्य से की गयी थी। परन्तु यह संस्था इस उद्देश्य की पूर्ति में सफल न हो सकी। उसकी असफलता के कारण विषयान्तर से द्वितीय विश्व युद्ध के भी कारण थे। संयुक्त राज्य अमेरिका राष्ट्रसंघ का जन्मदाता था परन्तु प्रारम्भ से मनोवैज्ञानिक और वास्तविक दोनों दृष्टियों से ही युद्ध-निवारण के साधन अमेरिका ने राष्ट्रसंघ का सदस्य बनना अस्वीकार कर दिया। इससे राष्ट्रसंघ के रूप में अत्यन्त दुर्बल सिद्ध हुआ। गेथोर्न हार्डी के शब्दों में–"एक ऐसे शिशु को यूरोप के दरवाजे पर छोड़ दिया गया था, जिसका अंग-प्रत्यंग निभ्रान्त रूप से इसके अटलांटिक पार के पितृत्व की उद्घोषणा कर रहा था। उन पर पालनकर्ताओं की देखभाल में छोड़ दिया गया था, जो अनिवार्यतः इसे उस बच्चे से हीन कोटि का समझते थे, जैसा उनका विचार था कि वे पैदा कर सकते थे।"[2]

10. अन्तर्राष्ट्रीय नैतिकता का निम्न स्तर–अमेरिका द्वारा राष्ट्रसंघ के परित्हाग ने न केवल राष्ट्रसंघ को दुर्बल बना दिया अपितु प्रथम और द्वितीय विश्व युद्ध के मध्य के युग की एक अत्यन्त दुर्भाग्यपूर्ण प्रवृत्ति को प्रारम्भ करने में भी योग दिया। यह प्रवृत्ति थी अन्तर्राष्ट्रीय दायित्वों की पवित्रता के प्रति एक निर्लज्ज उपेक्षाभाव। अन्तर्राष्ट्रीय नैतिकता का स्तर इतना गिर गया कि जब हिटलर ने चैकोस्लोवाकिया को अपनी साम्राज्यलिप्सा का शिकार बनाना चाहा तब फ्रांस आदि राष्ट्रों ने उसकी सहायता के लिए वचनबद्ध होते हुए भी उसे हिटलर की महत्वाकांक्षा की वेदी पर बलि चढ़ा

दिया। गाईतेनो सैलवेमिनी के शब्दों में–"प्रथम और द्वितीय विश्व युद्ध के बीच का राष्ट्रसंघ का इतिहास चालबाजियों, धोखेबाजियों, षड्यन्त्रों और पारस्परिक ईर्ष्या व वैमनस्य का इतिहास है, जिसके द्वारा उन्हीं कूटनीतिज्ञों ने, जिन्होंने राष्ट्रसंघ संविदा का निर्माण किया था, उसको विनष्ट करने और उसके प्रभाव को समाप्त करने का यत्न किया।"[3]

11. शान्तिवाद की बाधा–प्रथम विश्व युद्ध के बाद विल्सन के आदर्शवाद से प्रभावित लोकतान्त्रिक देशों का लोकमत अन्तर्राष्ट्रीय राजनीति में विदेश नीति के साधन के रूप में शक्ति के प्रयोग को एक निन्दनीय वस्तु मानने लगा था। इससे साम्राज्यवादी राज्यों की आक्रामक गतिविधियों को उनकी प्रारम्भिक अवस्था में ही रोक देना कठिन हो गया।

12. निःशस्त्रीकरण के प्रति भ्रान्तिपूर्ण दृष्टिकोण–अन्तर्राष्ट्रीय तनाव को घटाने के सहयोगी प्रयत्नों के बिना और अन्तर्राष्ट्रीय उत्तरदायित्वों के सामान्य कार्यवाही के द्वारा प्रवर्तन की प्रभावशाली व्यवस्था के अभाव में निःशस्त्रीकरण के प्रयत्न निरर्थक और हानिकारक सिद्ध हुए। इनकी सफलता असम्भव थी। प्रतियोगी आधार पर निःशस्त्रीकरण की असफल वार्तायें, शस्त्रीकरण की प्रतिद्वन्द्विता के समान ही अविश्वास और तनावों को जन्म देने वाली सिद्ध हुई। इससे निःशस्त्रीकरण के प्रति अविश्वास उत्पन्न हुआ और विश्व शस्त्रीकरण की ओर उन्मुख हो गया; जिसका परिणाम था 'द्वितीय विश्व युद्ध'।

13. प्रथम विश्व युद्ध से भ्रमपूर्ण निष्कर्ष–पेरिस शांति सम्मेलन के राजनीतिज्ञों ने प्रथम विश्व युद्ध से गलत निष्कर्ष निकालकर कुछ ऐसी व्यवस्थायें स्थापित कीं जो आक्रामकों की गतिविधियों के विरुद्ध शीघ्र और प्रभावशाली कार्यवाही के मार्ग में बाधक सिद्ध हुईं। यह निष्कर्ष निकाला गया था कि यदि छोटे राज्यों की संक्षुब्धता पर नियन्त्रण रखा जा सके तो युद्धों से बचा जा सकता है। परन्तु ये निष्कर्ष एक बड़ी सीमा तक भ्रमपूर्ण थे। अपूर्वानुमेय घटनाओं से उत्पन्न युद्ध के विचार में, एक लम्बे काल में धीरे-धीरे नियोजित विकृष्ट आक्रमण, जिसने द्वितीय विश्व युद्ध को जन्म दिया, की सम्भावना पर ध्यान नहीं दिया गया था। इसी प्रकार सामान्य शक्ति को वास्तविक खतरा महाशक्तियों के वैमनस्य से उत्पन्न होता है, छोटी शक्तियों की प्रतिद्वन्द्विता से नहीं। गेथोर्न हार्डी के अनुसार, "किसी न्यूनाधिक आकस्मिक घटना के कारण उत्तेजित मिजाज से उत्पन्न आकस्मिक विस्फोट के रूप में युद्ध के विचार की इस पूर्वधारणा ने राष्ट्रसंघ के यन्त्र को नियोजित और विकृष्ट आक्रमण के मामलों में सुलझाने के लिए आश्चर्यजनक रूप से अनुपयुक्त बना दिया।"[4]

14. राष्ट्रसंघ की भ्रामक शक्ति–द्वितीय विश्व युद्ध का एक कारण प्रभावशाली अन्तर्राष्ट्रीय संगठन का अभाव था। युद्ध अवरोधक यन्त्र के रूप में राष्ट्रसंघ उससे कहीं कम शक्तिशाली था, जितना कि इसे समझा गया था। यह विश्वास था कि राष्ट्रसंघ की शक्ति आक्रमणकारी को दण्डित और नियन्त्रित करने के लिए पर्याप्त थी। यह विश्वास भ्रामक सिद्ध हुआ। विश्व की महाशक्तियों में संयुक्त राज्य अमेरिका उसका कभी भी सदस्य नहीं रहा। सोवियत संघ अधिकांश समय उसकी निन्दा करता रहा। जर्मनी, जापान और इटली ने आक्रामक और साम्राज्यवादी नीति अपना ली।

15. एंग्लो फ्रांसीसी मतभेद–प्रथम विश्व युद्ध के बाद ब्रिटेन और फ्रांस में गम्भीर मतभेद उत्पन्न हो गये। ये मतभेद एक बड़ी सीमा तक राष्ट्रसंघ की असफलता, नात्सी जर्मनी के उदय और द्वितीय विश्व युद्ध के लिए उत्तरदायी थे। जर्मनी ने ब्रिटेन और फ्रांस के मतभेदों का अत्यन्त कौशल से लाभ उठाया तथा एक-एक करके वर्साय के सन्धि की अनेक अप्रिय व्यवस्थाओं को समाप्त करने में सफल हुआ था, उसी की आक्रामक नीति ने द्वितीय विश्व युद्ध का सूत्रपात किया।

16. रूस की साम्यवादी क्रान्ति–1917 की रूस की साम्यवादी क्रान्ति भी द्वितीय विश्व युद्ध का कारण थी। इससे एक ओर फ्रांस अपने को जर्मनी के विरुद्ध अरक्षित महसूस करने लगा क्योंकि अब वह अपने परम्परागत मित्र रूस की मैत्री से वंचित हो गया। दूसरी ओर जर्मनी, ब्रिटेन और फ्रांस की साम्यवादी विरोधी भावनाओं का लाभ उठाकर अपने सैनिक पुनर्निर्माण में सफल हुआ।

17. तुष्टीकरण की नीति–ब्रिटेन की तुष्टीकरण नीति, द्वितीय विश्व युद्ध के लिए पूर्णरूपेण उत्तरदायी थी। तुष्टीकरण नीति के फलस्वरूप ही जापान ने मंचूरिया, इटली ने एबीसीनिया तथा जर्मनी ने आस्ट्रिया को अधिकृत कर लिया था। म्यूनिख समझौते में तुष्टीकरण नीति अपनी पराकाष्ठा को पहुंच गई। ब्रिटेन ने जर्मनी के साथ निर्लज्जता का समझौता कर चैकोस्लोवाकिया की बलि चढ़ा दी। इससे उत्साहित होकर हिटलर ने पोलैण्ड पर आक्रमण कर दिया जिससे द्वितीय विश्व युद्ध का सूत्रपात हुआ।

18. हिटलर की विदेश नीति–हिटलर की विदेश नीति आक्रामक थी। वह वर्साय सन्धि को नष्ट कर देने के लिए कृतसंकल्प था। जर्मन साम्राज्य का प्रसार उसका लक्ष्य था; शान्ति, सौहार्द से परे दम्भ, क्रूरता उसके साथी थे। उसने मार्च, 1938 में आस्ट्रिया का जर्मन में बलात् विलय किया। सितम्बर, 1938 में चैकोस्लोवाकिया को विनष्ट किया और जब पोलैण्ड के विरुद्ध सितम्बर, 1939 में आक्रामक कार्यवाही की तो द्वितीय

विश्व युद्ध का सूत्रपात हुआ। इस प्रकार हिटलर की विदेश नीति द्वितीय विश्व युद्ध के लिए बहुत दूर तक उत्तरदायी थी।

19. फासीवाद–दो विश्व युद्धों के मध्य अन्तर्राष्ट्रीय तनाव को उत्पन्न करने में फासीवाद की अहम् भूमिका थी। फासीवाद का शान्ति में विश्वास नहीं था। मुसोलिनी कहा करता था कि यदि शान्ति चाहते हो तो युद्ध के लिए तैयार रहो। इससे विश्व युद्ध की ओर उन्मुख होता चला गया। इटली ने एबीसीनिया पर अधिकार कर लिया। स्पेन में सैनिक हस्तक्षेप किया। अल्बानिया पर अधिकार कर लिया। रोम-बर्लिन-टोकियो धुरी का निर्माण करके राष्ट्रसंघ, सामूहिक सुरक्षा व्यवस्था, नि:शस्त्रीकरण को असफल कर दिया और अन्त में द्वितीय विश्व युद्ध को गति दी।

20. तात्कालिक कारण–जर्मनी ने अपनी सफलताओं से उत्साहित होकर 1 सितम्बर, 1939 को पोलैण्ड पर आक्रमण कर दिया। 3 सितम्बर, 1939 को ब्रिटेन और फ्रांस ने इसके प्रत्युत्तर में जर्मनी के विरुद्ध युद्ध की घोषणा कर दी। इसी से द्वितीय विश्व युद्ध का सूत्रपात हुआ।

सन्दर्भ

1. पामर एण्ड परकिन्स: इण्टरनेशनल रिलेशन्स, पृ० 159।
2. गेथोर्न हार्डी: अन्तर्राष्ट्रीय राजनीति का संक्षिप्त इतिहास, पृ० 428।
3. आर० एरगांग: यूरोप इन आवर टाइम्स, पृ० 274।
4. गेथोर्न हार्डी: अन्तर्राष्ट्रीय राजनीति का संक्षिप्त इतिहास, पृ० 511।

स्मरण संकेत

द्वितीय विश्व युद्ध के कारण

(i) कट्टर और अन्ध-राष्ट्रीयता (उग्र राष्ट्रवाद);
(ii) आर्थिक साम्राज्यवाद;
(iii) गुप्त मैत्रियों की पद्धति और सैन्यवाद;
(iv) वर्साय की सन्धि;
(v) युद्ध-ऋण और क्षतिपूर्ति की समस्या;
(vi) विश्व अर्थ-संकट;
(vii) राष्ट्रीय अल्पसंख्यकों की समस्या;
(viii) वैचारिकी;
(ix) संयुक्त राज्य अमेरिका द्वारा राष्ट्रसंघ का परित्याग;
(x) अन्तर्राष्ट्रीय नैतिकता का निम्न स्तर;

(xi) शान्तिवाद की बाधा;
(xii) निःशस्त्रीकरण के प्रति भ्रान्तिपूर्ण दृष्टिकोण;
(xiii) प्रथम विश्व युद्ध से भ्रमपूर्ण निष्कर्ष;
(xiv) राष्ट्रसंघ की भ्रामक शक्ति;
(xv) एंग्लो-फ्रांसीसी मतभेद;
(xvi) रूस की साम्यवादी क्रान्ति;
(xvii) तुष्टीकरण की नीति;
(xviii) हिटलर की विदेश नीति;
(xix) फासीवाद;
(xx) तात्कालिक कारण (जर्मनी द्वारा 1 सितम्बर, 1939 को पोलैण्ड पर आक्रमण; इसके प्रत्युत्तर में 3 सितम्बर, 1939 को ब्रिटेन और फ्रांस द्वारा जर्मनी के विरुद्ध युद्ध की घोषणा)।

द्वितीय विश्व युद्ध का दौर

(i) प्रथम अवस्था–(1 सितम्बर, 1939 से जून, 1941);
(ii) द्वितीय अवस्था–(जून, 1941 से दिसम्बर, 1941);
(iii) तृतीय अवस्था–(दिसम्बर, 1941 से नवम्बर, 1942);
(iv) चतुर्थ अवस्था–(नवम्बर, 1942 से मई, 1945);
(v) पंचम अवस्था–(मई, 1945 से अगस्त, 1945)।

द्वितीय विश्व युद्ध में क्षति

(i) सैनिक क्षति–1,50,00,000 सैनिक शहीद (लगभग);
(ii) असैनिक क्षति–2,00,00,000 (शहीद) लगभग;
(iii) घायल–2,00,00,000 (व्यक्ति) लगभग;
(iv) मिलियन डालर लगभग;
(v) सम्पत्ति की हानि–23,10,000 मिलियन डालर लगभग।

प्रश्न

1. द्वितीय विश्व युद्ध के प्रमुख कारण क्या थे? ब्रिटिश तुष्टीकरण नीति इसके लिए कहां तक उत्तरदायी थी?
2. द्वितीय विश्व युद्ध के कारणों की विवेचना करते हुए, इसके तात्कालिक कारण को बतलाइये।

29

शान्ति समझौते के प्रयत्नः द्वितीय विश्वयुद्धकालीन सम्मेलन

शान्ति समझौते के मूल आधारों की व्याख्या चार स्वतंत्रताओं, अटलांटिक चार्टर तथा अनेक सम्मेलनों में अभिव्यक्त की गई थी–

चार स्वतंत्रतायें और अटलांटिक चार्टर

अपनी स्थापना के काल से ही आदर्शों और नीति शास्त्र पर बल देने की प्रवृत्ति अमेरिकन राजनीति और विदेशनीति की एक प्रमुख विशेषता रही है। प्रथम विश्वयुद्ध की भांति द्वितीय विश्व युद्ध में भी अमेरिकन राष्ट्रपति मित्रराष्ट्रों के युद्ध संबंधी सिद्धान्तों का प्रमुख प्रवक्ता बन गया। द्वितीय विश्व युद्ध में मित्रराष्ट्रों के युद्ध उद्देश्यों की प्रथम घोषणा अटलांटिक चार्टर को माना जाता है। यह राष्ट्रपति रुजवेल्ट की चार स्वतंत्रताओं पर आधारित था। चार स्वतंत्रताओं की घोषणा राष्ट्रपति रुजवेल्ट द्वारा 6 जनवरी, 1941 को कांग्रेस को भेजे एक सन्देश में की गई थी। ये चार स्वतंत्रतायें थीं–

(i) भाषण और अभिव्यक्ति की स्वतंत्रता;

(ii) भगवान की अपने ढंग से उपासना करने की स्वतंत्रता;

(iii) अभाव और दरिद्रता से स्वतंत्रता;

(iv) भय से स्वतंत्रता अर्थात् निःशस्त्रीकरण द्वारा दूसरे देशों के सम्भावित आक्रमण की आशंका से मुक्ति।

चार स्वतंत्रताओं की इस घोषणा के पश्चात् 14 अगस्त, 1941 को अमेरिकन राष्ट्रपति रुजवेल्ट तथा ब्रिटिश प्रधानमंत्री चर्चिल क्रमशः यू० एस० एस० ऑगस्टा और एच० एम० एस० प्रिंस ऑफ वेल्स नामक युद्धपोतों पर अटलांटिक महासागर में प्रथम बार मिले और यह घोषणा की, जिसे अटलांटिक चार्टर की घोषणा कहा जाता है–

(i) ब्रिटेन तथा अमेरिका अपना प्रादेशिक या अन्य प्रकार का विस्तार नहीं चाहते।

(ii) वे ऐसे कोई भी प्रादेशिक परिवर्तन नहीं देखना चाहते, जो उनसे संबंधित लोगों की स्वतंत्रतापूर्वक प्रकट की गई इच्छाओं के अनुकूल न हों।

(iii) वे प्रत्येक राष्ट्र के अपनी शासन प्रणाली को चुनने के अधिकार का सम्मान करते हैं तथा वे यह देखना चाहते हैं कि जिन राज्यों के प्रभुसत्ता एवं स्वशासन के अधिकारों को बलपूर्वक छीन लिया गया है, वे उन्हें पुनः प्राप्त हो जायें।

(iv) वे इस बात का प्रयत्न करेंगे कि सब छोटे-बड़े राष्ट्रों को, चाहे वे विजेता हों या विजित हों, उनकी आर्थिक समृद्धि के लिए आवश्यक व्यापार और कच्चे माल की सुविधायें समान रूप से प्राप्त हों।

(v) वे सभी के लिए मजदूरी के उन्नत स्तरों, आर्थिक उन्नति एवं सामाजिक सुरक्षा की प्राप्ति की दृष्टि से आर्थिक क्षेत्र, सभी राष्ट्रों के मध्य पूर्ण सहयोग प्राप्त करना चाहते हैं।

(vi) नात्सी अत्याचार को अन्तिम रूप से नष्ट करने के उपरान्त वे एक ऐसी शान्ति की स्थापना करने की आशा करते हैं, जो सभी राष्ट्रों को अपनी सीमाओं के भीतर सुरक्षित रहने के साधन दे सके तथा जो यह आश्वासन भी दे सके कि सभी मनुष्य सभी देशों में भय और युद्ध से स्वतंत्र होकर अपना जीवन व्यतीत कर सकते हैं।

(vii) इस प्रकार की शान्ति सब मनुष्यों को महासागरों और समुद्रों पर निर्बाध विचरण की स्वतंत्रता प्रदान करेगी।

(viii) उनका विश्वास है कि संसार के सभी राष्ट्रों को व्यवहारिक एवं आध्यात्मिक कारणों से प्रेरित होकर शक्ति के प्रयोग का परित्याग कर देना चाहिए। उनका विश्वास है कि सामान्य सुरक्षा की एक विस्तृत एवं स्थाई व्यवस्था की स्थापना के लिए निःशस्त्रीकरण आवश्यक है।

अटलांटिक चार्टर द्वितीय विश्व युद्ध के काल की एक अत्यन्त महत्वपूर्ण घोषणा थी। हार्टमैन के अनुसार, "अटलांटिक चार्टर में ब्रिटिश युद्ध उद्देश्यों की प्रथम अधिकारिक व्याख्या निहित थी। इसने वह सैद्धान्तिक आधार प्रदान किया, जिसके आधार पर संयुक्त राज्य अमेरिका और ग्रेट ब्रिटेन ने द्वितीय विश्व युद्ध लड़ा था।"[1] यद्यपि इस समय तक अमेरिका युद्ध में औपचारिक रूप से सम्मिलित नहीं हुआ, परन्तु अटलांटिक घोषणा से यह सर्वथा स्पष्ट हो गया कि अमेरिका युद्ध की घोषणा किये बिना भी मित्रराष्ट्रों की विजय के लिए चिन्तित था और यदि वह कभी युद्ध में सम्मिलित होगा तो मित्रराष्ट्रों के पक्ष से ही होगा। इस घोषणा ने विश्व की पराधीन जातियों

में नूतन आशाओं और आकांक्षाओं का संचार किया, क्योंकि विल्सन के 14 सूत्रों के समान इसमें भी आत्मनिर्णय के अधिकार पर बल दिया गया था। साथ ही, इसमें युद्ध के बाद सभी राष्ट्रों को अपनी-अपनी सीमाओं को सुरक्षित रखने के साधन देने का आश्वासन देकर एक अन्तर्राष्ट्रीय संगठन की स्थापना का संकेत भी किया गया था। इसी आधार पर वेनडनवोश और होगन ने इसे "संयुक्त राष्ट्र संघ के सृजन में प्रथम पग" कहा है।[2]

1 जनवरी, 1942 की संयुक्त राष्ट्र की घोषणा–यह युद्ध काल की दूसरी महत्वपूर्ण घोषणा थी। इस घोषणा पर 26 राष्ट्रों ने हस्ताक्षर किये थे। उसके द्वारा उन्होंने अटलांटिक चार्टर के सिद्धान्तों की पुष्टि करते हुए धुरी राष्ट्रों के साथ पृथक् सन्धि न करने का संकल्प किया।

युद्धकालीन सम्मेलन

उपर्युक्त दो घोषणाओं के अतिरिक्त युद्धकाल में अनेक सम्मेलन हुए जिन्होंने शान्ति समझौते की अग्रिम तैयारी में महत्वपूर्ण योग दिया। इनमें से महत्वपूर्ण सम्मेलन थे–

(i) **कासाब्लांका सम्मेलन (14 जनवरी, 1943 से 24 जनवरी, 1943)**–इस सम्मेलन में रुजवेल्ट, चर्चिल तथा उनके सैनिक परामर्शदाताओं ने मोरक्को के कासाब्लांका बन्दरगाह में सम्मिलित होकर यह निश्चय किया कि संयुक्त राष्ट्र केवल "बिना शर्त के आत्मसमर्पण" के आधार पर ही सन्धि करेंगे।

(ii) **मास्को सम्मेलन (19 अक्टूबर, 1943 से 30 अक्टूबर, 1943)**–इस सम्मेलन में अमेरिकन विदेश मंत्री कार्डल हल, ब्रिटिश विदेशमंत्री एन्थनी ईडन तथा सोवियत विदेशमंत्री मोलोतोव ने भाग लिया। इसमें आस्ट्रिया को स्वतंत्र और स्वाधीन राज्य बनाने का निश्चय किया गया। इटली में लोकतान्त्रिक सरकार की स्थापना का संकल्प किया गया। जर्मनी के साथ विराम सन्धि करते समय इस बात का ध्यान रखने का निर्णय किया गया कि भीषण क्रूरतायें करने वाले व्यक्तियों को दंड दिया जाये। युद्ध के पश्चात् स्थाई अन्तर्राष्ट्रीय शान्ति और सुरक्षा की प्राप्ति के लिए एक अन्तर्राष्ट्रीय संगठन की स्थापना का निश्चय किया गया। यह निश्चय संयुक्त राष्ट्र संघ की स्थापना की दिशा में एक महत्वपूर्ण पग था। इस सम्मेलन ने अमेरिका, ब्रिटेन और रूस के मध्य सामंजस्य स्थापित करने और यूरोपीय समस्याओं पर विचार करने के लिए लन्दन में एक यूरोपीय परामर्शदाता आयोग की स्थापना करने का निश्चय किया।

(iii) **काहिरा सम्मेलन (22 नवम्बर, 1943 से 25 नवम्बर, 1943)**–इस सम्मेलन में सुदूरपूर्व की समस्याओं पर राष्ट्रपति रुजवेल्ट, चर्चिल और च्यांग काई शेक ने विचार-विनिमय किया। इसमें यह निश्चय किया कि जापान द्वारा चीन से छीने गये प्रदेश जैसे मंचूरिया, फारमोसा और पेस्काडोरेज द्वीप चीन को वापस दिलाये जायेंगे तथा कोरिया को एक स्वतंत्र राज्य बनाया जायेगा।

(iv) **तेहरान सम्मेलन (28 नवम्बर, 1943 से 1 दिसम्बर, 1943)**–इस सम्मेलन में रुजवेल्ट, चर्चिल तथा स्टालिन प्रथम बार मिले। अतः इसे द्वितीय विश्व युद्ध का प्रथम शिखर सम्मेलन कहा जा सकता है। इस सम्मेलन में तीन बड़ों ने ईरान की स्वतंत्रता, सर्वोच्च सत्ता तथा प्रादेशिक अखण्डता का सम्मान करने का निश्चय किया तथा यह संकल्प किया कि हमारे राष्ट्र युद्ध में तथा उसके बाद आने वाली शान्ति में एक साथ कार्य करेंगे।

(v) **डम्बर्टन ओक्स सम्मेलन (21 अगस्त, 1944 से 7 अक्टूबर, 1944)**–इस सम्मेलन में ब्रिटेन, अमेरिका, रूस और चीन के प्रतिनिधियों ने एक सामान्य अन्तर्राष्ट्रीय संगठन के लिए प्रस्तावों का प्रारूप तैयार किया, जिसे संयुक्त राष्ट्र संघ का प्रथम प्रारूप कहा जा सकता है।

(vi) **याल्टा सम्मेलन (4 फरवरी, 1945 से 11 फरवरी, 1945)**–इस सम्मेलन में रुजवेल्ट, चर्चिल, स्टालिन ने भाग लिया था। यह द्वितीय विश्व युद्ध का दूसरा शिखर सम्मेलन था। इस सम्मेलन में बड़े महत्वपूर्ण निर्णय लिये गये थे–

- (i) संयुक्त राष्ट्र संघ की स्थापना के प्रयत्न को पूरा करने का निश्चय किया गया। सुरक्षा परिषद् में निषेधाधिकार के संबंध में निर्णय किया गया कि प्रक्रिया संबंधी प्रश्नों पर वह लागू नहीं होगा। प्रस्तावित विश्व संगठन के संबंध में सभी संयुक्त राष्ट्रों का एक सम्मेलन सानफ्रांसिसको में बुलाने का निश्चय किया गया।
- (ii) नात्सी और फासिस्ट दासता से मुक्त क्षेत्रों में लोकतांत्रिक सरकारों की स्थापना का संकल्प लिया गया।
- (iii) जर्मनी को रूस, अमेरिका, ब्रिटेन और फ्रांस के चार अधिकृत क्षेत्रों में विभाजित करने का निश्चय किया गया।
- (iv) कर्जन रेखा को कुछ परिवर्तनों के साथ पोलैण्ड की पूर्वी सीमा माना गया।

(v) यूगोस्लाव संसद् को टीटो-सुबासिच समझौते के अनुसार, युद्ध से पूर्व की संसद के सदस्यों को सम्मिलित कर बढ़ा दिया गया।

(vi) स्टालिन ने यूरोप में युद्ध की समाप्ति के तीन माह के अन्दर जापान से युद्ध छेड़ देने का वचन दिया। इसके बदले में रुजवेल्ट और चर्चिल ने रूस को सुदूरपूर्व में अनेक सुविधायें देने का वचन दिया। यह निश्चय किया गया कि बाह्य मंगोलिया में यथास्थिति कायम रहने दी जायेगी। साखालीन द्वीप का दक्षिणी भाग और उसके समीपवर्ती द्वीप, पोर्ट आर्थर का नौ-सैनिक अड्डा तथा क्यूराइल द्वीप सोवियत रूस को लौटा दिये जायेंगे। डाइरैन के बन्दरगाह का अन्तर्राष्ट्रीयकरण कर दिया जाएगा। चीनी पूर्वी रेलवे और दक्षिण मंचूरियन रेलवे पर सोवियत चीनी कम्पनी का स्वामित्व रहेगा।

याल्टा सम्मेलन युद्धकाल के सर्वाधिक महत्वपूर्ण सम्मेलनों में से एक था। इसने न केवल संयुक्त राष्ट्रसंघ, यूरोप और सुदूरपूर्व के संबंध में अनेक महत्वपूर्ण निर्णय लिये, अपितु ऐसी समस्यायें भी उत्पन्न कर दीं, जिन्होंने मित्रराष्ट्रों में पारस्परिक वैमनस्य, मनोमालिन्य और और शीत युद्ध की स्थिति उत्पन्न कर युद्धोत्तर अन्तर्राष्ट्रीय संबंधों पर गहरा प्रभाव डाला।[3] याल्टा सम्मेलन में रूस को दी गई सुविधायें और अधिकार इतने महत्वपूर्ण थे कि चर्चिल और रुजवेल्ट पर रूस के तुष्टीकरण का आरोप लगाया जाने लगा; परन्तु जैसा कि चर्चिल ने कहा–"जब जर्मनी पराजित हो चुका है तब उन लोगों की निन्दा करना सरल है, जिन्होंने रूसी सैनिक प्रयत्नों को प्रोत्साहित करने और अपने महान् मित्र से, जिसने इतने भयंकर रूप से हानि उठाई है, मधुर संबंध बनाये रखने का शक्ति भर प्रयत्न किया। यदि हम रूस से तब झगड़ा करते जब जर्मनी की 200-300 डिवीजनें युद्ध-क्षेत्र में बनी हुई थीं तो क्या होता? हमारी आशा भरी धारणायें शीघ्र ही झूठी होने वाली थीं, फिर भी उस समय केवल वे धारणायें ही सम्भव थीं।"[4]

(vi) **सानफ्रांसिसको सम्मेलन (25 अप्रैल, 1945 से 26 जून, 1945)**–इस सम्मेलन में संयुक्त राष्ट्र संघ चार्टर को अन्तिम रूप प्रदान कर इस महान् विश्व संगठन की स्थापना कर दी गई।

(vii) **पोट्सडाम सम्मेलन (17 जुलाई, 1945 से 2 अगस्त, 1945)**–इसमें स्टालिन, च्यांग काई शेक, अमेरिकन राष्ट्रपति ट्रूमैन तथा चर्चिल ने भाग लिया था। इस सम्मेलन के महत्वपूर्ण निर्णय थे–

1. शान्ति समझौते की प्रारम्भिक तैयारी अमेरिका, रूस, ब्रिटेन,

फ्रांस और चीन के विदेश मन्त्रियों की एक परिषद् करेगी, जिसका स्थाई सचिवालय लन्दन में स्थित होगा।

2. जर्मनी को नि:शस्त्र और सेनाहीन कर दिया जायेगा। नात्सी संगठनों और नात्सी विधियों का अन्त कर दिया जायेगा। युद्ध अपराधियों को दंड दिया जायेगा। जर्मनी में लोकतांत्रिक शासन पद्धति स्थापित की जायेगी। जर्मनी को अमेरिका, ब्रिटेन, फ्रांस और रूस के चार अधिकार क्षेत्रों में विभाजित करके, नियन्त्रण के लिए चारों महाशक्तियों के प्रतिनिधियों का एक सैनिक नियन्त्रक आयोग स्थापित कर दिया गया।
3. पोलैण्ड की पश्चिमी सीमा का अन्तिम निश्चय होने तक दक्षिणी-पूर्वी प्रशा तथा ओडर और नाइसे नदियों के पूर्व के प्रदेश पोलिश शासन में रहेंगे। पोलैण्ड में शीघ्रातिशीघ्र स्वतंत्र निर्वाचन कराये जायेंगे।
4. जापान के साम्राज्यवादी सैनिक तत्वों का अन्त कर वहाँ लोकतांत्रिक शासन पद्धति स्थापित की जाएगी। जापान की प्रभुसत्ता केवल होंशू, होकाइदो, क्यूशू, शिकोकू और कुछ अन्य छोटे द्वीपों तक सीमित कर दी जाएगी। जापानी सेना को नि:शस्त्र कर दिया जायेगा। युद्ध अपराधियों को दंड दिया जाएगा।

सन्दर्भ

1. फ्रेडरिक एच॰ हार्टमैन: बेसिक डाक्यूमेन्ट्स ऑफ इन्टरनेशनल रिलेशन्स, पृ॰ 139।
2. ए॰ बेनडनवोश एण्ड डब्ल्यू॰ एन॰ होगन: दी यूनाइटेड नेशन्स, पृ॰ 78।
3. डब्ल्यू॰ सी॰ लैंगसम: दी वर्ल्ड सिन्स 1914, पृ॰ 604।
4. चार्ल्स पी॰ श्लीचर: इण्ट्रोडक्शन टू इन्टरनेशनल पालिटिक्स, पृ॰ 347।

स्मरण संकेत

(i) चार स्वतंत्रतायें और अटलांटिक चार्टर (1941);
(ii) द्वितीय विश्व-युद्ध काल की महत्वपूर्ण घटना (अटलांटिक चार्टर);
(iii) संयुक्त राष्ट्रसंघ के सृजन में प्रथम पग;
(iv) संयुक्त राष्ट्र की घोषणा, 1 जनवरी, 1942;
(v) कासाब्लांका सम्मेलन (जनवरी, 1943);
(vi) मास्को सम्मेलन (अक्टूबर, 1943);
(vii) काहिरा सम्मेलन (नवम्बर, 1943);

(viii) तेहरान सम्मेलन (नवम्बर-दिसम्बर, 1943);
(ix) डम्बर्टन ओक्स सम्मेलन (अगस्त-अक्टूबर, 1944);
(x) याल्टा सम्मेलन (फरवरी, 1945);
(xi) सानफ्रांसिसको सम्मेलन (अप्रैल-जून, 1945);
(xii) पोट्सडाम सम्मेलन (जुलाई-अगस्त, 1945);
(xiii) संयुक्त राष्ट्रसंघ की स्थापना;
(xiv) जर्मनी का चार प्रभाव क्षेत्र (अमेरिका, ब्रिटेन, फ्रांस और रूस) में विभाजन;
(xv) नात्सी, फांसीवादी विधियों का अन्त;
(xvi) लोकतांत्रिक शासनों की स्थापना;
(xvii) युद्ध अपराधियों को दण्ड;
(xviii) नि:शस्त्रीकरण की प्रक्रिया।

प्रश्न

1. चार स्वतंत्रताओं से क्या तात्पर्य है? अटलांटिक चार्टर की व्यवस्थाओं पर प्रकाश डालिए।
2. द्वितीय विश्व युद्ध के काल में सम्पन्न हुए महत्वपूर्ण सम्मेलनों पर प्रकाश डालिए।

30

संयुक्त राष्ट्र की उत्पत्ति, उद्देश्य तथा संगठन

युद्धकाल में ही मित्र राष्ट्रों के राजनीतिज्ञों ने इस तथ्य को पहचान लिया था कि विश्व को एक ऐसे अन्तर्राष्ट्रीय संगठन की आवश्यकता है जो विश्व को युद्ध की विभीषिका से मुक्त रख सके, शान्ति की स्थापना में सहायक हो और अन्तर्राष्ट्रीय सौहार्द को विकसित कर सके। अमेरिकन विदेश मंत्री कार्डल हल के शब्दों में, "उसी क्षण से, जबकि पोलैण्ड पर हिटलर के आक्रमण ने शान्ति को बनाये रखने के सभी तत्कालीन उपायों के दिवालियेपन को प्रदर्शित कर दिया, विदेश विभाग में हम लोगों को स्पष्ट रूप से यह दृष्टिगोचर होने लगा कि हमको लगभग तुरन्त ही एक नवीन व्यवस्था की रचना का कार्य प्रारम्भ कर देना चाहिए।" फलस्वरूप, 14 अगस्त, 1941 के अटलांटिक चार्टर में हम "ऐसी शान्ति" की चर्चा पाते हैं, "जो सभी राष्ट्रों को अपनी-अपनी सीमाओं के भीतर सुरक्षित रहने के साधन दे सके।"

संयुक्त राष्ट्र की उत्पत्ति—1 जनवरी, 1942 की संयुक्त राष्ट्र घोषणा में 26 राष्ट्रों के प्रतिनिधियों ने अटलांटिक चार्टर के सिद्धान्तों को स्वीकार करते हुए प्रगट किया कि विश्व में एक ऐसे अन्तर्राष्ट्रीय संगठन की स्थापना के लिए हमें प्रयत्नशील होना है जो विश्व में स्थाई शान्ति के लिए प्रयत्न कर सके और अन्तर्राष्ट्रीय सहयोग की भावना को उद्दीप्त कर सके तथा युद्ध-त्रस्त मानव के उत्थान के लिए कार्य कर सके। अक्टूबर, 1943 के मास्को सम्मेलन में अमेरिकन विदेश मंत्री कार्डल हल, ब्रिटिश विदेश मंत्री एन्थनी ईडन और रूस के विदेश मंत्री मोलतोव ने ऐसे अन्तर्राष्ट्रीय संगठन की स्थापना का दृढ़ निश्चय करते हुए प्रयत्न प्रारम्भ किया। अगस्त-सितम्बर, 1944 के डम्बर्टन ओक्स सम्मेलन में संयुक्त राष्ट्र के चार्टर का प्रथम प्रारूप तैयार किया गया। फिर फरवरी, 1945 के याल्टा सम्मेलन में संयुक्त राष्ट्र की सुरक्षा परिषद् में बड़ी शक्तियों के निषेधाधिकार के संबंध में

अन्तिम निर्णय किया गया। अप्रैल-जून, 1945 के सानफ्रांसिसको सम्मेलन में संयुक्त राष्ट्र के चार्टर को अन्तिम रूप प्रदान किया गया। 24 अक्टूबर, 1945 को यह चार्टर लागू कर दिया गया तथा 10 जनवरी, 1946 को संयुक्त राष्ट्र की महासभा का प्रथम अधिवेशन हुआ।

संयुक्त राष्ट्र के उद्देश्य-संयुक्त राष्ट्र के उद्देश्य उसके चार्टर की प्रस्तावना के प्रथम अनुच्छेद में वर्णित हैं। ये उद्देश्य प्रधानतः पाँच प्रकार के हैं-

(i) अन्तर्राष्ट्रीय शान्ति एवं सुरक्षा की रक्षा करना तथा भविष्य की पीढ़ियों को युद्ध के अनिष्ट से बचाना।

(ii) मानव के मौलिक अधिकारों और बड़े-छोटे सभी राष्ट्रों के अधिकारों में विश्वास की वृद्धि करना।

(iii) आर्थिक, सामाजिक, सांस्कृतिक अथवा मानवता से संबंधित अन्तर्राष्ट्रीय समस्याओं के विषय में मौलिक स्वतंत्रताओं को उन्नत तथा उत्साहित करने के लिए अन्तर्राष्ट्रीय सहयोग प्राप्त करना।

(iv) ऐसी परिस्थितियों की स्थापना, जिनके अन्तर्गत सन्धियों तथा अन्तर्राष्ट्रीय विधि के अन्य मूल कारकों से उत्पन्न होने वाले उत्तरदायित्वों के संबंध में न्याय और सम्मान की रक्षा की जा सके।

(v) राष्ट्रों के कार्यों में, इन सामान्य उद्देश्यों की प्राप्ति हेतु समन्वय स्थापित करना।

इस प्रकार संयुक्त राष्ट्र के उद्देश्य कहे जा सकते हैं:-

(i) अन्तर्राष्ट्रीय शान्ति एवं सुरक्षा की रक्षा;

(ii) मानव अधिकारों की रक्षा;

(iii) विश्व का सामाजिक और आर्थिक विकास;

(iv) अन्तर्राष्ट्रीय विधि को शक्तिशाली बनाना;

(v) प्रभावशाली अन्तर्राष्ट्रीय संगठन का विकास करना।

संयुक्त राष्ट्र के सिद्धान्त-संयुक्त राष्ट्र के चार्टर के दूसरे अनुच्छेद में संयुक्त राष्ट्र और उसके सदस्यों के मार्ग प्रदर्शन के लिए सात सिद्धान्त दिये गये हैं। ये सिद्धान्त हैं-

(i) सभी सदस्यों की सम्प्रभु समानता का सिद्धान्त; परन्तु यह सिद्धान्त सुरक्षा परिषद् में पाँच बड़े राज्यों के विशेष अधिकारों से सीमित है।

(ii) सभी सदस्य, वर्तमान चार्टर के अनुसार ग्रहण किये गये उत्तरदायित्वों को ईमानदारी से पूरा करेंगे।

(iii) सभी सदस्य अपने अन्तर्राष्ट्रीय विवादों को शान्तिपूर्ण उपायों से हल करेंगे।

(iv) सभी सदस्य अपने अन्तर्राष्ट्रीय संबंधों में, न तो शक्ति के प्रयोग की धमकी देंगे और न ही शक्ति का प्रयोग करेंगे।

(v) कोई भी सदस्य किसी ऐसे राज्य की सहायता नहीं करेगा, जिसके विरुद्ध संयुक्त राष्ट्र निरोधक अथवा अनुरोधक कार्यवाही कर रहा हो।

(vi) संयुक्त राष्ट्र यह प्रयत्न करेगा कि जो राष्ट्र इसके सदस्य नहीं हैं, वे भी अन्तर्राष्ट्रीय शान्ति और सुरक्षा की रक्षा में चार्टर के नियमों का पालन करें।

(vii) संयुक्त राष्ट्र उन मामलों में हस्तक्षेप नहीं करेगा, जो किसी राज्य के घरेलू क्षेत्राधिकार के अन्तर्गत आते हैं।

संयुक्त राष्ट्रसंघ की सदस्यता–जिन राज्यों ने 1945 के सानफ्रांसिसको सम्मेलन में स्वीकार किये संयुक्त राष्ट्र के चार्टर पर हस्ताक्षर किये तथा उसकी पुष्टि की थी, वे राज्य संयुक्त राष्ट्र के मौलिक अथवा प्रारम्भिक सदस्य कहलाते हैं।[1] ऐसे राज्यों की संख्या 51 थी। सुरक्षा परिषद् की सिफारिश पर महासभा किसी भी ऐसे राज्य को संयुक्त राष्ट्र का सदस्य बना सकती है, जो शान्तिप्रिय हो; वर्तमान चार्टर में दिए गये उत्तरदायित्वों को स्वीकार करता हो तथा संघ की राय में इन उत्तरदायित्वों को पूरा करने योग्य हो और ऐसा करने को तैयार हो। इस प्रकार अनेक नवीन राज्यों को संयुक्त राष्ट्रसंघ का सदस्य बनाया जा चुका है। संसार के लगभग सभी स्वतंत्र राज्य संयुक्त राष्ट्र के सदस्य हैं।

संयुक्त राष्ट्र का संगठन–संयुक्त राष्ट्र के 6 प्रधान अंग हैं:–

1. महासभा;
2. सुरक्षा परिषद्;
3. आर्थिक और सामाजिक परिषद्;
4. न्यास परिषद्;
5. अन्तर्राष्ट्रीय न्यायालय;
6. सचिवालय।

इनके अतिरिक्त संयुक्त राष्ट्र सहायक अंगों की स्थापना भी कर सकता है। अतः अपने कर्त्तव्यों के सम्यक् निर्वहन के लिए संयुक्त राष्ट्र ने अनेक विशिष्ट समितियों की स्थापना की है, जैसे अन्तर्राष्ट्रीय श्रम संगठन, यूनेस्को आदि।

महासभा–महासभा संयुक्त राष्ट्र की व्यवस्थापिका सभा कही जा सकती है। इसमें संयुक्त राष्ट्र के सभी सदस्य राज्यों को प्रतिनिधित्व प्राप्त होता है। प्रत्येक राज्य अधिकतम पाँच प्रतिनिधि तथा पाँच वैकल्पिक प्रतिनिधि भेज सकता है, परन्तु मत (वोट) एक ही दे सकता है। इसका प्रत्येक वर्ष एक साधारण अधिवेशन होता है, परन्तु सुरक्षा परिषद् के अनुरोध पर महासचिव को इसका विशेष अधिवेशन भी बुलाना होता है। सभा के कार्य चार भागों में विभाजित किये जा सकते हैं:–

1. अन्तर्राष्ट्रीय शान्ति और सुरक्षा संबंधी कार्य;
2. निर्वाचन संबंधी कार्य;
3. निरीक्षण संबंधी कार्य;
4. विविध कार्य।

विविध कार्यों में आर्थिक, सामाजिक, सांस्कृतिक कार्य आते हैं। महासभा ने अन्तर्राष्ट्रीय न्याय, शान्ति एवं सुरक्षा की व्यवस्था को सुदृढ़ बनाने के गम्भीर और सफल प्रयत्न किये हैं।

सुरक्षा परिषद्–संयुक्त राष्ट्र के निर्माताओं ने सुरक्षा परिषद् की रचना उसकी कार्यकारिणी, सर्वाधिक महत्वपूर्ण अंग के रूप में की थी।[2] सुरक्षा परिषद् में प्रारम्भ में 5 स्थाई और 6 अस्थाई सदस्य होते थे, परन्तु अब अस्थाई सदस्यों की संख्या बढ़ाकर 10 कर दी गई है। चीन, फ्रांस, रूस, ग्रेट ब्रिटेन और संयुक्त राज्य अमेरिका इसके स्थाई सदस्य हैं। अस्थाई सदस्यों का निर्वाचन, महासभा अपने दो-तिहाई बहुमत से दो वर्ष की अवधि के लिए करती है। सुरक्षा परिषद् का प्रधान कार्य अन्तर्राष्ट्रीय शान्ति एवं सुरक्षा की व्यवस्था करना है।[3] इसके लिए यह स्थाई रूप से निरन्तर कार्य करती है। सुरक्षा परिषद् में स्थाई सदस्यों को निषेधाधिकार प्राप्त है।

आर्थिक और सामाजिक परिषद्–इस परिषद् की अवधारणा यह है, कि अन्तर्राष्ट्रीय शान्ति केवल राजनैतिक विवादों के समाधान पर ही निर्भर नहीं करती अपितु अन्तर्राष्ट्रीय आर्थिक, सामाजिक और उनसे संबंधित अन्य समस्याओं के संबंध में उचित और प्रभावपूर्ण कार्यवाही पर निर्भर करती है। इस परिषद् में मूलतः महासभा द्वारा निर्वाचित 18 सदस्य होते थे, परन्तु अब सदस्यों की संख्या बढ़ाकर 54 कर दी गई है। इसके एक-तिहाई सदस्य प्रतिवर्ष पदमुक्त होते रहते हैं। यह परिषद् अन्तर्राष्ट्रीय आर्थिक, सामाजिक, सांस्कृतिक, शिक्षा, स्वास्थ्य तथा इनसे संबंधित अन्य मामलों के संबंध में अध्ययन करके रिपोर्ट तैयार करती है। अपना कार्य प्रधानतः कुछ आयोगों के माध्यम से करती है, जैसे यातायात तथा संचार आयोग, वित्तीय आयोग,

मानव अधिकारों संबंधी आयोग, नशीले द्रव्यों संबंधी आयोग आदि। इसके अन्तर्गत बहुत-सी विशिष्ट समितियाँ भी हैं जैसे विश्व डाक संघ, अन्तर्राष्ट्रीय श्रम संघ, अन्तर्राष्ट्रीय मुद्रा कोष, खाद्य और कृषि संगठन, विश्व स्वास्थ्य संघ आदि। इस प्रकार यह अन्तर्राष्ट्रीय सहयोग का एक प्रधान साधन बन गई है।

न्यास परिषद्–इसका प्रमुख कार्य संयुक्त राष्ट्र की न्यास व्यवस्था का परिचालन करना है। न्यास प्रदेशों की राजनैतिक, आर्थिक एवं शिक्षा संबंधी उन्नति में योग देना तथा स्वशासन अथवा स्वतंत्रता के क्रमिक विकास को प्रोत्साहन देना, न्यास परिषद् का मुख्य उद्देश्य रहा है। न्याय व्यवस्था संसार के सभी पराधीन देशों से संबद्ध कही जा सकती है। न्यास प्रदेशों के अन्तर्गत वे प्रदेश आते हैं जो न्यास समझौतों के द्वारा न्यास प्रदेश बना दिये जाते हैं। न्यास समझौतों के द्वारा 11 प्रदेश न्याय प्रदेश बनाये गये थे (देखिए परिशिष्ट ग); न्याय परिषद् में पाँचों स्थाई सदस्य तथा आस्ट्रेलिया और न्यूजीलैण्ड हैं। यह सर्वाधिक उपयोगी कार्य करने वाली परिषद् है।

अन्तर्राष्ट्रीय न्यायालय–अन्तर्राष्ट्रीय न्यायालय में 15 न्यायाधीश होते हैं। इनका निर्वाचन महासभा तथा सुरक्षा परिषद् दोनों अलग-अलग बहुमत से किया जाता है। न्यायाधीशों की अवधि 9 वर्ष की होती है। परन्तु एक-तिहाई न्यायाधीश प्रति तीन वर्ष के पश्चात् पद-निवृत्त हो जाते हैं। अन्तर्राष्ट्रीय न्यायालय राष्ट्रों से संबंधित विवादों के निपटारे में योग देता है।

सचिवालय–इसमें एक महासचिव तथा आवश्यकतानुसार अन्य कर्मचारी होते हैं। महासचिव की नियुक्ति सुरक्षा परिषद् की सिफारिश पर महासभा करती है। महासचिव संयुक्त राष्ट्र का प्रधान प्रशासकीय अधिकारी होता है।[4]

इस प्रकार संयुक्त राष्ट्र ने अन्तर्राष्ट्रीय शान्ति और सुरक्षा के क्षेत्र में, सामाजिक, आर्थिक और मानवीय क्षेत्र में अनेक प्रकार से उपयोगी कार्य किये हैं।[5] अन्तर्राष्ट्रीय सहयोग की भावना को उद्दीप्त कर रहा है। संयुक्त राष्ट्र एक अन्तर्राष्ट्रीय सभामंच का कार्य करता है, जहाँ आक्रान्ताओं के वास्तविक इरादों का भंडाफोड़ करके उनकी गतिविधियों पर नियन्त्रण लगाता है। संयुक्त राष्ट्र अन्तर्राष्ट्रीय विवादों को उग्र होने से रोकने के लिये एक सेफ्टी वाल्व का काम करता है। संयुक्त राष्ट्र विश्व के राष्ट्रों को उपलब्ध समझौते और पुनः मैत्री की कूटनीति का सर्वोत्तम साधन है। संयुक्त राष्ट्र विश्व जनमत को जाग्रत करने तथा विश्व की नैतिक आवाज को दृढ़ करने का प्रधान साधन है।

इस प्रकार "संयुक्त राष्ट्र एक पद्धति, एक संस्था तथा एक अवसर प्रस्तुत करता है। संयुक्त राष्ट्र की सफलता आधुनिक सभ्यता के भविष्य से संयुक्त है।"[6]

सन्दर्भ

1. संयुक्त राष्ट्र चार्टर, अनुच्छेद 3।
2. पामर एण्ड परकिन्स: इन्टरनेशनल रिलेशन्स, पृ० 358।
3. संयुक्त राष्ट्र चार्टर, अनुच्छेद 24।
4. वही, अनुच्छेद 97।
5. फ्रेडरिक एल० शूमां: अन्तर्राष्ट्रीय राजनीति, पृ० 272।
6. वेन्डनवोश एण्ड होगन: दि यूनाइटेड नेशन्स, पृ० 360।

स्मरण संकेत

संयुक्त राष्ट्र की उत्पत्ति

(i) अटलांटिक चार्टर;
(ii) मास्को सम्मेलन;
(iii) डम्बर्टन ओक्स सम्मेलन;
(iv) याल्टा सम्मेलन;
(v) सानफ्रांसिसको सम्मेलन;
(vi) 24 अक्टूबर, 1945 संयुक्त राष्ट्र लागू।

संयुक्त राष्ट्र के उद्देश्य

(i) अन्तर्राष्ट्रीय शान्ति एवं सुरक्षा की रक्षा;
(ii) मानव अधिकारों की रक्षा;
(iii) विश्व का सामाजिक और आर्थिक विकास;
(iv) अन्तर्राष्ट्रीय विधि को शक्तिशाली बनाना;
(v) प्रभावशाली अन्तर्राष्ट्रीय संगठन का विकास करना।

संयुक्त राष्ट्र के सिद्धान्त

(i) सम्प्रभु समानता का सिद्धान्त;
(ii) चार्टर के उत्तरदायित्वों को पूरा करने का सिद्धान्त;
(iii) अन्तर्राष्ट्रीय शान्ति बनाये रखने का सिद्धान्त;
(iv) शक्ति का प्रयोग न करने का सिद्धान्त;
(v) संयुक्त राष्ट्र निरोधक सदस्य के साथ सहयोग न करने का सिद्धान्त;

(vi) गैर सदस्यों को भी अन्तर्राष्ट्रीय शान्ति के लिए प्रेरित करने का सिद्धान्त;

(vii) राष्ट्रों के घरेलू मामलों में हस्तक्षेप न करने का सिद्धान्त।

संयुक्त राष्ट्र की सदस्यता

(i) प्रारम्भिक (मौलिक) सदस्य 51;

(ii) संसार के लगभग सभी स्वतंत्र राष्ट्र सदस्य।

संयुक्त राष्ट्र का संगठन

(i) महासभा;

(ii) सुरक्षा परिषद्;

(iii) आर्थिक और सामाजिक परिषद्;

(iv) न्यास परिषद्;

(v) अन्तर्राष्ट्रीय न्यायालय;

(vi) सचिवालय;

(vii) सुरक्षा परिषद् के पांच स्थाई सदस्य (चीन, फ्रांस, रूस, ग्रेट-ब्रिटेन और संयुक्त राज्य अमेरिका) निषेधाधिकार प्राप्त।

प्रश्न

1. संयुक्त राष्ट्र की उत्पत्ति पर प्रकाश डालते हुए इसके उद्देश्यों और संगठन को स्पष्ट कीजिए।
2. संयुक्त राष्ट्र के मुख्य उद्देश्य बतलाइये, इसकी स्थापना कब और किस प्रकार हुई?

31

संयुक्त राष्ट्रः सफलतायें-असफलतायें

संयुक्त राष्ट्र संघ की सफलतायें

1. फिलिस्तीन के मामले में मध्यस्थता तथा इजराइल राज्य की स्थापना।

2. इण्डोनेशिया के विवाद में मध्यस्थता, परिणामस्वरूप वहाँ से हॉलैण्ड की सेनाओं की वापसी सम्भव हुई और इण्डोनेशिया एक स्वतंत्र गणराज्य बन सका।

3. उत्तरी कोरिया के आक्रमण से दक्षिण कोरिया की सामूहिक कार्यवाही द्वारा रक्षा।

4. मानव संहार (Genocide) को अपराध घोषित करते हुये उसकी रोकथाम करना।

5. मानवीय अधिकारों का सार्वभौमिक घोषणा पत्र का प्रस्ताव पारित कर विश्व के नागरिकों को बिना किसी भेद-भाव के राजनैतिक, आर्थिक, सामाजिक, धार्मिक तथा सांस्कृतिक अधिकार को देने के लिये सदस्य राज्यों को निर्देश देना।

6. कांगो समस्या का सफल समाधान तथा वहाँ आर्थिक विकास के लिये सहयोग प्रदान करना।

7. सतत् प्रयत्नों से एशिया और अफ्रीका से उपनिवेशवाद का अन्त होना।

8. अपनी विभिन्न इकाइयों के सहयोग से गरीबी, अज्ञानता, बीमारियों आदि को दूर करने में सफलता।

9. क्यूबा संकट को हल करना।

10. मलेशिया राज्य की स्थापना में सहयोग।

11. साइप्रस के संकट को हल करना।

12. 1975 को महिला स्वतंत्रता वर्ष घोषित कर महिलाओं के अधिकारों की रक्षा करने का प्रयास करना।

13. 1979 को बच्चों का वर्ष घोषित कर उनकी समस्याओं को सुलझाने का प्रयास करना।

14. नि:शस्त्रीकरण द्वारा विश्व में हथियारों की दौड़ को रोकना।

15. संयुक्त राष्ट्र के निरन्तर किये गये प्रयासों से नामीबिया का दक्षिण-अफ्रीकी शासन से स्वतंत्र होना।

16. संयुक्त राष्ट्र के तत्वावधान में कम्बोडिया में पहला लोकतांत्रिक चुनाव सम्पन्न।

17. ईराक के अनाधिकृत कब्जे से फरवरी 1991 में कुवैत की मुक्ति।

संयुक्त राष्ट्र की असफलतायें

1. महाशक्तियों के मध्य नि:शस्त्रीकरण, आणविक शक्ति तथा हथियारों एवं परम्परागत सेनाओं में कमी करने के प्रयासों में विफलता।

2. कश्मीर संबंधी भारत-पाक विवाद को हल करने में विफलता।

3. दक्षिण अफ्रीका में रंग-भेद नीति को समाप्त करने में विफलता।

4. फिलीस्तीन समस्या को हल करने में विफलता।

5. युद्धों के प्रारम्भ होने को रोकने में विफलता।

संयुक्त राष्ट्र की शान्ति सेना के उपक्रम

1. नवम्बर, 1956 से जून, 1967 (सिनाई प्रायद्वीप में संयुक्त राष्ट्र का पहला आपातकालीन बल—UNEF-I):

2. जुलाई, 1960 से जून, 1964 (कांगो में संयुक्त राष्ट्र का आपरेशन—UNOC);

3. अक्टूबर, 1962 से अप्रैल, 1963 (पश्चिम न्यूगिनी में संयुक्त राष्ट्र सुरक्षा बल—UNSF);

4. मार्च, 1964 (साइप्रस में संयुक्त राष्ट्र शांति सेना—UNFICYP);

5. जून, 1974 (गोलन पहाड़ी में संयुक्त राष्ट्र का डिसएनगेजमेंट बल—UNDOF);

6. अक्टूबर, 1974 से जुलाई, 1979 (सिनाई प्रायद्वीप में संयुक्त राष्ट्र का दूसरा आपातकालीन बल—UNEF-II);

7. अप्रैल, 1989 से मार्च, 1990 (नामीबिया में संयुक्त राष्ट्र अंतरिक सहायता ग्रुप—UNTAG);

8. फरवरी, 1992 (यूगोस्लाविया में संयुक्त राष्ट्र संरक्षण बल—UNPROFOR);

9. अप्रैल, 1992 में (कम्बोडिया में संयुक्त राष्ट्र अंतरिम अथॉरिटी—UNTAC);

10. मई, 1993 (सोमालिया में संयुक्त राष्ट्र आपरेशन—UNOSOM);

संयुक्त राष्ट्र के पर्यवेक्षक मिशन

1. जून, 1948 (अरब-इजराइल क्षेत्र में संयुक्त राष्ट्र युद्ध विराम पर्यवेक्षण संगठन—UNSO);

2. जनवरी, 1949 (भारत एवं पाकिस्तान में (कश्मीर) संयुक्त राष्ट्र सैन्य पर्यवेक्षक ग्रुप—UNMOGIF);

3. जुलाई, 1963 से सितम्बर, 1964 (यमन में संयुक्त राष्ट्र पर्यवेक्षक मिशन—UNYONM);

4. मई, 1965 से अक्टूबर, 1966 (डोमिनियन रिपब्लिक में संयुक्त राष्ट्र के महासचिव के प्रतिनिधि का मिशन—DOMREP);

5. सितम्बर, 1965 से मार्च, 1966 (संयुक्त राष्ट्र भारत-पाकिस्तान पर्यवेक्षण मिशन—UNIPOM);

6. अप्रैल, 1988 से मार्च, 1990 (अफगानिस्तान एवं पाकिस्तान में संयुक्त राष्ट्र ऑफिसेज मिशन—UNGOMAP);

7. अगस्त, 1988 (संयुक्त राष्ट्र ईरान-ईराक सैन्य पर्यवेक्षक मिशन—UNIIMOG);

8. जनवरी, 1989 (संयुक्त राष्ट्र अंगोला प्रमाणीकरण मिशन—UNAVEM);

9. नवम्बर, 1989 (मध्य अमेरिका में संयुक्त राष्ट्र पर्यवेक्षक ग्रुप—ONVCA);

10. अप्रैल, 1991 (संयुक्त राष्ट्र ईराक-कुवैत पर्यवेक्षण मिशन—UNIKOM);

11. मई, 1991 (अलसल्वाडोर में संयुक्त राष्ट्र पर्यवेक्षक ग्रुप—ONUSAG;

12. 1992 (पश्चिमी सहारा में संयुक्त राष्ट्र पर्यवेक्षक ग्रुप—MINURSO);

13. 1993 (साइबेरिया में संयुक्त राष्ट्र पर्यवेक्षक दल);

14. 1995 में (हैती एवं अंगोला में संयुक्त राष्ट्र शान्ति सेना—UNMIH एवं UNAVEM-III);

15. 1997 में (ईराक में संयुक्त राष्ट्र शस्त्र निरीक्षण आयोग—UNSCOM)।

संयुक्त राष्ट्र के संगठन

	संगठन	अंग्रेजी संक्षिप्त नाम	स्थापना वर्ष	मुख्यालय
1.	विश्व डाक संघ	UPU	1 जुलाई, 1875	बर्न
2.	संयुक्त राष्ट्र शैक्षिक, वैज्ञानिक तथा सांस्कृतिक संस्था	UNESCO	4 नवम्बर, 1946	पेरिस
3.	अन्तर्राष्ट्रीय श्रम संगठन	ILO	11 अप्रैल, 1919	जेनेवा
4.	खाद्य एवं कृषि संगठन	FAO	16 अक्टूबर, 1945	रोम
5.	विश्व स्वास्थ्य संगठन	WHO	7 अप्रैल, 1948	जेनेवा
6.	अन्तर्राष्ट्रीय नागरिक उड्डयन संगठन	ICAO	4 अप्रैल, 1947	मांट्रियल
7.	अन्तर्राष्ट्रीय परमाणु ऊर्जा अधिकरण	IAEA	29 जुलाई, 1957	वियेना
8.	अन्तर्राष्ट्रीय मुद्रा कोष	IMF	26 दिसम्बर, 1945	वाशिंगटन
9.	विश्व बैंक	IBRD	17 दिसम्बर, 1945	वाशिंगटन
10.	अन्तर्राष्ट्रीय विकास संगठन	IDA	24 दिसम्बर, 1960	वाशिंगटन
11.	अन्तर्राष्ट्रीय वित्त निगम	IFC	जुलाई, 1956	वाशिंगटन
12.	अन्तर्राष्ट्रीय कृषि विकास कोष	IFAD	30 नवम्बर, 1977	रोम
13.	संयुक्त राष्ट्र अन्तर्राष्ट्रीय बाल संकट कोष	UNICEF	11 दिसम्बर, 1946	न्यूयार्क
14.	संयुक्त राष्ट्र औद्योगिक विकास संगठन	UNIDO	1 जनवरी, 1967	वियेना
15.	संयुक्त राष्ट्र शरणार्थी उच्चायुक्त	UNHCR	1 जनवरी, 1951	जेनेवा
16.	अन्तर्राष्ट्रीय दूरसंचार संघ	ITU	1865	जेनेवा
17.	अन्तर्राष्ट्रीय सामुद्रिक संगठन	IMO	फरवरी, 1948	लन्दन
18.	विश्व मौसम विज्ञान संगठन	WMO	मार्च, 1951	जेनेवा
19.	विश्व बौद्धिक सम्पदा संगठन	WIPO	1967	जेनेवा
20.	संयुक्त राष्ट्र पर्यावरण कार्यक्रम	UNEP	1972	नैरोबी (केन्या)
21.	व्यापार तथा सीमा शुल्क सामान्य समझौता	GATT	1 जनवरी, 1948	जेनेवा

संयुक्त राष्ट्र संघः प्रमुख अंग

नाम	मुख्यालय
1. महासभा (General Assembly)	न्यूयार्क
2. सुरक्षा परिषद् (Security Council)	न्यूयार्क
3. आर्थिक-सामाजिक परिषद् (Economic-Social Council)	न्यूयार्क
4. सचिवालय (Secretariat)	न्यूयार्क
5. न्यासी परिषद् (Trusteeship Council)	न्यूयार्क
6. अन्तर्राष्ट्रीय न्यायालय (International Court of Justice)	हेग

राजनैतिक विवादों का समाधान करने में संयुक्त राष्ट्र की सफलता बड़ी शक्तियों की सद्इच्छा पर निर्भर

संयुक्त राष्ट्र की स्थापना 1945 में भविष्य में युद्ध को रोकने, शान्ति बनाये रखने, अन्तर्राष्ट्रीय सहयोग को बढ़ाने तथा राजनैतिक विवादों को शान्तिपूर्ण उपायों से हल करने के उद्देश्य से की गई थी; इन मुद्दों पर नीति निर्धारित करने, निर्णय लेने तथा नीति और निर्णयों को क्रियान्वित कराने में केन्द्रीय भूमिका सुरक्षा परिषद् की थी। सुरक्षा परिषद् कोई भी निर्णय तभी ले सकती थी जबकि उस पर परिषद् के पांचों स्थायी सदस्य एक राय हों क्योंकि इन 'सदस्यों को निषेधाधिकार (Veto–Power) प्राप्त था, वीटो के प्रयोग द्वारा किसी भी निर्णय को होने से रोकने की उनकी क्षमता के कारण ही राजनैतिक विवादों का समाधान उनकी सद्इच्छा पर निर्भर हो गया है; व्यवहारिक जीवन में इसका परिणाम यह निकला है कि जब कभी ऐसी समस्या सामने आई जिसके न्यायोचित समाधान से बड़ी शक्ति के हित प्रभावित न होते हों, वहाँ पर सुरक्षा परिषद् के स्थायी सदस्यों ने एक राय होकर काम किया तथा संयुक्त-राष्ट्र विवाद का समाधान करने में बड़ी सीमा तक सफल रहा; उदाहरण के लिये कांगो के गृहयुद्ध (1960-64) में तथा हालैण्ड एवं इण्डोनेशिया के मध्य पश्चिम इरियन के विवाद (1961-1962) के समाधान में संयुक्त राष्ट्र की भूमिका निर्णायक रही।

इसके विपरीत जब कभी ऐसे विवाद सामने आये जिनमें बड़ी शक्तियों के हित प्रत्यक्ष या अप्रत्यक्ष रूप से संबद्ध थे अथवा जिनमें किसी एक पक्ष के सिर पर किसी बड़ी शक्ति का वरदहस्त था, वहाँ पर संयुक्त राष्ट्र निष्प्रभावी रहा; उदाहरण के लिये अरब-इजराइल विवाद में इजराइल को

अपने पारित प्रस्ताव मानने के लिये बाध्य नहीं कर सका क्योंकि इजराइल पर संयुक्त राज्य अमेरिका का वरदहस्त रहा। सोवियत यूनियन के विरोध के चलते संयुक्त राष्ट्र 1956 के हंगरी संकट तथा 1968 के चैकोस्लोवाकिया के संकट में मूक दर्शक बनकर रह गया; उसके कश्मीर संबंधी प्रस्ताव कागजी बन गये; संयुक्त राष्ट्र क्यूबा की अनैतिक एवं अवैध नाकेबन्दी समाप्त करने के लिये संयुक्त राज्य अमेरिका को विवश न कर सका।

32

द्वितीय विश्वयुद्ध के पश्चात् का विश्व (1945-1950)

द्वितीय विश्व युद्ध के काल (1939 ई० से 1945 ई०) में हुये अन्तर्राष्ट्रीय सम्मेलनों के आधारों पर मित्र राष्ट्रों ने पराजित राष्ट्रों से सन्धियों के मूलभूत सिद्धान्तों को प्रगट करते हुये (जिनकी व्याख्या पिछले अध्याय में की गई है), सन्धि सम्पन्न करने व शान्ति स्थापना का पथ-प्रशस्त किया था। पोट्स्डम सम्मेलन (जुलाई-अगस्त 1945 ई०) में यह निश्चय किया गया था कि महाशक्तियों के विदेश मंत्री सन्धियों को सम्पन्न कराने में योग देंगे। अन्तत: 1947 ई० में इटली, रूमानिया, बल्गारिया, हंगरी और फिनलैण्ड की सन्धियाँ सम्पन्न हुईं।

इटली के साथ सन्धि (10 फरवरी, 1947 ई०)

इटली को उसके औपनिवेशिक साम्राज्य से वंचित कर दिया गया अर्थात् लीबिया, इरीटीरिया और इटालियन सोमालीलैण्ड उसके अधिकार में नहीं रहे। इटली ने एबीसीनिया तथा अल्बानिया की स्वतंत्रता और सम्प्रभुता को मान्यता प्रदान की। डेकानीज द्वीप समूह यूनान को वापस किये। उत्तर-पश्चिम सीमा पर फ्रांस को, उत्तर-पूर्व सीमा पर यूगोस्लाविया को कुछ भू-क्षेत्र दिये। एड्रियाटिक क्षेत्र में कुछ भू-भाग यूगोस्लाविया को दिया तथा ट्रिस्टी का प्रशासन संयुक्त राष्ट्र को सौंप दिया। इटली की सेना 2 लाख 50 हजार नियत की गई। इटली को 3,600 लाख डालर क्षतिपूर्ति के रूप में देने के लिये स्वीकृति देनी पड़ी। यह क्षतिपूर्ति की राशि सन्धि व्यवस्थानुसार यूगोस्लाविया, यूनान, सोवियत संघ, इथोपिया और अल्बानिया को प्राप्त होनी थी।

रूमानिया के साथ सन्धि (10 फरवरी, 1947 ई॰)

सन्धि के अनुसार बेसारेविया और बुकोबिना के क्षेत्र सोवियत संघ को देने पड़े। दोब्रुजा का क्षेत्र बल्गारिया को देना पड़ा। हंगरी से ट्रांसिल्वानिया का प्रदेश रूमानिया को वापस मिला। तीस करोड़ डालर की क्षतिपूर्ति की राशि सोवियत संघ को दिया जाना तय हुआ। रूमानिया की स्थल सेना 1,20,000, नौ सेना 5,000, वायु सेना 8,000 नियत की गई।

बल्गारिया के साथ सन्धि (10 फरवरी, 1947 ई॰)

पराजित राष्ट्रों में बल्गारिया ही ऐसा राष्ट्र रहा था, जिसे अपना कोई भू-भाग किसी को नहीं देना पड़ा। क्षतिपूर्ति के रूप में उसे 7 करोड़ डालर यूनान और यूगोस्लाविया को देना पड़ा। उसकी थल सेना 55 हजार, जल सेना 3,500 और वायु सेना 5,200 नियत की गई थी।

हंगरी के साथ सन्धि (10 फरवरी, 1947 ई॰)

हंगरी को ट्रांसिल्वानिया का क्षेत्र रूमानिया को देना पड़ा; कुछ भू-भाग चैकोस्लोवाकिया को देना पड़ा। आठ वर्षों में उसे सोवियत संघ को 20 करोड़ डालर की तथा चैकोस्लोवाकिया और यूगोस्लाविया को 10 करोड़ डालर की क्षतिपूर्ति वस्तुओं के रूप में देनी थी। स्थल सेना की संख्या 65,000 और वायुसेना की सैनिक संख्या 5,200 नियत हुई थी।

फिनलैण्ड के साथ सन्धि (10 फरवरी, 1947 ई॰)

फिनलैण्ड ने वह समस्त क्षेत्र जो 1940 की मास्को सन्धि तथा 1944 ई॰ की युद्ध-विराम सन्धि में सोवियत संघ को दे चुका था, स्वीकार कर लिया। उसने 8 वर्ष में 30 करोड़ डालर की क्षतिपूर्ति सोवियत-संघ को देने का वचन दिया। उसकी थल सेना 34,000, जल सेना 4,500, वायुसेना 300 सैनिकों की निश्चित की गई।

जर्मनी की समस्या, शान्ति वार्तायें व जर्मनी का विभाजन

1945 ई॰ में आयोजित याल्टा सम्मेलन में मित्रराष्ट्रों ने यह निर्णय किया था कि जर्मनी पर चार शक्तियों (संयुक्त राज्य अमेरिका, सोवियत-संघ, इंग्लैण्ड तथा फ्रांस) का अधिकार होगा। इस हेतु जर्मनी को चार पृथक क्षेत्रों में विभाजित कर दिया जायेगा और उसको पूर्णरूप से विसैन्यीकृत कर दिया जायेगा। द्वितीय विश्व-युद्ध की समाप्ति के उपरान्त चारों शक्तियों ने जर्मन क्षेत्र को अपने अधिकार में ले लिया। परन्तु जर्मनी के साथ की जाने वाली सन्धि की शर्तों के संबंध में मित्रराष्ट्र परस्पर सहमत न हो सके। सोवियत संघ चाहता था कि जर्मनी में एकदलीय सबल केन्द्रीय शासन हो

जिसमें साम्यवादी दल का बहुमत हो। इंग्लैण्ड, संयुक्त राज्य अमेरिका व फ्रांस संघीय जर्मनी के पक्ष में थे जिसमें कई राजनैतिक दल हों तथा स्थानीय स्वशासन की व्यवस्था हो। सोवियत संघ जर्मनी से भारी क्षतिपूर्ति कराना चाहता था और उसके भुगतान के लिए जर्मनी के औद्योगीकरण का समर्थक था, पश्चिमी मित्रराष्ट्र इसके विरुद्ध थे। अन्ततोगत्वा पारस्परिक सहमति के अभाव के कारण सोवियत संघ तथा पश्चिमी मित्र राष्ट्रों ने अपने-अपने क्षेत्रों में अपनी-अपनी इच्छानुसार राजनैतिक व्यवस्था की और जर्मनी दो भागों में विभाजित हो गया:–

(i) पश्चिमी जर्मनी का संघीय गणतन्त्र स्थापित किया गया, जिसकी राजधानी वॉन हुई।

(ii) पूर्वी जर्मनी का लोकतांत्रिक गणतंत्र स्थापित किया गया, जिसकी राजधानी बर्लिन हुई।

बर्लिन नगर दोनों गणतंत्रों के बाहर था और दोनों गणतंत्र संप्रभु राज्य नहीं थे, क्योंकि उसके सैनिक एवं विदेशी मामलों का नियन्त्रण अधिकार करने वाली शक्तियों के हाथों में था। पोट्सडम सम्मेलन की घोषणा के अनुसार बर्लिन के कुछ भाग पश्चिमी देशों (इंग्लैण्ड, संयुक्त राज्य अमेरिका और फ्रांस) को दे दिये गये थे। परन्तु पश्चिमी जर्मनी से बर्लिन लगभग 150 कि०मी० दूर था। जब जर्मनी में रूस तथा पश्चिमी देशों में मतभेद तीव्र हुये और शीतयुद्ध (Cold War) प्रारम्भ हुआ तब 1948 ई० में सोवियत संघ (रूस) ने बर्लिन की नाकेबन्दी कर दी। पश्चिमी देशों (इंग्लैण्ड, संयुक्त राज्य अमेरिका, फ्रांस) ने बर्लिन के अपने अधिकृत भाग में लाखों टन सामग्री वायुयानों के द्वारा पहुँचायी परन्तु 10 माह बाद अप्रैल, 1949 ई० में यह नाकेबन्दी समाप्त कर दी गई, फिर भी यह समस्या दोनों पक्षों के मध्य दीर्घ काल तक बनी रही थी; इसने शीत युद्ध को तीव्र कर दिया था।

युद्धोपरान्त जापान की व्यवस्था

आत्मसमर्पण (अगस्त, 1945 ई०) के पश्चात् जापान के साम्राज्य का विघटन हो गया था। क्यूराइल द्वीपों तथा दक्षिणी शाखालिन पर सोवियत संघ ने अधिकार कर लिया। चीन ने फारमोसा पर अधिकार कर लिया। कोरिया पर संयुक्त राज्य अमेरिका और सोवियत संघ ने अधिकार कर लिया था। प्रदेश व्यवस्था (Mandate System) के अन्तर्गत जो प्रशान्त महासागर के द्वीप जापान को प्राप्त हुये थे, वे संयुक्त राष्ट्र के निरीक्षण व निर्देशन में ट्रस्टीशिप व्यवस्था के अन्तर्गत संयुक्त राज्य अमेरिका को हस्तांतरित कर दिये गये थे। इस प्रकार युद्धोपरान्त चार मूल द्वीपों तथा समीपवर्ती छोटे-छोटे

द्वीपों पर ही जापान की सम्प्रभुता शेष रह गयी थी। परन्तु यह सम्प्रभुता पूर्ण नहीं थी। मित्रराष्ट्रों की ओर से संयुक्त राज्य का मैक आर्थर जापान में सर्वोच्च सेनानायक था, जिसने जापान पर अधिकार कर लिया था; वह व्यवहारिक दृष्टि से वहाँ का अधिनायक था। वह केवल जापान में प्रशासन का ही संचालन नहीं करता था अपितु वह जापानियों की विचारधारा को संयुक्त राज्य अमेरिका की विचारधारा के अनुकूल भी बनाने का कार्य करता था। जापान में लोकतंत्र को प्रोत्साहित किया गया तथा सम्राट् के स्थान पर जापान की संसद की सर्वोच्चता स्थापित हुई। शिन्तोवाद का राजकीय संरक्षण समाप्त कर दिया गया था। अनिवार्य सैनिक सेवा समाप्त कर के जापान के सैन्यवाद को समाप्त करने का प्रयत्न किया गया। सैनिक संस्थाओं और सैनिक शिक्षा पर प्रतिबन्ध लगा दिया गया था। इस प्रकार संयुक्त राज्य अमेरिका ने जापान के राजनैतिक, सामाजिक और धार्मिक जीवन के मूलभूत सिद्धान्तों और आधारों में आमूल परिवर्तन करने का सफल प्रयत्न किया था।

1945 ई० व 1950 ई० के मध्य सोवियत संघ

सोवियत संघ को द्वितीय विश्व युद्ध के अन्तर्गत सर्वाधिक क्षति उठानी पड़ी थी। लगभग तीस लाख सैनिक सोवियत संघ के हताहत हुये थे। ढाई करोड़ रूसी गृह-विहीन हो गये थे। लगभग तेरह लाख वर्ग कि०मी० का सोवियत क्षेत्र जर्मन सेनाओं द्वारा ध्वस्त कर दिया गया था; सोवियत-संघ में सम्पत्ति की क्षति का परिमाण भी बहुत अधिक था। इस प्रकार उसने जन-धन की अत्यन्त हानि उठाकर नात्सी सेनाओं के वेग को रोका था और जर्मनी के विरुद्ध विजय प्राप्त की थी। उसकी सफलताओं और विजयों ने उसे विशाल प्रदेश उपलब्ध कराये; पड़ोसी देशों पर उसके प्रभाव को स्थापित होने में योग दिया था। विदेशों में सोवियत संघ के प्रभाव में आशातीत वृद्धि हुई थी। प्रथम विश्व युद्ध के उपरान्त रूस को जितना अपमान सहना पड़ा था, उतना ही अब उसका सम्मान बढ़ गया था। उसका विश्व की राजनीति पर दूरगामी प्रभाव स्थापित हो गया था। साम्यवादी सिद्धान्तों और जीवन दर्शन में मानव की आस्था में वृद्धि हो गयी थी और आन्तरिक मामलों में स्टालिन का प्रभुत्व स्थापित हो गया था। अब प्रत्येक रूसी नागरिक में आत्मनिर्भरता और आत्मविश्वास की प्रचुरता का अभूतपूर्व प्रादुर्भाव हुआ; उसको अपने जीवन-यापन की रीति-नीति और व्यवहार पर गर्व होने लगा था।

युद्ध समाप्त हो जाने के बाद भी सोवियत सेनाओं में कोई विशेष कमी नहीं की गई और सोवियत जनता को यह प्रगट किया गया कि पूंजीवादी-

साम्राज्यवादी देशों से सोवियत संघ को संकट उत्पन्न होने की आशंका है, अत: सोवियत संघ का सैनिक वातावरण अक्षुण्ण रखने का प्रयत्न किया गया। फलत: आधुनिकतम भयंकर शस्त्रास्त्र बनाने पर धन व्यय किया जाने लगा। अणुबम, हाइड्रोजन बम तथा अन्य प्रकार के अणु-आयुधों का निर्माण कर लिया गया। अन्तत: सोवियत संघ विश्व के सर्वाधिक शक्तिशाली देश संयुक्त राज्य अमेरिका के समक्ष बन गया।

अपने प्रभाव विस्तार हेतु सोवियत संघ ने 1947 ई० में एक अन्य अन्तर्राष्ट्रीय संगठन (कॉमिन फार्म) स्थापित किया तथा इसके माध्यम से अन्य देशों के आन्तरिक मामलों में हस्तक्षेप करना प्रारम्भ कर दिया। अपनी शक्ति की पूंजीवादी-साम्राज्यवादी देशों से समानता करने के लिए सोवियत संघ ने अपनी सैनिक शक्ति का निरन्तर विकास प्रारम्भ किया। हंगरी, रूमानिया, फिनलैण्ड और इटली से जो युद्ध की क्षतिपूर्ति की धनराशि प्राप्त हुई थी, उसका उपयोग सैन्य शक्ति की वृद्धि में व्यय किया। सोवियत संघ की चतुर्थ पंचवर्षीय योजना (1944 ई० से 1949 ई०) का उद्देश्य भी देश की शक्ति को बढ़ाना था; फलत: इस योजना के पूरा होने पर सोवियत संघ के भारी उद्योगों में 66% की वृद्धि हुई थी; नवीन औद्योगिक नगरों का निर्माण हुआ।

युद्धोपरान्त पोलैण्ड

1945 ई० में पोलैण्ड में अस्थायी साम्यवादी सरकार स्थापित हुई थी। इस सरकार को सोवियत संघ तथा पश्चिमी देशों ने मान्यता दी थी। पोटस्डम सम्मेलन (जुलाई-अगस्त 1945 ई०) में यह निर्णय हुआ था कि ऑडर तथा नीस के पूर्व के प्रान्त तथा पूर्वी प्रशा का अधिकांश भाग पोलैण्ड को दे दिया जायेगा। इसी प्रकार का समझौता सोवियत संघ तथा पोलैण्ड के मध्य पहले ही सम्पन्न हो चुका था। जनवरी 1947 ई० के निर्वाचन में साम्यवादियों का प्रभाव व आतंक छाया हुआ था, अत: नवीन सरकार सोवियत संघ की पक्षधर बनी। साम्यवादी व्यवस्था और साम्यवादी शासन प्रणाली पोलैण्ड में स्थापित हो गई थी। संविधान की संरचना भी इसी के तदनुरूप थी, इस सरकार ने राष्ट्रीयकरण की नीति का पथ-प्रशस्त किया। जमींदारी व्यवस्था समाप्त कर दी गई और भूमि का पुन: वितरण किया गया था। विदेशी व्यापार, विदेश नीति, औद्योगिक नीति पर सोवियत संघ का प्रभाव बढ़ गया था। सुरक्षा परिषद् में पोलैण्ड को (1948 ई०) अस्थायी स्थान प्राप्त था, पोलैण्ड के प्रतिनिधि सोवियत संघ की नीति का अनुसरण करते थे। इसी कारण पश्चिमी देशों व पोलैण्ड के मध्य संबंध कटुतापूर्ण बने रहे थे। 1947 ई० में इन्हीं कटु संबंधों के कारण ही मार्शल योजना (1947 ई०) को पोलैण्ड ने स्वीकार किया था।

युद्धोपरान्त रूमानिया

द्वितीय विश्व युद्ध की समाप्ति (1945 ई॰) के अवसर पर रूमानिया सोवियत संघ के प्रभाव में था; शनैः शनैः रूमानिया का शासन साम्यवादी हो गया था। साम्यवादी प्रधानमंत्री ग्रोजा ने सोवियत संघ के सहयोग से उत्तरी ट्रांससिल्वानिया प्राप्त कर लिया था जो हंगरी के अन्तर्गत था। देश की अर्थव्यवस्था को साम्यवादी सिद्धान्तों पर आधारित किया गया और 1947 ई॰ के नव-निर्वाचनों में ग्रोजा के दल को निर्णायक सफलता प्राप्त हुई; यह दल राष्ट्रीय लोकतांत्रिक दल के नाम से रूमानिया का सर्वथा लोकप्रिय दल बन गया था। इस दल ने जो वास्तव में साम्यवादी दल था, अपने विरोधियों का पूर्ण उन्मूलन कर दिया। सोवियत संघ के आदर्शों के अनुरूप मार्च 1948 ई॰ में नवीन संविधान की रचना कर, निर्वाचन में अपार सफलता इस दल (राष्ट्रीय लोकतांत्रिक दल) ने प्राप्त की, जिस निर्वाचित संसद में विरोध पक्ष लगभग शून्य हो गया था। राष्ट्रीय सभा में राष्ट्रीय लोकतांत्रिक दल का बोलबाला रहा; रूमानिया पूर्णरूपेण सोवियत संघ का वशवर्ती राज्य बन गया था।

युद्धोपरान्त यूगोस्लाविया

यूगोस्लाविया को द्वितीय विश्व युद्ध में गम्भीर क्षति उठानी पड़ी थी। सहस्रों पुल, मकान, कल-कारखाने नष्ट हो गये थे; 17 लाख नवयुवक राष्ट्र की बलिवेदी पर न्योछावर हो गये थे, फिर भी उसे जर्मनी के समक्ष आत्मसमर्पण करना पड़ा था, परन्तु राष्ट्रवादी तत्व अपने राष्ट्र की स्वतंत्रता के लिये निरन्तर प्रयत्नशील रहे थे। इन राष्ट्रवादी तत्वों का नेत्तृत्व मार्शल टीटो कर रहा था जो महान् देशभक्त था और साम्यवाद में विश्वास रखता था। उसने अल्प साधनों से छापामार युद्ध-प्रणाली द्वारा जर्मन-इटालियन सेनाओं से डट कर युद्ध किया था; द्वितीय विश्व युद्ध की समाप्ति पर यूगोस्लाविया भी सोवियत संघ के सहयोग से जर्मनी के नियन्त्रण से मुक्त हुआ था; वहाँ (1945 ई॰ जर्मन नियन्त्रण से मुक्ति के बाद) मार्शल टीटो की अध्यक्षता में अस्थायी सरकार स्थापित हुई। इस शासन को सभी मित्र राष्ट्रों ने मान्यता प्रदान कर दी थी। नवीन संविधान निर्मित किया गया तथा मंत्रिमंडल में साम्यवादी व गैर साम्यवादी भी रखे गये परन्तु यूगोस्लाविया का शनैः शनैः साम्यवादीकरण होना प्रारम्भ हो गया। देश की आर्थिक नीति का राष्ट्रीयकरण हो गया परन्तु मार्शल टीटो ने इंग्लैण्ड व सोवियत संघ की पूंजी का यथार्थवादी समाधान किया जो कि उद्योगों में लगी हुई थी; इस से सोवियत संघ अप्रसन्न हो गया और उसने यूगोस्लाविया को सहायता देना बन्द कर दिया। सोवियत संघ यूगोस्लाविया को भी रूमानिया की भांति

अपना वशवर्ती राज्य बनाना चाहता था परन्तु मार्शल टीटो अपने राष्ट्र के आंतरिक अभ्युदय में अधिक अभिरुचि रखता था; अतः मार्शल टीटो ने अपनी पंचवर्षीय योजनाओं के कार्यान्वयन हेतु पश्चिमी राष्ट्रों से आर्थिक सहयोग पाने का प्रयत्न प्रारम्भ कर दिया और सोवियत प्रभाव से अपने को परे कर लिया। अन्ततः पश्चिमी राष्ट्रों ने यूगोस्लाविया को आर्थिक सहायता प्रदान की और मार्शल टीटो ने अपनी योजनाओं को सफलतापूर्वक कार्यान्वित किया। इस पर सोवियत संघ ने यूगोस्लाविया को कॉमिन फार्म से निष्कासित कर दिया तथा उसका आर्थिक बहिष्कार प्रारम्भ कर दिया था। परन्तु मार्शल टीटो ने अपनी नीति का परित्याग नहीं किया; उसने साम्यवाद में आस्था रखते हुये भी पश्चिमी राष्ट्रों से अपना सम्पर्क स्थापित करने की नीति का पथ प्रशस्त किया था। यह सह-अस्तित्व का प्रथम सफल परीक्षण था।

युद्धोपरान्त ब्रिटेन और ब्रिटिश साम्राज्य

द्वितीय विश्व युद्ध में ब्रिटेन को भी जन-धन व सम्पत्ति की गम्भीर क्षति उठानी पड़ी थी। उसका आंतरिक तथा विदेशी ऋण भी बहुत बढ़ गया था। युद्धोपरान्त के ब्रिटेन और युद्ध पूर्व के ब्रिटेन की शक्ति और सम्मान में पर्याप्त अन्तर हो गया था। युद्ध की समाप्ति के पश्चात् ब्रिटेन में श्रमिक दल का मंत्रिमंडल बना जिसका नेतृत्व ऐटली ने किया था; चर्चिल का अनुदार दल पृष्ठभूमि में जा गिरा था। इस नये मंत्रिमण्डल के समक्ष कुछ अत्यन्त गम्भीर समस्यायें थीं:–

(i) आन्तरिक प्रगति को अग्रसारित करने की समस्या;

(ii) साम्राज्य के राष्ट्रीयतावादी देशों की महत्वाकांक्षाओं को पूरा करने की समस्या;

(iii) विश्व में अपनी पूर्व प्रतिष्ठा को बनाये रखने की समस्या।

अर्थात् दूसरे शब्दों में ब्रिटेन के समक्ष अपने अस्तित्व को अक्षुण्ण बनाये रखने की जटिल समस्या थी।

श्रमिक दल की सरकार ने इन समस्त चुनौतियों को स्वीकार करते हुये, सर्वप्रथम अपनी आंतरिक प्रगति को अग्रसारित करने के लिये अपनी अर्थव्यवस्था को सुधारने का प्रयत्न किया। औद्योगिक उत्पादन को बढ़ाने के लिये राष्ट्रीयकरण की नीति को अपनाया। फरवरी, 1946 ई॰ में बैंक और बीमा का राष्ट्रीयकरण किया; इससे देश के आर्थिक जीवन पर शासन का प्रत्यक्ष तथा अप्रत्यक्ष नियन्त्रण स्थापित हो गया। अगस्त 1946 ई॰ में वायु सेना का और 1947 ई॰ में कोयला खानों का, यातायात का और बिजली का राष्ट्रीयकरण कर दिया गया। मई 1949 ई॰ में गैस उद्योग और लोहा-इस्पात उद्योग का

राष्ट्रीयकरण हो गया। इस प्रकार लगभग देश की 20% अर्थव्यवस्था पर शासन का नियन्त्रण स्थापित हो जाने से ब्रिटेन ने इस काल में अन्य देशों की अपेक्षा अधिक प्रगति की थी। ब्रिटेन ने कनाडा, संयुक्त राज्य अमेरिका आदि देशों से ऋण प्राप्त कर अपनी अर्थव्यवस्था को सुदृढ़ किया तथा कृषि के क्षेत्र में भी प्रगति की थी। इस प्रगति का प्रमुख श्रेय ब्रिटिश जनता को दिया जा सकता है, जिसने सब प्रकार की सुविधाओं का त्याग करके और कठिन परिश्रम करके देश की आर्थिक दशा को ठीक करने के लिए शासन के साथ पूर्ण सहयोग किया। फलतः आर्थिक क्षेत्र में ही नहीं अपितु सामाजिक, शैक्षणिक, स्वास्थ्य संबंधी और आवास संबंधी समस्याओं का सन्तोषप्रद समाधान करके ब्रिटेन ने अभूतपूर्व प्रगति की थी।

साम्राज्य की समस्याओं का निष्पादन

ब्रिटिश साम्राज्य की समस्यायें भी जटिल थीं; सर्वप्रथम मिस्र की समस्या ने गम्भीर रूप धारण किया। 1936 ई॰ की आंग्ल-मिस्री सन्धि को मिस्र की संसद ने 1947 ई॰ में समाप्त कर दिया और मिस्र के शासक फारूक ने अपने को मिस्र तथा सूडान का प्रभुत्व सम्पन्न सुल्तान घोषित कर दिया। ब्रिटिश सरकार ने मिस्र की इस कार्यवाही को मान्यता नहीं दी परन्तु विचार-विमर्श के लिये सहमति प्रगट की। इसी क्रम में नहरी क्षेत्र में ब्रिटेन व मिस्र के मध्य संघर्ष हो गया, इसी के तदन्तर मिस्र में क्रान्ति हो गई और जनरल नगीव के नेतृत्व में मिस्र में सैनिक शासन स्थापित हो गया। सुल्तान फारूक इटली भाग गया। अन्ततः ब्रिटेन से एक सन्धि सम्पन्न हुई तथा मिस्र गणतंत्र घोषित कर दिया गया, जिसका राष्ट्रपति तथा प्रधानमंत्री जनरल नगीव था।

1945 ई॰ में युद्ध की समाप्ति के पश्चात् ब्रिटेन की श्रमिक सरकार ने भारत स्वतंत्र कराने का वास्तविक प्रयत्न किया जहाँ पिछली अर्द्ध शताब्दी से स्वातन्त्र्य-संघर्ष व राष्ट्रीय आंदोलन चरमोत्कर्ष पर था। अन्ततः 15 अगस्त, 1947 ई॰ को भारत स्वतंत्र हो गया परन्तु मुस्लिम लीग के हठ ने भारत का विभाजन करा कर पाकिस्तान का निर्माण भी सम्भव बनाया, जिसमें ब्रिटिश सहयोग भी अपेक्षित था। यद्यपि भारतीय राष्ट्रवाद में साम्प्रदायिक-विघटन के तत्व भी इस समस्या को जटिल बनाने में बहुत दूर तक उत्तरदायी थे।

1948 ई॰ में ब्रिटिश साम्राज्य से बर्मा (म्यांमार) भी स्वतंत्र होकर गणतंत्र बन गया। शनैः शनैः अफ्रीका में अनेक देशों ने ब्रिटिश दासता से मुक्ति प्राप्त कर ली और वे ब्रिटिश साम्राज्य से पृथक होकर पूर्ण सम्प्रभु स्वतंत्र राष्ट्र बन गये। इनमें से कुछ राष्ट्रों ने राष्ट्रमंडल से संबंध भी समाप्त कर दिया था परन्तु 1947 ई॰ में स्थापित व स्वतंत्र हुये भारत व पाकिस्तान

राष्ट्रमंडल के सदस्य रहे थे। राष्ट्रमंडल के सभी सदस्य देश ब्रिटिश ताज को अपने-अपने राज्य का प्रतीकात्मक अध्यक्ष स्वीकार करते हैं, चाहे वे डोमीनियन हों अथवा गणतंत्र हों। श्रीलंका भी 1948 ई० में ब्रिटिश प्रभुत्व से मुक्त होकर स्वतंत्र राष्ट्र के रूप में राष्ट्रमंडल का सदस्य बन गया था।

ब्रिटेन ने अपने साम्राज्य के जिन देशों को स्वतंत्रता प्रदान की है उनके साथ उसने समानता, सहृदयता और उदारता का व्यवहार कर उन्हीं राष्ट्रों में अपने सम्मान को अक्षुण्ण बनाये रखने का सार्थक प्रयत्न भी किया, साथ ही अपनी सैन्य शक्ति का विस्तार करके अन्तर्राष्ट्रीय क्षेत्र में गौरवपूर्ण स्थान पाने का निरन्तर प्रयत्न प्रारम्भ रखा।

युद्धोपरान्त फ्रांस व फ्रांसीसी साम्राज्य

द्वितीय विश्वयुद्ध के दौरान फ्रांस को गम्भीर धन-जन की क्षति उठानी पड़ी थी। लगभग 5 लाख मकान ध्वस्त हो गये थे, साढ़े सात लाख परिवार गृह-विहीन हो गये थे, 50000 कारखाने नष्ट हो गये थे, लगभग एक लाख सैनिक व दो लाख असैनिक मारे गये थे तथा लगभग 260 खरब डालर की आर्थिक क्षति हुई थी। 60 लाख एकड़ भूमि कृषि के अयोग्य हो गई थी; अतः फ्रांस के समक्ष अपने पुनर्निर्माण की गम्भीर समस्या विद्यमान थी।

दूसरी ओर फ्रांस के हिन्द-चीनी (इण्डोचायना) साम्राज्य पर जापान ने 1941 ई० में अधिकार कर लिया था। युद्धोपरान्त (1945 ई०) अब इण्डोचायना की जनता फ्रांस के नियन्त्रण को स्वीकार करने के लिए तैयार न थी, इस प्रकार फ्रांस के समक्ष अपने साम्राज्य को लेकर यह प्रमुख समस्या थी कि वह इस विशाल भू-भाग को किस प्रकार यथापूर्व अपने अधिपत्य में रखे।

युद्धोपरान्त फ्रांस में चतुर्थ गणतंत्र की स्थापना हुई थी और फ्रांस का प्रधानमंत्री फैलिक्सख्वान (समाजवादी नेता) था; इस नवीन शासन ने आंशिक सुधार किये, शासन का विकेन्द्रीकरण किया तथा उत्पादन की वृद्धि पर बल दिया परन्तु कोई विशेष आर्थिक प्रगति न हुई, अतः जनता में असन्तोष बढ़ता गया था।

दूसरी ओर फ्रांसीसी साम्राज्य (इण्डोचायना) में द्वितीय विश्व युद्ध के समय हो ची मिन्ह साम्यवादी दल का संगठन करता रहा था; हो ची मिन्ह के दो प्रमुख उद्देश्य थे–(i) फ्रांसीसी-जापानी नियन्त्रण से इण्डोचायना को मुक्त कराना और (ii) स्वतंत्र गणतंत्र की स्थापना करना। जापान की पराजय (1945 ई०) के पश्चात् वहाँ पर वियतनाम का गणतंत्र स्थापित हो गया था। पहले तो फ्रांस ने इस गणतंत्र को मान्यता प्रदान नहीं की परन्तु 1946 ई० में उसने हो ची मिन्ह से समझौता कर लिया और वियतनाम के स्वतंत्र राज्य

को मान्यता प्रदान कर दी। वह हिन्द-चीन संघ का सदस्य होगा और फ्रांसीसी संघ बना रहेगा। शीघ्र ही फ्रांसीसी सरकार ने अपने साम्राज्य को संघ में परिवर्तित कर दिया। सभी उपनिवेश और अधीन राज्य समान स्तर पर इस संघ के सदस्य रहेंगे, ऐसी व्यवस्था निहित थी परन्तु हिन्द-चीन जनता को इस नवीन संविधान पर प्रारम्भ से ही सन्देह था अतः वियतनाम तथा फ्रांस के मध्य युद्ध प्रारम्भ हो गया। भूतपूर्व जापानी कठपुलती सम्राट् बाओ डाई को वहाँ का शासक बनाया गया और फ्रांस, ब्रिटेन तथा संयुक्त राज्य अमेरिका ने इस शासन को मान्यता प्रदान कर दी। वियतनाम की समस्या का सूत्रपात हो गया। साम्यवादी चीन तथा सोवियत संघ ने हो ची मिन्ह के वियतनाम को मान्यता प्रदान कर उसे बल प्रदान कर दिया था; अन्ततः हो ची मिन्ह के नेतृत्व में छापामार लड़ाई प्रारम्भ हो गई। इस प्रकार 1945 ई० से 1950 ई० के मध्य फ्रांस अपनी आन्तरिक व साम्राज्यीय विघटन की समस्याओं से जूझ रहा था।

युद्धोपरान्त यूरोप के पुनर्निर्माण के प्रयत्न

द्वितीय विश्व युद्ध के दौरान यूरोपीय देश बरबादी के कगार पर पहुंच गये थे; भीषण धन-जन की क्षति ने उनका मानसिक अधःपतन कर दिया था। वे अब बिना बाह्य सहायता-साधनों के अपने देश का पुनर्निर्माण करने की क्षमता खो चुके थे। यह सहायता उन्हें दो स्रोतों से प्राप्त हो सकती थी– (i) संयुक्त राष्ट्र से और (ii) संयुक्त राज्य अमेरिका से।

वास्तव में संयुक्त राष्ट्र के प्रयत्न प्रशंसनीय थे। उसके द्वारा स्थापित अन्तर्राष्ट्रीय विस्थापित संगठन ने विस्थापितों (Refugees) की अत्यधिक सहायता की थी। अन्तर्राष्ट्रीय बैंक, अन्तर्राष्ट्रीय अर्थ-निधि ने विनष्ट व जर्जर देशों की आर्थिक पुनर्व्यवस्था तथा आर्थिक सहायता के कार्यक्रम को अग्रसारित करने में विशेष योग किया था। अन्तर्राष्ट्रीय व्यापारिक संगठन ने भी इन देशों के आर्थिक उन्नयन में सार्थक पहल की थी।

द्वितीय विश्व युद्ध के दौर व युद्धोपरान्त सोवियत संघ ने दक्षिणी-पूर्वी तथा उत्तर-पश्चिमी देशों (रूमानिया, बल्गारिया, पोलैण्ड इत्यादि) में साम्यवाद स्थापित कर दिया था; शनैः शनैः फ्रांस व इटली में भी सोवियत प्रभाव स्थापित होता जा रहा था। इस साम्यवादी प्रभाव को अवरुद्ध करने, पश्चिमी यूरोप के देशों को साम्यवाद से बचाने के लिये और अपने विश्व नेतृत्व को स्थापित करने के लिये संयुक्त राज्य अमेरिका के सार्थक प्रयत्न रहे थे। संयुक्त राज्य अमेरिका के तत्कालीन राष्ट्रपति ट्रूमैन ने मार्च, 1947 ई० में प्रसिद्ध ट्रूमैन सिद्धान्त की घोषणा की, जिसके द्वारा उन यूरोपियन देशों की

सहायता करने का निश्चय किया गया था जो साम्यवादी खेमें में अपनी आर्थिक विपन्नता के कारण जा रहे थे। इसी सिद्धान्त के अन्तर्गत यूनान, टर्की को अमरीकी सहायता प्रदान कर साम्यवादी प्रभाव से मुक्त कराने का प्रयास किया गया था। शनैः शनैः संयुक्त राज्य अमेरिका ने आर्थिक सहायता के साथ-साथ सैनिक हस्तक्षेप का भी निश्चय करके उन समस्त देशों को प्रभावित किया जो साम्यवादी प्रभाव की धारा में थे।

मार्शल योजना

राष्ट्रपति ट्रूमैन की उपरोक्त नीति को संयुक्त राज्य अमेरिका के परराष्ट्र सचिव मार्शल ने साकार रूप प्रदान करने के लिये जो योजना बनाई वह मार्शल योजना के नाम से चर्चित है। जून 1947 ई० में पेरिस में सोवियत संघ, फ्रांस, ब्रिटेन के विदेश मंत्री इस योजना पर विचार करने के लिये एकत्रित हुये। सोवियत विदेश मंत्री मोलोतोव तथा पश्चिमी देशों के दृष्टिकोण में बहुत अन्तर उत्पन्न हो गया; उसे और उसके समर्थकों को इस 'मार्शल योजना' में साम्राज्यवाद का उन्नयन दृष्टिगत हुआ, अतः सोवियत संघ ने इसे स्वीकार नहीं किया; पश्चिमी देशों ने इस योजना को स्वीकार कर लिया था।

इस योजना के अनुसार अरबों डालर की सहायता यूरोप के पश्चिमी देशों को प्रदान की गई, जिससे पश्चिमी यूरोप के देशों का पर्याप्त कल्याण हुआ और उनके पुनर्निर्माण की प्रक्रिया तीव्र हुई।

उत्तरी अटलांटिक सन्धि संगठन (नाटो)

संयुक्त राज्य अमेरिका ने साम्यवाद के बढ़ते हुये प्रभाव को रोकने के लिये सैनिक संगठन की आवश्यकता पर भी बल दिया, जिसके फलस्वरूप उत्तरी अटलांटिक सन्धि संगठन (नाटो) की स्थापना 4 अप्रैल, 1949 ई० को हुई। इस संगठन में शनैः शनैः दस यूरोपीय देश (बेल्जियम, हालैण्ड, लक्जेमबर्ग, ब्रिटेन, फ्रांस, नार्वे, डेनमार्क, आइसलैण्ड, इटली और पुर्तगाल) तथा संयुक्त राज्य अमेरिका और कनाडा भी सम्मिलित हो गये थे। इस सन्धि में यह स्पष्ट किया गया था कि यह प्रतिरक्षात्मक है अर्थात् ये देश और संयुक्त राज्य अमेरिका उसी स्थिति में एक-दूसरे की सहायता करेंगे जबकि उन पर सोवियत संघ अथवा कोई अन्य देश आक्रमण करेंगे।

कामिन्फार्म

पश्चिमी यूरोपीय देश तथा संयुक्त राज्य अमेरिका जिस प्रकार सन्धियों-संगठनों द्वारा अपनी शक्ति को प्रतिरक्षा के नाम पर सुदृढ़ करते रहे थे, उसी भांति सोवियत संघ तथा पूर्वी यूरोपीय देश ने भी अपनी शक्ति को सुदृढ़ करने

तथा साम्यवाद का प्रचार और प्रसार करने के लिए 25 अक्टूबर, 1947 ई० को कामिन्फार्म की स्थापना की थी। इस संगठन में सोवियत संघ, पोलैण्ड, रूमानिया, बल्गारिया, हंगरी, यूगोस्लाविया आदि देश सम्मिलित थे। इस संस्था ने सोवियत प्रभाव को पूर्वी यूरोप के देशों पर स्थापित करने में योग दिया था।

शीत-युद्ध का विस्तार

इस प्रकार द्वितीय विश्व युद्ध के उपरान्त संयुक्त राज्य अमेरिका ने साम्यवाद को घेरकर, उसके विस्तार का प्रत्येक स्तर पर प्रतिरोध करने की नीति अपनायी थी, अन्ततः शीत-युद्ध का पथ प्रशस्त होता चला गया। 5 मार्च, 1946 ई० को संयुक्त राज्य अमेरिका के फुल्टन स्थान पर ब्रिटिश प्रधानमंत्री चर्चिल द्वारा दिया गया भाषण शीत युद्ध का मुख्य प्रेरक तत्व बना। फुल्टन नगर में भाषण करते हुये चर्चिल ने अन्तर्राष्ट्रीय राजनीति के क्षेत्र में एक नवीन विचारधारा का सूत्रपात किया। सम्बोधन के शब्द थे–"हमें तानाशाही के एक स्वरूप के स्थान पर उसके दूसरे स्वरूप में संस्थापना को रोकना चाहिये।" उसने "स्वतंत्रता की दीप शिखा प्रज्वलित रखने एवं ईसाई सभ्यता की सुरक्षा के लिये"–एक आंग्ल-अमरीकी गठबन्धन की मांग की; उसका परामर्श था कि साम्यवाद के प्रसार को सीमित रखने के लिये प्रत्येक सम्भव उपायों का अवलम्बन लिया जाना चाहिये। इसी प्रक्रिया के अन्तर्गत 12 मार्च, 1947 ई० को संयुक्त राज्य अमेरिका के राष्ट्रपति ट्रूमैन ने अमेरिका की यह नीति घोषित की कि वह साम्यवादी प्रसार को रोकेगा। इसी ट्रूमैन सिद्धान्त के अनुसार, पश्चिमी यूरोपीय देशों, यूनान, टर्की तथा ईरान (एशियायी देशों) को साम्यवादी खेमें से बचाने के लिये उन्हें आर्थिक सहायता उपलब्ध करायी। 23 अप्रैल, 1947 ई० को अमरीकी विदेश सचिव मार्शल ने अपनी योजना में व्यक्त किया (मार्शल योजना)–इस समय यूरोप के आर्थिक पुनरुद्धार हेतु प्रयत्न किये जायें अन्यथा विश्व साम्यवादी हो जायेगा। परिणामस्वरूप राष्ट्रपति ट्रूमैन ने मार्शल योजनानुसार पश्चिमी यूरोपीय देशों के आर्थिक पुनर्निर्माण हेतु सहायता उपलब्ध करायी थी; लगभग 12 अरब डालर की आर्थिक सहायता का कार्यक्रम संचालित किया जाने लगा था।

संयुक्त राज्य अमेरिका व पश्चिमी देशों की साम्यवाद व सोवियत विरोधी नीतियों ने सोवियत संघ को क्रुद्ध कर दिया; सोवियत संघ ने भी पश्चिम विरोधी स्वर ऊंचा कर दिया तथा संयुक्त राज्य अमेरिका को चुनौती देने की मुद्रा में शीत-युद्ध को गतिमान कर दिया था। 1948 ई० में सोवियत संघ ने बर्लिन की नाकेबन्दी करके शीत-युद्ध को चरम सीमा पर पहुंचा

दिया, इससे पश्चिमी जर्मनी के बीच सभी रेल, सड़क और जलीय यातायात बन्द कर दिया गया था। लगभग 10 मास पश्चात् अप्रैल, 1949 ई॰ में यह नाकेबन्दी समाप्त हुई परन्तु दोनों पक्षों में गतिरोध बना रहा और शीतयुद्ध की स्थिति में परिवर्तन नहीं हुआ था। क्षत-विक्षत जर्मनी शीत-युद्ध का एक प्रधान केन्द्र बन गया था। ब्रिटेन, फ्रांस और संयुक्त राज्य अमेरिका ने अपने अधीनस्थ जर्मनी के तीनों पश्चिमी क्षेत्रों का एकीकरण करके 21 सितम्बर, 1949 ई॰ को संघीय जर्मन गणराज्य (Federal Republic of Germany) जिसे पश्चिमी जर्मनी कहा गया, के उदय की घोषणा की। प्रत्युत्तर में सोवियत संघ ने 7 अक्टूबर, 1949 ई॰ को जर्मनी के अपने अधीनस्थ क्षेत्र में जर्मन प्रजातन्त्रात्मक गणराज्य (German Democratic Republic) जिसे 'पूर्वी जर्मनी' कहा गया, की स्थापना कर दी थी। इस प्रकार जर्मनी—पूर्व जर्मनी और पश्चिमी जर्मनी में विभाजित हो गया था। जर्मनी के एकीकरण का प्रश्न शीतयुद्ध का पथ प्रशस्त करता रहा था।

इसी शीत युद्ध का परिणाम था 1949 ई॰ में संयुक्त राज्य अमेरिका के नेतृत्व में नाटो (N.A.T.O.) जैसी सैनिक सन्धि का निर्माण, जो सोवियत संघ से सुरक्षा प्राप्ति हेतु गठित की गई थी। नाटो सोवियत संघ को चेतावनी थी कि यदि उसने इस सन्धि पर हस्ताक्षर करने वाले किसी देश पर आक्रमण किया तो संयुक्त राज्य अमेरिका तत्काल उसकी सहायता करेगा।

1 अक्टूबर, 1949 ई॰ को चीन में साम्यवादी शासन स्थापित हो जाने से शीत युद्ध में उष्णता आ गई। साम्यवादियों की इस विजय ने सोवियत-संघ के उत्साह को द्विगुणित कर दिया था। कोरिया का युद्ध वास्तव में पश्चिमी गुट और साम्यवादी गुट के मध्य सैनिक संघर्ष था। 1950 ई॰ में साम्यवादी उत्तरी कोरिया ने दक्षिणी कोरिया पर आक्रमण कर दिया। कोरिया युद्ध में शीत युद्ध सशस्त्र संघर्ष में परिणत हो गया था। इस प्रकार 1945 ई॰ से 1950 ई॰ के मध्य शीत-युद्ध में अधिक तीव्रता विद्यमान रही थी, जिसे चर्चिल, ट्रूमैन, मार्शल, डलेस, वेण्डनवर्ग, स्टालिन आदि नेताओं (राजनीतिज्ञों-कूटनीतिज्ञों) ने गतिमान बनाया था।

एशियाई जागरण (1945 ई॰ से 1950 ई॰)

द्वितीय विश्वयुद्ध में श्वेत जातियों को जिन प्रारम्भिक गम्भीर पराजयों के दौर से गुजरना पड़ा था, उससे एशियाई जनता को यह विश्वास हो गया कि पश्चिमी राष्ट्र अजेय नहीं हैं। इस अनुभूति के फलस्वरूप स्वातन्त्रय आंदोलनों में स्फूर्ति आ गई। थके व विनष्ट यूरोपियनों को अपने साम्राज्य और उपनिवेशों में स्वातन्त्रय संघर्ष को दबाना कठिन हो गया, अन्ततः एशिया में साम्राज्य ढहने लगे, उपनिवेशों का अन्त प्रारम्भ हुआ तथा एशियायी

देश स्वतंत्र होंकर अपने गौरव-सम्मान के साथ अपना महान् अस्तित्व प्रगट करने लगे। 15 अगस्त, 1947 ई० में स्वतंत्र भारत के उदय ने एशियायी राष्ट्रवाद को प्रेरित कर राष्ट्रवाद के उन्नयन में योग दिया। फलतः बर्मा (म्यांमार) श्रीलंका, कम्बोडिया, लाओस, इण्डोनेशिया आदि अनेक राष्ट्र स्वतंत्र बने। 1949 ई० में चीन में जो साम्यवादी क्रान्ति हुई, वह भी एशियाई जागरण की प्रतीक थी। नव-स्वतंत्र एशियाई राष्ट्रों ने गुट-निरपेक्षता का पथ प्रशस्त किया व शीत युद्ध से बचने तथा पूर्व-पश्चिम के संघर्ष से पृथक रहने; संयुक्त राज्य अमेरिका व सोवियत संघ के सशस्त्र संघर्ष से परे रहने का निश्चय किया। इस प्रयत्न के परिणामस्वरूप एशियाई-अफ्रीकी ऐक्य के आन्दोलन का विकास हुआ। इस आन्दोलन की अभिव्यक्ति मार्च 1947 ई० में विश्व मामलों की भारतीय परिषद् के तत्वावधान में नई दिल्ली में आयोजित गैर सरकारी 'एशियाई मैत्रीपूर्ण सम्मेलन' में हुई, जिसमें 28 देशों के प्रतिनिधि सम्मिलित हुये थे; इसका उद्देश्य एशियाई राष्ट्रों के बीच मैत्री व सहयोग को प्रोत्साहित करना तथा एशियाई जनता की प्रगति व हितों में वृद्धि करना निश्चित हुआ था। जनवरी 1949 ई० में दूसरा एशियाई सम्मेलन नई दिल्ली में इण्डोनेशिया के प्रश्न पर विचार करने के लिए बुलाया गया था जिसमें भाग लेने वाले 19 देशों के प्रतिनिधियों ने डच पुलिस और सेनाओं के इण्डोनेशिया से अविलम्ब चले जाने और 1 जनवरी, 1950 ई० तक उसे स्वतंत्र किये जाने की मांग की थी। निकट भविष्य में और भी अधिक पारस्परिक सहयोग के लिये सहमति प्रकट की गई थी। मई 1950 ई० में फिलिपाइन्स में एशियाई राष्ट्रों के मध्य सांस्कृतिक और आर्थिक सहयोग बढ़ाने के उद्देश्य से बोगुई में एक एशियाई सम्मेलन आयोजित किया गया था।

प्रमुख घटनायें (1945 ई० से 1950 ई०)

1945 ई० – लन्दन का विदेश मंत्री सम्मेलन; मास्को का विदेश मंत्री सम्मेलन।

1946 ई० – पेरिस में विदेश मंत्री सम्मेलन; न्यूयार्क में विदेश मंत्रियों की बैठक।

1947 ई० – इटली के साथ मित्र राष्ट्रों की सन्धि; रूमानिया के साथ मित्र राष्ट्रों की सन्धि; बल्गारिया के साथ मित्र राष्ट्रों की सन्धि; हंगरी के साथ मित्र राष्ट्रों की सन्धि; फिनलैण्ड के साथ मित्र राष्ट्रों की सन्धि; साम्यवादी प्रसार को रोकने के लिये संयुक्त राज्य अमेरिका का ट्रूमैन सिद्धान्त; भारत स्वतंत्र राष्ट्र घोषित; गैर सरकारी एशियाई मैत्रीपूर्ण सम्मेलन; हंगरी

में साम्यवादी शासन की स्थापना; कामिन्फार्म की स्थापना; मार्शल योजना; बल्गारिया साम्यवादी बना।

1948 ई॰ – मार्शल योजना के अन्तर्गत यूरोप का पुनर्निर्माण प्रारम्भ; चैकोस्लोवाकिया साम्यवादी बना; संयुक्त राष्ट्र की महासभा द्वारा मानव अधिकारों की सार्वभौम घोषणा; बर्लिन की नाकेबन्दी।

1949 ई॰ – जर्मनी का विभाजन; नाटो की स्थापना, चीन में साम्यवादी शासन स्थापित; शीत-युद्ध का वेग।

1950 ई॰ – कोरिया युद्ध; बोगुई सम्मेलन।

संदर्भ

1. थॉमसन: "दि राइज ऑफ मार्डन एशिया"।
2. गुन्थर जान: "इनसाइड यूरोप"।
3. पामर एण्ड परकिंस: "इन्टरनेशनल, रिलेशन्स"।
4. बेन्स: "यूरोप सिंस 1914"।

33
फिलिस्तीन समस्या: ऐतिहासिक पृष्ठभूमि

पश्चिमी एशिया (मध्य-पूर्व) की राजनीति में विरोध, संघर्ष और युद्धों की उत्पत्ति 'अरब-राष्ट्रवाद' तथा 'यहूदी राष्ट्रवाद' की उत्पत्ति से आरम्भ हुई। 'अरब-राष्ट्रवाद' की उत्पत्ति में ब्रिटेन की नीतियाँ प्रभावी तत्व बनीं। प्रथम विश्व-युद्ध में ब्रिटेन ने अरबों को तुर्की के विरुद्ध विद्रोह के लिये प्रेरित किया था परन्तु कालान्तर में 'अरब-राष्ट्रवाद' यहूदी विरोधी आंदोलन में परिवर्तित हो गया।

यद्यपि प्राचीनकाल से ही पश्चिमी एशिया के क्षेत्र विश्व राजनीति के केन्द्र बने रहे थे परन्तु आधुनिक काल में पश्चिमी एशिया की राजनीति की उत्पत्ति प्रथम विश्वयुद्ध (1914-1918) के काल में हुई। प्रथम विश्व युद्ध में जब तुर्की ने जर्मनी का साथ दिया तो ब्रिटेन ने मिस्र को अपना संरक्षित क्षेत्र (Protectorate) घोषित कर दिया तथा अरबों को तुर्की के विरुद्ध विद्रोह करने के लिये उभारा। ऐसा करते समय ब्रिटेन ने अरबों के लिये विश्व युद्ध की समाप्ति के पश्चात् एक स्वतंत्र अरब संघ की स्थापना करने का आश्वासन दिया। इस आश्वासन के साथ ही ब्रिटेन ने 1917 की बालफोर घोषणा (Balfour Declaration) के माध्यम से यूरोप के विभिन्न देशों में फैले यहूदियों को भी फिलिस्तीन क्षेत्र में एक स्वतंत्र राज्य देने का वचन दिया। यहूदियों को दिये गये वचन से अरब-राष्ट्र ब्रिटेन विरोधी हो गये तथा साथ ही साथ वे मानसिक रूप से यहूदी-विरोधी भी हो गये।

यहूदी, फिलिस्तीनी भूमि पर अपना अधिपत्य इसलिये चाहते हैं क्योंकि यह प्राचीन इज़राइल साम्राज्य की भूमि है; जहाँ से उन्हें पहले बेबीलोनिया ने तथा बाद में रोमन साम्राज्य ने निष्कासित किया था; निष्कासित होने पर यहूदी यूरोप के विभिन्न देशों में बस गये। अपने यूरोप प्रवास के दौरान यहूदियों को विभेदपूर्ण व्यवहार का सामना करना पड़ा। इन सबके परिणामस्वरूप

1897 में 'यहूदी विश्व परिसंघ' अस्तित्व में आया, जिसने यह घोषणा की कि "पश्चिमी एशिया स्थित फिलिस्तीनी क्षेत्र में यहूदियों को स्थापित करना उनके आन्दोलन का प्रमुख लक्ष्य है।"

प्रथम विश्व युद्ध के उपरान्त इराक, फिलिस्तीन, ट्रांस जार्डन, ब्रिटेन, सीरिया तथा लेबनान को फ्रांस का मैन्डेट (Mandate) अर्थात् शासनादेशीय राज्य बनाया गया। इस प्रकार फिलिस्तीन के ब्रिटिश शासन के अन्तर्गत आ जाने के बाद यूरोप के विभिन्न देशों से, यहूदी यहाँ आकर तेजी से बसने लगे। मुस्लिम बाहुल्य वाले फिलिस्तीन में यहूदियों की बढ़ती संख्या से अरबों का चिन्तित होना स्वाभाविक था। यूरोपीय देशों से आने वाले यहूदी ज्ञान-विज्ञान तथा रहन-सहन में अरबों से श्रेष्ठतर थे। अरब इस स्थिति से भयभीत थे, अतः उन्होंने फिलिस्तीनी क्षेत्र से यहूदियों को भगाने के लिये उनके विरुद्ध संघर्ष आरम्भ कर दिया। यहूदियों ने अरबों का डटकर सामना किया। दोनों पक्षों के बीच हो रहे इस संघर्ष ने 1936 में भीषण दंगे का रूप धारण कर लिया; अन्ततः ब्रिटेन ने द्वितीय विश्व युद्ध की समाप्ति के शीघ्र पश्चात् यह मामला संयुक्त राष्ट्र संघ को सौंप दिया।

इज़राइल का प्रादुर्भाव एवं अरब इज़राइल संघर्ष

संयुक्त राष्ट्र ने 29 नवम्बर, 1947 को फिलिस्तीन के विभाजन की स्वीकृति दी, अतः ब्रिटेन ने 14 मई, 1948 को मध्य रात्रि के समय फिलिस्तीन से अपना मैन्डेट समाप्त कर दिया तथा उसी समय तेल अबीब में यहूदियों ने इज़राइल की स्थापना की घोषणा कर दी। संयुक्त राज्य अमेरिका ने तुरन्त ही इज़राइल को एक स्वतंत्र देश के रूप में मान्यता प्रदान कर दी परन्तु अरबों ने इस विभाजन को कभी स्वीकार नहीं किया। अतः इज़राइल की स्थापना के दिन ही मिस्र, जार्डन, सीरिया, लेबनान तथा सऊदी अरब ने इज़राइल पर आक्रमण कर दिया; इस प्रथम अरब-इज़राइल युद्ध में इज़राइल की विजय हुई। इस युद्ध की समाप्ति पर इज़राइल का फिलिस्तीन के 77.4% भाग पर अधिकार हो गया। इस युद्ध में अमेरिका ने इज़राइल की सहायता की थी। संयुक्त राष्ट्र विभाजन योजना के अन्तर्गत यहूदियों को 56.4% भू-भाग ही प्रदान किया गया था। युद्ध के पश्चात् इज़राइल क्षेत्र से बड़ी संख्या में अरबों का पलायन हुआ।

द्वितीय अरब-इज़राइल युद्ध 'अरब राष्ट्रवाद' के कारण हुआ। 26 जुलाई, 1956 को मिस्र के राष्ट्रपति नासिर ने स्वेज नहर का राष्ट्रीयकरण करके इज़राइल समेत पश्चिमी देशों को उत्तेजित कर दिया; इससे पूर्व स्वेज नहर पर ब्रिटेन का नियन्त्रण था अतः पश्चिमी देशों (संयुक्त राज्य अमेरिका, ब्रिटेन, फ्रांस) की शह पर इज़राइल ने 29 अक्टूबर, 1956 को स्वेज नहर

से सटे मिस्र के गाजापट्टी क्षेत्र पर आक्रमण कर दिया। फ्रांस व ब्रिटेन ने भी इज़राइल को सैनिक सहयोग दिया; अन्ततः इज़राइल को सफलता प्राप्त हुई। उसने सिनाई क्षेत्र, गाजापट्टी, अकावा के खाड़ी क्षेत्र पर अधिकार कर लिया; यद्यपि 1957 में संयुक्त राष्ट्र के हस्तक्षेप पर इज़राइल ने यह क्षेत्र खाली कर दिया। इस युद्ध के पश्चात् दोनों पक्षों में तनाव और भी बढ़ गया। अरब राष्ट्रों ने इज़राइल की समाप्ति तथा स्वतंत्र फिलिस्तीन राज्य की स्थापना को अपना लक्ष्य घोषित किया। इस तनाव की परिणति 1967 ई० में तृतीय अरब इज़राइल युद्ध था। इस बार इज़राइल ने जार्डन, मिस्र, इराक तथा सीरिया पर एक साथ आक्रमण कर दिया (5 जून, 1967 ई०); इज़राइल ने तीव्र गति से सभी को पराजित करते हुये येरूशलम, जार्डन नदी तट, गाजापट्टी, सिनाई क्षेत्र तथा गोलन पहाड़ी पर अधिकार कर लिया।

इस युद्ध के पश्चात् फिलिस्तीनी जनता ने अपने बल से इज़राइल से संघर्ष का निश्चय किया। 1964 में स्थापित फिलिस्तीनी मुक्ति संगठन (PLO) में 1969 में नौ फिलिस्तीनी गुट सम्मिलित हो गये; यासर अराफात को इस संगठन का अध्यक्ष बनाया गया। तब से फिलिस्तीनियों ने यासर अराफात के नेतृत्व में स्वतंत्रता एवं अधिकारों की जंग छेड़ रखी है।

1973 (छः अक्टूबर) को मिस्र एवं सीरिया ने 1967 की पराजय का बदला लेने हेतु इज़राइल पर अचानक आक्रमण कर चतुर्थ अरब-इज़राइल युद्ध प्रारम्भ कर दिया परन्तु इस बार भी अरबों को पराजय का सामना करना पड़ा। पराजय के उपरान्त अरब राष्ट्रों ने 'तेल कूटनीति' का सहारा लिया; उन्होंने इज़राइल समर्थक देशों को तेल निर्यात करना बन्द कर दिया तथा तेल के मूल्यों में भारी वृद्धि कर दी। अरबों के इस कदम से सम्पूर्ण विश्व का ध्यान फिलिस्तीन समस्या की ओर आकर्षित हुआ तथा फिलिस्तीन समस्या एक अन्तर्राष्ट्रीय समस्या बन गई।

फिलिस्तीनी मुक्ति संगठन ने अपनी स्वतंत्रता एवं अधिकारों के लिये इज़राइल के विरुद्ध गुरिल्ला युद्ध आरम्भ कर दिया, जिसमें फिलिस्तीनी जनता की भी सक्रिय भागीदारी प्रारम्भ हुई। अन्ततः 13 सितम्बर, 1993 को वाशिंगटन में पी० एल० ओ० के प्रतिनिधि मोहम्मद अब्बास तथा इज़राइल विदेशमंत्री शिमोन पेरेज ने अमरीकी राष्ट्रपति बिल क्लिंटन की उपस्थिति में ऐतिहासिक शान्ति समझौते पर हस्ताक्षर किये। इस समझौते द्वारा जार्डन नदी के तट पर जेरिको नगर में फिलिस्तीनियों को स्वायत्तता प्रदान कर दी गई तथा पी० एल० ओ० नेता यासर अराफात ने इज़राइल को मान्यता प्रदान कर दी। इस समझौते का विरोध कुछ कट्टरपंथी फिलिस्तीनी संगठनों ने और अरब देशों ने किया, अतः स्थायी शान्ति के लिये प्रयास जारी हैं।

34

द्वितीय विश्व युद्ध के बाद के इतिहास की प्रमुख विशेषता: विऔपनिवेशीकरण

यूरोपीय राष्ट्रों के औपनिवेशिक साम्राज्य का समाप्त होना, द्वितीय विश्व युद्ध के बाद के इतिहास की एक प्रमुख विशेषता है। उपनिवेशों की इस समाप्ति में केन्द्रीय भूमिका तो उपनिवेशों की जनता के मुक्ति संघर्षों की रही, परन्तु साथ ही, द्वितीय विश्व युद्ध के परिणामों ने भी अनेक प्रकार से इस प्रक्रिया को प्रभावित किया। द्वितीय विश्व युद्ध ने यूरोप की सैनिक श्रेष्ठता के मिथक का अन्त कर दिया। विश्व युद्ध के घटनाक्रम ने उपनिवेश की जनता के सामने यह स्पष्ट कर दिया कि यूरोपीय सैनिक दृष्टि से अजेय नहीं हैं। जापान की प्रारम्भिक सफलतायें तथा मित्र राज्यों की सेना के औपनिवेशिक सैनिकों की वीरता ने यह स्पष्ट कर दिया कि वह साहस एवं वीरता में यूरोपियन के समकक्ष हैं; इससे उपनिवेशों की जनता में सैनिक प्रतिरोध का साहस उत्पन्न हुआ। इसी साहसी जनता ने मुक्ति संघर्ष को जुझारू बनाया; फलतः दक्षिण-पूर्वी एशिया में मुक्ति संघर्ष गतिमान बन गया।

द्वितीय विश्व युद्ध के दौरान एशिया-अफ्रीका की जनता के एक बड़े भाग को सैनिक वेष में अपने देश की सीमाओं से बाहर जाकर विश्व को देखने का अवसर प्राप्त हुआ; इससे उनके सामाजिक-राजनैतिक क्षितिज को व्यापकता प्राप्त हुई, उन्हें औपनिवेशिक जीवन व स्वतंत्र जीवन के अन्तर को अनुभव करने का अवसर मिला; इससे मुक्ति की कामना व उसके लिये संघर्ष की इच्छा उत्पन्न हुई।

द्वितीय विश्व युद्ध के काल में मित्र राष्ट्रों के द्वारा की गई नीति संबंधी घोषणाओं (अटलांटिक चार्टर आदि) ने, जो राष्ट्रों के आत्मनिर्णय का समर्थन करता था, उपनिवेशवाद को कमजोर बनाया, इसने मुक्ति संघर्ष को प्रेरणा व उत्साह प्रदान किया।

द्वितीय विश्व युद्ध के फलस्वरूप यूरोप के राज्य सैनिक व आर्थिक दृष्टि से इतने निर्बल हो गये कि उपनिवेशों पर अधिकार बनाये रखना उनके लिये कठिन हो गया; दूसरी ओर समाजवादी विचारधारा जो राष्ट्रीय मुक्ति संघर्ष की समर्थक थी, ने उपनिवेशों के मुक्ति संघर्ष को शक्ति प्रदान की।

उपनिवेशों की मुक्ति के प्रमुख कारण

द्वितीय विश्व युद्ध की समाप्ति के बाद तीस वर्ष के (तीन दशक के) दौरान अफ्रीका, एशिया व लैटिन अमेरिका में यूरोप के उपनिवेशों की इस मुक्ति की पृष्ठभूमि में अनेक कारण निहित थे–

(i) यूरोपीय राष्ट्रों द्वारा उपनिवेशों की जनता का निर्मम शोषण अपने हित में किया जा रहा था; इस शोषण के विरुद्ध वहाँ की जनता में असन्तोष व्याप्त था जिसकी अभिव्यक्ति राष्ट्रीय मुक्ति संघर्ष के रूप में दृष्टिगत हो रही थी; चीन व भारत में यह संघर्ष उन्नीसवीं सदी में आरम्भ हो गये थे; इण्डोनेशिया व वियतनाम तथा पश्चिमी एशिया के देशों में प्रथम विश्वयुद्ध के पश्चात् (बीसवीं सदी में) प्रारम्भ हुये।

(ii) 1917 ई० की रूस की क्रान्ति ने उपनिवेशों को मुक्ति की प्रेरणा प्रदान की, रूस की क्रान्ति से एशिया-अफ्रीका के अनेक देशों (चीन, भारत, वियतनाम, इण्डोनेशिया आदि) में साम्राज्यवाद विरोधी संघर्ष के लिये समर्पित कम्युनिस्ट संगठनों का उदय हुआ जिससे इन देशों की जनता में नवीन उत्साह तथा प्रेरणा का संचार हुआ। विश्व के प्रथम समाजवादी देश (सोवियत संघ) से नैतिक समर्थन के साथ-साथ भौतिक सहायता भी प्राप्त रही।

(iii) द्वितीय विश्व युद्ध के परिणामों ने भी एक समाजवादी शिविर को स्थापित करके यूरोप के देशों को सैनिक व वित्तीय दृष्टि से निर्बल बनाकर उपनिवेशों के मुक्ति संघर्षों को नवीन शक्ति प्रदान कर तथा संयुक्त राष्ट्र संघ की स्थापना कर साम्राज्यवाद विरोधी शक्तियों को बल प्रदान किया।

(iv) संयुक्त राज्य अमेरिका ने भी उपनिवेशों की जनता का समर्थन उनकी मुक्ति हेतु किया था क्योंकि वह यह समझ रहा था कि उपनिवेश का बना रहना, उस देश में साम्यवाद के प्रचार-प्रसार में सहायक सिद्ध होगा।

उपनिवेशवाद के संबंध में संयुक्त राज्य अमेरिका की नीति

1941 के अटलांटिक चार्टर का उपनिवेशवाद विरोधी स्वर तथा उसमें जनता के आत्मनिर्णय के अधिकार की मान्यता को प्रैज़ीडेण्ट रूजवेल्ट द्वारा

यह कह कर विस्तार दिया जाना कि वह सम्पूर्ण विश्व पर लागू होती है, सामान्यतया यह प्रभाव दिखाई पड़ता है कि संयुक्त राज्य अमेरिका सिद्धान्ततः साम्राज्यवाद विरोधी एवं राज्यों की स्वतंत्रता का समर्थक था। द्वितीय विश्व युद्ध के काल व उसके बाद भारत के स्वतंत्रता संग्राम में उसकी सहानुभूति तथा भारत के पक्ष में ब्रिटिश सरकार पर उसके द्वारा बनाया गया दबाव इस धारणा की पुष्टि करते हैं। परन्तु वास्तविकता इसके विपरीत है। उपनिवेशवाद पर संयुक्त राज्य अमेरिका का दृष्टिकोण विशुद्ध रूप से अमेरिका के निहित स्वार्थों पर आधारित रहा था। किसी उच्च मानवीय आदर्श द्वारा संचालित नहीं रहा था। संयुक्त राज्य अमेरिका को यह प्रतीत होता कि किसी क्षेत्र विशेष में उपनिवेशवाद की समाप्ति से, उसे वहाँ बाजार प्राप्त होगा अथवा पूंजी लगाने के अवसर प्राप्त होंगे और अपना राजनैतिक प्रभाव स्थापित होगा तो वह उपनिवेशवाद विरोधी स्वर तीव्र कर देता था; भारत के संबंध में उसकी नीति इसी अवधारणा पर आधारित रही थी।

संयुक्त राज्य अमेरिका साम्यवाद का चिर-शत्रु रहा; साम्यवादी विचार व साम्यवादी व्यवस्था का अन्त करना उसका लक्ष्य रहा था; इस लक्ष्य की प्राप्ति यदि उपनिवेशवाद के अन्त से प्राप्त हो सकती हो तो वह उपनिवेशवाद विरोधी दृष्टिकोण अपना लेता था; इसके विपरीत यदि उसे प्रतीत होता कि स्वतंत्र राज्य साम्यवादी बन जायेगा तो उसने सदैव उस जनता के विरुद्ध उपनिवेशवादी शक्ति को समर्थन दिया था। वियतनाम इसका ज्वलन्त उदाहरण है। स्वतंत्र वियतनाम साम्यवादी होगा; इस भय से संयुक्त राज्य अमेरिका ने पहले फ्रेन्च साम्राज्यवाद का साथ दिया और बाद में स्वयं वहां के संघर्ष में संलग्न हो गया। इस प्रकार अमरीकी नीति आदर्श सिद्धान्त से प्रेरित न होकर स्वार्थ से संचालित रही थी।

उपनिवेशवाद की समाप्ति से अफ्रीका महाद्वीप की जनता के समक्ष चुनौतियाँ

1980-1981 ई० तक अफ्रीका महाद्वीप के अधिकांश उपनिवेश स्वतंत्र हो गये तथा वहाँ की जनता को अपने भाग्य का निर्माण करने का अवसर प्राप्त हुआ। स्वतंत्रता इन देशों के लिये विकास के सुअवसर प्रदान करने के साथ ही नई चुनौतियों को लेकर दृष्टिगत हुई। अफ्रीका महाद्वीप की जनता के समक्ष प्रथम मुख्य चुनौती सामाजिक क्षेत्र में रही थी; बीसवीं सदी में भी अफ्रीका के अधिकांश राज्यों की सामाजिक संरचना कबायली एवं अर्द्धसामंती थी; प्रत्येक नवोदित राज्यों में एक से अधिक कबीले निवास करते हैं; इन कबीलों के मध्य राजनैतिक एवं सामाजिक वर्चस्व के लिये संघर्ष जो सदैव गृहयुद्ध का रूप धारण कर लेता है, शान्ति व्यवस्था

एवं स्थायित्व के लिये गम्भीर संकट बन जाता है। नाइजीरिया, जायरे (Congo), बुरुन्डी तथा रुआण्डा इस प्रकार के गृहयुद्ध एवं संघर्ष के उदाहरण प्रस्तुत करते हैं। सामाजिक संघर्ष का दूसरा रूप नस्ल भेद पर आधारित अफ्रीका के मूल निवासियों एवं यूरोप से आकर रहने वाले लोगों के मध्य तनाव का है, दक्षिण अफ्रीका तथा जिम्बाब्वे इस संघर्ष के प्रतीक हैं।

अफ्रीकी जनता के समक्ष दूसरी चुनौती आर्थिक गरीबी तथा पिछड़ेपन की है। गरीबी, अशिक्षा, स्वास्थ्य सेवाओं की उपेक्षा, अर्थव्यवस्था का एकाकी एवं अविकसित होना आदि के कारण अफ्रीका महाद्वीप के राज्य पश्चिमी देशों से प्राप्त ऋण, पूंजी निवेश तथा बाजार पर निर्भर हैं, इस निर्भरता के कारण उन्हें नस्ल उपनिवेशवाद का शिकार बनना पड़ा है।

अफ्रीका महाद्वीप के सभी नवोदित राज्य राजनैतिक चुनौतियों (तीसरी प्रमुख चुनौती) से संघर्ष कर रहे हैं। अधिकांश देशों में राजनैतिक अस्थिरता एवं गृहयुद्ध की स्थिति विद्यमान है; स्वस्थ प्रजातांत्रिक परम्पराओं का विकसित न हो पाना, सामाजिक नस्ली संघर्ष, आर्थिक पिछड़ेपन से उत्पन्न असन्तोष एवं अपने स्वार्थों की पूर्ति के लिये विदेशी शक्तियों का हस्तक्षेप आदि इस राजनैतिक चुनौती को अधिक जटिल व गम्भीर बनाये हुये हैं।

35
माओ-त्से-तुंग और माओवाद
(1893-1976)

अपने जीवन काल में ही इतिहास पुरुष बन जाने वाले 'माओ-त्से-तुंग' चीन में साम्यवादी क्रान्ति के प्रवर्तक थे; उनका साम्यवादी जगत व विश्व की राजनीति में असाधारण महत्व स्वीकार किया गया है। माओ-त्से-तुंग का सम्पूर्ण जीवन चीन और चीनी कृषकों के क्रान्तिकारी उदय एवं विकास की गाथा है।

माओ-त्से-तुंग का महान् कार्य यह है कि उसने मार्क्सवाद के यूरोपियन रूप को एशियाई रूप प्रदान किया है। वे मार्क्सवाद के चीनी या एशियाई रूप के निर्माणकर्ता हैं। उनका जन्म चीन के हुनान प्रान्त में एक निर्धन किसान परिवार में हुआ था। विद्यालय जीवन में वह नेपोलियन बोनापार्ट व पीटर महान् से प्रभावित था; उसने अपने गुरु यांग से पश्चिमी विचार ग्रहण किये थे परन्तु उसकी विचारधारा मूलतः चीनी ही बनी रही।

माओ-त्से-तुंग ने मार्क्सवाद का गहन अध्ययन कर, अपने साथियों से कुओमिन्तांग दल के सदस्यों के साथ संयुक्त हो जाने तथा राष्ट्रीय एकता व स्वतंत्रता प्राप्ति हेतु संघर्ष करने की अपील की थी। 1922 से 1927 तक माओ-त्से-तुंग व कुओमिन्तांगदल के प्रधान च्यांग काई शेक में घनिष्ठ संबंध स्थापित रहे परन्तु जब च्यांग काई शेक ने साम्यवादियों का दमन आरम्भ किया तब माओ-त्से-तुंग ने किसानों की सोवियतें बनाकर अपने क्रांतिकारी संगठन को सुदृढ़ बना लिया। 1932 तक माओ-त्से-तुंग ने चीन के छठे भाग पर अपना शासन स्थापित कर लिया। च्यांग काई शेक के बारम्बार होने वाले आक्रमणों से बचने के लिये 1934 में माओ-त्से--तुंग की लाल सेना के 8 माह के दौर में 4800 कि०मी० लम्बा सुप्रसिद्ध ऐतिहासिक प्रयाण किया; वह दक्षिण से उत्तरी चीन में चला गया। जापान द्वारा चीन पर हमला करने के बाद, अगले तीन वर्ष (1937-1940) तक साम्यवादी और

राष्ट्रवादी सेनायें संयुक्त मोर्चा बनाकर जापान से लड़ती रहीं। इसी काल में माओ-त्से-तुंग ने अपने विचारों का प्रतिपादन व प्रचार किया। 1945 में अमरीका ने दोनों पक्षों में समझौता कराने का प्रयास किया। 1947 में दोनों पक्षों के मध्य पुनः गृह-युद्ध प्रारम्भ हो गया। दो वर्ष तक संघर्ष करने के पश्चात् माओ-त्से-तुंग के नेतृत्व में साम्यवादियों ने रूसी सहायता तथा अपने रण-कौशल से विजय प्राप्त की। अक्टूबर, 1949 को पीकिंग में चीनी गणराज्य की स्थापना की गई। चीन की विशिष्ट परिस्थितियों के संदर्भ में माओ ने मार्क्स-लेनिनवाद के सिद्धान्तों का विकास किया; उसके विचारों एवं व्याख्याओं को ही माओवाद (Maoism) कहा गया है।

माओवाद (Maoism)

चीनी साम्यवाद में चार विचारधारायें निहित हैं:-

(i) मार्क्सवाद

(ii) लेनिनवाद

(iii) स्टालिनवाद

(iv) माओवाद

माओ-त्से-तुंग अपने आप को कट्टर मार्क्सवादी स्वीकार करता था; उसने अपने को लेनिन का सच्चा समर्थक कहा था; स्टालिन की मृत्यु के पश्चात् रूसी साम्यवाद की विचारधारा को संशोधनवादी कहा था; वह खुश्चेव को मार्क्सवाद का सबसे बड़ा शत्रु और संशोधनवादी मानता था। माओवाद का विश्लेषण करने पर ज्ञात होता है, कि माओ-त्से-तुंग भी मार्क्सवाद का संशोधनवादी था; वास्तव में 'माओवाद' चीन की आवश्यकताओं एवं परिस्थितियों के अनुसार मार्क्सवाद-लेनिनवाद का चीनी संस्करण है। माओवाद के प्रमुख सिद्धान्त हैं:-

1. माओवाद 'शक्ति का दर्शन' (Philosophy of Power) है। उसके अनुसार राजनैतिक शक्ति हस्तगत करके उसका प्रयोग मनुष्यों के मनों को परिवर्तित कर सामाजिक शक्तियों पर नियन्त्रण करना है जिससे मनुष्य प्रकृति पर पूर्ण प्रभुत्व स्थापित कर सके। वह सैनिक शक्ति को महत्व देता है; सैनिक व राजनैतिक शक्ति में घनिष्ठ संबंध स्थापित करता है। उसका यह कथन चर्चित है-"राजनैतिक शक्ति बन्दूक की नोंक से उत्पन्न होती हैं"; मजदूर वर्ग और श्रमिक जनता बन्दूक की शक्ति के बिना सशस्त्र पूंजीपतियों और जमीदारों को पराजित नहीं कर सकती अर्थात् बन्दूक की शक्ति के द्वारा ही विश्व को एक नये सांचे में ढाला जा सकता है।

2. लोक युद्ध का सिद्धान्त–'लोक युद्ध' (People's War) की संकल्पना मार्क्सवादी–लेनिनवादी दर्शन में एक नवीन संकल्पना है। इसके विकास का श्रेय माओ-त्से-तुंग को है। उनके अनुसार–"युद्ध में हथियारों का अपना महत्व है, पर वे निर्णायक तत्व नहीं हैं; निर्णय मनुष्यों के द्वारा किया जाता है, जड़ वस्तुओं के द्वारा नहीं।" माओ ने 'नये लोकतंत्र' में अनेक लोकतांत्रिक वर्गों के मिल-जुल कर काम करने की व्यवस्था को महत्व दिया; फलस्वरूप मजदूरों, किसानों, लघु बुर्जुआ, राष्ट्रीय बुर्जुआ इन चार वर्गों को चीन की नई शक्ति व्यवस्था का आधार बनाया गया। वस्तुतः च्यांग काई शेक की असफलता और माओ-त्से-तुंग की सफलता का विशेष कारण यह था कि माओ-त्से-तुंग ने क्रान्ति के उन दोनों पक्षों को जो देश में अलग-अलग धाराओं (राष्ट्रवादी व लोकतांत्रिक) में बह रहे थे, एक में मिला दिया था। लोकयुद्ध को सफल बनाने के लिये इसकी रणनीति 'गुरिल्ला युद्ध' (Guerilla Warfare) माओ की विशेष देन है।

3. युद्ध की अनिवार्यता–माओ युद्ध की अनिवार्यता और शक्ति के प्रयोग का उग्र समर्थक था। माओ युद्ध को साम्राज्यवादी, पूंजीवादी शक्तियों के ह्रास के लिये अनिवार्य मानता है; उसका मत है कि प्रथम विश्व युद्ध ने रूस की क्रान्ति की भूमिका का निर्माण किया जबकि द्वितीय विश्वयुद्ध के उपरान्त चीन की क्रान्ति आई उसकी भविष्यवाणी है कि तीसरा विश्वयुद्ध सम्पूर्ण विश्व में समाजवाद के आविर्भाव के लिये पृष्ठभूमि का निर्माण कर देगा।

4. सशस्त्र क्रान्ति का सिद्धान्त–माओ सशस्त्र क्रान्ति को अत्यन्त आवश्यक मानता है। उसका कथन है कि क्रान्ति द्वारा गृहयुद्ध कराये जाने चाहिये और साम्यवादियों को सत्ता को अधिग्रहण कर लेना चाहिये; उसने सर्वहारावर्ग को क्रान्ति की संचालक शक्ति माना है। चीन में साम्यवादी क्रान्ति की सबसे बड़ी विशेषता यह थी कि माओ ने क्रान्ति का नेतृत्व कृषकों को दिया; मार्क्स ने इसे विशुद्ध रूप से श्रमिकों द्वारा की जाने वाली क्रान्ति बताया है और लेनिन ने यद्यपि इसमें कृषकों को सम्मिलित तो किया परन्तु नेतृत्व श्रमिकों का ही रहा। इसके विपरीत माओ का विश्वास था कि देहातों को आधार बनाकर ही एक क्रान्तिकारी संघर्ष का संगठन खड़ा किया जा सकता है।

मार्क्स ने क्रान्ति में केवल सर्वहारा वर्ग के सहयोग को माना है, शेष लोगों को उसने सर्वहारा वर्ग का शत्रु स्वीकार किया है और इस तथ्य पर बल दिया है कि क्रान्ति के द्वारा सर्वहारा को उन्हें नष्ट कर देना है।

लेनिन ने क्रान्ति में श्रमिक एवं कृषक दोनों के सहयोग की बात की है।

माओ-त्से-तुंग का विचार इन दोनों से (मार्क्स व लेनिन से) भिन्न है। अपनी रचना 'On Peoples Democratic Dictatorship' में माओ ने एक ऐसे व्यापक वर्गीय गठबन्धन का प्रतिपादन किया है, जिसमें सर्वहारावर्ग (श्रमिक), कृषकवर्ग, कुछ बुर्जुआ वर्ग (दुकानदार, छोटे पूंजीपति, Petty Bourgeoisie) तथा राष्ट्रीय बुर्जुआ वर्ग (National Bourgeoisie) चारों वर्गों की भागीदारी होनी चाहिए। इन चारों वर्गों के गठबन्धन द्वारा प्राचीन व्यवस्था के परिवर्तन हेतु क्रान्ति के लिये कार्य किया जाना चाहिये।

जनवादी लोकतंत्र

माओ ने सर्वहारा के अधिनायकतंत्र के स्थान पर 'जनवादी लोकतंत्र' (People's Democracy) का प्रतिपादन किया है। मार्क्स की मान्यता थी कि क्रान्ति के पश्चात् स्थापित शासन व्यवस्था सर्वहारा का अधिनायकतंत्र (Dictatorship of the Proletariat) होगा; लेनिन ने इसे 'श्रमिकों एवं कृषकों का राज्य' कहा है, इनमें बुर्जुआ वर्ग का कोई स्थान नहीं है, परन्तु माओ के अनुसार, जिस शासन की स्थापना होनी है वह किसी वर्ग विशेष का न होकर जनगण का होना है और इसलिये माओ ने उसे 'जनवादी लोकतंत्र' कहकर पुकारा है। राज्य के स्वरूप के विषय में उसकी यह मान्यता इस धारणा पर आधारित है कि जिन लोगों के सहयोग से क्रान्ति को सम्पन्न किया जाना है, उन्हें ही शासनतंत्र में भी भाग दिया जाये; माओ के शब्दों में–"चीन का नवीन लोकतंत्र श्रमिक, कृषक, लघु बुर्जुआ एवं राष्ट्रीय बुर्जुआ–चारों का सम्मिलित संगठन होगा।"

इस प्रकार माओ ने मार्क्स एवं लेनिन द्वारा प्रतिपादित साम्यवादी धारणा को एक नई दिशा प्रदान की है; सर्वहारावर्ग एवं अन्य वर्गों के पारस्परिक वर्ग संघर्ष के स्थान पर उसने वर्ग सहयोग का प्रतिपादन किया है, और इसी आधार पर उस बहुवर्गीय शासन का प्रतिपादन किया है जिससे संबंधित विचार उसने अपनी पुस्तक "चीनी क्रान्ति एवं चीनी साम्यवादी दल" में व्यक्त किये हैं।

लोकतांत्रिक अधिनायकता एवं केन्द्रीयतावाद

माओ लोकतंत्रीय अधिनायकता का समर्थक (Democratic Dictatorship) है। उसका नवीन लोकतंत्र एक ही साथ लोकतंत्रीय एवं अधिनायकवादी होता है। यह लोकतंत्रीय इसलिये है कि यह जनता के हितों की पूर्ति के लिये शासन करता है। यह अधिनायकतंत्रवादी इसलिये है कि यह क्रान्ति के विरोधियों का तथा जनता के शत्रुओं का दमन करने के लिये निरकुंश

शक्ति का प्रयोग करता है। स्वतंत्रता और लोकतंत्र की व्यवस्था सर्वथा उन्मुक्त और अप्रतिबद्ध रूप में नहीं की जानी चाहिये, इसे केन्द्रीय सत्ता के पथ प्रदर्शन और निरीक्षण में किया जाना चाहिये; यही बात लोकतंत्रीय केन्द्रवाद का मौलिक तत्व है।

क्रान्तिकारी वर्गों का संयुक्त अधिनायकवाद एवं समाजवादी क्रान्ति के चरण

क्रान्ति की संक्रमणकालीन दशा में यह आवश्यक है कि सर्वहारा मजदूर वर्ग इस क्रान्ति को सफल बनाने के लिये अन्य ऐसे वर्गों का सहयोग प्राप्त करें जो उससे सहानुभूति रखते हों, ये सभी वर्ग क्रान्तिकारी स्वरूप रखते हैं क्योंकि ये सब सामन्तवाद और साम्राज्यवाद के कट्टर विरोधी हैं। क्रान्ति के सुदृढ़ समर्थक होने से ये सब उस समय तक संयुक्त अधिनायकतंत्र स्थापित करते हैं, जब तक सर्वहारा वर्ग के अधिनायकतंत्र के लिये उपयुक्त परिस्थितियाँ न उत्पन्न हो जायें।

माओ ने समाजवादी क्रान्ति के दो चरणों की बात कही है कि साम्यवाद कभी एकदम नहीं आ सकता है, यह आवश्यक है कि उसकी समुचित तैयारी के लिये पहले एक संक्रमणकालीन दशा आये, इसी दशा को 'नवीन लोकतंत्र' कहा गया है। यह दशा अधिक समय तक रहेगी; इसमें पूंजीवादी और समाजवादी व्यवस्थाओं का मिश्रण होगा; नवीन लोकतंत्र पूंजीवाद को प्रोत्साहित करेगा; साम्यवाद का न्यूनतम कार्यक्रम चलायेगा और इसका लक्ष्य भविष्य में 'अधिकतम साम्यवादी' कार्यक्रम चलाने का होगा। इसमें नये समाजवादी राज्य की स्थापना की दूसरी अवस्था पूरी होने तक बुर्जुआ पूंजीवाद से समझौता करना होगा; इस दशा में साम्यवादी दल के नेतृत्व में सब क्रान्तिकारी तत्वों की संयुक्त सरकार बनेगी तथा सरकारी एवं निजी उद्योगों वाली मिश्रित अर्थव्यवस्था होगी। मार्क्स ने स्पष्ट कहा था कि साम्यवाद एक अन्तर्राष्ट्रीय आंदोलन है, उसके अनुसार मजदूरों का कोई देश नहीं होता परन्तु माओ का विचार इससे भिन्न है, माओ की मान्यता है कि प्रत्येक राष्ट्र में साम्यवाद का विकास वहाँ की परिस्थितियों के अनुसार होना चाहिये। उसका 'राष्ट्रीय साम्यवाद' का सिद्धान्त इस बात से स्पष्ट होता है कि उसने चीन के अतीत को गौरवशाली बताकर वहाँ की राष्ट्रीय भावनाओं को उभारा और चीन को सशक्त राष्ट्र बनाया।

माओ-त्से-तुंग ने 1957 ई० में जनता को स्वतंत्र चिन्तन एवं आलोचना करने का अधिकार देने के दृष्टिकोण से यह सुप्रसिद्ध नारा दिया-"सैकड़ों फूलों को खिलने दो एवं सैकड़ों विचारधाराओं को जूझने दो।" माओ का विश्वास था कि इससे साम्यवादियों को एक-दूसरे की कमियों को जानने

का अवसर मिलेगा, दूसरे, बुद्धिजीवी एवं उदारवादी चिन्तकों का सहयोग प्राप्त होगा।

माओ ने 'कम्यूनो के संगठन' पर अधिक बल दिया। स्टालिन के विपरीत उसकी मान्यता थी कि व्यक्ति नहीं दल सर्वहारा के पथ-प्रदर्शन की क्षमता रखता है, उसकी दृष्टि में दल के क्रियाकलापों का आधार संगठन नहीं अपितु विचारधारा होती है, इसलिये प्रत्येक चीनी को मार्क्सवादी विचारों का पूरा ज्ञान होना चाहिये। माओ के अनुसार, आर्थिक परिवर्तन ही साम्यवादी अवस्था की स्थापना हेतु पर्याप्त नहीं हैं अपितु समानान्तर रूप से तदनुसार सामाजिक परिवर्तन तथा मनोवैज्ञानिक परिवर्तन अनिवार्य हैं। पूंजीवादी व्यवस्था की मनोवृत्तियाँ सर्वहारा संस्कृति के परिवेश में विकारों के जन्म का कारण होती है, इन्हें पूर्णतया समाप्त कर दिया जाना चाहिये। अपने इसी दृष्टिकोण विशेष के अन्तर्गत माओ द्वारा चीनी विद्यार्थियों व नव-युवकों का सांस्कृतिक क्रान्ति के प्रसंग में आह्वान किया गया ताकि चीनी व्यवस्था को पूंजीवादी विकृतियों से मुक्त किया जा सके। उसके अनुसार धर्म, नैतिकता, परम्परागत सांस्कृतिक विरासत, आदि की नवीन संदर्भों में व्याख्या आवश्यक है, क्योंकि वे सभी पूंजीवादी दृष्टिकोण पर आधारित हैं जिनका सर्वहारा हितों से कोई साम्य नहीं है।

माओ का विचार था कि सर्वहारा सत्ता वाले देशों को पूंजीवादी देशों के आर्थिक, औद्योगिक व तकनीकी विकास के स्तर से यथाशीघ्र आगे पहुंचना आवश्यक है, इसके लिये उसने विकास की विभिन्न महत्वपूर्ण स्थितियों के अनुगमन को प्रेरित किया। 1958 में माओ ने इसी प्रसंग में प्रसिद्ध 'लम्बी छलांग आंदोलन' (Great Leap Movement) प्रारम्भ किया था जो आर्थिक एवं तकनीकी विकास की समुन्नत स्थिति में शीघ्र पहुंचाने में सहायक बनी।

मूल्यांकन

माओ-त्से-तुंग ने स्वयं को वास्तविक मार्क्सवादी घोषित किया था परन्तु वह मार्क्सवाद से लेनिन की अपेक्षा कहीं-अधिक दूर खड़ा है फिर भी उसके विचारों में मौलिकता और व्यवहारिकता दिग्दर्शित होती है। उसके विचारों की युद्धप्रियता हमें व्यक्त करती है कि वह तीसरे विश्वयुद्ध को सम्भावित मानता है। निस्सन्देह माओ-त्से-तुंग अपने समय का एक व्यवहारिक व सफल राजनेता रहा; उसके कटु आलोचक भी स्वीकार करते हैं कि चीन में उसके द्वारा साम्यवादी शक्ति का संगठन, उसकी सफलता तथा चीन को विश्व की महाशक्ति के स्तर तक पहुंचाना उसके व्यक्तित्व का परिचायक है। माओ के नेतृत्व में चीन का सर्वतोन्मुखी विकास जितनी

शीघ्रता से हुआ, उससे वह विश्व इतिहास में चर्चित राजनेता बन गया; इसीलिय उसे आधुनिक चीन का निर्माता कहा जाता है।

निष्कर्ष यह है कि माओवाद सिद्धान्त कम और नीति अधिक है जिसका संचालन चीन की आवश्यकताओं और परिस्थितियों के अनुकूल हुआ है। यदि लेनिनवाद मार्क्सवाद का रूसी संस्करण है तो माओवाद मार्क्सवाद-लेनिनवाद एवं स्टालिनवाद का चीनी संस्करण है।

सांस्कृतिक क्रान्ति

माओ-त्से-तुंग ने नौकरशाही के विरोध में 1966-1968 ई० के मध्य चीन में एक क्रान्ति की, जिसको Great Proletarian Cultural Revolution की संज्ञा दी गई है; यह राजनैतिक आंदोलन कम, सांस्कृतिक आंदोलन अधिक था। इस क्रान्ति के दौरान अनेक बड़े अधिकारियों को पदच्युत कर दिया गया; पहले से चली आ रही शिक्षा व्यवस्था को समाप्त कर दिया गया और सही राजनैतिक स्थिति हेतु सुधार लागू किये गये; अनेक विश्वविद्यालय बन्द हो गये और छात्र Red Guards की भांति कार्य करने लगे; उन्होंने पार्टी के अधिकारियों पर आक्रमण किये और अनेक सांस्कृतिक धरोहरों को नष्ट कर दिया।

चीन की 1949 ई० की क्रान्ति का ऐतिहासिक महत्व

1949 ई० में चीन के साम्यवादी दल ने कुओमिन्तांग सरकार की सेना को पूर्णतः पराजित कर चीन की मुख्य भूमि पर अपना अधिपत्य स्थापित कर लिया तथा च्यांग काई शेक को भाग कर ताईवान के द्वीप में शरण लेने के लिये विवश होना पड़ा। 1949 ई० की इस सफल चीनी क्रान्ति का विश्व इतिहास में सर्वाधिक महत्व है।

इस क्रान्ति ने चीन के इतिहास में एक नवीन युग का सूत्रपात किया। क्रान्ति ने चीन में पूंजीपति तथा सामंती वर्ग के शासन का अन्त कर दिया तथा उनके उत्पीड़न एवं भ्रष्टाचार से जनता को मुक्त करा दिया। क्रान्ति के पश्चात् चीन में समाजवादी पुनर्निर्माण का दौर आरम्भ हो गया तथा सामंती भू-व्यवस्था का अन्त कर क्रान्ति ने किसानों को मुक्ति प्रदान की। चीन की क्रान्ति की सफलता ने विश्व में समाजवादी शक्तियों को गति प्रदान की। रूस की क्रान्ति (1917 ई०) के बाद यह सबसे बड़ी समाजवादी क्रान्ति थी। इस क्रान्ति के फलस्वरूप विश्व की एक तिहाई जनसंख्या समाजवादी बन गई; इस क्रान्ति ने एशिया के साम्यवादी आंदोलन के लिये प्रेरणा का कार्य किया। उत्तरी कोरिया, वियतनाम का साम्यवादी आंदोलन अपनी प्रगति व सफलता, के लिये चीन द्वारा प्रदान सहायता का ऋणी है। चीन में

साम्यवादियों को सफलता इस तथ्य के कारण कि संयुक्त राज्य अमेरिका ने उन्हें पराजित करने के हर सम्भव उपाय किये थे, प्राप्त हुई थी, इससे संयुक्त राज्य अमेरिका की साम्यवाद विरोधी नीति को गहरा आघात लगा था। जॉन एफ० केनेडी ने चीन की क्रान्ति की सफलता पर कांग्रेस में अपने भाषण में सरकार की आलोचना करते हुये कहा था कि "इस सदन को अब उत्तरदायित्व लेना होगा कि साम्यवाद का आगे बढ़ता ज्वार सम्पूर्ण एशिया को अपने में न समेट ले।"

1949 ई० की क्रान्ति की सफलता में किसान जनता के समर्थन ने महत्वपूर्ण योगदान किया था।

1945 ई० में द्वितीय विश्व युद्ध की समाप्ति के साथ ही चीन-जापान युद्ध भी समाप्त हो गया; जापान की पराजय हुई तथा चीन की भूमि जापानी सेनाओं से मुक्त हो गई; इसके साथ ही कुओमिन्तांग तथा कम्युनिस्टों का संयुक्त मोर्चा टूट गया और सत्ता के लिये गृहयुद्ध प्रारम्भ हो गया। संयुक्त राज्य अमेरिका की सहायता भी च्यांग काई शेक को पराजित होने से नहीं बचा पाई तथा 1949 ई० में चीन में साम्यवादी शासन स्थापित हो गया। च्यांग काई शेक को भाग कर ताईवान में पनाह लेने के लिये विवश होना पड़ा। कुओमिन्तांग की पराजय में नेतृत्व की अक्षमता, प्रशासन की विफलता तथा सेना की अनुशासनहीनता व युद्ध क्षमता के अभाव ने योग दिया; इसके विपरीत साम्यवादी नेतृत्व सक्षम था, लाल सेना अनुशासित एवं क्रान्ति की सफलता के लिये आश्वस्त तथा जनता में लोकप्रिय रही थी परन्तु 1949 ई० में साम्यवादी दल की सफलता का वास्तविक कारण था कि उसने चीन की बहुसंख्यक किसान जनता को अपने साथ कर लिया था। एडगर स्नो ने लिखा है कि इस समर्थन की प्राप्ति हेतु चीन के साम्यवादी दल ने एक सुविचारित किसान नीति पर कार्य करके उनका विश्वास जीत लिया था; इस नीति के अन्तर्गत जहाँ भी साम्यवादियों का वर्चस्व स्थापित हुआ किसानों के सभी करों को समाप्त कर दिया गया; यह व्यवस्था एक वर्ष के लिये की जाती थी, इससे गरीब किसान को आर्थिक राहत प्राप्त हुई। भूमिहीनों में जमीन का वितरण कर उन्हें अपने पक्ष में कर लिया था; भूमिहीनों को जमीन के वितरण के समय धनी किसानों एवं जमींदारों के पास उतनी भूमि छोड़ दी गई थी जो उनकी आय के लिये पर्याप्त थी, जिसे वे जोत सकते थे, इस प्रकार इस वर्ग को भी पूर्णत: विरोधी नहीं बनाया गया था। इस प्रकार इस किसान नीति की सफलता, क्रान्ति का पथ प्रशस्त करने वाली सिद्ध हुई और क्रान्ति की सफलता का आधार बन गई।

36

तृतीय विश्व: तात्पर्य, समस्यायें और सम्भावनायें

'तृतीय विश्व' शब्द का प्रयोग सर्वप्रथम अल्जीरियाई लेखक फ्रैन्टज फेनॉन द्वारा अपनी पुस्तक 'Les Demnes, Delaterre' में किया था जो 1961 ई॰ में प्रकाशित हुई थी। 1965 ई॰ में इस पुस्तक का अंग्रेजी भाषा में अनुवाद, 'The Wretched of the World' शीर्षक से प्रकाशित हुआ। इस काल में एशिया, अफ्रीका और लैटिन अमेरिका में अनेकानेक नवीन राष्ट्रों का उदय हो रहा था; ये सभी नवीन राष्ट्र सदियों से उपनिवेशवादी शोषण और विसंगतियों के दौर से गुजरे थे। अपनी स्वतंत्रता की आकांक्षा तथा शोषण के विरोध का स्वर तीव्र करते हुये संघर्षरत एशिया, अफ्रीका और लैटिन अमेरिका के इन राष्ट्रों को अभिव्यक्त करने हेतु फेनॉन ने 'तृतीय विश्व' शब्द प्रयुक्त किया। फेनॉन ने पूंजीवादी विश्व को 'पहली दुनिया' (प्रथम विश्व) और समाजवादी विश्व को 'दूसरी दुनिया' कहा।

इस प्रकार 'तृतीय विश्व' (तीसरी दुनिया) से तात्पर्य उन राष्ट्रों से है जो दीर्घकाल से विश्व की बड़ी शक्तियों के उपनिवेश रहे हैं और विश्व राजनीति में इनकी पहचान उपनिवेशवाद विरोध, गुट-निरपेक्षता, अल्पविकास, जनसंख्या वृद्धि की तीव्र गति में दृष्टिगत होती है। इन सभी राष्ट्रों में अपनी-अपनी राजनैतिक विषमतायें हैं जिस के फलस्वरूप ये राष्ट्र उपनिवेशवाद विरोध के पहल को छोड़कर अन्य समस्याओं--मुद्दों पर पृथक-पृथक विचार रखते हैं।

अन्ततः यह समझा जाता है कि विकसित पश्चिमी औद्योगिक देश 'पहली दुनिया' व यूरोप के समाजवादी देश 'दूसरी दुनिया' हैं। एशिया, अफ्रीका और लैटिन अमेरिका के नवीन राष्ट्र और विकासशील राष्ट्र सामान्य रूप में 'तीसरी दुनिया' (तृतीय विश्व) है। तृतीय विश्व के राष्ट्रों में दो समान विशेषतायें हैं:-

(i) समस्याओं की समान प्रकृति तथा गरीबी, भूख, निम्न विकास दर, जातीय संघर्ष आदि।

(ii) संयुक्त राष्ट्र के पटल पर उपनिवेश विरोधी – साम्राज्यवाद विरोधी दृष्टिकोण पर समान विचार।

विशुद्ध राजनैतिक दृष्टि से 'तीसरी दुनिया' (तृतीय विश्व) शब्द का प्रयोग सबसे पहली बार फ्रांसीसी जन सांख्यिकी विशेषज्ञ एल्फ्रेड सौवी ने 1952 में किया था। उन्होंने नवीन उभरते राष्ट्रों को विश्व में एक विशिष्ट राजनैतिक समूह स्वीकार किया क्योंकि इन राष्ट्रों ने (पूर्व उपनिवेशों ने) किसी भी शक्ति गुट से अपने को पृथक रखने की चेष्टा की थी। उस समय शक्ति के दो गुट थे:–

(i) पश्चिमी पूंजीवादी गुट

(ii) पूर्वी समाजवादी गुट

इन्हीं दो गुटों में विश्व विभाजित था; पहला 'पश्चिमी पूंजीवादी गुट' पहली दुनिया कहलाता था और दूसरा 'पूर्वी समाजवादी गुट' दूसरी दुनिया कहलाता था। इस प्रकार 'तीसरी दुनिया' (तृतीय विश्व) शब्द का प्रयोग इन नवीन उभरते राष्ट्रों के समूह के लिये किया गया जो दोनों शक्ति गुटों से पृथक हो।

विउपनिवेशवाद के फलस्वरूप अन्तर्राष्ट्रीय व्यवस्था मूल रूप से परिवर्तित हो गई। द्वितीय विश्वयुद्ध से पूर्व अन्तर्राष्ट्रीय व्यवस्था पर कुछ समृद्ध यूरोपीय राष्ट्रों का अधिकाधिक प्रभाव था। उन्होंने सम्पूर्ण अफ्रीका, मध्यपूर्व, सुदूरपूर्व पर शासन तथा नियन्त्रण स्थापित कर रखा था। विउपनिवेशीकरण से द्वितीय विश्व युद्ध के बाद राजनैतिक शक्तियों का पराभव हुआ तथा तृतीय विश्व (तीसरी दुनिया) के अनेक नवीन, निर्बल परन्तु स्वाभिमानी राष्ट्र अस्तित्व में आये। इन नवीन राष्ट्रों के जनों की समस्यायें और आकांक्षायें अन्तर्राष्ट्रीय संबंधों में प्रमुखता से अभिव्यक्त हुईं। दूसरी ओर, औपनिवेशिक साम्राज्यवाद के अवसान ने पहले शीर्ष पर रहने वाले राष्ट्रों को उनकी प्रभावी अन्तर्राष्ट्रीय भूमिका से वंचित कर दिया क्योंकि अधिकांश शक्ति व प्रभाव उन्होंने साम्राज्यवादी अधिपत्य से ही हथियाया हुआ था; इसी परिवर्तन के फलस्वरूप इंग्लैण्ड को सातवें दशक में स्वेज के पूर्व क्षेत्र से अपनी प्रभावी भूमिका से वंचित होना पड़ा था, यह भारत में उसके साम्राज्यवाद के अन्त का परिणाम था। इसी प्रकार इन सभी साम्राज्यवादी यूरोपियन राष्ट्रों को अपनी अन्तर्राष्ट्रीय प्रतिष्ठा खोनी पड़ी थी। इस दौर में सोवियत संघ और संयुक्त राज्य अमेरिका विश्व मंच पर दो महाशक्तियों के रूप में स्थापित हुये।

तात्पर्य

'पहली दुनिया', 'दूसरी दुनिया' और 'तीसरी दुनिया' की परिभाषा विकास के सन्दर्भ में प्रो॰ इरविंग लुई होरोवित्ज ने अपनी कृति 'वर्ल्डस ऑफ पॉलिटिकल डेवलपमेंट' में स्पष्ट की। उन्होंने 'पहली दुनिया' में पश्चिमी यूरोप और उत्तरी अमेरिका के राष्ट्रों को स्वीकार किया जिन्हें पुनर्जागरण और औद्योगिक क्रान्ति से उद्भूत सामाजिक और आर्थिक परिवर्तन की बेला से गुजरना पड़ा था तथा सामन्तवाद की गोधूलि में इन राष्ट्रों ने प्रजातांत्रिक राज्य का स्वरूप स्थापित किया था। इनकी अर्थव्यवस्था का स्वरूप पूंजीवादी रहा। इन राष्ट्रों ने 'विधि के शासन', 'लोकप्रिय-सम्प्रभुता' और 'आत्मनिर्णय के अधिकार' का समर्थन किया और इन सभी राष्ट्रों की अर्थव्यवस्था निजी क्षेत्र पर आधारित रही है।

'दूसरी दुनिया' में होरोवित्ज ने साम्यवादी राष्ट्रों को स्वीकार किया जो 1917 ई॰ की बोल्शेविक क्रान्ति के बाद अस्तित्व में आये। द्वितीय विश्वयुद्ध के पश्चात् अनेक नवीन व प्राचीन राष्ट्र इस दुनिया में सम्मिलित हुये। इस दुनिया के राष्ट्रों में आर्थिक जीवन पर लगभग राज्य का एकाधिकार रहा। साम्यवादी दल, जो कृषक और श्रमिक वर्ग के प्रतिनिधित्व का द्योतक है, आर्थिक-राजनैतिक तंत्र पर एकाधिकार रखता है। अन्य दलों का अस्तित्व नहीं होता।

द्वितीय विश्व युद्ध के पश्चात् अनेक नवीन राष्ट्रों का अभ्युदय हुआ जो पूर्वकाल में 'पहली दुनिया' के राष्ट्रों के उपनिवेश रहे थे; इन्हीं राष्ट्रों के सम्मिलित रूप को 'तीसरी दुनिया' की संज्ञा दी गयी। इन राष्ट्रों को 'विकासशील राष्ट्र' अथवा 'उभरते राष्ट्र' नामों से सम्बोधित किया गया। ये राष्ट्र आकार, संसाधन, संस्कृति व राजनैतिक एवं सामाजिक दृष्टि से भिन्न हैं परन्तु इन राष्ट्रों में समानता यह है कि ये सभी राष्ट्र उपनिवेशवाद के भुक्तभोगी रहे हैं। इन राष्ट्रों ने अपने को आधुनिकीकरण की प्रक्रिया में तीव्र कर आर्थिक विकास की अपनी आकांक्षाओं को मूर्त रूप देने के लिये 'तीसरी दुनिया' के विकास हेतु आवश्यक पूंजी और प्रौद्योगिकी के लिये ये पहली व दूसरी दुनिया से सहायता लेते रहे हैं। पहली दुनिया के राष्ट्र इन तीसरी दुनिया के राष्ट्रों में पूंजीवाद के विकास के लिये कृतसंकल्प हैं परन्तु दूसरी दुनिया के राष्ट्र इन तीसरी दुनिया के राष्ट्रों में साम्यवाद के प्रसार हेतु कृतसंकल्प हैं।

इन तीनों दुनिया के राष्ट्रों के अन्तर्राष्ट्रीय, राजनैतिक और आर्थिक व्यवस्था में अपने विशिष्ट हित रहे हैं। 'पहली दुनिया' के राष्ट्र एक आन्तरिक समझौते के माध्यम से संगठित रहे हैं। यद्यपि 'नाटो' में आस्ट्रिया,

फिनलैण्ड, आयरलैण्ड, स्वीडन और स्विट्जरलैण्ड जैसे राष्ट्र सदस्य नहीं हैं। 'दूसरी दुनिया' में सोवियत संघ व चीन में शत्रुता वृत्ति रही है; यूगोस्लाविया जो कभी सोवियत संघ का समर्थक रहा था; गुट-निरपेक्ष आंदोलन का अग्रणी सदस्य रहा। 'तीसरी दुनिया' के कुछ राष्ट्र (दक्षिण कोरिया, पनामा, क्यूबा, अफगानिस्तान आदि) स्पष्ट रूप से संयुक्त राष्ट्र अमेरिका अथवा सोवियत संघ से आबद्ध रहे; जबकि तीसरी दुनिया (थर्ड वर्ल्ड) के अधिकांश राष्ट्र गुट-निरपेक्ष आंदोलन के माध्यम से संगठित रहे हैं।

समस्यायें

तीसरी दुनिया के राष्ट्रों में जनसंख्या वृद्धि की दर 'पहली दुनिया' व 'दूसरी दुनिया' के राष्ट्रों से अधिक है। आवश्यक कच्चे माल की आपूर्ति पहली व दूसरी दुनिया के राष्ट्र तीसरी दुनिया के राष्ट्रों से प्राप्त करते हैं। पेट्रोलियम, क्रोमियम, कोबाल्ट, जिंक, एल्यूमीनियम आदि इसी प्रकार के मुख्य खनिज हैं। तीसरी दुनिया के राष्ट्रों में अनेकानेक भाषायें प्रचलित हैं; इनमें सभी प्रकार की जातियाँ, धर्म और संस्कृतियाँ विद्यमान हैं।

वर्तमान में 'तीसरी दुनिया' शब्द ने आर्थिक आयाम भी प्राप्त कर लिया। संयुक्त राष्ट्र दस्तावेज में विश्व को तीन भागों में विभाजित किया गया। विकसित निजी अर्थव्यवस्थायें, केन्द्र नियोजित अर्थव्यवस्थायें और प्राथमिक माल उत्पादक विकासशील अर्थव्यवस्थायें। तीसरी दुनिया को इसी दृष्टि से समझा जाता है। कच्चा माल उत्पादित करने वाली जो विकासशील अर्थव्यवस्थायें हैं, जिनमें निम्न औद्योगिकीकरण हुआ है और जो कम विकसित दर की हैं एवं प्रथम विश्व और द्वितीय विश्व की अर्थव्यवस्थाओं पर आश्रित हैं, उन्हें ही तीसरा विश्व स्वीकार किया गया है। अतः तीसरी दुनिया मात्र राजनैतिक रूप से भिन्न देशों का समुदाय नहीं है जो कि पूंजीवाद अथवा समाजवादी प्रजातंत्रों से पृथक हो अपितु उनकी आर्थिक परिस्थितियाँ अधिक विचारणीय हैं। वे सभी विकासशील देश हैं जो गरीबी, भूख, निरक्षरता व नस्लवाद सदृश आर्थिक-सामाजिक समस्याओं से जूझ रहे हैं। गरीबी व विकास की समस्या 'तीसरी दुनिया' के सभी राष्ट्रों की सामान्य विशेषता है। विश्व के विकसित राष्ट्रों में रहने वाली 25 प्रतिशत जनसंख्या समस्त विश्व में उपलब्ध संसाधनों के लगभग 75 प्रतिशत का उपभोग करती है, गरीबी की यह समस्या 'तीसरी दुनिया' की ऋणग्रस्तता के संदर्भ में अत्यधिक गम्भीर है। अधिकांश राष्ट्र भुगतान-असंतुलन के दौर से गुजर रहे हैं। अधिकांश राष्ट्र 'पहली दुनिया' के राष्ट्रों से ऋण लेते हैं, जिससे वे उन वस्तुओं के मूल्य का भुगतान कर सकें जिन्हें वे पहली

दुनिया के राष्ट्रों से अपने अस्तित्व हेतु प्राप्त करते हैं। तीसरी दुनिया के राष्ट्रों की चार सामान्य राजनैतिक समस्यायें भी हैं:–

(i) आधुनिकीकरण के प्रयास में जन्मी निराशा;

(ii) आन्तरिक संघर्ष;

(iii) राजनैतिक अस्थिरता;

(iv) राजनीति में सेना की प्रमुख भूमिका।

यह आवश्यक नहीं है कि 'तीसरी दुनिया' के प्रत्येक राष्ट्र में इनमें से प्रत्येक समस्या विद्यमान हो। 'तीसरी दुनिया' के राष्ट्रों की एक और मुख्य समस्या सामाजिक और सांस्कृतिक आत्मसातीकरण है। औपनिवेशिक शिक्षा व्यवस्था के कारण इन राष्ट्रों में उन प्रतिभाओं का विकास नहीं हुआ जो इनके वास्तविक विकास के लिये आवश्यक है। इसीलिये प्रतिभायें इस तीसरी दुनिया से पहली दुनिया को पलायन कर जाती हैं। फलस्वरूप समुन्नत प्रौद्योगिकी के लिये आज भी तीसरी दुनिया के राष्ट्र पहली व दूसरी दुनिया के राष्ट्रों पर निर्भर हैं। तीसरी दुनिया के राष्ट्र अपने अस्तित्व की रक्षा हेतु हथियारों की आपूर्ति के लिये महाशक्तियों पर निर्भर होते रहे हैं और शनैः शनैः शस्त्रों की दौड़ के चक्रव्यूह में उलझ गये जिससे निरन्तर बढ़ते रक्षा व्यय ने इन राष्ट्रों के विकास को अवरुद्ध कर दिया।

स्पष्ट है कि तीसरी दुनिया कोई समरूपी समूह नहीं है इसमें आर्थिक व राजनैतिक विविधतायें हैं और आपसी विवाद भी हैं। फिर भी ये सभी राष्ट्र उपनिवेशवाद और साम्राज्यवाद के सभी प्रतीकों की किसी भी रूप में अभिव्यक्ति के विरुद्ध संगठित हैं। राष्ट्र निर्माण, गरीबी, पिछड़ापन उनकी समान समस्यायें हैं। इन सभी राष्ट्रों के समक्ष अपने विभिन्न मूल निवासियों, विभिन्न धर्मों, बहुभाषा-भाषियों को एक साथ रखने की समस्या है। निस्सन्देह तृतीय विश्व के समस्त राष्ट्रों के समक्ष सामाजिक-आर्थिक समस्याओं की चुनौती है; इन समाजों को कमजोर और अविकसित अर्थव्यवस्थायें विरासत में प्राप्त हुई हैं।

सम्भावनायें

वास्तविक तथ्यों-समस्याओं का विवेचन करने पर यह दृश्य उभरता है कि तीसरी दुनिया के राष्ट्र अपनी-अपनी प्राथमिकताओं को निश्चित करें तथा समुन्नत प्रौद्योगिकी की अन्धाधुन्ध दौड़ में सम्मिलित न होकर आर्थिक, सामाजिक व राजनैतिक आधारों के अनुसार प्रौद्योगिकी के क्षेत्र में अग्रसर हों। जनसंख्या वृद्धि दर में कमी लाने के लिये इन राष्ट्रों को सार्थक प्रयत्न करने होंगे। इसी आधार पर इन राष्ट्रों का भविष्य निर्भर करता है।

37

सोवियत यूनियन के पतन के कारण

बीसवीं शताब्दी के अन्तिम दशक के आरम्भ में सोवियत यूनियन का विघटन आधुनिक विश्व के इतिहास की महत्वपूर्ण घटना है; इस के कारणों को लेकर इतिहासकारों ने विभिन्न कारक शक्तियों को स्पष्ट करते हुये विवादास्पद तथ्य प्रस्तुत किये हैं:-

1. बुद्धिजीवियों का एक वर्ग मार्क्सवाद के प्रति पूर्वाग्रहों से ग्रस्त है सोवियत यूनियन के विघटन को मार्क्सवाद की अवैज्ञानिकता एवं अव्यवहारिकता का प्रमाण तथा परिणाम दोनों ही स्वीकार करता है। उनके अनुसार सोवियत यूनियन में समाज और राजनीति को मार्क्सवादी समाजवाद के सांचे में ढालने का प्रयास किया गया, वह सिद्धान्त अव्यवहारिक थे। अतः उन पर आधारित व्यवस्था का पतन अनिवार्य था। परन्तु यह वर्ग इस तथ्य को विस्मृत कर देता है कि इन्हीं सिद्धान्तों को अपनाकर एक निर्बल व पिछड़ा देश विश्व की महाशक्ति बन गया था जिसने विश्व इतिहास में निर्णायक भूमिका का निर्वाह किया।

2. सोवियत यूनियन का पतन मार्क्सवाद का अनुकरण करने के कारण नहीं, अपितु विश्व के इतिहास में एक नूतन समाज के निर्माण में किये गये दोषों–भटकावों के कारण हुआ था; नवीन समाज के निर्माण के लिये नागरिकों की सक्रिय भागीदारी व सहयोग की आवश्यकता थी, इसे सच्चे प्रजातंत्र में ही प्राप्त किया जा सकता था। 'सर्वहारा के अधिनायकत्व' में सर्वहारावर्ग पर राज्य व पार्टी में शीर्ष स्थानों पर आसीन नेताओं के अधिनायकत्व में जनता, राज्य तथा व्यवस्था के प्रति उदासीन हो गई, उसकी उदासीनता एवं आक्रोश इस सीमा तक पहुंच गया कि जब व्यवस्था का अन्त किया गया तो उसके बचाव में जनता के किसी भी भाग से रंचमात्र भी विरोध नहीं हुआ।

3. सोवियत यूनियन के विघटन के लिये वहाँ की साम्यवादी पार्टी का शीर्ष नेतृत्व भी एक सीमा तक उत्तरदायी रहा। सोवियत यूनियन में पार्टी

तथा राज्य के बीच कोई भेद न रहने के कारण पार्टी तथा राज्य का नेतृत्व उन्हीं हाथों में था। सोवियत इतिहास के प्रथम अर्द्धभाग में साम्यवादी नेतृत्व ने अपनी जीवन पद्धति, त्याग और कार्यशैली के द्वारा जनता को आकर्षित एवं उत्प्रेरित किया था, परन्तु सोवियत इतिहास के दूसरे अर्द्धभाग का नेतृत्व सुविधाभोगी जीवन को अपनाने वाला तथा भाई-भतीजावाद एवं भ्रष्ट आचरण के लिये चर्चित हो गया था; ये नेतृत्व जनता से अलगाव की स्थिति में रहा तथा उसने जनता को व्यवस्था से भी विमुख कर दिया। इस प्रकार सोवियत यूनियन के नेतृत्व का पथभ्रष्ट हो जाना तथा अपने को सुधारने का प्रयास न करना, सोवियत समाज के विघटन का एक प्रमुख कारण रहा।

4. सोवियत यूनियन के विघटन के लिये देश की अर्थव्यवस्था का संकट भी उत्तरदायी रहा था; देश में उत्पादन तथा विकास की दर में न केवल ठहराव आ गया था अपितु वह ह्रासोन्मुख भी हो गई थी; ऐसी अर्थव्यवस्था ने जनता के जीवन-स्तर को गहराई से प्रभावित किया। जीवन स्तर में गिरावट, रोजगार के अवसरों में कमी, वस्तुओं का अभाव जन-सामान्य को कष्टप्रद प्रतीत होने लगा। जब जनता को यह ज्ञात होने लगा कि शासक पार्टी और उसका नेतृत्व इन कष्टों में भागीदार न होकर इन तथ्यों से बेखबर है और स्वयं भोग विलासमय जीवन व्यतीत कर रहा है तो उसका कष्ट शनैः शनैः ईर्ष्या व आक्रोश में पनपने लगा। सोवियत यूनियन में पनपते आर्थिक संकट की पृष्ठभूमि में अनेक कारण निहित थे; अर्थव्यवस्था पर समाजवादी अर्थव्यवस्था के विशेषज्ञों के स्थान पर नौकरशाहों का प्रभुत्व होना एवं उत्तरदायी लोगों में भ्रष्टाचार तथा आर्थिक अपराध की बढ़ती प्रवृत्ति; बाजार की शक्तियों की उत्पादन लागत तथा मूल्य के मध्य संतुलन का अभाव, आर्थिक सम्पदाओं का दोषपूर्ण प्रबन्धन आदि बुराइयों ने सोवियत यूनियन की अर्थव्यवस्था को चरमरा दिया; वित्त व्यवस्था छिन्न-भिन्न हो गयी; ऐसी स्थिति में प्राकृतिक कारणों से कृषि उत्पादन में आई गिरावट ने सोवियत यूनियन की अर्थव्यवस्था को ढहा दिया।

5. विषम ऐतिहासिक परिस्थितियाँ एवं उन परिस्थितियों के द्वारा उत्पन्न किया गया असह्य आर्थिक बोझ, सोवियत यूनियन के विघटन का एक प्रमुख कारण रहा था। द्वितीय विश्व युद्ध ने सोवियत यूनियन के आर्थिक संसाधनों को व्यापक स्तर पर नष्ट कर देश में आर्थिक पुनर्निर्माण की आवश्यकता को उत्पन्न कर दिया था तथा विश्वयुद्ध-परिस्थितियों ने नवीन आर्थिक दायित्वों को जन्म दे दिया था। पूर्वी यूरोप में जो समाजवादी राज्य स्थापित हो गये थे, उनको आर्थिक, सैनिक एवं राजनैतिक सहायता प्रदान

करना सोवियत-यूनियन का नीतिगत दायित्व था। एशिया-अफ्रीका के देशों के राष्ट्रीय मुक्ति संग्रामों को तथा नव-स्वतंत्र देशों की अर्थव्यवस्थाओं को समाजवादी सहायता प्रदान करना जिससे वे अमेरिकी खेमे में जाने से बचें आदि भारी बोझ सिद्ध हुआ। संयुक्त राज्य अमेरिका के साथ सुरक्षा विज्ञान एवं टेक्नोलॉजी की होड़ में सम्मिलित होना, सोवियत यूनियन के लिये अपनी सुरक्षा की दृष्टि से, विश्व में शक्ति संतुलन को बनाये रखने के लिये तथा पूंजीवाद पर समाजवाद की श्रेष्ठता को स्थापित करने के लिए, आवश्यक था; इसके साथ ही उसे अपनी जनता की बढ़ती-पनपती आकांक्षाओं को पूरा करने के लिये भी प्रयास करने थे। इन चतुर्दिक दायित्वों को पूरा करने के लिये आर्थिक बोझ को उठाना असह्य हो गया, इस भारी आर्थिक बोझ से उत्पन्न आर्थिक क्लान्ति (Economic Exhaustion) ने सोवियत यूनियन के पतन में योग किया।

6. समाजवादी व्यवस्था को बनाये रखने के लिये नितान्त आवश्यक है देश में समाजवादी मनुष्य एवं संस्कृति को पैदा करना; सोवियत यूनियन ऐसा करने में विफल रहा। द्वितीय विश्व युद्ध के पश्चात् जनता को समाजवाद की विचारधारा तथा सिद्धान्तों से उत्प्रेरित करने की उपेक्षा की गयी। जनता को समाजवादी आचार-विचार, कम्युनिस्ट नैतिकता व समाजवादी जीवन पद्धति अपनाने के लिये कोई प्रेरणा प्राप्त न हुई। सोवियत नेतृत्व ने अपने जीवन के द्वारा इस दिशा में अनुकरणीय उदाहरण प्रस्तुत नहीं किया; इस स्थिति में सोवियत यूनियन की कम्युनिस्ट पार्टी संशोधनवाद का शिकार हो गई तथा उसके कम्युनिस्ट चरित्र का क्षरण होने लगा। समाजवादी संस्कृति एवं चेतना से वंचित जनमानस के लिये पूंजीवादी संस्कृति, जीवन-शैली व रीति-रिवाजों में चुम्बकीय आकर्षण उत्पन्न हो गया, यह स्थिति समाजवाद के लिये घातक सिद्ध हुई।

7. सोवियत यूनियन के पतन का एक प्रमुख कारण यह भी रहा था कि अक्टूबर क्रान्ति के उपरान्त सोवियत समाज में ऐसे लोगों का बहुमत हो गया (नवीन पीढ़ियाँ) जिन्होंने जारशाही रूस के निर्मम सामंती-पूंजीवादी शोषण को तथा क्रूर उत्पीड़न को नहीं भोगा था; उनकी समस्त शिकायतें तत्कालीन समाजवादी व्यवस्था से थीं। यह जनता समाजवाद के लाभों को सहज तथा स्वाभाविक मानते थे और उसकी बुराइयों व कमियों को व्यवस्थाजन्य दोष मानकर उससे छुटकारा प्राप्त करने के लिये व्यवस्था परिवर्तन की कामना करते थे; इसी मानसिकता ने उन्हें पूंजीवाद की ओर वापस होने के लिये प्रेरित कर दिया।

8. सोवियत यूनियन की निर्बलताओं का लाभ उठाकर उसके बाह्य

शत्रुओं संयुक्त राज्य अमेरिका व उसके मित्रों ने सोवियत यूनियन के विरुद्ध प्रचार युद्ध तथा वैचारिक हमला तीव्र कर दिया। उसके विरुद्ध हथियारों की होड़ में तेजी लाकर अर्थव्यवस्था पर दबाव बढ़ाया तथा सोवियत यूनियन के अन्दर विद्यमान व्यवस्था विरोधी तत्वों को प्रत्येक प्रकार से सहायता कर भीतरघात को बढ़ावा दिया। निस्सन्देह सोवियत यूनियन के विघटन-पतन में बाहरी शत्रुओं की उनके षड्यन्त्रों में प्रमुख भूमिका रही है।

9. उपरोक्त समस्त कारणों के अतिरिक्त सोवियत संघ के विघटन का एक अन्य प्रमुख कारण रहा था-मिखाइल गोर्बाच्योव का व्यक्तित्व और उनकी नीतियाँ। गोर्बाच्योव कोस्तातिन चर्नेकोव की मृत्यु के बाद 11 मार्च, 1985 ई० को सोवियत कम्युनिस्ट पार्टी के महासचिव बने और सोवियत संघ की सत्ता उनके हाथों में आई। उनके राष्ट्राध्यक्ष बनने के समय सोवियत संघ की आर्थिक स्थिति दयनीय हो गई थी। गोर्बाच्योव कट्टर साम्यवाद के पक्ष में नहीं थे, उन्होंने साम्यवाद के दोषों को दूर करने हेतु 'पेरेस्त्रोइका' (पुनर्निर्माण) और 'ग्लेसनोस्त' (खुलापन) की नीति प्रारम्भ की; इसके अतिरिक्त उन्होंने हथियारों की दौड़ को समाप्त करने के प्रयत्न प्रारम्भ किये (इसीलिये उन्हें 1990 का शान्ति का नोबेल पुरस्कार दिया गया था)।

फरवरी, 1990 ई० में गोर्बाच्योव ने बहुदलीय प्रणाली का प्रस्ताव पारित किया और Executive State Presidency लागू की। गोर्बाच्योव की कार्य-प्रणाली से गैर कम्यूनिस्ट समर्थक राष्ट्रों को बल प्राप्त हुआ जिसके फलस्वरूप बाल्टिक राज्यों (लिथुआनिया, लाटविया और एस्टोनिया) ने अपने को स्वतंत्र घोषित कर दिया। इस प्रकरण से गोर्बाच्योव लोकप्रिय हो गये और वे प्यूपिल्स डिप्टीज की कांग्रेस द्वारा सर्वप्रथम सोवियत राष्ट्रपति 15 मार्च, 1990 ई० को चुने गये। नवम्बर, 1990 ई० में गोर्बाच्योव ने क्रेमलिन और गणराज्यों के बीच संबंधों को पुनः परिभाषित करने का प्रयत्न किया। 26 जुलाई, 1991 ई० को साम्यवादी नेताओं ने ध्वनिमत से गोर्बाच्योव के मार्क्सवादी शासन को समाप्त करने के निर्णय को स्वीकृति प्रदान कर दी; इससे कुछ कट्टर साम्यवादी क्रुद्ध हो गये और उन्होंने गोर्बाच्योव को 19 अगस्त, 1991 ई० को बन्धक बना लिया परन्तु यह षड्यन्त्र अन्ततः विफल हो गया और गोर्बाच्योव मुक्त हो गये। इस घटना से गणराज्य क्रेमलिन की सरकार को संदेह की दृष्टि से देखने लगे और वे सोवियत संघ से अलग होते गये; इस प्रकार सोवियत संघ विघटित हो गया, उसका पतन हो गया।

सोवियत संघ के विघटन से संबद्ध महत्वपूर्ण घटनाक्रम

तिथि	घटनायें
19 अगस्त, 1991 ई॰	गोर्बाच्योव बन्दी; गेन्नादि यानायेन राष्ट्रपति बने।
22 अगस्त, 1991 ई॰	गोर्बाच्योव मुक्त; एस्टोनिया ने स्वयं को स्वतंत्र घोषित किया।
25 अगस्त, 1991 ई॰	गोर्बाच्योव ने कम्युनिस्ट पार्टी का अध्यक्ष पद त्यागा; उक्रेन ने स्वतन्त्रता की घोषणा की।
29 अगस्त, 1991 ई॰	सुप्रीम सोवियत ने कम्युनिस्ट पार्टी पर प्रतिबन्ध लगाया।
31 अगस्त 1991 ई॰	अजरकिस्तान ने स्वतंत्रता की घोषणा कर दी।
1 सितम्बर, 1991 ई॰	उज्बेकिस्तान और किर्गिस्तान स्वतंत्र हो गये।
7 सितम्बर, 1991 ई॰	सोवियत संघ ने लिथुआनिया, एस्टोनिया और लैटविया की स्वतंत्रता को मान्यता प्रदान की।
17 सितम्बर, 1991 ई॰	गोर्बाच्योव और येल्तसिन के मध्य सोवियत संघ को समाप्त करने पर सहमति हुई।

38

विश्व राजनीति में नवीन प्रवृत्तियाँ

बीसवीं शताब्दी में तीन ऐसे अवसर दृष्टिगत हुये जब अन्तर्राष्ट्रीय राजनैतिक व्यवस्थाओं में परिवर्तन परिलक्षित हुये–ये अवसर थे–

(i) प्रथम विश्व युद्ध की समाप्ति के बाद अर्थात् 1919 ई० के बाद;

(ii) द्वितीय विश्व युद्ध की समाप्ति के बाद अर्थात् 1945 ई० के बाद;

(iii) सोवियत संघ के विघटन के बाद अर्थात् 1991 ई० के बाद।

निस्सन्देह बीसवीं शताब्दी की इस घटना (अन्तिम दशाब्दी में) विश्व राजनैतिक व्यवस्था का स्वरूप बदल रहा है। वर्तमान परिवर्तित अन्तर्राष्ट्रीय राजनीति में विश्व शक्ति सन्तुलन में महत्वपूर्ण परिवर्तन हुआ जिससे विश्व-राजनीति में नवीन प्रवृत्तियों का जन्म हुआ है। यह नवीन प्रवृत्तियाँ एवं परिवर्तन हैं:–

1. शीत युद्ध की समाप्ति–द्वितीय विश्व युद्ध के बाद की विश्व-राजनीति में प्रमुख तथ्य संयुक्त राज्य अमेरिका और सोवियत संघ के बीच शीत युद्ध की राजनीति का चलना था। शीत युद्ध वैचारिक संघर्ष था जिसमें दो विरोधी जीवन पद्धतियाँ (उदारवादी लोकतंत्र तथा सर्वाधिकारवादी साम्यवाद) सर्वोच्चता प्राप्त करने के लिये संघर्ष करने लगीं। 1990 के पश्चात् पूर्वी यूरोप तथा सोवियत संघ से साम्यवादी शासन समाप्त हो गया, साम्यवादी दलों पर प्रतिबन्ध लगा दिया गया; सोवियत संघ तथा पूर्वी यूरोप में साम्यवाद का वर्तमान संकट मुख्यत: आर्थिक मोर्चे पर असफलताओं से उत्पन्न हुआ था। व्यक्तिगत सम्पति, स्वतंत्रता, खुलापन और निजी सम्पत्ति महत्वपूर्ण बन गये। यह विश्वास घर कर गया कि लोकतंत्र के बिना समाजवाद की कल्पना नहीं की जा सकती। शीत युद्ध की समाप्ति में सोवियत राष्ट्रपति गोर्बाच्योव की प्रमुख भूमिका रही।

2. एक-ध्रुवीय विश्व–द्वितीय विश्व युद्ध के बाद विश्व दो शक्ति गुटों में विभाजित हो गया, जिसमें एक गुट का नेता संयुक्त राज्य अमेरिका

था और दूसरे गुट का नेता सोवियत संघ था परन्तु बीसवीं शताब्दी के इस अन्तिम दशक में स्थिति में परिवर्तन दृष्टिगत हुआ–विश्व में एकमात्र महान्तम शक्ति 'संयुक्त राज्य अमेरिका' रहा। साम्यवाद के अवसान के साथ ही एक महान् शक्ति 'सोवियत संघ' की अकाल मृत्यु हो गई; वस्तुतः खाड़ी युद्ध में अमरीकी विजय ने उसकी शक्ति, प्रभाव एवं वर्चस्व में अभूतपूर्व वृद्धि कर दी।

3. साम्यवाद का अवसान–1990-1991 ई॰ में एक महान् क्रान्ति दृष्टिगत हुई। पूर्वी यूरोप में साम्यवाद का अन्त हो गया। नवम्बर, 1989 में हंगरी में, जनवरी 1990 में पोलैण्ड में, मार्च 1990 में पूर्वी जर्मनी व रोमानिया में, जून, 1990 में चेकोस्लोवाकिया में साम्यवादी शासन की समाप्ति हो गयी। फरवरी, 1990 में सोवियत संघ की कम्युनिस्ट पार्टी की केन्द्रीय समिति ने लेनिनवाद को ध्वस्त करने का क्रान्तिकारी मार्ग अपनाया; उसने सोवियत संविधान के उस अनुच्छेद के विलोपन का संकल्प किया जिसमें सोवियत संघ की कम्युनिस्ट पार्टी के सत्ता पर एकाधिकार की गारन्टी दी गई थी। 12 फरवरी, 1990 को सोवियत संसद ने मार्क्सवाद के एक मूल सिद्धान्त को स्पष्टतः अस्वीकार कर दिया, उसने घोषणा की कि "पार्टी का विचार है कि उत्पादन के साधनों के स्वामित्व सहित निजी सम्पत्ति का अस्तित्व देश के आर्थिक विकास की वर्तमान अवस्था के प्रतिकूल नहीं है।" साम्यवादी दलों के पतन के बाद बहुदलीय व्यवस्था, स्वतंत्र निर्वाचन, बाजारोन्मुख अर्थव्यवस्था अपनाने से पूर्वी यूरोप और सोवियत गणराज्यों में स्वतंत्रता की लहर दौड़ गयी। अब उदार पूंजीवादी व्यवस्था से प्रतियोगिता करने वाली विचारधारा–जनित शक्ति गुट का अभाव दृष्टिगत होता है, अब सभी मार्ग पूंजीवाद की ओर उन्मुख हैं।

4. जर्मनी का एकीकरण–3 अक्टूबर, 1990 ई॰ को जर्मनी का एकीकरण हो गया; बिना युद्ध और संघर्ष के 45 वर्षों बाद दो राष्ट्रों का एकीकरण आधुनिक इतिहास की एक महत्वपूर्ण घटना है। जर्मनी के एकीकरण के प्रयत्नों में सबसे पहली सफलता उस समय प्राप्त हुई जब 9 नवम्बर 1989 ई॰ को बर्लिन को दो भागों में विभाजित करने वाली 'बर्लिन की दीवार' को तोड़ने का काम प्रारम्भ हुआ, इसके बाद 18 मार्च, 1990 ई॰ को पूर्वी जर्मनी में पहली बार स्वतंत्र चुनाव हुये; पुनः 1 जुलाई, 1990 ई॰ को दोनों जर्मनियों का आर्थिक एकीकरण हुआ और दोनों देशों की मुद्रा एक हो गई। 3 अक्टूबर, 1990 ई॰ को चांसलर हेल्मुट कोल के नेतृत्व में एकीकृत जर्मनी की नवीन सरकार प्रतिष्ठापित हो गयी।

5. गुटनिरपेक्ष आंदोलन की प्रासंगिकता–अन्तर्राष्ट्रीय राजनीति में

आये परिवर्तनों से गुटनिरपेक्ष आंदोलन (NAM) की प्रासंगिकता का प्रश्न विचारणीय तथ्य बन गया है। शीत युद्ध का अन्त, एक ध्रुवीय विश्व व्यवस्था के उदय और सोवियत संघ के पतन आदि से यह दृष्टिगत किया जाने लगा कि निर्गुट आंदोलन अप्रासंगिक तो नहीं हो गया है। निर्गुट आंदोलन का सदस्य युगोस्लाविया विघटन के कगार पर पहुंच गया, खाड़ी संकट, अफगान संकट में गुट निरपेक्ष आंदोलन (NAM) की कोई विशेष भूमिका नहीं रही। आर्थिक तंगी, बढ़ती हुई निर्धनता, भ्रष्टाचार और जन असन्तोष के कारण निर्गुट आंदोलन के देश राजनैतिक अस्थिरता से पीड़ित हैं, इसलिये यह आंदोलन मृतप्रायः लगता है।

6. संयुक्त राष्ट्र के सदस्यों की संख्या में वृद्धि—1945 ई० में संयुक्त राष्ट्र के सदस्यों की संख्या 51 थी, वर्तमान में यह 191 हो गई है। आज न केवल संयुक्त राष्ट्र की सदस्य संख्या में वृद्धि हुई है अपितु विश्व राजनीति में उसकी सक्रियता भी बढ़ी है। संयुक्त राष्ट्र उसके 17 विशेष अभिकरण एवं 14 मुख्य कार्यक्रम और निधियाँ विश्व के किसी भी भाग में प्रायः सभी मानवों से संबद्ध हैं।

7. सैनिक गुटबन्दियों का घटता महत्व—द्वितीय विश्व युद्ध के बाद सैनिक गुटबन्दियों का जाल निर्मित करने की प्रवृत्ति थी, उसी दौर में नाटो, सीटो, सेंटो, वारसा पैक्ट सदृश सैनिक सन्धियाँ अस्तित्व में आईं। अब इनका पतन प्रारम्भ हो गया है, वारसा पैक्ट का अन्त हो गया है; नाटो भी नाममात्र का संगठन रह गया है। दोनों महाशक्तियों के बीच शीत-युद्ध समाप्त हो जाने तथा तनाव-शैथिल्य के युग का उदय होने के कारण सोवियत राष्ट्रपति गोर्बाच्योव ने वारसा पैक्ट तथा नाटो आदि सैनिक गठबन्धनों को समाप्त करने का परामर्श दिया था, इसी परामर्श के अन्तर्गत वारसा पैक्ट के सैन्य गठबन्धन को 31 मार्च, 1991 ई० को औपचारिक रूप से विघटित कर दिया गया।

8. बाजारोन्मुख अर्थव्यवस्था—सोवियत संघ से अलग हुये गणराज्यों तथा पूर्वी यूरोप के देशों ने लोकतंत्र और मुक्त अर्थव्यवस्था की ओर अग्रसर होने का निर्णय किया। सोवियत संघ और पूर्वी यूरोप के नागरिकों के सामने अब इसके अतिरिक्त कोई विकल्प न था कि वे साम्यवाद को अपने देश से किसी बुराई की तरह हटा दें और अपनी उन्नति के लिये नवीन उपायों की तलाश करें। मुक्त अर्थव्यवस्था या पूंजीतंत्र ने अपनी क्षमता को विश्व में पिछली दो शताब्दियों से सिद्ध किया है। निस्सन्देह पूंजीवाद एक ऐसी प्राकृतिक शक्ति है, जो कि मानवीय स्वभाव में गहराई से स्थापित है, इसके अतिरिक्त पूंजीवाद में नवीन स्थितियों एवं वातावरण

में बदलने का प्रशंसनीय लचीलापन है। आज जिस पूंजीवाद को हम अमेरिका या पश्चिमी यूरोप में देखते हैं, वह पहले जैसा पुरातनपंथी न होकर बहुत उन्नत, प्रगतिशील और मानवीय आर्थिक प्रणाली के रूप में है। इसीलिये त्वरित आर्थिक विकास के लिये विश्व के अधिकांश देशों ने पूंजीवादी मॉडल या बाजारोन्मुख अर्थव्यवस्था का सिद्धान्त अपनाया है।

9. यूरोप के एकीकरण की ओर अग्रसर—द्वितीय विश्व युद्ध के बाद यूरोप एक विभाजित यूरोप का प्रतीक था। यूरोप अनेक ढंग से विभाजित था—पूर्वी और पश्चिमी यूरोप, पूंजीवादी और साम्यवादी यूरोप, नाटो तथा वारसा पैक्ट देश, अमेरिकी समर्थक और सोवियत समर्थक राष्ट्र आदि। 1990 के दशक से यूरोप के एकीकरण की प्रक्रिया तीव्र हुई; साम्यवाद और पूंजीवाद, पूर्व और पश्चिम यूरोप, नाटो और वारसा देशों का कृत्रिम विभाजन अब समाप्त हो गया है; यूरोपीय संघ का निर्माण प्रगति पर है। राजनैतिक संघ, साझी विदेश नीति, साझी प्रतिरक्षा व संयुक्त यूरोपीय संसद के प्रादुर्भाव के लिये प्रयत्न प्रारम्भ हो चुके हैं।

10. अमेरिका राष्ट्रपति बुश की नवीन विश्व व्यवस्था—खाड़ी युद्ध की समाप्ति के बाद राष्ट्रपति बुश ने 'नवीन विश्व व्यवस्था' के निर्माण का लक्ष्य घोषित किया था परन्तु उस समय नवीन विश्व व्यवस्था की अवधारणा स्पष्ट नहीं थी। ऐसा प्रतीत होता है कि उनकी नवीन विश्व व्यवस्था का अर्थ था—संयुक्त राष्ट्र संघ, विश्व बैंक तथा अन्तर्राष्ट्रीय मुद्रा कोष जैसी संस्थाओं पर अमरीकी वर्चस्व स्थापित करना; अणु प्रसार निरोध सन्धि पर फ्रांस, चीन और भारत जैसे देशों को हस्ताक्षर करने के लिये विवश करना, पश्चिमी एशिया समस्या का समाधान अमेरिकी दबाव से कराना। आज अमेरिका सम्पूर्ण विश्व को आर्थिक सुधारों के नाम पर पूंजीवादी विकास के मार्ग पर धकेलने की योजना बना चुका है। अमेरिकी नीतियों का विरोध करने वाले राष्ट्र को आर्थिक और वित्तीय कठिनाइयाँ झेलने के लिये तैयार रहना होगा। गैट समझौता हो या अणु अप्रसार सन्धि, प्रक्षेपास्त्र टेक्नोलॉजी नियन्त्रण व्यवस्था हो या विश्व बैंक, अन्तर्राष्ट्रीय मुद्रा कोष हो या संयुक्त राष्ट्र, ये सभी संस्थायें आज किसी न किसी प्रकार अमेरिका की जेबी संस्थाओं में परिणत हो गयी हैं।

11. इस्लामी महासंघ का भय—उभरता हुआ इस्लामी महासंघ उत्तर में टर्की से लेकर दक्षिण में ईरान, पाकिस्तान, अफगानिस्तान और पूर्व में चीन के सीमावर्ती सिक्यांग क्षेत्र तक विस्तृत है। इस महासंघ में सोवियत संघ के वे एशियाई इस्लामी गणराज्य भी सम्मिलित किये जा सकते हैं, जिनके पास परमाणु हथियार क्षमता है। भारत को इस इस्लामी महासंघ से

सर्वाधिक भय लगता है क्योंकि भारत-पाक संबंध सदैव तनावपूर्ण रहे हैं, इससे विश्व-शान्ति भी खतरे में है।

12. स्वतंत्र राज्यों के राष्ट्रकुल का निर्माण–1917 ई॰ की क्रान्ति के पश्चात् 1922 ई॰ में निर्मित सोवियत समाजवादी गणतंत्र संघ 1991 ई॰ में विघटित हो गया। भूतपूर्व सोवियत संघ के सभी 15 गणतंत्र स्वतंत्र राज्य बन गये, इनमें से 11 राज्य (दिसम्बर, 1991 ई॰) सार्वभौम सम्मत सिद्धान्तों और अन्तर्राष्ट्रीय कानूनों के मानदण्डों का अनुपालन करने के लिये स्वतंत्र राज्यों का राष्ट्रकुल के गठन के लिये कटिबद्ध हुये। राष्ट्रकुल के गठन के बाद राष्ट्रपति गोर्बाच्योव, जिन्होंने संघ को बचाने का पूर्ण प्रयास किया था, ने अपना पद त्याग दिया। दिसम्बर, 1991 ई॰ में यूक्रेन द्वारा अपने को स्वतंत्र करने की घोषणा के साथ संघ के अस्तित्व को गहरा आघात लगा। 8 दिसम्बर, 1991 ई॰ को रूस, बेलारूस और यूक्रेन ने मिन्स्क में एक समझौते पर हस्ताक्षर किये, जिसमें इन स्वतंत्र राज्यों का एक राष्ट्रकुल गठित किया गया। बाद में अल्मा अता शिखर सम्मेलन में 21 दिसम्बर, 1991 ई॰ को आर्मीनिया, अजरबैजान, उजबेकिस्तान, ताजिकिस्तान, तुर्कमेनिस्तान, कजाकस्तान और किर्गिस्तान के गणराज्य इसमें सम्मिलित हो गये। राष्ट्रकुल के नेता आपसी हितों के मामलों (रक्षा नीति, सामाजिक नीतियों आदि) पर विचार करने लगे हैं; उन्होंने इस बात पर बल दिया कि इन मामलों को आपसी सहयोग और सद्भाव के साथ हल किया जाये और साथ ही अपनी स्वतंत्रता और प्रभुसत्ता की रक्षा की जाये।

निष्कर्ष

अन्ततः विश्व राजनीति में हुये परिवर्तनों ने विश्व के राष्ट्रों को पुनः अपने अस्तित्व, वर्चस्व एवं हितसिद्धि के लिये परस्पर नवीन समझौतों, सहभागिता और संधियों की ओर उन्मुख किया है। विश्व की मूलभूत समस्या वर्तमान में राजनैतिक न होकर आर्थिक है, अतः आर्थिक हितों को दृष्टि में रखकर विश्व राजनीति संचालित हो रही है। ऐसी विषम परिस्थितियों में विकासशील राष्ट्र सर्वाधिक चिन्तित हैं; विकासशील राष्ट्रों को इस संक्रमणकालीन परिस्थिति में अत्यधिक सजग रहकर गहरी सूझबूझ से अन्तर्राष्ट्रीय संबंधों को संचालित करना होगा।

परिशिष्ट

परिशिष्ट–क

संयुक्त राष्ट्र के अन्तर्गत आयोग

कार्यात्मक आयोग

(i) आर्थिक, रोजगार तथा विकास आयोग;
(ii) यातायात तथा संचार आयोग;
(iii) वित्तीय आयोग;
(iv) सांख्यिकीय आयोग;
(v) जनसंख्या आयोग;
(vi) सामाजिक आयोग;
(vii) मानव अधिकारों संबंधी आयोग;
(viii) स्त्रियों की स्थिति संबंधी आयोग;
(ix) नशीले द्रव्यों संबंधी आयोग।

प्रादेशिक आयोग

(i) यूरोप के लिए आर्थिक आयोग;
(ii) एशिया तथा सुदूरपूर्व के लिए आर्थिक आयोग;
(iii) दक्षिण अमरीका के लिए आर्थिक आयोग।

परिशिष्ट–ख

संयुक्त राष्ट्र के अन्तर्गत विशिष्ट समितियाँ

(i) विश्व डाक संघ;
(ii) अन्तर्राष्ट्रीय श्रम संघ;
(iii) पुनर्निर्माण तथा विकास के लिए अन्तर्राष्ट्रीय बैंक;
(iv) अन्तर्राष्ट्रीय मुद्रा कोष;
(v) अन्तर्राष्ट्रीय असैनिक उड्डयन संघ;
(vi) खाद्य और कृषि संगठन;
(vii) संयुक्त राष्ट्र की शैक्षणिक, वैज्ञानिक तथा सांस्कृतिक संस्था;
(viii) विश्व स्वास्थ्य संघ;
(ix) अन्तर्राष्ट्रीय तार संघ;
(x) विश्व अन्तरिक्ष विज्ञान संघ;
(xi) अन्तर्राष्ट्रीय व्यापार संगठन तथा प्रशुल्क और व्यापार संबंधी समझौता;
(xii) अन्तर-सरकारी समुद्री परामर्श संगठन;
(xiii) अन्तर्राष्ट्रीय वित्त निगम;
(xiv) विश्व मौसम विज्ञान संघ;
(xv) अन्तर्राष्ट्रीय विकास संघ;
(xvi) कृषि विकास के लिए अन्तर्राष्ट्रीय कोष।

परिशिष्ट–ग

संयुक्त राष्ट्र के अन्तर्गत न्यास प्रदेश

क्रम संख्या	न्यास प्रदेश	प्रशासक देश
(i)	न्यूगिनी	आस्ट्रेलिया
(ii)	रुआन्डा	बेल्जियम
(iii)	फ्रेंच कैमरुन्ज	फ्रांस
(iv)	फ्रेंच टोगोलैण्ड	फ्रांस
(v)	पश्चिमी समोआ	न्यूजीलैण्ड
(vi)	टांगानिका	ग्रेट-ब्रिटेन
(vii)	ब्रिटिश कैमरुन्ज	ग्रेट-ब्रिटेन
(viii)	ब्रिटिश टोगोलैण्ड	ग्रेट-ब्रिटेन
(ix)	नौरू	आस्ट्रेलिया
(x)	प्रशान्त महासागर के द्वीप	संयुक्त राज्य अमेरिका
(xi)	सुमालीलैण्ड	इटली

परिशिष्ट–घ

संयुक्त राष्ट्र के महासचिव

महासचिव त्रिग्वे लो	(1946–1953)
महासचिव डाग हैमरशोल्ड	(1953–1961)
महासचिव यू थांट	(1961–1971)
महासचिव कुर्त बाल्डाहाइम	(1972–1981)
महासचिव जेवियर पेरेज डीक्वयर	(1982–1991)
महासचिव बुतरस घाली	(1992–1996)
महासचिव कोफी अन्नान	(1997–......)

परिशिष्ट–च

महत्वपूर्ण तिथियाँ

1914 ई० : प्रथम विश्व युद्ध प्रारम्भ, तुर्की जर्मनी के पक्ष में।

1915 ई० : लन्दन की गुप्त सन्धि (मित्र राष्ट्रों के साथ इटली की); ब्रिटेन द्वारा अरब स्वतंत्र आंदोलन को योग; इटली प्रथम विश्व युद्ध में मित्र-राष्ट्रों के पक्ष में युद्धरत; फिलिस्तीन में अरब राष्ट्रवाद।

1916 ई० : रूमानिया मित्र-राष्ट्रों के पक्ष में युद्धरत।

1917 ई० : रूस में जारशाही समाप्त; लैनसिंग-इशी समझौता; बोल्शेविक क्रान्ति रूस में सफल; बाल्फोर घोषणा; रूस प्रथम विश्व-युद्ध से पृथक्; संयुक्त राज्य अमेरिका मित्र-राष्ट्रों के पक्ष में युद्धरत; सां जांद मोरिये की सन्धि।

1918 ई० : प्रथम विश्व युद्ध समाप्त; विल्सन के चौदह सूत्रों की घोषणा; ब्रेस्ट लिटोवक्स की सन्धि।

1919 ई० : वर्साय की सन्धि; अमेरिका का साइबेरियन हस्तक्षेप; सेंट जर्मेन की सन्धि; प्रत्याहरण का युग प्रारम्भ; न्यूली की सन्धि।

1920 ई० : स्पा सम्मेलन; ट्रायनोन की सन्धि; राष्ट्रसंघ की स्थापना; फ्रांस-तुर्की सन्धि; सेव्र की सन्धि; फिनलैण्ड-रूस सन्धि।

1921 ई० : क्षतिपूर्ति आयोग के प्रतिवेदन में जर्मनी की कुल देनदारी 6600 मिलियन पौण्ड निर्धारित।

1922 ई० : जर्मन-पोलैण्ड सन्धि; रापेलो की सन्धि; वाशिंगटन सम्मेलन।

1923 ई० : कार्फू विवाद; रूर संकट; पारस्परिक सहायता की प्रारूप संधि; लोसाने की संधि; कूनो मंत्रिमंडल द्वारा पदत्याग।

1924 ई० : डावेस योजना; रोम की संधि।

1925 ई० : जेनेवा प्रोटोकोल; आव्रजन अधिनियम; लोकार्नो सन्धियाँ; रूस-जापान सन्धि।

1926 ई० : नि:शस्त्रीकरण हेतु प्रारम्भिक आयोग की प्रथम बैठक, जर्मनी का राष्ट्रसंघ में प्रवेश, टिराना की सन्धि।

1927 ई० : जेनेवा का नौ-सैनिक सम्मेलन, तानाका स्मरण पत्र की घोषणा, जेनेवा विश्व आर्थिक सम्मेलन, राष्ट्रसंघ द्वारा नारी कल्याण, बाल कल्याण संबंधी रिपोर्ट प्रस्तुत।

1928 ई० : केलॉग ब्रिआं पैक्ट (पेरिस पैक्ट), जापानी-चीनी सेनाओं में मुठभेड़; छठा अखिल अमरीकन सम्मेलन।

1929 ई० : यंग योजना; विश्वव्यापी आर्थिक संकट प्रारम्भ; वाल स्ट्रीट संकट; वफ्द पार्टी का ब्रिटेन से समझौता असफल।

1930 ई० : लन्दन नौ-सैनिक सम्मेलन; इटली-आस्ट्रिया सन्धि; राइन प्रदेश से फ्रांसीसी सेनाएँ हटीं।

1931 ई० : मंचूरिया काण्ड; हूवर चुकान विलम्ब काल; जर्मन अर्थव्यवस्था अस्तव्यस्त; क्रेडिट आन्सटाल्ट बैंक दिवालिया।

1932 ई० : लोसाने सम्मेलन तथा शिष्ट समझौता; जेनेवा में विश्व नि:शस्त्रीकरण सम्मेलन प्रारम्भ; फ्रांसीसी-सोवियत अनाक्रमण संधि।

1933 ई० : जर्मनी में नाजी दल सत्तारूढ़; नि:शस्त्रीकरण सम्मेलन तथा राष्ट्रसंघ से जर्मनी पृथक्; चतु:शक्ति सन्धि।

1934 ई० : रूस का राष्ट्रसंघ में प्रवेश; पोलैण्ड-जर्मनी दसवर्षीय अनाक्रमण सन्धि; वाल्कान मैत्रीसंघ निर्मित; अमाउ वक्तव्य।

1935 ई० : जर्मनी को सार की प्राप्ति; ब्रिटिश जर्मन नौ-सेना समझौता; फ्रांसीसी-रूस सन्धि; होर-लावाल पैक्ट; स्ट्रेजा सम्मेलन।

1936 ई० : रोम-बर्लिन धुरी; राइन प्रदेश का सैन्यीकरण; स्पेन का गृह-युद्ध प्रारम्भ; एन्टी कोमिन्टर्न पैक्ट, इटली द्वारा एबीसीनिया विजय।

1937 ई० : रोम-बर्लिन-टोकियो धुरी, चीन-जापान अघोषित युद्ध प्रारम्भ, साम्यवादी-कुओमिन्तांग एकता, क्वारन्टीन वक्तृता।

1938 ई० : आस्ट्रिया का जर्मनी में विलय, म्यूनिख समझौता, रिबनट्राप द्वारा पोलैण्ड से डैन्जिग की मांग, नवां अखिल अमेरिकन सम्मेलन।

1939 ई० : रूस-जर्मन अनाक्रमण समझौता, फौलादी समझौता, हिटलर द्वारा पोलैण्ड पर आक्रमण, ब्रिटेन-फ्रांस द्वारा जर्मनी के विरुद्ध युद्ध की घोषणा, द्वितीय विश्व युद्ध प्रारम्भ, रूस द्वारा फिनलैंड पर आक्रमण, स्पेन का गृह-युद्ध समाप्त।

1940 ई० : त्रिगुट समझौता; रूस द्वारा लिथुआनिया, लैटविया और इस्टोनिया अधिकृत, जर्मनी द्वारा बेल्जियम, हालैंड, फ्रांस अधिकृत।

1941 ई० : पर्ल हारबर घटना, अमेरिका द्वारा द्वितीय विश्व युद्ध में प्रवेश; जर्मनी द्वारा रूस पर आक्रमण, उधार-पट्टा अधिनियम पारित, चार स्वतंत्रताओं की घोषणा, अटलांटिक चार्टर।

1942 ई० : यूनाइटेड नेशन्स डिक्लेरेशन, बारहवां अखिल अमेरिकन सम्मेलन।

1943 ई० : कासाब्लांका सम्मेलन, मास्को सम्मेलन, काहिरा सम्मेलन, तेहरान सम्मेलन।

1944 ई० : डम्बर्टन ओक्स सम्मेलन, क्यूबेक सम्मेलन।

1945 ई० : याल्टा सम्मेलन, सांनफ्रांसिसको सम्मेलन, पोट्सडाम सम्मेलन, द्वितीय विश्व युद्ध समाप्त; संयुक्त राष्ट्र की स्थापना।

1946 ई० : द्वितीय विश्व युद्ध से उत्पन्न आर्थिक संकट से मुक्ति हेतु ब्रिटेन ने औद्योगिक उत्पादन को बढ़ाने के लिये राष्ट्रीयकरण की नीति को अपनाया; पेरिस में विदेश मंत्री सम्मेलन।

1947 ई० : इटली, रुमानिया, बल्गारिया, हंगरी और फिनलैण्ड से सन्धियाँ सम्पन्न; संयुक्त राज्य अमेरिका का ट्रूमैन सिद्धान्त; भारत-विभाजन; भारत स्वतंत्र राष्ट्र बना; पाकिस्तान का निर्माण; कामिन्फार्म की स्थापना; मार्शल योजना; बल्गारिया व हंगरी साम्यवादी बने।

1948 ई० : मार्शल योजना के अन्तर्गत यूरोप का पुनर्निर्माण प्रारम्भ; चैकोस्लोवाकिया साम्यवादी बना; बर्लिन की नाकेबन्दी; संयुक्त राष्ट्र की महासभा द्वारा मानव अधिकारों की घोषणा; प्रथम अरब-इजराइल युद्ध।

1949 ई० : जर्मनी का विभाजन; नाटो की स्थापना; चीन में साम्यवादी शासन स्थापित; शीत युद्ध का वेग; पीपुल्स रिपब्लिक ऑफ चाइना।

1950 ई० : कोरिया युद्ध; बोगुई सम्मेलन।

1951 ई० : संयुक्त राष्ट्र शरणार्थी उच्चायुक्त (UNHCR) जेनेवा में स्थापित; लीबिया स्वाधीन हुआ।

1952 ई० : एलिजाबेथ द्वितीय ब्रिटेन की महारानी बनी; हेलसिंकी में ओलम्पिक खेल आयोजित।

1953 ई० : स्टालिन की मृत्यु।

1954 ई० : भारत में फ्रांसीसी उपनिवेश भारतीय गणतंत्र में सम्मिलित।

1955 ई० : विश्व प्रसिद्ध वैज्ञानिक एलबर्ट आइन्स्टीन की मृत्यु।

1956 ई॰ : सूडान स्वाधीन गणतंत्र बना; पाकिस्तान ने स्वयं को इस्लामी गणतंत्र घोषित किया; मिस्र के राष्ट्रपति नासिर द्वारा स्वेज नहर का राष्ट्रीयकरण।

1957 ई॰ : घाना स्वतंत्र राष्ट्र बना; ट्यूनिस गणतंत्र बना; सोवियत संघ ने प्रथम कृत्रिम उपग्रह (स्पूतनिक प्रथम) छोड़ा।

1958 ई॰ : ईराक गणतंत्र बना; फ्रेंच गिनी स्वाधीन व गणतंत्र राष्ट्र घोषित; प्रथम अमेरिकी कृत्रिम उपग्रह (एक्सप्लोरर प्रथम) छोड़ा गया।

1959 ई॰ : 'अलास्का' संयुक्त राज्य अमेरिका का 49वां राज्य बना; चीन ने तिब्बत पर अधिकार स्थापित किया; दलाईलामा द्वारा भारत में शरण।

1960 ई॰ : कैमरून, टोगो, कांगो, साइप्रस और सोमालिया स्वाधीन गणतंत्र बने; रोम में ओलम्पिक आयोजित, नाइजीरिया कामनवेल्थ में स्वाधीन गणराज्य बना।

1961 ई॰ : रवान्डा, उरुण्डी गणराज्य बने; दक्षिणी अफ्रीका गणराज्य बना; भारत ने पुर्तगाली उपनिवेश गोआ, दमन दीव पर अधिपत्य स्थापित किया।

1962 ई॰ : चीन द्वारा भारत की उत्तरी सीमा पर आक्रमण; 'यू थांट' संयुक्त राष्ट्र में महासचिव निर्वाचित।

1963 ई॰ : चीन और पाकिस्तान ने सीमा सन्धि सम्पन्न की; मिस्र, सीरिया और ईराक ने 'अरब-महासंघ' का निर्माण किया; मलेशिया, सिंगापुर और दक्षिणी बोर्नियो ने मलेशियाई महासंघ बनाया; टेक्सास के यलेस में संयुक्त राज्य अमेरिका के राष्ट्रपति जान एफ॰, कैनेडी की हत्या; जंजीबार स्वतंत्र हुआ।

1964 ई॰ : माल्टा स्वतंत्र हुआ; टोकियो में ओलम्पिक खेल आयोजित।

1965 ई॰ : भारत-पाक युद्ध; रोडेशिया स्वतंत्र हुआ; इण्डोनेशिया ने अपने को संयुक्त राष्ट्र से पृथक् कर लिया।

1966 ई॰ : गुयाना स्वतंत्र हुआ; ताशकन्द समझौता सम्पन्न।

1967 ई॰ : इजराइल द्वारा संयुक्त अरब गणराज्य पर आक्रमण।

1968 ई॰ : मारीशस स्वतंत्र हुआ; ओलम्पिक खेल मेक्सिको सिटी में आयोजित।

1969 ई० : संयुक्त राज्य अमेरिका के अंतरिक्ष यात्री नील आर्मस्ट्रांग और एडविन आल्ड्रिन चन्द्रमा पर उतरे।

1970 ई० : सोवियत लूनोखोद प्रथम चन्द्रमा पर उतरा।

1971 ई० : अपोलो 14 के (संयुक्त राज्य अमेरिका के) अंतरिक्ष यात्री शेपर्ड और मिचेल चन्द्रमा पर उतरे; मुजीबुर्रहमान ने बांग्लादेश (पूर्वी पाकिस्तान) को पाकिस्तान से पृथक कर स्वतंत्र राष्ट्र घोषित किया; भारत-पाक युद्ध; सोवियत संघ ने सेल्यूट प्रथम को अंतरिक्ष में भेजा; संयुक्त राज्य अमेरिका ने अपोलो-15 छोड़ा; ताइवान को संयुक्त राष्ट्र से हटाया गया; चीन को संयुक्त राष्ट्र का स्थायी सदस्य बनाया गया।

1972 ई० : म्यूनिख ओलम्पिक में (खेल गाँव में) अरब गुरिल्लों ने इजरायली खिलाड़ियों की हत्या कर दी; पाकिस्तान ने राष्ट्रमंडल छोड़ा।

1973 ई० : अफगानिस्तान में राजशाही का अन्त; अफगानिस्तान में गणतंत्र की स्थापना; ब्रिटेन यूरोपियन कामन मार्केट में सम्मिलित; पश्चिमी जर्मनी, पूर्वी जर्मनी, बहामास संयुक्त-राष्ट्र के सदस्य बने; इजराइल-मिस्र व इजराइल-सीरिया के मध्य युद्ध।

1974 ई० : माल्टा गणराज्य घोषित; बांग्ला देश संयुक्त राष्ट्र का सदस्य बना।

1975 ई० : वीनस-9 शुक्र ग्रह पर उतरा; अंगोला, मोजम्बिक स्वतंत्र हुये; लाओस गणतंत्र घोषित।

1976 ई० : भारत-सोवियत मैत्री सन्धि सम्पन्न; सीशेल्स स्वतंत्र।

1977 ई० : जिबूती स्वतंत्र; मिस्र के विरुद्ध अरब-मोर्चा गठित; मिस्र के राष्ट्रपति सादात ने इजराइल की यात्रा की।

1978 ई० : सैनिक शासन गुट ने अफगानिस्तान में सत्ता हस्तगत की।

1979 ई० : ईरान इस्लामी गणराज्य घोषित; ग्रीनलैण्ड स्वतंत्र।

1980 ई० : सोवियत संघ ने अफगानिस्तान में अधिपत्य जमाया; जिम्बाब्वे स्वतंत्र; मास्को में ओलम्पिक खेल आयोजित।

1981 ई० : संयुक्त राज्य अमेरिका अंतरिक्ष शटल-कोलम्बिया ने दो अंतरिक्ष यात्रियों के साथ उड़ान भरी; बारबुदा स्वतंत्र; पेरू के हैवियर पेरेज डीक्वयर संयुक्त राष्ट्र के महासचिव निर्वाचित।

1982 ई० : सोवियत अन्तरिक्ष यान वीनस-13 शुक्र ग्रह पर उतरा;

ब्रिटेन व वेटिकन के मध्य कूटनीतिक संबंध स्थापित हुये; फाकलैण्ड विवाद।

1983 ई० : नई दिल्ली में सातवां गुटनिरपेक्ष शिखर सम्मेलन आयोजित।

1984 ई० : अन्तरिक्ष शटल चैलेन्जर में सवार अंतरिक्ष यात्रियों ने अपने उपग्रह सोलर मैक्स को अंतरिक्ष में सुधार व मरम्मत को पूरा करके उसे फिर से चालू कर दिया; सोवियत संघ के राष्ट्रपति यूरी अंद्रोपोव की मृत्यु; भारत की प्रथम महिला प्रधानमंत्री इन्दिरा गांधी की हत्या।

1985 ई० : मिखाइल गोर्बाच्योव कम्युनिस्ट पार्टी के महासचिव निर्वाचित; संयुक्त राज्य अमेरिका व सोवियत संघ के मध्य जिनेवा में अस्त्र वार्ता प्रारम्भ; रीगन व गोर्बाच्योव के मध्य जिनेवा वार्ता (द्वितीय विश्व युद्ध के पश्चात् महाशक्तियों–संयुक्त राज्य अमेरिका व सोवियत संघ के मध्य प्रथम शिखर सम्मेलन)।

1986 ई० : सोवियत संघ ने नये अंतरिक्ष स्टेशन मीर (शान्ति) को प्रक्षेपित किया; मिखाइल गोर्बाच्योव पाँच वर्ष के लिये पुन: सोवियत कम्यूनिस्ट पार्टी के महासचिव निर्वाचित; लीबिया व संयुक्त राज्य अमेरिका के मध्य तनातनी; रीगन व गोर्बाच्योव अपनी दूसरी शिखरवार्ता के लिये आइसलैण्ड की राजधानी रेकजाविक में भेंट की; सोवियत संघ ने अफगानिस्तान से अपनी सेनायें हटाना प्रारम्भ किया।

1987 ई० : पाकिस्तान के मुख्य आणविक वैज्ञानिक डा० अब्दुल कादर खां ने लन्दन से प्रकाशित एक पत्र को दिये साक्षात्कार में स्पष्ट किया किया कि पाकिस्तान के पास एटम बम है; अफगानिस्तान में नवीन संविधान के अन्तर्गत डा० नजीबुल्लाह राष्ट्रपति निर्वाचित; रीगन व गोर्बाच्योव ने वाशिंगटन में मध्यवर्ती श्रेणी के परमाणु प्रक्षेपास्त्रों को समाप्त करने के लिये ऐतिहासिक सन्धि पर हस्ताक्षर किये।

1988 ई० : अफगान शान्ति के लिये जेनेवा समझौता सम्पन्न; संयुक्त राज्य अमेरिका ने पी० एल० ओ० के संयुक्त राष्ट्र आब्जर्वर मिशन को बन्द कर दिया; संयुक्त राष्ट्र की मध्यस्थता में ईरान–ईराक युद्ध बन्द हुआ; कम्युनिस्ट पार्टी के महासचिव और राष्ट्रपति के कार्यालयों को एकाकार करके मिखाइल गोर्बाच्योव सोवियत संघ के सर्वाधिक शक्तिशाली नेता के

रूप में उभरे; पी० एल० ओ० चेयरमैन यासर अराफात ने फिलिस्तीन को स्वतंत्र राष्ट्र घोषित किया।

1989 ई० : सोवियत संघ और संयुक्त राज्य अमेरिका द्वारा पेरिस सम्मेलन में रासायनिक हथियार नष्ट करने की घोषणा; फिलिस्तीन मुक्ति संगठन के नेता यासर अराफात फिलिस्तीन के राष्ट्रपति निर्वाचित; पेइचिंग में लोकतंत्र समर्थक आंदोलन, बर्लिन की दीवार गिराने का काम प्रारम्भ।

1990 ई० : सोवियत कम्युनिस्ट पार्टी ने 72 वर्षीय शासन समाप्त किया; लिथुआनिया ने सोवियत संघ से अपनी स्वतंत्रता की घोषणा की; मिखाइल गोर्बाच्योव ने सोवियत संघ के कार्यवाहक राष्ट्रपति की शपथ ली; पूर्वी एवं पश्चिमी जर्मनी ने सीमा रेखा समाप्त की तथा दोनों जर्मनी का विलय; नामीबिया स्वतंत्र; वैटिकन व सोवियत संघ में पूर्ण राजनीतिक संबंध स्थापित; उत्तरी व दक्षिणी यमन का विलय–यमन गणराज्य का अभ्युदय; बोरिस येल्तसिन रशियन संघ के राष्ट्रपति निर्वाचित; संयुक्त राज्य अमेरिका के राष्ट्रपति बुश एवं सोवियत संघ के राष्ट्रपति गोर्बाच्योव शीत-युद्ध की समाप्ति के लिये सहमत; ईराक ने कुवैत पर अधिकार किया; संयुक्त राज्य अमेरिका के राष्ट्रपति जार्ज बुश और सोवियत संघ के राष्ट्रपति मिखाइल गोर्बाच्योव ने खाड़ी संकट का हल खोजने हेतु हेलसिंकी में वार्ता की; शीत युद्ध की समाप्ति; इंगलिश चैनल में 40 मीटर नीचे समुद्र में ब्रिटेन एवं फ्रांस द्वारा चैनल टर्नल परियोजना के पूर्ण होते ही ब्रिटेन शेष यूरोप से जुड़ गया।

1991 ई० : जेनेवा में अमेरिकी-ईराक वार्ता विफल; ईराकी सेनायें साऊदी अरब में घुसीं; मित्र राष्ट्रों की सेना द्वारा कुवैती द्वीप पर अधिकार; ईराक द्वारा लड़ाई जारी रखने का आह्वान; ईराक ने कुवैत से हटना प्रारम्भ किया; खाड़ी युद्ध औपचारिक रूप से समाप्त; संयुक्त राज्य अमेरिका के राष्ट्रपति बुश द्वारा रासायनिक हथियारों पर प्रतिबन्ध की घोषणा; वारसा सन्धि भंग; मास्को में बुश व गोर्बाच्योव ने शस्त्र कटौती सन्धि पर हस्ताक्षर किये; सोवियत संघ में गोर्बाच्योव अपदस्थ; येनायेव 8 सदस्यीय कमेटी के प्रमुख; आपातस्थिति की घोषणा; मास्को में कर्फ्यू; गोर्बाच्योव पुनः सत्ता में; के० जी०

बी॰ चीफ बर्खास्त; बेलारूस ने स्वतंत्रता की घोषणा की, सोवियत संघ में कम्यूनिस्ट पार्टी की गतिविधियों पर प्रतिबन्ध; अजरबैजान द्वारा स्वतंत्रता की घोषणा; बाल्टिक राज्य स्वतंत्र; जार्जिया ने सोवियत संघ से संबंध समाप्त किये; तजाकिस्तान स्वतंत्र; गोर्बाच्योव द्वारा परमाणु हथियारों में भारी कटौती की घोषणा; बुतरस घाली संयुक्त राष्ट्र के नये महासचिव बने; 11 सोवियत गणराज्यों द्वारा राष्ट्रकुल का गठन; राष्ट्रपति मिखाइल गोर्बाच्योव के इस्तीफे के साथ ही सोवियत संघ की समाप्ति।

1992 ई॰ : पश्चिम एशिया शान्ति वार्ता का तीसरा दौर मास्को में प्रारम्भ; फिलिस्तीनियों द्वारा वार्ता का बहिष्कार; भारत और इजराइल के मध्य पूर्ण राजनयिक संबंध स्थापित; परमाणु हथियारों में कटौती की बुश और येल्तसिन की घोषणा; पश्चिम एशिया शान्ति वार्ता वाशिगंटन में; मारीशस गणराज्य बना; बार्सीलोना में ओलम्पिक खेल आयोजित।

1993 ई॰ : अमेरिका व रूस ने परमाणु कटौती सन्धि पर मास्को में हस्ताक्षर किये जिसमें दस वर्षों में दो-तिहाई हथियार नष्ट किये जाने का प्रस्ताव स्वीकार किया गया था; ईराक के परमाणु प्रतिष्ठान पर अमेरिकी हमला।

1994 ई॰ : रवांडा में गृह-युद्ध के दौरान एक लाख लोग मारे गये।

1995 ई॰ : इजराइली प्रधानमंत्री पिशाक राबिन की यहूदी छात्र द्वारा हत्या।

1996 ई॰ : अमेरिकी वैज्ञानिकों ने चन्द्रमा के दूसरी ओर के भाग (जो हमें पृथ्वी से दिखाई नहीं देता) में एक असाधारण ढंग के क्रेटर का पता लगाया (यह क्रेटर 13 कि॰मी॰ गहरा व 2500 कि॰मी॰ लम्बा-चौड़ा है)।

1997 ई॰ : आठ विकासशील राष्ट्रों का (इस्लामी राष्ट्रों का) नया संगठन-डी-8 टर्की की पहल पर गठित।

1998 ई॰ : भारत और कोरिया लोकतांत्रिक जनवादी गणराज्य के विदेशमंत्रियों के बीच सहयोग का एक प्रोटोकोल सम्पन्न।

1999 ई॰ : डरबन में राष्ट्रकुल राष्ट्राध्यक्षों का सम्मेलन सम्पन्न।

2000 ई॰ : क्यूबा की राजधानी हवाना में विश्व के 133 अल्पविकसित देशों के समूह 'जी-77' का शिखर सम्मेलन सम्पन्न; गुट-निरपेक्ष देशों के विदेश मंत्रियों का सम्मेलन (कोलम्बियाई नगर कार्टाजेनो में)।

सन्दर्भ ग्रन्थ

पुस्तकें

अप्पादोराय: *कलेक्टिव सिक्योरिटी।*

इग्लेटन: *इन्टरनेशनल गवर्नमेन्ट।*

इनग्राम, केनेथ: *ईयर्स ऑफ क्राइसिस।*

केटेलबी, डी॰ एम॰: *ए हिस्ट्री ऑफ माडर्न टाइम्स फ्राम* 1789।

किन्गहाल, स्टेफेन: *अवर ओन टाइम्स* (1913–1939)।

क्राउले, डी॰ डब्लू: *दि बैकग्राउन्ड टु करेन्ट अफेयर्स।*

कार, ई॰ एच॰: *इन्टरनेशनल रिलेशन्स बिटविन द टू वर्ल्ड वार्स।*

गेथोर्न हार्डी, जी॰ एम॰: *ए शार्ट हिस्ट्री ऑफ इन्टरनेशनल अफेयर्स।*

गाडरिच एण्ड हाम्ब्रो: *द चार्टर ऑफ द यूनाइटेड नेशन्स।*

गुन्थर, जान: *इनसाइड यूरोप।*

चेस, यूजेन पी॰: *द यूनाइटेड नेशन्स इन एक्शन।*

चर्चिल, विन्सटन: *वार मेमोयार्स।*

जिम्मर्न, अल्फ्रेड: *द लीग ऑफ नेशन्स एण्ड द रूल ऑफ लॉ।*

थामसन, डेविड: *यूरोप सिन्स नैपोलियन।*

थामसन, याद: *द राइज ऑफ माडर्न एशिया।*

दलाल, एम॰ एन॰: *वाइदर माइनारिटीज।*

नेहरू, जवाहरलाल: *ग्लिम्पसेज ऑफ वर्ल्ड हिस्ट्री।*

निकोल्सन हरोल्ड: *पीस मेकिंग 1919।*

पनिक्कर, के॰ एम॰: *इन टू चाइनाज।*

पामर एण्ड परकिन्स: *इन्टरनेशनल रिलेशन्स।*

बेले, थामस ए॰: *अमरीका फेसेज रशिया, रशियन–अमेरिकन रिलेशन्स फ्राम अर्ली टाइम्स टु अवर डे।*

बाल, डब्ल्यू मैकमोहन: *नेशनलिज्म एण्ड कम्यूनिज्म इन ईस्ट एशिया।*

बेमिस, एस० एफ०: *दि लैटिन अमेरिकन पालिसी ऑफ दि यूनाइटेड स्टेट्स।*

बेन्स, एफ० ली०: *यूरोप सिन्स 1914।*

बेन्टविच, नार्मन एण्ड मार्टिन, एन्ड्रयू: *ए कमेन्टरी आन दि चार्टर ऑफ दि यूनाइटेड नेशन्स।*

बस, क्लाड ए०: *दि फार ईस्ट।*

फिशर, सिडनी एन०: *दि मिडिल ईस्ट।*

फ्रीडमैन, डब्ल्यू०: *ऐन इन्ट्रोडक्शन टु वर्ल्ड पालिटिक्स।*

मून पारकर टी०: *इम्पीरियलिज्म एण्ड वर्ल्ड पालिटिक्स।*

लैंगसम, डब्ल्यू० सी०: *द वर्ल्ड सिन्स 1914।*

लेन्जोवस्की, जार्ज: *द मिडिल ईस्ट इन वर्ल्ड अफेयर्स।*

लियोरार्ड, एल० लैरी: *इन्टरनेशनल आरगनाइजेशन।*

वन्डेनबोश एण्ड होगन: *दि यूनाइटेड नेशन्स।*

विनाके, एच० एम०: *ए हिस्ट्री ऑफ फार ईस्ट इन माडर्न टाइम्स।*

वाल्टर एफ० पी०: *ए हिस्ट्री ऑफ द लीग ऑफ नेशन्स।*

विन्ट गुई: *मिडिल ईस्ट क्राइसिस।*

विस्केमैन, एलिजाबेथ: *द रोम-बर्लिन एक्सिस।*

शेरवुड, राबर्ट: *रुजवेल्ट एण्ड होपकिन्स।*

शूमां फ्रेडरिक एल०: *इन्टरनेशनल पालिटिक्स।*

शिल्चर, चार्ल्स पी०: *इन्ट्रोडक्शन टु इन्टरनेशनल रिलेशन्स।*

सिंह, एस० सी०: *इन्टरनेशनल रिलेशन्स।*

सामरवेल, डी० सी०: *बिटविन द वार्स।*

सोन्टांग: *यूरोपियन डिप्लोमेटिक हिस्ट्री।*

हडसन, जी० एफ०: *द फार ईस्ट इन वर्ल्ड पालिटिक्स।*

हिटलर, एडोल्फ: *मेन काम्फ।*

हार्टमैन, फ्रेडरिक एच०: *बेसिक डाकूमेन्ट्स ऑफ इन्टरनेशनल रिलेशन्स।*

हाल एण्ड डेविस: *द कोर्स ऑफ यूरोपियन हिस्ट्री सिन्स वाटरलू।*

पत्र-पत्रिकाएँ

दि अमेरिकन जरनल ऑफ इन्टरनेशनल लॉ।

दि अमेरिकन पॉलिटिकल साइन्स रिव्यू।

एनुअल रिव्यू ऑफ यूनाइटेड नेशन्स अफेयर्स।

दि इण्डियन जरनल ऑफ पोलिटिकल साईंस।

दि ईयर बुक ऑफ वर्ल्ड अफेयर्स।

दि इण्डियन ईयर बुक ऑफ इन्टरनेशनल अफेयर्स।

इण्डिया क्वार्टरली।

इन्टरनेशनल अफेयर्स।

पैसफिक अफेयर्स।

फारेन अफेयर्स।

दि मार्डर्न रिव्यू।

दि हिन्दुस्तान टाइम्स।